小阿瑟·M.施莱辛格
史学经典

杰克逊时代

[美] 小阿瑟·M. 施莱辛格 —— 著

林国荣 —— 译

上海译文出版社

小阿瑟·M.施莱辛格史学经典

编委会
顾云深　李剑鸣　黄仁伟
刘　鸣　任军锋　邱立波

总　序

小阿瑟·施莱辛格："见证者历史"的书写者

顾云深

美国作为一个世界性大国，虽然立国时间也就区区二百五十年左右，其文化软实力则不容小觑，历史学作为文化软实力的一种呈现，在美国格外受到重视。自二十世纪以来，随着美国国力的增强和国际地位的提升，美国的历史学经历了职业化和学科化的发展，特别是自二十世纪初"新史学"——以历史学家詹姆斯·哈维·鲁滨逊（James Harvey Robinson）一九一一年的著作《新史学》（*The New History*）出版为标志——发轫之后，极力主张打破狭隘的政治史研究传统，用进步的、综合的、多因素的观点从整体上考察历史的发展和演变，倡导历史学与新兴的社会科学相结合，注重历史的社会功能，强调历史为现实服务。由此呈现出史学发展的新面向、新格局和新趋势。在二十世纪美国史学发展的进程中，小阿瑟·M.施莱辛格无疑是一位令人瞩目的历史学家，他与理查德·霍夫施塔特（Richard Hofstadter）、埃里克·戈德曼（Eric Goldman）、丹尼尔·约·布尔斯廷（Daniel J. Boorstin）等同一代著名史学家成为接续二三十年代"进步主义史学"之后，在一九四〇年代至一九七〇年代最为活跃、最负盛名的历史学家，直至一九八〇年代之后各类新流派、新转向，如"新文化史""新政治史"等的出现后被迭代，但是，他们是二十世纪中期承上启下的一代史学家群体，也被贴上"自由主义史学""保守主义史学"或"一致论史学"等标签。

小施莱辛格出身史家名门，其祖父一代一八六〇年从德国移民至美国，父亲阿瑟·M.施莱辛格一九一七年从哥伦比亚大学获得博士学位，随后走上历史学教学和研究的道路，曾先后执教于俄亥俄大学和艾奥瓦大学，一九二四年获聘于哈佛大学，小施莱辛格随全家一起迁居到波士顿剑桥，从此与哈佛结下了深深的情缘。作为二十世纪初"新史学"的倡导者和践行者之一，小施莱辛格勇于打破美国传统精英史学的羁绊，尤其关注美国社会生活史、劳工史、妇女史、黑人史等，所撰写的《殖民地商人与美国革命，1763—1776》(The Colonial Merchants and the American Revolution, 1763—1776)、《美国历史新观点》(New Viewpoints in American History)，以及主编的多卷本《美国生活史》(A History of American Life)等均获得学界的好评，其与弗雷德里克·杰克逊·特纳（Frederick Jackson Turner）、查尔斯·奥·比尔德（Charles A. Beard）、弗农·路易斯·帕林顿（Vernon Louis Parrington）等人一样，被认为是"进步史学派"的代表人物。

小施莱辛格的母亲伊丽莎白·班克罗夫特（Elizabeth Bancroft）据称和十九世纪美国最具声望的政治家、历史学家乔治·班克罗夫特（George Bancroft）是远亲。小施莱辛格从小受到家庭的熏陶，尤其是得到父亲在人文教育方面的培养，其年少聪慧，博览群书，涉猎甚广，一九三三年，小施莱辛格十六岁，已经从高中毕业，考虑到进大学年龄还小，同时为了奖掖他学业优秀，父亲带全家进行了一次环球旅游，以开阔他的眼界，更多地了解世界。他们游历了东亚、东南亚以及欧洲许多国家，瞻仰了人类文明史上许多著名的历史遗迹，从金字塔到雅典卫城、庞贝古城，从紫禁城、万里长城到吴哥石窟。正是在北京，哈佛大学毕业后又在牛津大学获得博士学位的费正清（John King Fairbank，当时他正在中国从事研究和学习汉语）带着他的新婚妻子威尔玛·坎农（Wilma Cannon，中文名费慰梅）前来拜访施莱辛格一家，与小施莱辛格结识。威尔玛·坎农的父亲沃尔特·布拉德福德·坎农（Walter Bradford

Cannon）是哈佛大学医学院著名生理学家（坎农家的旧宅所在地后来建成现在的哈佛燕京图书馆）。一九三六年小施莱辛格进入哈佛大学读书，这位十九岁的一年级新生认识了比自己大五岁的女孩玛丽安·坎农（Marian Cannon），她正是威尔玛·坎农的妹妹。当时已经回到哈佛的费正清夫妇慧眼识珠，也曾为他们的姻缘牵线搭桥。两人成婚后，小施莱辛格与费正清不仅变成了连襟，两位历史学家还成了终生的好朋友。我们从两人的相关记载中可以看到，一九八七年正值费正清八十大寿，小施莱辛格夫妇专程去剑桥为其祝寿，而当年恰好也是小施莱辛格的七十大寿，费正清夫妇也特地到纽约海德帕克的罗斯福总统图书馆参加了小施莱辛格的生日庆祝会，彼此之间有着深切的交往（据小施莱辛格《日记，1952—2000》）。

在哈佛求学期间，小施莱辛格师从著名思想史家佩里·米勒（Perry Miller）和文学史家弗·奥·马西森（F. O. Matthiessen），以研究十九世纪美国思想家奥雷斯蒂斯·奥·布朗森（Orestes A. Brownson）的思想为主题的论文获得哈佛大学的荣誉学位，论文经他补充修改后成书，于一九三九年四月正式出版，书名为《奥雷斯蒂斯·奥·布朗森：一个朝圣者的成长》(Orestes A. Brownson: A Pilgrim's Progress)。这本书出版以后，受到一些史学名家如比尔德、亨利·斯蒂尔·康马杰（Henry Steele Commager）等人的好评，比尔德称之是"对美国历史写作的真正思考"。正是由于对布朗森的思想史研究，小施莱辛格对十九世纪美国社会历史发展和演变有了更为深切的理解，他接触大量有关社会等级和思想冲突、宗教教派和神学思想、社会经济和政治变迁等方面的文献史料，对一八三〇年代民主党总统杰克逊当政时期，美国由早年的精英民主政治向大众民主政治转型产生了兴趣，尤其是对当时美国史学界关于"杰克逊民主"的传统诠释产生疑惑，如"边疆学派"宗师特纳从"边疆在美国历史上的重要性"的角度，把"杰克逊民主"主要解释为"源自密西西比河流域的边疆民主社会"，过于强调区域利益冲突，而忽略财富与阶级的不平等和冲突。这样的问题意识激发起小施莱辛格对探究杰克逊时代历史的浓重兴趣。同时，他也试图在美国的历史中为当时罗斯福总统正在大张旗鼓实施的"新政"寻找先例，以此证明"新政"的合法性。他把思想史研究与政治史研究结合起来，以思想史的方法来研究政治史，采用文献档案和口述史并重的手段，对杰克逊时代美国社会的转型、美国民粹主义运动的兴起、两党制度建构与形塑等问题，进行了深入细致的研究，撰写了成名作《杰克逊时代》，打破了以特纳为代表的"边疆学派"片面地将"杰克逊民主"的形成完全归因于西部边疆生活的观点，他认为，"杰克逊民主"同样具有重要的东部起源，尤其是杰克逊主义中的激进主义的来源，就是东部那些思想家和知识分子的产物，他明确提出阶级冲突是发生社会变革动力的观点，认为"杰克逊民主"的真正动力源于日益城市化、工业化的东部，那里的劳工阶级、作家和知识分子在更为激进的经济民主中起到了领导作用。"杰克逊民主"更多地表现为阶级斗争而不是区域之间的斗争，而在美国政治生活中，阶级斗争的形式便是工商业界与其他所有群体对国家控制权的争夺。该书在一九四五年出版后，即获得学界甚高的评价，被认为是"进步主义史学"最后一部具有里程碑意义的著作，"具有成熟的眼光和分析性的思考"（霍夫施塔特语）。史家阿兰·内文斯（Allan Nevins）在书评中称：该书"赋予了杰克逊主义运动新的意义……是值得关注的分析历史作品，充满活力，富于洞察力和新的事实"。《杰克逊时代》获得一九四六年普利策历史著作奖，一举奠定了他在美国历史学界的地位。此时，小施莱辛格才二十八岁，可谓是少年成名。由于其出色的史学才华和成就，同年即被哈佛大学聘为历史系副教授。施莱辛格父子两人同时执教于哈佛大学历史系，施莱辛格把自己在哈佛常开的一门课程"美国社会与思想"拆分成两门课，思想史部分由小施莱辛格开设名为"美国思想史"的课程，他自己则专讲"美国社会文化史"。父子接续，相得益彰，受到了哈佛学生的欢迎，"上阵父子兵"也成为哈佛校园中的一道靓丽风景线。

小施莱辛格和其父母均是坚定的自由主义者，也是民主党的忠实拥趸，他在学生时代就十分赞赏一九三〇年代罗斯福总统为克服美国经济大萧条而实施的"新政"社会改革。面对战后美国出现的保守主义思潮，"反共""恐共"也成为攻击和诋毁"新政"的借口，在东西方冷战的缘起阶段，小施莱辛格对美国历史上的自由主义传统进行了总结和反思，撰写了一部为自由主义张本的政论性著作——《核心： 自由的政治》（*The Vital Center: The Politics of Freedom*），于一九四九年出版。此书全面阐述了他对自工业革命以来世界历史发展的深入分析和主要观点，以及对战后国际关系和国际形势发展趋势的判断，提出要理解自由主义传统，秉承"新政"自由主义的路径，除了"核心"，无左无右。唯如此，才能真正捍卫美国的自由民主制度。他的这部政论性著作被评论界视为"一部战后自由主义的宣言"，同时，也标志着小施莱辛格从进步主义历史观向自由主义历史观的转变。在"非美活动忠诚调查"和麦卡锡主义猖獗的年代，他秉持自由主义的立场，认为意识形态的对立只是思想的分歧，并非你死我活的斗争，反对对同情和支持左翼的知识分子进行打压和迫害，他不赞同把所有身为共产党员的教授开除出大学的观点，主张"在课堂上要采取价值中立的态度"。

从第一次世界大战结束到第二次世界大战结束的三十年间，美国经历了一些具有特殊意义的历史事件："一场史无前例的资本主义扩张，一次美国历史上最大的经济危机，一场引人注目的政治改革试验，一次天翻地覆的世界性战争。美国跃居世界领先地位。"（埃里克·方纳《新美国历史》）大家都想了解自己所生活的那个动荡起伏、风云变幻的年代，专业历史学家们纷纷著书立说，写出了一大批研究这一历史时期的作品。一九五七年至一九六〇年，小施莱辛格出版了《罗斯福时代》三部曲，即《旧秩序的危机

1919—1933》(*The Crisis of the Old Order, 1919—1933*)、《新政的来临 1933—1935》(*The Coming of the New Deal, 1933—1935*)、《剧变的政治 1935—1936》(*The Politics of Upheaval, 1935—1936*)。与绝大部分论述罗斯福"新政"的作品或其他罗斯福传记不一样的地方是,小施莱辛格并不局限于"新政"本身来讨论"新政",也非主要突出罗斯福个人对"新政"的建树和贡献,而是将"新政"和罗斯福个人置于一个特定的、宏观的历史背景中加以考察和论述。他曾说:"一切都是以我当时所处的历史时代为条件的。"该三部曲的第一卷《旧秩序的危机 1919—1933》,就着重追溯和分析了"新政"的思想和历史根源,特别是将罗斯福的政治思想与伍德罗·威尔逊、西奥多·罗斯福的政治思想进行对比研究,指出了他们的异同,以及小罗斯福汲取了前任思想观念的合理部分,形成了他自己独特的政治思想和实施"新政"的政治理念。小施莱辛格以后来逐步成型的"美国历史周期理论"为分析范式,他把这种范式称为"全国范围内公共目标和个人利益之间的持续转换"。每隔数十年,就会出现一个这样的历史周期,因此,小施莱辛格深入地分析了一九二〇年代美国社会在共和党保守主义政府治理下,如何从所谓的"柯立芝繁荣"走向经济大萧条的过程。小施莱辛格对"新政"这一历史事件的记述是全景式的,书中翔实地描述了罗斯福动员当地美国人和移民,各种族(无论黑白)选民,无论北方各州还是南方各州的各阶层选民结成联盟来赢得大选的胜利。《罗斯福时代》这部巨著还"记录了美国社会在公共政策引导下成功向现代资本主义社会转型与过渡的过程,充分展示了现代民族国家采取切实有效的尝试和举措,增强危机的处置能力,妥善应对史无前例的经济困境,从而帮助人们克服恐惧心理,摆脱危机阴影,取得经济发展和社会改革的业绩和成效"。(艾拉·卡茨尼尔森《恐惧本身:罗斯福新政与当今世界格局的形成》)小施莱辛格还认为,"新政"是悠久的改革传统的一部分,该传统可以追溯到美国的立国之初。"新政"改革也是群众性的民主运动的一部分,这场运动在与那些贪婪自私的利益集团的斗争中获得了成功。这部著作气势宏大,文笔优美,论述生动有力,感人至深,出版后获得了史学界和一般读者的欢迎和好评,极大地影响了人们对罗斯福时代的看法,第一卷《旧秩序的危机 1919—1933》还获得了美国历史学最高奖班克罗夫特奖,著名史学家约翰·威廉·海厄姆(John William Higham)曾评价说:"自从乔治·班克罗夫特那个时代以来,首次有一部描述美国历史中一段时期的多卷本学术著作能获得如此高度的赞扬。"(海厄姆等《历史: 美国历史研究的发展》[*History: The Development of Historical Studies in the Unite States*])当代史家卡茨尼尔森也指出,在众多历史学家中,小施莱辛格"首先提出了围绕救赎这一主题书写'新政'历史的主张。这也是最早由职业历史学家对这一主题作出的严肃评判,为后来的'新政'研究定下了基调"。

在《罗斯福时代》三部曲中,小施莱辛格解释历史的框架再次发生了变化,他不再坚持"进步史学派"的那种"阶级冲突论",而是致力于论证"美国的政治传统主要是基于一种自由主义的和谐一致"。后来有人也把他归入"和谐论"的历史学派中,其实他与"和谐论"有所不同,他更大程度上是一个自由主义史学的代表人物,不仅在历史研究和历史书写中秉持这样的观念和立场,在参与具体政治实践时,亦是如此。由于两次世界大战的经历,小施莱辛格体会到知识分子的思想和才华也可以对社会与现实政治产生影响,他希望自己不同于父亲,仅仅充当一个温和的自由主义者,而是像他从小就敬仰的先辈班克罗夫特一样,既能成为一位伟大的历史学家,也能在政治舞台上发挥自己的作用。他对于介入政治行动有很大的热忱和积极性,也成为了一个在政治上的行动主义者。一九四七年他与罗斯福夫人埃莉诺等人一起发起组建了自由主义者的政治组织"美国人争取民主行动"(ADA),并在该组织中发挥思想智囊的作用。一九四九年出版的《核心》一书,被称为"战后自由主义的宣言",自然也是 ADA 的行动纲领。一九五二年和一九五六年,小施莱辛格先后两次参加了民主党人阿德莱·史蒂文森的总统竞选班子,成为史氏的演讲撰稿人,但是,史氏两次都败给了共和党候选人艾森豪威尔。然而,小施莱辛格的自由主义观念引起了民主党参议员约翰·肯尼迪的注意,遂将其吸纳到自己一九六○年的总统竞选团队中来,一方面,他觉得小施莱辛格可以成为他和自由主义知识精英之间的一座桥梁,另一方面,他觉得小施莱辛格对自由主义观念的一些阐释可以为他的竞选纲领提供一些新意,这恰恰是他本人最感缺乏的。正如肯尼迪传记的作者罗伯特·达莱克(Robert Dallek)所言:"施莱辛格加入肯尼迪的竞选阵营,主要是因为他认为肯尼迪与史蒂文森相比是个更加现实的自由主义者,而帮助杰克发现一种与众不同的自由主义观点的正是施莱辛格。"(罗伯特·达莱克《肯尼迪传》[*An Unfinished Life: John F. Kennedy, 1917—1963*])肯尼迪试图学习罗斯福,网罗了一批知识精英进入他的智囊团,小施莱辛格与沃尔特·惠特曼·罗斯托(Walt Whitman Rostow)、约翰·肯尼思·加尔布雷斯(John Kenneth Galbraith)等人一样成为大卫·哈伯斯坦(David Halberstam)所称的"出类拔萃之辈"中的一员,肯尼迪任命他为总统的特别助理,参与白宫内外事务的处理。史学家从政,究竟能发挥什么样的作用?这确实引起过一些人的质疑。肯尼迪的密友和幕僚特德·索伦森(Ted Sorensen)曾写道:"其在白宫的职责还是引起了一些人的诟病,说他不过是装饰门面的知识分子,这些人或者不了解肯尼迪总统以史为鉴、对历史的重视程度,或者不了解阿瑟有着多么敏锐的政治头脑……后来阿瑟写的关于约翰·肯尼迪和罗伯特·肯尼迪的传记充分证明了白宫的选择是明智的。"(特德·索伦森《总统幕僚:在肯尼迪身边十一年》[*Counselor: A Life at the Edge of History*])

一九六三年十一月二十三日，肯尼迪总统在达拉斯遇刺身亡，一九六八年六月四日，曾在肯尼迪政府中担任司法部长的弟弟罗伯特也被刺杀身亡。罗伯特·肯尼迪遇刺身亡后一个月，其遗孀埃塞尔就向小施莱辛格提出要求，请他为其丈夫撰写一部传记，尽管此时小施莱辛格还沉浸在肯尼迪总统遇刺后深深的悲伤之中，他曾对朋友说："因为伤心欲绝而无法静心思考。"（理查德·奥尔德斯《施莱辛格：帝国历史学家》[*Schlesinger: The Imperial Historian*]）但是面对肯尼迪兄弟的遗孀杰奎琳和埃塞尔以及他们的家庭，他都是无法拒绝的。他说过，作为一个"长时期以来唯一能从白宫这一有利位置观察历史的职业历史学家"，当然义不容辞地有责任把这段历史记录下来。另一方面，他也是为了回应当时由著名记者与史家威廉·曼彻斯特（William Manchester）的畅销书《总统之死》(*The Death of a President*) 中对肯尼迪兄弟夸张和不实的叙述。为了如实记录肯尼迪总统白宫执政的岁月，他曾应肯尼迪的要求，积累了许多重大事件决策过程的记录和笔记（本是准备为肯尼迪将来自己所用），后来又对一些当事人作了口述史实录来加以补充。他花了一年多的时间，撰写了《一千天：约翰·菲·肯尼迪在白宫》，一九六六年再度获得了普利策奖和国家图书奖。后来又完成了罗伯特·肯尼迪的传记《罗伯特·肯尼迪及其时代》(*Robert Kennedy and His Times*)，此书也获得了国家图书奖。因为要连续为肯尼迪兄弟立传，他不得不放下《罗斯福时代》第四卷的写作，致使这部伟大的多卷本著作始终存在未竟的遗憾。事实上，作为肯尼迪的同龄人，小施莱辛格对于"接过火炬的一代"（指出生于二十世纪的年轻一代政治家）有着充满理想主义色彩的期望，按照他正在逐步成型的"美国历史周期理论"，肯尼迪正是接续罗斯福"新政"改革传统的一代，这一代不但可以塑造出一种新型的自由主义，而且是在政治上可能更能创新的人。《一千天》如同他的前两部作品一样，具有优秀史家的宏大叙事风格，史实清晰，细节生动，为读者勾画出肯尼迪当政时期内外政策形成和决策的历史情境。

当然,小施莱辛格从内心深处希望能将肯尼迪时代与美国历史上的自由主义改革传统接续起来,为它的存在提供合法性的证明。正是由于对肯尼迪兄弟执政历史的分析和记载,他写成了从"杰克逊时代""罗斯福时代",直到"肯尼迪时代"的这样一个美国民主党自由主义传统和推进社会变革的作品系列,也形成了小施莱辛格主要历史著述的一个特征。作为被评论界称为一度处于美国政治核心圈的人物,小施莱辛格如此接近政治权力中心,可以利用局内人和局外人的双重身份,以及历史学家的独特视角来描述和分析美国统治集团内部的政治运作,但这样的描述和分析能否摆脱政党圈子的立场和偏袒,能否具有真正的客观性和可信度,也常常遭到学界和社会的质疑,有人就说他是"肯尼迪的卡米洛",是"宫廷历史学家",是"肯尼迪神话"的制造者之一。但是,小施莱辛格指出,在历史学职业化之前,许多伟大的历史学家撰写的历史就源于他们亲身的经历。涉足历史纪录的客体对历史学家而言是有益的。他后来在谈到历史学的功用时指出:"历史学家的目标是在重现往事的过程中力争做到准确、抽丝剥茧与客观公正。但是历史并非仅仅是供奉于大雅之堂中的一门学科,它在国家走向未来的过程中扮演着独特的角色。历史之于国家就像记忆之于个人,一个人被剥夺了记忆,会感到无助与迷失,全然忘记他去过哪里或即将前往何处。以此类推,当一个国家否定了自己的历史时,它将无法应对自己的当下和未来。"

离开白宫后,小施莱辛格又回到校园,他被纽约市立大学聘为阿尔伯特·史怀哲人文讲座教授,除了教书写作,也较多地参与社会政治活动,发挥着一个自由主义公共知识分子的作用,关注着美国社会和政治,在各类媒体上发表了许多论文和时评,一部分结集出版,如讨论美国历史发展问题的《美国历史的周期》(*The Cycles of American History*),探讨美国总统制度的《帝王总统》(*The*

Imperial Presidency）和《战争与美国总统制》(War and the American Presidency)，参与美国种族问题与多元文化主义争辩的《美国的分裂：对多元文化社会的思考》(The Disuniting of America: Reflections on a Multicultural Society)。其"美国历史周期理论"来源于其父亲施莱辛格的"国家政治趋势论"，并吸纳了一九六〇年代社会学中"代"的理论发展而成，认为美国"政治周期"就是国家在公共目标与个人利益之间的一种持续不断的运动。他以此理论解释二十世纪的美国历史，对一些相关的社会科学领域产生了一定的影响，不过褒贬不一，争论不少。对美国总统制的研究，主要体现其自由主义态度和立场，尤其是针对二十世纪以来美国总统行政权力的扩张，小施莱辛格提出了"帝王总统"的概念，其时恰逢美国政界为尼克松总统的"水门事件"闹得沸沸扬扬之际，"帝王总统"很快成为被学界和社会接受的一个政治术语，认为其恰如其分地阐释了二十世纪以来随着美国经济实力增长和国际地位上升，美国总统制所发生的变化。由于其长期参与总统竞选的实践，并一度担任总统的特别助理，使那些研究总统史的专家也不得不承认其著述具有很强的说服力（福里斯特·麦克唐纳《美国总统制：一部知识史》[Forrest McDonald, The American Presidency: An Intellectual History]）。对于自一九八〇年代兴起的关于"多元文化主义"的讨论，小施莱辛格也积极参与其中，一九九一年出版的《美国的分裂：对多元文化社会的思考》一书，即是他针对美国的种族歧视和种族隔离的历史痼疾，将"多元文化主义"放在美国历史发展的进程中加以考察的成果，他认为正是来自世界各地的民族和种族怀着共同的信念和理想，在北美大陆的历史进程中逐步"合众为一"，而融合成为一个全新的国家和民族。他坚持美利坚国家认同，反对偏执地极力地宣扬"非洲中心论"、从一个极端走向另一个极端的倾向，担忧族群自我认同超越国家认同有可能产生的危害，其最终结果必将导致美国的分裂。对照当下的美国，小施莱辛格的担忧不无道理。

作为历史学家的小施莱辛格，一生笔耕不辍，除了为世人留下了十几部史学专著之外，还主编过许多有价值的历史文献资料，如在《牛津美国历史学会历史文献指南》(*The American Historical Association's Guide to Historical Literature*) 中就列入了其主编的《大西洋移民与美国的建立：1607—1860》，此外还有《美国的思想道路》(*Paths of American Thought*)、四卷本的《美国政党史》(*History of U.S. Political Parties*) 和十卷本的《美国总统选举史：1789—1984》(*History of American Presidential Elections, 1789—1984*) 等。二〇〇〇年他八十三岁，出版了自己两卷本的回忆录中的第一卷《20世纪的历程：1917—1950》(*A Life in the 20th Century, Innocent Beginnings, 1917—1950*)，二〇〇七年去世后，他的儿子安德鲁（Andrew Schlesinger）和斯蒂芬（Stephen Schlesinger）又根据他的日记编辑了回忆录的第二卷《日记：1952—2000》以及《小施莱辛格书信集》(*The Letters of Arthur Schlesinger, Jr.*)。由于小施莱辛格具有多重面向，西方著名的《历史学家与历史著作百科全书》(*Encyclopedia of Historians & Historical Writhing*) 认为他"可能是二十世纪下半叶最知名和最具争议的历史学家"。二〇一七年，英国史家理查德·奥尔德斯编写出版了小施莱辛格的传记《施莱辛格：帝国的历史学家》，因其九十年的一生确乎伴随着美利坚"帝国"盛衰荣辱的过程。一九八八年十月二十六日，《纽约时报》用一整版的篇幅，刊登了一份自由主义的公告，训斥时任总统里根对自由主义的嘲弄和轻蔑，坚称自由的原则是永恒的。包括小施莱辛格、肯尼思·加尔布雷斯、丹尼尔·贝尔（Daniel Bell）在内的六十三位著名自由派公共知识分子在上面署了名，当代著名历史学家托尼·朱特（Tony Judt）称他们是"关键的知识分子核心人物，是美国公共生活中的坚强道德中心"。（托尼·朱特

《重估价值——反思被遗忘的20世纪》[*Reappraisals: Reflections on the Forgotten Twentieth Century*])

  二〇一五年我在为谈丽博士的专著《小阿瑟·施莱辛格史学思想研究》(复旦大学出版社，二〇一五年)撰写序言时曾说道："在中国，不知出于什么原因，除了《一千天：约翰·菲·肯尼迪在白宫》和由其主编的《美国政党史》有中译本(其实都是摘译本)之外，他的重要著作《杰克逊时代》《美国历史的周期》《罗伯特·肯尼迪及其时代》《帝王总统》《罗斯福时代》三部曲以及《美国的分裂：对多元文化社会的思考》等，目前都无中译本。而事实上，对小施莱辛格的史学与史学思想的剖析和研究，无疑有助于加深我们对二十世纪美国史学史和思想史的理解。"二〇一六年，上海译文出版社决定把译介小施莱辛格的主要史学著作列入该社的出版计划，并购买了其中十部主要史学著作的版权，翻译出版，以飨读者。尽管，小施莱辛格的史著是二十世纪中期的作品，它的某些观点和结论已经显得落伍，他本人也始终摆脱不了时代和阶级的局限性，但是在美国史学史、政治史和思想史研究发展过程中，无疑还有其一席之地，特别是《杰克逊时代》《罗斯福时代》等作品，既有学院派职业历史学家的深邃眼光和扎实功力，又兼具深受读者喜爱的通俗历史作品书写中叙事精彩和文笔生动的特点，至今仍被认为是史学的经典之作。对于中国读者来说，要了解二十世纪美国历史，小施莱辛格的史学作品依然是值得一读的。如果要想深入了解小施莱辛格的史学思想，前述谈丽博士的专著《小阿瑟·施莱辛格史学思想研究》可以说是目前国内学界最为扎实最为深入的著作，可以参照阅读。

二〇二一年九月

献给玛丽安

资本家与劳工、富人与穷人之间的仇恨，跟社会团结问题一样古老，而且永远无法完全化解；不过，倘若愿意保持克制，愿意直面事实而非依从理论，倘若能够记得这个世界的一切事情都是相对而非绝对，便也不难明白，斗争也许无可化解，但暴力可以消除。

——乔治·班克罗夫特

目 录

前言   1

致谢   5

一　序幕：一八二九年   1

二　走出阿卡迪亚   7

三　杰斐逊良知的守卫者   19

四　革命背景   34

五　任期初年   50

六　总统身边的人   64

七　开启银行战争   84

八　否决   100

九　反击   118

十　硬通货   133

十一　工人信条   153

十二　海湾州骚动   167

十三	乔治·班克罗夫特与马萨诸塞激进派	185
十四	纽约激进派	205
十五	罗克福克党起事	220
十六	罗克福克模式	233
十七	第三任期	243
十八	恐慌	251
十九	银行和国家分离	262
二十	南方的困境	278
二十一	激进主义高潮	286
二十二	辉格党反改革运动	305
二十三	一八四〇年	324
二十四	杰克逊民主：一场思想运动	352
二十五	杰克逊民主与法律	369
二十六	杰克逊民主与工业化	382
二十七	杰克逊民主与宗教	400
二十八	杰克逊民主与乌托邦	413
二十九	杰克逊民主与文学	423
三十	泰勒回归	449
三十一	少数派与多数派	462

三十二	风起云涌	487
三十三	风雨摧城	501
三十四	自由土壤	520
三十五	暴风骤雨	542
三十六	"我们的联邦……"	560
三十七	民主诸统绪	584

| 附录 | 607 |
| 注释 | 611 |

前　言

　　民主究竟是什么？眼前的世界危机将这个问题重新提起，并令这个问题变得十分紧迫了。倘若民主真的是未来的希望所在，那我们应当明白，我们必须在内心对民主的大概轮廓有个清晰意识，只有这样，才能对民主有更稳靠的认知，才能催生更具责任意识的民主行为。有人认为，追寻这个问题，实质上就是在追寻民主信仰之万古不易的道德法则，而且在这些人心目中，此类道德法则还应当是抽象的。这样的探询满足了深沉的人类需求，即便它绝少能够引领人们走得很远。但是对历史研究者来说，民主之"义"则很可能会呈现出既简单得多同时也复杂得多的态势。确切地说，这个问题的钥匙就隐藏在现实的历史记载当中，应当在过往时代的历史素材中找寻答案。历史材料向人类揭示了民主的诸般可能性，揭示了达成民主的诸多正当门径，也揭示了民主的价值及其渊源。

　　胜利后的世界自然要面对内部和外部的诸般困扰，这些困扰极为艰深，同时也极具分量。我们还不知道美利坚民主究竟会如何应对这些难题；不过，有一点我们倒是很清楚，倘若美利坚民主要存续下去，那么这民主的气质、方法和目标，必然同这套民主制度在应对类似危机之时的所作所为存在至深联系；尽管过往时代的那些危机也许不如当前这般剧烈。

　　民主为内部问题提供了和平解决之道，历史经验表明，民主在这方面的能力超越了所有其他的社会组织模式。民主制度拥有灵活的政治和社会结构，注重宽容，懂得协商和妥协，因此也就能够在总体上给心怀不满的少数派留下足够的希望空间，令他们没有必要选择革命手段。刚刚过去的战争应该说是我们历史当中的一个极为重大的例外，当时面临的问题的确极为深重，也许除了战争便没有别的办法可以解决了。（今天的我们都明白，说战争从来都没有必要，那肯定是错觉。）

不过在第二序列的危机面前，民主通常都是能够取得伟大胜利的，所谓的第二序列危机，说白了就是剧烈的社会危机，民主制度通常都能够予以化解，不至于沦落大爆发的境地。过往时代，美利坚民主拥有相当的资源去克制此类危机，如今，在我们眼前伸展开来的这个黯淡未来，需要将民主资源所蕴含的能量发挥到极致。杰克逊时代的切实问题，政治上的和经济上的，跟今天的情况比较起来，的确是太简单、太朴素了，简直到了阿卡迪亚田园的地步。然而，杰克逊时代的那些问题也都深深触碰到了民主制度的众多幽暗之处，那个时代的诸多危机引起的一系列的问题得到了探索，而这些问题在一个世纪之后的今天仍然存续着，并且仍然展示着它们之于一个自由社会的经久分量。

安德鲁·杰克逊的遗产，就如同罗斯福总统品评的那样，"持续地激发着我们民主制度的生命力。我们会不断地回望他那令人惊奇的个性，回望他经历过的斗争、他遇到过的敌人，他遭受过失败、赢得过胜利，他的斗争、失败和胜利已经成了他身后一代又一代人的共同财富"。[1]

杰克逊时代的美国正经历急速的社会变迁，跟所有类似的时代一样，杰克逊时代的政治运动和思想运动也有着密切的关联。本书致力于从思想角度来考察政治。在考察过程中，我们不免发现，尽管杰克逊民主常常被人们视为西部之于美国政府的影响力的显著范例，但实际上并不像有些人认为的那般明显。杰克逊民主的发展更多是受到了理性且系统的社会观念的影响，其程度远远超出了人们的通常设定。而且，杰克逊民主中的很多主导观念和动因，都来自东部和南方，而非西部。

此外，杰克逊时代的观念冲突，也足以揭示出变迁和演进中的民主制度的一些特征。这样的冲突可以帮助我们建立一种和平"革命"的观念，实际上，除了刚刚过去的那场悲剧性的例外情形，这样的和平"革命"观念也确实一直都在帮助我们的民主避免暴力革命引发的恐怖。

历史当然不会开出任何的万灵药方。不过，历史的确能够襄助我们感受民主，并据此从根本上塑造我们的民主意识，让我们知道什么是民主，什么是我们的共和传统的题中之义，唯有这些才能拯救我们。

小阿瑟·M.施莱辛格
1944年5月7日
华盛顿特区

致　谢

　　本书由我于1941年秋天在波士顿的洛厄尔研究院所作的一个系列讲座结集而成，讲座的题目是"杰克逊民主再解释"。在此，我要深深地感谢我的父亲阿瑟·M.施莱辛格，他的睿智和锐见对本书帮助甚大。伯纳德·德沃托、弗雷德里克·默克以及我的母亲伊丽莎白·班克罗夫特·施莱辛格则为我理解内战前的那个时代提供了帮助。也要感谢哈佛大学学者协会，没有这个协会的帮助，这些研究也就无从展开，特别要感谢劳伦斯·约·亨德森和阿·劳伦斯·洛厄尔，他们极大地丰富了我对历史当中诸般力量之互动关系的观察。我当然不敢指望他们会完全赞同或者喜欢我的结论，不过，我还是斗胆希望他们会慎重对待我使用的研究方法。当然还要感谢查尔斯·奥·比尔德，他是那么慷慨，竟然将他有关杰克逊时代的研究笔记交给我使用。此外，哈佛大学图书馆、马萨诸塞历史学协会、国会图书馆以及纽约公立图书馆的管理人员也给我提供了莫大帮助，在此一并致谢。也要感谢我的妻子，玛丽安·坎农·施莱辛格对我的不间断的巨大支持和鼓励。

小阿瑟·M.施莱辛格

一　序幕：一八二九年

　　新年伊始，白宫却陷入愁云惨雾之中。元旦夜，第一夫人彻夜难眠，痛苦不堪，亚当斯先生则在天色微亮之时就醒了，抬头望天，阴云密布，天色凝重且阴沉。他略作祈祷之后，便摸索着把《圣经》拿过来，翻到《诗篇》章节，借着油灯的幽光慢慢读起来。"福哉斯人，不从恶人的计谋，不站罪人的道路，不坐亵慢人的座位。"他就这么一直读下去，直到那最终的保证，"因为耶和华知道义人的道路，恶人的道路却必灭亡。"

　　这熟悉的字句安抚着历时四载的失望和沮丧。对此时的亚当斯来说，《诗篇》第一章的字字句句都像是给他的个人保证。"这话等于是确证了义人必将蒙福。"亚当斯怀着十足的喜悦写下了这则批注，而后来到书桌前面，开始了惯常的早间工作。笔在纸上划过，油灯里面的油已经开始枯竭了，灯光倏地闪亮起来，不过很快就熄灭了；就这么将亚当斯先生遗留在灰暗天光里面。[1]

　　这惨淡光阴显然不是为义人而设，相反，义人到处都沦落黑暗当中。就在两个月前，安德鲁·杰克逊将军获选成为合众国总统。无神之人如今却登临大位，不奉号令者，如今也只能靠着《圣经》聊以自慰了。塞缪尔·克莱森·艾伦，一个正待退休的马萨诸塞州众议员，情不自禁地高呼："这简直是奇耻大辱……将这么一个品性低劣、恶行累累的人推上总统大位……见所未见，让我们这个智性民族情何以堪啊。"华盛顿一神论协会备受尊崇的牧师罗伯特·利特尔，也禁不住地在哀伤中选择了如下的布道词："耶稣快到这城，看见城，就为它哀哭。"[2]

快要离职的总统准备在最后一个接待日上摆出一副勇敢姿态，但是此时的亚当斯已经疲惫不堪，没有能力沿着波托马克步行了，遂选择了骑马前行，第一夫人则开始准备搬离白宫。国务卿克莱先生此时现身都城，华盛顿大为震动。1月的一个下午，有访客注意到克莱府中的小小会客厅灯火辉煌，但里面的人都深陷忧闷。克莱夫人走过房间，面色忧伤，低声道："他睡了。"沙发上的亨利·克莱就那么直挺挺地躺着，消瘦、苍白，全身都蒙着黑色罩袍，就像是"黑色棺罩"。实际上，整个1月份和2月份，亨利·克莱不断游走于各种聚会，在这样的公开场合，他一直都在用僵硬的笑容掩盖内心的顿挫。[3]

未来的不确定性加剧了官方的悲观情绪。韦伯斯特先生，来自马萨诸塞州的著名参议员，也不免为波士顿的朋友们草草写下这样的备忘文字：

> 杰克逊先生将于2月15日驾临——
> 他真的要来了，但是他会做什么呢，没人知道……
> 我的看法是
> 当他如期驾临，他会带着风而来。
> 至于风向如何，我无从知晓……
> 就我来说，**恐惧**是多过**希望**的。[4]

此时，偏远各州的人们开始群集华盛顿——地方政客、报刊编辑、退伍军人、好奇的探索者、杰克逊的拥趸，当然，还有民众。显然，他们的希望大过恐惧。

一 序幕：一八二九年

这座城市在他们眼前铺展开来，已然是散乱、疲软不堪了。那长达九万一千六百六十五英尺的砖砌道路，平日里是首府居民赖以张扬的资本，如今则已经是不堪 2 月的泥泞了。各方民众汇聚而来，脚踩长靴在城中游走，兴奋、耐心且疲惫，他们四处捕捉传言，观瞻景点，令杰克逊的朋友们难以招架。城中酒馆尽显好客之能，用种种酒品招待来客，五花八门，无穷无尽。各个剧场也纷纷排上罕见节目，吸引宾客。人们成群结队地涌向大剧场，一睹乔治·华盛顿·迪克逊真容。此人是"著名的滑稽歌手"，是伟大黑人艺术家的第一人，擅长演唱《向前进，不要停》（"Push-a-Long Keeping Moving"）以及《肯塔基猎人》（"The Hunters of Kentucky"）。很快，"zip coon"和"coal black rose"那缠绵悱恻的歌声便令现场陷入狂欢，班卓琴配合那悠远的音调，令人们如痴如醉。"格调更高"一些的人群则涌入华盛顿剧场，观瞻那魅力十足的克拉拉·费希尔，此女在十二岁的时候便已经红遍了全伦敦，如今已经成长为十七岁的迷人少女，正在美利坚蹿红。人们开始用她的名字来命名汽船、赛马和酒会，甚至黑人婴儿也会借用她的芳名。伟大的埃德温·福里斯特很快便也现身华盛顿，此人可是当时最有力量的演员，那凸出的肌肉、奔放的声音以及英雄般的激情，就如同古罗马民主殉道剧中的布鲁图斯和维吉尼乌斯一样，令现场观众震颤不已。

人群还纷纷涌向杰斐逊图书馆，这些书册正在参加拍卖之前的展出活动，以便抵偿杰斐逊地产的债务。宾夕法尼亚大道和第十三街区拐角处圆形大厅（Rotundo）的那幅《西点及其周边风景全景透视图》，如此之雅致，吸引了众人艳慕的目光。当然，人们还要见识一下那著名的日光显微镜。还有那只长着希腊英雄脸的猫，也是人们心仪和惊奇的对象。

此时谣诼四起。谁不曾听闻过弗朗西丝·赖特呢？这个来自田纳西纳肖巴的苏格兰人正在四处传扬她那令人警觉的宗教和社会观念。纽约、费城和附近的巴尔的摩都因为这个女人的出现而恨得咬牙切齿。同样来自田纳西的伊顿少校刚刚也成了热议的话题，他的元旦新娘，也就是那个大名鼎鼎的玛格丽特·奥尼尔·廷伯莱克，可不是等闲角色啊。("有个俗人，我觉得很可能就是斯威夫特，对这所谓的婚姻倒也有平实之论，"来自纽约州的众议员丘·卡·康布勒朗致信自己的密友马丁·范布伦，信中用词颇为直露，"那不过是女人将自己的……套在某人的'头'上。")

这一切的娱乐消遣也许都会消停，不过，国会的演出是不会后继乏力的；参议院，庄严且华丽，众议员则拥挤在众议院里面，有的斜躺在扶手椅里面，有人在大笑，有人在打嗝，有人在吐痰，有人在浏览报纸，可怜的发言人声嘶力竭，希望自己的发言能够冲破这喧闹。少部分议员可以享受到官方晚宴，通常要到下午五点半或者六点开始，菜品丰富，上菜速度相当快，汤汁、鲈鱼、火鸡、洋葱焖牛排、羊肉、火腿、野鸡、冰淇淋、果冻、水果等等，雪利、马德拉、香槟，各色酒品供应不绝。[5]

不过，所有这一切的喧嚣当中，人们最关心的当然还是杰克逊将军的行程。1月份的一天，有传言说，杰克逊死了，这可着实令华盛顿抖了三抖，最后还是达夫·格林在《美国电讯报》发布正式文告，否决了这一传言，这家报纸当然也是杰克逊的喉舌；2月11日，当选总统终于抵达华盛顿。人们注意到，他们的总统是个高个子，干瘦如柴，生活的磨难和年龄已经在脸上刻下了印记，头发浓密，正从灰色变成白色。他眼神哀伤，内心已经被刚刚故去的妻子掏空。右手隐隐作痛，因为一路之上他都在跟追慕者握手，显然那握手力度是相当大的。距离就职演说还有三个星期，当选总统遂利用这三个星期的时间征询手下顾问人员的意见，并选立自己的内阁，这段时间，这位当选总统表现得相当安静。

3月4日，华府上空的云雾尚未散去，但在杰克逊将军动身前往国会大厦的时候，太阳也突破乌云而出，一阵柔和的西南风掠过嘈杂的正在恭候他的人群。就这样，这个老人，穿着朴素的黑色外套，戴着同样是黑色的围巾，向兴奋不已的聚会人群发表了就职演说，神态僵硬。阿莫斯·肯德尔，肯塔基人，颇为精明，刚从法兰克福赶来，希望能在新政府谋得一个工作机会，他发给报纸的报道是这么描述人群的情绪的："对人民来说，这是骄傲的一天，杰克逊将军是他们自己的总统。"不过，大法官斯托里，约翰·马歇尔在联邦最高法院的好友兼门生，却给出了不同的描述，语气颇为绝望："'民众'之王的统治看来真是威风凛凛。"[6]

并非只有亚当斯集团对时局秉持悲观态度。马丁·范布伦刚刚辞去纽约州州长的职位，并入阁成为杰克逊的国务卿，此时正赶往华府，令人沮丧的消息也从四面八方向他涌来。3月的一个深夜，新罕布什尔州的利瓦伊·伍德伯里将范布伦从睡梦中叫醒，将阴沉的预言向他倾诉。在费城，他同爱德华·利文斯顿夫妇有过一场交谈，夫妇俩都是总统的老朋友，不过，这场谈话同样令人丧气。在纽卡斯尔，特拉华州的路易斯·麦克莱恩迎候他的汽船到来，此人一直在期待一个内阁职位，不过，此时，麦克莱恩的脸上也写满了失望。看到范布伦出现，便立刻上前挽住他的胳膊，而后便喋喋不休地抱怨这届政府的软弱，并暗示范布伦最好抽身离开，别蹚这浑水，免得一起倾覆。

范布伦抵达华盛顿的时候，天已经黑了。他的马车刚一抵达宾馆，就被一群求官索爵的家伙包围了。人群追着他进入宾馆，并毫无顾忌地涌入这位国务卿的房间，尽管此时范布伦已是舟车劳顿，疲惫不堪，就势躺倒在沙发上了。国务卿耐心地听凭这群人喋喋不休地说了一个小时，而后便将之遣散，并动身前往白宫。

此时的白宫，一盏孤灯在门厅里闪烁着幽光，一根蜡烛在总统办公室里散射出摇曳不定的光亮，老将军正跟自己田纳西州的老朋友刘易斯少校坐在一起交谈。杰克逊的身体状况不太好，很疲倦，不知道该到哪里去寻找忠诚或者支持。"他的朋友圈子并无一致原则，"丹尼尔·韦伯斯特向新英格兰方面回信说，"他们虽聚集起来，但并无共同纽带。"不过，当范布伦进入房间的时候，老将军的脸上顿时有了神采，眼睛也在熠熠闪光。总统起身，以坚定姿态对范布伦的到来表示欢迎。眼前这个坚毅的老人令范布伦内心一下子涌起暖意和信任，先前的疑虑便烟消云散了。[7]

这个年轻的共和国正面临考验。它能闯过这处"人民之治"的险滩吗？还是说，韦伯斯特、克莱、亚当斯以及范布伦的朋友们预期的灾难将最终成真呢？

罗阿诺克的约翰·伦道夫谈起此时人们的主流感受，已然难掩极度的紧张。"这个国家就要毁灭了，无药可救，"他差不多是哭喊着说，"人民的精神和品性也都将毁灭。"难道未来就没有任何希望了吗？"人们的精神已经跌落到悲惨境地，这情形令我震惊，令我憎恶，"他在绝望中宣示说，"现在的问题是到哪里找寻领袖，发动一场革命呢？"[8]

二　走出阿卡迪亚

杰斐逊的那个美国实际上在他总统任期结束前便已经开始消失了。那样一个美国是独立自耕农的天堂，每个人都拥有一块带绝对产权的地产，每个人都可以在自家的葡萄藤和无花果树下休憩，不过，变革潮流即将漫卷而来，这个明媚天堂开始变得黯淡。对杰斐逊来说，这个乌托邦就是以这样一个农人的国度显现出来。"在大地上劳作的人们，"他说，"就是上帝的选民，假如上帝真的有选民的话。"而且，那所谓的"美国梦"更要求土地不受工业化进程的污染。"既然我们都拥有可供劳作的土地，就一定不能看着我们的公民沦落工棚。"与其让我们的纯净海滩成为工人的炼狱，不如将我们的原材料送到欧洲，去换取那里的工业品，这样的办法显然要好得多，如此一来，这个纯净世界就不会因为"沾染工业作风和准则而堕落"。"城市暴民，"杰斐逊得出不祥的结论，"将会令政府权能平添无限助力，那情形就如同给人的躯体肆意制造创伤一样。"[1]

然而，现实终究是要背弃梦想的。《弗吉尼亚纪事》本身实际上就已经向世人呈现了一个忙忙碌碌的民族将会催生怎样的能量，虽然在这方面，这份文本做得并不充分。杰斐逊本人的总统任期中也已经有多次施政行动足以揭示出这个乌托邦即将覆灭的命运。无论将工厂留在欧洲的倡议是何等明智，将工厂带到美利坚，毫无疑问更有利可图。杰斐逊于1807年策动的《禁运法案》是他最喜爱的施政举措之一，但就其效果而论，则毫无疑问是出力帮助了人们在这美妙的伊甸园豢养了那条毒蛇，令制造业开始获得稳固的立足之地。实际上，此前的二十年间，这些工业建制就已经以小心翼翼的试探态势，在大西洋海岸地带悄悄铺展开来了。1812年战争以及英国实施的海上封锁，则更进一步地刺激了美利坚国内工业的发展。保护性关税紧随战争而来，在关税大墙的保护之下，美利坚工业呈现出雨后春笋的发展态势。

在统计数据上，此时农业仍然是美利坚生活的中心，不过，商业也开始在美利坚民族想象以及美利坚施政体系当中发挥出愈发强劲的威力。1820—1840年间，美利坚的工业人口增幅为百分之一百二十七，农业人口增幅则只有百分之七十九。城市人口也有类似的增幅。1820年，美利坚的八千多个城镇只占据了不足二十分之一的人口，二十年后，同样是这些城镇，就已经占据了超过十二分之一的人口，这其中有九分之一的城镇，人口都超过了两千。[2]

新经济当然要求新制度。昔日里纯粹的私人企业在这个过程中得以重塑，成为资本主义企业的强劲工具；各州从立法层面创制了大量的特许公司，此类公司遂在传统企业旁边迅速崛起，踏上霸权之旅，首先是银行业，接着便是保险业和内陆运输业，很快就开始进驻制造业。

纸币体系随之介入，强有力地激发并传播着创业热情。共和国初生之时，人们紧紧地看守着银行业特权，严厉的杰斐逊派更是对此类特权秉持深刻怀疑态度。但到了这个时候，各州在立法层面上都已经大幅度地拓展了此类特权，1812年战争造成的银根紧缩局面，是这个过程中的突出节点。"野猫纸币（wildcat paper）"也许算不上特别可靠的资本形式，不过，这种资本形式周转速度极快，其扩张会消解那些怠惰资本。商人群体，破产也好，富有也好，显然都倾向选择这种能够高速流转且供应充沛的货币机制，尽管并不完美，谁愿意去承受那极为受限的货币供应机制呢？就这样，州银行体系迅速发育起来，其效用是很显见的，营利性能也颇为强劲，不久便令杰斐逊派残存的顾虑一扫而空了。银行之于新经济的分量如此迅速地攀升，很快便于1816年催生了一项重大政策建议，那就是创立第二家合众国银行，理由是要对迅速发展的银行业实施控制。与此同时，西进运动也在如火如荼地开展，新的外缘定居地被不断开拓出来，这些地方当然需要货币，但是硬币又是如此匮乏，这就催生了对流动资本的更大需求。

2

亚历山大·汉密尔顿，华盛顿将军的助手，才干出众且雄心勃勃，正是此人将相应的政治哲学赋予了这个新兴的工业主义。革命时代的那段动荡岁月令汉密尔顿意识到，社会稳定的基础在于政府和商业的稳固联盟。汉密尔顿相信，一个"不能将富人的利益和财力同国家的利益和财力统合起来"的社会，是没有机会成功的。早在1780年，汉密尔顿内心就已经在酝酿计划了，目的就是要让"财富阶层明白，同政府协作并取得政府的支持，是他们的直接利益所在"。

汉密尔顿相信财富阶层拥有根本性的智慧，同时对民众的自治能力不抱信任。"所有的群体，"在费城制宪会议之上他告诉众人，"都天然地要分化成少数和多数。少数富有且有教养，所谓多数也就是民众……民众暴烈无常，无定见，无恒心；基本上没有判断力,也无决断力。"因此,治国之道其实很简单。"在统治权能当中,给予少数群体显著且恒久的份额。他们将会遏制民众之反复无常,鉴于变动对少数群体没有任何好处,他们因此也就能够成为政府大船的压舱石。"[3]

如此,则对汉密尔顿来说,问题的关键也就简单了,那就是设计一种机制,可以确保"富有且有教养"的群体享有"显著且恒久的统治份额"。一开始,他寄望自己的规划能够灌注在正在设计的宪法当中;不过,他的此番努力在制宪会议上遭遇挫败,这令他认识到,必须在制宪行动结束之后,促成财富阶层和国家的姻缘,同时,也不能因此动摇民众的制度忠诚。

基于此等考量,汉密尔顿对共和制度框架予以欣然接纳,甚至在《联邦党人文集》当中为这套制度提供了强力辩护。谋得财政部部长之职后,他看到了机会,遂提起一份财政方案。这份方案当然不仅仅是为了应对眼前的财政困境而提出的解决办法,尽管这种解决办法颇具政治家风范,这份方案更是一套辉煌设计,目的是将稳定且恒久的统治份额给予商业群体。为此,他先是提出由财富阶层包销国债并担当融资体系,这当然是他为了推行大计划而抛出的诱饵。为了达成国家和财富阶层的稳固联盟,他设计了作为此一联盟之基石的合众国银行。这是一个营利建制,由私人拥有,同时享受专门的公共资金渠道,有了此一建制,则如同他早先说的那样,就能够"在国家利益同财富阶层的利益之间铸就紧密纽带"。[4]他提出的《制造业报告》可以说是名扬四海,其中就对商业—政府之联盟机制的长期前景提供了一份经典申述。

《制造业报告》是对美利坚之工业化未来的第一份伟大表述。报告采取了相当聪明的办法,首先对杰斐逊派的梦想做出了让步,承认农业"相对于其他的一切产业部门,都拥有内在且强固的优先地位",接着便表明,农业的切实利益"不会因为政府适度鼓励制造业而受损,反而会获益"。[5]有了这个前提作为保障,《报告》便顺利推展开来，直到得出最后的结论：政府应当保护工业。《报告》的目的是要铸造一个美利坚的商业集团，不过，汉密尔顿对此举的政治意涵保持沉默，同时对杰斐逊派的心思也是恭顺有加，尽管如此，《报告》的主旨是明白无误的，但凡有进取之意的资本家不可能意识不到这样的主旨。这份报告并没有产生即时效果，不过，其长远效能极为出色，实际上成了随后几代汉密尔顿主义者借以找寻论证和灵感的弹药库。在随后的历史进程中，该报告蕴含的规划也逐渐推行开来，并最终成为美利坚商业群体日益崛起的标识。

1800年，杰斐逊赢得大选，这场胜利暂时击退了汉密尔顿和早期联邦主义者为了创建以商业集团为核心的社会导向而表现出来的率直干劲。但是，工业主义的能量毕竟是无可抵御的，这些人遂开始借助共和党来展开运作，由此汉密尔顿的经济纲领变得更为温和，用词也没那么激烈了。

1812年战争之后，该经济纲领最具说服力的支持者是来自肯塔基州的亨利·克莱，此人曾是杰斐逊共和派，他重塑了汉密尔顿经济纲领，令其适应西部诉求，亨利·克莱也因此成为西部世界的第一个伟大政治领袖。此番改造之下，克莱着意进一步阐发有关"国内市场"的论述，由此令汉密尔顿的关税议题也得以拓展，亨利·克莱特意保证说，工业化进程将令农民种植的一切东西都不难找到市场；他更提起政府支撑之下的"内部改进（Internal Improvements）"政策，由此令汉密尔顿的基本纲领更显丰满，也为亨利·克莱进一步赢得了西部。[6]

于是，多项举措齐头并进，并且形成一个紧凑且整齐的体系，整个发展体系的主要依托就是借由汉密尔顿融资计划生发而出的公债系统。公债令"银行"成为必不可少的金融组件，关税作为财政源泉也获得同样必不可少的地位。"内部改进"政策承诺了一个有着稳定消费能力的未来，这将拯救债务系统免于坍塌。此外，债券本身就已经在政府和债权人、商业以及金融集团之间铸就了无从拆解的紧密纽带。"国债,"汉密尔顿写道,"只要不过量,就会是一项民族福祉。"[7]

亨利·克莱拥有高度的个人魅力、火一般炽烈的口才,在政治事务上也极具胆识,他就是凭借这样的才具,将联邦党人的纲领装点起来。在更为冷峻的汉密尔顿手中,这套纲领没有什么情感色彩,经亨利·克莱此番改造之后,浓浓的情感意蕴便从这冷硬的纲领之中散发出来。在美利坚的历史中,尚且没有哪个人能够像亨利·克莱那样,拥有如此卓绝的天赋去激发人们的热情。一个超群的演说家,对群众心理有着明晰的洞见,有着宏富且光华四射的想象力,这样一个人显然是最适合捕捉并表达那说不清道不明的民众情感的,这种情感蕴含了模糊的渴望,也蕴含了民众的常俗和惊叹。亨利·克莱由此便将枯燥的逻辑文本里面的联邦主义幻化成活生生的愿景,用激动人心的辉煌未来图景,取代了汉密尔顿那枯燥的推理论章。民族主义因此得以熠熠闪光,并预示着一个新的且不那么引人警惕的名字:美利坚体制。在亨利·克莱的操持和奔走之下,再洗礼之后的联邦主义便慢慢地渗透到内阁议事会里面。

3

克莱予以接手并重塑的汉密尔顿经济纲领,只不过是一套整体性的社会哲学的组成部分而已,这套社会哲学的目标主要在于权力分配而非利益分配。汉密尔顿区分了"富有且有教养"的群体和"民众",正是此一区分十分精简地为联邦主义者廓清了所谓的政府问题。联邦主义精神一旦登临全国性的舞台,便越发倾向于使用或者说是借助杰斐逊的语言、原则和党派,反而是在各州的地方舞台上,联邦主义者在"少数"和"多数"之间所做的传统区分保留着鲜活的生命力。在同英国的第二场战争结束之后的那段岁月里，各州均开始召集修宪集会，这方面存留下来的大量素材就足以证明这个情况。

先是三个大州积聚起强烈的不满情绪，要求修宪，分别是1820年的马萨诸塞州、1821年的纽约州和1829年的弗吉尼亚州。修宪集会的代表涵括了当时的众多政治人物，诸如约翰·亚当斯、丹尼尔·韦伯斯特、约瑟夫·斯托里、詹姆斯·肯特、马丁·范布伦、约翰·马歇尔、詹姆斯·麦迪逊、詹姆斯·门罗、约翰·伦道夫、本杰明·沃特金斯·利、约翰·泰勒等，悉数在内。此类修宪集会本身就极为鲜活地呈现了正在搅动社会的诸般冲突场景。选举权的财产资格门槛问题、公职的宗教门槛问题以及司法问题，则是这一系列问题的重中之重，剧烈的争论令联邦主义遭遇了民主派的全副火力攻击，最终也逼得联邦主义的一些潜在原则袒露无遗。

亚历山大·汉密尔顿要将自己的教会建立在磐石之上，这磐石就是他那深刻的信念：贵族之治是社会的最佳治理状态，最为恰当且经久的贵族制需要建基于财产之上。丹尼尔·韦伯斯特在马萨诸塞州修宪集会之上发表的那场演说如今已经是名扬四海，那场演说以沉甸甸的方式提起了这样的论证——"权力自然且必然要追随财产，"他宣示说，"共和体制表面上看来要倚重政治安排，但实际上，那些规约着财产继承和流转的法律才是共和体制的真正依托。"据此，他得出结论："为政之道的要诀就在于将政府建基于财产；要建立一套用于规约财产继承和让渡的法律，据此稳定财产的分配机制，令社会的绝大多数人都矢志捍卫政府。"本杰明·沃特金斯·利在弗吉尼亚修宪集会上给出了类似的申述："强制或者欺诈也许能在一时之间将权力和财产割裂开来，但要二者真正分离，那是绝无可能的事情。一旦人们感受到分离之痛……财产自然而然地就会给自己购买权力，要不就是权力直接接管财产。无论是哪条路，最终都将是自由制度的终结。"[8]

倘若权力和财产彼此融合，倘若将选举权限制在拥有规定财产资格的群体，令二者达成切实的融合，那么新联邦主义的任务毫无疑问就是全力阻止二者分离，说白了，就是全力阻止政治权力从财产阶层滑落。

因此，这场修宪之战的关键就在于选举权是否可以向着无财产的大众扩张。法学家钱塞勒·肯特在纽约州修宪集会之上发言说："有人认为，但凡劳动或者服役之人，都应当平等分享统治权能，这种看法实在是荒谬透顶，毫无正义可言。"为此，肯特还特地援引了自己平常最喜欢的一个比喻，"人们为了保护生命和财产而集结起来，由此便形成了社会，倘若一个人只给共同资金贡献了一分钱，那显然就不能跟那些贡献了数千美元的人享有同等财务权力"。这的确是这些人极为珍视的一种论证模式。"一切私人企业都承认这样一项原则，"另一名发言人在集会之上郑重宣示说，"财产份额越大，投票权也就越大。共同体也是如此。"[9]

此等原则的涵义不言自明，更为强硬一些的联邦主义者对此也并无避讳。"商业群体和制造业群体的财富日益攀升，"杰里迈亚·梅森写道，"他们的政治权力也应当相应地提升起来，这是天经地义的事情……我当然知道世人会怎样诟病这些上流社会富人。不过，在我国，倒完全不必有这样的担心，因为我们国家到处都是财富，我不禁怀疑，除了财富，还能到哪里去找寻一个自由且稳定的统治基础。"[10]这个杰里迈亚·梅森可是丹尼尔·韦伯斯特眼中美国的头号律师。

就这样，财富的特权支撑起政治主导权，不平等的属性则又支撑起财富聚敛机制。彼得·奥克森布里奇·撒切尔，波士顿的一名法官，是保守派的代表人物，用他的话来说——"穷人和富人的分野，乃是天意秩序……看看嘛，田野里的花都并非同样美丽，同样芬芳，再看看嘛，大地上的果实也绝对不会是同样丰富，同样健康。为什么，"他接着提醒听众说，"橡树巍巍耸立，直刺天际，而灌木丛只能匍匐脚下呢？无用的懊悔或者空空的不满，就能改变自然之道吗？"[11]

在这样一幅图景中，价值等级昭然若揭，荣誉尽归那高高耸立的橡树，恶德和懒惰当然是要下面的灌木丛去领受的。"在这个阶梯上，最低等级通常也都是最穷的人，最高等级则通常是最富的人"，这是《美国评论季刊》给出的直截评判。这样的评判倒也来得舒服惬意，不拖泥带水，"纵情感官享乐，缺乏智虑，道德低下，此乃底层的特征；知识、头脑以及精致的社会和家庭生活，乃是上层的特征"。在联邦主义者的头脑和想象当中，财产基本上等同于品性。诸如尼古拉斯·比德尔这样的人，因此也就能够肆意无阻地发出尖刻抱怨，讥讽那些"没有财产可以估价，也没有品格可以失去的人们"，此等辞令差不多成了这些人的口头禅。[12]

新联邦主义于是便拥有了强劲的逻辑力量，然而，即便是这样的逻辑力量，在现实面前，也是毫无用处。选举权最终还是将无财产民众吸纳进来，尽管在新联邦主义者看来，这简直是无法原谅的事情。反而是政治权力和财产的此番分离，令联邦主义逻辑陷入了危险境地。毕竟，若是按照新联邦主义的逻辑，则如同韦伯斯特说的那样，男性普选权体制"在财富极度不平均的社会格局当中是没有长存之机的"，此等情形之下，倘若各州的修宪潮流仍然朝着普选权的目标进发，那么韦伯斯特这一派岂不是有着绝对的责任去减少经济上的不平等吗？[13]

4

因此，联邦主义的权力逻辑便也只能沦落为历史的牺牲品，毕竟，这些新联邦主义者既不愿意重新分配自己的财产，也不愿意重启普选权问题。不过，在基本目标方面，他们是坚定不移的；所谓的"美利坚体制",已然靠着克莱的才具,从汉密尔顿的前提框架当中充分解放出来,经一番精心改造之后,继续向着汉密尔顿的目标奋力推进。此外,上流社会的富人自然地也会吸引社会当中一切赋有名望和特权的群体,法律和宗教的权威,都是其影响力的支撑因素。

一开始,联邦主义者严重低估了法院的力量。他们觉得既然行政权能完全在握,也就不需要到其他地方寻求权力了。即便是汉密尔顿,也对司法系统的权能颇为瞧不上眼,认为"在三大权力部门当中,司法权能毫无疑问是绝对的弱者"。1800年,杰斐逊的胜利改变了这种局面。此时的汉密尔顿深陷沮丧,遂对宪法心生绝望,认为所谓宪法不过是"脆弱且无用的造物而已"。但是也就是在这个时候,一个更具头脑和才干的政治家现身历史舞台,并拿起了保守主义的标尺。鉴于联邦党人已经被逐出行政和立法部门,现在至少还有司法系统是在他们手中的,约翰·马歇尔遂致力于令司法系统成为无可攻克的堡垒。用范布伦的话来说,此时的联邦党"开始着手操持司法系统,令其成为未来的方舟,借此将宪法置于公共舆论无从触碰的位置上"。[14]

马歇尔凭借出类拔萃的才干,将这条新战线拱卫起来。在接下来的二十五年间,他时刻要面对杰斐逊的仇视以及整个弗吉尼亚集团的怒火,偶尔还会有诸如理查德·门·约翰逊以及马丁·范布伦等人在参议院向他发起攻击,但他仍然以无可征服的态势扩张了联邦最高法院的权能,并由此间接地提高了整个司法系统的威望。只要法官能够免受民意的惩罚,那么法院就毫无疑问地会成为民选政府的永恒约束。由此也就在各州的修宪集会上引发了一场剧烈冲突,议题便是司法体系的所谓"独立性",当然叫法不一,也有人称之为"无责任原则"。大法官斯托里在马萨诸塞州修宪集会上坦率承认,"有志于法官独立原则的,是少数派"。[15]在英国司法独立传统的拱卫之下,联邦党人极为成功地依托司法体系建立了自己的强劲阵地。

他们还依托同样的精神和原则，竭力保存并捍卫英格兰普通法的全部神圣性和神秘性。在对手眼中，这普通法就是用先例熔就的一片令人完全找不到方向的泽国，其现实后果便是所谓的"法官造法"；的确，在诸如彼得·奥克森布里奇·撒切尔这等法官手中，普通法成了一座无底仓库，里面储藏了取之不竭的理由，可以解释为什么人们对这么一片泽国束手无策、无所作为。致力于修订法律并将之法典化的这场民主运动，最终反而催生了另一条炽热战线。

联邦主义同样动员了宗教的力量来支持自己的社会观念。立国之初，便已经有不少的保守派秉持十八世纪绅士阶层特有的那种谨慎的怀疑主义，认为要约束下层的野蛮欲望，宗教是必不可少的，但对上层并无这个必要。不过在随后的进程中，十八世纪的这种谨慎的怀疑主义消散而去，特别是在这个过程中，神职阶层开始高声宣示，杰斐逊的自然神论是个重大威胁，不仅威胁到神职群体，更威胁到社会秩序之根基。于是，保守阶层的宗教信仰也开始越发地坚定起来。1802年，汉密尔顿于决绝的境地力图重振联邦党，遂倡议建立一个基督教宪法协会，目标是双重的，在推进基督教信仰的同时，也推进宪法。[16]

汉密尔顿的此番努力当然没有收获任何成果，不过，他心目中的这个同盟规划迅速实现了。在这样一套同盟体系当中，上流社会的富人保护宗教不受杰斐逊反教权主义潮流的侵袭，作为回报，宗教则为上流社会的富人立下神性藩篱。于是，神职群体便担当起重大职能，要让社会底层适应并接受人世的不平等，并调教这些群体绝对服从藩篱。"基督徒的道德和虔诚，连同日常智性，"圣公会的牧师、后来的辉格党小册子作家，也是亨利·克莱的好友兼传记作者卡尔文·科尔顿宣示说，"乃是美利坚共和的最后希望，也是唯一有能力对横冲直撞的美利坚自由实施有益约束和控制的力量，那肆意冲撞的自由已然成了美利坚民族的特性了。"[17]

一些神职人员甚至着手论证联邦主义的神圣起源。1835年，尚未成为纽约州圣公会主教的乔纳森·M.温赖特，向马萨诸塞州立法机构保证说，宗教"认可并批准了人间财富的不平等分配原则……也认可这是人类社会的永恒境遇"。[18]圣坛之上滚滚而来的言词将联邦主义的反对者们斥为宇宙秩序的敌人。"人类的境遇本来就应当是不平等的，恩典的一切作品都是如此，这显然是上天的指令，智慧且仁慈，"这就是哈伯德·温斯洛的申述，接着他便明确告诫说，"正是那种平均观念，令光芒四射的天使从星空坠落凡间"；至于温斯洛的朋友和偶像丹尼尔·韦伯斯特，则是尽其所能地将这位牧师对神意的此番解释，转变成土地法令。[19]

就这样，宗教和法令将人类最深沉的欲望，也就是对社会稳定和宗教救赎的欲望，等同于特定的政治秩序，令联邦主义得到了极大的强化。同时，也保证了人口当中仅有的其权威并非依托财产的群体，对联邦主义的忠诚。确切地说，只要社会当中存在或者涌现出任何的身份贵族群体，那么在宗教和法律的此番背书和支持之下，这类贵族群体也必然会站在上流社会的富人一边。法官、神父和财富的此番联盟看来是无可征服的了。[20]

当然，在这一时段，南方种植园主开始选择叛离之路，同时，新的社会群体崛起，开始追逐身份贵族这一社会地位，比如军中将领、报刊编辑以及文学人物等。老联邦主义对这些新群体的诉求一概予以拒绝，于是，这些人便都在未来的斗争中成为民众的潜在领袖，引领民众为政治权力而战。

三　杰斐逊良知的守卫者

十九世纪初的那场经济变迁，摧毁了农人乌托邦的梦想，同时也向政府提出了诸多问题，这些问题是弗吉尼亚的阿卡迪亚式哲学不曾思考过的。杰斐逊其人，素来都对民族需求保持敏锐，这种敏锐总是能够克服他对教条的忠诚。在总统任期之内，他开始稳步调整对工业化的看法。"我们的制造业人士跟我们的农民一样纯净自然，一样独立且有道德"，这是杰斐逊在 1805 年给出的一番品评，很显然，他对此颇感惊讶。四年之后，杰斐逊承认，农业、制造业和商业的综合和平衡，对美利坚的独立地位来说，已然是本质要件了。1813 年，他明确宣称，世事的进展"已经打消了先前的疑虑"。1816 年，美国社会开始认真尝试将汉密尔顿的《制造业报告》付诸实践，对此，杰斐逊几乎是以悔悟语气评论说："经验已经让我懂得，无论是对于我们的独立还是我们的福祉，制造业如今都是不可或缺的了。"八年的执政生涯显然已经令作为政治家的杰斐逊战胜了作为哲学家的杰斐逊。[1]

1

如果说杰斐逊的总统任期是在向必然性寻求妥协，那么他的继任者就可以说是在向必然性投降了。1812年战争明显地暴露出杰斐逊派的不足，他们的解决办法无法应对财政以及行政领域的一系列复杂问题。战后的经济乱局令政府在面对商业群体提起的诸般要求之时，变得特别没有抵抗力，这些要求持之有据且相当精细；麦迪逊和门罗，都出身弗吉尼亚，于1809年到1825年间占据总统宝座，此二人显然都缺乏足够的意志和能力依托弗吉尼亚的社会哲学去构筑一套施政纲领，最终都不得不从原初的杰斐逊立场上败退下来，这场败退虽然曲曲折折，但也明晰可辨。

1816年的第二合众国银行提案获得批准，批准这个方案的人，也正是二十五年前第一合众国银行方案最为激烈的反对者。第二银行提案获批，可以说是最好不过地诠释了杰斐逊田园梦想的坍塌。接着，麦迪逊又为1816年的关税提案背书；而后，他虽然拒绝认可内部改进运动的合宪性，不过，仍然就这场运动的重要性发出倡议，并且跟杰斐逊一样，提议修宪，以便批准内部改进运动。门罗则做出了更大的让步。在第二个任期结束之前，他签署了内部改进法案，由此提供的合宪空间之大，令众多杰斐逊派都备感震动，1824年，门罗签字批准再次提升关税。弗吉尼亚王朝的末日遂成为一段忏悔时光，忏悔弗吉尼亚教义的无能。

此时的联邦党则因抵制1812年战争，差不多已经瓦解了。既然麦迪逊已然推行了昔日联邦人的大部分纲领，那么这个政治党派的复兴也就没有太大必要了。地方层面当然还有联邦党的残余组织，但在国家舞台上，这些组织基本上没什么分量了。到了1820年，1800年的尖锐敌对态势已然消解而去，取而代之的是那个"感觉良好的时代"（Era of Good Feelings），时代氛围则融洽且平和。这个时代的选战当中，只出现过一次不和谐的情况，那就是选举人票方面反对门罗连任，不过，背后的原因仅仅是私人嫌隙而已。

四年之后，也就是1824年的大选，则是真正意义上的选战，不过，这场选战的轴心是人选而非议题。亨利·克莱是"美利坚体制（American System）"最率直的支持者，约翰·昆西·亚当斯则被怀疑是披着羊皮的联邦党人；威廉·哈·克劳福德则谨守杰斐逊路线，安德鲁·杰克逊处在一个模糊的中间位置上。不过话又说回来，所有这些候选人名义上都是杰斐逊共和党人，想必都认可并接纳上一个十年的基本潮流。

选举人票方面，没有人获得多数票，于是便需要众议院做出裁断。其时，亚当斯和克莱的人联合起来令亚当斯获选，克莱则成为国务卿。于是，这个"美利坚体制"的坚定捍卫者算是执掌了实权。杰斐逊派在这场选战中遭遇完败。

2

杰斐逊的妥协是必然的，但麦迪逊和门罗并不一定就得缴械。此时西进运动正如火如荼，这实际上襄助了农业力量在这个国家的存续。美利坚也就是在这些年间购买了路易斯安那，并将佛罗里达收入囊中，与此同时，引人注目的边疆地区也正有新州陆续崛起，令联邦不断扩大。截止到1830年，联邦成员已经从最初的十三个州增加到二十四个州。农耕仍然是美利坚人民的主要职业，也是国民收入的主要来源。

但是从政治上讲，农业虽然具备十足的经济分量，却缺乏相应的权力。商业集团则表现得非常紧密且团结，由此便享有了至关重要的优势地位。只有在南方的种植园地区，农业才享有集中优势，同时也拥有相当敏锐的领导集团，这个集团自感有义务去经营这个国家。于是，反对联邦政府当中这股汉密尔顿政策导向的主要责任，便落在了南方种植园主身上。

特别是在弗吉尼亚，人们怀着深深的忧郁，观看着这段历史平和期。杰斐逊在就职演说中给出了温和陈词，"我们都是共和党人,我们都是联邦党人",[2]对弗吉尼亚的震动是非常大的。杰斐逊的施政举措很快便令他的一些激进追随者认定,他太把这句说辞当真了。当杰斐逊提名麦迪逊为自己的继任者的时候,这些追随者的不满开始向着叛乱发展。麦迪逊当然拥有一段长时间的共和派生涯,但他毕竟跟亚历山大·汉密尔顿通力合作写就了《联邦党人文集》,而且,二人的紧密合作态势令这些著名论章究竟出自二人当中何人之手,仍然殊难定论。此人禀性小心谨慎,因此也就很难认为这样一个人物一旦登临总统大位,会有足够的意愿和能力去抵御联邦主义的压力。1808年,第三党,也就是该党教条派自称的"特廷奎德斯(Tertium Quids)"(简称"奎德斯"),心意相当决绝地将詹姆斯·门罗奉为自己的候选人,一七九〇年代的门罗乃是炽烈且激进的共和党人。不过,门罗最终意识到,若要入主白宫,最好是追随共和党,此一盘算令这场分裂运动归于瓦解。

"奎德斯"遂安静下来,等待下一次反叛。约翰·昆西·亚当斯进入共和党阵营,这并没有提升"奎德斯"对麦迪逊的信任。"两个亚当斯都是君主主义者,"来自加罗林的约翰·泰勒评论说,"对此,我毫不怀疑。这些君主主义者,究竟能不能像异教徒一样,靠着俸禄就能够改宗,这的确是个问题,而且我一直都担心麦迪逊先生会愚蠢地试着去解决这个问题。"1812年战争令这个党团更感不安,1816年的一系列事件则印证了他们的这种悲观态度。杰斐逊本人似乎都成了叛徒。罗阿诺克的约翰·伦道夫禁不住地一番嘲讽,他说,那位信仰之父已经堕落了,"成了那批阴谋者的君主,成了'坎汀伯雷'(Cantingbury,意指"虚伪""假虔诚")的圣徒托马斯"。[3]

对麦迪逊派的投降举动,伦道夫在国会引领了一场剧烈斗争。在论辩和政治运作之时,伦道夫一直担任"奎德斯"的领袖,然而,他那不分青红皂白的暴烈态度,往往是削弱了自己的力量。不过,1816年,也正是对这项事业之重要性的这种强烈信念,将他提升到新的高度。这一年,他凭借尖刻且无情的态度和令人震惊的雄辩之能,对麦迪逊派展开了猛烈攻击。这样一个人物,形象邋遢,举止傲慢,颇受当局忌惮。有时候,他那尖利、刺耳的声音也会令不堪折磨的对手发起并不算明智的反击,不过,这种反击并不多见。伦道夫的回击简洁有力:"你们所自傲者不过是你们身上的某种动物机能,说实话,在这方面,黑人不逊于你们,公驴则比你们强太多了。"当然,这番话是经过坊间加工了的。

然而,所有这一切的机锋和狂野最终都是徒然无功。在经历了数个星期的论辩之后,伦道夫也只能在绝望中哭喊着说:"会开到这个时候,我才大概明白这场战争给人民的情感带来了怎样的变化。"共和主义就此失去威力,杰斐逊派已然瓦解,沦为孤立无助的可忽略不计的少数派。[4]

3

就在伦道夫在国会决绝战斗的时候,加罗林的约翰·泰勒,下弗吉尼亚地区最能干的农夫,也正在思量这场经济变迁的宏阔意涵。[5]他的大部分光阴并非在公共舞台上度过,而是抛洒在绿树如荫的拉帕汉诺克河种植园里面了。泰勒钟爱乡野,热衷于改进农业方法,对乡村美德有着深沉信念,他将这一切的情感和心念都倾注于《阿拉托》(*Arator*)中,此书遂成为弗吉尼亚的农事圣经。

不过,像他这般纯正的杰斐逊派,对公职的召唤是有充分意识的。他常常会离开田间,如同当年的辛辛纳图斯一样,前往里士满或者华盛顿,为人民、为自己的原则效劳。1794 年,约翰·泰勒发布了题为《政党定义,兼论当前纸币体制的政治影响》的小册子,对汉密尔顿的一系列举措提起尖锐批判,由此廓清了杰斐逊派的论战纲要。1798 年,他一手操持发布了著名的《弗吉尼亚决议案》，该法案由杰斐逊构思而成，麦迪逊起草。该决议案一出，便成为共和主义的"三十九条纲"。一八二〇年代，约翰·泰勒一直在参议院效力。此人受人敬重，作风朴实坚定，他的发言兼具智慧和谦恭，穿着简朴——就是一件外套、一件背心和一条齐腰工作裤，典型的"伦敦灰"（London brown）老式工作服，这给当时的年轻政客留下了深刻印象。托马斯·哈特·本顿不禁留下如下品评："我常常会去想象共和派政治人物的理想形象，看到约翰·泰勒之后，我一下子意识到，没有比这个现实人物更完美的形象了。"[6]

泰勒在加罗林乡间忙着自己的田地，跟在加罗林驻留过夜的友人交谈，也经常跟亲朋好友通信。在此期间，他内心一直在思量弗吉尼亚原则，同时也在急切地探察那些正在威胁弗吉尼亚原则的力量。他在杰斐逊任期中就已经对世事进展有所觉察。"联邦主义，"他写道，"……已经赢得了新的立足点，已经开始跟共和主义成了伙伴。"他笔走龙蛇，"肆意且潦草"，纸张一页页翻过，圈圈点点，涂抹加注，最终成就了一部大书。[7]

1814年，这部伟大作品于弗雷德里克斯堡问世，这是一部七百页的大书，书名是《合众国政府之原则和政策探析》。就形式而论，这书显得有些散漫且不够系统，就这么围绕一个主题来回"溜达"，时而从旁观察，时而从后窥探，时而从山顶俯视，时而又将之用作熟悉的标志。"老天啊，"已经被折磨得失去耐心的伦道夫大声说道，"找个像样的人……将这书重新编排一下，编成能看的英语吧……人类心灵的力量和弱点都在这里面了；强劲、简洁、明澈、软弱、枯燥、含混、不可理解，等等，尽在其中。"[8]

然而，伦道夫显然误判了这部大书的本质特性。这种风格显然并非寻常类型，在美利坚实属罕见，文学史也将之低估并忽视了，但是，这种风格轻松、灵动，语意丰富，比喻精美且动人，在这些方面已然非比寻常。这俨然是十七世纪的格调，用本顿的话来说，这就是那种"古怪的爱德华·柯克体"，充满了回旋和巧思，遣词造句中,"形而上学"的姿态和力量喷薄而出。[9]当然,缺点也很明显:啰嗦、重复且含混。不过,运思之精微以及其中的睿智和洞见,与无情且精细的剖析,简直匹配得天衣无缝。

这本书极为全面地解析了杰斐逊农业乌托邦的基本意涵。跟杰斐逊一样,泰勒也深深服膺于自由社会图景,对自由的物质条件有深刻意识。他着重申述说:"财富,就如同选票一样,分配之时必须慎之又慎,只有这样才能支撑起一个民主共和国;若是大量财产都落入少数人手中,这个民主共和国就完蛋了。权力的确追随财富,因此,多数必须拥有财富,否则就会失去权力。"[10]

在这个共和国,农业——"自由的护卫者,财富的母亲",将继续占据主导地位,泰勒认为这便最为有力地保证了财富的大范围分配。农业涵括了泰勒所谓的"自然"财产或者说是"实体"财产,确切地说,就是从生产性劳动中直接取得的财产。泰勒便据此提出了自己的核心观念:自由民主体制是否能够存续,取决于"自然"的私人财产秩序能否存续下来。有了"自然"的私人财产,每个人都可以享受自己的劳动果实,如此一来,无论是压迫还是欺诈,都无法对私人财产进行掠夺了。[11]

泰勒特别提及自然经济秩序面临的两种威胁,这是"侵夺私人财产的两种方式:其一,穷人掠夺富人……手段暴力且突然;其二,富人掠夺穷人,通常采取法律手段,徐图缓进,步步为营"。泰勒认为,第一种威胁在美国是不可能存在并立足的。在美国,只有财富的集中制造了太多的穷人,穷人才有可能变成威胁。泰勒相信,真正的危险在于第二种情况,也就是来自上层的掠夺行径,这种行径是以有序且合法的方式展开的。特权集团前赴后继将历史串联起来,先是教士阶层,后是贵族集团,如今是银行体系,这就足以表明,每个时代都有自己的制度化的掠夺方式,少数集团可以凭借五花八门的办法,借由国家的力量展开掠夺。[12]

在美国,教士集团和贵族集团已经被摧毁了;不过,泰勒仍然告诫说，万万不可因此便认为，美利坚已经免除了暴政之忧。如今人类已经发明了第二种财产形式，泰勒称之为"人造"财产或者"虚拟"财产，正是这样的财产形式，令贵族集团可以肆意地压榨农民和工人的血汗。当然，最本质的错误是汉密尔顿的政策体系。那是一套依照英国的等级制度建立起来的财政金融纲领，在泰勒看来，这样一套政策体系置身新世界，将会是彻头彻尾的罪恶。"在我看来，"泰勒在一个标志性的段落中写道，"他们豢养的这个美人，就是一个化了浓妆的妓女，拉拢、腐化并劫掠她的仰慕者；倘若有人认为，抛弃自己的原配，抛弃那健康且贞洁的乡村姑娘……而后去娶一个二手的城市妇人，一个浑身溃烂的病态妓女，就能够提升眼前或者未来的幸福指数，那就大错特错了；也许人类的情趣和品味难以解析明白，特别是我们所谓的爱情这种东西，不过，对这样的二手烂货，英格兰人民是巴不得将之抛弃的。"[13]

泰勒以尖刻且精细的方式解析了基金体系、纸币银行体系以及保护性关税的运作方式，据此表明，所有这些体系和制度都是以老实且有德的农业群体为代价，让金融贵族去获取利益的。"财产转移政策，"泰勒宣示说，"催逼着一切劳动群体和生产群体落入贫困境地，这一点是不会改变的。"联邦主义者的此类举措，确保了从"自然"财产身上获取未定的抵押金，并确保将这笔钱转归"人造"财产，最终的结果就是专制和暴政。"税赋，无论是直接税还是间接税，在一切形式的纸币体系的襄助之下，终会将这个国家的财产掠夺净尽，却没有将自由赋予这个国家；就这样，这套政策体系创造了一个单独的利益集团，并让他们赚得盆满钵满，这个利益集团最终将剥夺这个国家的自由，完全用不着让渡任何的财产。"[14]

泰勒在几个引人瞩目的段落里明确指出，贵族集团的这种自我强化程序，既表现在财产掠夺方面，也同样有效地表现在心理掠夺方面。"欺诈和暴政的钓钩，"泰勒评述说，"通常都辅以美妙辞令……应当像对待叛国者那样，挑战并解析他们的政治辞令，靠着原则对他们展开严厉审讯，在此之前，切不可给他们任何的信任。他们往往将自己打扮成原则的仆人，由此获准进入家里，如此一来，便不难觅得最佳机会下手谋杀主人。"跟教士和贵族一样，这个金融贵族集团也有其心理同盟，"武力、信仰和信誉就是他们的手段，就如同往日的教士和贵族也会动用宗教和封建体制为自己效力一样"。[15]

这个集团到处叫嚷着要宗教自由，叫嚷着要剪灭贵族封号，但这只是为了分散人民的注意力，令人民意识不到真正的危险所在，泰勒着重攻击了这样的行径。这个集团如同毒蛇，"正安静且阴险地缠绕着自由，将古老的贵族遗骸摆放出来，令人们陷入惊恐，无暇顾及他们的所作所为"。泰勒动用了更为形象的比喻，来集中表述此等情状，"我们当然都了解死亡，都知道如何用一把镰刀杀人，但是他们是用四把镰刀杀人，令人们将他们误认为是神"。[16]

这个贵族集团特别擅长将"虚拟"财产包裹起来，确切地说，就是借助诚实的私人财产的声望将纸币和股票包裹起来，这才是他们最大的力量源泉。他们会假装宣示说，他们要保护土地和劳动不受来自底层的再分配威胁，此举不过是为了从上层来保存并维持他们自己的再分配体系。泰勒对这样一种全然非自然的同盟体系展开决绝战斗。"倘若私人财产是劳动的果实，那么盗取劳动果实也能够建立私人财产吗？他们单纯地将一门火炮称为财产，这实际上是在扭曲财产的意涵，如此一来，他们就能够将他们的炮群掩盖起来。税赋和股票，就是他们发明出来，用以攫取私人财产的手段。如果这样的东西也能够称之为私人财产，那么断头台岂不是也能够成为脑袋了吗？"[17]

面对这样的局面，该怎么做呢？泰勒字里行间不免透射出悲观情绪，有时候甚至像是一曲哀歌，仿佛是在哀悼一个因为变革而受到致命伤害的世界。在某种意义上可以说，《探析》一书就是为失落的乐园写就的精美悼文。很明显,泰勒已经觉察到,即便自己的党派执掌大权,也无可避免地要背离那些真正的原则。"我是顶风冒雪,赶了上百英里的路前来给你投票的,一旦你获选,"泰勒告诉门罗,"我对你的信任也就会在错愕和困惑中跌落谷底,我肯定是要再次投靠共和党少数派阵营的。"

哪个政党能抵御权力的诱惑呢?"共和党多数,"泰勒申述说,"已然被内阁共和主义败坏了,这也是无可避免的,尽管还不能说是彻底败坏了,但他们已经深染一些愚蠢的情感和取向,比如喜欢一个强大的党派,喜欢猎取民心,喜欢鼓噪、吵嚷。我们这些真正的少数派必须去揭露这样的内阁共和主义,这是我们的职责所在,也是我们的看法,我们不能就这么眼睁睁地看着我们的党沦落到盲人骑瞎马的境地,就这么背离党的目标,一路走到黑。"如此一来,一个人若是尊奉真正的杰斐逊主义,也就注定了永恒的少数异见派的命运。泰勒是杰斐逊派最具锐见的人物,他的此番宣示实质上等于是承认杰斐逊主义已经失去效能,同时也足以表明,挫败感已经何等深刻地灌注了弗吉尼亚观念世界的裂隙。[18]

此后,泰勒继续发出警报,但世事也有自己的演进之道,甚至都没有工夫暂停或者反驳一下。泰勒认为人民应当为自己身上的枷锁负责,因为人民太冷漠了。"我们这些农民和工人在所有国家都是政治上的奴隶,"他极为痛苦地宣示说,"因为我们这些人往往就是政治上的傻子。"[19]1820 年,泰勒发表了自己最有影响力的作品《论宪法解释与宪法辩护》,此书的主要目的是对马歇尔派的宪法解释展开批判。1822 年,泰勒推出《暴政揭秘》一书,对保护性关税体制提起了一份尖锐且全面的勘察和批判。一年后,泰勒发表《再论宪法》,同样致力于揭露马歇尔的异端邪说。

泰勒就这么不断地写东西,将自己的复杂思想一一展露出来,用精妙的修辞绞杀联邦主义;然而,"美利坚体制"依然走着自己的路,并逐渐攀升到霸权位置。泰勒有自己的纲领或者规划吗?

"回归淳朴；恢复自由贸易；取消垄断特权；清除不正当的年金体系；瓦解立法裙带；压制法官造法；伸张财产之不可侵犯性，甚至抗拒立法侵夺行径，除非是为着真正的国民福祉。"当然，同时也要压制最高法院，压制制造业，取消纸币，重振民兵，造就一个"公正、自由、温和且廉洁"的政府。一句话，就是要造就一个乌托邦。一个词，绝望。[20]

4

一八二〇年代，杰斐逊派陷入愁云惨雾当中。杰斐逊本人于1816年向正在崛起的制造业发表了相当友善的欢迎词，他显然已经淡忘了1782年就制造业可能带来的恶端提起的那些警告了。而今，杰斐逊当初的预见开始成真了，杰斐逊也开始回归当年的悲观主义。（实际上，很久之前，约翰·泰勒就已经有所预见，认为杰斐逊迟早会重拾旧日观念，"我所见的这一切，定然也是令他极为愤懑的"。）宿敌约翰·马歇尔的权力日益攀升，这令杰斐逊在沮丧境地中越陷越深。联邦主义，正如他1823年告诉阿尔伯特·加勒廷的，"已经隐姓埋名，潜伏到我们中间了"，"它的力量自1800年之后，便不曾削减过……跟以前一样，法官集团就是他们的首领，就是他们的入门楔子"。1821年，他对《论宪法解释与宪法辩护》一书的问世充满希冀和热情。不过，1823年，当《再论宪法》一书推出的时候，他只能非常痛心地说："我估计，这书发出的声音要变成荒野里的呼告了。"他不免感受到，他的农业田园只能沦落成"老人的梦"了，美利坚的机会"已然逝去，不会回来了"。他就那么生活在静谧的蒙蒂塞洛，悲伤且无助地看着贵族体制大踏步前进，在暗自神伤中悲叹自己那些希望就此覆灭。[21]

一八二〇年代的美利坚，当然还有整整一批人都分享了杰斐逊的这些强烈希望，伦道夫、泰勒、北卡罗来纳的纳撒尼尔·梅肯，这些人在华盛顿都还算活跃。伦道夫仍然在众议院供职；但是因为他在国会演说之时控制不住脾气，让演说变成一场令人眩晕的、炽烈的、失控的大谩骂和大批判，这令他在竞逐国会领袖的道路上归于挫败。此时的伦道夫一直生活在忧惧和阴影当中，他担心自己会发狂。约翰·泰勒于1823年短暂离开了加罗林，从绿树成荫的拉帕汉诺克河谷投身到参议院的争斗当中。有那么一个会期，参议院的新人看到他总是跟梅肯待在一起，在认真交谈，"看起来就像是两个希腊圣人，他们敬重彼此，就如同其他人敬重他们两个一样"。[22]不过，此时泰勒年事已高，身体虚弱，一年后便去世了。

纳撒尼尔·梅肯在"奎德斯"里面是最不惹眼的人物，不过他活得够长，一直坚持着，在接下来一代人中成为杰斐逊式淳朴风格的体现者。梅肯其人绝对诚实，也绝对讲原则，就那么维系着共和主义的纯粹火焰，使其不至于熄灭，那般敬畏，那般虔诚，就如同大祭司侍奉神庙里的圣火一样。在他看来，所谓民主，就是一套朴素的伦理准则，而他已然是那么安静地将这套准则彻底融入自己的生活当中。他的信仰直率且坚定，并毫不迟疑地予以奉行。

梅肯是共和国之初的斗争岁月遗留下来的老兵了。革命时期，他以普通士兵身份参加战争，拒绝领取酬劳，也拒绝晋升。他反对1787年的宪法，因为他担心那样一套综合性的政府体制很容易就会失去控制，从人民手中滑落。1791年，他获选进入国会。在公职间歇期，他安静地生活在北卡罗来纳的农场里。他是种植园主，不过不是巨富，只能说是家道殷实。收获时节，他能够举起三大桶烟草，当然这是在烟草质量不错的情况下，若是质量一般，他也能举起两大桶。他就那么领着自己的奴隶在田间劳作，直到1817年的那个夏天，在一次劳作中，太阳太过毒辣，他无法承受；当时他已经六十岁了。

在华府，他的生活简单且有规律。他总是穿着非常精细的海军蓝外套，还是革命时期的剪裁风格，干干净净的亚麻衬衣，有帽檐的贵格帽，齐腰裤外面套着高筒靴子。作风朴素，衣着简朴，言谈实在，他的存在简直就是对当时华府诸般潮流的嘲讽和斥责，那个时候的华府正在变化之中，人们纷纷致力于改善那粗朴的民主体制，令其变得更精巧、更雅致。

梅肯对杰斐逊可谓矢志忠诚，不过，当他感觉到他们的这个领袖已经偏离当初原则的时候，便加入了伦道夫和泰勒的阵营。梅肯应该说是伦道夫最亲密的朋友了，很多年间，伦道夫都因为肩头的责任而流于狂怒，梅肯总能够适时地予以疏解和缓冲。1812年战争令梅肯的处境更为孤立。海军蓝外套、精细的老式亚麻衬衣以及朴素作风，这一切都很难融入战后的华府，此时的华府已经是宴会和社交圈的世界了。梅肯反对"这种潮流，这种潮流从来都是将有钱人同穷人隔离开来的"。[23]

他是那种原生态的杰斐逊主义者，因此，他反对一切有可能瓦解那个老式共和党的举措。不过，也会有那么一些时刻，他不得不承认自己的疲倦和沮丧，这种感受也一直折磨着杰斐逊和伦道夫。"杰斐逊及其朋友们的那些观念，已经被世人淡忘了"，1824年，他在极度苦闷中写道。实际上，他应当把这话说得更直白一些：宪法也正是在这一年被参议院埋葬了。[24]

在《圣经》规定的天年到来之际，梅肯便早早地决定结束政治生涯。在四十六岁的年纪上，虽然正值中年，精力正盛，他毅然选择了悄悄离职。不过，他的这段漫长政治生涯，足以影响一批年轻人。来自北卡罗来纳和密苏里的托马斯·哈特·本顿、来自北卡罗来纳和田纳西的安德鲁·杰克逊、来自北卡罗来纳和田纳西的詹姆斯·诺·波尔克、来自北卡罗来纳和纽约州的丘吉尔·卡·康布勒朗以及来自纽约州的马丁·范布伦等，都成了他的伟大追随者。人们劝他留下来，对此，他仍然朴实作答：我现在还足够清醒，知道应在清醒离开我之前，离开这个职位。而后，他便动身回归北卡罗来纳的农场了。

退隐之后，他仍然支持民众最大限度地参与政府。"年度选举结束之时，就是暴政开启之日，"这是他经常说起的格训。他相信，最高法院之所以会有此等篡权行径，就是因为最高法院是独立于民意的。1835年北卡罗来纳的修宪集会之上，梅肯再次挺身而出，为年度选任制度而战，对司法独立制度发起攻击。他的这项基本信仰由此经历了众多考验，并一直坚持下来。"我相信人民要比我见识过的大多数人都好，"他写道，"我曾用各种办法考验他们，从来没有发现他们是没有信仰的。是他们选任了领导人，但是领导人背叛了他们，令他们疑虑重重。"[25]

1837年6月底的一个早晨，八点钟的北卡罗来纳已经相当炎热了，纳撒尼尔·梅肯知道自己的大限到了。他像往常一样穿戴得整整齐齐，然后便躺在床上，跟身边的人交谈，"他在举止之间已经表明他做好了准备，没有任何慌乱"。他在一处荒蛮山脊地带挖下了自己的坟墓，那里不会有人耕种，他让人用一堆粗砺的燧石将自己掩埋，没有人会将这种燧石用作建筑材料。无论是生还是死，他都是一样的简朴。整个美利坚民主大地对他的死感到悲痛。[26]

5

伦道夫、梅肯和泰勒，在这段末日岁月里展示或者体现出来的观念很清楚，也很明确。联邦政府，即便在其表现最好的时候，也绝对不曾赢得过这些人的充分信任，到了这个时候，当然也就完全失去这些人的信任了。即便是朋友上台，这个政府也必然会为他们的敌人效力。于是，这些人便望向各州，将各州视为最后且唯一的救赎之地。这个世界之上，但凡大国，都要给特殊利益群体以相应的空间，以便在人民和政府之间形成缓冲和过渡。就美利坚的情形而论，州这样一个政治单位是足够小的，完全可以推行充分的民意控制机制。

此等情形之下，州权也就成了唯一有效的宪法壁垒，可以对抗金融贵族集团操控下的中央政府的侵夺行径。"联邦政府，实际上就是外来政府，"杰斐逊说，"其权能全部是从各州主权攫取而来。"伦道夫甚至否认各州曾让渡过任何的主权。他宣告，"要求某个州让渡部分主权，这就相当于要一个女人让渡部分的贞洁一样"。约翰·泰勒更是凭借无限的耐心和才智为州权建言。于是，这个群体便纷纷向着州权集结，将之视为他们最后的避难所。是他们播撒了风的种子，化育出一场飓风，掠过他们的坟头。[27]

伦道夫、梅肯和泰勒实际上都是在知其不可为而为之。一连串的失败使悲观主义和抱怨成为贯穿他们政治生涯的主要论调。不过，若是切实观之，他们带来了极具激发性的正面影响力。他们是杰斐逊遗产的传播者。他们在那么一个令人灰心丧气的时代坚守一套价值，一套在那个时代显然没有实现可能性的价值。日后，将会有人跟上来，这些追随者比他们更有能力设计出达成最终目标的手段，不过，正是伦道夫、梅肯和泰勒这些人将那目标牢牢守住并传递下来，否则这些在手段方面更具才干的追随者，也只能是巧妇难为无米之炊了。他们坚信民主之终极可能性，因此，在这些可能性上面，他们寸土不让，这就令这些可能性在未来的民主世界更容易达成了。正是这些人维系着民主的灵魂，让这灵魂得以生存下去。

四　革命背景

一八二〇年代是失望的十年，这个十年在沮丧中诞生，满是苦痛和恐慌，暴力和叛乱也在摇撼着这个十年。这个十年，杰斐逊垂头丧气，约翰·泰勒满心焦虑，约翰·伦道夫绝望到狂怒地步，这一切都折射出已然是疲惫不堪的老一代政治家们内心的不安和苦楚。但是若要追究这其中的主要原因，恐怕还在于此一时期美利坚社会那些蒸蒸日上且精力勃勃的阶层，这些阶层深感顿挫，因为他们觉得联邦政府对他们的需求和利益秉持着深刻的敌意。南方的种植园主、北方的工人、北方和西部已经对亨利·克莱失去信任的小农阶层，都禁不住地对"美利坚体制"的运作生出沉重的怨气。在他们看来，这套体制实际上背叛了杰斐逊的平权承诺，只是为着某个社会集团的特殊利益；当然，杰斐逊最终也意识到了这一点。

这种信念本身就足以制造麻烦，更何况，在这十年间，这种信念更是大范围地传布开来，地方层面的怨诉令麻烦变得更加严重。新兴的西部各州都感觉自身的发展遭受了眼前经济和政治体制的阻挡和压制，这些制度俨然都操控在东部集团手中。北方和中部各州新兴的工业化生活方式，也向美利坚社会提出了诸多问题，昔日里习惯了农耕、船运和家庭作坊的人群必须在这个急剧变迁的时代迎来变革期的阵痛，必须面对生活方式变更引发的苦痛。保护性关税体制彻底激怒了南方种植园主，他们认为这样的关税实际上就是北方银行家和工业家对他们实施的敲诈和掠夺。与此同时，选举权正在向全体国民扩张，令那些昔日里自认被剥夺了政府福祉的阶层和群体有了权力意识。在这个暴风骤雨的十年，仇恨多次演变成公开的争斗和冲突，这其中有不少事件都昭示出，西部的农民、东部的工人和南方的种植园主是何等强烈地感到现存体制对他们的压制和牵绊，当然也足以昭示他们有着何等强烈的决心要去改变现存制度。

1

在西部，金融危机触发了一系列的骚乱，最剧烈者当属发生在肯塔基州的那场"救济战（Relief War）"。边疆地区的银行体系首先跟杰斐逊式的反金融垄断观念迎头相撞。不过，1812年战争期间，资金严重匮乏，1816年之后的几年间，第二合众国银行推行通货膨胀政策，令银行体系在包括肯塔基和田纳西在内的西部各州，不分青红皂白地迅速扩张起来。接着便迎来了1819年的经济萧条，萧条令大银行纷纷转变政策，推行相当霸道的紧缩路线。铸币遂大量流出西部，一路之上留下的是一连串的破产和大量资不抵债的人。

强大的民众压力之下，很多州都通过了"救济"法令，包括中断支付令、延期支付令以及临时归还令等等，并且创建了州银行，授权这些银行发行数百万美元额度的纸币。这场所谓的"救济"行动，进一步加剧了通货膨胀，最终的结果便是仿佛回归了那十分幸福的往日时光，"债主们纷纷逃离债务人，债务人则气宇轩昂地追着债主，就这么无情地要还债给债主"。[1] 1823年，肯塔基州上诉法院表达了债权人群体痛心疾首的看法，宣布救济体制违宪。

此一判决以首席大法官马歇尔就1819年"斯特奇斯诉克劳宁希尔德案"发布的判决意见为基础；据此判决意见，破产法若是损害到契约义务，则归于无效，法律救济若是涉及总体契约范围之内的债务，则这部分债务不受立法控制。[2]

来自法庭的判决一点都没有吓住"救济党"，即便是亨利·克莱以及肯塔基州上层集团的反对，也没有影响这场运动的展开，"救济党"在1824年的选战中赢得大胜，遂尝试取消州法院，此举未能成功，于是他们便着手建立自己的法院：新任的州法院首席法官名叫威廉·泰·巴里（William T. Barry），原是律师，口才出众；书记员名叫弗朗西斯·普雷斯顿·布莱尔，此人原是报界人士，脾气火暴；他们的代言人，也是救济党首领的捉刀人，则是一个相当热诚、认真的北方人，名叫阿莫斯·肯德尔，此人似乎一直是籍籍无名之辈，人们此前不曾听闻过他的公共表现。

新老法院遂就司法权能展开激烈争夺，新闻报刊也加入战团，一时之间，谩骂、斗殴之声四起，到处都是一片混乱。光阴流逝，经济萧条逐渐缓解，双方斗争的主题也从救济问题转变为合宪性问题。最终，繁荣稳步到来，人们的怨气也随之缓和下来，新法院派败退并解体。这场战斗最终于1827年宣告结束。不过，斗争也就此埋下了仇恨的种子，只是在等待新的机会破土而出。权力斗争并未真正结束，只是暂缓了。

2

新的工业化进程在北方和中部各州开始显现威力，特别是原来的熟练工产业开始纳入资本主义的组织体系，这就引发了又一场不满和骚乱。在这个过程中，工人逐渐失去了对劳动工具的掌控，还有一些传统的熟练工人失去了同市场的直接接触，昔日里不少熟练工人觉得自己的社会和经济地位跟金融集团是对等的，如今，这种感受开始坍塌并消散。当然，还有一些工人干脆在身体上就无法适应新的工作模式和工作纪律。这一切的因素汇总起来，令工人阶层开始变得不满且不安起来。此时北方和中部各州的工人群体并不像西部的债务人群体那般人数众多，在头脑和思想上也不及南方种植园主集团那般自信，他们的不满并没有演变成骚乱，而是逐渐演变成历时十年的怨诉和抗议。

在社会隔离感的催逼之下，工人们开始发育出阶级意识，这种意识的确是有助于他们在这么一套日益非人性化且一直压制他们的社会秩序中找回他们作为人的感受。他们不断地举行集会，发布怨诉陈词，创办劳工报刊和工会。他们的主要方向是要确证他们的社会地位，找回自尊和安全感。他们的诉求围绕教育问题、取消债务监禁问题、民兵体制改革问题展开。他们认为，这些问题如不解决，他们就很可能会沦为化外之民。

1824年和1825年，物价攀升，工人开始采取相当有攻击性的组织活动。1828年，费城技工协会组建了第一个工人政党。在这个十年结束之前，有多个这样的工人党派涌现出来，其中一些主要是乡村党派，另一些则是城市党派。[3]

此一时期，国家忠诚问题的指向也沦落含混境地。当众议院选任约翰·昆西·亚当斯为总统的时候，华府也因为一场暴雪的到来而大大地松了口气，正是这场暴雪驱散了"下层民众"集会，集会者们本来已经准备好了要予以燃烧的人物肖像，据说还会有"一些愚蠢的暴力行径"。[4] 不过，此类骚乱是不会产生太大影响的。当时的情况是，类似的全国性的政治组织，最多也只是偶尔会对劳工阶层发出诉求。这些年的大部分时间里，阶级意识的培育工作主要是知识分子的事情，比如说纽约州的罗伯特·戴尔·欧文、乔治·亨·埃文斯以及弗朗西丝·赖特等等。

就当时的情况而言，缺乏引导和方向当然令工人运动遭遇不少顿挫，不过，更重要的是对现实的不满的确存在。北方工人群体逐渐因为一系列的一般性的顿挫和具体怨诉而变得火药味十足了，所有这些一般性的顿挫和具体的怨诉，说到底都植根于那所谓的"美利坚体制"以及这"体制"背后的社会哲学。1828—1829年间的萧条及其给各个大城市带来的严酷的冬天，令先前的不满演变成行动指令。

3

南方的种植园主阶层是自己地界上的统治者。这个集团身负责任，正是这种责任意识令他们不能像肯塔基州的贫穷债务人那样偶尔干扰一下政府事务，也不能像北方和中部各州的工人那样挺进华府，焚烧总统的肖像。不过，这并不是说他们就不焦虑，实际上，他们同样是万分不安；他们的抗拒姿态主要是在观念层面上伸展，但是，最终对联邦造成的威胁却不是北方的喧嚣和骚乱能够比拟的。

这十年间，棉花产业的利润一路走低，令南方不得不重新审视"美利坚体制"，并进而重新审视一直以来推行的那种松散的宪法解释路线。这样的解释路线令"美利坚体制"成为可能。此等情形之下，弗吉尼亚州首先行动，以更为精细也更为坚定的方式和态度，开启了严格的宪法解释路线论题；伦道夫和泰勒将这场宪法解释问题上的论战提升到新的激烈程度；种植园财务账簿上的红墨水已然确证了对北方的所有指控。就这样，南方开始从1812年战争铸就的民族主义和爱国主义的轨道上撤退了。

约翰·考·卡尔霍恩将这场大变迁的潮流完整地蹚了一遍。他曾是第二合众国银行计划的坚定支持者，同样也支持1816年的关税计划和内部改进运动，但是到了1828年，他便已经转变为最严格的狭义宪法解释派。1823年，他前往加罗林拜会"圣人"泰勒。[5]没有人知道此次拜会过程中发生了什么，不过，其结果应当是一场"按手礼"。泰勒谢世之后，卡尔霍恩便辞去了副总统的职位，暂时归隐，悄悄地开始为州权塑造理论根基，结果便催生了他那全面且不朽的伟大理论。1828年推行的"可恶关税法"（*Tariff of Abominations*），令卡尔霍恩感到必须要毫不妥协地探索一切可能的保障机制，对眼前的这种松散的宪法解释路线实施有效钳制。

"你当然可以在羊皮卷上施加各种限制，"约翰·伦道夫呐喊道，"但是，唯有权力才能够限制权力。"[6]卡尔霍恩遂创立了自己的哲学，将伦道夫的此一敏锐直觉系统化，在他的这套体系当中，各州必须重新攫取各自的主权，唯有如此方能形成自我保护，不受联邦政府的政治侵夺，而他给出的解决办法就是所谓的否决权。在1828年的"南卡罗来纳论章"（South Carolina Exposition）中，卡尔霍恩提出这样的论证，除非有四分之三的州借由各自的法律修订权最终批准了某项联邦法令，否则，单独一个州就可以裁决该法令违宪，将之搁置。此处所谓的"违宪"实际上指的就是某个州判定该法令违背自身的利益。

此一理论开启了奴隶制问题的一个新阶段，令南方集团的领导权从温和的弗吉尼亚转移到激进的南卡罗来纳。也就是在这个时候，人们越发感觉到"美利坚体制"对这个国家的钳制，卡尔霍恩的理论等于是在一个新的领域表达了人们的这种感受，毫无疑问，这类表达并不是什么吉兆。

4

南卡罗来纳在关税问题上的特殊处境，以及卡尔霍恩以其强劲且抽象的逻辑力量所表现出来的特殊沉思，解释了南卡罗来纳之地塑造的州权理论为何会有此等锋刃。不过话又说回来，对"美利坚体制"抱有怨诉的所有群体此时也都认识到狭义的宪法解释路线是能够保护他们的。这些群体当中的大部分人都认为杰斐逊主义是唯一有效的民主和平等统绪。此时南方更是利用一种杰斐逊传统所蕴含的州权张力，北方和西部则更侧重杰斐逊传统中的平等诉求。不过，在当时的情景之下，州权和平等无可拆解地纠结在一起，由此，美利坚大地之上各处的失意群体都开始在卡尔霍恩的教义下集结起来，这些教义在过去的漫长岁月里，依靠梅肯和泰勒这等人物在孤独和忠诚中保存并传递下来。1824年，这个日益强大的反对集团的领袖人物开始支持佐治亚州的威廉·哈·克劳福德作为总统候选人，此人对"美利坚体制"的反对态度最为强烈。

约翰·昆西·亚当斯在选战中胜出，这就给了商业集团最后的机会。倘若亚当斯内阁能够化解当前的不满和危机，那么商业集团的领导地位将不会遭遇挑战，"美利坚体制"连同银行、关税以及内部改进运动，也就都是安全的。

新总统对当前问题的性质是有认识的。1820年5月的一个暖洋洋的日子里，尚在门罗内阁担任国务卿的亚当斯骑马巡游华府周边的那片绿色原野，同行的人是时任战争部长的卡尔霍恩，此时的卡尔霍恩还置身自己的国家主义时期。途中，卡尔霍恩谈到1819年的经济萧条，情绪十分沮丧。他说，这场经济危机"令政府众叛亲离，不满情绪并不是集中在某个特定的方向或者领域，任何事件都会成为大家发泄怒气的理由，民众似乎也都在急不可耐地找寻自己的领袖"。密苏里危机和关税危机令这个国家陷入亢奋之中，卡尔霍恩认为，这只不过折射出人们内心更深的焦虑。"不满已经广为散布了，而且极为含混模糊，"卡尔霍恩禁不住地重申道，"这当然是每个个体遭遇的混乱境遇引发的，但是结果会造成这样的普遍印象：本届政府肯定犯下了大错。"

卡尔霍恩的此番品评令亚当斯沉思良久。经济危机的原因其实很清楚,那就是纸币体系的过度扩张,但是补救之策又在哪里呢?"很难办,"亚当斯语气哀婉,"……政府什么也做不了,至少就目前的举措和政策体系而言,政府确实没有办法,只能不断地转移不满,牺牲一个群体来迎合另一个群体。"[7] 不过,若是不满情绪愈演愈烈,难道就真的不能"牺牲"忠诚派,去"迎合"不满群体吗?

在这个问题上,亚当斯留下的日记并没有提供清晰见解,不过,他的施政行为足以让人们将他看得清清楚楚。倘若那些需要"迎合"的群体不在亚当斯的经验范围之内,在这种情况下,他绝对不会牺牲忠诚集团去迎合他心目中的那些陌生群体,因为他从中看不到任何的好处。亚当斯其人的确有着相当的实务才干,不过,作为总统,他基本上没有表现出政治家才具。面对危机,他无动于衷,这样的懒政行为毫无疑问加深了已然传布甚广的那种印象:"政府方面肯定出了大错。"1828年,亚当斯倒台,恰恰就是因为他未能应对卡尔霍恩提起的那些问题。1824年,美利坚民众就已经推出了他们的最爱来取代亚当斯——此前的民众领袖克劳福德因为突发中风而中断了政治生涯——反亚当斯派的领导集团遂转向此人。

5

人民的这个新宠,安德鲁·杰克逊将军,是怎样一个人呢?人民知道他,主要是因为他是战场上的英雄。独立战争期间,他因为拒绝为英国人清洗靴子,遭到英军军官的抽打,对方用的还是军刀。1812年战争中,他展现出极大的能量和才能,镇压了印第安人的数次叛乱,1815年,在和约订立之后,他在新奥尔良取得了到那时为止美国历史上的最伟大胜利。就职业而论,他应当算是法律界的人，在联邦参众两院都有履历，也在田纳西州高等法院有任职经历。过去的那个十年，他主要是以田纳西州绅士的身份过着自己的日子，就在纳什维尔附近的一处上好农庄里过着呼朋唤友的生活，时不时地去参加赛马，当然，也经常热议政治。1828年的安德鲁·杰克逊已经是六十一岁高龄了。

1824年，杰克逊便已经建立起巨大的民众票仓，票仓的基础就在于他的军事声誉以及民众对他的刚正品性的广泛信任。[8]至于他的实际政治履历，则相当模糊不清。1808年，他曾对伦道夫和梅肯引领的那场分裂运动表示同情，不过在1816年给总统门罗的一封信中，他却主张同联邦党集团强硬派和解（并且还表达了自己的巨大遗憾，因为哈特福德集会的领导人物竟然逃脱了绞刑）。七年之后的一次参议院票决，他至少对"美利坚体制"表示了宽容。他主张一种他自己所谓的"审慎"关税，以此来结束美利坚在战争物资上的对外依赖局面。至于他所谓的"审慎"关税究竟是什么，则实在是个谜团，与此同时，他明确反对联邦主义的诸般前提要件。"并非所有人都相信国家债务就是国家赐福，我就是其中一员，"他说，"我认为国债是共和国身上的诅咒；原因很简单，国债体系既出，就必定要在华府身边集结起一批金融贵族，这个集团是对国民自由的威胁。"[9]

在田纳西，杰克逊至少名义上是同地产贵族走在一起的，他的这个圈子既反对金融贵族，也反对草根民主。1819年的经济萧条降临之时，田纳西州也采纳了类似肯塔基州的那种救济体系。这个时候的杰克逊高调表达了自己的反对态度，此举的目的不是为了保护银行集团，而是依托一种相当正确的信念：通货膨胀并不能解决债务问题。然而，他也支持了田纳西州的一项很可疑的冒险举措，此一举措很有可能为投机客的利益而将众多小农毁灭掉。他的政治履历，无论是在联邦层面还是在州政治层面，都提供不了任何线索，可以让人们对登临总统大位之后的他有所预期。[10]

1824年，杰克逊的确斩获了巨大的支持度，不过，这种支持度究竟意味着什么，却无从推演。各个政治派系的人都给了他政治背书，其中甚至包括不少昔日的联邦党人，他们绝对不能原谅约翰·昆西·亚当斯抛弃了他们的党；弗吉尼亚正统派的卫道士当然是特别反感他的。据说，杰斐逊就曾亲口告诉丹尼尔·韦伯斯特："他是最不配这个位置的……他是个危险人物。"[11]此时的约翰·泰勒在两相权衡之下，毅然选择了支持亚当斯，他和詹姆斯·麦迪逊一样，都无法对杰克逊形成信任。马丁·范布伦，1824年是克劳福德的选举经理人，1828年则十分低调地劝说弗吉尼亚派加入杰克逊的选战阵营。即便如此，弗吉尼亚派对杰克逊的疑虑也从来没有消散过。范布伦曾经谈到，《里士满探查者》的出版人托马斯·里奇"有那么一段时间甚至都不敢睡觉……担心一觉醒来就听说将军发动政变了"。[12]

杰克逊其人的确是有脾气暴躁、蛮横无理的名声，据说也是野心勃勃的权力追逐者。做将军的时候，就经常大刀阔斧，先斩后奏。他的政治对头死死咬住他的军事履历大做文章，翻箱倒柜，搜罗了不少证据坐实他的蛮横作风和暴烈脾性。

在共和国初生的那段岁月，军事声望对政治生涯基本上不会有什么帮助。但是选举权在不断地开放和扩张，民族主义情感也开始涌动起来，旧日统治阶层的荣光逐渐褪去，这就为新偶像的诞生创造了有利氛围，1812年战争很快便造就了军事英雄。旧式贵族对此等庸俗的暴发户声望持仇视态度，因此一个有着杰克逊式声誉的人，差不多就只能在旧贵族的压制之下，投身反对派阵营。此外，扩容之后的票仓以及民众日益高涨的沙文主义情感，令军事英雄获得热烈追捧。旧式贵族基本上都是依托古典资源教养起来的，古典的历史时刻都在告诉这些老派贵族，对共和政体来说，最危险的人物莫过于这种战争造就的英雄。西塞罗发出的警告以及恺撒的例证，令老贵族有充分的素材和理据去抱怨、去抗拒、去仇视。有了这样的背景,再加上杰克逊自身的履历,也就不难解释当杰克逊赢得候选人资格之时,老派贵族的那种极度的震动。

事实上,所有的证据和证言都支持这样一种看法:在随后的这些年间,杰克逊本质上是一个极其文雅的人,作风也很是清平明澈。1823 到 1824 年的冬天,他在参议院供职的时候,就大大地驱散了人们对他的那种边疆野人的刻板印象。《国家简讯》的主编的夫人是文雅圈中的代表人物,据她说,杰克逊将军是"真正的外柔内刚之人"。即便是丹尼尔·韦伯斯特,在 1824 年也不免评点说:"杰克逊将军比别的候选人都更具备总统风范……我的妻子是坚定支持他的。"[13]

杰克逊又高又瘦,一头白发从前额径直向后梳去,长长的脸上布满了皱纹,一股沧桑和刚劲之气迎面袭来,眼神锐利,投射出威慑力,这样的形象不失高贵且令人印象深刻。若是步行,他从来都迈着坚定的军中步姿,嘴唇紧闭,表情坚定;若是骑马,他的坐姿也堪称一流,双手轻放,马匹也很是从容。自然流露而出的威严是很少有人能够抗拒的。在这个痛苦的日子里,波士顿的众多保守商人都透过自家窗户去观瞧这位老将军,在紧张和期待当中,他们"认为即将出现的老将军似乎像是刚刚抓捕了极为危险的怪兽,正带着怪兽的笼子走过他们的房舍"。当杰克逊最终现身的时候,这些人的敌视情绪顷刻之间便都烟消云散了。人们纷纷高喊:"快出来欢迎我们的老将军吧!"杰克逊则将自己的小女儿抱在前面,小姑娘挥舞着手帕。此时的杰克逊,就像约书亚·昆西说的那样,"让老老少少都着了迷"。[14]

到了 1829 年,纯粹从身体角度讲,杰克逊已经是个病人了,他的脑力正在衰退。经年累月咀嚼烟草,令他的脑袋经常疼痛欲裂,剧烈的咳嗽令他消瘦的身形摇摇晃晃。然而,他的脸色虽然越来越苍白、越来越憔悴,他的精神却始终庄重且无可征服。

在白宫接待室,他仍然是那么文雅,尽管显得有些呆板和拘谨。若是在密友中间,他也会放松下来,变得和善且令人愉悦。要是抽起烟来,他可是要投注不小的精力,他通常用的是那种长长的烟斗,管子很长,他会双腿交叉,将烟管靠在腿上,而后便开始吞云吐雾,直到整个房间都烟雾弥漫,"令人呼吸困难"。有时候,他也会遵循田纳西人的习惯,定期咀嚼烟草而后再吐出来,即便在跟人谈话乃至履行国务的时候,也是如此。[15]

他语速很快,讲起话来,强劲有力,要是有所强调,他通常会举起握紧的拳头,做出一个短暂且有力的姿势。"他显然是有幽默感的,只不过表达得很含蓄而已,"这是亨利·亚·怀斯的品评,此人是杰克逊多年的死对头,"他喜欢用格言警句,暗藏讥讽。在遇到考验的时候,他非常积极,也特别引人尊重。"在下定决心的时候,他会拉下左边嘴角,给出一副表情,就如同人们说的那样,"一副舍我其谁的表情"。[16]

不过,杰克逊并非那种肆意、武断之人。他的确习惯坚持自己的立场,但是在意识到自己犯了错的时候,他也能够慨然让步。就如同本顿说的那样,没有人比杰克逊更明白坚定和顽固的区别了。"我曾蒙多位总统之约,陈述我的看法,当我自感正确的时候,我在杰克逊面前是最敢直言的。"此番证言可以说是决定性的。范布伦也品评说:"我从没见过像他这般完全没有自负的人,他在任何问题上都能够耐心倾听,他将之视为一种享受,同时也视为一种责任,我还从没见过有谁能像他这样做得如此到位……他非常乐于认错,这跟他的倾听习惯是有关联的。"[17]

人们常常以为杰克逊总是强求一致,事实绝非如此。实际上,杰克逊对待分歧极为宽和,甚至激怒了他的一些激进追随者,诸如阿莫斯·肯德尔和罗杰·布·托尼这样的人。"若真要在这方面批评他的话,"肯德尔写道,"那也只能批评他太过宽忍了。""他自己很率直(身为公众人物,他在这方面做得有些过分了),"托尼如是说,"他也喜欢他人的坦率;他认为属下的反对意见恰恰证明了属下的坚定和诚实。"[18]

在军事事务上,杰克逊总是会征询作战会议的意见,不过,他从来不会用票决方式来论定问题。作为总统,也是如此,他会将问题提供给内阁充分讨论;但是当要采取切实行动的时候,他通常自己做决定。"我从来都尊重并倾听其他人的意见,"杰克逊解释说,"不过,做决定则是我个人的职责。"一旦做了决定,任何威胁、警告、三思之请,就都不能再动摇他了。"我根本不关心那些鼓噪,各位,听好了,我就是这么我行我素,只做我认为正确且应当的事情。"[19]

如此卓绝的自主能力,除非是有同样卓绝的自控能力予以配合,否则便不会有什么好的效果。在这个问题上,实际情形再次跟所谓的杰克逊神话背道而驰。人们常常传言杰克逊那无可控制的火暴脾气,这类传言并无太多理据。杰克逊对此心知肚明,因此,他常常毫不犹豫地利用这一点。"有时候,他会即席演出一番,假装发上一通脾气,目的是震慑并压制反对者,当然,这是在他心意已定的情况下,"一名观察者评点说,"很显然,他的自控能力近乎完美。"他之所以会让自己的脾气一下子爆发出来,实际上是为了避免毫无意义的争论。在应国会委员会约请,为自己的金融政策作解释的时候,他就上演了这么一出剧情,突然变得狂怒起来,对金融垄断集团展开猛烈抨击。散会之后,委员们纷纷离去,他一下子回归本来的安静,抽上了烟斗,并揶揄道,"他们觉得我疯了",而后便极为明澈地谈论起在重大问题上一定不能让步的重要性;他说,失去朋友是很正常的事情,但安抚敌人,是定然没有可能的。

有那么一次,杰克逊在一个代表团面前再次爆发了。此时对杰克逊尚且不太了解的范布伦,对杰克逊的此等表现十分不悦。但是当大门在两人身后关闭的时候,杰克逊突然很柔和地评论说:"我知道我那样说话让你不高兴了。"范布伦并不否认。不过,总统接着申述:"不,我的朋友,我对你的判断力是极为敬重的,但是你并不是十分了解这些先生们，我太了解他们了。"接下来的话就足以还杰克逊一个清白了。范布伦后来记述说，"这样的事情有很多，这只不过是其中一件，他常常会表现出显然是过度了的激愤，但骨子里他非常冷静、非常清明，我多次见识过他这种表面和内里的矛盾，说实在的，我基本上没有见过他真正失去冷静的时候。"阿莫斯·肯德尔则把话说得更为直率，"我不曾见过他受困于一时的情绪"。尼古拉斯·菲·特里斯特，杰克逊的私人秘书，也给出了同样的评说："我从没见过他失去冷静。"[20]

杰克逊的头脑胜在判断力而非分析能力。就如同本顿说的那样，"他有着强劲的思考能力，但并不擅长将自己的想法排列并组织起来"。"他的头脑足以洞察事情的实质，"范布伦说，"但是在细节方面他这个脑袋并非尽善尽美。""他不曾研究过语言的精微之处，"托尼也给出了类似的说法，"他也不喜欢雕琢辞令，他认为那不过是逗口舌之能。"他当然没有能力写就本顿的那种博学论章或者范布伦的那种深思之论，也不会有托尼那般杰出的论证才能，爱德华·利文斯顿的文章或者阿莫斯·肯德尔的辩论，自然也不会是他擅长的。不过，所有这些人都在为他效力，是他统领着所有这些人。

后续的岁月里面，杰克逊的这些朋友面对的问题，毫无疑问都凸显了杰克逊的判断力在其中有着何等的分量。在他的这种判断力面前，朋友们的辞藻之能或者推理之能都显得不过是雕虫小技，这种判断力也将朋友们在逻辑上的分析能力远远甩在后面了。（"收敛一下你们的哲学论说吧，"杰克逊总是宣示说，"……吹毛求疵是很危险的事情。"）"他的心灵，"本顿品评说，"是那种以判断力见长的类型，他能够迅速地把握事物。凭借直觉性的洞察力，他总是能够迅速采取决定性的行动。"路易斯·麦克莱恩宣称："杰克逊将军的推断速度很快，我还没遇到过有他这种反应速度的人，我刚开始考量前提，他就已经跳跃到结论了。"作家詹姆斯·

柯克·保尔丁写道:"他的确不是寻常之人,令我如此吃惊且仰慕的人物,也只有他了。在他面前,一切的所谓学识似乎都没有用处了。他凭借直觉就能有所洞察,在其他人还在三思考量的时候,他就已经有定见了。"[21]

1858年7月一个星期天的傍晚,天气炎热,意大利的夕阳照射着佛罗伦萨城中建筑的屋顶。两个美国人正在这里交谈,述说着对杰克逊的敬重。纳撒尼尔·霍桑只是在1833年见过杰克逊一次,那一年,老将军访问了霍桑隐居的塞勒姆小镇。当时的霍桑还是个年轻人,他清楚记得自己是如何前往小镇边上,就为了看一看这个老英雄。老将军那庄重、威严的面容令他终生难忘。多年之后,霍桑见到了拉斐尔为教皇朱利叶斯二世作的画像,"那是世界上最好的画像了",霍桑当时的第一个心愿就是拉斐尔也能够为杰克逊将军画上一幅画像。

海勒姆·鲍尔斯是很有名的雕刻家,他曾跟杰克逊有一面之缘,两人有过攀谈。据霍桑回忆说:"鲍尔斯认为,杰克逊将军是那种直觉极为敏锐且可靠的人,对人对事都是如此,但是并无明晰的论证能力去达成结论,也没有能力将自己的思考或者思想传递给他人。"实际上,有不少人都曾跟霍桑谈到过杰克逊将军,比如富兰克林·皮尔斯、詹姆斯·布坎南等,霍桑也一直在思忖朋友们的这些议论。"熟识杰克逊并且在大事情上见识过杰克逊的处理方式的人,在杰克逊的思考能力和论证能力究竟如何的问题上,并不存在一致看法,当然,所有这些人都完全同意,杰克逊有着强大的直觉能力。"杰克逊的结论总是斩钉截铁。"很显然,他是伟大人物,他与生俱来的那种力量,包括头脑的力量和性格的力量,足以令跟他接近的所有人甘愿为他效力;在他面前,一个人越是聪明,就越是会成为他的有力工具。"[22]

1829年的杰克逊已然来到政治生涯的一道关键门槛,在这样一个时刻,没有人能够预见到,眼前的危机将会令杰克逊成为伟人。危机铸就的挑战、领袖的责任、民心的砥砺以及对变革之必然性的直觉体认,正是这一切塑造了杰克逊总统其人,同时也塑造了杰克逊极为辉煌的政治前景。跟华盛顿、林肯、威尔逊、富兰克林·罗斯福一样,杰克逊在政治生涯早期没有展示出太多的才能,只是在登临总统宝座之后,他才释放出自己的能量。是这个艰难时世淬炼并砥砺了他的天生才具,并令其有了用武之地。[23]

从就职演说那一刻开始,杰克逊便显著地迅速成长起来。在自信心和想象力上,他的领袖资质都稳步提升。每次同人民的接触,都令他变得更加强大。说到底,他力量的源泉就在于他天生就对人民有着深刻了解。"他和人民简直就是血亲,"范布伦说,"而且,人民是他唯一的血亲。"杰克逊相信:"为民众的福祉操劳,是造物主分配给他的专门使命,无论是顺境还是逆境,没有人比他更配得上这个使命了。"[24]是人民召唤他引领他们走出这囚禁和奴役之地,他来了,就如同伟大的民间英雄那样。[25]

五　任期初年

就职演说当天，面对群集华府、兴奋叫喊着的人群，丹尼尔·韦伯斯特讥讽说，他们真的以为"这个国家要从那可怕的危险当中解脱出来了"。[1] 然而，问题在于，危险在哪里呢？杰克逊已经获得令人印象深刻的权能，这一点当然是很清楚的了。不过，这样的权能究竟该做什么呢？这一点倒是不甚明了。整个美利坚大地，变革激情已然从深深的低谷涌动而出。不过，此等激情的实际表达仅仅是口号、标语、空洞辞令以及人群的呼喊之声，没有议题，没有纲领，也没有政策。

1

新总统在国会的支持者，显然还没能提供相应的政策体系来应对当前的不满，正是这些不满摧垮了亚当斯政府。他们的确反对亚当斯和克莱，不过说实话，他们的这种反对态势是混乱的、机会主义的，他们策动的议会反对行动以及激烈的攻击之词，最多也只是一道烟幕而已，背后没有任何切实观念。这样一场反对运动是相当肤浅的。刚刚过去的那场选战热闹非凡，但对具体的政策问题鲜有触及，当杰克逊获胜的时候，根本就没人能够确定，这位老将军的班子一定不会重走麦迪逊、门罗乃至亚当斯的老路。

新总统本人已然是疲态尽显，悲伤令他身染病状，意气消沉。他在政治上则更是缺乏经验。他面临一系列的新问题；而且，新总统此前主要是跟实务打交道，从实务中得到历练，缺乏理智分析的能力，这样的局面摆在面前，肯定是勉为其难了。他必须摸索着前行，必须学着静观事态发展，而后才能有所把握，有所决定。但是，"改革"呼声是必须予以回应并满足的。官方的冷漠已经在太长的时间里令民众备感挫折和失望，必须让人民感受到，本届政府就是人民的政府。此等局面之下，杰克逊给出的回应既精明又迅速：他重新分配了联邦职位。

此一举措是为了迎合明显的政治需要，以政治奖赏的办法来促成国家目标。实际上，一些州在很久之前就已经开始使用这样的办法，这也是非常有效的办法，可以统合人们对政府的支持。金融集团方面自然有自己的办法，他们的党派有政治献金可以依托，有了这样的资金，他们就有足够的底气令政党组织保持活力；相形之下，人民的党派没有这样的资金来源，因此也就只能依靠手中的职位资源了。"你要是想维持你的政党，"宾夕法尼亚的一个政客告诉范布伦说，"你就必须让他们相信，你的党是为他们的利益服务的，这世界当然会有人出于纯粹的信念而追随一个政党，认为自己的党做的是正确的事情，但是，利益才是真正强大的动力，可以催动人们采取强劲且有效的行动。"[2]

政党分肥制既有助于建设并巩固政党，也有助于找回人们对政府的信心，这才是主要目标。在民众眼里，既得利益集团已经凭借各自手中的力量，将官僚系统腐化了。"职位显然被当成了财产，"杰克逊告诉国会，"政府则相应地成了推进个别利益的工具，不再为人民服务了。"杰克逊相信，公务职责可以变得"简单明了，但凡有些头脑的人，都能够胜任"。他也正是据此原则迅速采取行动的,这也就意味着,他的政府将不再是"少数人手中的工具,多数人的利益也将不再是牺牲品了"。[3]

由此,职位轮换原则在很大程度上被视为一项真诚的改革举措。很多职业改革者也的确是这么认为的。罗伯特·戴尔·欧文在激进派报刊《自由探查者》上对这项举措致以热情洋溢的欢迎词。杰里米·边沁,英国的伟大改革者,也因此跟杰克逊有了交心之论,就如同两个自由主义者一样,他告诉杰克逊,自1821年开始,他便已经开始信奉职位轮换原则了。[4]

至于更大的时代背景,那个时代的美国人并不是十分明了,最多也只是有一些朦胧感受而已,不过,若是放在这个时代大背景之下,职位轮换原则赋有另外一重意义。人类的统治史,说白了就是一个旧统治阶级不断腐朽没落、新统治集团逐渐崛起并取而代之的过程。此时美利坚已然开始卷入这一历史进程。确切地说,理查德·希尔德雷思所谓的"天然贵族",也就是由商人、银行家、种植园主、律师以及神职人员组成的那个群体,在1812年战争之后便已经开始没落了。战争英雄则开始在这个时候崛起,并成为新型的"天然"贵族,由此便加速了旧统治精英集团的彻底崩解。极端情况下,新统治集团会以暴力革命手段取代旧统治集团,但是一个给机会平等原则容留了足够空间的民主政体,当然能够避开如此暴烈的解决办法。分肥制,无论有着怎样的缺陷,起码都是在用和平手段去摧毁一个已然失去统治资格的统治集团,并用新的、更有能力的统治集团取而代之,这个新集团是有能力应对时代需求的。

近来的一系列研究已经表明,杰克逊对联邦职位实施的这场清洗运动并没有传说中那般剧烈,一直以来的那种说法显然是夸张了,有可能是为着党派目的生造并传布开来的。目前为止,最精确的估算结果是这样的:杰克逊在任八年,遭到清洗和轮转的联邦职位大约是在十分之一到五分之一之间,其中,很多都事出有因。事实上,在这场清洗运动中,仅财政部就发现了高达二十八万美元的资金欺诈行径。遭杰克逊解职的联邦职位持有人的比例,甚至还比不上杰斐逊在任期间的那个比例,尽管分肥制度本身的确是在杰克逊任期之内,在联邦政治层面确立起来的。[5]

一直以来,人们在研究分肥制度的时候,总是喜欢用道德谴责来替代对此一制度之起因和必然性的体认和理解,因此令这方面的研究受损不小,近些年来,也一直都是这样的倾向。不过,到了今天,有一点基本上得到了确认:无论此一分肥制度给美利坚生活带来了怎样的恶端,它本身的历史职能是实实在在的,那就是要缩小人民和政府之间的那道鸿沟,并据此提升民主机制的民众参与度。此时的杰克逊正在逐渐为培育一个民主美利坚而构造行动纲领,分肥制度就是其中至关重要的一步。

2

就这样,杰克逊政府迎来了自己的元年,并开始向前跋涉。与此同时,党内也开始出现两个敌对集团,其中一个集团力推副总统约翰·卡尔霍恩为1832年的总统候选人,另一个集团则力推时任国务卿的马丁·范布伦为候选人。

范布伦生于肯德胡克,时年四十六岁。四十六年前的肯德胡克是老纽约的一处小村镇,范布伦的父亲是当地农民,荷兰血统,经营了一家小旅店。范布伦没有上太多的学,离开学校之后,便在十四岁的年龄上进了一家法律事务所打杂。这段生涯持续了六年,这期间他一直都是干一些扫地板、生火以及抄写法律文件之类的杂务,他也利用这段时间精研了不少的法律书籍,为律师生涯做铺垫。接下来的法律事务生涯是很成功的,这令他很快便进入了政治圈,在这个圈子,他的精明手腕和领导才具令他有了迅速提升的机会。1821年,范布伦在纽约州的修宪集会上扮演了领袖角色,同一年，他成为纽约州的联邦参议员。参议员生涯持续到 1828 年，这一年他获选成为纽约州州长，并在这个位置上获杰克逊召请，入主国务院。

范布伦身材矮小，却是活跃人物。他意志坚定，眼神锐利，拥有敏锐的感知能力，言谈举止颇有魅力。范尼·埃尔斯勒，一个舞蹈家，很是吃惊地发现，范布伦的言谈举止颇有梅特涅的风范；法国总理于 1840 年给出了这样的品评，范布伦其人，"小旅馆老板的儿子"，带有"一种上流社会人士的轻松自如，令他显得胜过那些我见过的他的同胞"。范布伦非常机智，杰克逊曾说："就凭这一点，杰克·唐宁就足以成为舞台上的范布伦。"这里的杰克·唐宁是杰克逊非常喜欢的报刊幽默作家，上述这番陈词则是杰克逊读了杰克·唐宁的一些有趣的俏皮话之后，脱口而出的；不过，范布伦生性谨慎，因此能够一直约束自己的性情。这种自控能力的确是范布伦的一项突出特质。政治生涯早期，他就在笔记本上留下了这样的话："屈从于必然，此乃理智的真正胜利，也是心灵的真正力量。"而这也正是他的生活准则。若遭遇失望，他总是会说，"好吧，没关系，事已至此，这算是最好的情况了"。[6]

公务生涯中，范布伦追随稳重的杰斐逊政策路线。他是美利坚社会中最早一批引入并推动反债务监禁法案的人。在纽约州的修宪集会之上，他引领该州的自由力量，在选举权问题上，对钱塞勒·肯特提起的那种新联邦主义观念给予压倒性的打击。在联邦参议院生涯中，他则继续推进这种稳重的杰斐逊路线，反对债务监禁，反对内部改进运动上的联邦拨款，支持创立并拓展西部定居地，更引领了针对联邦最高法院的斗争。

州长任期虽然短暂，但范布伦还是集中精力对银行集团展开攻击。为此，他倡议保护民众、"特别是劳动阶级"不受纸币滥发之害，同时也推行政策，力图遏制州银行业的垄断态势。早在 1817 年，他就已经提起相应法案，要求结束特许状制度，将银行业引向开放竞争格局,不过,这种举措即便是放在1829年,也是有些超前了。三个月州长任期中,他的主要政绩是保障基金计划。该计划的主要考量是,既然特许银行享有垄断性的高利润纸币发行权,那也就应当保证它们发行的纸币是稳健的。于是,该法令要求所有享有特许权的银行都缴纳一定比例的资本,由此建立一个总的基金,以便对濒临破产的银行施加救济。同时,范布伦还责令成立一个委员会去监督银行业务。这本质上是一套应急措施,不过这样的一套保障基金计划将州权监督机制引入了银行业,其程度远超以往,由此也就显著改善了货币发行状况。[7]

尽管他的这些信念已然是众所周知,更留下了一连串的强力领袖印迹,有一点依然没有改变,那就是范布伦一直都享有的"遇事不表态"的名声。实际上,当关于他的大部分事情都被世人淡忘的时候,这个名声却一直存续下来了。他的绰号是"小魔术师""美国的塔列朗""肯德胡克的红狐狸",这些绰号足以表明他的坊间名声了。他的一些公共话语总是表现出刻意为之的含混模糊,这显然就印证了这一点。当然,一旦他心意已定,他的立场也就毫不含糊了,而且变得极具进取意识;但是在他漫长的政治生涯当中,在他遇到的很多问题上,都没有出现心意已定的局面。正是这样的情形,令他的政治作风变得极为复杂且含混散漫,并让他成为这种风格的大师。凭借这样的风格,他可以就一项政策提出众多颇有头脑的论说,可以是赞成的,也可以是反对的,就是不让人明确他自己的情感或者倾向。"说得真好,真是什么都知道!"1827年,奥尔巴尼的一个羊毛商聆听了范布伦在关税问题上的一番陈词之后禁不住跟一个朋友说。"没错,确实说得好!"他的这个朋友回应说。但是,这个羊毛商在良久思忖之后不免又问道:"那么,我们的万事通先生究竟是啥立场呢?"[8]

甚至在行动方针已经确定之后,范布伦也仍然会以含混和闪避态势向前推进。就像约翰·伦道夫说的那样:"他划船的时候,是要把船桨裹起来的，不让船桨出声。"即便在遭遇公开反对的时候，范布伦也尽可能地克制党派敌意，令其不至于伤害私交。这部分地是因为他天性温和，部分地则是因为他相信，将政治对头变成私敌，显然是非常糟糕的事情。于是，在华府的这个剧烈党争的年代，人们吃惊地见识了范布伦在刻骨仇敌中间欣然游走的场景，经常看着他跟自己的死对头握手、寒暄甚至开玩笑，可谓喜笑颜开、其乐融融。此等毫无造作的友善平和，令反对派不得不靠亨利·克莱的一番提点来分清敌我："我跟他有二十年的交情了，他这个人让我不得不尊重有加，不过很遗憾，我仍然要说，我是憎恶作为执政者的范布伦的。"[9]

在智识上，范布伦总是自感不如别人，并且总是深陷这种愧不如人的感觉当中，这一点令人吃惊。实际上，从他的文字中不难见出，他头脑敏锐且极具思考能力，于人于事都有相当高的判断力和分析力。威廉·卡伦·布赖恩特对此印象深刻，他说，范布伦"竟然能够如此稳重地操控诸多领域的资源，尽管他毕生的大部分时间都不曾沾染这些领域"。范布伦出色的法律才干，曾令约翰·昆西·亚当斯亲自推动他担任联邦最高法院大法官一事；老资格的联邦党人鲁弗斯·金也认为，没有人比范布伦"更配得上这个难度极大的最高司法职位了"。然而，范布伦总是自感缺乏学院派的法律训练，"不足以同那些更有能力、更具法律素养的人物相抗衡"。"在法律领域，我总是磕磕绊绊，步履艰难，久而久之已经养成了习惯，这习惯当然会令我的心灵活力有所折损，"范布伦后来写道，"不过，若是受过良好的学院派训练，自然是能够从中汲取力量的，若如此，则所得将远远超过所失。"[10]

范布伦一直都致力于在多个方面弥补自己的弱点，同时也小心翼翼地身体力行自己在智识上的谦逊态度。"我有很多弱点，这是毫无疑问的，但无论我最终屈从于怎样的弱点，教条主义肯定不在其中。"[11]实际上，他一直都在培植自己同知识分子和教育界人士的友谊。他跟布赖恩特有过数年的密切友谊，华盛顿·欧文也在他的友谊圈中。弗朗西丝·赖特和罗伯特·戴尔·欧文也是他的老熟人。担任总统期间，他也曾将联邦职位给予霍桑、乔治·班克罗夫特、詹·柯·保尔丁、奥雷斯蒂斯·奥·布朗森和威廉·莱格特等人。

他对自己的智识缺乏信心，这令他很是谦逊，同时也不会寻求政治思想家的那种创造性。作为虔诚的杰斐逊派，他不会斗胆去解释杰斐逊的信条，最多也只是给出一些边注而已。他身后问世的论政党的作品，成为弗吉尼亚原教旨主义的经典之作。在这方面，他比杰克逊以及杰斐逊派内圈中的大多数人，都更注重教义的狭义解释路线。他多次为政府的新型施政举措建言，但他从来都是以杰斐逊主义的神圣文本为依托，为这些举措提供论证。

3

范布伦尽管始终都信守教义，但在施政方法方面，他大有创新。他赋有一流的实务直觉，也正是因此，他成为第一个真正懂得如何利用民众日益攀升的政治参与热情的国家领袖。党魁体制在范布伦之前就已经存在了，在政党组织的技术环节上，他不曾有过重要贡献。不过，奥尔巴尼摄政团（Albany Regency）在他的操持之下，将阿龙·伯尔在纽约州的政党经营之道的效能提升到新的高度，诸如马萨诸塞的埃塞克斯集团（Essex Junto）、弗吉尼亚州的里士满集团（Richmond Junto），也都如法炮制，推行范布伦的改进之道；而且，范布伦自己的政治生涯恰恰就是建基于对此类改进之道的全面体认和理解，其中，新闻媒体、市政机制、郡县委员会、提名大会、竞选演说、群众集会以及一切其他的能够同民众形成接触的机制，都是重中之重的元素；特别是1824年民众对党务机器发起的那场声势浩大的攻击浪潮，更令范布伦深深懂得了这一道理。

民众的政治分量日益提升，相应地，国会的政治分量也就日渐衰减。此等局面之下，立法机构的功能也就只能是去激发、记录或者影响民意，而不是像以往那样伸张自己的独立意志。大党领袖也不再是雄辩的议会演说家，单单凭借精彩绝伦的议会演说就以横扫一切的态势令同僚支持提案的时代算是过去了，如今的大党领袖都是民众英雄，有能力直接动用民众信任作为自己的强大资本。范布伦认为伏尔泰式的政治观念致命地低估了民意的力量。"但凡在世界之上铸造伟大变革者，"范布伦写道，"都不是靠着权贵寡头功成名就之人，他们必须发动民众。靠着权贵寡头，只能耍弄阴谋手腕，最多也只能是铸就二流成果，民意才是天才的力量源泉，二者相辅相成，必能改天换地。"[12]

范布伦一而再再而三地反对人们对雄辩术的那种浪漫崇拜。麦考利莱在他著名的《论皮特》里面高声宣示说，"议会政府就是雄辩术的政府"，范布伦对此绝对不能赞同。他宣示说，真正的议会领袖应当"心性谦卑，不事张扬，经验从来都证明，这样的议会领袖要比那些徒逞口舌之能并无真正才具的人强大得多"。良好的判断力，懂得把握时机，直击敌人要害，而不是在无谓的论辩中逞"口舌之能"；懂得如何引导论辩，以便利用"在无关紧要的问题上情感和观念的潜在分歧"，知道何者可为，何者不可为，这一切都是真正领袖人物应有的才具。 雄辩之术若是没有这样的才具作为支撑，若是对多数人以及全体民众没有"骨子里的、习惯性的信任"，将毫无用处。[13]

一八三〇年代的党争历史充分印证了范布伦的这种看法。韦伯斯特和克莱，虽为那个时代最伟大的两个演说家，但也从来不曾赢过任何一场政治斗争。在传统价值中教养起来的人们，无不对二人的演说给予最高的赞誉，而且，这种赞誉已经从学校的教本沉淀到民众意识当中。然而，即便是韦伯斯特和克莱这般辉煌、庄严的演说，在诸如参议院的费利克斯·格伦迪、赛拉斯·赖特以及众议院的波尔克和康布勒朗这些党鞭那细碎但平实的党务工作面前，也根本不堪一击；更重要的是，但凡危机时刻，杰克逊总是会向民众发出最终被证明是决定性的诉求。

新的议会风格亲切平易，发言不需要那么昂扬，但要将一切说得明明白白，这本身就不需要古典演说术的那种慷慨激昂。约翰·昆西·亚当斯，曾是哈佛大学的修辞学教授，也是爱德华·埃弗里特精美词句的伟大仰慕者，就有那么一次向詹姆斯·诺·波尔克发泄了一通攻击之词："他没有口才，没有文学修养，没有论辩能力，不典雅，不懂哲学，没有情感，没有激情；没有任何的演说家素质，有的只是自信、流畅和劳作。"由此充分显示出老派人物内心的那种顿挫和不满。[14]

范布伦对民意以及国会之新功能的这种理解，最终催生了诸般务实取向的新机制，杰克逊那非同寻常的民众支持度也正是借由这些新机制，得以转变成为权力工具。范布伦创造出诸多手段，意图借此提升政府对民意的回应度，但这些手段中的大部分最终都有可能蜕变成挫败民意的手段。不过话又说回来，若没有此类新的机制和手段，杰克逊民主体制也就根本没有可能建立起来。

4

范布伦的对头，约翰·考德威尔·卡尔霍恩，比范布伦略年长几个月，不过，他在联邦政治舞台上的履历可要比范布伦长多了。卡尔霍恩毕业于耶鲁大学和利奇菲尔德的塔平·里夫法学院，二十九岁时，卡尔霍恩便进入国会。1812年战争时，卡尔霍恩竭尽全力鼓动战争热情，由此建立了全国性的政治声誉。战争结束之后，卡尔霍恩开始担当政治领袖的角色，力图引领杰斐逊党人归附汉密尔顿政策体系。此时的卡尔霍恩支持合众国银行规划，支持内部改进运动和保护性关税体制。约翰·昆西·亚当斯于1821年对卡尔霍恩做出如下的品评：他"超脱于所有的派系偏见之上，在这方面，他也超越了我共事过的所有政客"。[15]

1824年，卡尔霍恩成为美利坚副总统，人们预期他会跟亚当斯和克莱通力协作，推动"美利坚体制"。然而，此一盘算显然未将南卡罗来纳考虑进来。1826年，卡尔霍恩在华盛顿居住多年之后，购买了彭德尔顿腹地的希尔堡，这是一处种植园，而后便返回南卡罗来纳的住所。在这里，卡尔霍恩发现南方已经变了。1816年，除了弗吉尼亚的那些教条派，应该说所有人都接受了汉密尔顿的政策纲领。不过，到卡尔霍恩回归南方的这个时候，南方人已经对汉密尔顿纲领不抱幻想了，人们的不满已经到了顶峰。卡尔霍恩对家乡有着强烈的忠诚意识，他个人也有着强烈的欲望要登临总统宝座，两厢促动之下，他遂对昔日的事业失去了热情。到了1828年，在一段时期的反思和悔悟之后，他以匿名身份写就了《南卡罗来纳论章》。当年的大选他支持杰克逊，这很可能是因为他相信，自己轻易能够掌控这个老将军，这样的话，作为回报，总统宝座也就应当是自己的囊中物了。

卡尔霍恩的外表令人印象深刻，有那么一幅画像，他就端坐在副总统的位置上，面容严厉，带有几分神圣，头发浓密且笔直，呈现出铁灰色，眼睛幽黑，眼神锐利，仿佛能在黑暗中放射光芒。他经常会在国会大厦的走廊里踱步，高大的身形微微前倾，就那么懒散地信步而行，一只手背在后面，另一只手则握着一块巨大的东印度手帕。年轻人都觉得他魅力十足，热切聆听他的演讲。他会将自己的政治观念融入演说，语句喷薄而出，抑扬顿挫，热力四射；不过，人们也渐渐开始感受到他的专横，甚至霸道。当然，政治上的考量在这个时候仍然能够约束他的激情。此时的他尚且不是马蒂诺小姐所说的铁打的人，而且，诸如范布伦和韦伯斯特这样的人在此时也仍然对这个南卡罗来纳人备加敬重，远远超过了他们彼此之间的敬重，即便亨利·克莱也不可能赢得二人的此等敬重。[16]

不久，卡尔霍恩便觉得自己已经等得够久了，并且意识到，眼前这个温吞水般的国务卿是他白宫道路上的最大障碍。不过，到了1829年年初，卡尔霍恩想必也发现自己的前途一下子敞亮起来。在内阁组建过程中，他取得显著胜势。当时的财政部部长、海军部部长以及总检察长都强力支持他，范布伦所能倚靠者则只有战争部部长约翰·亨·伊顿和邮政部部长威廉·泰·巴里（此人也是肯塔基救济战的领袖人物）。巴里的分量其实无足轻重，至于伊顿，则因为那桩婚姻，令自己的政治处境变得极为危险，想必大家都还记得丘·卡·康布勒朗开的那个下流玩笑。

于是，卡尔霍恩的党羽便围绕佩姬·伊顿的这种晦暗不明的社会地位大作文章，策动了一场颇为复杂的阴谋，最终目的是要将她的丈夫逐出内阁。很快，亲卡尔霍恩的内阁成员的夫人们便开始对佩姬·伊顿展开攻击，冷嘲热讽漫卷而来。诸如总检察官约翰·麦·贝里安以及最高法院大法官麦克莱恩这样的人物，当初可都是参加过伊顿的婚礼的，如今也都高调表态，丝毫不再顾忌礼义廉耻。此等情形之下，卡尔霍恩的支持者便在整个国家掀起了一场反伊顿怒潮，很快，这届政府的所有反对者也都加入其中，那样的怒潮跟这桩小小的婚姻"丑闻"实在是难以匹配起来。巴里的说法是对的，倘若其丈夫没有入阁，"伊顿夫人也就不会惹上这样的事端"。佩姬本人在多年后回顾这件事情的时候，也相信自己成了一桩政治阴谋的牺牲品。[17]

不过最终，这场阴谋还是烟消云散了。杰克逊介入为伊顿夫人说话，因为杰克逊相信，1828年，自己的妻子也正是因为此类捕风捉影的事情，而加速了死亡的进程。结果，卡尔霍恩集团非但未能迫使杰克逊清除伊顿，反而令总统更加信任伊顿和范布伦。

很快，卡尔霍恩和杰克逊之间便埋下不和。达夫·格林在《美国电讯报》上发表文章，认为卡尔霍恩将成为1832年的总统候选人；此番文字本来只是一份冷静评估，但像《美国电讯报》这样的报纸，人们都习惯了品味字里行间的东西，这便触动了白宫的神经。否决权问题则令两人的关系雪上加霜。1830年4月15日，在杰斐逊的生日晚宴上，杰克逊发表了那份著名的祝酒词，明确且直截地驳斥了卡尔霍恩的否决权理论："我们的联邦，必须予以捍卫并保存！"杰克逊很快便了解到，1818年时，卡尔霍恩表面上支持杰克逊在佛罗里达的冒险行动，但背地里在门罗内阁圈子中对杰克逊申斥有加；这便最终激怒了杰克逊。卡尔霍恩遂写就一篇长文，语气沉痛，力图为自己申辩，由此正式点燃了双方的战争。杰克逊极为冷淡地叫停了同卡尔霍恩的联系。

范布伦集团在二人的决裂过程中扮演了不可或缺的角色，不过，国务卿本人则是小心翼翼地保持置身事外的姿态。当杰克逊和卡尔霍恩的分裂已成定局，范布伦颇为机敏地提出辞职并解散内阁，这导致内阁重组，从而彻底清除卡尔霍恩的残余势力。而后，范布伦接受了驻英大使的职位，并动身前往伦敦，他相信，将自己的利益交付总统手中，是安全的。

此时的副总统已然怒火中烧，计划着复仇。当范布伦悠然游走在伦敦宫廷圈子，与帕默斯顿交谈、奉承年迈的塔列朗的时候，卡尔霍恩可没有闲着。他就坐在参议院上方的座位上，骄傲且沉默，等待着总统钦点范布伦的名字。1832年1月底的一个酷寒之夜，通过精心设计，卡尔霍恩终于品尝了否决权的喜悦，因为决定票终于落在他的手中了。"要杀了他，彻底杀死，"副总统兴奋地叫喊着，"要让他彻底出局，彻底出局。"[18]然而，对这样的局面，也有另外的判断，也许会更为专业。"您确实挫败了一个阁僚，但是，您也因此让那个阁僚成了副总统"，托马斯·哈特·本顿兴奋地宣示说。古·克·弗普朗克（G. C. Verplanck），来自纽约州的众议员，对未来事态显然更有洞见，在给威廉·卡伦·布赖恩特的信中，他写下了这样的话："这将会令范布伦成为合众国总统。"[19]

范布伦得知结果的时候，正卧病伦敦。康布勒朗写道："啊哈，这正是我所欲也，我简直不能相信，他们的情绪竟然激愤到这等程度，干出这样的傻事，这结果是小孩子都能看出来的。"范布伦精神大振，病情一下子消散而去，直接起身下楼用早餐去了。使馆秘书华盛顿·欧文已经在客厅恭候了，他对这消息自然也是欣慰不已，不禁直抒胸臆，说范布伦将会成为副总统。（"越是熟识范布伦先生，我便越是敬重有加，"欧文不久后写道，"他那样的温和、平易，的确是罕见。"）当天下午，范布伦便以平素的庄重之态出现在女王的客厅，同塔列朗共赴王家晚宴。6月，他便以凯旋之势回归美利坚。第二年的3月，他正式荣升副总统。[20]

约翰·考·卡尔霍恩则沦落冰冷和痛苦境地。接下来的四年时间里，他但凡提到范布伦，便禁不住要破口大骂，语出尖刻，极尽蔑视。"这一次，卡尔霍恩是死翘翘了，"约翰·伦道夫品评说，"……他就如同疯子一样，将自己阉割了。"[21]

六　总统身边的人

反"美利坚体制"的斗争越来越倚重杰斐逊传统的政治和智识资源；同卡尔霍恩的决裂也令事态变得明朗起来，确切地说，杰克逊对杰斐逊遗产的解释，显然不会以教条派为师，而正是这些教条派将杰斐逊主义打造成一种派系哲学。弗吉尼亚圈子的后期论章中，已然对奴隶制表现出深深的眷恋和诉求，这也就冲淡了对自由和平等的早期共和派信仰；在卡尔霍恩的推动之下，州权脉络已经发育到要摧毁民主脉络的地步。就这样，南方版的杰斐逊主义虽然以全副精力反对并攻击"美利坚体制"，但显然不会给普通人带来什么福祉。到了这个时候，这个版本的杰斐逊主义也已经在政府当中失势了。杰斐逊主义的另一个版本在政府中占主导。这其中灌注的是民主精神，而非泰勒、伦道夫以及梅肯的那种派系话语，此等情形之下，对杰斐逊主义的解释依托平等原则而非地域保障原则展开。

1

然而，杰斐逊的平等原则本身存在两种解释路线：其一是强调

《独立宣言》的政治平等和自治观念；其二则是在同联邦主义的冲突中逐渐成熟起来的对经济平等的重视，这条解释路线是在同联邦主义的斗争中发育并成熟起来的。

在这个问题上，同样存在分歧。西部的杰斐逊派，其生存境遇从实质上看基本上是平等的，有无限的经济机会和经济前景展现在眼前，因此，就更侧重地方自治和多数原则，相形之下，倒不是特别侧重如何保障政治民主的物质基础。很显然，在经济机会基本平等的情况下，也就不会有太大的压力去促进它。东部的杰斐逊派则恰恰相反，日益剧烈的不平等格局以及逐渐减少的机会，令他们对经济平等原则变得极为敏感，因此也就对经济问题要敏感得多。

"美利坚体制"因此激起了第一波分歧浪潮。"美利坚体制"的确没有侵害政治平等原则，不过，人们普遍认为，此一体制的基本取向，会对经济平等产生毁灭性影响。因此，东部的失意群体对"美利坚体制"极为憎恶，遂对此一体制展开强力斗争，力图遏制其进一步盘剥民众的趋向，这是西部的杰斐逊主义者不能比拟的。此时的西部甚至都还不存在阶级或者阶层这一说。

1828年的选战当中，杰克逊的支持者甚至不得不耗费巨大精力，在西部地区将杰克逊刻画成"美利坚体制"的朋友。阿莫斯·肯德尔一再向《西部阿尔戈斯》保证说，克莱先生推行的那些规划是绝对安全的，并迫使亚当斯及其同僚"发布专门的报刊评论文章，指控杰克逊反对'当前的美利坚体制'，以此来推动亚当斯阵营的选战。这根本不可能奏效"。由此造成的印象极为广泛，赫齐卡亚·奈尔斯在杰克逊赢得大选之后，还自我安慰说："整套'美利坚体制'，即便在新政府之下不能继续推进，至少在原则问题上还是能够守住阵地的。"[1]这个奈尔斯是老资格的贸易保护论者，也是当时美国最流行的周报《奈尔斯纪事报》的总编。

但是，东部的杰克逊集团站在不同的立场上。"我们很清楚我们的敌人是谁，"丘·卡·康布勒朗于杰克逊就职演说之前三天，从华盛顿致信范布伦，"我的座右铭就是，不支持我们，就是反对我们……如今的情形，一方是克莱那贵族气十足的禁止性的美利坚体制，另一方是卡尔霍恩集团及其反宪法、反联邦的信条，您处身中间的位置。"[2]1830年4月，国会通过一项法案，授权政府认购一家肯塔基公司的股票，该公司负责梅斯维尔到列克星敦公路的收费项目。此时的杰克逊已然秉持越来越激进的立场，他很是顺畅地接受了范布伦的看法，政府援助私人公司的政策应当彻底终止。

然而，杰克逊的西部支持者很担心杰克逊会否决此一法案。肯塔基州的理查德·门·约翰逊摊开双手，向总统提起了强烈抗议。他说："将军！倘若我这只手是砧，铁匠的锤子很快将会落在上面，不巧的是，一只苍蝇也在那上面，必然还是要承受那击打的力量的，倘若您否决该法案，那就肯定会伤及您在肯塔基的朋友们！"西部的主要代言人，威廉·伯·刘易斯、约翰·亨·伊顿、费利克斯·格伦迪和威廉·泰·巴里，就在总统行使否决权的当天早上，在白宫共进了早餐，气氛十分阴郁。此时的范布伦平静且充满信心，不过，他私下里还是告诉杰克逊，阁僚们都已经吓坏了。"当然，"将军回答说。"不过不管他们了！东西都在这里了，"杰克逊拍拍自己胸口的口袋，"国会一开门，就送进去。"[3]

"半途而废的改革，就如同半途而废的革命一样，绝不会产生持久的好果子；实际上，那就等于是留下了半数的坏种子，最后庄稼是不会有好收成的，而且，里面的杂草即便不会令小麦颗粒无收，也基本上会把小麦毁得差不多了。"纳撒尼尔·梅肯很清楚改革意志不坚定将会造成怎样的危险，他告诫范布伦不可在梅斯维尔否决权问题上半途而废，这样的警告毫无疑问植根于梅肯自己的惨痛记忆。"当年，杰斐逊先生的一些朋友也有此担心，他们害怕改革过火了，正是他们的这种软弱，令杰斐逊政府就此裹足不前，改革大业就那么荒废在半道上。"[4]

倘若杰克逊政府要将这股激流推进下去，总统本人当然需要支持者和追随者在经济战线上继续斗争下去。田纳西岁月里结交的亲密顾问,此时已然在这个民主大潮中越发地失去位置了。几年来,伊顿少校、刘易斯少校以及法官约翰·奥弗顿一直都是杰克逊的左膀右臂,他们帮他书写公文和函件,帮他建构政府组织,并一直为将军本人的晋升之路出谋划策。其中,伊顿和刘易斯还跟随将军一起进驻华府并在政府中供职。但是,这些人并非新战线上的合适人选。到了 1840 年,伊顿实际上已经转变成杰克逊民主的刻骨敌人。刘易斯同总统的私交一直不错,也一直代表总统履行一些公务,不过,到了这个时候,他也只是作为党鞭在履行职能,除此之外,便没什么政治分量了;实际上,刘易斯支持合众国银行,1834年,在约翰·贝尔和詹姆斯·诺·波尔克竞逐众议院议长的时候,他支持约翰·贝尔,在其他方面,他则已经偏离了严格意义上的杰克逊路线。无论是范布伦还是波尔克,都对他没有太大信任可言了。[5]至于更具民主取向的西部支持者,其中有很多人都如同理查德·门·约翰逊那样,对"美利坚体制"牵涉的经济问题并不怎么关心。

此时总统在经济问题上的信念已经日益深化,越来越相信阶层甚至阶级力量之间是需要制衡的,这个问题也成了那段时期最为重大的问题,总统也的确需要一批跟自己信守同样信念的人。当然,也的确有这一批人。在参议院,总统可以信靠来自密苏里州的参议员托马斯·哈特·本顿。本顿生在北卡罗来纳,年轻时候迁往西部,先是到田纳西,在那里他曾和杰克逊就边界问题展开一场相当激烈的争斗,而后便抵达密苏里。1820 年,他进入参议院,四年后,他同杰克逊和解。此时,本顿已经四十八岁了,身形很是引人瞩目,不高,但很壮实,宽肩膀,胸部很是厚实,还有一个大脑袋。在大部分事情上,他都略显张扬。虚荣是他最明显的特质,不过,他那种虚荣也太过高远、太过威武了,所以,基本上不会冒犯到别人。他有一个巨大的信念,即认为自己和人民是一体的。"没有人反对本顿,"他完全可以尽情地高声宣示说,"除了大草原来的寥寥几个黑衣律师;他们是本顿仅有的敌人。本顿和人民、本顿和民族,就是一回事情,先生们;是同义词,先生们;是同义词。"

没有人会制止他。卡尔霍恩死后,一个朋友跟本顿说:"我一直觉得,上校,您是不是要一直追击卡尔霍恩到坟墓那边呢?"本顿颇为郑重地回答说:"不会的,先生。上帝要的人,我自然是要放手的。"面对这样一个本顿,有报人颇为激赏地品评说:"这种源远流长的铁打的自我主义,让我不禁觉得就是我们的民族特质之一,每个爱国的美国人都应当为之骄傲,这没什么不好的。"[6]

尽管有着此等的虚荣,本顿却是非常慷慨且文雅。当时的法国驻美国大使可是非常挑剔之人,他曾于1840年毫不客气地对克莱品评了一番,认为克莱就像是英国的农夫,至于韦伯斯特则是"极度浮夸",除非是喝醉的时候。对于本顿,他则品评说,本顿其人"深有修养,能言善辩"。纳·帕·威利斯敏锐地注意到本顿在公共场合很是张扬,但在私下里又很平和,很有魅力:"他很低调,这种低调已经淬炼成极为随和的沉着品性。他的眼睛闪烁着光彩,仿佛能讲故事,不时地透射出内在的精明,就如同羊绒灯芯在灯油里面时不时闪烁着光芒一样。"查尔斯·萨姆纳在遇到本顿之前,对他一直都是那种辉格派的印象,但是在亲身接触本顿之后,发现那些传闻都不是真的,便禁不住品评说:"他的言谈举止是那么谦恭,而且学识渊博,这实在是出乎意料。"即便是老斗士约翰·昆西·亚当斯,在看到本顿跟自己的孩子嬉戏的时候,也不得不承认自己完全解除了对此人的戒备。[7]

家庭生活展示出本顿最吸引人的品性。他的孩子们一直都记得他们在华府老房子里面的那段快乐时光,有厚厚的围墙和宽敞的房间,后院是翠绿的草地,常春藤和喇叭花的藤蔓就在花园墙壁上伸展开来。晚饭过后,本顿会放下手中工作,在壁炉边上来一场家庭游戏。妻子在旁边织着羊毛毯子，四个女儿则在喋喋不休地说着这一天的事情，要不就是打开文件夹写写画画，有时候还会听听音乐。其中一个女儿日后还在巴黎参加罗西尼的音乐演出，演奏了贝多芬的作品。

杰西，1829年的时候只有五岁，有着红褐色的鬈发和棕色的眼睛，充满活力和光彩，这个女儿是本顿最为宠爱的。在华府的那段岁月里，他们每天都会一起散步，本顿总是会把杰西"放养"到国会图书馆，自己则前往国会大厦；不过，杰西内心还是想着返回密苏里，在那里，她可以在10月份的秋色里跟父亲一起打斑鸠。杰西的这个愿望，做父亲的本顿基本上无能为力。杰西当然很快就要长大了，出落成聪明且魅力十足的姑娘，身上散发着"令人愉悦且不乏野气的草莓味道"，即便一贯呆板、冷漠的萨姆纳也被这魅力折服了。很快，杰西就会俘获一个年轻军官的心，这个军官就是约翰·查尔斯·弗里蒙特。[8]

本顿拥有很高的智识。霍勒斯·曼认为他是美利坚最好的宪法法学家。大家公认，论学识之渊博，恐怕只有亚当斯可以跟他一较高下。他对细节的记忆能力令人震惊，他的演说也总是因为大量的事例而显得极为翔实。他的口才在那个时代算不上是好的。他在参议院起身发言的时候，他的同僚便都纷纷低头看信去了，要不就是干脆逃离大厅。不过，一旦发起火来，他也是相当有威力的。他在参议院的威慑力，其他参议员无可比拟，可能韦伯斯特除外。他的神情和目光在必要时能够表达那种令人震慑的憎恶和蔑视。他越是愤怒，就越是变得冰冷，最终会变成"一座铜像，浑身肌肉都紧绷，如同铁线条，一动不动"。他的语速会变得越来越慢，声音也会变得很是刺耳，令人难以忍受，一旦他用冷硬的语调开始嘲讽，他的对手会退让并恳求宽容。[9]

他在参议院的早期生涯，令他跟伦道夫和梅肯有了亲密交往。他也正是从此二人身上汲取了纯正的杰斐逊主义。从一开始，他就表现出一种能力，令纯正的杰斐逊主义变成正面的社会哲学，而非一曲失败主义的挽歌，那样的教义若是放在教条派手中，当然也就难免失败主义的宿命。新政府要规划建设性的新政策体系，他也将证明，他在这方面能够提供巨大助力。

2

众议院方面，杰克逊拥有詹姆斯·诺·波尔克的坚定支持。这个来自田纳西的年轻人跟本顿一样，都出生在北卡罗来纳，后来，波尔克进入北卡罗来纳大学学习，接着便向西迁移，1820年，在田纳西的哥伦比亚定居下来，以律师为业。五年后，他获选进入国会。1830年，只有三十四岁的波尔克便已经在众议院扮演领袖角色了。他中等身材，额头高耸且宽阔，黑色眼睛很是锐利，表情严肃，偶尔会露出一丝胜利的微笑，让那表情放松一下。他身形瘦弱，给人以纤细之感，不过，他是极端刻苦之人，而且极为坚忍。当他冷静说出一长串的事实和细密的论证，像亚当斯这样的人当然会感到恼火，不过，通常来说，听众会对他留下深刻印象。[10]

跟本顿一样，波尔克也认为当时的美国政策是一场阴谋，意在掠夺农业和劳工，为商业集团谋利，因此，他秉持坚定的反对立场。"1815年以来，"波尔克宣示说，"政府的所作所为……实质上都是相当邪恶的；且容我重申一下，先生们，实质上都是相当邪恶的。"他对"美利坚体制"提出了细致且全面的界定："有三套支柱，就像一张三条腿的凳子。先是把公地价格炒上来……说白了就是将你们的土地高价卖出，以此来遏制移民的诱惑，将贫困人口滞留在东部，如此一来，这些穷人就只能进入工厂，以很低的工资换取每天的面包。其次就是高关税……此一政策体系首先要保护的是工厂主，令工厂主能够以高价卖出产品，而后便是催生超收盈利。

第三套政策体系就是所谓的内部改进运动,扮演海绵的角色,用来吸收超收额度。"[11]

康布勒朗,范布伦的好友,也是来自纽约州的众议员,此人强力支持波尔克。康布勒朗也是北卡罗来纳人,此时只有四十岁出头,十二岁时就不上学了,十六岁来到纽约,由此开启了极为成功的商业生涯。随后的大约十二年时间里,他基本上过着一种冒险生活,在拿破仑战争中战火纷飞的欧洲大地四处游荡,这期间,他也兼职代理约翰·雅各布·阿斯特的商业事务。最终,他选择在纽约定居。他的好奇心总是赋有智识倾向,头脑和经验令他成为强悍的自由贸易派。1821年,他进入政界,这很可能是范布伦在背后促动,同年,他便赢得国会席位。从此,他遭到商人集团的反对。关于这场斗争,有人在1839年留下这样的评说:"过去几年,双方的敌意极为暴烈,斗争也极为残酷……这个情况大家都知道,基本上无需多言了。"也正是这些年间,康布勒朗跟范布伦的关系得到提升和强化。"他禀性刚正,如同钢杆,作风率直,不达目的誓不罢休,如同出了膛的子弹,"范布伦在评价这个老朋友时候说,"……将我的事情交托给他,肯定比交托给任何别的人都更让人放心。"

康布勒朗在众议院拥有巨大影响力。他身材矮小,略显肥胖,表情警觉,举止友善,总是早早抵达会场,利用会前时间展阅大量卷宗,要不就是不知疲倦地回复选区信件。当议长宣布开会的时候,他就将双层镜片贴到眼前,透过那玻璃片将会场巡视一番,而后便又埋头干自己的工作去了。看来,他是要一直沉浸在文件里面了,不过,他随时都有可能跳起来,加入战团,跟人唇枪舌剑,一旦他有这样的表现,整个议会大厅都会为之活跃起来。他尤其精于经济问题,1830年,他草就的《商业与航运委员会报告》是美利坚自由贸易的早期经典文献。当然,在有关人类自由的所有问题上,他都会发表一番自己的见解。爱德华·埃弗里特,一个英俊的新英格兰人,曾是前任阁僚,也曾是大学教授,于1826年为奴隶制提起了一番冠冕堂皇的辩护。康布勒朗对此番辩护展开驳斥,他宣示说:"若是南方有任何叛乱迹象,我将以最快的速度背起背包,带上枪支,前往镇压。"此番宣示的确令人难以忘怀。[12]

3

重组之后的内阁本应当进一步推动共同事业,但现实的政治需求以及杰克逊本人的好脾气阻滞了新内阁的行动。同老班子相比,这套新班子在总统政策的执行力度上并没有太大的起色。

国务卿爱德华·利文斯顿也是杰克逊的老朋友,来自路易斯安那州。此人颇有魅力,是那种学者型的绅士,倾心于文学、历史研究、法律改革,当然还有他的爱妻。对于社会问题,他却没有太大的兴趣,也不喜欢争斗。大法官卡特伦说:"他的缺点就在于他的和善和轻信。""他是优雅的学者,颇有写作才能,也是很优秀的人,"杰克逊本人是这么品评这个国务卿的,"但对人情世故,他一无所知。"1831年,利文斯顿的记忆力开始衰退,加之部门事务缠身,也就很少参与其他的政府事务了。[13]

路易斯·麦克莱恩,财政部部长,有胆略,有雄心,有着很深的联邦主义渊源,素来有志于总统宝座。如同罗杰·布·托尼说的那样,他"极有手腕和策略,从来都很清楚该怎样说动对面的人,爱国情感、宽宏品性、傲慢、虚荣、希望以及恐惧等,都是他的武器"。甚至连范布伦也一度上了他的当,成了麦克莱恩前进道路上的推手;不过,自麦克莱恩在从驻英大使到财政部部长、再到1833年的国务卿的这条道路上兀自提升的时候,范布伦也开始意识到此人对自己的威胁。麦克莱恩可不是泛泛之辈。杰克逊喜欢他,对于内阁当中那些没有定见的人,麦克莱恩拥有巨大影响力,特别是利文斯顿和刘易斯·卡斯这样的人。[14]

卡斯,战争部部长,严肃但懒散,脸色黝黑,此时差不多五十岁了,曾任密歇根准州的总督。对此人的主要弱点,杰克逊和托尼有一致见解。"他不会拒绝人,"杰克逊说,"而且他认为所有人都是诚实的。"托尼的说法则是:卡斯实际上"不愿意对任何提议说不,只要这提议没有犯下致命错误,特别是他所尊敬的人郑重要求他表态的时候"。他从来都不愿得罪人,很安静内敛,但凡华府宴会,他坐在那里,总是酒杯在前,隔一会端到嘴唇前面抿上一口,在人群中小心翼翼地四处游走,但从来不会真喝。他的政治立场是那种典型的西部杰斐逊主义,对地方自治和政治民主有着深深的关切,对经济问题却甚是漠然。麦克莱恩看透了他,因此也就能够很好地左右他的看法。[15]

利瓦伊·伍德伯里,海军部部长,是真正意义上的内敛之人,几乎从不表态,甚至范布伦到了他身边,也显得像是话匣子。此人心志坚定且精明,颇有主见;不过,他特别警觉,只要是不需要即刻采取行动的事情,他绝不会表明立场,总是行动在前。在内阁论辩之时,伍德伯里通常是在麦克莱恩和托尼之间扮演调解者角色,从不表明自己的看法。"倘若他就某项举措表态,"托尼颇为恼火地说,"总是要加上众多限制条件,还要表达诸般犹疑,表态跟不表态基本没什么区别了。"伍德伯里很可能是担心在当前问题上表现过于强悍的话,会在将来招惹麻烦。这就如同康布勒朗说的那样:"伍德伯里从来都是四平八稳,左右逢源。"[16]

罗杰·布·托尼,总检察长,是新内阁中激进派的矛头。托尼原是马里兰州的律师,1831年时是五十四岁,跟麦克莱恩一样,也曾是联邦党人;不过在1812年战争期间,他脱离了联邦党,1824年成为马里兰州杰克逊派的领袖。他身材很高,脸型瘦削,眼睛近视,嘴巴很大,牙齿暗黄且不整齐,经常叼着长长的黑色雪茄,给人的第一印象并不会很好。他平素总是穿着不合身的黑色衣服；略有口吃，声音枯燥且空洞。不过，人们很快便忘记了他的外表。他讲话声音低沉，凭借清晰的论证和安静内敛的信念，显得真诚且没有任何造作之态。他在最高法院的表现令马歇尔和斯托里都印象深刻，他之受命担当总检察长职位，是各方都欢迎的。

跟麦克莱恩不一样，托尼禀性并不专横，不过，他的心志无可动摇。那段律师生涯加深了他对权力集中体制的反感，反对在没有必要的情况下，将权力过分地集中在商业集团手中。从一开始，激进派就发现托尼成了自己在内阁圈子里面的代言人，这一点倒是令激进派有点出乎意料。1832年年初，康布勒朗致信范布伦，说托尼"在本届内阁当中，是唯一一个能够有效奉行健全原则的人"。[17]

威廉·泰·巴里，担任邮政部部长之职，他是内阁重组之后唯一留任的人，这主要是因为无论是他本人，还是他的立场，都不具备十足分量。在肯塔基救济战当中，他已经表现出激进倾向，不过，他既不具备坚定心志，也缺乏智识信念。他也能在国会发表"雄辩且优美"的讲词，不过，托尼却是淡然品评说，那种讲话方式，"更适合陪审团或者公众集会"，确切地说，他的发言"思路松散，逻辑混乱，没有主旨"。他在邮政系统的经历相当惨淡。朋友们纷纷围拢过来，利用他的和善谋取私利，他却没有能力维持秩序，甚至都不知道发生了什么。威廉·卡伦·布赖恩特在1832年谈到他时曾说："他禀赋过人，但他显然毁弃了自己的才能。"[18]

由此观之，这样一个内阁能否给杰克逊的激进纲领提供支持，就实在是难以定论了。这个内阁非但不足以成为有效的施政工具，反而聚拢了一批彼此争吵的人，其中一些人跟总统存在根本分歧，而且，至少有一个人要竭力挫败总统的政策。激进派严厉批评杰克逊的这种宽容姿态。托尼后来申述说："用这样的原则组建内阁，总统将毫无疑问地令政府陷于尴尬境地，并且很可能会带来失败……他这么干，等于是自行设置障碍，而后又发现不得不清除这些障碍。这种事情是非常麻烦的；因为这会不断地树敌，结果就是削弱自己的力量。"[19]

对于跟自己存有分歧的人,杰克逊表现出极大的尊重,只要他们做到诚实。此外,跟后来的一些总统一样,杰克逊发觉自己很难去清除某个人,无论他们表现出何等的无能或者不忠。比如说,他就一直将麦克莱恩留在内阁里面,即便此人早已经没有用处了,当然他最终还是将巴里解职,不过那也是因为压力太大了。杰克逊希望安抚党内的保守派,这就进一步促动了他的这种纵容态势。因为只要麦克莱恩和利文斯顿这样的人仍然留在内阁,杰克逊就有很好的空间去维持保守派的信任。

也不应当忘记,此一时期,有关内阁之职能的观念也正在变迁当中。华盛顿总统曾将内阁视为一种议事会建制,目的是协调不同的利益诉求,于是便将杰斐逊派和汉密尔顿派兼容到自己的内阁当中。约翰·昆西·亚当斯直到1825年时,也仍然秉持这种内阁观念,这一年,亚当斯仍然考虑着要邀请自己挫败过的一个政敌入阁。杰克逊时期,内阁观念开始发生变化。1833年,杜安遭到解职,围绕此一事件发生的争论,足以表明当时内阁观念之混乱。不过,政党系统的发育,也已经开始催生出这样的要求:所谓内阁必须是有效的施政工具。[20]

4

杰克逊民主运动的驱动力,就跟所有激进改革运动一样,导源于一个小集团,在民意浪潮的支撑之下,形成协同态势,力图对现存秩序实施改造。这样一个改革集团,彼此之间的交流应当是坦率、开放且自由的,这些人本身也应当完全忠诚于改革事业。然而,此时的美利坚,在国家政治舞台上拥有名望且具备入阁资质的人物当中,绝少有谁能够同时在无私和坦率这两个方面达到所需的标准。结果,杰克逊便只能避开自己的内阁,到外面找寻自己的心腹之人,很显然,只有在内阁之外的政治群体当中,才会有对现存体制更为不满的人。由此便出现了著名的"厨房内阁"。对此,正式内阁的一名成员颇为不满地评论说,这个"厨房内阁"是"华府的一支力量,无论是宪法还是这个国家,都不知晓它的存在"。[21]

这样一支力量能够进驻华府,在相当程度上是依托了那些正在崛起的社会集团,这些集团觉得自己一直没能得到跟自己的力量和能量相匹配的声望。这其中当然包括杰克逊这个战争英雄所属的那个集团,杰克逊本人只是其中的一个代表而已。另一个这样的集团则涵括了一般意义上的文人群体,特别是报界人士。此前的岁月里,报刊记者虽然一直都有不错的待遇,被接纳为统治集团的朋友或者仆从,但也从来不曾获得过跟统治集团平等的地位。威廉·卡伦·布赖恩特曾颇为自嘲地品评自己的职业:"要说蔑视,也许有点过分了;不过,尊重肯定是谈不上的。"[22]

许多报界人士都在此等被轻慢的境遇里痛苦挣扎。杰克逊获选总统,实际上是在老式贵族体制的躯体之上撕开了一个大大的口子,这些报界人士遂跃跃欲试,纷纷要从这个口子渗透到政界;杰克逊遂即启用了不少报刊编辑担任联邦职位。此一举措即刻便将新闻之地位问题变成热议话题。此时,昔日的统治集团暂时在这位战争英雄面前败退了,不过,不管怎么说他们都不愿在这些报界人士面前俯首称臣,这无异于终极折辱。于是,针对分肥制度的怒火便一下子集中在这些获得联邦职位的报界人士身上。杰克逊大胆地为自己的此一举措展开辩护:"为什么他们就要被排挤在外,而不是其他人呢?他们不爱国吗?不是;他们不具备我所要求的任职资格吗?也不是。"[23]不过,即便是杰克逊也不敢将重要职位给予这些人。他们只能以另外的方式来发挥实质性影响。

"厨房内阁"的两个主要人物都曾是报界人士,一个是阿莫斯·肯德尔,另一个是弗朗西斯·普雷斯顿·布莱尔。肯德尔

1789年生于马萨诸塞州邓斯特布尔的一处贫瘠农庄。他身体羸弱，但勤奋好学，很早的时候就被家族中人视为未来的学者，在农田劳作间歇期，他就在当地的学校读书，后来前往达特茅斯学院。在这里，他很是内向，也很自负；1835年，他的一个同班同学说，倘若他有朝一日变成"一个有手腕、有能力且精明的政客"，能迎合人，能操控人，那也只能说"他完全变了一个人"。[24]

从达特茅斯学院毕业之后，肯德尔便前往格罗顿，在那里边教书边研习法律。对他来说，这段时光是特别幸福的，"不过，我的这种幸福太不稳定了，相当混乱"（他陷入了一段单相思当中），在新英格兰，一个没有关系网的年轻律师，基本上是没什么机会的。于是，他便只能在二十五岁时前往肯塔基州。在列克星敦，他遇到了一个前来学习法律的学生，二人相处甚欢，此人正是亨利·克莱的弟弟，肯德尔也因此很快便被引见给克莱夫人，并应后者之邀指导她的孩子们读书。这个耿直的新英格兰人有着令人难以忍受的严肃态度，一贯凭良心办事，显得有些冷硬，不过，羞涩中也投射出魅力，很快便赢得了阿什兰女主人卢克蕾蒂娅·克莱的欣赏，后者当然也是平易之人。于是，女主人便开始教导肯德尔，让他的言谈举止变得优雅，令他的谈话富于声色，最终令他有了融入社交圈的能力。[25]

在阿什兰待了大约一年之后，肯德尔离开这个地方，开始自己的法律执业生涯，此时克莱仍然在欧洲协助处理同英国的和谈事务。1816年年初，肯德尔回访列克星敦，不幸染上重病。在他刚刚能够走动的时候，克莱夫人便将他带回阿什兰悉心照料，就如同肯德尔后来说的，"就像是母亲一样关怀备至"。然而，数年之后，卢克蕾蒂娅·克莱谢世多年，她当年的那个学徒却摇身一变成了杰克逊的首席顾问，此等背景之下，当年的那段插曲遂演变成传闻，肯德尔成了不知感恩、不知忠诚的怪物。按照传闻的说法，肯德尔来到列克星敦的时候，只是个无亲无故的年轻人，是克莱夫人在他病重之时将他带回自己家中，悉心照料，直到他康复。而且，亨利·克莱后来也待他如亲生儿子，帮他在报界立足，结果却只是换来肯德尔的背叛，肯德尔成了亨利·克莱的仇敌的人。[26]

然而，真正帮助肯德尔开启报界生涯的人是理查德·门·约翰逊上校。肯德尔迅速投身肯塔基报界，很快便适应了这段崎岖不平的报业之路。在他担任《西部阿尔戈斯》的编辑的时候，身在法兰克福的他在工作的时不得不随身携带匕首或者手枪，不过，他的笔头很是厉害，能够发挥匕首或者手枪的效能。他锐利的头脑、他的诚实和坚忍、他的华彩赞词和无情攻击，很快便令《西部阿尔戈斯》成了州内的头号报刊，也很快便跻身整个西部最有影响力的报刊之列。

在肯塔基州的银行战争中，肯德尔一开始是反对救济举措的，他认为针对底层群体的这种救济举措应当以坚挺货币而非贬值货币为取向。但是，当时救济派的领导人是约翰逊和肯德尔的另一名恩主威·泰·巴里，在这样的情况下，若不坚持这些救济举措，就只能同金融贵族集团结盟，肯德尔别无选择，只能追随并支持救济派的政策体系。最终，肯德尔成了州银行的董事，在这个位置上，他尽其所能地约束该银行的纸币发行活动。

很快，斗争的焦点便从救济体系之实际效能问题切换到救济体系之合宪性问题，肯德尔也随之开始发挥出更大的作用，他猛烈攻击联邦最高法院以及司法立法权能，无论是作为《西部阿尔戈斯》的编辑还是作为州长的捉刀手。在联邦政治舞台上，肯德尔就跟所有的肯塔基人一样，支持肯塔基养育的爱子亨利·克莱，对于亨利·克莱，肯德尔也有着个人忠诚义务在身。1824 年的肯德尔将自己的支持给予了克莱，此后的亚当斯内阁期间，肯德尔则选择了中立，而不是一味地支持当年那位女恩主的丈夫；不过，杰克逊派则坚持认为，《西部阿尔戈斯》一直是肯塔基进步主义的喉舌，因此也就应当为他们的候选人代言，为此，他们甚至威胁要另起一份报刊与之竞争。此时的克莱选择了继续支持老法庭派（Old Court party），此举最终将肯德尔推向了敌对阵营。[27]

杰克逊胜选令肯德尔有了很好的机会离开肯塔基。一开始，华府的诸般情状令肯德尔有些震惊。华府社交圈的女士们都把自己勒得紧紧的，就那么肆意地将肩膀裸露在外面，令这个土里土气的"扬基佬"有些难以招架，同时，这里的人们都是天黑后用晚餐，这"荒谬的英格兰做派"就更是令肯德尔恼火不已。有那么一幅画面得以保存下来，呈现的是置身华府宴会的肯德尔，从一个黑人侍者那里抓过来一杯咖啡，然后就直勾勾地看着周围把酒言欢的人群，浑身的不自在，眼神非常不满。

不过，他还是给重要人物留下了印象。范布伦品评说："肯德尔是个有影响力的人物。我建议总统约请他前来赴宴。"于是，肯德尔不仅获得了邀请，也很快获得了财政部第四稽查员的职位任命。肯德尔遂走马上任，并发现前任托拜厄·沃特金账目中存在额度巨大的欺诈行径，而这个沃特金乃是约翰·昆西·亚当斯的密友。此一政绩很快便令分肥制度获得暂时性的光环，最重要的是，令总统对肯德尔刮目相看。肯德尔自己则发觉职位轮换制度真正推行起来，并没有理论上演绎的那么精彩："星期六的时候，我将六名书记员解职……这的确是我做过的最痛苦的事情。"[28]

弯曲的身体、近视、破落的衣着、白发早生、面色蜡黄，伴随着剧烈的咳嗽，这一切都令肯德尔不会成为那种有魅力的人。7月的酷暑天，他仍然穿着十分宽大的白色罩袍，纽扣一直系到脖子上。若是头疼剧烈发作，他还要在脑袋上缠上一圈白色手绢。"太惨了，"亨利·亚·怀斯禁不住品评说，"他骑马顺着宾夕法尼亚大道前行的时候，我仿佛看见了堂吉诃德和他的罗西南多，那光景，就像是死神骑在驽马之上。"[29]

慢性疾病剥夺了他的健康，但也恰恰是这一点，令总统对他有了特殊情感。杰克逊很快便开始倚重肯德尔为自己书写函件和公文，先是印第安人问题，而后是大政方针问题。慢慢地，肯德尔在解释、呈现杰克逊的直觉并将这直觉付诸文案的过程中，展现出卓绝的才干，因此令他成为总统身边不可或缺的人物。有了肯德尔，总统就可以悠闲地躺在床上——上面是总统昔日爱妻的画像——就这样边抽烟边倾吐自己的想法，语词虽然强劲有力，遣词却含混不清。肯德尔则对之实施加工和润色，而后读给总统听。若是老将军摇头，便再行尝试，再行修订，就这样距离总统的意思越来越近，直到总统露出放松且满意的微笑，肯德尔自己则会对总统的想法当中所蕴含的力量倍感吃惊。[30]

初到华盛顿的时候，肯德尔是支持卡尔霍恩继任总统的，不过，他很快便看明白了，激进改革的未来乃寄托在范布伦身上。[31] 1830年最初的几个月间，肯塔基集团同卡尔霍恩之间的仇怨逐渐加深，这个集团便也开始酝酿着创办新的喉舌，取代达夫·格林和《美国电讯报》。巴里提议启用弗朗西斯·普雷斯顿·布莱尔担任新喉舌的主编，布莱尔则是肯德尔在《西部阿尔戈斯》的继任者。

布莱尔出生在弗吉尼亚，孩童时代便随同父母前往肯塔基，1830年时他三十九岁。年轻时候，布莱尔身体纤弱，他的岳丈颇有前瞻性地劝阻女儿同布莱尔的婚姻："不出六个月，你就会变成寡妇。""我宁愿做弗兰克的寡妇，也不愿做别人的妻子。"这是姑娘的回答，接下来的五十载光阴里，布莱尔展现出的生命力令所有认识他的人都感到震惊。跟肯德尔一样，1824年，布莱尔也选择支持克莱，但是救济战令二人的关系出现了裂隙，布莱尔遂投身杰克逊阵营，这个联盟对布莱尔来说是顺其自然的。"我不曾抛弃过您的旗帜，"他告诉克莱，"但是，我们私下里也在一些问题上经常出现分歧，诸如州权问题、银行问题、司法权能问题等。如今，这些问题已然迸发开来，成为党派分野的界标了。"在救济战中，布莱尔扮演了小册子作家的角色，激情四溢，以较之肯德尔更高的热忱投入这场斗争，并成为新法庭（New Court）的书记员，后来更担任了"州银行"的行长。肯德尔离开肯塔基之后，他便顺理成章地继任了《西部阿尔戈斯》的总编职位。[32]

范布伦集团实际上从 1828 年开始就对达夫·格林有所疑虑了，不过，创办新喉舌的实质性一步主要还是肯塔基集团迈出去的。1830 年 7 月，肯德尔实际上就已经将这件事情告诉了布莱尔。当时布莱尔正身陷四万美元的债务当中，希望在资金方面得到帮助，肯德尔遂着手解决资金问题。这一年晚些时候，布莱尔也奉召来到华盛顿。内圈中人已经在焦急等待这个新成员了，有了这个新成员，他们就可以惩罚达夫·格林、打击卡尔霍恩并捍卫当前政府了。很快，一个根本就不起眼的人出现在华府，体重一百磅上下，沙色的头发，刀削斧凿般的面相，脑袋上还有一处伤口，伤口上面贴着块黑布，那是华盛顿附近一处舞台坍塌之时留下的伤口。刘易斯少校遂即便开门见山了："布莱尔先生，我们这里缺的是坚定且清醒的人。"不过在注意到布莱尔那明澈的、蓝色的、眨也不眨的眼睛并略作几分钟恳谈之后，他起初的疑虑便一下子烟消云散了。[33]

新报纸定名为《华盛顿环球报》，创刊号于当年的 12 月问世。该报的总编辑显然以比肯德尔更高的热忱投入华府生活当中，频频出现在聚会和宴会之上，畅饮香槟美酒，不过早上醒转过来的时候也不免涌起一丝伤感，这样的生活"令人时髦，也让人可怜"。他的妻子则一直警觉地关注着他的身体，每天都要求他骑马回家，在花园里工作，饭后喝上一点裸麦威士忌。

总统给布莱尔留下了深刻印象。"我可以告诉你，他在这里，就跟在战场上一样，都是卓绝将领"，这是布莱尔进驻华府几个月之后写下的话。杰克逊也对布莱尔相当热情，就如同先前对待范布伦和肯德尔一样。杰克逊倘若有什么东西需要告诉公众，就会交待说，"把这个交给布莱尔"（他通常称呼布莱尔为"Blar"），布莱尔即刻就会将总统的指示转化成战斗檄文，发布在社论里面，通常他都是用纸片在膝盖上现场操刀，有时候，速度之快简直到了暴烈的程度，得专门有两个男孩帮他将文稿传送给打字员。1832年，约翰·C. 里夫斯，一个身形巨大但看来也是相当破落之人，也加入了《华盛顿环球报》，此人身高接近六英尺半，体重高达两百四十磅。1834年，里夫斯成为布莱尔的合作者，令布莱尔肩头的重任有所缓解。两人的配合相当完美。就像里夫斯经常说的那样，他们二人"成了这个国家长相最丑陋的一对组合"。[34]

跟肯德尔一样，布莱尔初入华府，对卡尔霍恩也是心有戚戚；不过，在参加了几次有关总统人选问题的会商之后，他也逐渐看明白了，范布伦、本顿和托尼才是真正将民众利益放在心上的。他那亲和的禀性令他很快便同这三个人建立了亲密关系，特别是同范布伦。

在这个时代，一切都是那么含混且充满张力，人们都忧心忡忡，置身这样的时代境遇，任何团体，若是像"厨房内阁"这般处在晦暗不明的位置上，必定会引发人们的深深疑虑，肯德尔的处境更为糟糕，因为他的身体状况不允许他经常抛头露面。一位国会议员告诉哈利雅特·马蒂诺说，他足足等了四个会期才得见肯德尔的庐山真面目。威廉·杜安在财政部部长的位置上待了三个月，也只见到肯德尔四回，每次都没有超过十分钟。"大家都知道他是整个施政体系的动力源，是这个政府的头脑、规划人和操盘手，"这是马蒂诺小姐给出的品评，"但是一切都在黑暗当中。卓绝的政令就是从这幽暗中发出，显然不会有谁觉得这种政令是出自名义内阁之手；一个交互网络实际上已经覆盖全国，但是没有人对此负责；政务就这么在妖风迷雾中施展开来，无论是范围还是速度都令人震惊，人们遍查四围，却不见人迹，禁不住地陷入迷信和惊惧当中；是那看不见的阿莫斯·肯德尔造就了这一切。"1838年，亨利·亚·怀斯实在是忍无可忍，在众议院高声呐喊："他就是总统的思考机器，总统的写作机器，说白了，就是总统的撒谎机器！……他就是首席督察、首席记者、抄写员、捉刀手、财会,总之,他负责一切——没有他的魔鬼天才,本届政府就什么都干不了。"

罗伯特·梅奥博士,一个失意的智囊,面对此等情形,遂以相当现代的方式采取了报复行动,他写了一本书来攻击这个拒绝听从他建议的政府,并在书中直斥肯德尔暗藏祸心,是要策动革命。据梅奥说,一份未公开的文件对此等祸心有所披露,"该文件的主旨就是要认定,政府、学校、学院、道路、内部改进运动、市政花费等,所有这些方面的资金支持,都应当由那些财产估值在六千美元以上的阶层来负担,而且是由这个阶层全部负担……若如此,假以时日,所有拥有超过六千美元财产的人,都将沉降到六千美元的水平"。

本届政府的其他反对派也都接受了有关肯德尔之主导权能的看法,只不过没有这么疯狂而已,这其中就包括约翰·昆西·亚当斯,他在1840年是这么品评杰克逊和范布伦的:"此二人……在这十二年里一直都是阿莫斯·肯德尔的掌中玩物,肯德尔是他们的主人。"然而,"厨房内阁"的主人一直都是杰克逊,而且杰克逊一直利用这个工具来达成自己的目的。[35]

七　开启银行战争

　　1836年，第二合众国银行的特许状即将到期。这家银行并不像"合众国"这一冠名所指向的那样，是个国家银行。实际上这是一家金融公司，总部设在费城，私人控股，营利性质，不过同政府的关系非常特别。这家银行拥有三千五百万美元的资产，政府在其中的认购额度达到五分之一。政府的公共基金都存在这家银行，这家银行可以为银行业的目的动用这些资金，无需支付利息。该银行拥有实质上无限度的纸币发行权，如果说还有什么限制，那就是行长和出纳员的体能了；1827年之后，该银行连这个限制都避开了，他们发明了"分行汇票"（Branch drafts），这种金融工具无论是外观还是流通方式，都跟纸币没什么区别，实际上就是汇票。各州无权向这家银行征税，而且该银行建制本身是垄断性质，国会不得再设立类似的机构。作为这些特权的回报，该银行要缴纳一百五十万美元的分红，并负责免费转汇公共资金，免费进行公共支付，同时允许政府任命五个董事，该银行共有二十五个董事。财政部有权在向国会申明缘由之后，从该银行提取政府储备金。

1

即便是该银行建制的倡议者也承认，这份特许状给予的特权的确是太大了。在特许状更新问题上，触发了一场剧烈论辩，在论辩热度正高的时候，强硬保守派赫齐卡亚·奈尔斯加入战团，他宣示说，他"反对更新当前的这份特许状，反对延续当前的这种特权……因为这家银行的特权已然超出了人情常理，除非规定该银行向人民负责"（尽管奈尔斯最终还是支持该银行建制本身）。内森·阿普尔顿，曾于1832年尝试修订该特许状，他没有成功，1841年他给出的评说虽然小心翼翼，但也相当郑重且坚定："这是一种大型集权体制，独立于联邦政府，也不受州政府管制，这实在是我国体制当中的异类。此等货币权能之巨，显然不会再有出其右者。倘若不能保证该银行的操控者是近乎神明的完美人类，那我们没有它反而会更安全一些。"[1]

毫无疑问，此等银行权能，已成既存事实。此等权能实际上是垄断了货币发行权，并且完全控制了信贷体系以及价格水平。比德尔本人的证言就足以揭示这一权能到了何等程度：

> 问题三：该银行压迫过州银行吗？
> 回答：从没有。该银行的权能分分钟就能摧毁别的任何银行。在这种情况下，也就谈不上压迫或者伤害了。

对托尼这样的激进民主派来说，比德尔的此番回答，实际意思就是，倘若他保持克制，那就应当算是他的荣誉了。"此等巨大权能集中在这么一小撮人手中，"托尼宣示说，"这些人行事诡秘，不见天日，却无时无刻不存在，无需向谁负责，超越人民和政府之上。过去二十年的特许期间,情况就是如此,此等情形本该令国中所有人警醒,何必等到危险实实在在降临。"[2]

该银行完全独立于人民,这一点毫无疑问。比德尔从来不能容忍内部分歧,董事会上的政府代表因此备受顿挫,愤怒不已。"我从来没有见识过这样的董事会,"亨利·迪·吉尔平差不多是咆哮着说,"这完全是在扭曲'董事'一词……实际上,我们什么都不知道。没有人征询过我们的意见,没有任何的交流,没有通信,一切都只是快速的、蜻蜓点水般的陈述,或者将问题提交给一个所谓的委员会,这个委员会从来不曾提出任何报告。"吉尔平最后还补充说,"我们完完全全无足轻重。"[3]

比德尔不仅压制了一切的内部分歧,更直截了当地宣称,银行不应当向政府负责,也不应当向人民负责。1824年,该银行华盛顿分行的行长致信比德尔:"鉴于……有其他的利益牵涉进来(除银行自身利益之外),特别是政府方面,我觉得最好是跟总统接触一下,听听总统的想法。"比德尔则措辞强烈地回复说:"倘若……您认为您负责的分行除了自身利益之外,还要关注其他的利益,那么我在这里也的确该纠正一下您的这种根本误解了……政府任命自己的五个董事之后,就已经完成了自己的职责。此后,全部的责任机制就在董事会了,没有任何官员,包括总统在内,有一丁点的权利、权威或者借口再行介入银行事务……因此,在任何情况下,都不得乞求政府……否则就完全背离了本行职员应有的品性和精神,本行职员只考虑本行的权利和利益,只听从本行领导的指令,随时准备执行董事会的决议,必要时候,不惜跟总统及其官员直接作对。"[4]

很显然,在比德尔看来,第二合众国银行就是一家独立公司,跟国家是对等的,不向政府负责,除非是对特许状做出最狭义的解释,由此逼迫他们对政府负责。为了捍卫自己的这一立场,比德尔抛出一种理论:该银行超越政治善恶。当然,在这个问题上,当年的亚历山大·汉密尔顿有过直白得多的表述："这样一家银行不仅仅是私人财产的问题,而是对国家有着莫大分量的政治机器。"[5] 第二合众国银行事实上已经达成了汉密尔顿心目中的理想标尺,成为政府和商业集团之同盟的基石。

2

当年,杰斐逊集团的保守派在麦迪逊和加勒廷的引领下,最终还是接纳了汉密尔顿的银行规划,认为这是必要之举,不过,约翰·泰勒提起的反驳和伦道夫策动的攻击,也一直维持着反银行情感的生命力,浸染在旧日激进传统当中的人们依然对纸币之邪恶保持深刻信念。1820 年,杰克逊的硬通货观念一直促动着这位老将军对田纳西救济政策实施攻击。"所有认识我的人都知道,"1833年,杰克逊告诉波尔克说,"我从来都是反对合众国银行计划的,说白了,我反对所有的银行。"[6] 本顿则从同梅肯和伦道夫的交谈中,以及他对 1819 年纸币系统崩盘事件的亲身观察当中,得出了类似的结论,认为要防范未来的类似灾难,唯一的解决办法就是限制纸币体系;为此目的,政府应当将货币仅限于金银贵金属,并收回对私人银行发行权的支持。[7] 范布伦、康布勒朗、托尼和波尔克也都在不同程度上认同此一观点。

西部的杰克逊追随者群体对合众国银行也心怀强烈敌意,个中因由却不一样。1819 年,西部普遍推行了恢复铸币并遏制州银行纸币发行的政策。这一政策基本上不得人心,在一切阶层都绝少能找到支持者,特别是在肯塔基州,救济战令这种敌对和仇视一直保持活力。不过西部的反银行情绪并非出于理智上的对纸币的不信任,也并非植根于杰斐逊派对铸币的向往。西部在很大程度上可以说是债务人的世界,这样一个西部自然而然地会喜欢廉价货币;此外，比如说在肯塔基州这样的地方，虽然反对合众国银行的呼声最为剧烈，但也都对本州的野猫银行业务有着强烈的诉求。说白了，肯塔基州之所以向合众国银行开战，目标所指并非纸币体系，而是因为这样的银行不受控制；更确切地说，在西部人看来，合众国银行的真正罪孽不在于它发行纸币，而是肯塔基州银行无权约束其纸币发行权。也许除了杰克逊和本顿这样的教条主义者之外，西部人是不会反对处在地方控制之下的州银行的。

的确，一八二〇年代的时候，即便是费城银行，也已经在相当程度上化解了针对银行的这种西部偏见。[8]比如说，在田纳西州，直到1829年，"无论是州长威廉·卡罗尔还是州议会，都是支持银行的，无论是州银行还是联邦银行，而且在该州此前的历史上，并无任何迹象表明，在杰克逊登临总统大位之前，存在普遍的反银行情绪"。[9]凯莱布·阿特沃特，来自俄亥俄的杰克逊派，很是强壮，身上有那种典型的西部人的味道。1831年，他写下的一番话表达了此时的广泛感受："若是拒绝更新特许状，那么匹兹堡、辛辛那提、路易斯维尔、圣路易斯、纳什维尔以及新奥尔良，就都会在顷刻之间坍塌下去。"即便是在杰克逊获选之后，弗兰克·布莱尔（即弗朗西斯·普雷斯顿·布莱尔）在《西部阿尔戈斯》上发表的第一篇长篇攻击之论，也要等到1829年的12月23日才真正问世，东部集团已经在好几个月之前就将这个问题的热度提升起来了。这篇社论实际上是以纽约时期的范布伦的一份反银行文献作为引言的，文章本身所诉求者乃是肯塔基人对东部控制权能的恐惧；此外，整个1830年，《西部阿尔戈斯》的主要关切点都在合众国银行的权力、特权以及由此对肯塔基州银行可能造成的威胁等这些问题上，根本就不曾将重点放在纸币发行权上。[10]

一些作家常常会在谈论边疆生活的时候，认为正是那样的边疆生活化育出"个人主义"以及平等的诸般特质，并认为正是这一点令西部人近乎神秘地秉持着反银行态度。实际上，跟国民当中的所有群体一样，西部人在认为银行可以给他们带来好处的时候，自然会支持银行，若是认为有人以他们为牺牲品从中获利，那他们自然就会同银行开战。西部人对于合众国银行的攻击热情，并非植根于某种本能的民主忧患意识（Weltschmerz），仿佛美利坚丛林真的能够培育出此等忧患意识一样，也并非导源于杰斐逊主义者的反银行情绪，而是导源于农民债务群体在地方纸币问题上解除束缚的欲念。

众多东部人也加入了这场反银行战争，同样缘起于他们反对来自费城的控制权能。各州银行当然是希望借助这样一场战争，令自己成为本州政府资金储蓄的继承者，这样的话，州银行就能够扩大自身的资产了，而且还不用承担任何代价。平日里针对合众国银行的诸多具体怨诉，则更是平添了人们反银行的动机。比如说，纽约州银行就非常嫉恨合众国银行，因为合众国银行的贷款业务根本就不受范布伦保障金计划的约束。纽约市则在很长时间里都因为选择费城作为国家金融中心而愤怒难平。由此可见，在这场反银行战争中，杰克逊完全可以信靠地方银行集团这个温和少数派的支持。

不过，更为牢靠的支持来自另一个地方。1829年3月，也就是那个严重的萧条之冬过去之后，费城的一个工人集团在合众国银行的阴影之下，召集了一场集会，集会的主旨是"反对一切新的特许银行"。人们纷纷指责是"纸币体系的过度扩张"制造了艰难时世，此次集会委派了一个委员会负责起草一份银行业报告，主体诉求很明显，那就是"我们的工作绝不仅限于工人阶级"。知识分子主导了这个委员会，其中包括两个著名的经济学家，其一是《费城报》的编辑威廉·M.古奇，其二是康迪·拉盖，《自由贸易论坛》的总编；还有就是著名的老杰斐逊派报界人士威廉·杜安及其做律师的儿子威廉·J.杜安、人类学家罗伯茨·沃克斯、鲁本·M.惠特尼（Reuben M. Whitney，一个失意商人，曾是合众国银行的董事）；此外就是两个工会领袖，威廉·英格利希和詹姆斯·罗纳德

森。一个星期后,该委员会公布了报告结论:

> 合众国银行作为储蓄和转账机构是有用的,对此,我们当然表示认可;不过,该银行可以造福,也可以作恶,我们并没有看到它们带来的福祉可以抵偿它们造成的恶端,比如说……它们为人为的财富不平等奠定了基础,由此也就为人为的权力不平等奠定了基础……倘若当前的银行和纸币体制拓展并维持下去,巨大的劳动群体将失去获取财产的任何希望。[11]

1820年代后期,此一观点在中部以及东部靠北的各州迅速流行开来。工人阶级对银行业心存本能的恶感,阿勒格尼山以西拓殖地区的居民同样如此;但是,他们没有西部人口的那种机会,可以享有地方控制之下的银行体系。此等情形之下,他们的反对浪潮就不再是阵发性的,不再是偶尔为之的,而是慢慢地开始凝聚成正式的反银行原则。对于纸币,他们有着痛苦的集体经验,正是这样的集体经验令他们归附了杰克逊和本顿从杰斐逊遗产当中获取的那些教义。

3

由此,这场反银行战争便得到了两个对银行秉持根本性敌意的社会集团的强烈支持,其一是西部的债务人群体和东部的地方银行集团,其二是东部的工人集团和杰斐逊主义激进绪的支持者。本质上讲,廉价货币诉求和硬通货诉求是无法兼容的,在这场讨伐运动的鼓噪和喧嚣当中,倒也不难看出这种情况。不过,这种无法兼容的情况就这么一直维持着,并逐渐发展成集团内部西部派和东部派之间的分歧,在这个过程中,州银行集团也逐渐抛弃了杰克逊阵营。到了这个时候，西部派和东部派显然对"平等"一词的意涵有了不同的解读，这一分歧的确是新生的现象。西部派寻求的是政治民主和自治，他们并不反对地方控制之下的纸币体系，东部的底层群体以及失意群体，则是要寻求经济民主，因此，他们要对整个银行业全面开战。

此等情形之下，政府方面只能小心翼翼，不公开宣示硬通货观念，否则就很可能会得罪廉价货币派。然而，政府的主旨和意图是很明确的，不会有人弄错，这就令杰克逊的西部支持者倍感无所适从，这场战争是在他们不能理解的战线上向前推进的。理查德·门·约翰逊就是这方面的例子，他是坚定的救济派，也是合众国银行的宿敌，1832年众议院任命一个委员会对合众国银行展开调查的时候，他就在这个委员会里面；但是当时主导这个委员会的是康布勒朗的硬通货观念，他在听证会上没有发挥实质作用。当然，他最终也在康布勒朗的报告上签字了，但他后来说明了当时的情况，他说整个听证会上，他不曾问过一个问题，也根本没有看过一份合众国银行文件。[12]总而言之，来自西部的政客集团就这么处身撕裂状态，一方面是白宫的硬通货取向，另一方面是家乡人民的廉价货币取向，对行走在钢丝上面的他们来说，眼前的道路没有定数可言。

此等局面之下，唯有知识分子集团是能够迅速调整过来的，因为他们用不着去考虑连任问题。阿莫斯·肯德尔，一开始时候是硬通货派，这很可能是因为他接受的东部教育，不过，他也不觉得反转先前的观念有什么困难的。弗兰克·布莱尔也是如此，他进驻华府之后，便迅速转变了立场。实际上，这并非改变立场的问题。说到底，这些人的政治忠诚首先是指向某个社会阶层或者社会集团，并非指向金融理论。肯塔基州救济战的经验已经让他们明白了，拯救的成本从来都不会是低廉的。确切地说，边疆地区拥有大量的债务人群体，廉价货币政策当然能够造福这个群体，但是无论这中间的福祉会有多大，也都只是暂时性的，所谓的廉价货币政策，往好里说，也只是高风险的应急之策，是在政治必然性催逼之下，不得已而为之的。这样的政策绝对不可能成为国民经济政策之基础。像肯德尔和布莱尔这样的人，已然从地方义务中脱离出来，自然而然地转向硬通货观念，也自然而然地认为，唯有硬通货政策才能够以偏向非商业集团的方式，成为金融问题的恒久解决之道。

托马斯·哈特·本顿则已经在等待机会为这套解决办法而战，他已经等待很长时间了。一八二〇年代，他就对纸币体系颇有微词，当时纳撒尼尔·梅肯则告诉他，若是内阁不在他这边，尝试改革是没有任何意义的。而今看来，内阁终于要站在他这边了。杰克逊发出的第一项信息就对合众国银行之合宪性和实际效用表达了严重疑虑。1830年，总统在涉及特许状更新的问题上，继续传递类似的信息。不过，到了这个时候，内阁的立场仍然不是很明确。人们普遍认为，杰克逊的那些表述只不过是表达了总统的私人偏见，不代表党的政策。基本上也没有人认为总统的梅斯维尔否决权（Maysville veto）举措是要开启一场将合众国银行也牵扯进来的战争。[13] 即便是到了这个时候，合众国银行方面依然是信心满满地同财政部部长麦克莱恩展开了幕后会商，力图制定一份特许状更新日程表，并策动了一场相当强劲的媒体攻势，对杰克逊的那些表态展开反击。本顿仍然在焦急中观望着，并且认为，到了这个时候，总要有人出头为硬通货而战，那么，除了本顿而外，还有谁是合适人选呢？

本顿多次尝试在参议院发言，但是银行的议会支持者们也总是能够利用议会程序让他没办法发声。最终是在1831年2月2日，本顿成功克服这些恼人程序，提起了全面指控：

> 首先，议长先生，我反对更新特许状……原因很简单，我

国政府奉行的是自由且平等的法律体制，这一体制是无法跟合众国银行兼容的，该银行太庞大了，也太强大了……其次我要说的是，我之所以反对……也是因为该银行的取向太危险了，定然要伤害政府和人民……我指控该银行恶化了财富不平等格局，令富者更富，穷者更穷，我指控该银行在越来越多地制造土豪和贫困……我的第三个原因是……该银行的垄断特权，那是反共和制度的垄断权能，并将此等巨大权能给到股份持有人手中。

那么本顿自己的政策呢？"对共和制度来说，金银就是最好的货币，"本顿如同雷霆一般咆哮着说，"金银是中产阶层和劳动者的最优选择。倘若我要去建立一个工人政党，那么我立党的基础就是硬通货政策。说白了，这就是硬通货党和纸币党之间的战争。"[14] "这就是硬通货党和纸币党之间的战争"，本顿的这句话在国会大厅震荡回响着，令来自马萨诸塞州的韦伯斯特先生急忙起身，呼吁即刻实施票决，意图就此挫败本顿反特许状更新的提案。

然而，本顿的此番发言也响彻了整个美利坚大地。《华盛顿环球报》迅速将本顿的讲词分发出去，政党媒体由此跟进，小册子攻势一下子涌动而起，遍及美利坚，人们纷纷借着油灯和蜡烛的微光捧读这讲词，兴奋不已。坊间更是一番热议光景，酒馆里、壁炉旁、汽船上和马车里，波士顿的幽深小路、纽约的繁忙街道，还有新罕布什尔、密苏里、艾奥瓦、密歇根以及阿肯色的偏远农田，都被这股热潮覆盖了。身在北卡罗来纳的纳撒尼尔·梅肯展读这讲词的时候，内心翻滚着强烈的喜悦。"这世界的芸芸众生都是靠着血汗钱为生的，您配得上所有这些人的感谢，"他这么跟本顿说起这件事情，还以他特有的坚定和坦率补充说，"……我注意到里面有些语法上的疏漏，请一定别介意我的挑剔。"[15]

4

此时的尼古拉斯·比德尔,正置身切斯纳特街的豪华办公室,令他烦恼的问题可不是本顿的语法错误。1823年,当他成为合众国银行总裁的时候,这个能干、随和且胸怀世界主义眼光的费城人只有三十七岁。此前,他的声誉主要是靠文字建立起来的,不过,他早前接受的训练在公共写作方面是个弱项,对他来说,那种写作常常令他倍感难受。一名英国访客宣称他"是我见到的最具绅士风范的美国人",说他"显然脱离了民族性情的束缚",这令这个英国访客激赏不已。[16]

身为合众国银行的总裁,比德尔一直在追求很积极的政策。截止到1830年,他的所有冒险都取得了成功,他没有冒过不必要的风险(也许除了"分行汇票"而外),他的判断通常都能够得到普遍尊重。尽管有着此等干才,他还是有个致命弱点,那就是太过自信,总是低估对手并且缺乏政治想象力。此时的比德尔一方面寻求同政府谈判,一方面又在策动舆论攻势,为此,他发动报界参战,更动用了自己的关系网,还给报刊编辑提供恩惠。不过,他的终极依靠则是当时国内的两个巨人:亨利·克莱和丹尼尔·韦伯斯特。

此时的亨利·克莱是国内最受敬重的政治人物。他身材高大,身体微微弯曲,面容土黄,灰色眼睛闪烁着光芒,嘴型很是性感,时不时地露出一丝嘲讽,五官棱角分明。他语速很快,言谈中时常闪烁出火花,言辞之间全是逸闻趣事,有时也会随口咒骂。聚谈之时,他总是斜靠在沙发上,众人环绕在侧,鼻烟壶在手,往往能够谈上数个小时。音节拉得很长,各种玩笑话不断从口中蹦出,也会意味深长地敲打手中鼻烟壶。约翰·昆西·亚当斯谈到他的时候,说他只受过半吊子教育,不过也不忘补充说:"他的学校就是这个世界，他熟知这个世界。他的道德标尺并不高，无论是公德还是私德，不过，他具备公众人物必不可少的一切德性。"

英俊、冲动、魅力十足、宽纵慵懒，这样的克莱有着无可抵御的吸引力。他对自身的力量有着足够的意识，往往对此倍感兴奋，无论走到哪里，都喜欢自居中心，无论是在国会、政党议事会、宴会、还是在谈话当中，都是如此；不过，他并非那种低贱且尖刻的野心之辈。他并不信守确定的原则，分析能力也只能说是聊胜于无，不过，他的视野很是宽广，令人激奋，正是这样的视野取代了观念的位置。

正是此等视野和想象，令他成为极具震慑力的演说家。他的声音相当浑厚，且富于乐感，只要他一发言，就等于上演了一出戏剧，足以令议会进入一种休会状态，而且，克莱很注意让自己的发言变得充实起来。他的肢体动作堪称一流，清晰且有力的点头、跺脚，向前伸出的手指、张开的手掌还有握紧的拳头，给人以挥斥方遒之感，令他的激情既能被听见，也能被看到。他能够凭借这样的演说主宰全部的听众，靠的显然不是逻辑、知识，而是暴风骤雨般的辞令、魅力、勇气以及那火一般的力量。他的辞令本身并没有什么味道，而且显得臃肿，若是论实际内容，往往都归属琐碎一类。1843年，有人说，"那个时刻很快就会到来了，且让我们见识一下他的演说是不是还是一如既往地令人震惊、令人战栗，是不是仍然会令伯克先生的演说在他面前也变得索然无味"。然而，他最终还是主宰了美利坚想象力，绝少有公众人物能够做到这一点。这个国家也许不信任他，但这个国家的确喜欢他。[17]

丹尼尔·韦伯斯特恰恰缺乏这种激发民众想象力的才能。他是那种令人敬畏的人，如同花岗岩一般坚硬，拥有强壮的肩膀和铁一般结实的身形。一头浓密的黑发就那么耸立着，令人无法忘怀；即便是陌生人，也都能一眼认出那一头黑发，还有突出的前额、翻滚着火焰的大眼睛，还有"大蒌的嘴"，如卡莱尔说的那样，"闭得严严实实"。他在公众场合总是沉默寡言，除非是有酒助兴，他才会情绪大开；性情温和，极为平易，非常适合社交生活。他极度热衷个人享受：喝酒、休息、在马斯菲尔德猎鸭，在波士顿享受众人的奉承。他的思考能力堪称卓绝，但也只是在面临危机时才舍得动用一下。他的那些伟大演说，都是灵感迸发之作，同他那雄浑的声音匹配起来，足以摇撼世界。就如同爱默生说的那样，"他的嘴就如同一尊巨炮，填满了炮弹"。不过，一旦灵感耗尽，便只剩下满足的浮泛之词了。

这个国家不曾将自己的心交给过韦伯斯特。波士顿的商人当然喜欢他，还出钱支持他，华尔街的投机客以及这个国家各地的富人也喜欢他。但是，这个国家的民众对他基本上没有什么回应，除了新罕布什尔的一小批热衷于同政客互动的农民之外。"他给人的印象是拥有巨大力量，"一名英国访客说道，"但并不能让人'迷醉'于他。"人民信任杰克逊，喜爱克莱，对韦伯斯特则是既不信任也不喜爱。他从未赢得过人民，这完全是因为他从未将自己交付给人民。这就如同弗朗西斯·利伯说的那样，他"不具备感受民众潮流的本能"。

克莱为比德尔和银行而战，是因为比德尔及其银行符合克莱那卓绝的美利坚愿景。但是韦伯斯特为比德尔和银行而战，则在极大程度上是因为比德尔和银行是他的私人财源。在合众国银行陷入绝境的时候，韦伯斯特写下了这样的话："我觉得我的聘用金不能像往常那样更新了，倘若我跟银行的关系要继续下去，那就最好把聘用金给我续上。"很显然，除非给他支付佣金，否则他是不会引领大家的，这样一个丹尼尔·韦伯斯特怎么可能指望美国人民会追随他的领导，不惧艰难险阻、跋山涉水呢？[18]

在众议院，比德尔可以依靠的势力同样相当惊人。约翰·昆西·亚当斯结束了退隐生活，重新出道，以前总统身份挺身而出为"美利坚体制"辩护。亚当斯正如同爱默生说的那样，可不是什么老派绅士，"而是天生的好斗者……一个老迈的放纵之人，靠着清汤寡水是活不下去的，茶里面是必须放点硫酸的"！亚当斯喜欢剧烈且粗暴的论辩，他从不乞求别人原谅，也从不原谅别人。有时候，他会纵情发泄，身体因愤怒而颤抖摇摆，声音能刺破人的耳朵，他的头顶平日里如同大理石一般白，一旦激奋起来，即刻便变成红色。老年令他显得庄严且令人生畏，那高贵的、光秃秃的脑袋，沙哑的声音，包裹在陈旧长外套里面的沉重身形，更是平添了几分肃穆。"孤独，不被人近，也不近人，就那么坐在一边，沉浸在自己的遐想当中，"驻华盛顿的一名记者于1837年给出了这样的描述，"……看着很虚弱，但从不会疲倦；即便很累了，也随时准备战斗；很是阴郁，不过，若是有人说出一些有意思的事情，老人的脸上便会即刻绽放出光彩。"[19]

亚当斯的门生，爱德华·埃弗里特，则堪称伟大演说家，此人也是可以信赖并为比德尔声辩的，凭借他那华丽的口才；还有乔治·麦克达菲，来自南卡罗来纳的政客，经验丰富，此人负责在国会实际运作提案。为了强化银行势力，比德尔还引入了霍勒斯·宾尼，一个相当有名的费城律师，替自己经略国会。1832年的春天，宾尼就曾以银行游说者的身份在华府展开运作，第二年便摇身一变成为众议员。

就这样，克莱、韦伯斯特、亚当斯、埃弗里特、麦克达菲和宾尼组成了比德尔的团队，这些人的个人关系网、个人才干以及雄辩能力，看来肯定要压倒政府方面的一切努力。此等局面之下，在战斗开启之际，如果说比德尔未能将杰克逊、本顿和"厨房内阁"视为真正的威胁，倒也并非不能原谅。

5

1830年的春天，乔治·麦克达菲引领一个众议院委员会，向国会提起一份报告，一再清洗杰克逊在第一次国会演说之时向合众国银行提起的指控。第二次国会演说之时，杰克逊以更为详细的方式重提这个话题，1831 年，本顿的那次演说则更是强有力地将问题抛向前台。

比德尔当然更愿意让银行问题完全脱开政治旋涡。他的目的实际上只有一个，那就是让特许状获得更新。如有可能，他可以寻求杰克逊的帮助；如有必要，他可以寻求克莱的帮助。因此，1830 年和 1831 年间，他非常用心且仔细地探察赢得总统的机会。麦克莱恩和利文斯顿提供了积极协助，杰克逊集团显然出现了分裂，这就令比德尔不由自主地提升了自己的希望。与此同时，总统方面的表现开始走低，虽然还在低声重申自己的观点不会改变，但实际上是默许了麦克莱恩在财政部报告中提议更新特许状，并且在 1831 年的国会演说中基本没有提及银行问题。

不过，尽管表现如此和善，杰克逊仍然是不会屈服的，与此同时，范布伦集团开始显示出决绝的敌对态势。此时的亨利·克莱非常担心这么好的机会就这么从指缝里溜走，遂持续施压比德尔，力图让比德尔将特许状更新问题变成党派问题。对此，比德尔则是犹豫着，思忖着，掂量着，观望着。国民共和党提名大会提名克莱为候选人，并提名约翰·萨金特为克莱的竞选伙伴，萨金特是银行的律师。同时，提名大会还宣布了一份公告，谴责杰克逊在银行问题上的观点，1832 年 1 月 9 日，特许状更新申请正式递交国会两院。[20]

此时的本顿已经确定国会将屈从于银行，遂意识到，内阁的唯一希望就是拖延。于是，他在参议院抛出了预先准备好的众多修订案，开始实施拖延策略，在众议院方面，他则策动了调查委员会计划。2 月底，来自佐治亚州的 A. S. 克莱顿动议，要求组建一个调查委员会。此一动议遭到了强烈攻击，这一点出乎意料，克莱顿遂开始宣读本顿匆匆写就的一些便条，据此展开自我辩护，在宣读过程中，他将纸片缠绕在手指上，以防有人认出笔迹。[21]

此时的银行集团当然无法拒绝此一动议，否则就很可能招惹猜疑。不过，他们一开始还是予以抵制，而后便尝试将此一动议的执行问题控制在自己手中，接着尝试限制此一动议涵涉的范围。这期间，麦克达菲非常清楚所有这些策略都是没用的，但银行集团还是否决了麦克达菲的提议，结果，到调查委员会真正组建起来的时候，银行在这个国家的声望已经大幅度折损了。麦克达菲、约翰·昆西·亚当斯以及J.G.沃特莫作为比德尔的代言人，进入这个委员会；康布勒朗、克莱顿、理查德·门·约翰逊以及来自马里兰的弗朗西斯·托马斯，则作为反对派进入这个委员会。该委员会遂在费城展开了为期六个月的工作，查阅各种档案材料，质询证人，最终发布了三份报告：一份是多数派报告，秉持反银行立场；两份少数派报告，秉持反多数派意见，其中一份是亚当斯起草的。[22]

5月，战斗正式打响了。比德尔已经派出一支游说团作为自己的先锋战队，进入战场，不过，对即将到来的关键战役，比德尔则要亲自指挥了。到了这个时候，比德尔已经越发沉迷权力了。当来自马萨诸塞的磨坊主兼众议员内森·阿普尔顿向他建言修订一下特许状的时候，比德尔回之以蔑视和嘲讽，克莱则恳请阿普尔顿为既有的这份特许状投出赞成票。"要是杰克逊胆敢否决它，"克莱发誓说，"那我就否决杰克逊。"[23]

6月11日，特许状更新提案在参议院获得通过，二十八票对二十票；7月3日在众议院获得通过，一百零七票对八十五票。提案通过之后，比德尔笑靥如花，出现在议会大厅里面。议员们群集在他身边，争相跟他握手。休息室里，也有一波人兴奋不已，一直庆祝到深夜。[24]

八　否　决

　　杰西·本顿明白，她必须保持安静，不能乱动，不能尖叫，即便杰克逊将军把她的小鬈发扯得生疼。老人太喜欢孩子了，总是希望本顿能将这个可爱的女儿领到白宫。杰西紧紧拽着父亲的手，努力跟上父亲的脚步，就那么上气不接下气地走过长长的阶梯，来到上面的房间。南面是高高的窗户，阳光透过窗户倾泻进来，老将军躺在宽大的摇椅里面，旁边壁炉里的火焰正呼呼作响。这个孤独的老人太需要这么"一个纯真、自然、灵动的小生命在身边"，小杰西已经本能地学会了回应这个孤独的老人，就那么安静地坐在老人身边，老人则自然而然地将手放在小杰西的头上抚摸着。谈话热度一下子提升起来的时候，老人那瘦骨嶙峋的手指会让小杰西有些疼痛，不过，在这个时候，小杰西也只是看一看自己的父亲，不会有别的表示。很快，本顿就会设法让小杰西离开，去跟总统的私人秘书安德鲁·杰克逊·多纳尔森的孩子们玩耍。大人间的谈话则会继续下去。1831年接近结束的那段日子里，这样的谈话已经变得很长而且也很紧张了。[1]

1

杰克逊在这一年依然表现得严肃且沉静,不过,这显然不是用来掩饰他内心的动摇,他根本就没有动摇过。这是这位老将军标志性的政治策略,总是以灵活、随和的外表示人,借此来维持党的团结。[2]本顿和肯德尔是杰克逊一直都信任的,至于其他人,杰克逊能够信任的,则很少很少。他表现出明显的克制态度,这不仅让比德尔上了当,也蒙蔽了银行的众多敌人。詹姆斯·亚·汉密尔顿考虑着要尽可能地往伦敦多跑几趟,将杰克逊的犹疑和摇摆告诉范布伦;威廉·邓拉普,一个艺术家,也禁不住地表达了众多自由派的担心,他告诉费尼莫尔·库珀说,杰克逊"越发地软弱了,比预期的还严重;不过,他手下的那些人会支撑他的,并且也都在奋力地支撑着他"。[3]

其中,最关键的环节在于,杰克逊的内阁也误解了他的这种姿态。麦克莱恩、利文斯顿和托尼都相信,此时的杰克逊是有可能走向妥协的,这当然令麦克莱恩和利文斯顿大大地松了口气,但是托尼因此陷入绝望当中。此时的托尼开始认为,自己在内阁中已经被孤立了,甚至在整个国家的这场反特许状运动中,也落入无助境地了。此时银行方面则开始大张旗鼓地开设新的分行、支行,并示意办理长期贷款业务,尽管特许状很快就要到期了。看这情形,似乎"就是在板上钉钉地告诉世人,他们有决心捍卫自己,他们有的是钱,足以牢牢控制这个国家,没有人……可以甩掉他们,否则就必然会造成极为严重且广泛的公共灾难。这样的举动",托尼喊叫着说,"是必须即刻便予以抵制的,一旦特许状获得更新,再去抵制就毫无意义了"。[4]

但是,谁来领导这场抵抗运动呢?1832年的整个春天,托尼就那么看着辩论不断地继续下去，各种票决活动如火如荼，他内心的忧虑也在这个过程中堆积起来，如同大山一般。春天快结束的时候，托尼必须前往马里兰上诉法院主持一次庭审，于是他决定准备一份备忘录，阐明自己的看法，那就是，必须否决特许状更新提案。在离开华府之前一天的晚上，托尼完成了这份备忘录，并告知总统，一旦特许状更新提案获得通过，他就会马上将这份备忘录发布出来。

7月3日，杰克逊接到了国会呈送的议案。闻听此一消息，此时刚刚从英格兰赶回的马丁·范布伦便径直前往华府，于午夜时分抵达华府。将军还没有入睡，就躺在病床上面，苍白且憔悴，几个枕头支撑着身体，看到范布伦到来，便抓住了这位老朋友的手，另一只手则摸着范布伦的一头白发，坚定但也毫无激情地说道："那银行，范布伦先生，是要杀了我，不过，我会杀了它的！"[5]

一两天后，正在安纳波利斯忙碌的托尼收到消息，让他火速赶回华府。他发现总统已经离开病床并急切地要行动了。杰克逊展阅了托尼的备忘录，十分赞同，而后还听取了其他内阁成员的看法。阁僚们虽然都表达了不赞同该议案的看法，但他们希望总统在行使否决权的时候，慎重选择理据，留个口子，以便将来的某个时候可以重启该问题。杰克逊却无意妥协，他转身便同阿莫斯·肯德尔展开协商，让后者起草第一稿否决案。安德鲁·杰·多纳尔森则在大厅对面的房间里审阅肯德尔的草案。托尼会提供帮助吗？这位总检察长的瘦削脸庞之上，写满了坚定，没有任何保留。

他们花了三天时间完成否决案。第一天，托尼和多纳尔森独立开工，只有总统本人和艺术家拉尔夫·厄尔在场，后者常住白宫，这个房间本来是他的画室，他和总统在作画中打发时间，暂时忘却了那紧张的协商、忙碌的书写，不断有语词被划掉，句法更是审之又审，注解也是反复斟酌。第二天，已然改换立场的利瓦伊·伍德伯里也毅然决然地加入这项工作，并一直坚持到完工。杰克逊一直在房间里进进出出，来回走动，一个部分一个部分地听取文稿，掂量着、思忖着，不停地提出自己的修改建议。[6]

2

7月10日，否决案如同一颗炸雷一般响彻美利坚大地。其核心是杰克逊的一个响当当的信念，那就是他对普通人之本质权利的信仰。"富人和权贵习惯扭曲政府法令来迎合他们的一己之利，这样的事情让人遗憾，"杰克逊宣示说，"社会分化在一切的公正政府体制之下都存在。人类制度无法造就才能、教育以及财富上的平等。但是，每个人都享有平等的法律保护，可以充分运用上天赐予的才具，可以充分享受凭借卓绝的勤劳、节约以及德性而获取的劳动果实；若是法律在这些自然且公正的禀赋之上，添加人为的区分……令富者更富，强者更强，令低贱者，比如农民、工人和劳动者，既无时间也无能力去保证上天的恩赐得到施展，那么，他们自然就有权去申诉政府的不公。"[7]

这场反银行斗争当然不能仅仅依托这样的泛泛之论。杰克逊提起的切实反对意见，也是本顿、托尼和肯德尔的反对意见，植根于硬通货观念。然而，他们背后的支持力量有相当一部分是来自廉价货币派。硬通货观念的实际论证其实是一种经济论证，据此论证，纸币体系将会造成周期性的经济萧条，这种经济论证不可避免地会引申出社会论证，据此论证，纸币体系将造就贵族集团和贵族之治；不过，鉴于廉价货币派的支持力量不可或缺，这一论证也就无法运用到否决案里面了，否则，这对债务人以及州银行的伤害恐怕不会逊色于对合众国银行的打击。

否决案极为成功地化解了此一两难境况。确切地说，否决案以掷地有声且极具煽动性的语言，成功地掩饰了此一基本矛盾；刻意且严格地压制了纯粹的经济分析；并且还特意安抚西部的恐惧，着重申述了合众国银行因为将自己的手臂伸得过长而给密西西比河谷带来的痛楚。否决案的主要论点首先是落在了合众国银行之合宪性问题上，而后便突出了这样一个政治论证：合众国银行将太多的权力集中在私人手中。"此等巨大权能集中在一小撮人手中，这些人又不对人民负责，由此造成了巨大的恶端，严重威胁到这个国家及其制度，"此番强调和申述，对州银行以及西部来说颇为受用，这两派势力在相当长的时间里都在抗议切斯纳特街的霸权。[8]由此，否决案便等于是将那些可以令合众国银行的所有敌人借以团结起来的问题抛在前面，硬通货观念及其特有的目标和诉求则隐身幕后，非常安全。[9]

"低贱者"和"富人、权贵"的区分，既已跃然纸上，便即刻激起了两个群体的回应。美利坚大地之上的普通人极为热忱地回应了领袖发出的诉求。"否决案在所有地方都反响良好，"8月份，身在赫米蒂奇的杰克逊说，"它已经打倒了银行，看吧，匍匐在地的人不是我。"[10]

然而，那些认为商业集团之政治权能将应当随同其财富一起增长的人们，则陷入深深的忧虑和警惕当中。杰克逊说："根本无法想象这些金融操盘手有什么权利去要求政府的特殊恩宠。"那么杰克逊这话的意思是不是说，普通人也跟权贵和富人拥有一样的权利去控制这个国家呢？[11]合众国银行，依据汉密尔顿的规划，乃是不可或缺的压舱石，令财产可以据此来抗拒反复无常的多数意志。若如此，杰克逊的否决案难道不就是在攻击联邦主义的前提要件、拒斥其根本原则，摧毁其基石并集结诸般社会群体，来毁灭这个联邦吗？

尼古拉斯·比德尔向亨利·克莱发出的那番咆哮实在是情理之中的事情："他们这么干，就等于是用铁链把猎豹锁起来，看看猎豹是何等愤怒地撕咬着笼子。这就是无政府宣言，就是马拉或者罗伯斯庇尔之辈向圣安托万郊区的暴民发布的宣言。"或者也就像埃弗里特在波士顿保守派报刊《商报》上面写的那样："在人类文明史上，这或许是第一次，一个大国的最高执政官……竟然向国民当中蒙昧无知的低劣人群发出诉求，煽动他们内心最恶劣的激情，目的竟然就是激发穷人压制富人。"韦伯斯特则在参议院郑重起身，总括了他们这个集团的指控："很显然，这是在煽动穷人打击富人。这就是在肆意攻击国民当中几个阶层整体，目的就是借助其他阶层的偏见和仇恨来打击这几个阶层。这可是一份国务文件，却是在公然利用此等煽动性的问题。这文件的遣词用句，这文件的根本诉求，将会点燃何等的人间激情啊。"对韦伯斯特来说，这场战争正在演变成两种敌对的统治哲学的战争，对杰克逊来说，也是如此；一套统治哲学，正如韦伯斯特在马萨诸塞州宪法集会之上宣示的那样，认为财产应当控制国家；另一套哲学则否认财产在政府特权和政府福祉方面有任何优先权利。[12]

3

此次否决行动在民主党内造成了巨大震荡。1832年的夏天和秋天，民主党经历了一场仓促的阵线重组。在波士顿，民主党内的前联邦党人集团迅速回归昔日的政治战线，为此，甚至不惜认祖归宗，再次跟约翰·昆西·亚当斯结成同盟。在纽约，诸如古·克·弗普朗克这样的保守派政客、诸如摩西·希·格林内尔（Moses H. Grinnell）这样的商界人物，也都纷纷跟激进派分道扬镳。几乎每个城市都举行了"原初杰克逊派（Original Jackson men）"的集会，目的是跟现政府划清界线并谴责现政府的行为。

大约有三分之二的媒体，主要是迫于广告压力，都选择了支持银行。[13]即便是一些非政治性的家庭式报刊，诸如《星期六晚报》，也都发布了一些观点，令《华盛顿环球报》不得不对其展开批评，这种批评在后人听来是非常熟悉的，确切地说，《华盛顿环球报》认为，这种做法"等于是将政治影响偷偷地塞进那些本无意沾染政治的家庭里面"。[14]比德尔也收买了一些很是强大的报刊，诸如罗伯特·沃尔什主编的《美国评论季刊》之类的，策动此类报刊加入战团，发布亲银行的文章。

商业集团中，有一部分人是支持杰克逊的。一些商人反对合众国银行的集权行径，一些则不信任比德尔。这个集团当中，有人希望用一个民主的合众国银行来取代既有的这个合众国银行，令他们也可以进入银行的股东群体，至于州银行的投资者或者管理者，眼睛自然也是盯着政府的储备资金。不过，商业集团内部的这股反对势力只是很小的一部分。"自踏足美利坚开始，"年轻的托克维尔评点说，"我就不断地得到各种证据，足以表明，美利坚社会全部的受教育群体都反对杰克逊将军。"[15]

此时，大选之日正在迫近，这场大规模的论战也日趋剧烈，从缅因州渔民的棚舍到费城的会客室再到亚拉巴马的种植园，到处都热气腾腾。也正是这一年的初夏时节，一场霍乱横扫北方。"只要这场瘟疫能带走杰克逊和另外几个政客，"费城出版商兼经济学家亨利·查·凯里写道，"那么我也愿意染上这瘟疫，且让这瘟疫把我也折磨一两个月。"此时，在驶往美利坚的一艘航船之上，船舱里也都是热议之声，此等政治喧嚣令身在船上的一个英国的漂亮女演员厌倦不已："哎呀，赶紧吊死杰克逊吧！"这个女演员就是范妮·肯布尔。[16]

就这样，时光流转，8月走了，9月来了，9月走了，10月来了，这场政治喧嚣也越发地狂躁起来。杰克逊的支持者们在街道上展开了火炬游行，他们唱着战歌，手持山胡桃木做的杆子，围拢在巨大的篝火周围，火焰向着夜空高高升腾。10月底，霍勒斯·宾尼很是郑重地在费城的一次集会告诉听众，"宪法之存续"取决于能否挫败杰克逊,不过,宾尼还是不忘恭喜集会人群:"还好,你们的自由选举权还是有保障的。这样的权利还能持续多久,或者说,你们还能享受多久这种权利,却是问题。今年剩下来的短短时间里,很可能会让这个问题有个了断。"范妮·肯布尔在华盛顿的演出相当不错,令一批人着迷,包括首席大法官马歇尔、大法官斯托里以及《华盛顿环球报》的弗兰克·布莱尔;此时范妮则已经来到费城,休息下来之后,她的朋友们向她保证说,亨利·克莱,"贵族党的领袖",肯定将赢得大选。[17]

人民尚未发声。不过,很快就该轮到人民发声了:"投票各州传来的消息,"鲁弗斯·乔特致信爱德华·埃弗里特说,"如同冰冷暴雨一般,向我们席卷而来。"[18]最终的结果是:杰克逊,二百一十九票;克莱,四十九票;约翰·弗洛伊德,十一票;威廉·沃特,七票。[19]约瑟夫·廷·白金汉的《波士顿通讯》发表了一份选战评论文章,展读该文,不难看出此时美利坚保守集团对美利坚前景是怎样一番灰暗感受:"不管怎么说,有一个情况还是能给人带来安慰的:上帝承诺过,恶人的日子不会很长;那恶人既苍老又孱弱,也许在获选之前就已经死掉了。值此之际,一切基督徒的职责所在就是向上帝祈祷,祈祷他垂怜我们。"[20]

4

此时的麦克达菲先生正在众议院发表演讲。他浑身颤抖,高声呐喊着、尖叫着。他捶着桌子,跺着地板。走廊里挤满了人,倾听着麦克达菲的演讲,如痴如醉。

先生们〔他朝着桌子上一叠厚厚的文件捶了下去,那声音在整个议会大厅震荡开来〕,先生们,南卡罗来纳被压迫了

[又是一捶]。暴君多数派正在吸南卡罗来纳的鲜血[再一捶，震耳欲聋]。是的，先生们[略略停顿了一下]，是的，先生们，这个暴君[再来一捶]多数派是不知道安分的[手臂高高举起]，根本不知道安分是何物[剧烈尖叫]，不管是过去还是现在，一直都在迫害我们[重重地跺了一下地板]。我们恳求他们[声音低沉，吐词迅疾]，但是没用[声音一下子变得洪亮且迅速]。我们转而求助北方的兄弟[声音再度沉下去，伴随着摇头]，乞求他们保护我们[捶打桌子]，但是没——有——用啊[这几个词拖得很长，并捶打桌子]。他们将炭火堆到我们的头顶[吐词极快]，他们一而再再而三地压榨我们；税收得越来越多[吐词非常快，歇斯底里，发出骇人的嘶叫声]。我们向南方兄弟求助[一副缓慢、严肃且深思的样子]，我们同他们一起劳作，一起战斗，一起投票，一起申诉[正常的音调和肢体动作]。但是，这个暴君多数派没有耳朵，没有眼睛，没有形体[语速很快]，是聋子[长长的停顿]，是瞎子[停顿]，残忍无情[语速渐渐缓慢下来]。绝望啊[捶打桌子]，我们只能诉求那些权利[停顿]，那是上帝[停顿]和自然赋予我们的权利啊[捶打桌子、捶打桌子，不断地捶打]……[21]

拥挤在走廊里的人们倾听的不仅是麦克达菲一个人的愤怒；他的愤怒和呐喊背后涌动着整个国家的愤怒，他那暴烈姿态背后，站立的是卡尔霍恩那冷峻、神圣的形象，此时的卡尔霍恩已不再是副总统了，而是来自南卡罗来纳的参议员。1832年7月，杰克逊签署了新的关税法案，关税额度有所下降，但也明显是保护性质的。南卡罗来纳对此非常不满，遂酝酿着挫败该法案。1828年的"解释"论章里很是复杂的抽象论说，此时已经成了很是强劲的武器，否决权理论开始从象牙塔开赴战场了。11月底，南卡罗来纳召集了宪法集会，宣布1832年和1833年的关税法案于1833年2月1日开始，在本州无效。

杰克逊对南卡罗来纳的此一决议做出强烈回应，同时高调宣示了联邦的性质问题，这份回应稿在很大程度上是由爱德华·利文斯顿起草的。危机逐渐迫近，内阁方面开始运作一项"强制法案"，授权总统可以动用武力推行联邦法令，该法案遂进入参议院。不过，与此同时，总统方面也采取行动，在关税问题上进一步妥协，以此来缓解有关方的不满。12月底，范布伦集团将一份已经是大幅度妥协的关税议案引入众议院。此时亨利·克莱已经意识到联邦面临的危险，但是他不愿意范布伦集团借此提升自己的威望，也不愿意过分降低关税，遂提起了一份更具保护色彩的妥协案。众议院方面在一番运作之后，通过了克莱的法案，并取代了先前的法案，克莱法案很快也在卡尔霍恩的支持下通过了参议院的表决。此时的卡尔霍恩有自己的心思，他当然很愿意享受挫败范布伦及其内阁所带来的快乐，相比之下，更高一些的关税倒算不上太大的代价。

妥协案既已达成，南卡罗来纳便也撤销了关税否决决议案。不过，按照宪法集会的政治逻辑，还是需要一个东西来确证最终的胜利。于是，南卡罗来纳便通过了另一项决议案，否决了内阁方面提起的"强制法案"，尽管该法案此时已经是多余之物了。不过，这样一场胜利虽然高调，但也很是空洞，原因很简单，此一事件已经表明，否决权之推行必然牵涉反叛问题，而且极有可能会招致联邦政府的军事举措。说白了，此次危机中，否决权的确付诸现实运作，但可能因此招致的代价也历历在目，所有人都清楚，这样的否决之道是绝无可能重演了。

杰克逊在此次危机中表现出卓绝的政治家品性，借此维持了联邦的至高权能。不过，此次行动中，杰克逊也明确了自己在联邦性质问题上的态度和信念，这令教条州权派及其支持者不免感到恐惧。丹尼尔·韦伯斯特和约翰·昆西·亚当斯在国会对杰克逊实施了强力捍卫，斯托里大法官也明确申述说，他本人和马歇尔都已经转变成总统的"热情支持者"，这一切的显著场景，毫无疑问会令杰斐逊派更为忧惧。范布伦虽然一贯小心谨慎，但也深深陷入事态纠缠当中。丘·卡·康布勒朗明确反对"内阁当中的这个孟德斯鸠的形而上学"，这所谓的"内阁当中的孟德斯鸠"当然是康布勒朗给利文斯顿贴的标签，不过，康布勒朗也不免自我安慰说："还好，民众还在沉睡，并且也完全是靠着这么一些人，民众才会像人那样去思考、去感受。"本顿当然也不缺乏热情。很多年后，确切地说，就是在萨姆特要塞的枪炮声打响之后，托尼宣示说，他是在宣言正式印发出来之后才见到这宣言的，他并不赞同其中的一些原则。马萨诸塞的小西奥多·塞奇威克当时还是个年轻人，却直击问题的关键：杰斐逊派"这一次是以掌声接受了杰克逊将军的此番宣示，倘若这宣言出自他人之口，杰斐逊派还能承受吗？倘若这宣言并不在杰克逊掌控之中，而是落入他人之手，那么它还会是安全的吗"。[22]

然而，在当时的境况之下，也只有为数寥寥的政客和知识分子对这场应该说是极为精细的宪法争斗感到忧惧。美利坚民众，则正如同康布勒朗说的那样，都毫无保留地回应了该宣言的核心诉求，那就是要捍卫联邦，至于这背后的潜在的政治引申，则没有思考也没有感受。就这样，旧日的党派界线一下子黯淡下去，几个月前尚且诅咒杰克逊的人，而今都纷纷对杰克逊赞誉有加。"此时的公众舆论，可谓团结一致，这样的情况实在令人高兴，"当时的流行小说家凯瑟琳·玛利亚·塞奇威克情不自禁地品评说，"同样令人高兴的是，那些历来奉行庄重标准的反杰克逊派，他们一度认为杰克逊一旦连任，共和国就将失落，而今也都会说，'好吧，我现在相信了，杰克逊当总统是最好不过的了'。"[23]就这样，保守集团在这场国家危机面前深深受到震慑，于是便满心感激地在一个强有力的民选总统身后寻求庇护，尽管这总统是他们昔日里一直谴责和咒骂的；在美利坚的历史上，这样的事情当然不会是最后一次出现。

一时之间，杰克逊成为这个国家的英雄。甚至有传言说，丹尼尔·韦伯斯特此时已经不满足于反对派二号人物的身份，也会加盟杰克逊政府。据说，韦伯斯特自己认为，杰克逊的反银行态度是自己入阁道路上的唯一障碍，不免评论说，"我觉得这只是一个脆弱妇人的最后抵抗而已，这脆弱妇人终究是要投入引诱者的怀抱的"。不过，话又必须说回来，杰克逊为何就不能忘却银行问题呢？在这个问题上，也正如麦克莱恩评说的那样："倘若他在剩下的任期能够平复公众的心绪，那么他在退隐之时，就能够建立起超越先前所有人的声誉。"[24]

然而，所有的这些评说和考量恰恰都漏掉了杰克逊将军本人，实际上，杰克逊真正关切的是自己的政策，而不是自己的声誉。12月初，平日里沉默寡言的阿莫斯·肯德尔在"山胡桃树中央俱乐部"(the Central Hickory Club)发表演说。他说："古往今来一切国家，无论文明或者野蛮，富有且有点脑力的少数人都会建立一套'贵族体系'；无论这体系叫什么，也无论采取什么样的手法，少数人总是能够凭借它去盘剥多数人的劳动。"这样的统治集团会有不同的名号，诸如国王、领主、教士、基金持有者等等，但说到底，所有这些集团"都植根于欺骗，都靠着权力为生。民众则都是在一番说服之后，接纳了这些集团，无论是公共利益也好，公共必然性也好，都只不过是说辞而已。一旦他们的地位稳固，他们就会回头对付人民，借由垄断体制、教士权能以及所谓的治术来盘剥民众、控制民众。再不济，他们还有武力可以动用"。那么，美利坚会超脱此一普遍模式吗？"我们这个合众国，"肯德尔相当阴郁地评点说，"也已经有了一套年轻的'贵族体系'。合众国银行就是其首脑；它的左膀右臂就是保护性关税、垄断性的制造业以及日益提升的国债体系和公司体系。"[25]此番沉静话语，丹尼尔·韦伯斯特的朋友们想必要好好咀嚼一番了。

5

杰克逊最终获得连任，否决权危机也令杰克逊的民心大增，此等局面之下，杰克逊内阁强化了决心，要将战事向着"贵族体系"纵深推进。第一步要做的就是摧毁其"首脑"，也就是合众国银行。然而，此时的特许状仍然有三年多的时间才会到期。该银行仍然有国家共和党的支持，此外，大部分的媒体力量和国中众多的显要之士也都支持该银行。更重要的是，巨额的政府资金沉淀在这家银行，这将为银行在接下来的特许权斗争中提供丰沛的战争资金，这恰恰是激进派非常担心的。说白了，合众国银行完全有能力凭借慷慨贷款、资金补贴等金融手段，实施战略性的分配和运作，在1836年之前，实质性地转变公共舆论。此外，该银行有了政府资金的沉淀，就能够将大部分脱离实际流通的货币兑换成自家发行的钞票，如此一来，在1836年大选到来之前，比德尔也就有足够的能力去制造一场金融恐慌，以此来确保银行支持的候选人赢得1836年的大选，并最终令银行的特许状成功获得延期。[26]

因此，解决之道就在于撤回沉淀在合众国银行的政府资金。如此一来就能够摧毁该银行操控货币市场的能力，甚至还有可能激发一场全面战争，去打击那个躲在银行背后挥鞭操控的独夫，这样一场全面战争的最终结果是一劳永逸地终结这个问题本身。杰克逊获得连任之后不久，看来就已经定下了这个策略。[27]这是总统自己的计划，"是总统自行构思的，"本顿后来写道，"是总统亲自推行、亲自辩护的，这计划的命运也在总统自己身上。"[28]托尼、肯德尔和布莱尔强力支持此一策略，此时巴里也将自己仅存的影响力注入这个策略同盟当中。这种局面令本顿倍感喜悦，尽管出于某种考量，本顿并没有实质性地参与到策略细节的制定过程当中。此时的伍德伯里依然保持了一副深不可测的政治姿态，麦克莱恩、利文斯顿和卡斯都秉持反对态度。

麦克莱恩和比德尔此时也开始快速行动、展开运作，试图赶在总统前面，遏制总统的推进路线。1833年年初，财政部派出的特别调查人员报告说，银行是健全的。3月份，众议院支持了财政委员会提起的一份报告，该报告认为，沉淀在银行的政府资金完全安全。这些插曲只不过是让激进派确证了对比德尔之权势的看法和忧惧。

撤回政府资金的行动在5月和6月趋于迟缓，因为总统在此期间前往纽约和新英格兰地区巡游去了。此时，并没有出现公开的行动或者事件来削弱或者摧毁总统在否决权危机期间建立起来的民心。因此，这趟巡游基本上就成了一场历时漫长的凯旋仪式，礼炮声轰鸣着予以伴奏，到处都是兴高采烈的欢迎人群，各种奢华的接待活动、仿佛无休止的宴会穿插其中，实在是一场流光溢彩的胜利之旅。杰克逊将军此时依然受着旧有病痛的折磨，不过，他在整个过程中都表现得坚决、刚毅且伟岸。

一个亮丽的夏日早晨，老将军策马穿行纽约大街的时候，人群中一个小男孩用虔诚的眼神盯着老将军看。这的确是个和善的老人，一张饱经岁月的沧桑脸庞，雪白的头发，锐利的眼睛，向着人群挥舞宽边的海狸皮帽，姿态庄重，那形象一下子就定格在这个小男孩的内心。这个小男孩就是沃尔特·惠特曼。（此番体验在这个小男孩内心反复沉淀、被咀嚼、淬炼，并深深烙印在他的意识中，并最终化育升腾出那样的诗篇，将语言解放出来，去塑造民主生活的华彩新世界，并由此造就了民主的诗人和预言人沃尔特·惠特曼。）杰克逊就这样令整个曼哈顿都沉浸在急风暴雨般的民主浪潮当中。菲利普·霍恩，身材略显肥胖的前拍卖人，也是纽约暴发户群体的扛鼎之人，禁不住地哀叹说，总统"绝对是我所见过的最具民心的人。在华府是不可能见识到此番场景的……他的亲和力显然是针对所有人的，确切地说，一视同仁，这一点毫无疑问，但是，那样的和善态度令每个人都觉得那是针对自己而来的。他的言谈举止当然也是非常好的，他也充分利用了这一点……亚当斯是最有智慧的人，是一等一的学者，是那种最为成熟的政治家；但是杰克逊是最有策略的人。所以，让我们为杰克逊欢呼"。[29]

所以，就是在一片欢呼声中，老将军赶赴新英格兰——联邦主义的古老堡垒，赶赴波士顿——韦伯斯特的大本营，所到之处一片欢呼！在马萨诸塞边境上，年轻的约书亚·昆西正在迎候老将军，此人是前总统亚当斯的亲戚。波士顿人对杰克逊有自己的看法，约书亚·昆西就是在这样的观念中成长起来的，而今，他被提点为总统的陪同人员，这实在是令他倒胃口。不过，仅仅一天时间，昆西先生的看法就改变了，他眼前的这个田纳西人可不是什么无知野人，相反，老将军一派"正统的骑士风范"，是一个完全配得上总统大位的人，事实上，昆西认为，哈佛大学都应当为其颁发学位。于是，时任哈佛大学校长的昆西便临时召集了学院监事会，目的很明确，就是商讨授予老将军学位事宜。就这样，年事日高且身体状况日益堪忧的杰克逊于此时成了哈佛大学的法学博士（此事倒是令约翰·昆西·亚当斯震怒不已）。杰克逊博士由波士顿出发，先后巡游了查尔斯顿、林恩以及北岸靠北的区域。在萨勒姆城外，纳撒尼尔·霍桑伫立在黄昏的幽光当中，目光正急切地穿越这一片昏黄，就是为了能看上老英雄一眼。当天夜晚，杰克逊便因为肺部水肿而瘫倒在床，不过第二天，他便以无畏的姿态继续向着新罕布什尔进发。抵达康科德的时候，他最终还是支撑不住了，遂火速返回华盛顿。[30]

此时，利文斯顿已经转任驻法国大使，麦克莱恩转任于国务院，这便令财政部部长职位形成空缺。麦克莱恩推荐威廉·约·杜安接任此一职位。杜安是费城的一名律师，1829 年曾在当年 3 月份工人集会推出的反银行报告中签字。杰克逊赞同此一人选，杜安遂于 6 月 1 日履新财政部。此一人事任命引发了新的问题。杜安在了解杰克逊有关撤回政府资金问题上的态度之时，应该说是不会太过吃惊的，不过，他仍然扮演了一个相当含混的角色，既不接受也不反对总统的态度，但实际上他造成了一些阻滞。肯德尔和 1829 年工人集会运动的另一个老兵鲁本·M. 惠特尼此时正精心选择了几家州银行，共同酝酿政府资金存储新机制的细节，杜安最终同意，倘若在肯德尔报告出台之后，他仍然无力采取自己想要的行动，那么他便辞职。

华府的 7 月如往常一样酷热难当。杰克逊在病痛中疲惫不堪，遂准备前往弗吉尼亚的力普拉普斯休养。在这样一个孤独时刻，副总统先生又在哪里呢？范布伦一开始反对马上从合众国银行撤回政府资金。时光飞逝，1836 年已经近在眼前了，作为总统的既定继任者，他自然而然地要在这一时刻慎之又慎。这一年春天的一天，阿莫斯·肯德尔和范布伦之间发生了一场激烈争论。肯德尔在激动之下，从椅子上跳了起来，他警告范布伦说，除非即刻剥夺合众国银行的政府资金权能，否则银行在 1836 年必将成为胜利者："我在腐败专制制度下也能生活，就跟其他人一样，我只需要远离这套制度就可以了，真要那样的话，我肯定会这么干的。"肯德尔的激烈措辞令范布伦的态度发生了转变，尽管就他自身的意愿来说，他绝对不愿意牵扯到此一行动当中。此时，范布伦的御用议事会——奥尔巴尼摄政团已然陷入分裂，赛拉斯·赖特支持拖延策略，阿·卡·弗拉格和约翰·亚·迪克斯则倾向于总统的策略。8 月和 9 月期间，范布伦到纽约走了一趟，先是到了萨拉托加，而后又协同华盛顿·欧文前往长岛的荷兰人定居地以及北河一带游走一番。在这个过程中，他一直都是先行一步，而后才告知华府自己的行程。这一次，他总算是配得上自己的政治声望了。[31]

弗兰克·布莱尔陪同杰克逊前往海滨，两家人在那里度过了很是快乐的一个月，海边充满盐分的空气逐渐恢复了杰克逊的食欲，他的身体状况有所好转。此时，各种公文函件在总统身边炸开了花，纷纷诉求总统不要打扰政府资金。这似乎是一场有组织的行动，因此也就令总统更坚定了自己的立场和目的："布莱尔先生，上帝也许会改变我，不过，人的力量显然是无法改变我的。"[32]就这样，杰克逊利用空闲时间，将自己的笔记整理成一份毫无妥协可言的檄文。老将军于8月底返回白宫，决心在国会召开之前，结束这件事情。

9月10日，杰克逊将肯德尔起草的有关州银行的报告交给内阁。托尼和伍德伯里支持该报告，认为应当于10月1日终止政府与合众国银行的资金关系，麦克莱恩、卡斯和杜安则强烈反对。此时的财政部部长是杜安，若要推行此一计划，他的同意必不可少。9月14日，杰克逊在一番挣扎之后，向杜安提出了辞职建议，杰克逊从来都很不愿意将有不同看法的人解职；他告诉杜安，他可以接掌驻俄国大使一职。杜安拒绝辞职。第二天，杰克逊将自己在力普拉普斯整理的那份檄文交付托尼修订。18日的时候，杰克逊向内阁宣读了这份文件。两天后，《华盛顿环球报》正式宣布将于10月1日终止同合众国银行资金合作的计划。此时杜安则继续他那令人震惊的顽固态度，既反对撤出政府资金，也拒绝辞职。"我也算见识过不少的人，他这样的人要么是最软弱的，要么就只能说是最怪异的，反正都是极品。"这是杰克逊给出的愤怒评说。[33]接下来五天时间的缠斗令总统彻底失去了耐心。杰克逊直接将杜安解职并任命托尼接掌财政部部长。[34]

此时，麦克莱恩和卡斯也以辞职相威胁。战争部部长的一个朋友告诉布莱尔，只要总统在文件中提点一下，声明卡斯在这其中并无责任，那么卡斯就同意留任。对此一建言杰克逊说："我当然是非常乐于让公众知道我负有全责。"杰克逊遂即将免责声明给了卡斯。此一变更信息也遂即经由《华盛顿环球报》发布出去，第二天早上，布莱尔带着文件去见托尼。托尼嘴里叼着黑雪茄，脚踩在桌子上，听着安德鲁·杰·多纳尔森大声宣读文件。在听到临时插入的那段话的时候，托尼禁不住喊叫着说："老天爷，这段话是怎么进来的？"布莱尔一番解释之后，托尼说："这救了卡斯和麦克莱恩；否则他们会就此出局并被彻底毁灭，现在，他们可以留下来，然后尽情给我们找麻烦了。"[35]

杰克逊集团的激进派对此一声明激奋不已。"这是杰克逊的巅峰时刻，也是他为这个国家做出的最大贡献啊，"尼古拉斯·菲·特里斯特禁不住欢呼起来，这个颇有头脑的弗吉尼亚年轻人曾经担任过总统的秘书。"抛开银行的诸般恶行不说，单单是银行的这种权力，确切地说，单单是这种权力之存在本身，就根本无法见容于我国制度之本质和精神。"本顿则宣称该文件"标志着全部历史当中最伟大的一场运动"。《波士顿邮报》也同样将之同耶稣基督将货币兑换商逐出神殿的行为相比。在英格兰，以坚毅品性和反叛精神著称的威廉·科贝特则称之为"毕生所见的传奇大剧之一"。《波士顿邮报》的主编查尔斯·戈登·格林甚至还给合众国银行拟了一份墓志铭："比德尔闹，比德尔笑，美利坚银行死翘翘"（BIDDLED, DIDDLED, AND UNDONE）。[36]

不过，此时的比德尔并不相信自己的银行需要这份墓志铭。

九　反　击

　　新一轮声讨浪潮是如此剧烈，令先前针对否决行动的攻击反而成了标准的温和行为。到仲夏时节，比德尔终于相信政府资金的命运算是完蛋了，于是在8月份开始反击。他充分动用自己对州银行的权力，开始赎回州银行的钞票，削减贴现额度并召回贷款。他声称这是为了对银行业务实施结算，以备特许权到期，但实际上他是在策动一场战争，而这样的一场战争恰恰是激进派最为害怕的。说白了，他要刻意地制造一场空幻，以此为筹码压迫联邦政府对特许状实施延期。"只有造成大范围的痛楚，将证据活生生地摆在世人面前，才可能对国会有所触动，"他在给一个朋友的私信中陈述说，"……倘若……本行就这么被吓住了或者就这么上当了，放松了当前的反击举措，那么先前的那场救济战就绝对会被引为证据，以此证明政府的举措不会危害任何人，也不会压迫任何人，这样的话，本行就只能屈服了。""我心意已决，"他告诉另一个朋友说，"整个的银行体系都可以崩溃，整个的商业集团都可以崩溃，但合众国银行不能崩溃。"[1]

1

比德尔的这个策略一开始非常成功。此时的商业集团,已经对杰克逊的举措怒火中烧,因此也就很容易认定,这样的通货紧缩格局是政府从合众国银行撤出资金之后必然导致的结果。合众国银行收缩贷款的行动,令信贷体系全线紧缩。商业境况就此恶化,大量的人口失业,流转资金陷入困境。申诉、陈情、信笺,以及各种各样的游说团体和抗议活动,顷刻之间便将国会淹没了。

政府的朋友们看来必须用尽浑身解数了。托马斯·哈特·本顿此时仍然在国会山昂首阔步,四处走动,一副舍我其谁的主人翁姿态,仍然在不断发布碾压性的演说,偶尔会停顿一下,把玻璃片贴在眼睛上,以便看清楚纸面上枯燥又关键的统计数据。不过,他的步伐已然变得缓慢滞重了。参议院方面,核心的防御工作则落在了来自佐治亚州的约翰·福赛思身上,此人是很好的南方政客,集天赋、灵变和强烈的政治忠诚感于一身,这也令他在原则问题上能够把持得住。这场论战实际上展现出游击战的种种特征,在这些方面,没有人能比福赛思更加胜任了,他的侦查能力、单兵作战能力以及引领突击行动并掩护大部队撤退的能力,都是一等一的。

此时,来自新罕布什尔的艾萨克·希尔,成了安德鲁·杰克逊的另一个坚定支持者和捍卫者。此人出身北方佬家庭,早年备受贫困折磨。还没有满二十一岁的时候,希尔便成了《康科德爱国者》的所有人、主编、抄录员、出版人,还兼职报童,当时的《康科德爱国者》尚且只是一份小小的周报。接下来的两个十年间,希尔将全部的精力都投注于新罕布什尔的反贵族斗争当中。1829 年,杰克逊提名希尔接掌一个联邦职位,算是对后者提供的有力援手的回报,但是参议院否决了这项任命,希尔认为这是参议院对自己的羞辱，遂决定报复。他通过自己的努力进入了参议院，这次可算是跟参议员的老爷们平起平坐了。希尔其人，身材矮小，有些瘸脚，很是消瘦，面色苍白，衣着破落，但是眼神锐利，如同针芒，表情极为专注、热忱，他的敌人觉得那是狂热。坊间传闻希尔在"厨房内阁"有一席之地，不过，并无证据可以印证此事。实际上，希尔成为激进派，主要还是出于个人仇怨，而非出于智识信念。这个世界伤害了他，所以，他决心报复。当他的境遇获得改善，心中创痛得以平复的时候，他也就抛弃了早期的观点和立场。范布伦集团对此并没有太吃惊，他们从未真正接纳过希尔入围，1842年，希尔加入泰勒集团，1844年，希尔支持卡尔霍恩，1850年他又成了丹尼尔·韦伯斯特的座上客，这都不会令人太过吃惊。[2]

范布伦的真正代言人是赛拉斯·赖特，来自纽约州的参议员。1833年，赖特三十八岁，他生于马萨诸塞州，在佛蒙特州长大，从米德尔伯里学成毕业，在纽约州圣劳伦斯郡的坎顿执业。赖特身体强壮，面色红润，肌肉发达，一头黑褐色的头发，温和的蓝色眼睛，表情非常随和，时常会用特别令人愉悦的微笑点亮自己的脸庞。他的言谈举止迷人且真诚，在参议院，他的发言朴素且认真，很有分量。除非确实有话说，否则他很少发言，他发言的时候，通常都是坐着的。要是他的发言里面不慎出现了修辞成分，他随后就会道歉："嗨，我的那些发言纯粹是一派胡言，是为了博取大家欢心，我平常是不会这么说话的。"他曾经写下这样的话。即便是像霍勒斯·格里利这种派性色彩浓重的编辑也都承认，赖特是"参议院最为锐利的逻辑家"。

那段时期的公共人物，基本上都野心勃勃，赖特却是完全没有野心的人。人们常说，他宁愿当赖特也不愿当总统，这话的确是说到点上了。他是纽约民兵体系当中的一名准将，但他一直都是以"赖特先生"这一称谓面对世人的。切不可忘记，此一时期，通常政治人物都是要依托某种军衔出现在公众视野当中的。"在很多事情上，特别是跟政治有牵扯的事情上，我绝对依从他的判断，"范布伦后来写道，"……他拥有真正政治家的特质，完全没有利益取向，这么说吧，他高居众人之上。"赖特的确是那种以深深的政党忠诚替代个人野心的人。他真诚地相信，民主派的胜利之于民众自由是不可或缺的，因此，他也就对一些可疑的政治行径保持开放和宽容态度，因为他觉得此类行径有助于民主派掌握权力，也就能够襄助人民去对抗特权。

　　赖特的主要缺点竟然是酗酒，这跟他那性格的力量匹配起来，的确令人感觉怪异。他面色泛红，这本是天生如此，但也因此生出了不少的非议，派性争斗则更是拿这个大做文章；不过，在一八三〇年代那样一个时代，他也的确喝得太多了，他的朋友纷纷哀求他少喝点，他的对头则讥讽有加。不过话又说回来，在那样一个酒欲横行的时代，这样的缺点也并非不常见，诸如韦伯斯特、亨利·克莱以及富兰克林·皮尔斯，恐怕要比赖特严重得多。他的对头这下有福了，可以肆意讥讽了：

> 太阳自叹不如，羞愧难当，退避三舍，
> 赛拉斯那泛着红光的圆脸啊，令太阳黯然失色。
> 就如同加满了油的大油灯，
> 越烧越旺，脑袋都着火了。[3]

2

　　国会会期刚一开启，罗杰·布·托尼便将一份报告提交众议院，将问题明确下来。"这是我国政治体制的一项不变原则，"托尼在报告中宣示说，"那就是要防范并阻止人身和财产权力的过分集中，无论是谁都不能操控这样的权力。金钱集团是最配不上权力信托的。"倘若政府恐惧合众国银行，并靠着这种恐惧来引导政策，那么美利坚民主的未来何在？"他们现在要求掌控公共资金，要求特许状延期。倘若因为害怕他们的权势，或者担心他们的强力紧缩政策会造成这么一个艰难时世，而屈从他们现在的要求，那么他们接下来还会要求什么呢？这种屈从态度会让这样一个公司有所收敛吗？"[4]

托尼此论的确说出了问题的要害：倘若比德尔制造的这场恐慌真的迫使国会妥协，恢复银行的政府储备金，那么银行方面在得到了这笔储备金之后，难道就不会以此为据进一步胁迫国会延期特许状吗？在这种力量日增的情况下，难道银行就真的不会将要求一直提下去，直到将民主逼入垂死之地吗？接下来的夏天，托尼在马里兰的一次演讲中再次提起警告："如果你们依从它，如果将政府储备金归还给它，它的特许状就肯定会得到延期。倘若在获取如此巨大权能之后，它的特许状又获得延期，哪怕仅仅是一年，这场斗争也就一劳永逸地结束了，我们也就只能听凭它摆布了。"[5]

此时的局面可谓复杂且微妙，约翰·考·卡尔霍恩就是在这时站了出来，支持银行，令银行的力量更形强化。南卡罗来纳的这个哲学家在这样一个时刻实施介入，毫无疑问令这场论战提升到更高的层面。卡尔霍恩十分尖锐地指出，这场斗争的实质并不在于要不要合众国银行。倘若只是银行问题，"倘若只是这套银行体系之存续或者灭亡的问题……那我不会如此轻易地站在银行这边，我会犹疑，而且会犹疑很久。"那么，问题究竟何在呢？"我的回答是，这是行政权能和立法权能之间的斗争。这场斗争所关涉者并非银行之存续问题，而是国会或者总统是否有权创设银行，是否有权据此操控这个国家的货币体制。这才是那个真正的问题。"[6]

这当然很难说是问题的根本，不过，较之那简单且已经信誉扫地的特许状问题，卡尔霍恩提起的这个问题毫无疑问要高贵很多。很多人素来就把杰克逊视为来自偏远之地的恺撒，卡尔霍恩的此番申述，非常完美地让自己提出的这个问题同人们一直以来的担忧契合起来，如此便能够进一步地坐实杰克逊的军事独裁欲念；而且，这一问题也令比德尔的银行集团和卡尔霍恩的宪法否决权集团有了契合点，令两股力量可以据此集结成一条共同的反杰克逊战线。圣诞节刚过，亨利·克莱便在群情高涨的参议院弹奏出此一崭新的政治音律，当时国会大厦的走廊已经挤满了听众。"我们已然置身一场革命当中，"克莱宣示说，"现在还没有流血，不过，我们纯洁的共和制度很快就会被这场革命摧毁，很快就会被独夫体制取代。"货币已经被摧毁，特许状延期问题已经在违背国会意志的情况下遭到否决，内部改进运动也遭到碾压，关税问题陷入危机，而今，自由和宪法本身也开始面临威胁。"倘若国会不即刻采取有效措施，最终的覆灭很快就会到来，我们都会死去，卑贱地死去，我们都会变成低贱、悲惨的奴隶；我们都将受尽人间的蔑视和折辱；无人怜悯，无人哭泣，无人哀悼！"[7]

韦伯斯特则接续了这场攻击，他以厚实的逻辑推演，告诉听众，专制正在路上奔袭而来；赛拉斯·赖特发言回应，但韦伯斯特随即对赖特展开回击。(此二人素来不和。韦伯斯特认为赖特是他所见过的"最为自负之人"，赖特则认为韦伯斯特是银行的走狗，因此对这等走狗的观点只有蔑视，"只要他还能提出能够主宰未来行动的观点"。)[8]韦伯斯特在回击赖特之时，有那么一刻似乎从这个虚假问题之上偏离开来，似乎触碰到了现实问题。"先生们，"他手里捏着一份报纸，把他那巨大、严厉且黝黑的脸转向赖特，"我倒是看到……有人如此露骨地宣示说，当前的这场争斗不过是一群人和另一群人之间的争斗。这人还夸耀说，政府最近的举措建基于亘古不变、绝对安全的理据之上，这理据就是：穷人天然仇恨富人。"韦伯斯特那洪亮的声音因为愤怒而颤抖着。他说，无论是谁，若是恶毒如斯，"竟至于借助群体之分、阶级之分"来攻击银行，那么这样的人，"……活生生地就是穷人的诅咒"！[9]

不过，银行集团还是充分利用这样的机会，避开此类阶级争议，将论辩向合宪性问题引导。2月5日，国会通过一份决议案，宣布托尼为撤除政府储备金一事提供的理据不能令人满意，3月28日，又通过一份决议，谴责杰克逊的行为是蔑视宪法。杰克逊提起一份长篇抗议，参议院拒绝将这份抗议记录在案，此次会期就这么在痛苦中结束。

众议院方面的情况则要好一些。詹姆斯·诺·波尔克在其中扮演了沉静且坚定的领导角色，将论辩的重心确立得十分清晰："合众国银行已然成为政府权能的巨大竞争者，而且不向任何人负责。"这是波尔克给出的明确宣示；他接着申述说，倘若银行赢得这场战争，那么此后，任何人都别指望"在不跟这个专制者达成协议的前提，立足于这个伟大的共和国"。银行集团当然也竭力将争论的重点引向合宪性问题，对此，波尔克展开了攻击，他说："当前的问题，无论实质上还是事实上，都是特许状延期的问题。实际上，问题的关键就在于是要一个没有'银行'的共和国呢，还是要'银行'而不要共和国。"[10]

霍勒斯·宾尼展开了一场历时三天的演说作为回应，对政府撤除储备金的行动展开攻击；不过，宾尼的演说依托论证展开，并非宣泄和谩骂，杰克逊非常和善地邀请宾尼共进晚餐，宾尼则致信一个对此吃惊不已的费城友人，描述了此次晚餐场景，总统"极尽礼节之能，谦恭有加，令我恐慌，令我吃惊，从头至尾都是如此，无论怎么说，晚餐都称得上尽善尽美"。[11]康布勒朗则发言回应宾尼。塞缪尔·比尔兹利，纽约的一个保守派民主党人，接着起身发言，言辞之间，似乎是要揭露杰克逊和阿莫斯·肯德尔的秘密图谋，他说，倘若这个国家的信贷和商业要倚靠合众国银行，那么"我要说，不妨就这么毁灭信贷，毁灭商业……给我们一种破败、无序且毫无价值的货币吧，我们不要这样一个不负责任的公司，不要它那种卑贱且败坏的暴政"。[12]

"毁灭信贷，毁灭商业"，这样的辞令毫无疑问令人寒意顿生、令忧惧不已的保守集团倍感恐怖。难道这不就是本届政府的政策取向吗？先是梅斯维尔否决权，后是银行否决权，现在又是撤除政府储备金，天知道接下来会是什么？来自罗得岛的特里斯特拉姆·伯吉斯已然愤怒已极，他咆哮着说："这个喀提林阴谋集团究竟走到哪一步了啊，除了那些阴谋者而外，难道其他人就不能站出来告诉这个国家吗？他们是不是已经将我们的城市和乡村分别包围起来了，是不是已经派出了他们的伦图鲁斯，去到各处纵火了啊？"[13]不过，波尔克还是成功地穿越了阵阵袭来的怒潮，直奔自己的目标而去，在两个星期的会期里面，他策动众议院通过一系列决议案，反对更新特许状，反对恢复银行的政府储备金，并支持创立一套新的、以州银行为基础的储蓄体系。

面对这一切的咆哮和愤怒，总统岿然不动，一如既往。詹姆斯·费尼莫尔·库珀也不得不开始相信，"这棵山胡桃树比金子还要强大"，当然，库珀原本就不应当对此有所怀疑。有那么一天，华府起了传言，说是巴尔的摩的一群暴徒威胁要进驻国会山，直到政府将储备金归还银行。此时，一群政府派的国会议员已经开始颤抖了，纷纷央求杰克逊告诉他们接下来该怎么办。"先生们，"老将军以一种冷幽默的方式向这群议员保证说，"我倒是乐于看到这群联邦暴徒占领国会山。我会把他们的脑袋钉在广场周围的铁栅栏上，帮助你们审议问题。至于暴徒的领袖，我会像哈曼那样，将他们高高吊起，一劳永逸地解决问题，令任何人从此都不敢再尝试靠着威胁和阴谋来觊觎国会的立法权能。"[14]

此时，来自纽约、巴尔的摩和费城的商界代表团也将总统围拢起来。杰克逊本来就很不愿意跟这类人多费口舌，这类人要么是因为非常愚蠢，所以才相信了尼古拉斯·比德尔，要么就是因为太过狡诈，才为自己效力。因此，他只是发表了一份极为暴烈的反银行言论，借以明确自己无可动摇的决心，便也就没再多说什么。来自纽约的代表团发现总统正伏案写着什么,长长的烟斗猛烈地喷射出烟雾。总统遂向代表团致歉,完成文稿之后,起身说道:"现在,先生们,你们可以说话了。"詹姆斯·戈·金,鲁弗斯·金的二儿子,刚把准备好的申诉书念了几句,希望能得到政府救济,杰克逊便怒气冲冲地打断了他的话:"去尼古拉斯·比德尔那里吧。我这可没钱,先生们。钱都在比德尔那里。他手里有数百万银币,现在就躺在库里,优哉游哉,你们却到我这里求援,让我拯救你们。"就是这样的猛烈辞令,不断地从总统口中喷射而出,直到来访者离开。引领代表团进入白宫的人在白宫的楼梯上被一名送信人赶上,送信人让这人去总统办公室一趟。在总统办公室,这人看到杰克逊正在揶揄这场会见:"我干得还不错吧?"[15]

费城代表团还没来得及宣示来意,杰克逊就已经打断了他们,并愤而直言:"安德鲁·杰克逊是不会把储备金交还银行的,安德鲁·杰克逊是不会更新这个腐败怪物的特许状的……只要这个国家尚且容留这样一种权力为非作歹,安德鲁·杰克逊就不如去阿拉伯荒野里找一个避难所。"(比德尔闻听此言,禁不住地评论说,那他"最好还是赶紧出发,去找住处吧"。)巴尔的摩代表团在等候托尼的时候,宣示说,除非政府改变政策,否则商业就会发生大面积崩塌。托尼回应说:"即便商业全部坍塌了,政府也不会改变政策。"杰克逊给出的一席话也没有更多的同情可言,他告诉代表团:"目前的窘况实际上仅限于股票投机客、掮客和赌徒,早该将这些人扫地出门,让他们去见上帝!""去见尼古拉斯·比德尔",这本来是杰克逊在会见这些代表团之时常用的克制说法,但在他的这些会见频繁遭遇恶意曲解之后,他便直接用了"去见上帝"的说法,最后,他干脆不再接待任何代表团了。[16]

"这个国家已经危如累卵",3月,赫卡齐亚·奈尔斯代表商业集团发声了。一个月后,他大声发出警报,时机已经错过了,"事态不可能这么继续下去了……老婆、孩子和财产,说白了就是自由与和平，正陷入险境……要么往坏处去，要么往好处去，但事情很快就会发生。"此时范妮·肯布尔也不免暂时脱开自己的仰慕者大军，关注起时政了，一切都在"变化并解体"。在费城演出《无常》的时候，她在幕中调侃说，"看呐，储备金又回来啦"，立刻引发现场一片欢声雷动。夏末时节，又有一名英国女士抵达美国，此女俨然一副老处女做派，眼神锐利，却是个聋子。哈利雅特·马蒂诺遇到的第一个人就告诉她，这个国家马上就会发生政变了，军事专制体制很快要崛起了。[17]

这个国家的"天然贵族"群体无一例外处在极大震动之下，陷入一切都将坍塌的幻象当中，钱塞勒·肯特也一反平日里的司法静默，几乎是以盖棺论定的口气宣示说："杰克逊其人可憎、无知、莽撞，是虚荣且心怀怨念的暴君。我就是这么看的。"大法官斯托里此时也深受克莱那番演说或者说是修辞的影响，禁不住评论说："我们当然是生活在共和体制当中，不过，这已经是徒有其表了，我们实际上是在独夫体制之下呻吟。"恍惚之中，他仿佛梦回古罗马共和的末日光阴，暴民四处呐喊着恺撒的名字，自由在西塞罗的暗黑预言当中走上末路。"完全可以这么说，"密苏里的一个商人致信弗兰克·布莱尔说，"整个合众国的商人，作为一个阶级，是反对当前政府的。"[18]

就在斯托里发布自己关于这个国家的末日预言的那一天，爱德华·埃弗里特告诉一名英国银行家："当前这场战争本质上就是人数和财产之间的战争。"埃弗里特满心恐惧地描述了暴民的崛起："在费城，商人和商界人士在强烈表达自己的情感之后，议员萨瑟兰冷冷地评论说，这只不过是切斯纳特大街和市场街的观念；他说他走访了寻常巷陌，那里的人们有不同的说法。"这种情形的确令这些群体极度惊恐，如果说还有谁能拯救这个国家的话，那也只能是丹尼尔·韦伯斯特了，当然，这也需要一些前提条件！面对这样的情形，埃弗里特倒是相当坦率："倘若我的这些波士顿朋友希望他们的房产、地产、股票的命数更长久一些,他们就必须有所行动了,而且要立刻行动。一百个绅士,每人只需要出一千美元就可以了。"[19]

3

比德尔当然不希望就这么无限期地愚弄商界。越来越多的商人开始相信,他会将货币压力提到过火的程度,基本上没人认为,为了恢复比德尔的权势,就应当付出如此惨重的代价,令"所有其他的银行和所有的商人"都破产。2月底,宾夕法尼亚州州长乔治·沃尔夫,先前曾一直都是银行民主派的领袖人物,此时却挺身而出,反对"银行"。克莱于3月份很可能已经感受到了这股反潮流,其时,范布伦就弗吉尼亚和纽约市的选举问题提出跟他打赌,赌注是一套衣服。面对这场赌局,克莱很是勇敢地回应说,倘若人民的确选择支持现政府,那么他担心美利坚的自治制度将会轰然倒塌;不过值得注意的是,亨利·克莱没有接受副总统提起的这场赌局。[20]

就在同一个月,波士顿商界的头面人物齐聚法尼尔大厅,他们委派一个委员会前往华府,再次提起申诉。当这个委员会的主席内森·阿普尔顿抵达纽约的时候,詹姆斯·戈·金和阿尔伯特·加勒廷向他印证了他先前对比德尔动机的怀疑。金是一个纽约商会委员会的主席,此时已经向银行方面提起威胁,倘若银行不改变政策的话,他就对之实施揭发。("去见尼古拉斯·比德尔",这话是老将军说过的,詹姆斯·戈·金很快便领会了这话的意思。)比德尔此前的确对说服工作不太上心,此次威胁显然是用截然不同的语调提出来的,这令比德尔一下子有了警觉,遂急匆匆赶赴纽约,展开私下磋商。阿普尔顿以及波士顿委员会的一干人等都支持金和加勒廷,阿普尔顿坦率告诉比德尔,他很清楚目前的紧缩已经超出了"银行"安全所需的程度,因此,比德尔的目标已经昭然若揭,那就是要让特许状获得延期。如此一来,比德尔便已经无法再蒙骗下去了,他很清楚,加勒廷这等人物,乃是素受敬重的"银行"支持者,倘若得罪了他,结果将会是致命的。"本行必须做点什么了,"他告诉银行的仆从沃特莫,"加勒廷都这么说了,我们再没有表示,代价将会十分惨重。"4月,压力便有所缓解了,不过,到5月,压力又开始抬头,而且较之先前更为暴烈,尽管到了这个时候,即便是韦伯斯特也已经开始慎重行事了。[21]

返回波士顿之时,阿普尔顿发现,此时的波士顿政界虽仍然宣称不惜一切代价支持比德尔,但商界已经完全失去耐心了。当局势发展到6月时,阿普尔顿写了封长信给合众国银行波士顿支行的董事会,并要求董事会代转比德尔。这封信有商界众多骨干人物的签名,这些人都是波士顿商界的保守派精英,诸如乔治·邦德、亨利·李、沃伦·达顿、阿莫斯·劳伦斯、G. W. 莱曼、W. P. 尤斯蒂斯等。当然,阿博特·劳伦斯和威廉·阿普尔顿对此都予以赞同。这封长信虽然从各方面来说都是站在比德尔的立场上展开申述,但内容本身也提起了力道十足的杰克逊式的指控。

银行正在推行一种系统的紧缩政策,每个月的信贷压缩差不多达到了百万美元,这是大家都知道的。从5月1日开始,此一政策给金融市场带来了持续不断的压力,并且也威胁到了商业前景,若继续这么下去,商业会陷入瘫痪状态,而且,只要这一政策持续下去,面临的商业压力将会是无限期的。合众国银行于6月发布的声明展示出相当可怕的力度,在合众国银行的历史上完全没有先例,同时,从该声明也可以看出,在银行自身拥有完全的安全保障的前提下,银行完全有能力疏解当前压力,也完全有能力令贴现业务远超当前商业所需。

银行此举并无令人满意的理据。当然,银行有自己的解释,据说,银行这么做是要实施业务清算,以备特许状到期,但是，纯粹临时性的拆借贷款额度又为何削减得如此厉害呢，这个理由显然是解释不了的，银行拒绝动用资金来贴现商业城市的商业票据，甚至拒绝使用贴现证券、股票，我们实在看不出银行这种做法的理由何在。银行解释说这是为了清算业务，但这种说法显然是不成立的，无论如何，倘若这理由站得住脚，那么政府方面撤出政府储备金的做法，也是完全站得住脚的……

如此看来，也就难怪公众舆论会认为，银行此举背后另有图谋，说白了，银行之所以毫无必要，甚至是毫无常规可言地继续释放压力，目的就是为了对秋季大选施加影响和压力，即便是辉格党集团最有头脑的商界人士也是这么看的。此等舆论若是大范围散播开来，对银行的影响将会极其不利，对银行背后的那个党派的影响也同样会极其不利。甚至会令辉格党不得不考虑同银行断交，以便自保。眼前这种事态，已经令金主们认定，银行的利益、国家的利益以及辉格党的利益，都要求银行改变政策，而且，已经是刻不容缓了，此乃避免一场严重违纪的唯一办法。

比德尔对此的回应既闪烁其词，又相当决绝，他甚至否认存在任何系统性的紧缩政策。阿普尔顿不得不再次写出长信，将一系列严肃证据罗列其中，据此驳斥比德尔的说辞，这些证据大多数都取自银行自身发出的声明。这封信的结尾提出了一个很是严厉的问题，这恰恰也是要害所在："合众国银行的政策究竟是什么？为什么当前的政策路线完全背离了银行业的常规原则？"[22]

4

9月16日，比德尔突然推行扩张政策，这就等于是承认了阿普尔顿的指控，令政策背后的图谋一下子呈现出来。从1833年8月1日到1834年11月1日，银行贷款的紧缩额度已经远远超过了一千八百万美元，理由是业务清算，但是在随后的五个月里，贷款额度差不多一下子"增加"了一千四百五十万美元。1835年的6月1日，贷款额度差不多就已经同1833年8月战争开启之际持平了，而且银行票据的流通率更胜以往。[23]这场恐慌算是结束了，银行没能要回政府储备金。

回想起来，比德尔实际上是在这场战争的某个环节上未能清醒意识到现实情况。常态和自大之间实际上只有一条细细的分界线，野心、虚荣以及对权力的欲念促动他越过了这条界线。比德尔对美利坚人民了解得太少了，竟至于将杰克逊的银行否决案文件制作了三千份副本，广为散播，以此为亨利·克莱助选。他完全没有抓住杰克逊此番攻击行动的理据；而且，身为总统的杰克逊已然将自己的理据申述得清清楚楚，但是比德尔仍然不屑一顾，认为那只不过是杰克逊的蛊惑民心之术。实际上，直到1833年夏天，比德尔仍然认定，杰克逊此举怀有私心，认为杰克逊是要建立一家自己的"合众国银行"。[24]

来自新泽西的参议员西奥多·弗里林海森，比德尔的朋友和支持者，到了此时此刻，倒也对比德尔有了一番精准刻画。在谈到这场大恐慌的效果的时候，他颇为满足地写道："比德尔先生坐在那里——那是合众国银行总裁的位置——端庄沉静，如同夏日的清晨，董事们环绕在他身边，他给他们发放薪酬，一切都运转得那么和谐；这场攻击行动触碰到他了吗？显然没有，先生们。这打击反而是落在了总统的朋友们身上，落在了这个国家身上。"多么动人的画面，这清白的美德啊！（罗杰·布·托尼则给出了无情的评说："在罗马城燃起大火的时候，据说尼禄在弹琴作乐，不过我倒是不曾听闻史书说过，他的朝臣竟然会对尼禄的此等行径激赏有加。"）[25]

此时的比德尔继续靠幻想来寻求自我安慰。"关于这个国家的当前境遇，我的理论也就是寥寥数言而已，"他于 1835 年写道，"过去几年间，这个国家的行政权能一直操纵在一个匪帮手中。我对这批人知根知底，我一直在监视这些人，依照我的看法，这个世界之上还没有出现过比他们更肆意妄为的团体。"他还警告普林斯顿校友会，要提防这些"边疆喀提林"的无度野心，更以慨然之气总结说："我们这个自由国度，是不可能长期忍受这无知和放荡的恶俗统治的。你们有生之年就能够看到法律得到重建，匪帮将会被洪水冲刷到他们的洞穴里面去，如今落难之人将重见天日，关于他们，青史之上将只留下你们抵抗他们并最终击败他们的记载。"[26]

十　硬通货

杰克逊之所以有此等决心去抵制这近乎疯狂的恐慌潮，主要还是因为他有自己的替代政策。1816年，麦迪逊实际上也经历了一场类似的恐慌潮，只不过不像这次这般强劲。麦迪逊当时选择了屈服，那主要是因为麦迪逊手中没有自己的建设性政策。杰克逊的情况不一样，反"银行"的硬通货原则之下当然也涌动着相应的情感和观念，不过，杰克逊集团的这些情感和观念已然沉淀并凝结为一套系统且具体的政策举措，目标指向也是相当明确，那就是要为"社会贫贱阶层"抓取政府权能，就如同汉密尔顿体系乃是为着"权贵群体"攫取权力一样。

1

杰斐逊传统是此一政策纲领的主要动力源泉和灵感源泉。弗吉尼亚统绪对纸币的谴责态度，是杰斐逊本人宣示过的，泰勒予以廓清并将之深深沉淀下来，梅肯和伦道夫则维持了其纯洁形态，使其不受动摇，不受污染。此等观念依然作为一份本质性的意识形态遗产，传递给了杰克逊、本顿、范布伦、波尔克、康布勒朗等人。然而，在这个传承过程中，这笔遗产也不免在无可抵御的工业化潮流的阴影之下，沦为虽然敏锐但也渐趋绝望的批判之音。杰克逊政府的这批政治人物富于创造力，他们打算一改昔日的消极和负面境遇，将这遗产打造成正面的、建设性的政府政策。

硬通货观念之降临并沉淀为切实的政策体系，银行战争在其中扮演了不可或缺的角色。这场战争乃将货币问题搬上了美利坚政治舞台，战争本身更是令货币问题俘获了美利坚人民的想象力，同时也激发了美利坚人民在金融战线上采取进一步行动的欲念。知识分子激情满怀地参与其中，战争热情激发了美利坚智识群体对这个问题展开进一步的剖析，经济理论的视野和能力由此得以拓宽。战争也绷紧了阶级界线，新兴的社会痛楚和情感毫无疑问也砥砺了相应的智识武器。

最重要的是，这场银行战争令杰克逊非常成功地建立了民心。正是这样的民心令杰克逊闯过了历次的重大考验并赢得了关键论战；此后，美利坚人民但凡面临抉择，究竟是要杰克逊还是要一种传统上备受珍视的政策，大多数人都会选择杰克逊。这几乎成了美利坚的一道政治律令，此等律令的效能在西部问题上有着特殊的彰显，据此律令，就可以顺利地将西部融入一套极为复杂的经济纲领当中，实际上，很多西部人并不理解这套纲领，这套纲领的用意跟西部人的观念显然背道而驰。

西部问题在很长一段时间里都处于悬而未决的状态，时间就这么迁延下去，直到杰克逊政府正式明确了硬通货的立场和政策体系。[1]银行否决案是由杰克逊、托尼和肯德尔共同起草的，此三人都是公认的硬通货派，但是在否决案中，他们尽可能地回避了硬通货观念和信条，仿佛是出于某种不可抗力去这么做的。但是1832年的大选毫无疑问提升了杰克逊的政治信任度。实际上，杰克逊本可以丢下整个西部，甚至还可以同亨利·克莱决裂，不过，他最终还是带上了除了肯塔基而外的整个西部。[2]而今的杰克逊显然十分有把握地拥有了国民的强力支持，包括西部的支持，即便是在经济观念问题上也是如此。当然，并非整个西部都会追随于他，而且在货币问题上，甚至杰克逊家乡的三个政治领袖人物都开始反对他了：其一是他的老朋友休·劳森·怀特，其二是年轻且干练的约翰·贝尔，还有就是典雅庄重但可能略显造作的边疆人士戴维·克罗克特（Davy Crockett）。另外还有一些杰克逊的西部支持者，诸如密西西比的罗伯特·约·沃克等，也都小心翼翼地放弃了硬通货取向。[3]不过总体上说，杰克逊这个名号本身的号召力还是足以在任何事情上赢得西部的支持的。

至此，杰克逊也就有足够的底气为硬通货政策公开站台了。最先是在第二任期就职演说之前几天同费城代表团会面的时候，杰克逊宣告了此一政策和观念。席间，他说他的目标是逐渐削减纸币流通量，办法是禁止储蓄银行发行小额钞票，并据此用这类钞票进行税务支付，直到消灭所有二十美元以下额度的钞票，并"由此保证硬通货覆盖全部的日常生活，银行票据的使用范围则仅限于商业领域"。[4]

不久，杰克逊便重组了内阁，并由此第一次令自己的内阁变成强有力的、统一的行动单位。麦克莱恩和杜安对激进经济政策显然秉持敌意，因此也就被约翰·福赛思和罗杰·布·托尼取代，福赛思执掌国务院，托尼则执掌财政部。威廉·泰·巴里，作为邮政部部长的无能表现最终把杰克逊逼入绝望境地，遂以阿莫斯·肯德尔取而代之。来自纽约的本杰明·富·巴特勒，范布伦昔日的法务合伙人，则接替了托尼的检察总长职位。参议院最终否决了对托尼的任命，杰克逊遂用利瓦伊·伍德伯里接替托尼。这显然是一个坚定的硬通货派内阁，刘易斯·卡斯侧身其中，也只能沦落悲惨的沉默境地。内阁事务终于理顺了，现在可以采取行动了。

2

硬通货政策体系当中，有很多原则和信条都导源于杰斐逊派，其力量则在很大程度上导源于北方的工人群体，这个群体当然也是极为热忱地支持此一政策；不过，在杰克逊、本顿和托尼之后，要说此一政策体系之崛起所主要倚靠者，则非威廉·M.古奇莫属，这个古奇就是前面提到的那个费城的报界人士和经济学家。古奇乃将硬通货理论淬炼得十分清晰明确，对纸币体制也提起了极具说服力的批判。而且跟杰斐逊派不一样，古奇对基本问题的阐述高度贴合当前的这个社会，在这个社会里面，资本主义已然是根深蒂固了。此外，古奇也拥有足够的能力，在任何时候都能够制订出行之有效的举措来实现政策目标。1833年，古奇三十七岁，1823年到1831年间，他是《费城报》的编辑，握有该报部分股权。而后两年间，他专注于撰写一篇银行业文章，于1833年2月在费城发表，即《合众国纸币和银行业简史》。[5]

这部作品的部分内容是就纸币体制的社会影响进行的分析，而后便详细阐述了美利坚的纸币史。作品的第一部分确立了宽泛的理论基础，第二部分则提供了丰沛的文献材料。事实是古奇最厉害的武器；他用一种朴素但周详的方式，干脆且全面地阐述了硬通货观念，中间偶尔会穿插一些反讽作为调剂，并且一直都有人物、时间和引文作为支撑。

该书刚一问世便取得成功。在美国，此前还没有经济学作品能流通得如此之广。1834年的秋天，该书第一版便差不多卖光了，1835年推出了价格低廉的刻印版，售价是二十五美分。到了1837年，便已经进入第三版的销售期了。1834年，《纽约晚报》开始连载该书，很快，《华盛顿环球报》和众多别的报刊也纷纷开始连载。威廉·科贝特在英国推出该书，同时也推出法文简本，在布鲁塞尔印发。当时所有的激进派都人手一本，高声诵读，其中包括威廉·莱格特、西奥菲勒斯·菲斯克、奥·奥·布朗森以及威廉·卡伦·布赖恩特等人物。人们纷纷对该书作者表达了敬意和激赏之情。弗兰克·布莱尔对该书也是极为欣赏，并且在内阁圈中传阅。1835年年初，古奇应召前往华府，参加利瓦伊·伍德伯里主持的一项财政部工作。在华府，他那简练且扎实的备忘录将在接下来的很多年里对金融政策发挥出重要的影响力。[6]

古奇的这本书当然配得上这样的成功。书中的历史梳理部分无可挑剔，即便是纸币体制最为坚定的捍卫者也挑不出毛病；古奇还拥有敏锐的分析能力、极高的精准度，自然而然地赢得一流银行史学家的赞誉和赞同。该书刚刚问世之时，康迪·拉盖评论说："绝对是最好的银行业作品，就我所见，的确是这样的。"今天的研究者也都表达了类似的敬意。威廉·格雷厄姆·萨姆纳，绝对不是杰克逊民主的朋友，也禁不住评点说，古奇"对纸币体制及其运作的研究，比任何人都更为彻底，更有见地"。甚至出现了一首歌谣，足以体现当时的激赏之情：

> 我所知的最优秀的现代著作——
> 　　全世界都将感谢它的著者——
> 是一部为实用而非炫耀所写的书，
> 　　优雅命名为："古奇论银行"。

> 仍可创造经济的增长，
> 　　尽管书在堆砌，世界在剥削，
> 让比德尔试着帮帮这行当，
> 　　写一本书，名为《银行论古奇》。[7]

3

古奇及其支持者构想的这种硬通货政策乃是一套系统的政策体系，是用来全盘取代汉密尔顿体系的。其核心要义便是将银行彻底排除在货币控制权能之外。此一政策体系的反对者认为，这样的政策是要消灭银行体系并据此建立一种排他性的贵金属货币制度，这样的看法显然是错误的。事实上，此一政策仅仅是将银行发行的纸币限制在商业领域，将银行的功能限制为储蓄和贴现，由此便可以逐渐取消其货币发行特权。[8]

此一政策体系的主要目的有三个。其一是经济上的，即遏制周期性的经济萧条；其二是政治上的，即遏制国中独立权力的崛起，这样的独立权力是不会向人民负责的，而且有能力抗拒政府；其三则是社会性质的，即遏制金融贵族集团对"社会底层群体"的系统盘剥。

经济方面的申述主要是由本顿和古奇负责向公众揭示，这部分论说在一定程度上依托了英国金银本位主义者的观念。政治上的诉求成为美利坚传统的核心议题。这是美利坚边疆对这场论战的特殊贡献，而且也应该说，肯塔基州的那场救济战争已然凸显了此一诉求。社会领域的申述则毫无疑问体现了杰斐逊的遗产，当然，在细节上，则颇为倚重加罗林的约翰·泰勒。这三项诉求依据政治上的现实考量，或彰显或隐没，并非齐头并进地显现而出。比如说，银行否决案就主要局限于政治上的诉求，隐约涵涉了社会方面的诉求。不过，在1832年的大选为杰克逊确立起国民信任之后，政府便着手将三项诉求一起向前推进。古奇的那部作品非常简洁且流畅地呈现了这三项诉求，杰克逊的告别演说则做了极好的概要。

经济上的申述从根本上是以人们对现实经济状况的不断变化的

态度为依托的，而非抽象原则上的分歧，这所谓的现实经济状况说白了就是人们的生活环境。当年的亚历山大·汉密尔顿急切地想为纸币体制作论证，于是便一度申述说，纸币发行可以构成"资本的绝对增量"，此一观点显然站不住脚，因此在1830年之前便被彻底抛弃了。[9]即便是纸币体制的最坚定支持者也都承认有必要提升硬币在流通中的比例。尼古拉斯·比德尔本人多多少少也支持硬通货观念。[10]丹尼尔·韦伯斯特则一直都在高声宣示滥发纸币的祸害，当然，在需要采取切实行动遏制滥发行径之时，韦伯斯特却表现得犹疑不决。

但不管怎么说，像比德尔和韦伯斯特这样的人，说到底显然都倾向于一种投机经济形态，他们喜欢快速的经济扩张，巨额的盈利以及同样巨大的风险。在克莱顿委员会对合众国银行展开调查期间，康布勒朗曾发出这样的问询：现存的银行体系是否真的就不利于投机活动呢？比德尔回答说："除非人性改变，否则，人都会投机，都会破产，这很正常，任何体制中都是如此，我不觉得我们当前的这个体系是专门用来孤立投机的。"康布勒朗步步紧逼，追问得越来越具体，越来越专业：倘若禁止发行纸币，这套体系会更健康一些吗？比德尔给出了防范性的回答："恐怕我并不完全理解这一点……银行偶尔会犯错，这是毫无疑问的；不过，除非能找到极具价值的改进之道，可以带来好处，不会带来坏处，否则，也就没有理由反对银行。而且就目前的情形来说，合众国的银行体系应该说是相当安全的商业工具。"[11]

比德尔这样的人乐于以萧条为契机，去换取繁荣的机遇和兴奋。但是，别的人对待这样的投机态势肯定不会有他们这种信心。低收入阶层以及工薪阶层，诸如农民、劳工、技工、小店主以及很多的南方种植园主，时刻都自感是诸般邪恶经济力量的牺牲品，认为这些让他们说不清道不明的经济力量在不断地打压自己，他们既不能从中获利，也没办法控制这样的力量。

工人群体在最日常的层面上思考问题，他们相信，纸币体制时时刻刻都在欺骗他们。他们拿到的薪水当中，有很大一部分都是小额纸币，这样的纸币总是在贬值，有时候甚至会变得一文不值，更糟糕的是，时不时地会收到假币。一些雇主也是无所顾忌，时常拿已经贬值的纸币，按照面值支付劳工薪水。就整体的经济场景来看，则可以这么说，整个固定收入阶层在价格以及信贷的波动浪潮当中，根本就是无助且无力的。此等情形之下，人们对这种赌徒经济的反应当然就不会是面对大把机会之时的那种兴奋和愉悦，而是强烈的不安全感。杰克逊在巴尔的摩的一个针对股票掮客、投机客和金融赌徒建立的调查委员会上曾发表演说，表达了这个群体的焦虑感和不安全感，"把他们扫地出门吧，让他们离开这个世界，去见上帝吧"。[12]

如今的这个政府就是要着力拯救工人群体，让他们从这套经济秩序的苦海当中脱离出来。托尼宣示说："是时候将这些人的公正要求纳入国会的货币立法轨道当中了。迄今，我们一直都在竭力改善商界，为商界人士尽可能地提供便利，却一直心安理得地把技工和劳工抛在一边，任他们载沉载浮，在此等并不安全且没有稳定性可言的流通媒介当中，承受一切的风险。"杰克逊则宣示说："此乃一切政府的职责所在，要规约货币，要尽一切可能地保护这个人数众多的群体不受贪婪和欺诈之害。"[13]

在此等目标促动之下，杰克逊政府遂着力勾勒一套相当系统的资助经济周期理论。康迪·拉盖是第一个提出此一理论的人，古奇则在《纸币史》一书中对之予以经典表述。

简单来说，该理论是这样的：银行都倾向于超发纸币。由此导致价格上涨，价格上涨引发投机热潮。在经济繁荣景象的刺激之下，公司开始兴旺起来，人们也开始放开消费。信贷的普遍扩张导致贸易过度扩张和通货膨胀。每一次新的信贷运作都意味着更多的期票进入流通，由此也就增加了贴现要求，最终的结果便是货币大幅度贬值，不得不用铸币来应对对外贸易。铸币由此产生溢价，紧缩随之到来。银行遂开始召回贷款，人们在恐慌之下，开始前往银行挤兑，紧缩由此转变成经济恐慌，经济恐慌势必引发经济坍塌。此等情形之下，古奇写道："一旦一个人失去债务偿付能力，就会造成连锁反应，他的债主要靠着他去偿付自己的债主。这样一场循环很快便波及整个社会。人们纷纷破产，一小撮精明投机客便趁机将众人靠着勤俭节约而得的收入和储蓄收入囊中。"[14]

若是更仔细地分析起来，则不难见出，银行信贷跟一般性的经济和商业活动之间的互动关系是相当复杂的，不过，政治小册子作家们基本上不管这些，他们只是简单地将经济萧条完全归罪于纸币体系。他们说，银行纸币诱骗商人在价格攀升期过度贸易，由此刺激了第一轮的繁荣预期和繁荣心理。正是银行纸币将整个经济系统如此紧密地缠绕起来，只要一个商人失败，就会引发连锁反应，令成堆成堆的商人都失去偿付能力。更重要的是，流通中纸币的扩张和收缩，跟现实商业需求之间的关系完全是扭曲的，这种关系也不具备生产效能。用乔治·班克罗夫特的话来说，纸币"通常是在价格攀升期实施扩张，但这种时候恰恰是需要约束商业活动的时候；当价格下降的时候，恰恰是最需要信贷的时候，纸币却往往在这个时候趋于紧缩"。或者用西奥菲勒斯·菲斯克更为毒辣的说法，"一旦投机热潮崛起，银行就会煽风点火，火上浇油；一旦经济开始低落，银行就会雪上加霜，强力加剧经济萧条"。[15]

用今天的标准来评判，这样的观念根本站不住脚，但不管怎么说，有理论总比没理论好，对经济萧条提起的这种货币解释，也确实是当时的一大进步。当时的人们绝少谈到过量生产也会是经济萧条的原因。诸如小罗伯特·兰拓尔这样的人也的确谈到了市场饱和，认为那也是造成经济萧条的一个因素。不过，当时的人们普遍认同古奇的如下论断："倘若多多考量人们的真实需求，而不是人们的消费或者支付能力，那么，但凡有用的行业或者职业，都不会出现人满为患的情况。"于是,人们便也都普遍接受了古奇在"消费或者支付能力"问题上所做的申述。1843年,奥·奥·布朗森发布了一篇颇为抢眼的文章,将罪责全然溯源于"邪恶的劳动产品分配方式"。他写道:"依据目前的生产能力,任何给定的年份都是可以生产更多产品的,说白了,倘若开动起来,足够随后五年的时间去销售,而且绰绰有余。"那么,问题出在哪里呢?就出在分配领域。

> 我们创造了过剩产能,不过这种过剩产能并非相对于人们的真实需求而言,而是针对市场状况而言的,如此一来,就只能降低产能,等待消化过剩产能。在此期间,也就是在消化期间,工时势必缩短甚至完全停工,工人失业也就是意料之中的事情了。恶端恰恰是内在于这套体制里面的。

不过,此一思路显然没有激起太大反响,很快便泥牛入海,不知所终了。[16]

4

政治上的论证当然是冲着"国中之国"而来的,此等论证的一般性前提此时实际上已经深深烙印在国民意识或者说是国民情感当中了。无分左右,人们或多或少地都相信,至高权能是属于人民的。紧随而来的看法便是:既然是民众的政府,那么私人建制和机构就不应当有抵制行径。这样的思路在经济体制领域很容易延展开来,在政治领域也是如此。

所谓银行,本质上就是公司,这样的性质很自然地催生了一系列的反对意见。人们觉得既然是公司,就不应当借由特许状机制来垄断金融特权。也的确有大量的证据表明此类公司在大肆滥用特权，而这恰恰是民众最为关心的环节，也是最引人注意的问题。

银行手中的货币权能被视为对政府权力的严重侵犯。规约货币，用本顿的话来说，是"国家至高权能采取的最为高级也最为精细的活动之一……堪比创制货币权力和行动"。本顿认为这样的权力"实在是太过重大了，绝对不能托付给任何的银行公司，也绝对不能交托给我国政府体制中至高权威和责任权威之外的任何权力部门"。至于商业信贷，则是另一回事情，如同康布勒朗说的那样，那是"贸易的事情，不是政府的事情"；这种观点在逻辑上要求取消银行的货币发行权，同时致力于在银行的贴现和储蓄业务上建立自由竞争的格局。据此观点，联邦政府犯下的关键错误就是接纳了纸币，用来支付联邦税赋，由此也就令纸币的用场大肆扩张，实际上等于是在给银行信誉背书。那么补救办法也就很明显了，就是将银行钞票排除在政府支付体系之外。[17]

此外，银行的行径本身更是侵害了国民的民主信仰。实际上，比德尔的银行面临的最重大指控就是，他的银行一直在暗中活动，意图建立"国中之国"。"合众国银行，"杰克逊指责说，"本身就是一个政府，自建立之初，就在一步步地提升自己的力量。该银行和人民之间的问题，已然变成了权力问题。"杰克逊举例说，1834年，比德尔拒绝一个众议院委员会调查其银行的材料，也拒绝该委员会问讯银行职员，这恰恰就是人们经常说起的"国中之国"的经典例证。按照托尼的说法："这家大权在握的公司及其捍卫者们，实际上已经将银行视为独立主权了，而且实际上已经忘记了，它是要向人民负责的，是受制于法律的，而非听凭自己的意志行事。"[18]

不过，比德尔只不过是更为昭彰地展现出因长期浸淫银行业而养成的行为习惯。威廉·格雷厄姆·萨姆纳将银行的此类僭越行径简要总结如下：

银行家们有他们自己的行事方式，我们都习以为常了，不过……这种行为方式既冲撞了日常道德，也冲撞了非银行业在类似事情上的法律规定……实际上，银行对法律的轻慢已然是习惯性的了，这令银行家们总是认为法律并不能拘束他们……我们遍寻法律文件和法律报告，基本上看不到任何有关国家之于银行的权利或者权威的决议，也看不到银行之于国家的责任问题的决议。可以说，人们尚且不曾试着规约或者推行国家之于银行的权利，在实践上，也没有发生过这样的事情。银行基本上不需要向任何人负责。不管怎么说，有关国家之于银行之权威问题的决议，倘若有的话，也都是导源于银行方面抵制政府权威之实施的企图。

　　这种情形很明显是不可能长期维持下去的。正如西奥菲勒斯·菲斯克说的那样："一山不容二虎，要么国家是主权者，要么银行是主权者。"[19]

5

　　社会方面的主张，确切地说就是反"权贵阶层"霸权的主张，可以说是硬通货理论的巅峰表述。经济和政治上的主张，尽管也都能自持，但最终都指向如下这一问题的前提要件：究竟应当是谁统治？反复出现的经济危机当然是坏事，不仅仅因为危机本身就是坏事，更是因为历次的经济危机都毫无疑问地促动了财富的重新分配，由此催生并拱卫了金融贵族集团。没有责任机制的政治主权同样是魔鬼，不仅仅是因为这种至高权能本身就是邪恶的，更是因为这种权能为贵族集团提供了权力工具以及庇护之所。

　　这场"银行战争"已然迫使美利坚人民重新开始思考阶级冲突

问题。托马斯·哈特·本顿是这样给这个时代定下基调的，他高声宣示说："我们这里只有两个党派，这是从来没有过的现象……这种党派分野植根于这样一个激进问题，究竟是人民统治，还是财产统治。民主体制意味着人民统治……贵族体制则意味着富人统治……所谓的党派分野，其全部意涵都在这句话里面了。"[20]

于是，银行纸币体制便被认为在这场恒久斗争中扮演了一个主导性的角色。那些靠着纸币发行和流通活着的人，什么都不生产；他们对国民财富毫无增益可言；然而，恰恰是他们发财致富了。人们认为，他们之所以能够飞黄腾达，必然是窃取了生产性劳动的果实，换言之，是窃取了诚实但没有任何防护能力的"底层民众"的劳动果实；古奇在《纸币史》一书中更是大范围地圈点了这些寄生虫的诸般劫掠模式。

纸币体系拥有极为重要的战略地位。托尼将这庞大的"银行"描述为"金融权能的中枢和堡垒"。1837年的马萨诸塞民主派宪法集会宣示说："一个全国性的银行，说白了就是贵族集团的堡垒和阵地，也是贵族制度的外围阵地和力量集结点。对那些信奉统治之基础在于财产的人来说，这类银行也是他们彼此勾连的纽带。"[21]不妨退而言之，一切银行都是保守集团的据点。正是银行为保守集团提供战斗资金，往往还策动战争。律师、说客以及新闻媒体都为他们效力且从不停歇。政客们纷纷聚集在证券经纪人的行情室中，征询银行头目的意见并接受银行的赠礼和股票。跟其他的公司相比，银行若是感觉自己的利益受到威胁，就会更为大胆地干预政治。

硬通货政策既对劫掠手段也对总体的战争战略展开攻击。依据这样的政策，一旦抛弃了纸币，就足以限制财富从农民和劳工群体向商业群体的稳定转移倾向。将银行业务局限于商业信贷并剥夺银行的货币控制权能，就能够削减银行的影响和权力。借由降低纸币比例，就能够缓解经济周期，令经济向着有利于劳动者而非投机客的方向发展。很显然，这是一套系统化的政策体系，以当日最优秀的经济思想为基础，较之对手的政策路线，也有着更高的智识水准。

无论是就起源而论，还是就利益诉求而论，毫无疑问这些政策主要的诉求针对的是东部的底层群体以及南方的农业阶层，对西部没有太大吸引力。一直以来，历史学家们都被杰克逊的外表误导了，一个野蛮的边疆人，就这么一夜之间入主白宫。事实上，硬通货学说绝不是什么前沿学说，从1833年的那个冬天开始，它便已经成为杰克逊政府的主导政策了。有那么一段时间，它还是杰克逊、托尼、本顿以及肯德尔引领的那个小集团的隐秘目标，范布伦则是以消极态势予以鼓励。从政府储备金撤出事件到1840年范布伦总统任期结束，这个激进民主派组成的集团一直都致力于推行此一政策，力图发挥其全部效能。一旦硬通货纲领脱开这个"新奥尔良英雄"的光环和号召力，并不得不依托其内在吸引力而生存的时候，该政策在西部世界的表现便一下子变得极为糟糕了。

安德鲁·杰克逊是这样概括此一政策体系的宏伟目标的："种植园主、农民、技工和工人都很清楚，他们的成功取决于他们自身的勤劳和节约，他们都知道，自己不可能指望靠他人的劳动果实一夜暴富。"这些群体"恰恰就是这个合众国之人民的主体，是这个国家的骨骼和筋肉"。然而，"他们却一直都置身危险当中，无法脱身，失去对统治事务的正当影响"。为什么会这样？"主要就是因为金融利益集团从纸币体系获取的权能，他们手中操控着大量拥有垄断特权的公司，这是他们精心图谋之下从合众国各州成功斩获的特权，如此一来，他们也就有能力将纸币体系操控在自己手中。"据此，杰克逊对美利坚人民提起的警告也是相当郑重的："除非你们更为警觉一些……否则，你们难免会发现，这个国家的重大权能要么已经给了别人，要么就是被窃取了，你们最珍贵利益的控制权也将就此落入这些公司手中。"[22]

6

此时，托尼和本顿开始负责为硬通货政策制定实际的政策举措。二人提议沿着两个方向来提升铸币比例：其一是恢复黄金的流通地位，其二是削减并最终剪灭小额纸币。本顿本人实际上在很多年里都惦念着第一项举措。长期以来，黄金都处于被低估的位置，金银兑换比率为十五比一，结果便是自1805年之后，便一直没有"金鹰"铸币出现，仅仅只是一些散碎的金币在流通，而且令大部分的黄金都迅速流出美利坚。本顿指出，倘若黄金不曾因为这样的事情而流落国外，那么从对外贸易得到的金币数量，加之美国金矿自身的产量，是足以应对一切的金融和财政需求的，根本用不着求助小额钞票或者"贬值纸币"。[23] 1834年6月，本顿提出议案，要求对黄金实时重估，将金银兑换率提升到十六比一，此一提案获得国会通过。这一议案表达了硬通货政策的严格意义上的经济取向，由此衍生出来的诉求也就涵盖了所有通情达理之人，甚至赢得约翰·昆西·亚当斯、韦伯斯特和卡尔霍恩的支持。只有亨利·克莱以及霍勒斯·宾尼这等极端保守派仍然秉持反对态度。

金银兑换率的这场变化，是本顿取得的重大胜利之一。黄金再次涌入政府的铸币厂，这令本顿兴奋不已。"这可是宪法提供的货币，"他说，"有了它，我再不会沾染别的东西了。"或者也可以换一种说法："什么！难道你是想请一个法医陪审团入座并宣判说，'老金条死于烂纸币吗？'"[24]这所谓的"老金条"正是本顿因为自己的硬通货执念而在朋友中间留下的诨号；他的对头则讽刺他是"黄金骗子"。有那么一段时间，硬通货政策的反对者们策动了嘲讽攻势，试图借此瓦解本顿的改革举措。赌场里遂开始盛行镀金筹码，上面刻着怪异的形象和尖刻的语词，诸如"一头阉猪"（whole hog)、"良家货币"（better currency）等。不过，没有人能够直接申述说，将铸币注入流通将会有损经济健康或者无助于经济健康。

　　黄金价值重估之后，效果便立刻显现出来。利瓦伊·伍德伯里于1836年12月报告说，刚刚过去的十二个月里，黄金铸币量超过了铸币厂最初十六年间黄金铸币的总和，而且价值重估之后的两年半时间里，黄金铸币量超过了此前三十一年间的总和。1833年10月，美利坚尚且只有三千万美元的铸币额度，其中还有两千六百万存放于银行，不曾进入流通。但是到了1836年12月，便已经有七千三百万美元的铸币额度，其中只有四千五百万美元的额度存放于银行。[25]

　　然而，若是不对小额纸币实施压制，复兴黄金的政策势必就不能发挥足够效能。对小额纸币实施压制，此一政策不仅有亚当·斯密（以及尼古拉斯·比德尔）的理论作为背书，更有大不列颠方面实实在在的例子做担保，大不列颠早已将五英镑设置为纸币额度的底线了。大多数拥有经济眼光的保守派都承认此等小额纸币的政策在理论上的诸多优势；[26]而且国会和财政部都拥有相当的权威去界定联邦支付体系应当使用的货币种类，因此也就对州银行的货币发行工作产生了实实在在的影响力，即便这影响力是有限的。1816年的一项联合决议，令所有以硬币支付银行为依托的纸币都可以进行税务支付。1835年4月的一份财政部公告对五美元以下的纸币提起了禁制令。1836年2月则出台了另一份财政部公告，将禁制额度提升到十美元。1836年4月，国会发布法令，从1837年3月3日开始，禁止所有面额二十美元以下的纸币进入流通，并要求所有的纸币都是可以直接兑换的。这一系列的规定对储蓄银行也产生了重大影响，既控制了储蓄银行的存量业务，也控制了这些银行的纸币发行体系，并要求这些银行每个星期都公布业务状况，并公开业务材料，以便随时检查。财政部长伍德伯里宣示说："银行业的一切秘密都应当就此结束了。"[27]

但是，这些法令和规定对银行业的整体境况并没有实质性的影响。除非在各州内部唤醒公众舆论，否则很难指望取缔小额纸币。甚至在一些州还流通着面额只有十二点五乃至六点二五美分的烂纸币。1834年12月，杰克逊呼吁各州遵从全国范例。宾夕法尼亚、马里兰和弗吉尼亚此前就已经发布了小额纸币禁制令。1835年，缅因州、康涅狄格州和纽约州也取缔了面额五美元以下的纸币，北卡罗来纳、佐治亚、亚拉巴马、俄亥俄、印第安纳和密苏里也通过了程度不同的限制令。[28]

7

然而，联邦政府策动的这场战争毫无疑问是来得太迟了。硬通货政策举措应该说都是相当明智的，可惜，国家紧接着迎来一个大繁荣年代，这些政策举措便在这场大繁荣的喧嚣浪潮中销声匿迹了。1834年12月到1835年7月，仅合众国银行一家就将月均贷款额度扩容了两百五十万美元，纸币发行量更是增加了一千万美元。[29]小银行纷纷加入这场热潮当中，令纸币发行量从1835年1月1日的八千两百万美元在一年之内便跃升到一亿零八百万美元，到了1836年的12月1日，更是攀升到一亿两千万美元。[30]

薪酬上去了，机会看来是无限的，财富看来也遍地都是。1836年出现了一份非常流行的小册子：《财富论；圣经作证，人人致富乃天道所在》，光这个书名就足以呈现当日光景和时代精神。这书显然是要平复人们对加入财富洪荒的宗教顾虑，遂郑重宣示说，这世间有一件事情是确定无疑的："若不发财致富，就是违背《圣经》揭示的上帝的意志，必遭天谴。"[31]

联邦政府就这么看着这场投机狂潮，身怀忧惧。弗兰克·布莱尔在《华盛顿环球报》上不断发声，表达硬通货派对这场狂潮的深深焦虑。他在1835年春天的时候写道："我们已经一而再再而三地警告这个国家，这样的投机狂潮是极度危险且愚蠢的，但是，自前次大恐慌之后，这狂潮便已经将国民卷带而去了。"一个月后，布莱尔再次发声："这种情况是不会坚持多长时间的……回潮总是要到来的，就如同太阳总是要升起一样。"一年后，布莱尔提出了类似的说法："为今之计，只能是令银行业务和贸易都冷却一下，否则万劫不复。"[32]

杰克逊在1836年的头几个月里，也开始提升自己的音量，斥责这"疯狂的事情"，指出这样的狂潮将毁灭国家。本顿则是在参议院发出了愤怒声讨，"我压制合众国银行，不是为了释放地方银行的洪荒之力，我压制一个国家银行的纸币体系，不是为了让上千家地方银行推出一场全国性的纸币大潮。我的确攻击了恺撒，"本顿在作结的时候爆发出一阵狂怒，"但这绝对不是为了让安东尼成为罗马的主人……当前这场纸币洪流不会持久……回潮肯定会到来，就如同1819—1820年那样。"1836年12月，财政部长伍德伯里在报告中申述说，他作为财政部部长不得不给出这样的评断，这场通货膨胀大潮将会"带来深重的灾难、困顿乃至毁灭，而后铸币才会回归正道，过热的纸币才会冷却下来，已然夸张的贴现业务也才会逐渐沉降下来"。[33]

这场通胀热潮的重大原因之一是土地投机，此时联邦政府已经开始采取措施，力图填补国民经济体系当中的这个巨大漏洞。既然银行钞票可用于支付购买公地，这实际等于是将公地转化成可用来赎回银行钞票的沉淀基金，就其实际效果而言，就是为七八百家地方银行提供了可用于扩张银行业务的资本，财政部则只能眼睁睁地看着一堆又一堆价值堪忧的纸币涌入国库。本顿实际上在此之前就已经详细阐明这样的土地投机机制，等于是让政府为整个银行体系的扩张之举买单。投机客通常都是从银行借入五千、一万、两万乃至五万不等的纸币额度，名义是投资边疆，而后便将这些纸币注入土地管理机构,以此购进土地,而这样的土地又可以用来作为担保或者抵押,申请进一步的贷款额度;与此同时,支付给土地管理机构的银行钞票便自由流通开来,一部分永远不会被钞票的发行银行赎回,其余部分也许会被赎回,不过那都是很长时间之后的事情了。这样的手法实际上是对银行利息形成了贴补,令土地出售额度从每年四百万美元一下子提升到五百二十五万美元,用本顿的话来说,也无可挽回地令"联邦政府遭遇纸币体系的绑架,令联邦政府跟纸币体系一起沉浮,等于是上了纸币体系的贼船,下不来了"。[34]

面对这样的局面,本顿遂提交议案,要求用铸币来支付公地交易。此时韦伯斯特还是一如既往,他支持健全货币政策,不过,在具体措施问题上,又总是反复无常,并且引领了一场针对本顿提案的攻击行动,最终,他联合了辉格党集团和民主党保守势力,将该提案扼杀在参议院。不过在休会之后,杰克逊令本顿起草了一份行政法令,来体现并贯彻自己的观念,著名的"铸币通告"便应运而生。

商界自然将这份通告视为行政专权并报以狂怒。12月国会重新召开的时候,辉格党集团便要求撤销这份政令,并要求土地管理机构向"野猫"货币重新开放,民主党集团在压力之下,出现了大分裂。一派以弗吉尼亚的威廉·卡贝尔·里夫斯和纽约州的纳·皮·塔尔梅奇为领袖,捍卫州银行。本顿仍然在警告金融崩盘近在眼前,若再不改变,财政部就只能接下烂摊子了,但此番警告无济于事;他的诸多努力最终只是给自己留下骂名,人们纷纷指斥他是"密苏里丛林里最卑贱的雅各宾党人,肆意和倨傲无以复加,图谋摧毁这个国家的商业和金融体系,图谋颠覆这个国家的制度"。[35]最终的票决结果显示出一个小小的五人集团,以本顿和赛拉斯·赖特为领袖,并且只有这个集团是支持硬通货政策立场的。下院遂赶在休会之前,将决议案呈交总统。老将军没有任何退让,毫不犹豫地动用了否决权。

要维持硬通货政策，必须动用这个否决权。不过，"铸币通告"也是杰克逊最后几年任期当中遭遇的唯一有分量的金融问题了。大恐慌过后，真正重大的战争舞台实际上已经开始向州政治舞台转移了。即使杰克逊将军拥有长长的手臂和惊人的精力，这样的舞台他也难以真正触及。于是，便只能由杰克逊派的忠诚支持者在这个舞台上勉力奋战，尽量去遏制银行和公司特许状的热潮了。在州政治舞台上，这些忠诚支持者集团虽然都很小，但也一直都在致力于推行杰克逊的政策纲领，同时也致力于丰富相应的技术手段以及智识资源。

最重要的是，地方舞台上的这些战争唤起了各个城市、市镇以及郡县的普罗大众参与其中，诸如贫穷的日工、勤勉的技工以及满手长茧的农民等贵族派常常说起的"底层群体"。在酷热的夏日里，这些"底层群体"就那么在数小时里耐心倾听有关金融政策问题的枯燥解说。在酷寒的冬日夜晚，他们就群集在清冷且没有取暖设备的大厅里面，倾听人们讲述银行业的罪恶。他们捧读、翻阅各种攻击纸币体制的论章和演说。价格在他们眼前如同迷雾一般攀升起来，薪酬却远远落在后面。对不断贬值的银行钞票，他们内心酝酿着安静但也剧烈的怒火，如同等待喷发的地火一般。他们对那些承诺要反公司的民主党政客的行径，倍感吃惊。他们彼此之间在不断地交流、议论，言谈中不乏精明、智虑和警惕……他们的不满是实实在在的，而且相当广泛。不满的他们已经找到了自己的领袖，这些年来的经验也已经让他们做好了准备，要在国家政治舞台上发起最终的冲锋，这场冲锋将会爆发出巨大的力道。

十一　工人信条

一八二〇年代,新兴的工业体制在北方和东部的劳工群体中激发了深深的不满。新的工业秩序带来了新的雇佣和生产模式,为此,工人必须调整,必须适应。正是这一过程催生了普遍的紧张和焦虑,新体制之下劳动者的痛楚实实在在且历历在目,这就更令这些底层贫困群体对自身的尊严和社会地位生出极度恐惧。似乎是无可避免的宿命在将他们推入无产者阶层,并令他们沦为一个单独的群体,而他们也正在近乎疯狂地设法逃离这一进程。

1

新秩序的受益者们当然要为这套秩序辩护,他们通常的辩护是:工业化造就的这种贫困是无可避免的,很显然,这些人并不否认贫困的存在。当然也有诸如马修·凯里这样的人,会对此一辩护提起很有价值的修订。凯里不是激进派,而是很富有的费城商人,政治观念取保守一途;在他眼中,底层群体并非天然是堕落的群体,因此,他认为,工人不满的主因在于薪酬,他们的薪酬太低了，不足以维持生计。

凯里抛出一系列小册子，将自己的义愤和想法宣泄而出，更以数据以及强力观察者的一系列报告为依托，详细呈现了这些靠着双手和血汗为生的人们的苦痛。裁缝以及其他的女工、修建运河和公路的劳工、建筑工人、搬运工人、遍布整个美利坚大地的各类雇工和日工，这些群体，据凯里估计应该有八百万到九百万之众，凯里就是要讲述他们的故事。

他颇为仔细地告诉切斯特纳街的那些人，他们的费城还有另外一个世界，在那里，"五十五个家庭，两百五十三个人，就那么拥挤在三十间小房子里面，没有任何隐私可言！"——一派悲惨世界的场景。但是，切斯特纳大街的人们往往会回应说：我们又能做什么呢？难道薪酬水准不是供需法则自行确立的吗？凯里则针锋相对地申述说："我不这么看，我认为荣誉、正义、慷慨，这一切的准则都禁止雇主利用工人的这种悲惨处境去谋取利益，说白了，禁止雇主将工人工资削减到生存线以下的境地。"凯里遂在贫困问题上开列了一份"错误观念"清单，实际上，直到今天，这份清单都可算是对富有阶层之群体观念的锐评，这份"错误观念"清单涵盖了如下内容：

　　1. 每个成年男性和女性，还有已经长大并拥有劳动能力和意愿的孩子，都可以找到工作。

　　2. 穷人靠着勤劳、节俭和经营，任何时候都可以维持生计，而且可以舒适地生活，无需依靠救济，由此可以得出如下推论：

　　3. 穷人的痛楚和沉沦，主要甚至完全是懒惰、散漫和浪费所致。

　　4. 借由税收转移和慈善机制来援助穷人，这样的做法是有害的，这会鼓励穷人依靠这些东西，令穷人好逸恶劳，这些做法的本意是要缓解穷人的处境，结果反而加深了贫穷和困顿，甚至制造了贫穷和困顿。

解决之道又在哪里呢？凯里对此感到很绝望，他认为，只要劳工供给量超过需求量，这种状况就很难改变，只能借助侧面渠道予以缓解，主要是靠慈善和穷人自己的节制。[1]

城镇里的技工、小店主群体以及农业群体，也许还没有设身处地地经历过工人群体的这种境遇，不过，凯里提起的此类报告也确实激发了这些社会群体的决心，要抵制此等悲惨境况的拓展和蔓延。也正是因此，强劲且活跃的反对潮流率先从这些境遇还算是不错的群体奔涌而出，尽管新的工业化进程和秩序还没有真正伤害到这些群体，但工业化进程本身在其他领域制造的蛮荒景象也的确是震慑到这些群体了。

在这样的情况下，这些群体提起的诸多要求也就跟具体的经济怨诉没有太大关系。在这些群体中，最核心的关切倒不妨借用西马萨诸塞工人领袖的话来说："这个国家的劳动者，因为权贵和富人的侵夺和盘剥，在数年的时间里，已经在社会和公共阶梯上沉降下来了。"不平等的感觉越发强烈，在另一位工人运动演说人看来，其主要原因就在于"人们对劳工之价值和尊严问题一直秉持一种非理性的、反共和的非基督教的观念，并且这一观念一直占据主导地位"。[2]

要阻止人们对劳工尊严地位的攻击，首先工人群体要团结起来；而后，便可以提起一列具体要求，目的是提升劳动者的士气，至于改善经济处境则是后话了。由此，如下的这些要求遂在工人报刊的头条频繁且定期露面，大同小异：

  平等且普遍的受教育权
  取消债务监禁

>取消一切垄断特权
>取消或者全盘修订当前的军役体制
>更为廉价的司法体系
>对财产平等征税
>为劳工阶层制定有效的留置权法律
>一切官职皆由人民直选
>立法权不涉宗教。[3]

2

这些要求当中，最为重要的当属教育平权以及取消债务监禁这两项。教育平权有助于传播知识，而知识，早期的这些劳工领袖相信，那就是力量。查尔斯·道格拉斯博士，一个热忱的新英格兰激进派人物，在他看来，在合众国的这些州，"知识和团结从来都能够确保改革事业"。于是，这些年间的劳工运动便在教育之崛起方面扮演了重要角色。[4]

当然，重中之重是债务监禁问题。1830年，新英格兰和中部各州的监狱里面，有六分之五的人都是债务人，这其中大多数人的债务额度不足二十美元。[5]此等情形之下，所谓的债务法令实际上便成了阶级法令，主要是针对穷人的。同时，这样的法令也是非理性的，因为其令大量的债务人被迫脱离经济生活，阻滞了储蓄和偿付活动。此外，这样的法令显然是羞辱性的，说到底，它设定了这样一个前提：债务人永远还不起债务，除非借助惩罚举措对债务人实施震慑。世人都害怕丢失社会地位，于是便都聚焦债务监禁问题，将之视为特别残忍且无常的力量，令人在社会阶梯和个人尊严方面发生堕落。[6]

1817年，马丁·范布伦在纽约州参议院引入提案，呼吁全盘取消债务监禁制度，当然，欺诈行为除外，这也是这个方向上的第一份提案。早在1813年，范布伦就曾支持过针对小额债务人的救济提案。理查德·门·约翰逊上校，1819年也曾沦落债务人境地，有很多年品尝着欠债的滋味，他很快便在肯塔基策动了一场类似的行动。1822年12月，约翰逊在联邦参议院提起了一份议案，要求联邦法庭取消针对债务的监禁判罚。范布伦等人予以声援和支持，不过，该提案在随后的数年间都没有获得通过。约翰逊并没有放弃，而是坚持在每个会期都提起该议案，每个会期都发表新的演说，用新的可怕例证支撑自己的演说，并且在演说结束之时向民主原则发出强烈呼吁和诉求。他的目标倒并不是要达成切实的改革举措，毕竟，因联邦法庭宣判而入狱的债务人数量微乎其微，他的目标是要将这场运动推向全国舞台。他的演说得到了广泛的印发和传播，将这场热潮散布到整个美利坚大地。[7]

　　主要的反对力量来自商界，商界在这个问题上秉持的信念虽然模糊，但根深蒂固。他们认为，债务监禁是同契约之神圣性联系在一起的。1831年，约翰·昆西·亚当斯在构思有关这个问题的一份信笺之时，难掩自己的暴脾气，他写道："我不指望世人的感谢，但我还是要申明此事的后果……（若取消债务监禁）财产之安全和契约之神圣以及整个信贷体系，都将遭受沉重打击。"范布伦方面则直指问题的要害，申明最大的阻力和敌意就在商界和律师界。实际上，即便只从纯粹的商业角度来考量，商界的这种反对意见也欠缺智虑。数年之后，梭罗·威德就发现奥尔巴尼摄政团仍然有一些大商人秉持盲信态度，认为他们本来是可以将这场反改革战争进行到底的，直到威德要求他们在反改革请愿书上签下他们自己的名字。[8]

　　杰克逊登临总统大位之际，约翰逊派在自身的坚持之外毫无疑问获得了总统的声望作为支撑（"切不可令不幸和贫困雪上加霜，此乃共和制度的职责所在"），[9]最终，1832年，反债务监禁提案在两院获得通过并成为法律。十年之后，债务监禁制度便差不多从所有州的法规册中消失了。

3

约翰逊上校就这么不知疲倦地为贫穷债务人群体奔走呼号，这令他赢得了工人阶级的特殊信任。他在另一场斗争中也扮演了自己的角色，这更令他在工人群体中的信任度提升到前所未有的程度。

在美国，社会激进主义一直有着浓厚的反教权色彩。教会建制同地方贵族群体的联系由来已久，神职阶层普遍认为，上帝就是亚历山大·汉密尔顿的门徒，此等情形很自然地激怒了心怀自由和宽容倾向的人们；欧洲的自然神论思潮更是天然地提供了历史和哲学上的诸般论证，令人们憎恶神职阶层并拒斥启示宗教。法国大革命毫无疑问令这个问题更形尖锐，毕竟，大革命潮流中那些过火的反宗教行为令全国的神职群体震怒不已，纷纷警告这过度的民主。此等情形之下，诸如伊桑·艾伦、乔尔·巴洛以及伊莱休·帕尔默这些人的作品，还有在一七九〇年代点缀着这个年轻国家的那些自由团体，都在表达这个共和国的反教权思潮，颇为引人瞩目。[10]

1800年的那场著名选战当中，联邦党人借助自己的舆论阵地高声哀叹，倘若"无神论者"杰斐逊当选，那一切的宗教和道德就都完蛋了，这是宿命。但是，杰斐逊显然没有满足他们的这种阴暗预期，而且各州也都开始稳步取缔建制宗教，这个问题很快便从政治舞台淡出了。不过话又说回来，如果说到了1812年战争期间，反教权思潮已经不再是一个切实问题了，但也仍然潜藏在杰斐逊传统当中，此等情形之下，倘若神职群体再次攻击民主堡垒，则这潮流也时刻准备如同巴巴罗萨那样从山间现身。1815年，利曼·比彻以长老派领袖身份现身,提议为每一千个教派成员设置一个宗教督导员,并设置相应的资格门槛。此举令杰斐逊勃然大怒。这就足以表明反教权情感那强劲的潜在力量。[11]

比彻的提议无果而终,不过,各个福音教派并没有就此罢休,而是以一种更为安静也更为专业的方式,继续组织教务活动。他们相继建立了诸多宗教团体,诸如美利坚圣经协会以及美利坚福音传单协会等,并且还创建了不少主日校友会。此类活动令众多狂热的杰斐逊派认定这背后的计划,是要将宗教转变成一个宗教集团,最终目标则是要重归政教合一。1824年,罗伯特·欧文——潘恩和戈德温理性主义传统最晚近的阐释者,将一股新的反教权思潮注入美利坚。欧文的反教权主张在《新和谐报》上得到了集中阐释。与此同时,弗朗西丝·赖特也展开了巡回演讲,以雄辩之风向美利坚大地发出了反教权讯息。此外,乔治·休斯顿以及纽约的新闻自由协会也在这个方向上展开了自己的运动。这一切都拱卫并巩固了古老的杰斐逊统绪。[12]

反教权主义的这场复兴恰恰回应了当时工人群体的一些焦虑。工业变革引发的不满在这个时候迫切需要一个标靶来释放能量,于是,这场所谓的政教再合一阴谋便顺理成章地成了这一标靶。

这场斗争的终极事件于1827年费城的国庆日布道会上到来了。布道人是长老会的埃兹拉·斯泰尔斯·埃利神父。这场布道相当鲜明地印证了杰斐逊派的怀疑以及欧文派的预断。埃利是杰克逊的老朋友了,他的此次布道实际上是在隐晦地攻击身为单一神论者的亚当斯。其中包含的几个段落似乎暴露了这些福音教派背后非常隐秘的图谋。"同胞们,我在此倡议,"埃利说,"要达成一种新的联合,你们愿意的话,无妨说这新的联合就是政治生活当中的一个基督教政党。"长老派、浸礼派、循道宗、公理会和大公会只需要在选举日那天联合起来,埃利宣示说,就足以"主导这个国家的一切公共选举"。[13]

4

"政治生活中的一个基督教政党",这样的陈词在工人领袖听来饱含了不祥讯息。接下来的5月,纽约更是召集了一场僧俗信徒的大集会,目的是改制基督教安息日戒律促进会总会。

在总会看来,要纯净戒律,首要的威胁和障碍就在于安息日当天的邮政系统。1810年,邮政系统的负责人员接获规定,星期天的时候,各个邮局应当在邮件抵达之后,仍然开门一个小时。接下来的几年间,对此一规定的抗议浪潮不断涌入国会,但都没有取得成效。1825年,则进一步规定,若星期天有邮件送达,邮局就必须全天开放。此等渎神做法当然是安息日戒律派无法容忍并决心铲除的。

这场运动的大多数领袖人物都是秉持保守取向的商界人士,这些年来,民众的扰攘已然令这些人烦恼不已,他们巴望着恢复道德权威。诸如彼得·C. 布鲁克斯、阿博特·劳伦斯、阿瑟·塔潘这样的商人,诸如安布罗斯·斯潘塞、艾萨克·帕克、彼得·奥克森布里奇·撒切尔这样的法官,诸如西奥多·德怀特、诺厄·韦伯斯特、约书亚·昆西这样的老联邦党人等;这些人物的名字纷纷出现在1829年如同洪水一般涌入国会的陈情书和备忘录当中。约翰·昆西·亚当斯是坚定的安息日戒律派,甚至在1844年还主持了巴尔的摩的主日集会。另一个著名的政治戒律派是西奥多·弗里林海森,来自新泽西的参议员,这也就是那个以"端庄沉静,如同夏日的清晨"来刻画比德尔而名满美利坚的弗里林海森。[14]

这样一场剧烈运动,其意图若非埃利神父所说的"政治生活中的一个基督教政党",那又能是什么呢?工人群体及其报刊起了警惕之心,遂开始策动一场强力反攻。弗朗西丝·赖特于1829年10

月在《自由探查者》上宣示说，邮政事件"暴露了教士权术的全部灵魂……他们已然将战旗竖立起来，很快，所有的正统教派都会摒弃教派分野，凝聚成一个统一的方阵"。[15]赖特在迁居纽约之后，便将先前的《新和谐报》改名为《自由探查者》。罗伯特·戴尔·欧文则在《每日电讯》上将攻击行动推进下去。乔治·亨·埃文斯则直指要害，在《劳工论坛》上着力谴责这个"教会—国家"党。[16]奥雷斯蒂斯·奥·布朗森，奥伯恩普救派的坚定成员，此时已经对神职集团完全失去信任了，遂开始在《自由探查者》和《每日电讯》以及自家报刊上开设专栏，向长老派释放火力。另一名普救派神父、嗓门颇为洪亮的西奥菲勒斯·菲斯克则在自己的半月刊《教士术揭秘》上攻击说："这个傲慢且野心勃勃的神职群体的领袖集团，决心要建立教阶体制，如此一来，我们的地位就连埃及的奴隶都不如了。"[17]

神职集团的陈情和申诉书纷纷涌入国会，国会随即将其引入一个以约翰逊上校为主席的参议院委员会。约翰逊发表了一场铿锵有力的演说，力主宗教自由，将这些陈情和申诉悉数否决。第二年，众议院方面出台报告，该报告同样是由约翰逊主导的，他于1829年转任众议院，这份报告重申了约翰逊在这个问题上的看法。"甄别宗教之真伪，此诚非立法机构的正当权能，"约翰逊在第一份报告中宣示说，"我们的政府乃是民事政府，并非宗教建制。"[18]

这一观点激怒了各个福音教派，这些教派纷纷发布声明，要代表上帝对之施以可怕惩罚。《朝圣精神》，利曼·比彻的喉舌，就以威胁口吻评论说："有谁敢背离造物主还能尽享世间福祉的？难道造物主就不执掌国家繁荣的全部命脉以及全部的国家惩处力量吗？然而，这些不虔诚之人对造物主的警告置之不理，普罗大众也是如此。这些报告激发了美利坚民众素来珍视的那些情感，此等诉求毫无疑问是非常简单直截且强劲的，仅凭这一点，就足以制造一场喧嚣并策动一波攻击浪潮了。广泛印发、广泛传播，该报告得以家喻户晓,得以散播整个美利坚大地。理查德·门·约翰逊,债务监禁制度的反对者,如今可又成了宗教自由的伟大支持者。"[19]

5

乔治·亨·埃文斯在《劳工先锋报》上为约翰逊摇旗呐喊,支持他参加总统大选,以此表示工人群体的感激之情。罗伯特·戴尔·欧文则在《自由探查者》上写下热情的文字:"我不知道还有谁比约翰逊上校更能团结技工票仓。"西奥菲勒斯·菲斯克将约翰逊视为"美利坚第二独立宣言的作者",并据此为约翰逊的参选资格背书。1832年当克莱顿委员会前往费城调查合众国银行的时候,一名观察者评论说:"约翰逊上校已然将民众荣崇尽收囊中了,受邀莅临各种场合,他的名字也频繁见诸报端。"马萨诸塞州查尔斯顿的一个普通公民告诉弗兰克·布莱尔说:"在我们这个国家,还不曾有人像约翰逊上校这般赢得民心,我们这里的所有人,无分三教九流,都认同他。"当杰克逊在城市工人群体心目中尚且形象模糊的时候,理查德·门·约翰逊就已经成了工人的英雄。[20]

1830年,约翰逊上校已经五十岁了。他在二十五岁的时候获选进入国会,一直是杰斐逊的坚定支持者,在1812年战前也一直都是坚定的主战派。当战争到来的时候,他在肯塔基募集了一支骑兵团并在西部战场上扮演了突出角色,借由对骑兵战术的出色运用,将边疆战术大大地拓展开来。泰晤士河战役为他赢得了最为出色的军功,在这场战役中,他在关键时刻策动了一场骑兵冲锋。他亲自上阵,指挥战斗,最终逆转战局。泰晤士河战场上,约翰逊威风凛凛,身骑白马,在枪林弹雨中冲锋陷阵,如入无人之境,在敌军战线硬生生杀出一条血路,而且还砍杀了一名印第安酋长。据说这酋长就是特库姆塞，肖尼族印第安人的伟大领袖。此次战斗中，战马、他的衣服和躯体共计中了二十五弹，其中有五个伤口非常严重。在他身上留下累累伤痕，一只手落下残疾，整个身体在余生都破损不堪。

约翰逊强壮结实，脾气温和，长相俊朗，面容欢快，一头赤褐色的鬈发，肆意漫卷着，已经开始往银灰色发展了。在公共场合，约翰逊总是穿着抢眼的猩红色束腰外套，很是惹人注目。最重要的是，他的性格非常随和，真的令人愉悦，"是极度温和之人，心地善良"，这既是他的弱点，也是他的强项。[21]他在肯塔基的家对一切人敞开，待人接物，即便是对孩童和仆人，也都是一视同仁，出自本能地谦和。他为印第安人创办了乔克托学院，并在国会为这个学院而战。很多年里，他都保持着同一个黑人姑娘的关系，教育他们的孩子，甚至尝试将孩子们带入社交圈。如同范布伦承认的那样，他的善良和温和是发自内心的，这也就令"他拥有了非常细腻的情感"，正是这一点令他变得十分出类拔萃。[22]他总是能够扮演调解者的角色，就如同在伊顿夫人的事情上，当然，他也能够在卡尔霍恩和弗兰克·布莱尔、乃至杰克逊和约翰·昆西·亚当斯之间实施调解。

不过，他的这种善良心地也会令他遭遇交友不慎的情况，他总是不知道拒绝人，那些人总是会有计划、有预谋地利用他对友谊的忠诚。正是因此，他几乎一直在债务泥潭里挣扎，这样的情况也时常会令心怀叵测之人怀疑他的动机。约翰·昆西·亚当斯就曾写过这样的话，"约翰逊的政治活动与他的私人利益关系过于密切"，他还补充说，约翰逊"的确有一副热心肠，心性坦诚，但他无可挽回地沉陷到私人银行、地产和货币投机事务当中，最后令自己迷失了方向"。[23]

不过，在一八二〇年代，身为参议员的约翰逊却一直挺身而出，为普通人的权利奔走呼告。为此，他攻击联邦最高法院，他捍卫星期天的邮政工作，他攻击债务监禁制度，他还为拓殖者在公地的权利辩护。此外，人们一直认为是他斩杀了特库姆塞，因此他也就成了国家英雄。在那个时代的所有公共人物当中，看来他是最有可能在这场民主改革大潮当中扮演突出角色的。不过，当这场大潮真正涌动起来的时候，约翰逊却迅速转变成一个温和但无足轻重的人物了。他甚至都没能抵挡住诱惑，暗地里从乔克托学院赚了一笔小小的钱。

约翰逊在一八三〇年代遭遇失败，说明此一时期杰克逊的政策已然同边疆信条渐行渐远了。此一时期的问题已然从政治自由切换到经济自由。像约翰逊这样的人，赋有一切本能的民主情感，因此完全没有能力应对新局面。他的确是合格的党派人物，也正是因此，他接受了梅斯维尔否决案，尽管他本人不赞同；在关税问题和银行问题上，他也保持了政党路线。但是，作为一个有创造性的政治家，在新局面之下，他的政治生涯基本上就结束了。新局面当中，人们纷纷开始追求经济民主，这对西部人来说，基本没有什么意义，说白了，西部人深为关切的乃是政治自由和公民自由。杰克逊的纲领，实际上否决了约翰逊在经济问题上的大部分旧日立场，约翰逊便也只能就此搁浅在政治海滩上。

一直到这个时段，约翰逊之所以保持政党忠诚，背后的主要动机是野心。1832年，他毫不掩饰自己对副总统职位的企盼和热望，威廉·伯·刘易斯甚至耗费了九牛二虎之力，才劝说约翰逊退出竞争。实际上，是一个智囊团性质的群体集结在他身后，推动着他的政治野心。这个群体的领袖是威廉·埃蒙斯和肯塔基的理查德·埃蒙斯博士。前者是波士顿的出版商，也是反债务监禁制度的老兵了；后者则为1812年战争创作了一部不朽史诗，名为《弗里多尼亚》，约翰逊成了这部史诗的英雄主人公。到了这个时候，约翰逊当然还是有用的，但也只是作为票仓收割机、偶像和正面人物而已，确切地说，他已经无法以民主斗士的身份介入政治了。[24]

6

　　约翰逊之所以能够同工人阶级擦出火花，主要是因为他以西部方式提出来的政治民主，在相当程度上跟东部工人群体对自身社会位置的忧惧产生了契合；确切地说，约翰逊提出的那种政治民主，流溢着天然的无阶级意识。这种意识虽然是边疆意识，但对东部工人群体来说极为亲和，因为这样的感受正在从东部工人群体的生活中消逝而去。不过，银行战争也提出了一系列新问题。有一个问题已经是不能回避的了：那标准的工人运动纲领究竟同劳工的不满有多大关系呢？

　　此时杰克逊已然开始对工人运动表示出敌意，以此为政治坐标系来加以衡量的话，只能说此时的工人运动纲领同工人的切实不满实在是渐行渐远了。事实上，那只能说是一份人道主义纲领，是出于对工人困境的同情而非出于被剥削的实际经验，因此也就只能激发一切人道且慷慨之人的情感。大多数的保守派实际上跟工人群体一样支持教育，只不过，对保守派来说，教育能够有效辅助普选权体制，令普选体制催生出他们想要的结果。很多保守派也都强烈反对债务监禁。[25]很多保守派也都支持星期天邮政，[26]而且极少有人会把这个问题看得很重。事实上，整个的这场星期天邮政大论战很快便销声匿迹了。没有任何证据可以表明存在一场政教再合一的大阴谋，安息日戒律促进会总会在其存续的第二个年头，只有二十六个地方会员，会务资金甚至都不足两百三十美元。[27]工会的主要问题实际上根本不曾触及问题的经济方面。

　　杰克逊的民主运动已然决定性地提醒人们，工人的真正困境并不在于教权，也不在于教育，而在于财富。政客以及中产阶级知识分子群体接纳了杰斐逊派对民主之经济基础的洞察，并在此类洞见的引领之下，开始令工人群体越来越切近自身不满的真实原因。银行战争期间，劳工群体逐渐开始转向杰克逊，并将杰克逊奉为他们的领袖，将杰克逊所在的政党奉为自己的政党。至于他们自己的政党，则仍然在问题的边缘地带从事一些好心肠的工作，最终便也因此消散而去。

工人阶级改宗硬通货政策，为硬通货派注入了新的力量和决心。这场运动主要在州的层面围绕地方问题和地方经验展开。不过，杰克逊民主运动在国家政治舞台之上第二个阶段的斗争的主要动能也由此而来。

十二　海湾州骚动

就这样，杰克逊派引领杰克逊哲学向着这个特定的方向发展，如果说是工业革命的力量在推动这场民主运动向着这个方向发展的话，那么，也就应当顺理成章地在工业化潮流最为强劲的那些州找寻有关杰克逊民主问题的最严肃讨论。毫无疑问，这样的州非马萨诸塞和纽约莫属。在这两个州，银行体系已然是根深蒂固了，制造业也已经彻底站稳了脚跟。金融集团、工业集团和商业集团在这两个州的政治舞台上都相当活跃。这两个州的工人群体也已经开始对自身的困境有了共同意识，这种困境要求工人群体团结起来共同抗敌。因此，当杰克逊派于一八三〇年代中期将工作重心切换到地方层面的时候，杰克逊民主运动的核心问题在马萨诸塞州和纽约州收获得了最为强烈的关切。

1

马萨诸塞是在十九世纪的前三个十年间进入工业革命快车道的。在这个过程中，工厂和银行逐渐取代了先前的造船和航海业，成为商业活动的重心。实际上这条发展曲线在丹尼尔·韦伯斯特关于关税问题所持观点的变换组合中，便不难窥见一斑。因为正是在这段时期，韦伯斯特原本为商人和自由贸易发出的雷霆呼告，逐渐开始有了犹疑和摇摆，并最终演变成为磨坊主和关税保护举措摇旗呐喊。

马萨诸塞的领袖人物，诸如约翰·昆西·亚当斯、斯托里大法官、州长利瓦伊·林肯以及《北美评论》的主编亚历山大·埃弗里特等，已然开始运作，促动杰斐逊右翼集团转变成国家共和党；昔日的大部分联邦党人，诸如韦伯斯特这样的人，最终也都加盟国家共和党，以此来捍卫"美利坚体制"。不过，也有少数人是拒绝同"叛徒"亚当斯有任何交易的，比如西奥多·利曼，或者像亨利·李这样的人，则拒绝跟保护性关税有任何牵扯，即便这种态度的最终结果实际上在 1828 年时给杰克逊帮了大忙，他们也能承受。不过，银行战争催动这些人继续维持同本集团的天然纽带联系，即便为此付出高关税的代价；加之在 1830 年波士顿的国会宣战中，持保护立场的内森·阿普尔顿击败了持自由贸易立场的亨利·李，这就更有效地结束了统治集团内部的这场分裂。尽管诸如李以及州高等法院法官莱缪尔·肖这些人仍然秉持自由贸易立场，但他们也都意识到内部分裂的危险，遂结束了这场骚动。

就这样，以韦伯斯特、亚当斯和林肯为领袖，国家共和党开始对马萨诸塞展开了政治运作。年轻一代当中，1830 年最有前途的人当属爱德华·埃弗里特。他脸色苍白，举止谦逊文雅，身材挺拔，面容俊朗且传统，拥有强大的演说才能，这样一个人几乎要被周围席卷而来的逢迎之词给淹没了。二十岁出头的时候，埃弗里特便已经成为非常杰出的神父，他的布道甚至令约翰·昆西·亚当斯都眼含热泪。不久，他便离开布道坛，前往哈佛寻求教席。他在哈佛度过了一段黄金时代，在那里，他为拉夫·沃尔多·爱默生重塑了希腊。而今，埃弗里特已然成为政治新星，熠熠闪光，是众议院的领袖人物，也是波士顿集团的新希望所在。保守派在伍斯特找到了自己的法律干才约翰·戴维斯，此人是靠得住的议员，同时也是非常强大的票仓收割机。戴维斯以"老实人约翰·戴维斯"为人所知，据说，此一称号令亨利·克莱颇为愤怒。克莱高声品评说："老实人约翰·戴维斯，要我说，应该是老狐狸约翰·福克斯吧。"[1] 此外，保守派从律师群体招募了诸如鲁弗斯·乔特和凯莱布·库辛这等颇有天分的年轻人，从商界招募了独立且尽责的内森·阿普尔顿以及极具干才的阿博特·劳伦斯。

亚历山大·希·埃弗里特，爱德华·埃弗里特的哥哥，则在文化领域出力，以此协助保守集团的政治目标，他毕竟拥有国家共和党议员和《北美评论》主编的双重身份。亚历山大·埃弗里特一直都是约翰·昆西·亚当斯的追随者，是职业外交家兼业余作家和经济学家。跟自己的弟弟一样，他博学、灵变且不知疲倦。他凭借自己的写作能力在马萨诸塞政治圈中建立了声誉和地位，曾写就一系列的保护主义文论以及国家共和党的宣言；不过，他从未在党内建立自己的位置，也从未在民众中有所建树。他的弟妹认为他"善变且充满幻想"，爱默生的一番简评足以概括人们的普遍看法，"非常完美，但不足以激发信任"。[2]

文化的约束力借由正义和法律的力量得以加强，诸如彼得·奥克森布里奇·撒切尔这样的法官以及杰里迈亚·梅森这样的律师，都为着国家共和党而展开法律解释工作。神职人士也赶来助战，在文化、法律的力量之外平添了宗教的力量。诸如詹姆斯·沃克和哈伯德·温斯洛这样的神父公开宣扬保守主义。此外也有威廉·埃勒里·钱宁这些人，为着同样的目标推进改革，只不过这些人采取的是通常不易达成的方式。钱宁构筑了"内部"改革理论，意图借此剪灭当时的自由冲动，至于外部的社会变迁，他秉持漠然态度。钱宁在这方面的工作从未得到公正评价。

就这样，马萨诸塞的"天然贵族"集团四面出击，在各个战线上都开始采取行动了。一家辉格党报刊《波士顿阿特拉斯报》对此等情形愤怒不已。理查德·希尔德雷思，该报的助理编辑，则给出了毫无遮掩的品评：

> 事实就是如此，这个联合起来的等级集团的权威是如此严厉、强劲，如此有影响力，任何人，但凡有点财产、地位、性格和关系网的人，都不敢冒险对抗他们，否则后果将会十分严重，稍有动作就会遭遇这个集团的绝罚令，布道坛、媒体会令这绝罚喷涌而出。此外还有诋毁、谩骂乃至咒骂，靠着上千副雄辩口舌，奔袭而来，似洪流一般。此等情形之下，看还有谁敢抛弃那神圣约柜，看还有谁敢跟那些未行割礼的俗人套近乎。[3]

2

那么，"俗人"究竟是些什么人？"这一天，杰克逊派云集该州的宪法集会，"这是美国古物研协会的图书管理员于1831年9月1日的日记中留下的话，"……集会看来一片凄惨，云集而来的人群，主要是职位猎取者，还有被各党各派抛弃的人。"[4]

那么，在这个时候，还有谁会是民主派呢？1828年，有两派人支持杰克逊：其一是西奥多·利曼领导的联邦党人强硬派；其二是一个小小的商人和政客集团，这个集团以戴维·亨肖为领袖，他们拒绝在社会和政治上归附统治集团。杰克逊赢得选战，也令亨肖赢得了波士顿港税务员的职位，由此掌控了相当多的联邦裙带资源，成为马萨诸塞州的党老大。冷硬、率直且自信，亨肖就是凭着这么一股子傲性和闯劲，直奔目标而去，基本上没有道德上的顾虑。他的身体状况很糟糕，后来的几年间，疾病更是毁了他本来就不稳定的脾气。

亨肖凭着药品批发生意赚了一笔大钱。而今，他将自己的管理才能转换到政治领域，据此建立了一架高效运作的政党机器，并最终成为众人都知道的"关税厅"党。他的主要助手包括：马萨诸塞州检察长安德鲁·邓拉普，是一位很能干的律师，甚至大法官斯托里都敬他三分；约翰·K.辛普森，话风柔和又相当精明的商人；纳撒尼尔·格林，亨肖的喉舌《政治家》的编辑，后来执掌波士顿邮政局。亨肖将大约三万美元投入《政治家》，他任命格林执掌这份报纸，部分出于回报的考虑。1831年，《波士顿邮报》取代了这家报纸，并由更具活力的查尔斯·戈登·格林担当编辑，此人是纳撒尼尔的弟弟。戈登·格林的出色编辑才能很快便令这家报纸成了全国性的大报，并成为民主党的重要阵地。[5]

亨肖尽管腰缠万贯，但仍然对自己的低贱出身倍感不适。贵族集团常常拿这个嘲讽他，他也因此对贵族集团心怀敌意，这与他的好友艾萨克·希尔的敌意是类似的。在诸如债务监禁和选举改革问题上，他秉持一种直截了当的进步主义立场。他还领导了关于查尔斯河上一座桥梁的免费通行权的斗争，保守派强烈反对这座桥梁免费通行，因为这会威胁到旁边那座收费桥梁的利润，那座收费桥梁的所有者是哈佛大学和波士顿的一帮大人物。

不过，诸如亚历山大·希·埃弗里特这样的自由派辉格党人也秉持这样的立场。此外，一系列的经济问题很快便揭示出亨肖此等胆略中的限制。实际上，亨肖跟丹尼尔·韦伯斯特一样强烈支持银行体系。比如说，他于1831年写就的反比德尔小册子当中，就不曾对银行业以及银行纸币制度提起任何一般性的反对意见，更没有反对州银行体系以及纸币的社会和经济影响。他之所以反对比德尔的银行，主要是因为他想用一家无论规模和力量都更强大的银行取而代之，由他本人以及约翰·K.辛普森、安德鲁·邓拉普、纳撒尼尔·格林、西奥多·利曼、亨利·李等民主派人物主导。[6]

3

此前的很多年里，马萨诸塞的政治光谱基本上就是在亨肖和韦伯斯特之间晃动，说实在的，二人之间的差异并不大，也并不是很重要。但是，工业化进程到了这个时候，也开始激发新的政治要求，政治光谱若仍然在韦伯斯特和亨肖之间游移，显然是无法应对新局面了。工厂体系恰恰就是在这么一个农民和独立拓殖者发觉前路日益艰难的时期迅速崛起，这似乎预示着工人阶级的黯淡前景。此时的磨坊主集团更是不断散布有关英格兰工厂境况的惨淡传说，以此作为保护性关税战争的组成部分，这也就在无形之中令工人阶级更为焦虑。

工厂的实际境况，特别是在洛厄尔地区，应该说并不算糟糕。赫齐卡亚·奈尔斯认为工厂是"勤劳德性的学校"，即便不像奈尔斯说的这么乐观，也肯定不能说在这段早期工业化的日子里，工厂就是"悲惨、肮脏和疾病之地"，尽管这种印象的确慑服了诸如查尔斯·道格拉斯这样的人。[7]但不管怎么说，工厂体系的崛起令马萨诸塞大地笼罩在一片悲伤且阴郁的宿命情绪当中。"不能否认也不能掩饰，"1836年的一个众议院委员会报告说，"新英格兰，特别是马萨诸塞，这个庞大的劳动群体的就业状况以及随之而来的工作环境，已经改变了，而且正处在迅速变化当中。"贫瘠的土地、取之不尽的水力以及相对稠密的人口，还有当地人群的技术头脑，这一切都令"新英格兰的子女……走上了本质上的制造业之路，将当地人群转变成制造业人群，要不就只能背井离乡……追随那正在崛起的西部荣耀"。[8]

不满和抗议无可避免，第一轮的抗议浪潮来自西马萨诸塞地区。此时农业和畜牧业在西马萨诸塞地区只能算是边缘产业，日益攀升的价格连同磨坊劳工的流失，正在对这个经济边缘区域实施清盘，令抵押体系迅速拓展起来，此等情形令人禁不住回想起谢司叛乱的时代。结果就是自动形成了"劳动者"集团，这些集团提出的运动纲领围绕着社会身份和地位问题展开，这中间既没有阶级诉求，也不见明确的经济主张。"我们的目标并不是激发阶级仇恨。我们没有这方面的任何想法；我们不是平等派，我们的目标是公共利益。"也正是因此，这些运动的领导人物基本上都奉行无可指摘的保守主义，在全国性问题上则是彻头彻尾的正统派。亨利·肖就是一个例子，他是劳动党推出的州长候选人，同时也是国家共和党推出的州议员候选人。[9]

1830年，马萨诸塞东部地区的市镇里面，弱小的技工和劳动者也开始对自身在这个工业化时代的位置和角色感到担忧，遂开始建立劳动党的城市分会。这场运动便随之拓展开来。1832年2月，劳动党在波士顿举行集会，当年9月，举行了一场大规模集会，也就是人们所说的"新英格兰农民、技工和其他劳动者协会"。查尔斯·道格拉斯博士是此次集会的主席，各方代表涵括了诸如约翰·B. 埃尔德雷奇、小萨缪尔·惠特科姆以及塞思·路德（Seth Luther）这样的劳动党领袖；威廉·福斯特，波士顿商人和知识分子，自由贸易运动的积极分子；J. G. 哈里斯，新贝德福德的报界人士，很是能干；还有贝尔克郡劳工运动的代表，诸如威廉·W. 汤普森、W. S. 韦特这样的人物。[10]

道格拉斯最初来自康涅狄格的新伦敦，1831年参与创办了《新英格兰工匠》。这是一份劳动者周报，最先是在波塔基特印发，后来迁移到罗得岛的普罗维登斯。截止到1832年的夏天，该报的订户已经上千，道格拉斯就是借助这份报纸，为劳工运动提供思想指引。不过，新英格兰协会还有一个更为出彩的支持者，此人就是《工匠》报的"推销人"塞思·路德。1832年，路德将近四十岁，身材很高，有些瘦削，已经开始谢顶了，嘴里总是咀嚼着烟草，内心饱含对劳动者的深切激情。[11]他在美利坚大地有过大量游历，从东到西，从市镇到边疆，甚至长途跋涉，深入荒野。

1830年，塞思·路德返回新英格兰之际，发觉往日里习惯了独立生活的扬基自耕农正在遭受工业化浪潮的威胁。他那天然的同情之心即刻便领会了眼前的形势，道格拉斯和西奥菲勒斯·菲斯克的文字更是激发了他（此时的菲斯克已经离开了《教士术揭秘》，转向《纽黑文探查者》，以此为阵地，策动了激进派的强劲攻势）。1832年，一身绿色夹克打扮的路德已经成为众人瞩目的中心了，他遍游磨坊城镇，向那里的劳动者发表演说，同时也勘察现实境况，鼓动成立"新英格兰协会"，尽管该协会的成员很少有工厂劳工。路德围绕磨坊生活写就了一系列的报告文字，引发了人们的强烈关注，这就足以折射出备受压制且正在沉沦的社会群体对自身未来的深深关切。

路德总体上认同劳动党的观念。他的实际纲领取常规且无害一途，他对现实的具体诊断基本上没有引发太多关注。他认为，社会不平等是"贪欲创造并维持"的，是可以通过教育予以救治的，在这其中，劳工学校将会扮演突出角色。[12]不过，他的论调和表达方式极具煽动性，可谓激情满怀，此等激情若是激发出来，总有一天会要求更根本的解决办法。那激情的力量，那震慑性的文字，在当日的小册子作家当中可以说是无出其右。他的文字时不时地会喷发出强悍真切的情感，他的文字总是能够呈现强劲有力的场景，这场景浓缩了人们的焦虑，这种焦虑则正在吞噬新英格兰劳动者的安全感：比如说凌晨四点时，童工便在鞭打之下起床赶工；比如工头调快或者调慢钟表，以剥夺工人那要命的休息时间；再比如因匮乏和压迫而沦落死一般阴沉的生活境遇的人们。这一切的场景莫不令人痛彻心扉。

塞思·路德是一种特定修辞类型的大师，他的语言严肃阴沉、充满讽刺且极为绚丽。在他的笔下，亨利·克莱走访工厂的场景，就是这种修辞风格的例证：

> 他看到工人那红色的脸庞，他们就居住在这美妙之地。他简直痴迷了。差不多是呆住了。他极度享受这令人迷醉的场景。有那么一个多小时，他感觉置身东方歌谣里面的梦幻之地。他惊呆了，抽身而去，不曾听到身后追赶着他的阵阵笑声……

那么，实情是怎样的呢？路德当然不会忘记：

> 哭泣的寡妇，衣不蔽体的孤儿，
> 穷人的怨诉，
> 这些，一概视而不见；
> 他们是聋子
> 听不到悲恸的诉说
> 这就是底层的现实。
> 病痛和不幸，刺透心扉，令人落泪，
> 热泪无法融化他们心中的寒冰，
> 顽固冷漠的心。[13]

然而，劳工学校显然无法平复这悲惨情状，取消债务监禁制度又能如何？道格拉斯、路德、《新英格兰工匠》，还有新英格兰协会，都以凛然之态承认这种没有安全感的现实，但他们的补救措施极其无力。特别是道格拉斯，他在政治上基本上没什么效能，他素来认为政治是"贵族集团"的天下，因为"贵族集团控制了当今的所有政党"。在他的引领之下，新英格兰协会在银行否决案之后不久举行了一场集会，不过，这场集会还是小心翼翼地避免为即将到来的大选给出任何承诺。《新英格兰工匠》的一名撰稿人在投票日的前夜宣示说:"合众国银行的机制非常合理,是美利坚人民能够拥有的最好的银行了。"[14]

4

1829年这一年,塞缪尔·克莱森·艾伦离开华盛顿,长途跋涉返回家乡。这是他最后一次踏上这条回乡之路,他也就此离开了他忠诚效力了十年之久的合众国众议院,回归他热爱的家乡诺斯菲尔德。三十七年前他来到诺斯菲尔德的时候,还是个二十岁的年轻人,他先是在这里当了一段时间的老师,后来成了乡村教堂的牧师。艾伦身体强壮,心志坚定且头脑清晰,他的那种严厉的加尔文宗伦理对此处温和的乡村生活来说,显然是太过锐利了。1798年,他主动要求卸去自己的牧师之职,而后便改从法理职业。再往后,他便进入政坛,成为州议员,并作为诺斯菲尔德的代表参加了哈特福德宪法集会。1819年,他获选进入国会。其时,国会毫无意义且毫无政治方向感可言的纯粹敌对行动瓦解了亚当斯政府,此事令艾伦倍感憎恶。"即便是克伦威尔的残余国会又能怎样,即便是法兰西的国民议会又能怎样,还能比这个国会更败坏吗?然而,它就在你我之间矗立着……我想我们也只能保持我们的州政府纯正且富有活力了。那也许是我们的最后希望,也是我们唯一可靠的避难所了。"[15]在艾伦眼中,杰克逊是个野心之人,确切地说是"恶贯满盈之人"。这种野心出现在这样一个人身上,令艾伦对未来顿时失去了信心,在他看来,美利坚的未来已经沦落黑暗之中了。

返回诺斯菲尔德之后,他便过上了安闲的乡间生活,在路边同村民聊天,思忖这一幕幕的乡野谈话。大约一年的时间过去了,艾伦发现这座恬静村庄的脾性已经变化了,古老且安静的信任感正在消散。很可能艾伦自己本来就心怀忧惧,只不过先前繁忙的政治生活以及政党纪律一直压抑着他的这种忧惧。这种闲散时光虽然令他很不适应，不过，也给了他机会，让他得以自由且肆意地玩味内心的疑虑、思考和洞见；此一时期，抵押体系正从四面八方漫卷而来，这更给他的忧惧提供了充分的剖析素材。倘若这个国家的大部分地产就这么落入金融资本家之手，令昔日里独立的自耕农就这么堕落成无助的佃农群体，还能有什么比这样的情况更能威胁自由呢？

1830年秋天，艾伦在汉普夏、富兰克林和汉普登农业协会发表演说，着力阐明了伯克希尔的农业困境。也就是在他廓清此一困境的过程中，他发现这其中涵括的那些原则"不仅是针对农民群体的，实际上也包括了这个国家全部的财富生产者在内"。他认定，最根本的因素就在于"主宰着经济的诸般法则"。正是这些法则，"造就了一切国家的社会状况，其效能要胜过任何政府、道德以及宗教的力量"。根本的差异并不在于城乡之间，而在于生产群体和非生产群体之间，前者在增加国民财富，后者则并非如此。[16]

艾伦是这么展开自己的论证的：在社会发展的原始阶段，每个人都享有自己的劳动果实。技术以及劳动分工的推进"令生产能力大为提升，看起来的确对当时社会的诸般缺陷形成了弥补和救治"。但是，生产力虽然获得巨大提升，总体上看却伤害了劳动者的利益。"看看当今欧洲的社会状况吧！市场过度饱和，失业激增；大量的产品堆积在仓库里发霉腐烂；人们在旁边纷纷饿死；而且，看来是没有什么救治办法了。"美利坚也没有可能避免这样的宿命。"这个国家的社会发展轨迹不也正是如此吗？……当然，西部尚且有大量的无主地，不过，这也只是暂时迟滞了这一进程而已，在沦落此一宿命之前，也许还要经过数代人，不过，这只是偶然状况而已，宿命已经是确定的了。"贫穷和丰裕的这种共存局面，当然不是因为生产能力的匮乏，而是植根于"一种人为的情况"，正是这样的情况令人类的生产能力无法充分施展出来。"生产的自然界线,"艾伦明确申述说,"在于消费者的需求。倘若需求不止,生产也就不会停止。"然而,实际的情况是,生产显然远远落后于需求。

> 情况就是这样,生产者手里有足够的羊毛,也有足够的闲置劳动力时刻准备去进行生产,但就是没有办法生产出足够的衣服……劳动力和生产资料都在那里了,需求也在那里了,但是生产无法向前推进。[17]

那么问题出在哪里呢?艾伦宣示说,问题就在于,巨大的生产能力已然创造了一个新的集团,这个集团并不创造财富,却积聚了大量的财富。"贸易催生了货币、信贷以及利息这类并不增加任何财富或者产品的东西,但这些东西已然……成了积累财富的强大工具。"今日社会,巨额财富究竟何在呢?"就在证券、股票、银行票据以及抵押票据之中,那些人正是依托这些东西,牢牢地将土地的未来产出以及劳动者的未来收获操控在自己手中。"比如说,纸币的成本"落在生产群体身上,而不是落在资本家身上"。而这,恰恰就是当今社会的运作模式。

> 这样一种人造的社会状态,其经济关系发育得特别复杂,但无论何等复杂,终究都掩盖不了根本事实:那些自己不劳动、不生产的人,正在啃噬其他人的劳动果实。

"这个没有生产性的群体,他们在大肆消费社会的劳动产品,却不曾给社会提供任何对等的东西",这个群体的力量植根于资本而非土地,他们没有恒心可言,更谈不上民族性和道德责任意识,他们实际上就是"一种新型贵族,比昔日里的封建贵族以及一切的地产贵族都更为心狠手辣、无所顾忌"。[18]资本家集团已经攫取了这个国家，劳动者则只能在他们的重压之下疲惫呻吟。"一切财富都是劳动所创，因此也就天然地应当归属创造财富的人，但实际上，又能有多少劳动果实是归属劳动者呢！"[19]

因此，金融贵族的政治霸权就是问题的关键。"古往今来的所谓政府，不就是富人和权贵为了拓展自己的财富和权力而组成的联合体吗？除了这个还能是别的什么吗？……对这样的政府，劳动者难道还能指望什么正义或者仁慈吗？统治权能操控在他们手中，对这样的政府还能指望什么呢？"[20]

解决办法是什么呢？"若真的要革新社会，就必须从经济关系入手。"[21]艾伦并不避讳这类革新工程将会导向怎样的政治结果。"必须将压迫者的权杖摧毁，"他说，"压迫者是不会自行扔掉手中权杖的。多亏我们还有自由制度，人民可以在不施暴、不作恶的情况下，达成这个目标。"在安德鲁·杰克逊的政策举措当中，塞缪尔·克莱森·艾伦开始看到美利坚社会向着这样的改革迈出了关键步伐。[22]

在附近的斯托克布里奇，小西奥多·塞奇威克也是以西马萨诸塞地区农业群体的抱怨为基础，直接推导出一套阶级压迫理论。跟艾伦一样，塞奇威克有着类似的联邦主义背景。他的父亲是拥有法官身份的塞奇威克，为人诚实但脾气火暴。在父亲眼里，托马斯·杰斐逊是"美利坚最大的骗子和叛国者"。[23]西奥多自己则一直秉持这种联邦党取向，直到1812年战争结束，此后，他在经历了一番阅读和思考之后，观念开始发生变化。不久，他便成为范布伦的朋友，并悉心研读亚当·斯密、塞伊以及李嘉图等人的作品，并跟进了1820年的那场著名的赫斯基森大论辩，由此成为自由贸易的忠实信徒。在这个过程中，他对劳工阶级的同情越发明显。他展读并思索比勒斯比的作品，此人是欧文派的小册子作家，当然他也悉心捧读欧文本人的作品。此时，他的心念不断地回到如何改善劳动者境遇的问题上来。[24]

杰克逊和银行战争重新激发了他对政治的兴趣，就如同艾伦的情况一样。有那么一段时间，在塞奇威克眼中，党派战争似乎植根于"根本性的分野……比如改革派和反改革派之间的分野……所谓改革，我指的是'经济改革'，这是一场穷人以及劳工为公平而展开的战争，这场战争在我有生之年看来是不会结束的"。

对此时已经转变为激进的自由贸易主义者的塞奇威克来说，变革的真义就在于摧毁垄断体系。"什么是垄断呢？"他宣示说，"垄断就是一个阶级得到了太多的东西。"[25]

塞奇威克生性和善，这也令他对党争或多或少地采取了退避态度。不过，话又说回来，他也许并不喜欢杰克逊的一些施政方法，但强力赞许并支持杰克逊的目标和诉求，甚至于1833年的时候，他的老朋友丹尼尔·韦伯斯特极为夸张地拿起刀当街砍他。[26] 1836—1839年间，塞奇威克陆续推出了三卷本大作《论公私经济》，这是一部说理性质的作品，文风平和，涵涉甚广，塞奇威克借助这部作品勾勒出对未来的期许，基础素材来自他对英国和美国工业化进程的实际观察。他痛恨垄断、同情民众，这也正是激发这部作品的东西。塞奇威克也因此颇为动情地为杰克逊民主声辩，他这样充满人道精神且接受过良好教育的绅士当然会认同这番声辩。

5

诸如艾伦和塞奇威克这样的人，尽管有着浓重的马萨诸塞联邦主义背景，但二人对时局的诊断像极了加罗林的约翰·泰勒。在资本主义的阴影之下，农民的困境驱使他们就工业化社会展开了一般性的思考。他们都认同农业生活拥有更高德性；[27]他们都将纸币以及正在崛起的金融贵族看成是对自由的首要威胁。艾伦在生产阶级和非生产阶级之间做出了区分，而这全然是在重申泰勒先前在"自然"财产和"人为"财产之间给出的那条分界线。当然，泰勒的分析要比艾伦精细得多，至少就二人存续下来的作品来看是这样的，泰勒的写作风格相当华丽、甚至有些繁复造作；艾伦的文字则相当平和、率直，非常简略。不过二人的基本观念是极为切近的，这倒不是因为二人享有共同的思想，而是因为二人有着同样的经验。

艾伦显然有意将前提推向最终的结论。倘若在这样一套新的投机秩序中，康涅狄格以及伯克希尔的人们就这么日益沦落无助境地，那么，这里的人们就应当打破同波士顿贵族的古老同盟，转而加入杰克逊阵营，同"银行"作战。塞奇威克也以类似的方式以及相当的热忱回应了硬通货政策。不过，西马萨诸塞地区其他的劳工派虽然也心怀同样的不满，却都未能将这种不满整理并锻造成一套完整的理论，于是，在面对新挑战的时候，便都迅速回归了同波士顿贵族的古老联盟，忽略了其自身的经济利益，转而投入更强大的传统、惯性和安全需要中。[28]

城镇的技工和蓝领劳工群体并非如此，此时，他们已经开始对纸币问题有所意识了。这个群体所受伤害更多地是来自磨坊和工厂，马萨诸塞的银行体系倒没有给他们造成太大伤害，因此，他们也就不像纽约和费城的劳工那样，如此迅速地加入反"银行"战争。而且，这个群体的领袖人物，诸如道格拉斯、路德及其喉舌《新英格兰工匠》，也并没有那么迅速地探查出杰克逊政策的意涵和分量。此等情形，也正如马布尔黑德的狂热激进分子弗雷德里克·罗宾逊于1837年说的那样："在这个问题上，杰克逊政府真正开始唤醒民众的举措，正是那场否决行动。"[29]

紧随大选制造的亢奋潮流而来的，是阿莫斯·肯德尔于1832年12月在山胡桃树中央俱乐部发表的那场著名演讲。此次演讲的议题之一似乎直指新英格兰劳工阶层的困境。肯德尔借助此次演讲，颇为简练地剖析了"制造业垄断"对制造业所在州的影响。"他们肢解了农业利益；他们肢解了独立技工的利益；他们令大批人群依附少数资本家,让这些人群为他们操劳,获得的报偿仅仅只够勉强维持生存;他们将大批体力劳工成车成车地运往投票站,让劳工按照主人的意志投票,女性劳工则不得不匍匐在地,忍受那比奴隶尚且不如的境遇,更有极为野蛮的惩罚。"我们的这位议长一直都定期探访自己在邓斯特布尔的家乡,有这样的经验作为支撑,议长先生在此番演说之时,当然是有足够见识和定力的:"说白了,他们就是要让北方民众沦为少数资本家的奴隶,南方和西部也许可以逃脱这样的命运,但终极也难免沦落贡赋群体的地位。"[30]

这些来自华府的宣言,还有杰克逊在新格兰的那场胜利巡游,当然更有纽约劳工运动的榜样,都帮助劳工运动破除了先前的那种中立取向。1833年晚些时候,塞缪尔·克莱森·艾伦回绝了国家共和党的州长竞选提名,他还特地发表了一份强有力的声明,申述了自己支持杰克逊的立场和理据:

> 倘若以财富为标尺,那么这个国家大体上可分化为两大群体。其一是"生产者",其二是"积聚者"。全部的国民产品就是在这两大群体之间分配。一个群体尽可能地保留自己的劳动果实,另一个群体则是尽可能地攫取劳动果实,难道还会是别的样子吗?……
>
> 一切政府,无论人们承认与否,都必然接受其中一个群体的引领和控制……
>
> 一切政府,无论其体制的理论基础何在,终究都要依从统治阶级的利益和目标来施政,此乃本质使然……
>
> 我倒是想知道,这世界可曾存在一个劳动者利益居于主导地位的政府呢?……
>
> 我当然乐于见到这样一场由劳动者的利益作为主导的政府实验……
>
> 总统目前对合众国银行采取的方针政策,倒是鼓励了我对

于这样一场经济变革的希望……

当今之世,还有哪个政府敢于如此对抗垄断财富之权能?这种政府实际上就是真正意义上的现代王朝体制。

"新英格兰协会"即刻替艾伦的这份文字背书。没过几天,查尔斯敦的一个劳工委员会发出政治邀约,请艾伦担当本党的州长竞选人。[31]

到了这个时候,甚至道格拉斯也开始克服自己一贯的克制取向,呼吁人们关注货币问题。[32] 于是,1833年和1834年,第二劳工党便选择艾伦作为自己的州长竞选人,并于1834年邀约塞奇威克作为本党代表竞逐联邦众议院席位,这个劳工党显然要比1830—1831年时的那个劳工党更具城市色彩,更为激进,同时也更为切实,更具决心。"一个月来,种种明显迹象足以表明,"1834年,一家辉格党喉舌发布了这样的文字,"劳工主义和杰克逊主义终将合流。情况每天都在进展,每一天的进展都印证了这样的看法……劳工运动的领袖群体当中,绝大多数人都已经明确了自己的杰克逊派身份。"[33]

此时的艾伦已经归隐诺斯菲尔德,在给范布伦的信中,他说:"我正在潜心研究我最关心的问题。"1833年,他在阿默斯特发布了政治经济为主题的系列演说。[34] 大恐慌的到来印证了他对资本家贵族集团的深深忧惧。"当前的问题,"他满怀义愤地致信詹姆斯·K. 波尔克说,"就是要不要这个金融王朝的问题,说白了,就是要不要让这样一个银行票据王朝取代民治政府的问题……这是权力问题,是至高权能何去何从的问题,在这个问题上,是没有妥协余地的。"[35]

一个月后,他以公开信的方式重申了这份严厉警告,民主派喉舌将这份信笺印发美利坚大地。[36] 这封信是写给当时身在坎顿担任单一神派牧师的奥雷斯特斯·奥·布朗森的,艾伦在信中申述说,通常来说,工人阶级对政党政治是不会有什么利益诉求的,不过,"有时候,政府内部的冲突也会令民意发生根本性的分化,工人的福祉也会深深卷入其中……人民应当聚集在杰克逊将军身边,支持他的政策举措……这可是劳动和垄断财富之间的斗争"。[37]在艾伦的领导下,马萨诸塞劳工党开始全身心地追随并支持硬通货政策,当然也开始全身心地追随并支持安德鲁·杰克逊。

十三　乔治·班克罗夫特与马萨诸塞激进派

1834年，西马萨诸塞地区在艾伦和塞奇威克之外，又出现了一个领袖人物，此人比艾伦和塞奇威克更年轻，更具进取意识。乔治·班克罗夫特，来自北安普敦，跟西马萨诸塞劳工运动的领袖人物一样，班克罗夫特也是在严格拒斥了自己先前扮演的角色之后，开始担当新的角色。他的父亲阿龙·班克罗夫特是伍斯特的神父，是美利坚单一神协会的主席，当然是坚定的保守派。班克罗夫特是乔纳森·德怀特的女婿，德怀特则是斯普林菲尔德的富有资本家。此外，班克罗夫特的姐夫是霍内斯特·约翰·戴维斯，后者不久就要接任利瓦伊·林肯担任马萨诸塞州州长。自哈佛求学时代开始，爱德华·埃弗里特便一直就是班克罗夫特的密友。班克罗夫特是《北美评论》的常规撰稿人。1831年，他成为北安普敦朗德希尔学校的共同所有人，这是一间典型的贵族学校，招收的都是富家子弟。从这一切的外在情况来看，班克罗夫特自应归属"天然贵族"集团。

1

然而，班克罗夫特此人非常聪明，不轻易相信任何东西，这也就令他不可能像埃弗里特那样虔诚地接纳波士顿的价值观，也不可能用自己的天分去迎合哈佛和道富公司的准则。1817年他完成哈佛的学业之后便游学欧洲。从欧洲返回之后，美利坚的这座雅典之城看来是一片平淡枯燥的失望之地。他举办过几次讲座，偶尔会在哈佛上点课，出版了一本诗集，1823年还在北安普敦参与创办了一所进步主义取向的学校。一八二〇年代的朗德希尔学校正值辉煌岁月，不过，班克罗夫特本人并不是什么伟大教师，北安普顿这个舞台显然也太过局限了。此等情形之下，班克罗夫特便凭借自己的作品，赢得了越来越多的关注，并就此崛起为文坛新星。

此时的班克罗夫特也朦朦胧胧地对政治产生了兴趣。1826年，他在北安普敦的国庆庆典上发表演讲，姿态颇为勇敢，宣称支持"民主，而且是那种果决且没有妥协的民主"。可别忘了，在这样一个时候，"民主"一词在一些马萨诸塞人听来，仍然带有法国大革命的恐怖色彩。[1]然而，1830年，当班克罗夫特真正作为劳工党代表获选进入州议会的时候，他却拒绝为这个政党效力。1830年的秋天，斯普林菲尔德的杰克逊派报刊向他提起诉请，希望他竞逐国会议席，他对此一诉请置之不理。1831年年初，他更是回绝了劳工党的州议会竞选提名。没过几个月，他甚至在《北美评论》上发表了一篇文章，里面有那么一段话是意在劝告拥有天分和良好教育的年轻人不要介入仕途。[2]

然而，他也在这段时期为《北美评论》撰写了一篇以合众国银行为主题的文章。他对银行的态度十分尖锐，这令埃弗里特倍感震惊，当然也令马丁·范布伦倍感欣悦。这样的举动令埃弗里特兄弟约略生出警惕，感觉到班克罗夫特对麦克达菲报告的评论"隐约有些异端倾向"，不过，班克罗夫特还是令这些人相信，他最终的态度是支持更新合众国银行特许状的。爱德华·埃弗里特承认，这样一篇并不能算是恭敬的文章，令他非常"尴尬"，不知道该如何对待，亚·希·埃弗里特则尝试找出结论性的语句，来确定班克罗夫特是明确赞同更新特许状的,由此将事态稳定下来。"我认为《北美评论》应当明确态度,这也是《北美评论》的利益所在。"他就是这么向班克罗夫特解释问题的,这种解释毫无疑问是在影射坊间传言:《北美评论》收了合众国银行的钱。不过,很显然,从班克罗夫特的文章很难推演出这样的结论。"毫无疑问,"班克罗夫特非常直白地宣示说,"即便……没有合众国银行,太阳也将照常起落,日子也将一如既往地过下去,商业也会照旧继续下去,汇票也依旧会流通下去。"这可不仅仅是"隐约有些异端倾向"的问题了,而且埃弗里特更看到了一篇跟进文章,对合众国银行"秉持决绝敌意",令埃弗里特只得拒绝发表。[3]

班克罗夫特当然很清楚自己在干什么,实际上,他是在尽量保证范布伦能看到他在《北美评论》上的这篇文章,由此让后者明白自己的看法,那就是:合众国银行违背了权利平等原则。实际上,班克罗夫特这篇文章主要是站在州银行的立场上展开的阐述,并非依托什么一般性的原则。"一家全国性的银行当然有着诸般优点,不过,也不可把这些优点说得太过绝对了,"班克罗夫特的评论,温和中透着老辣,"就仿佛其他的健全建制都不可能像它那般智慧、稳重、有效。"[4]文章展现出极为娴熟的银行业知识,很显然,班克罗夫特求教过自己的岳父乔纳森·德怀特,德怀特正是州银行的大投资人。

即便如此,班克罗夫特仍然不准备跟贵族集团撕破脸皮。他在参加 1831 年的总统接待活动之时,仍然是一个完美的哈佛人。他承认杰克逊的言谈举止很不错,而且有一副热心肠,"但是在总统资质问题上,情况很明显——斯巴达诞生过很多比他优秀的孩子"。第二年,在伍斯特的国家共和党集会之上,他和爱德华·埃弗里特、阿博特·劳伦斯等人一起为一个委员会效力,这个委员会最终发布了一份威风凛凛的告人民书,宣示了明确的反杰克逊论调。[5]

然而，1832年大选之后不久，班克罗夫特便决定抛弃自己所属的阶级，并将自己的政治命数投注给遭人蔑视的民主派和劳动集团。政治上的变节之举其实是非常复杂的问题，很难简单地用野心或者背叛来解释。班克罗夫特的整个生平其实是由一系列的小小反叛组成的，这些反叛行动都是针对"天然贵族"的，他时不时地还会突然爆发一下，比如1826年的那次演说，足以显示出他对民主观念的深深同情。不过，他整个的成长过程抑制了这种自由主义的冲动。这样，忠诚之间的不稳定平衡就形成了，从而产生一种优柔寡断的情绪，而这绝不能作为他不诚实的证据。

究竟是什么促成了他的这场最终决断？此时班克罗夫特已经开始酝酿他的那部伟大史书了，这部美利坚历史将于1834年推出第一卷。班克罗夫特已然下定决心，将自己奉献给这样一部大书，他要讲述的故事关涉到人类自由之无可阻挡的发展史，并充分释放他对民主的偏爱。银行战争已然深化了他的政治教育。当然，他在国家共和党阵营的发展势头非常缓慢，这也会令他变得焦躁不安。此外，萨缪尔·克莱森·艾伦就住在附近的诺斯菲尔德，马库斯·莫顿法官，民主派阵营永远不会忘记的州长候选人，时常会在巡回审判之时造访北安普顿，班克罗夫特自然不会放过跟这些人交心的机会，这也就令他对民主之义有了日渐深入的理解。

班克罗夫特最终的决断，当然不能归入政治机会主义议题，相反，他的这个行动是出于信仰。后来他虽然很少提及自己在1834年时的观念，不过他也从未撤回那些观点。而且，他在1834年宣示这些观念，并在那么一个坚定奉行保守主义的州加入一个少数派阵营，这显然不会给他带来任何好处。"我从来没有放弃，也从来没有道歉，"十年后，他谈起往事不免有些伤感，"在马萨诸塞州倡导民主，那可不像度假那般轻松……我们很难取得胜利，因此也就很少得到激励；我们甚至还得时不时地提防来自朋友的明枪暗箭。我们走的是一条荆棘之路，不过，这条路却是通往自由、正义和真理之乡的。"[6]

在这个聪明狡猾的人的职业生涯中，有许多问题值得商榷。野心总是要令他惺惺作态，实施一系列并非发自内心的恭维或者谴责之举，也使得他在必要时刻背叛朋友，帮助敌人。不过，1834年之后，他性格当中的这些缺陷都局限在民主信念的范围之内。不管怎么说，这个情况都是真实的，人们也都能深深感受得到，说白了，这个情况是无可反驳的，他以极大的耐心和奉献精神，在数年光阴里始终劳作不辍，撰写那部伟大的《历史》，这就足以昭示他的信仰和忠诚了。班克罗夫特其人也许会有些诡诈伎俩，不过，他的这部杰作所蕴涵的正直气质足以压倒他性格当中的一些表里不一的元素。

2

1834年的10月，班克罗夫特借由两封著名信笺，宣示了自己的这场政治改宗。第一封信笺是写给"北安普敦劳工"的，谈的是银行问题。信中所作申述全然立足于硬通货立场，班克罗夫特将巨大的力量和雄辩投注其中。他在信中指出，纸币的经济效果相当恶劣，合众国银行的政治权力则显然是太大了。（"任何人、任何集团，都不应当赋有此等巨大权力，否则，若要对他或者他们犯下的错误、干下的坏事追责，就很容易令整个国家都陷入一场灾难当中。"）"我之所以强烈反对维系当前这个合众国银行，"班克罗夫特宣示说，"原因就在于这样一家银行乃是在推进极端的财富不平等格局。"

班克罗夫特接着便以宏富的历史为证，阐明了政治自由若非植根于经济平等，将会是怎样的宿命。"人民没有权威，人民的权利便不会得到尊重。"经济寡头体制将导向专制。"倘若你拿出一个民主制度将侵夺财产的例子，那么我会还给你一百个例子、一千个例子，告诉你特权集团的贪婪是如何掠夺人民的。垄断集团的威胁要远远超过劳动者联合行动制造的威胁。劳工不是没有可能将资本充公，但是资本更有可能吞噬劳工的血汗钱。"据此，班克罗夫特大声宣示说，商业集团正在全方位地施展自身的权能，社会冲突看来是无可压制的了。"资本家与劳工、富人与穷人之间的仇恨，这个问题跟社会团结问题一样古老，而且永远无法化解。"[7]

第二封信则是阐述少数人是如何破坏民治政府的。资本控制了媒体和学校；借由公司体系，资本的统治权能涵盖了整个工业；借由抵押体系，资本的权能涵盖了农业，并肆意摧毁农业利润。人民的权力若要自由施展，都将遭遇这些强大障碍，这些障碍很可能会威胁到民主制度本身。自由面临的真正威胁，班克罗夫特说，"就在于日益不平等的财富分配格局"。接着，班克罗夫特便回归当日议题。"合众国银行问题之所以如此重要，就在于该银行同机会不平等的世事格局有着莫大关联。"[8]

这封信的遣词造句可谓酣畅淋漓，文风华丽，很快便在国家舞台上建立了影响。老朋友们对班克罗夫特此番申述的反应迅速且猛烈。北安普敦的贵族集团一时之间议论纷纷，都说班克罗夫特之所以抛弃辉格党，是因为其在1834年未能获得该党的国会提名。当地一家报刊宣示说："真的蔑视他，他的政治立场反复无常，他就是个政治投机客，我们都知道。"[9]斯普林菲尔德的晚餐会上，也是一片热议之声，绅士、淑女们四处游走，班克罗夫特这个政治叛徒当然是中心话题。有人甚至询问班克罗夫特的妹夫埃德蒙德·德怀特，班克罗夫特是否有道德意识，妹夫的回答也很是干脆："肯定没有。"《美利坚月刊》玩得更绝，发表了一份精细论证，可谓长篇大论，论题只有一个，那就是去演证班克罗夫特没有发疯，也没有变成无神论者。保守派的《波士顿阿特拉斯报》当然不会忘记补充说，波士顿的劳工们"从背叛和无神的殿堂涌流而来，从杂货店和地窖里奔袭而出……向他们的这个新领袖兼协作者高唱颂歌"。[10]

一场风暴就这么肆虐起来,我们的这位不幸主人公曾是校长,目光锐利,眼前的风暴令他不寒而栗。"我遭到猛烈攻击了",他告诉范布伦;他还告诉爱德华·埃弗里特,尽管他对"此番空穴来风的攻击"漠不关心,"……我考虑迁居费城了;在那里找一个安静的容身之地。"[11]

当然,补偿和安慰也还是有的。一时之间,班克罗夫特成了马萨诸塞民主派的良知,成了长久以来被"关税厅"打入冷宫的改革运动的集大成者。莫顿法官也从坎布里奇的一桩大案的审讯过程中,挤出时间来宣示自己的激情。奥雷斯特斯·奥·布朗森在激动之余不免跟自己的一个朋友说道,"现在,我们可以重拾希望了,人民的事业总算是有保障啦。"塞缪尔·克莱森·艾伦表达了赞许之情,劳工党的领袖人物也向班克罗夫特提供了政治保证。[12]州外,班克罗夫特自然赢得了新的声望。范布伦和詹姆斯·柯克·保尔丁就他遭遇保守集团攻击一事提供了安慰,诸如《纽约晚报》这样的自由派报刊,则纷纷转载班克罗夫特的公开信。[13]

1835年的2月,班克罗夫特已经放弃了迁居费城的念头,并更进一步地对民主原则展开阐释。华盛顿诞辰日上,他在迪尔菲尔德发表了一份华彩演说,区分了三种政府理论:其一是托利党理论,意思就是王权神授;其二是辉格党理论,将政治自由视为统治者和被统治者之间的一桩契约;其三是民主党理论,据此理论,统治权能既源于人民,也在于人民,且完全归属人民。

据此,班克罗夫特宣示说,民主自由面临的真正威胁就在于辉格党金融贵族集团的霸权,这个集团在英国推翻了托利党的封建体系,而且自合众国"承受宪法之后",便一直主宰着美利坚,"鲜有例外"。这套贵族体制有三只触角,其一,商业,其二,公司,其三,蓄奴集团。制造业催生的公司体系在其中担负了特殊骂名,因为此一体系将社会"分化成雇主和劳工两大群体",但是在班克罗夫特看来,蓄奴贵族集团"最自私、最团结,也最具权势"。[14]

在那么一个时代,这的确是大胆言论。"无畏且诚恳的宣言书,"《汉普夏共和报》点评说,"宣示的是曾经以劳工党名义为人所知的那些原则。"[15]同时也强有力地确证了那些在戴维·亨肖乱政体制之下已然躁动起来的民众的民主信条。到了1835年,班克罗夫特已经建立起巨大的影响力,令亨肖也不得不约请班克罗夫特执笔撰写民主党年会上的致辞。

作为这样一个新的政治角色,我们这位年轻的校长有着诸般缺陷。班克罗夫特其人很是谦卑,一副学者样,不过,言谈举止倒是有些突兀、不协调,甚至有些奇特,很多人发觉他脾气不好、易怒。交谈之时,他总是很紧张,言辞犀利,闪着火花而且极富智性。因此有人评论说:"他时刻都充满了电;一旦释放出来,就电力十足。"[16]他基本上不具备演说家的形象魅力和声音条件。不过,他的内心储备了丰沛武器,语言流畅华丽,说服力十足,态度十分认真诚恳,这就足以令他赢得听众了。他的政治判断力十分敏锐,脾性则令他无所畏惧。政治前景当然会为这等有准备的人敞开。

3

此时的戴维·亨肖已经意识到,要压制这样一场他只是半信半疑的革命,实在是很危险的事情。此时,甚至在波士顿城内,就在关税厅的门廊当中,也正在酝酿着反叛的火苗。1833年,新英格兰协会实施大集会,呼吁协会成员展开协商,"目的是建立工会组织"。1834年1月,一个劳工委员会在查尔斯·道格拉斯和塞思·路德引领之下,决定在波士顿设立工会总部。到了这一年的7月4

日,工会举行了大规模的庆祝活动。查尔斯·戈登·格林执掌的《波士顿邮报》认为此次游行乃是当日美利坚"最为盛大"的国庆活动。[17]

工会的崛起触发了保守派的尖锐敌意。有二十二个宗教团体于国庆日当天拒绝工会使用自己用于国庆活动的场地。[18]法律也介入其中,施加阻力。市政法庭法官彼得·奥克森布里奇·撒切尔,合众国银行的持股人、星期日邮政运动的反对者,一直就对萨福克郡大陪审团心怀偏见,并屡次发起攻击,这样的举动,正如同查尔斯·格林说的那样,"在过去的数年间,总是要定期地骚扰公众一番"。[19]1832年,撒切尔宣称,刑事共谋罪原则适用于"技工和劳工以提升工资和规制工时为目的的集体行动",即便没有采取任何的实际行动。1834年,撒切尔对工人运动的忧惧再次涌动起来,他谴责那些"试图挑唆工人反抗雇主、债务人反抗债权人的人,这样的人心怀叵测,意在挑动一场穷人针对富人的内战"。[20]

马萨诸塞上层社会纷纷声援这种观点。塞缪尔·格里德利·豪,曾经为希腊的独立而战,是马萨诸塞上层圈子公认的革命问题专家,他此时的言论也透出不祥的氛围。1834年,他给出了这样的品评:"十年前,根本不曾有人预言美利坚人民这么早就发生了分化,也根本不曾有人预见这样的贫富对立局面。然而现在,这可怕事态不正在眼前吗?"两个月后,《新英格兰杂志》对"极端激进派"发起了攻击,说这些人"正在建立自己的喉舌阵地,正在雇用演说人,正在倡议工资战争……他们实际上是要自立山头,建立自家党派,借此同其他人区分开来。"没有人怀疑此等颠覆精神的起源。"杰克逊主义和激进主义实际上就是一回事情;二者差别仅仅表现在名字上。"1835年,西奥菲勒斯·帕森斯在哈佛学院"优等生协会"发表了一场演说,重点探讨了受教育群体在共和国当中的作用。演说充满了不安,他强烈呼吁在场的年轻绅士们要竭力教化民众,"将作为财产权利之依托的那些浅显真理,告诉民众",

以此来拯救社会。[21]

然而，工会运动依旧一派繁盛。1835年间，物价不断攀升，对劳动力的需求也日益提升，这就令工人群体有了足够的胆气。建筑业工会遂于这一年的春天发起了一场运动，为十小时工作日展开斗争。采石工工会倒是同意让步，但条件是其他的雇主先行让步。这一年的4月份，采石工工会举行集会，气氛十分热烈，人们普遍支持罢工，并决心承担后果。"我支持穷人揭竿而起，反抗那些令人沦落贫困境地的准则，"一个名叫A. H.伍德的工会领导人宣称，"他们说我们这是在发动穷人反抗富人，我要说的是，若真是如此，那就把火力提升十倍。"缩短工时的呼声是很普遍的。一名发言人颇为痛彻地申述，"若不改变这体制，我们就根本没时间去开辟精神生活，这就是这些大害虫的政策，他们就是要让我们不停地工作，让我们就这么无知下去。"[22]罢工遂接踵而至，不过很明显，只有石膏工工会的罢工行动取得了成功，工会组织遂开始瓦解。到了10月份，便有报道说，除了主席，工会已经空无一人了。[23]

工会衰败的重要原因在于劳工群众投身政治的极大热情。《波士顿邮报》（下简称《邮报》）从来都将他们（以及他们的代表亨肖先生）视为同一片葡萄园里的协作劳动者，而非社会的敌人，查尔斯·戈登·格林更是极力捍卫他们的组织权利。[24]此前的货币问题上，各方强调的都是利益一致性，而今，这种相互间的同情则已然转化为相互之间的合作。1834年3月，就在合众国银行的势力集团用陈情书和申诉书淹没华府的时候，法尼尔大厅也正在举行一场旨在反对归还政府储备金的集会。此次集会的发言人不仅包括亨肖麾下的行政区党老大集团，也包括塞思·路德和查尔斯·道格拉斯这样的人物。一系列事前已经备好的决议案纷纷出台，沿着亨肖的路线方针对合众国银行展开攻击。而后，道格拉斯起身发言，面色凝重，他提起了终极决议案，对整个纸币体系发动攻击，认为所谓的纸币体制,就是要"让诚实的生产性劳动者任凭非生产性的集团操控,由此令金融贵族集团掌控过分的权能"。这些都是新的论题,杰克逊将军对此类论题是再熟悉不过的了,戴维·亨肖则要相对陌生一些,不过,亨肖也没别的选择,只得接受。[25]

4

7月4日的工会庆典之上,弗雷德里克·罗宾逊,马萨诸塞州议会的议员,发出特别呼吁,提请劳工对工会运动提供支持。罗宾逊是民主党左翼的领袖人物,也是查尔斯·道格拉斯的好友,时年三十五岁,是颇为精明的议会政客,也是很有能量的演说人,当然也略显狂躁。他曾经为取消债务监禁制度而在议会展开了全程的斗争,他的政治生涯就是以相当明确的阶级政治观念为基础的。"任何共同体,都恒久地存在两大利益群体。"他宣示说:

> 其一是生产者群体,其利益就是尽可能地确保自己的劳动果实,那是用自己的血汗得来的;其二是资本家群体,尽可能地攫取生产者的劳动果实,此乃这个群体的利益所在。这两大群体之间的斗争在一切国家都是恒久存在的,只要资本家还没有将生产者彻底送入奴隶境地……少数人有着万般手段将共同体的财富揽入自己手中,具体手段并不重要,因为结果都是一样的,那就是将全体民众送入奴隶之路。

罗宾逊预见了民众的黯淡前景,他们"不得不劳作下去,一代又一代,要么是作为高傲领主的卑贱佃农……要么就是在磨坊里重复单调但永无止境的劳作,就这么日复一日地将全部生命交托给织布机上向前滚进的丝线……而他们全部的剩余劳动果实"却是用来供养那个强大的贵族集团。面对压迫者,人民能做什么呢?"所有的信息源都操控在他们手中。"学校、学院、布道坛、法庭和媒体都在他们的体系当中。他告诉总工会,此等情形之下,劳工的唯一希望就是"自我团结,同这个国家的民主力量展开合作"。[26]

工人阶级已经看到了问题所在,他们也日益介入现实政治当中,由此也就催生了新的领袖人物,并将之带上前台。道格拉斯是坚定的教条派,此等走向令他越发地反感,遂于1836年返回新伦敦。塞思·路德本来就对政治没什么兴趣,而今也回头继续自己的游历,并在纽约、辛辛那提等地继续推进劳动运动。取而代之的是A. H. 伍德。后者成为工会运动的主要代表人物,但是伍德其人并没有激发出太大的热忱,实际的领导权遂落入劳工阶级之外的群体手中。

威廉·福斯特,1834年波士顿的国会议员竞选人,他的名字既出现在劳工党的票单上,也出现在民主党的票单上,他是波士顿的一个老资格商人了。年轻时,他曾满怀热情地参与了法国大革命,后来的几年时间里,他经常给大西洋沿岸地区的新闻报刊供稿,笔名"富兰克林",这些稿子通常都围绕攻击关税保护制度的主题。1830年,他在国会支持亨利·李,不过,当银行战争迫使波士顿的大多数自由贸易论者归附国家共和党阵营的时候,福斯特则仍然按照自己的原则行事并最终接受了此一逻辑导向的结论,说白了,他采取了反银行的立场。他跟西奥多·塞奇威克一样,都认为自由贸易意味着无条件地反对垄断,同时,他也对非特权群体抱持了跟塞奇威克一样的同情。"人们常常指控我们,说我们是在激发穷人的邪恶激情,用那激情来对抗富人,"他宣示说,"……我要说的是,我实际上是在摧毁他们所谓的邪恶激情,我的办法是摧毁贫穷本身。这个国家的确存在大量穷人,这一点足以令富人警觉了,我们必须要承认这一点,这实际上也是对我们这套浮夸制度的严厉责难。"[27]

西奥菲勒斯·菲斯克，劳工运动的又一个新领袖，于1834—1835年间的那个冬天，在波士顿工会发表了系列演讲，并据此开始在波士顿建立政治影响。1834年，菲斯克三十四岁，是诺威奇学院的毕业生，本来他可以成为普救派的牧师，这会是一份很有前途的职业，但他抛弃了这份职业，并转投《教士术揭秘》和《纽黑文探查者》。在纽黑文，他那强烈的反教权主义立场开始跟同样强烈的反资本主义立场融合。菲斯克的风格大胆活泼，以丰沛的比喻填充内容，极为暴烈，有时候甚至使用直接的攻击和谩骂，这常常令他的演说效果有所折损。[28]

他的政治思考在很大程度上植根于他同塞缪尔·克莱森·艾伦、福斯特、罗宾逊以及亚历山大·希·埃弗里特的交往，当然，他也研读了古奇和威廉·莱格特的作品。不过，他的笔锋相当流畅，情感也是相当强烈，这也就令他将激进观念呈现得极为鲜明、棱角更为锐利，这是这些观念的创制者们反而做不到的。1835年的5月，他在波士顿的朱利安大厅向技工发表演说，标题是"资本反对劳动"，这场演说是对激进立场精彩而热烈的总结。[29]他的文章反复申述他的基本论题："这个社会总在抱怨的诸般邪恶，究其根源，恰恰就在于这套人造的、不平等的财产分配格局。"[30]

1834年，《新英格兰工匠》编辑部迁移到波士顿，改名为《波士顿改革者》（下简称《改革者》），他也因此于1835年年初成为《改革者》的共同编辑。查尔斯·道格拉斯是他的前任，但是道格拉斯缺乏报业的敏锐意识，他就此同菲斯克、莱·史·埃弗里特一起，为这家报纸注入了新的活力，莱·史·埃弗里特也曾是普救教派的牧师。一段时间之后，A. H. 伍德接续了他们的工作。1836年的春天，菲斯克迁居查尔斯顿。《改革者》一直承担着激进民主派的喉舌职能，直到1836年的夏天。而后，该报便交由奥雷斯特斯·奥·布朗森操持，在那场激烈的总统宣战当中，布朗森竭力将报纸维持在非政治的轨道上，最终，愤怒不已的读者迫使他去职。[31]《改革者》当然不曾对《邮报》的地位形成真正挑战,这主要是因为《邮报》的质量要远远胜过《改革者》,不过,《改革者》毕竟代表了一股激情,这激情终有一天会令戴维·亨肖陷入困顿。

5

马库斯·莫顿,州高等法院法官,是亨肖一直以来选定的州长竞选人。起初,二人配合得相当不错。莫顿认可并接受了严格的政党纪律,认为这是必要的,他自己的政治观念则不是那么凸显。他在华府有一个很特别的朋友,那就是卡尔霍恩,二人曾一起在利奇菲尔德法学院读书。直觉上他反对这场反银行运动,甚至也反对杰克逊连任。然而,他同时也深信,民主派的主要敌人是"强大的金融贵族集团",他也一直都在警告亨肖,"一切社会都难免要分化成两大集群……因此,也就应当向民众表明我们的立场"。[32]

围绕合众国银行特许状延期问题发生的那场斗争,实际上也是一场更进一步的政治教育。在这场斗争中,莫顿心里很清楚,激进情感要求激进政策,于是,他也逐渐接受了硬通货政策的全部意涵。

1834年,他向卡尔霍恩解释说,我的看法是,当前的最大危险,也是最需要防范的危险,就是强者对弱者的侵夺,说白了就是富人对穷人的盘剥,而不是相反。一直以来,我担忧的是弱者遭受的剥削以及弱者的权利遭受的限制。当务之急是要保护这个国家的普罗大众,他们是这个社会的生产者群体,勤劳、安静,富人和权贵集团则高高在上,我们要对抗他们的这种权势……倘若我们不表明立场、站在弱者一边对抗强者,无论是在政府事务、公司事务上，还是在民众事务上，那就只能怪我们自己没看清楚局面。

此番陈词可谓简洁，但也直抵人心，表达了不屈的信念。多年之后，莫顿回首往事的时候不免写道："我出生，我活着，我死去，我都是激进民主派。我不能抛弃我的民主信仰，就如同我不能抛弃我的基督教信仰一样。"[33]

就在几年前，亨肖尚且宣称劳工党跟民主党不是一回事情，就如同跟联邦党不是一回事情一样，[34] 而今，劳工党也加入了这场民主运动，这也就令这场运动的政治目标问题重新凸显出来。1834—1835 年间的大繁荣令硬通货政策成为关键议题。亨肖集团在银行和公司均有高额投资，因此也就无意力挺硬通货政策。1835 年初，激进派和《改革者》遂围绕州银行、小额钞票以及纸币超发等问题展开强力斗争。[35]

秋季选战正在逼近，激进潮流陡然涌起，令亨肖感受到巨大压力，不得不约请乔治·班克罗夫特执笔起草党纲。此时班克罗夫特也开始认真掂量自己的位置，确切地说，他究竟能将民主原则推进到何等程度呢？莫顿于 9 月初给班克罗夫特开具了一张自由支票："我从来不担心有谁会过于猛烈地呈现我的这种激进民主、我对垄断集团的敌意，说白了，我对他们的仇恨是无以复加的。"但是，一个星期后，亨肖让查尔斯·戈登·格林传达了自己的意愿：切不可引入"野蛮的、欠缺思考的暴烈信条"。[36]

然而，班克罗夫特心意已定，他起草的这份演说词以极大声威确证了"美利坚的使命"，那就是"民众的教养和福祉"。[37] 面对此等情形，亨肖并未采取任何行动，也没有表现出任何争斗姿态，看来党内团结有保证了。不过就在选战日前夕，内部争斗再次在波士顿爆发出来，激进派决不让步，而且此时也对党内态势生出了巨大疑虑，最终，《改革者》集团全体脱离组织，构筑了自己的票单，以乔治·班克罗夫特为领袖,竞逐州长。[38]此等情形之下,民主党方面已然明白,必须归附杰克逊路线了,否则,就无法得到劳工选票。

6

此一时期的马萨诸塞州,纸币对铸币的流通比例有了令人警觉的提升。1828年,这个比例也就是三比一稍高一点;到了1833年,这个比例就超过八点五比一了。银行资本从一千九百万美元提升到两千八百万美元,流通中的银行钞票则是这个额度的两倍还多,相形之下,铸币额度的绝对量出现了下滑。[39]州议会是第一道防线,为数不多的几个民主党人试图在州议会展开斗争,遏制银行的发展势头并提升银行的资本比例。弗雷德里克·罗宾逊以及1837年之后的小塞缪尔·克莱森·艾伦,便反复对银行票据和公司票据发起攻击。

不过,州议会里面最有力量的民主党人却是来自格洛斯特的小罗伯特·兰拓尔。1835年,兰拓尔只有三十五岁,他曾在安多弗和哈佛接受教育(在哈佛时,乔治·班克罗夫特刚刚从欧洲返回,并担任他们的年轻导师,当时,兰拓尔可是给班克罗夫特制造了不少的麻烦)。兰拓尔身材细长,行动灵敏,语速很快,略显紧张。他的脑袋总是向后仰起,脸色苍白,脸颊蜡黄,兴奋之际会泛起光彩。他的演说极具攻击性,不乏讥诮、严肃、狂野、激愤,就这样依次变换组合,攻击对手,最终令半打的对手不得不跳将起来,重新发言,以愤怒且绝望的态势,力图重构已经被兰拓尔击碎了的论说。[40]

兰拓尔在经济问题上的洞见,在马萨诸塞政客集团中无人能出其右。他是最早领悟硬通货政策之经济意涵的人,他也一直据此反复且猛烈地攻击纸币超发体制。他就信用膨胀和商业周期之关联的描述非常详尽,其中部分内容还是他自己的创见。他还极为清晰地阐述了激进派在新公司提案方面奉行的标准。[41]不过,尽管能力出众,但兰拓尔也并非总是能够得到人们信任。他对个人仕途有着极大的野心,为此一直都在跟民主党保守派做交易,而不是一直坚持同班克罗夫特和莫顿的天然联盟关系。他的勇气尚且不足以让他全身心地站在激进派一边,同时,他的犬儒心性也还没有发育到令他全身心地投入"关税厅"集团,因此,无论哪边获胜,他都不曾无条件地分享胜利果实。

1836 年,本杰明·富·哈勒特突然投诚反垄断阵营,此人是典型的政治投机客,对原则没有任何诉求,其程度远超兰拓尔。此前,哈勒特拥有一段政治生涯,虽然不长,但也足以揭示他的主要品性:只要能获取个人利益,他可以坚决支持任何党派。他在那场反共济会运动中初次建立了个人政治令名。反共济会运动开始式微的时候,哈勒特遂同加里森及其废奴运动建立了联系。实际上,他对加里森集团一直都很友好,即便当时的媒体差不多众口同声地反对这个集团;同时,他也跟反天主教运动建立了联系,为此,他还专门为《修道院里的六个月》撰写了导言;他同爱德华·埃弗里特和辉格党也建立了联系,1835 年他实际上跟这个群体实施了一场共谋,谴责罢工运动以及十小时工作日运动。但是在 1836 年,他最终还是改换心意,全身心地投入了激进派阵营。[42]

哈勒特这样的政客,可谓精力充沛,同时也称得上是厚颜无耻,他宁愿不被信任,也不愿遭到忽视。查尔斯·戈登·格林嘲讽他是"命运的士兵",准确地说,"自进入政坛,他几乎为每个党派或者派系都效过力,也背叛过所有的党派或者派系",因此他赢得了"命运的士兵"这个绰号。[43]马库斯·莫顿于 1845 年报告说,"全体辉格党人和四分之三的民主党人"都认为此人不诚实,爱德华·埃弗里特对他的"黑心"更是倍感战栗,丹尼尔·韦伯斯特以一番轻蔑品评总括了这样的普遍感受,"他就是个十足的恶棍"。[44]不过话又说回来,像本杰明·哈勒特这般人物都认为此时投靠激进派是明智之举,也就足以见出此时的激进派拥有何等民心。

同时,诸如阿马萨·沃克这样的人也投身激进派,这证明了激进主义的诚实品性。沃克,一个博爱主义者,热望着改善众生境况,不过,他同那种纯粹的热心肠之人不同,因为他并不害怕受到政治泥潭的污染。1835年,沃克三十六岁,已经是一名成功商人,曾长期担任波士顿商会的第一秘书,他反对奴隶制,提倡戒酒,同时还参加了反共济会运动,是个和平主义者。他拥有丰厚的商业经验,读过古奇的书,这双方面的体悟令他相信,合众国银行是个"巨大的集权专制体制,威胁到人民的自由和福祉",最终,他不顾朋友劝阻,毅然投身杰克逊阵营。[45]

激进派就此崛起,有了班克罗夫特、艾伦、塞奇威克、沃克这等人物加盟,可谓如虎添翼,由此也令民主党获得了新的智识声望。1835年晚些时候,亚历山大·希·埃弗里特也选择了加盟激进派。此人曾是《北美评论》的编辑,他哥哥是辉格党人,此时正担任州长。在个人的政治野心受挫之后,埃弗里特在州议会日益向着自由化路线靠近,先是支持免费桥梁,支持取消债务监禁制度,到了1835年,更进一步地支持罗宾逊和兰拓尔就硬通货政策展开的辩护。他的妻子在谈到丈夫的职业前景之时,不免泪如雨下。埃弗里特遂离开旧主,于1835年秋天的时候引领民主党票单,竞逐州参议院职位。[46]

此时,一个朋友给了他一番安慰,这个朋友此前已经叛离了波士顿贵族集团。"是他们背叛了你,他们应该良心不安才是,"约翰·昆西·亚当斯写道,"跟以前一样,是他们的背叛导致了你的背叛。"但是在私下里,亚当斯就没那么宽宏了,他尖刻品评说,埃弗里特"以前极端忠诚一个党,现在又极端忠诚另一个党,他这个人就是这样,在天界和地狱的界石处摇摆不定"。埃弗里特的文字功夫当然能够发挥效能,但民主党人也从未完全信任过他。阿莫斯·劳伦斯的一番品评足以表达这种疑惧之心,而且,这种感受也并非仅限于辉格党阵营:"埃弗里特很是饥饿,他需要职位去填饱肚子,职位就是他的食物。"1836年和1837年,埃弗里特有那么一段闲散时间,没有忙着猎取职位,不过,他也利用这段时间四处借钱。[47]

7

此时的激进派政策已经拥有了很高的国民支持度,这令班克罗夫特—莫顿集团变得自信且坚定。1835年晚些时候,本顿在辛辛那提定下了政策基调。他宣称,银行战争仅仅是个开始:"各州还充斥着其他的垄断格局,'人民的权利'尚且面临严重的战争局面,这其中的强大敌人之一……就是特许权公司。这些公司都拥有非同寻常的垄断特权,正是这些特权造就了今日压在人民头顶的拥有立法能量的罪恶,这是时代的病症。"[48]不过,戴维·亨肖会如何看待本顿阐发的这种信条呢?

此时的亨肖因为疾病和失望的双重折磨,身体状况大不如前,一病不起,遂决定辞去包税人职位。此时莫顿仍然对来之不易的党内团结局面颇感担忧,毕竟,局面已经有些飘摇了,遂说服亨肖暂时坚持下去,等待大选之后再作论定。与此同时,内阁方面也已经论定了总统的继位者。华府的硬通货派很清楚,他们的政策能否取得胜利,就要看自己人能否在各州掌控权位。5月份,关税包销人的职位秘密地转给了莫顿,莫顿婉拒,不过,相关各方还是告诉他,他可以自行处理这个职位。[49]

这一年的7月4日,仍然在关税员职位上的亨肖进行了最后一次努力,尝试将本党拉回保守民主派的路线之上。为此,他为公司提起辩护，力图令其免受垄断指控，同时也对工会展开攻击，他还补充说，"拥有财富"乃是"勤俭和诚实的明确证据"。[50] 但是就在同一天，乔治·班克罗夫特在斯普林菲尔德向激奋的人群发表演说，再次陈述激进派梦想，在这样的情况下，亨肖发出的审慎路线指令也就只能触动银行股票持有人了。此时哈勒特急切地想着要确立坚定的激进派形象，遂引领了一场攻击行动。亨肖的政治星光就此黯淡。

班克罗夫特的此番演说激起了老朋友们的反击，这都是在预期之中的。《北安普敦信使》认为他的斯普林菲尔德演说"鼓荡着极其令人憎恶的情感"。波士顿的一家报纸评论说："此等彻头彻尾的煽动家或者说浪荡政客，在本州恐怕是找不到第二人了。"[51] 不过，马丁·范布伦倒是向一批南方绅士高声宣读了班克罗夫特的这份演说词，他应这些南方绅士之邀来到萨拉托加斯普林斯，范布伦还品评说："我认为在这个问题上，没有比这个更好的东西了。"即便是查尔斯·道格拉斯和奥雷斯特斯·奥·布朗森这样的教条激进派，也都向班克罗夫特表达了热烈赞许。[52]

1836 年的国会竞选票单展示出激进派的力量。这份票单的引领人物是班克罗夫特、塞缪尔·克莱森、艾伦、西奥多·塞奇威克、亚历山大·希·埃弗里特和阿马萨·沃克。威廉·福斯特获得副州长的竞选提名。竞选采取了一边倒的激进派路线纲领。一家报刊不免评论说，劳工党的建言和举措如今"在民主党所有的演说和集会上都得到了采纳，事实上已经成为民主大业的固有成分了"。[53]

从戴维·亨肖路线向着安德鲁·杰克逊路线的这场转变，至此可以说是彻底完成了。收获则是人员和票仓双方面的。1836 年，民主党终于推出了强大的政党候选人，就在几年之前，这个政党还是一个备受蔑视的少数派；尽管辉格党仍然执掌着马萨诸塞，莫顿收获的票仓已然创造了新高，差不多有三万六千张之多，较之 1835 年增长了一万一千张，较之 1828 年，更是增长了三万一千五百张。

十四　纽约激进派

在纽约，占据政治主导地位的是杰斐逊派的老党，而非商业集团的政党，因此，杰斐逊派的斗争是从民主党内部展开的。强大的商业团体环绕在这个占据统治地位的政党周围，同劳工集团以及民主党激进派展开强劲斗争。斗争各方都在竭力向操控着政党机器的那批人施加压力，当然，这其中的重中之重就是马丁·范布伦和奥尔巴尼摄政团。

1

范布伦的党内权能在极大程度上就是以这种非正式组织机制为依托的。奥尔巴尼摄政团负责引领政策、分配职位、运作选战，当然也负责党内的重大决议。密切的个人关系网络令政治团结更形强化。这个关系网络的成员经常聚餐、饮酒、谈天说地到深夜。由此营造了一个密切的家族关系网，夫人们在碰面之时，通常以亲吻打招呼。这中间有着非常谨慎的政治保证，但凡服务这个非正式权能机构的人，都不会因此遭受折损或者伤害，但凡有些天分且秉持杰斐逊信条的年轻人都能够获得快速晋升。他们有着强烈的为公共事业服务的愿望。梭罗·威德经历了跟奥尔巴尼摄政团的数年对战，才逐渐了解了这个权力集团，他后来评论说，"那些人太能干了，兢兢业业，无所畏惧，个人品性极为刚正。"[1]

范布伦主导着这个集团。集团中人都同意，将范布伦推上总统大位是优先事项。赛拉斯·赖特是这个集团的内圈成员，也是最年轻的成员，在晋升阶梯上仅次于范布伦。他在同僚和民众当中拥有的信任度和支持度在其他成员之上，也许范布伦除外。

排在第三位的是威廉·勒·马西。马西一直都处在稳步提升状态，先后担任了稽查员、州高等法院法官，1831年成为联邦参议员，1833年晋升州长。马西很是肥胖，行动缓慢，额头突出，眉毛稠密，掩盖着他那敏锐的眼睛，给人一种具有权力的印象。他工作起来不知疲倦，就穿着便装伏案工作，一干就是很长时间，偶尔会伸手抓一把烟草咀嚼，渣滓就吐在桌子上放好的红色手巾上。他嗓音沙哑，倒是跟他的那种实用主义心性很是匹配，也正是这样的心性催生了他的那句著名论调，"赢者通吃"。[2]

不过，马西可并不是什么政治文人，尽管他的这种现实主义论调会给人以这样的印象。实际上，他受过良好教育，是非常能干的行政官，更是这个权力集团最有教养的人物。他对文学怀抱激情，特别喜欢十七世纪的作品，乔治·赫伯特和威廉·坦普尔爵士的东西是他的最爱。他对柯勒律治也是情有独钟，在这个时代，对柯勒律治的仰慕尚且仅限于拥有高深修养的年轻神职人员，诸如康科德的爱默生先生这样的人物。[3]在高等职位的递进阶梯中，马西排在赛拉斯·赖特的后面，马西对此诚恳接受。他曾在一封私人信件中这么品评赖特："他已经是伟大的参议员了，若不是范布伦在前，他本应当是我们最佳的总统候选人（仅此而已）。"[4]

排在马西后面的是阿扎利亚·卡·弗拉格，在奥尔巴尼摄政团执掌大权的大部分时间里，他都待在稽查员的位置上。弗拉格身材矮小，一副文员气质，总是穿着蓝色的长筒袜和破旧外套，他是毫不妥协的杰斐逊派。除了此等激情和信念之外，他更拥有一流的行政才能和严格的政党纪律意识。在范布伦和赖特离开奥尔巴尼摄政团并投身国务之后，若是没有弗拉格，这个权力集团恐怕就已经完全失去改革动力了。[5]

以上就是奥尔巴尼摄政团的领袖人物。一批次要人物环绕在他们身边，诸如埃德温·克罗斯韦尔，《奥尔巴尼阿尔戈斯报》的编辑，为人随和，这份报刊则是这个权力集团的喉舌阵地；约翰·亚·迪克斯，绅士风范，颇有魅力，是赛拉斯·赖特的门生；塞缪尔·扬上校，坚定且极具进取精神的激进派；迈克尔·霍夫曼，冲劲十足却不乏睿智；还有一群很有前途的年轻人，诸如约翰·沃思·埃德蒙兹，律师，精力十足，为工会运动仗义执言；普雷斯顿·金，来自圣劳伦斯县的众议员，肥胖、欢快、很聪明；塞缪尔·琼·蒂尔登，干瘦、紧张、很有头脑。

康布勒朗并非严格意义上的奥尔巴尼摄政团成员，主要是因为同范布伦的私人交情，而算作是该集团的成员。本杰明·富·巴特勒，范布伦昔日的法务合伙人，是老朋友了，他同奥尔巴尼摄政团也是类似的关系。1835年，巴特勒四十岁，在混乱的纽约政坛已经崭露头角。他面容高贵脱俗，身材矮小，脸色苍白但是五官很精致，嘴唇颤抖，语速很快，黑色眼睛，白皙手指，置身奥尔巴尼摄政团的那些满脸红光的强健政客当中，显得有些格格不入，那些政客的口袋里可都是揣着大雪茄的。巴特勒是虔信之人，他的宗教情感极为强烈，因此，杰斐逊的无神取向令他备受困扰，抛开这方面不谈的话，则杰斐逊在各个方面都是他心目中的英雄。在杰克逊激进群体当中，他略显孤单。在戒酒运动中，他表现突出，他甚至还在反星期天邮政请愿书上签名。他的真正兴趣不在政治，而在公务。比如说，他参与筹备了《纽约州法令修订书》编纂事务，这是美利坚法典化的一次早期尝试，1838年，他还担任了新成立的纽约大学的法律系主任。

不过，他同范布伦的交情一直就如同磁石一般，将他引入政党事务当中。1833 年，范布伦甚至打算让巴特勒取代纳·皮·塔尔梅奇进入参议院，后者是一个保护主义者，跟纽约银行业利益集团深有交集。巴特勒则一如既往地拒绝了这样的政治邀约，不过，在当年晚些时候，他在职责驱使之下勉强接受了总检察长的任命，顶替在政府储备金斗争中转任财政部部长的托尼。这么一个孤僻且温和的人，置身政治泥潭当然是不会舒服的，他就这么承受了很长的时间。"他的确是太和善了，"马西品评说，"并不适合成为显要人物。"不过，巴特勒的这种单纯和诚实也自有其力量，未来的事情将会在他内心激发出火一般的激情，当然，在 1833 年，这个温和律师并没有预见到这一前景。[6]

正常情况下，奥尔巴尼摄政团都是支持改革的。在反债务监禁的斗争中，在拓展选举权的斗争中，范布伦已然完成自我淬炼，成了老兵了。1829 年，他更是在保障基金法令的险滩上闯荡了一番，该法令当然有缺点，不过，最起码也是在合众国的历史上破天荒头一遭地迫使银行体系臣服立法权威。[7]此时的巴特勒、赖特、弗拉格和迪克斯也都加盟了改革集团。不过，马西因为自己的岳父同州银行利益集团深有牵扯，尚未加盟改革派；克罗斯韦尔则是无可救药的投机客，也不会轻易选择改革立场；此外还有众多机会主义者，虽然依附奥尔巴尼摄政团，但也只是在政治上有利可图的时候才会成为改革者。1829 年，范布伦前往华府，此后，保守派势力便主导了奥尔巴尼摄政团。

2

到了这个时候，劳工群体的情绪越发剧烈了。他们中间突然涌起了一股恐惧的潮流，如同海洋冷风一样席卷了纽约，同样也席卷了马萨诸塞，显然，劳工群体害怕失去财产。只不过，纽约州的这场运动更具城市性格，这是因为州北部地区的农民，相对来说，日子要更好过一些。围绕债务监禁制度以及星期日邮政问题展开的斗争是相当剧烈的，特别是在纽约市，一八二〇年代的整个十年间，劳工群体一直都在要求就劳工党议题清单上的大部分问题采取行动。[8]

此时，各方势力纷纷着手为劳工的不满提供新的纲领，这其中，最具雄心的尝试出自罗伯特·欧文。这位苏格兰的博爱主义者于 1820 年代中期展开了这项工作。他的很多有关财产的评论以及一些关于宗教的评论，都是以劳工群体的利益为诉求的，不过，他提起的一般性解决之道，也就是循着"新和谐"的路线建立一个合作性质的共和国。这类办法本质上就是空中楼阁，并不具备可操作性，对习惯和义务已经同既有社会牢牢联结在一起的美利坚国民来说如此，对此时的美利坚经济来说更是如此。此时的美利坚经济，无论就生产而言，还是就利润而言，最具潜力也最具可能的方向就是继续工业化。

1826 年，一个名叫 L. 比勒斯比的人在纽约出版了一本名为《考察财富不均的原因和影响》的书。此书旨在重申欧文主义，只不过去除了其中的反宗教倾向和对新和谐共同体的诉求。劳动的确是财富的源泉，这没错，不过，比勒斯比同样也宣示说："劳动果实却落入他人手中，没有归属生产者自己，一般来说，生产者只是凭借自己的劳动勉强维持生存而已。"以节约劳动为取向的机器一旦介入生产过程，便只会加剧这种不平等局面。比勒斯比据此指出，在此等情形之下，劳工的获救之道就只能是推行合作劳动制度，而非竞争劳动制度，同时还要取消信贷体系。比勒斯比认为，合作制将不断地释放出新的生产力，最终"令产品极大地丰富，每天工时可以缩短到四到五个小时，令所有人的生活水平达到今日上流社会的水准"。[9]这部作品的大量内容应该说是很有意思的，不过，公众情感显然还没有对这样的论说做好准备，而且在具体操作问题上，这本书也没有提供任何指引或者申述。

　　欧文派理论经由弗朗西丝·赖特的转述和传播，取得了更大的影响力。此时的这位苏格兰女士尚年轻，1818年，她第一次登陆美国。1824年，她跟随拉斐德再次来到美国。1826年，她尝试了那场著名的纳肖巴实验，意图缓解奴隶制问题。这场失败的实验坚定了她这样一个信念：改革道路上最根本的障碍就是神职集团把持的美利坚教育体系，此一教育体系是虚假的，是要腐化美利坚人民的。她相信环境之于人类性格的塑造乃是全能的，加上她本来就有的反教权取向，令她对欧文的思想有了天然的亲和感。在多次造访"新和谐"社之后，罗伯特·戴尔·欧文成了她的热情追随者。1828年，她成为《新和谐报》的共同编辑，同年轻的欧文一同操持这份报纸，1829年，二人将编辑部迁移到纽约，并将之更名为《自由探查者》。

　　1830年，三十五岁的赖特拥有一张快乐且漂亮的面孔，栗色的头发以自然卷曲的样态飘洒而下，大大的蓝色眼睛，清澈且庄重，身材高挑，透着优雅。她的言谈有着丰沛乐感，她的光彩、她的热情，即便是最尖刻的人也会当场缴械。她的心灵兼具勇气、逻辑和独立性，她还能写一手气势十足的生动散文。颇受追随者仰慕。她发表演说之时，技工和劳工纷纷云集而来，挤满现场，在摇曳的灯光下捧读《自由探查者》，直到深夜。

　　沃尔特·惠特曼，一个木匠，坚定的激进派，托马斯·潘恩的仰慕者，就混在人群当中，如痴如醉地倾听赖特小姐的演说，并订购了《自由探查者》。他给自己的一个儿子取名为托马斯·杰斐逊，另一个儿子取名为安德鲁·杰克逊，第三个儿子，则干脆取了自己的名字沃尔特。后来的岁月里，他一直对可爱的赖特念念难忘。"她是我最最甜美的回忆，"他总是说，"我们都爱她，为她倾倒，她一出现，就足以让我们心醉神迷……那么优雅，那么温柔……她的身体、她的灵魂，都是那么美丽。"老沃尔特·惠特曼就这么深陷回忆当中。"我不曾对任何女人有如此痴迷，"他最后写道，"……这么说吧，她已经彻底夺走了我的身体和灵魂。"[10]

这就是赖特，这就是保守派和神职集团眼中的"大娼妇"。[11]劳工运动的鲜活生灵就围绕在她身边。罗伯特·戴尔·欧文，她最亲密的助手，小她六岁，身材矮小，蓝色眼睛，沙色头发。欧文举止笨拙，声音尖利，作为演说家，他的先天条件当然不如赖特，不过他很聪明，深信人类内在的可完善性，而且极为认真、执着。《自由探查者》的编辑任务越来越多地落在他的肩上。[12]

很快，乔治·亨·埃文斯成了他们非常得力的同盟者。埃文斯是个英国出版商，于几年前来到美国。跟身边的很多人一样，埃文斯也是个不可知论者，秉持反教权思想。1829年末，他创办了《劳工先锋报》，这很可能是最具影响力的劳工报纸了。他就在泰晤士大街的那个昏暗房间里不知疲倦地工作着，身兼编辑、校对、撰稿、出版数职，长时间的劳作最终摧毁了他的健康。[13]诚实的约翰·温特，是赖特小姐信任之人，后者总是将自己的手稿交托给他，他是出版业技工出身，秉持不可知论，改革浪潮在纽约州激荡涌动的三十年间，他全程参与并发挥了作用。[14]

这个集团的外围出现了另一个英国人，此人就是吉尔伯特·韦尔博士。韦尔于1823年来到美国，他对《自由探查者》的反教权取向而非反资本主义取向更感兴趣。韦尔拥有一定的科学素养，特别是在天文学和航海方面。他编辑了一份自由思想杂志，名为《灯塔》，并撰写了一部托马斯·潘恩的传记。"一个难能可贵的老人，"沃尔特·惠特曼品评说，"一个真正的人，激荡着全部的情感、诗才和哲学，这就是韦尔。然而，韦尔是个硬骨头，不惧轻慢，不惧嘲讽。"[15]1829年的11月，奥雷斯特斯·奥·布朗森，当时还是纽约北方地区的一个牧师，成了《自由探查者》的通信编辑。尼古拉斯·菲·特里斯特，杰克逊将军的私人秘书，偶尔也会为《自由探查者》供稿，尽管是匿名的。

3

不过，赖特依然主导着这个集团。她对这场社会危机的洞察和感受令人战栗，因此点燃了一切心怀不满者内心的火苗。"即便是极度迟钝的人也都能感受到，一种新颖且进展迅速的道德兴奋正遍及世界，"赖特用她那美妙的低音申述说，"……教士为自己的骗术颤抖，富人为自己的财富颤抖，政客为自己的影响力颤抖……人民，看呐，人民，已经发出了呐喊，他们的头脑和探索精神已经觉醒了，他们已经准备好了。"

这场危机的因由何在？首先，是技术进步对经济的刺激作用，当然，竞争在这其中扮演了更重要的角色，这种格局将一直持续下去，"直到最后，小资本家将彻底被淘汰，整个劳工阶级被压在大山之下"；其次，是银行体系和纸币体制，"这是工业压迫和国民堕落的至深原因之一"；再次，则在于由神职集团、律师和政客组成的"职业贵族集团"，他们动用手中权能欺骗人民；第四个原因是最根本的，那就是"一套从贵族制的欧洲偷窃而来的虚假教育体系"。

这就是这场危机，具有很高的辨识度——"一场明显的、公开的也是公认的'阶级战争'，更是一场普遍战争……数百万被压迫之人已经团结起来，共同对抗压迫，并且呈现出烽火燎原之势；这个星球之上所有被压迫的人民，奋力将骑在背上的'穿戴着马靴和马刺'的压迫者掀翻在地。"

赖特说，有三种办法可以结束这场危机。要么是让"诡诈的教士集团和金融贵族集团"彻底奴役人民，这显然并非美利坚的宿命；要么就是人民发起一场暴力革命，结束这场危机，漫长岁月里的压迫已经在不断地酝酿这样一场革命了。不过，倘若"劳动者们和各个阶级的诚实之人团结起来，推动一场渐进但也激进的变革运动"，美利坚是可以避免此等可怕宿命的。赖特的拯救之道就是建立国家监护之下的教育体系：所有孩子都能进入公立的寄宿学校接受教育，教育奉行严格的平等原则，据此从源头上瓦解阶级分化和阶级偏见。在欧文、赖特和埃文斯眼中，此乃生死攸关的拯救纲领，其分量远在其他一切举措之上。[16]

赖特的这种锐利的危机意识，对风雨压城的革命态势的敏锐感受，深深感染了劳工运动。不过，并不是所有人都赞同国家监护机制。有人提出一种竞争模式，那是一种农业主义模式，主要由托马斯·斯基德莫尔和老亚历山大·明予以阐发，此种模式意图靠着重新分配土地来救治社会。斯基德莫尔在一部遣词很是繁复的书中阐发了这种模式，该书的标题是《人对财产的权利！》，于1829年在纽约问世。斯基德莫尔更习惯于通过现场演说来阐发自己的教义，演说之时他可谓声嘶力竭，时不时扯下外套和领巾。不过，斯基德莫尔这般人物，主要是出于狂热，相形之下，倒很难说他是不是真的支持"平等且共和模式的国家教育"。劳工运动很快便剥离了他的这种变态元素。[17]

除了国家监护机制外，欧文—埃文斯一派一开始跟激进派有着相当距离。跟银行战争之前所有的劳工党派一样，欧文—埃文斯集团实际上尽量回避经济战线上的战争，他们并没有向经济剥削直接开战："我们要的不是封闭排外的党；我们甚至不希望那种生产者同非生产者对抗的局面。"[18]不过，此时的杰克逊政府已然开始将力量向硬通货政策转移，人们在经济问题上有了觉醒的迹象。赖特很快便开始为两项"不可或缺"的改革举措奔走呼号，其中第二项是"一种改善了的流通媒介"。《劳工日报》也开始哀婉但坚定地宣示纸币政策，"的确枯燥，不过，劳工党必须面对并检讨这个问题"。（"一直以来，我们都在回避这个问题，"该报纸进一步解释说,"因为我们总是觉得公共教育问题更重要,而且要重要得多。")[19]

与此同时,州议会的民主党人已经在多方运作之下,取消了债务监禁制度,同时也改革了军役制度,民主派执掌的市政议事会也发布了技工质押法令。此类友好姿态令劳工党于1831年之后很自然地回归了坦慕尼协会,更何况,此时的劳工党已经因为国家共和党在幕后支撑的一个虚假劳工组织的侵袭而削弱了不少。坦慕尼协会是银行战争催生的一个组织。"要让劳工党动起来,在合众国银行问题上有所作为,"1832年年初,康布勒朗致信坦慕尼协会方面,还相当精细地补充说,"他们在原则上都是民主党人。"[20]

1833年,埃文斯推出了威廉·H. 黑尔的《财富生产者实用手册》一书,该书的出版乃标志着这场转变的到来。该书的封面题词乃摘引了阿莫斯·肯德尔在山胡桃树俱乐部的那份演说词,为硬通货政策提起了强力申辩,并提请劳工群体"去考虑并回答这样一个问题:在劳工群体尚且有力量的时候,这个共和国是否应当任由银行体系、垄断体系和不负责任的立法体系肆意伸张,令共和国成为权贵和穷人遍布之地。""也许很快,"黑尔在书中给出了不祥的总结,"劳工群体就没有能力再去定夺这个问题了,到了那一天,也就只有武力能解决问题了。"[21]

1834年,《戴德姆爱国者》对埃文斯发起攻击,指责后者过于亲近杰克逊路线。埃文斯则以蔑视回敬,他说:"《戴德姆爱国者》真是站着说话不腰疼,你们且说说看,倘若不'切近杰克逊主义',我们将何以'投身劳工事业'?而且你们一定不要忘记,杰克逊是有着强烈的劳工主义精神的。"双方的同盟应该是彻底的。"技工、车夫和劳工",这位昔日劳工党人吟道:

必须紧密团结
且让权贵看看

他们的选战力量……
扬基小调,令他们原形毕露,
这傲慢的银行集团。
只有他们,这个哈特福德联邦党集团
反对穷人,对抗杰克逊。[22]

4

此时的《纽约晚报》,从创办人亚历山大·汉密尔顿时代一路走来,已然经历了岁月沧桑。1829年,该报的创刊编辑威廉·科尔曼谢世,威廉·卡伦·布赖恩特便接掌了这份报纸。布赖恩特是来自马萨诸塞的文人。童年时代的布赖恩特对父亲的联邦党人身份非常骄傲,为此,他还写了首反杰斐逊的讽刺诗。不过,西奥多·塞奇威克是布赖恩特家族的朋友,慢慢地,塞奇威克便在布赖恩特身上促成了一场政治解放。1826年,前往纽约寻求发展的布赖恩特已经是铁杆的自由贸易主义者了。在纽约,他遇到了詹姆斯·费尼莫尔·库珀、古·克·弗普朗克和本杰明·富·巴特勒,这些人都是坚定的民主党人。1828年的大选,他投了杰克逊的票,还写了颂诗庆祝杰克逊获胜。到了1830年,爱德华·埃弗里特便不得不颇为遗憾地说他已经"中了杰克逊主义的毒"。[23]

布赖恩特中等身材,1830年他三十六岁,大脸,脸色蜡黄,灰色眼睛,眼神锐利,眉毛浓重,面容显得阴郁乖戾,他那冷峻的举止往往印证了这种观感。当然,跟他亲近的人时常也能看到他叽叽喳喳说个不停的时候,甚至还很是欢快。他习惯在一个狭窄空间里辛苦工作,他会竭尽全力将房间打扫得干干净净,桌子上已经摆起了两英尺高的书籍、小册子和政治卷宗,还有已经打开的信笺和被遗忘的稿子,废纸的背面写满了他的编辑意见和退稿信。[24]

他的自由贸易信条一开始令他倾向于杰克逊,不过,这并不是他一直支持杰克逊的真正原因。后来,诸如詹姆斯·戈·金和弗普朗克这样的自由贸易论者都因为银行战争而背弃杰克逊政府的时候,布赖恩特仍然是老将军的坚定支持者。这在商业集团当中可是造成了不小的恐慌,毕竟,《纽约晚报》主要就是为这个集团效力的。跟塞奇威克和福斯特一样,布赖恩特也是那种真正意义上的人道主义激进派。尽管他严于律己,但必要时候也能采取直截行动。1831年,他同保守派报刊《商业报》的编辑威廉·利·斯通上校发生了争吵,他拿起马鞭在纽约城的街道上追打斯通。斯通拿起一根竹杖发起反击,打在布赖恩特的胳膊上,竹杖里面还藏着一把匕首。一时之间,气氛十分紧张。幸亏旁观人群从中劝阻,将两人分开。[25]

1829年年初,布赖恩特雇了威廉·莱格特做自己的助手,负责公关事务。莱格特在海军服役时,因为一系列冒犯之举,被军事法庭逐出海军,据说,他曾援引拜伦的一首讽刺诗羞辱上级指挥官。约翰·昆西·亚当斯评说了莱格特在接受军事法庭审讯之时的表现:"很难说那是申辩,他的语调和陈词……简直就是在攻击自己的上级,这是一定要予以申斥的。"这样的评说算是很温和的了。[26]当然,此等天分在文学批评领域有更大的用武之地。返回纽约之后,莱格特尝试创办一份讽刺性的文学杂志,但以失败告终,而后便加盟了《纽约晚报》。

银行战争促使他去廓清并界定自己的经济观念,很快他便经由纯粹的逻辑激情,走向极端的激进立场。他也一直在说,他最感兴趣的是政府的一般性原则问题。他的编辑意见实际上成为纽约民主党人政治哲学教育的教材。他以华彩雄辩阐发了平权公理,并以此为据,对诸般现实恶端展开攻击;他的文风明澈、轻灵且生动,他的论证力量、讽刺笔法以及令人战栗的攻击力,这一切的本领都得以充分施展出来。他的作品兼具穿透力、勇气和幽默感,这些令他的文字在美利坚政论史上留下了印记。[27]

跟布赖恩特一样,莱格特也准备好了展开一场同行战争,以此来证明自己的决心。莱格特选择的对象是《纽约信使和探查者》的编辑詹姆斯·沃森·韦布,后者在接受了尼古拉斯·比德尔的丰厚贷款之后,便在银行问题上来了个一百八十度的大转弯。于是,两家报纸便于1833年结下仇怨。莱格特在华尔街遇到韦布的时候,便喊道:"韦布上校,你是懦夫,你是流氓,我要把口水吐你身上。"莱格特说到做到。两人随即当街扭打起来,吸引了一批颇有身份的观众,以阿尔伯特·加勒廷为首。随后几天,两人以各自的报纸为阵地,大打口水仗,都认为自己才是当街厮打事件的胜利者。[28]

布赖恩特认同莱格特的理论立场,也佩服莱格特的勇气。不过,布赖恩特对政府哲学不是太感兴趣,他更喜欢考量具体情状,比如政府举措的失败或者政府权能越界,等等。莱格特的文字汪洋恣肆,布赖恩特的文字则冷静且周详。不过,布赖恩特说起话来也是同样的严厉且猛烈,他提起的那些卓绝控诉同样令众人信从,在这方面丝毫不逊色于灵气十足的莱格特。

1835年,小西奥多·塞奇威克也前来会盟。小塞奇威克此时二十四岁,父亲当然就是布赖恩特在斯托克布里奇的那个老朋友。小塞奇威克曾在乔治·班克罗夫特的朗德希尔学校就读,因为违反校规而被赶出学校,而后便前往哥伦比亚就读。毕业之后,他去巴黎待了一年,在巴黎同拉斐德和托克维尔同餐共饮,并随同爱德华·利文斯顿和詹姆斯·费尼莫尔·库珀游访各处,同时也完成了自己的学业。

1834年年初,他对旧世界的好奇心算是得到了满足,在给父亲的老朋友范布伦的信中表明心迹。他说,他渴望回归"那些制度,正是那些制度令我们成了劳工派,甚至成了农业主义者乃至欧文派"。回到纽约之后,他在舅舅的律所工作,在此期间,他发现布赖恩特前往欧洲之时顶替他担当编辑的莱格特很喜欢自己的稿子。于是,《纽约晚报》上面便时不时地会出现署名"否决"(Veto)的精彩文章,这可给《纽约晚报》带来了不小的影响力。小塞奇威克是很有魅力的年轻人。范妮·肯布尔喜欢他,1841年,查尔斯·萨姆纳宣称他是"我在纽约见过的最聪明也最具绅士风范的人",尽管他是民主派。不过,他继承了父亲对暴力的反感和憎恶,比如说,他是不会攻击跟自己有分歧的同行的。[29]

5

银行战争激得《纽约晚报》集团向着货币和公司问题发力。莱格特自费编辑并印发了古奇的《纸币史》一书。[30]小塞奇威克则写就一系列文章,廓清了这个集团在垄断问题上的立场,这个系列1834年晚些时候最先在《纽约晚报》上发表,而后便有意识地拓展成一部相当有条理的小册子,题为《什么是垄断?》。

他的主要攻击目标是特许状体制。他说,正是这样的体制,令任何的公司创制行动都成了"颁发特许权的行动,每一次颁发特许状",他继续申述说,"严格来说,都是在创造垄断"。这就意味着,每次颁发特许状,都表明公司创建者得到了特殊的有利条件,民众则相应地被排除在外。"这就是垄断的实质……每一份公司特许状都是在直接侵害平权原则。"我们的国家恰恰就是建立在平权原则之上,因此,不能允许有例外,除非这例外情况欲意达成的目标有着"重大的公共福祉诉求",并且舍此便没有别的办法。特许公司符合这种例外条件吗?小塞奇威克认为不符合,同时,他还着力论证说,若是放弃特许体制,则商业利益反而能得到更有效的保障。

那么具体该怎么办呢?"推行一项普遍法规",小塞奇威克回答说，据此法规，任何团体都可以组建公司，用不着向立法部门申请。商业和银行业的世界，应当全盘开放，进入普遍竞争格局（当然，铁路和收费公路除外，因为没有垄断权利作为支撑，这个领域的公司目标便无法达成，即便如此，这些领域的特许状也应当是可以撤销的。）反垄断党必须打碎特许权体系，连同作为其副产品的裙带体系、游说和贿赂体系以及由此催生而出的政治诈术，打开真正意义上的自由企业新世界。[31]

小塞奇威克的风格冷静、中正，依托文献的力量，他提出的解决办法取通情达理一途，由此引发了广泛关注。他的这些论证借由莱格特那火一般的笔法改编成《纽约晚报》的社论文章发布出来的时候，引发了一场震荡。就这样，布赖恩特、莱格特和小塞奇威克凭借这种强烈的阶级冲突意识，避免了大多数自由贸易主义者走过的那条保守主义弯路。在他们的"自由放任"武器库里面，最重要也是最根本的武器便是小塞奇威克对所谓的"党派的社会分化"的敏锐感受，小塞奇威克明确指出，这种分化已然贯穿了美利坚的历史进程。上层阶级，借由社会层面的垄断特权、经济层面的财富积累以及人民在政治层面上的不信任而分化出来，他们总是要追逐并攫取一切的国家权能。杰克逊复兴了民主传统，此等情形之下，"'上层阶级'很可能要比以往任何时候都更强烈地团结起来，对抗人民"。莱格特则对这样的局面倍感鼓舞。"这种公开且直接的阶级对抗局面，对这座城市的未来和平及福祉，当然是危险的……这就是现在的情形。不过，是谁划下的这条界线？是谁敲响了警钟？""且不妨斗胆预测，"布赖恩特预断说，"只要我们的立法团体仍然这么铁腕无情，只要那所谓的银行特许状依然如故……贫富之间的仇怨也就会继续加深加重。"[32]

十五　罗克福克党起事

1834年开启的通货膨胀浪潮，激起了纽约民众及其领导者对银行业务及其形势的兴趣，令他们以更为锐利的眼光探察这个领域。这一年8月初的时候，莱格特宣称，《纽约晚报》只支持那些明确反对五美元以下银行钞票的人以及那些明确反对扩张银行特许状的人。在莱格特引领之下，劳工党确保了来自民主党提名人的一系列政治承诺，作为交换，劳工党将自己的政治背书给了民主党。民主党据此横扫了秋季选战，莱格特趁势向州长马西和新的州议会施加压力。（"当《晚报》冲他奔袭而来的时候，马西还是那副极度惊惧的老样子，"约翰·范布伦在给父亲的信中说道，"以至于在消息发布之前，他便已经变成彻头彻尾的激进党啦。"）[1]州议会刚一开幕，问题便摆在台面上了。纽约民主党人究竟是反对一切不负责任的纸币呢，还是仅仅反对辉格党人的银行发行的纸币呢？

1

也就是几天的工夫，答案便出来了。民主党保守派创制了一项

"审慎的"反垄断理论（确切地说，是反对辉格党的垄断），至于他们眼中合格的民主党人，还是可以在银行特许状的轨道上继续驻留。这令莱格特勃然大怒，他大骂民主党背叛了当初的保证，纽约州的民主党组织遂发动了一场针对《晚报》的诋毁行动。詹姆斯·柯·保尔丁在给范布伦的信中怒气冲冲地写道，"《晚报》竟然因为倡导民主原则，被民主党视为叛徒……此事实在让人费解"。[2]

莱格特将战斗继续推进下去，不过，他很快便陷入另一场争斗泥潭，这也令他暂时无法继续参与这场反垄断斗争了。阿莫斯·肯德尔身为邮政部部长，竟然认可了南方提起的对邮政渠道输送的废奴宣传品实施审查的要求。莱格特随即向肯德尔发难，尽管一直以来肯德尔都是莱格特最敬重的人。但不管怎么说，此时的废奴主义是民主党人不敢轻易触碰的大问题。弗兰克·布莱尔在《华盛顿环球报》上对莱格特提起了极为严厉的批评，令莱格特认为，那是在下逐客令……莱格特的身体都快垮了，他的报纸极度倚重订户以及商业板块的广告量，因此，他的社论对报纸的存续至关重要。10月份，莱格特身患重病，卧床不起。在这种情况下，包括小塞奇威克在内的几个朋友赶来救援，力保《晚报》继续运营下去。布赖恩特于第二年的2月从欧洲返回之时，发现报纸的收入已经下降到两年前的四分之一了。莱格特不得不卖掉自己在报纸的三分之一的股份来偿还债务。布赖恩特也没有承诺莱格特将来可以为《晚报》自由撰稿，二人遂分道扬镳，不过倒也没有因此生出嫌隙。莱格特后来的冒险生涯实际上都是有《晚报》在后面强力支持的。[3]

莱格特恰恰是在他所激发的这场运动开始走下坡路的时候垮塌下来的。1835年10月，激进派宴请约翰逊上校。此次宴会之上，康布勒朗意味深长地谈论了民主党方面应当履行承诺的问题。约翰·温特、摩西·雅克和西奥菲勒斯·菲斯克等人都从波士顿赶来，发表了颇为激进的祝酒词。这个月将近月底的时候，纽约城中的民主党人已然激奋起来，他们在坦慕尼协会集会，开始为即将到来的选战酝酿提名。初步磋商的结果表明，此次集会的议程并不像往常那样只是走个过场。到了下午六点半的时候，一大群果决之人已经在门外聚集起来，大门刚一打开，人群一拥而入，纷纷拥挤在讲台旁边。气氛一下子紧张起来，保守派对自己的票单忧心忡忡，激进派为了提出自己的票单，也已经不耐烦了。

最终在一片嘘声和嘈杂声中宣布了政党票单。混乱局面之下，委员会宣布票单之后，便即刻退出了大厅。人群咆哮着，要求让乔尔·柯蒂斯担任委员会主席，这个柯蒂斯是早期劳工党的老斗士。激进派举起了刻着激进派座右铭的旗帜，向银行集团的民主党人发出阵阵嘘声。小亚历山大·明，几年前还是一个铁杆的平均地权论者，而今已经是一个出版商和职位持有人了，他爬上桌子，做出要求肃静的动作。骚乱平息。不过，还没等他发言，大厅里的灯突然熄灭了，整个大厅陷入黑暗。这实际上是坦慕尼协会为了制止乱象而动用的体面手法，此一手法也有一段历史了。人们纷纷掏出火柴点燃蜡烛，这些火柴也就成了人们后来所谓的"罗克福克"，就这样，五十根点燃的蜡烛整齐摆放在讲台周围。此番场景，令在场的一个演说人不免感慨说：人民说"要有光"，于是便有了光。最终，劳动党集会提名了自己的候选人票单，而后又顺势举行了一场颇为躁动的火炬游行。[4]

保守集团则坚持自己的候选人，吉迪恩·李，并最终赢得了选战，当然，背后很可能有辉格党在支持。尽管如此，激进派候选人查尔斯·戈·费里斯赢得了超过三千五百张选票，由此，人们所谓的这个"罗克福克党"便开启了未来生涯。从敌人的角度来看，此一称谓当然是饱含嘲讽的，不过，激进派后来也很是骄傲地接纳了这个称谓。在未来的政治斗争中，倘若坦慕尼协会忽略了这支力量，便很难达成力量平衡。

2

此时劳工也开始在经济领域组织起来。价格攀升鼓励了集体行动。1833年，木匠工人群体组织并实施了一场成功的罢工，此一行动催生的浪潮逐步推进，最终促成了总工会的建立。到了这一年的年底，有二十一个劳工团体和四千名工人参加了一场工会游行。[5]

印刷协会的埃利·穆尔成为总工会的首任主席，此人拥有出色的领导才能。此人皮肤蜡黄，不知疲倦，眼神锐利，充满紧张，长长的黑色头发，由前向后梳着，衣着考究，经常带着一根很重的象牙头拐杖，因为雄辩能力而赢得了巨大的声望。他最早是以"基督教政党"之敌人的身份出现在公共舞台，他宣称，约翰逊上校"为纯粹且纯洁的民主而做出的贡献，是这个国家的其他人都无从比拟的，正是他遏制了神职集团那野心勃勃的反宗教图谋"。[6]不过到了1833年，穆尔也跟其他的劳工领袖一样，开始觉察出民主正面临严重的威胁。

这内在的危机，"威胁着我国政府的稳定和人民的自由"，他告诉总工会，"这危险就是财富的过度集中和过分不均"。如何遏制此一威胁呢？唯有"生产者群体在目标和行动上保持一致"。倘若这样的团结和一致能够为劳动者保证"公平、牢靠且公正的补偿，我们也就能保证更为公正且平等的财富分配格局，而这是先前的任何法令都做不到的"。工会志在推进更为健康的财富分配格局，进而捍卫民主的经济基础。穆尔认为，形势已经是越发地紧迫了。"雇主和劳工之间的鸿沟在扩大，劳工正无可避免地沦落依附境地……他们正跟这个共同体的真实利益渐行渐远，也跟我国政府的精神和气质渐行渐远，开始产生敌对情绪。"[7]

1834年，一股劳工组织化潮流席卷东部，在这股热潮鼓舞之下，总工会发出号召，要举行一次全国集会。正值八月酷暑，三十个代表热忱满怀，齐聚纽约，经过五天的磋商，最终决定建立全国总工会。这是美利坚第一个全国性的劳工组织，组织形态相当松散，全国总工会对地方工会没有控制权，不过，这些集会倒也令地方工会领袖有机会集结在一起，交流想法并展开协作，这也是颇有价值的事情。查尔斯·道格拉斯从波士顿赶来会盟。约翰·费拉尔、威廉·英格利希和托马斯·霍根则是费城代表团的领袖人物。穆尔当选为会议主席，并决议建立年度集会制度。1835年，全国总工会再次集会纽约（塞思·路德和西奥菲勒斯·菲斯克也都到场），1836年的集会地点则是费城。1837年的集会因为经济萧条而取消了。[8]

就跟此前劳工党的情况一样，工会运动很快也围绕着是否同杰克逊派合作的问题陷入分裂。[9]埃利·穆尔本人倾向于杰克逊派的观点，1834年，他还接受了坦慕尼协会的提名，进入国会，也因此成为第一个置身众议院的劳工领袖。不过，工会运动在总体上是坚持社会地位这个老问题的。"我们组建工会的目标，"工会喉舌在1836年宣示说，"……并不是制造针对非生产集团的敌意……而是要提升我们自己以及那些担当必需品和奢侈品生产任务的人们的社会地位。"[10]全国总工会第一次集会之时，政治问题便已经摆上台面，在这种情况下，查尔斯·道格拉斯的一番评说的确是表达了人们的普遍情感，他说，劳工"没有党派归属和党派诉求。劳工既不追随杰克逊，也不归附克莱、范布伦以及韦伯斯特，说白了，除了劳工主义外，劳工并不归附任何主义"。[11]

不过，劳工主义本身，即便不沾染杰克逊主义，在绅士眼中也已然是非常恶劣的东西，不可能赢得尊重。[12]刚刚移民美国的弗朗西斯·利伯，将德意志学术的武器库集结起来，发起攻击。他在一番演证之后认定，工会自身恰恰就是"一个贵族集团，极具压迫性，极为嚣张肆意，且根本没有正义品性可言"。[13] "这些组织侵害了雇主的权利"，《纽约评论》禁不住地一声叹息，一个世纪之后，全国制造业者协会再次提起相似的观点。"工会不允许雇主同劳工展开平等协商。"这篇文章即便不是出自很快就要升任圣公会主教的阿朗佐·波特之手，也应该是他为自己的著作《政治经济学》借用的论说。波特在书中接着指出，工会领袖通常都是无神论者和外来移民，劳工实际上并无正当理由去抱怨什么。[14]

法院对此情绪持顺服态度，1835年和1836年间的一场司法行动对工会潮流实施了遏制。第一个相关案件出现在安大略县的日内瓦。当地的鞋匠学徒达成一致，不为不遵从工会规章的师傅工作。当一名雇主以低于工会标准的薪酬雇了一个学徒的时候，店里面的其他学徒纷纷退出，直到雇主将这个不是工会会员的雇工解雇为止。法院遂提起指控，认为这些罢工者犯下了共谋之罪，此一罪行界定并不指涉强制或者暴力行径，而仅仅指涉拒绝工作。案子呈送州高等法院之际，首席法官萨维奇给出的判决完全支持了雇主的诉求。"倘若学徒工，"他在判决意见中陈词说，"提起非分的工资要求，由此人为抬高了比如说日内瓦这个地方鞋子的价格，那么其他地方，比如说奥本，那里的鞋子就相应地形成了廉价出售的局面，如此一来，岂不是伤害了这个行业？……劳工价格应当自动形成，此乃社会福祉之要义……竞争乃是命脉所系。"[15]

此时的纽约城中，也正在酝酿着一场新的争端。1835年秋天，裁缝学徒协会提升了薪酬标准，并在实施了一场短暂罢工之后获得了承认。1836年2月，雇主方面采取集体行动，将薪酬压回原来的标准。学徒方面即刻反击。双方遂动用各自的武器展开搏斗，设置纠察队，设置黑名单等。罢工者和他们所谓的"渣滓"，也就是工贼之间的斗争也导致了相当的暴力行为。当萨维奇宣判日内瓦案的时候，雇主当然领会了其中的意图，将领头的二十个学徒以共谋罪逮捕。根据日内瓦案的判决，仅仅是罢工就足以构成罪行；至于是否有暴力行径,则不会影响指控和判决。爱德华兹法官遂依据萨维奇的判决,将案件呈交陪审团,这些学徒遂遭到定罪。

威廉·卡伦·布赖恩特从欧洲返回之后,便开始积极运营《纽约晚报》,目睹此情此景他当然不会闲着,而是引领了针对爱德华兹法官的攻击浪潮。"在爱德华兹法官看来,只要是采取联合行动,为售卖的东西制定价格,就是伤害贸易和商业的共谋罪行,就可以课之以刑。"布赖恩特遂毫不留情地以其人之道还治其人之身,将同样的准则运用到银行家、船主、屠宰场主、保险公司董事以及新闻报刊工作者身上,这些行业普遍存在协同议价行为。"同样的法规若是用到富人和强权集团身上,就是不公正,就是压迫,用到靠劳动谋生的人群身上就是公正公平的,那么,这种情况又该怎么说呢?"[16]

劳工群体当然不会有太多的思忖,他们采取的是直接的行动,他们高举旗帜展开游行示威,旗帜上写着:"永不低头!"他们四处散发传单,传单上面直接印制了一副棺材,并给出了极为尖刻的标题:"富人欺压穷人!"预定的判决日是星期天,传单上宣示了这样的字句:"走!走!……让法庭、市政厅,没错,还有整个公园,都成为哀悼者的天下。不过切记,不要伤害爱德华兹法官。要听话,要恭顺,要接受那锁链!要和平!和平重于一切!"[17]

宣判当天,爱德华兹对工会提起申斥,认为那是"外来货……幕后支持者也都是外来集团",对被告处以一千一百五十美元的罚款。学徒们前往缴纳罚款的时候,法庭的一个工作人员说,他从事这份工作三个星期了,每天工资十先令,他愿意将这些收入全部捐出来给被告缴纳罚款。甚至《纽约时报》也被爱德华兹的此番无礼指控激怒了,遂发表文章驳斥爱德华兹所谓工会都是外来者的鲁莽指控:"据最低估算,本城三分之二的劳工,约有数千人之多,都是工会成员。"此时的威廉·卡伦·布赖恩特变得愤怒且冷静,为这份判决题写了令人难忘的墓志铭:

> 他们因不满薪酬而拒绝工作，因此遭到定罪！还能想象比这更令人憎恶的事情吗……倘若这不是奴隶制，我就不知道什么是奴隶制了。他们为出卖劳动力争取一个像样的价格而行使了结社权，这是自由人的权利。如今这种权利却遭到剥夺，这样的话，你们所能做的就只能是给他们找个主人了……倘若就这样被剥夺劳动力议价能力和权利，那么除了肤色而外，这些北方劳工跟南方的奴隶又有何区别呢？[18]

6月13日的晚上，两万五千人涌入中央公园抗议此次判决。此等规模的抗议活动是绝少出现的。[19]

这场反劳工潮流遂开始产生全国性的反响。来自南卡罗来纳的沃迪·汤普森，十分自得地向北方保守集团抛出了有关奴隶造反的古代故事，他警告"北方财主"，"一支劳工大军"正在他们的腹地集结。"绅士们，睁开你们的眼睛看一看吧，他们跟我们一样，存在反叛的危险。"[20]

埃利·穆尔也从病榻上挺身而起，为劳工仗义执言。他依靠象牙头拐杖站立着，显然成了此时已经战栗不已的国会大厅的焦点。稳住身体之后，他便将眼睛盯着端坐在褐色摩洛哥羊皮议长席上的波尔克先生，波尔克先生也安静地注视着他。而后，穆尔便大声且清晰地宣示说，一直以来，劳工都被世人"斥责为平均地权主义者、平等主义者和无政府主义者，他们的工会则被视为非法且邪恶之物……此等攻击行动，我本人深表遗憾"。不过，这倒也有助于"更为明确且更为恒久"地确立起国中两大集团之间的分野，其一是民主集团，另一个当然就是贵族集团。"议长先生，对人民，当然也就是对民主的此类攻击行动，近来已经变得非常普遍了，这实际上是一场针对民众自由的攻击行动的前奏，而且很显然，这是有预谋的。"

穆尔进一步警告说，一旦贵族集团采取行动，开始提升自己的力量，他们首先就会指控民众图谋革命。"议长先生，有人说这个国家四分之三的人口在阴谋反对这个国家，这样的话您能相信吗？"穆尔的此番问询响彻整个国会大厅。真正的危险实际上潜伏在相反的方向。"倘若有人举出一个例子来表明是人民或者民主制度侵夺了财产权，那么我即刻就能回敬他五千个例子，表明是特权少数集团那丧心病狂的贪欲在劫掠人民。议长先生，究竟是资本在不公正地盘剥劳动，还是劳动者在非法侵夺资本？依我看，前者的危险是后者所不能比拟的。"

那么，什么是工会主义？"为什么人们在问起这个问题的时候总是心怀警惕和愤怒，为何会有这么一场劳工骚乱？为什么工会运动潮流会席卷全国？议长先生，这些工会组织本无意对抗资本，除非资本试图动用非法或者过分的力量。它们实际上是在自我保护。"……此时的国会大厅一片寂静，人们都在静心倾听。只有一名南方议员低声议论说，革命的大祭司已经在高唱革命战歌了。穆尔没有理会，而是继续推进自己的发言。他的脸色越发苍白，双手凭空乱抓，身体摇摇晃晃，紧接着便晕倒了。门廊处传来他妻子的尖叫声。[21]

穆尔的此番发言即刻印发出来，没过两个月，便发售了四版。[22]在裁缝学徒案的助推之下，穆尔的发言强化了人们的如下感受：反劳工潮流走得太远了。裁缝学徒案宣判之后没过几个星期，八个贫穷鞋匠也因为类似的指控被送上法庭，地点是纽约哈得孙。这八个人是当地皮匠工会的成员，雇主将他们的薪水削减到工会标准以下的时候，他们便愤然罢工。他们的律师是约翰·沃思·埃德蒙兹，一颗冉冉升起的民主党激进派政治新星，深受奥尔巴尼摄政团的信任。埃德蒙兹身材很高，衣着破旧，眉毛浓密，头发散乱。他非常率直地阐述了日内瓦案件对工资劳动者的影响。"你们这么做，是让他们听凭雇主任意摆布；你们这么做，等于是禁止工会，唯有工会能够抵制你们的贪婪；你们这么惩罚他们，就是要他们永世劳作，就为那么一点可怜的收入。"简言之，这就等于是将工资水准的定夺权交付那些人手中，"降低工资就是那些人的利益所在。"

法官对哈得孙案件提起的指控当然截然不同，毕竟，哈得孙案跟其他案件不一样，该案牵扯的只是工会体系，即便这样，埃德蒙兹的此番雄辩以及公众要求无罪释放的怒潮，还是深深打动了陪审团。布赖恩特对这样的结果表示欢迎，他同时指出了个中意涵："对劳工权利的此等肆意攻击，除了引发一场普遍的劳工造反运动而外，还能得到什么呢？"[23]

3

"军民旅馆"，一座破落的黄色格状建筑，不足两层，相当低矮，坐落在布鲁姆大街和包厘街的夹角处。1836和1837年间的许多个夜晚，一群群人会从街面上下到这里，用门栓抵住破旧的楼梯，涂着黑色亮漆的灯散发出昏暗的光亮，人们顺着楼梯爬上半层，便到了一处聚会之所。此处房间相当低矮，墙壁已经被蜡烛冒出的烟熏黑了。房间里面设置了一处小小讲台，勉强能容得下一张小桌子和三四张椅子，罗克福克党就是在这里聚会的。小亚历山大·明的激情和雄辩、约翰·康默福德的诚恳爱尔兰口音，还有利瓦伊·D. 斯兰姆的咆哮，都曾在此处激荡回旋，阵阵掌声涌动而起，令已然干燥的窗扉吱吱作响。这群人的诉求很明确，就是要让民主党回归其最初的原则，所以，对他们来说，这样一个聚会之地当然是再合适不过的了，实际上，这些人丝毫不介意这样的环境。"基督教的创立者就生在马槽里面，"该团体的历史学家曾给出这样的评说，"在军民旅馆这样的简陋之地宣示基督教民主之原则，这应该是再匹配不过的事情了。"[24]

在赖特时代攀爬过这段著名楼梯的人诸如约翰·温特、吉尔伯特·韦尔、乔尔·柯蒂斯以及乔治·亨·埃文斯（埃文斯当时的身体状况已经很糟糕了，不久就要退隐新泽西农庄了），都曾是劳工党的成员。还有一些人，诸如小亚历山大·明这样在坦慕尼协会独裁体制之下成长起来的人，都是坚定的民主党人。剩下的是一些正待转入政坛的平常之人，因为他们也已经开始对眼前的问题有了切身的体会。黑克尔兄弟，德国移民，开面包店为生，勤劳苦干，在自家店铺的阁楼上设置了一台手动印刷机，将硬通货派的标语印制在从顾客手中回收的纸币背面。[25]

还有一批流浪文人赶来会盟，杰克逊政府显然令他们感受到了政治紧迫性，克灵顿·罗斯福就是这样一个人，他心地善良且极为聪敏，对机械方面的发明创造以及政府体制相当精熟。他早年写过一本题为《国内工业保护之道》的小册子，对高关税和纸币体制展开攻击，并提出一种新的货币计划，据说能保证解决当时的问题。罗斯福开出的药方并没有吸引到追随者，不过，他搭上了罗克福克党这条船，此举出于他改善人类境遇的绝对善意，尽管有那么几年时间，他曾是自由放任哲学的强烈批评者，而这种哲学恰恰是罗克福克党人所拥护的。[26]

罗克福克党人从工会运动中发掘了三个领袖人物：制椅匠和镀金匠约翰·康默福德，一个诚实且直率的激进派；锁匠工会的利瓦伊·D.斯兰姆，一头红发，野心勃勃，不怎么可靠；还有就是小罗伯特·汤森，来自木匠工会。[27]由此，当法院于1836年年初对工会展开打击的时候，罗克福克党实际上已经准备好了将劳工运动的能量推向政治渠道，并就此成为工会运动的接盘人。

此时，他们已经建立了一个独立组织，并推出小亚历山大·明角逐1836年的市长竞选，同时也创办了自家喉舌《民主党人》，由约翰·温特负责印刷、克灵顿·罗斯福负责编辑。中央公园对裁缝案件展开大规模集会抗议的时候，罗克福克党人瞅准机会，召集了一场州内的集会。当年9月，该党的九十三名代表在尤蒂卡集会，提名昔日劳工党的老兵艾萨克·S.史密斯为该党的州长竞选人，提名摩西·雅克为副州长竞选人。该党的城市组织还推出了自己的竞选票单，在多项提名上同辉格党阵营实施了联合。[28]

选战结果表明，罗克福克党获得了均势。康布勒朗和埃利·穆尔是坦慕尼协会仅有的两个获胜的国会候选人，二人背后都有罗克福克党人的支持。汤森和罗斯福则奉派进驻辉格党集会，同辉格党方面达成交易。作为交换，罗克福克党协助一个辉格党人进入国会，另一个则进入州参议院。不过，此二人很快便忘记了选战之前的反垄断保证。民主党组织由此遭遇了严重侵害，原因就在于该党拒绝依从联邦政府的政策。

4

此时的内阁方面也正关注着纽约民主党组织的活动情况，毫无疑问，内阁是心怀憎恶的，憎恶的程度并不逊色于罗克福克党人。早在1835年2月，康布勒朗就已经在众议院明确阐述了内阁的立场，据信这也正是范布伦的立场。他说，改革时代已经开启了，而且，最重要的行动领域并不在华府权能掌控范围之内。"各州政府，至少是一些州的政府，其邪恶且腐败的立法机制运转之迅疾，甚至比联邦政府更甚。"公司体系不断膨胀，投机盛行，不过，"当前情形，最大也是最严重的滥权现象乃在于差不多六百家拥有货币发行权的银行"。[29]这样的立场显然是很难得到奥尔巴尼摄政团的赞同。

就这样，民主党保守派非常顺服地屈从了繁荣的诱惑，但是党内激进派的不满越发强烈了。"我已经有很长时间不忍观瞧我们的立法行动了，"赛拉斯·赖特高声宣示说，"我多希望他们消停消停啊。"此番宣示毫无疑问充满仇怨,在他的政治生涯中,他也是第一次停止阅读《奥尔巴尼阿尔戈斯报》,埃德温·克罗斯韦尔已然将这份作为民主党喉舌的报纸变成州银行民主党人集团的传声筒了。"倘若我们不能给立法机构换血,"约翰·亚·迪克斯明确告诉范布伦说,"那么我们还是去当少数派更好一些,而且越早越好。"[30]

纽约州内的分裂实际上也折射出纽约州在华府势力的分裂,这场分裂首先围绕财政盈余的分配问题出现,而后便在铸币公告问题上进一步分裂了。赛拉斯·赖特引领一个集团,纳·皮·塔尔梅奇引领另一个集团。1836年6月,塔尔梅奇为通货膨胀政策提起正式辩护,他驳斥了那些"政治经济学家"的污蔑之词,认为那些人"都被这场繁荣给吓住了",他们蒙蔽了自己的眼睛,未能意识到"究竟是什么样的原因,令美利坚而非其他国家变得如此幸福、伟大且繁荣"。那么,塔尔梅奇心目中的这个原因又是什么呢?"先生们,就是一个东西,我们的信贷体系。"[31]塔尔梅奇借助这样一份声辩,正式提起了政治议题,希望自己以民主党保守派领袖的政治身份得到全国性的认可。如此一来,党内的分界线也便一下子拉紧了。

十六　罗克福克模式

工业主义令宾夕法尼亚深陷问题的泥潭，宾夕法尼亚也必须像马萨诸塞和纽约那样，去努力引导随之而起的政治冲突。费城是尼古拉斯·比德尔和合众国银行的老巢，也是美利坚第一个集权化的城市工会组织的家乡，这个工会是在1827年成立的。在接下来一年，出现了美利坚最早的劳工党组织。切斯特纳大街上希腊式建筑和贫民窟并立费城，二者的对比令马修·凯里极度震动。这种对比恰恰成了宾夕法尼亚那场激烈的银行战争的背景。

1

合众国银行方面当然也不是等闲之辈，他们资源众多，有无数的办法可以避开各方反对浪潮。1828—1831年间，费城劳工党的主要代言人是斯蒂芬·辛普森。此人在四十岁出头的时候成为政治投机客，此前曾在斯蒂芬·吉拉德的银行当过出纳员，也有过多年的记者生涯。早在1822年，他便追随杰克逊，成为"原初"的杰克逊派成员，但是1829年的时候，他未能得到预期的回报，遂改换门庭，反对杰克逊政府。1830年秋天，他的名字出现在联邦党票单之上，以此一身份加入国会选战。[1]（联邦主义仍然在费城徘徊不去，即便此时的费城已经成了美利坚政治的死水区。）此外，他还获得了劳工党的政治背书。此次选战，他当然是失败了，不过他的政治直觉也因此被激发出来，因为他已经嗅到了政治风向，遂埋头写书，意图凭这本书赢得日益壮大的劳工运动的信任。

结果这是一本很不寻常的书，于1831年在费城出版，标题是《劳工党手册》。辛普森并非没有干才，尽管劳工党自己的作家也曾尝试过阐发劳工运动的主旨，但都没有辛普森做得这般成功。辛普森的这本书强烈地激起人们对社会地位沦丧的恐惧感，书中宣称，"劳苦大众"已经极度沉沦了，在这个社会上"已经失去了位置，就仿佛他们是从肮脏监牢里放出来的病人和罪人一样，令人避之唯恐不及"。辛普森还相当有力地阐述了不平等的经济根源，并依循硬通货政策路线，对纸币信贷体制展开攻击。

然而，就在书中论证推进到中途的时候，辛普森就突然开启了令人震惊的结论部分。他谈论内部改进运动，谈论保护性关税制度，实际上也谈论了整个的"美利坚体制"问题（他说："还能有什么比'美利坚体制'更高贵、更有德、更配得上掌声呢？"），并凭借一份附录为合众国银行提起了强力辩护。[2]这样一场一百八十度的大转弯，很可能是因为他在1831年初接受了《宾夕法尼亚辉格党》的编辑职位，这是一家保守派报刊。这一年的7月份，他便会同另一个"原初杰克逊派"参加了一场公共活动，对杰克逊政府发难，原因是杰克逊政府对"美利坚体制"的敌对态势。[3]1832年，辛普森为银行家吉拉德撰写了一部相当出彩的传记，由此完成了自己的政治救赎。显然，他的政治嗅觉告诉他，风向变了。

倘若是合众国银行觉得无法诱惑的人，该银行便会设法将其毁灭。罗伯茨·沃克斯，博爱主义者和监狱改革家，是费城最受人敬重的人物之一，他宣示反银行立场之后，一位评论家所谓的"社会放逐令"便"即刻冲他而来"。朋友们都抛弃了他，甚至费城的各个文学和博爱主义团体也都试图将他扫地出门,尽管他还参与了这其中几家团体的创建工作。[4]查尔斯·贾里德·英格索尔,银行的另一个敌人,推荐自己的一个朋友进入美国哲学学会,此一举荐即刻便遭遇了猛烈攻击。理查德·拉什,约翰·昆西·亚当斯政府的财政部部长,本杰明·拉什之子,本人也是出色的律师,1833年的秋天,同样遭到哲学学会的排斥,原因众所周知:他赞同杰克逊将军取走政府储备金的公告。几年之后,拉什前往伦敦处理美国国立博物馆的捐赠事务,回国之后,他发现自己仍然没有从社会放逐的泥潭当中挣扎出来。朋友们依然在躲避他,即便是自家人,也只有一个弟弟跟自己的关系比较紧密。[5]

当然,费城最终还是跟拉什和解了,尽管这个过程非常缓慢。1839年,一家费城出版社出版了沃尔特·萨维奇·兰多尔的《伯里克利与阿斯帕西娅》,该版本特意略去了原本用于第二卷开篇的那份颂词,标题是《致合众国总统安德鲁·杰克逊将军》:

> ……何等罕见,何等辉煌!
> 且看那金色的正义天平
> 兀自矗立在戴着锁甲的大手之上
> 平稳、庄重……[6]

2

杰克逊方面的压力如同费城方面的压力一样,是不争的事实,在某些方面,杰克逊方面的压力要更为强劲一些。在这场特许状斗争中,比德尔尽可能地倚重宾夕法尼亚民主党集团。乔·米·达拉斯负责在宾夕法尼亚参议院运作,查尔斯·贾里德·英格索尔则代表银行参与了同政府方面的一些谈判。但是,杰克逊的否决行动也令二人有所掂量。当战争硝烟散去之后，二人便迅速投靠了杰克逊阵营。达拉斯不过是个党务人员，但英格索尔则极为聪敏，古怪且充满魅力，总是带着谜一样的笑容，褐色头发修剪得短而整齐，走起路来弹性十足。他在1833年之后的反公司和反纸币斗争中一直扮演领导角色。可惜的是，他的判断力与他的才能并不匹配，也正是因此，他从未获得凭借其才干和经验本应当获得的那种影响力。[7]

亨利·迪·吉尔平是另一个改宗而来的知识分子。吉尔平身材纤细，戴着金边眼镜，1833年时三十二岁，是很出色的律师，拥有良好的教育背景和文学修养。他曾担任《大西洋纪事》的编辑，在这个位置上干了六年，这是一份年鉴性质的东西，随后他成为宾夕法尼亚艺术学院的院长。作为进驻合众国银行的政府董事，他对该银行的性格有着第一手的了解，他也因此深信，这种银行公司体系乃是"时代的真正问题所在，于道德、于政治，都是如此"。出于这种信念，拉什等人便甘愿得罪自己所属的阶级，随同英格索尔，同激进派、工会主义者、民主党政客以及一批不受人待见的人物走在一起。作为范布伦和乔治·班克罗夫特的密友，他随时向他们传递费城方面激进民主派的消息。[8]

1833年晚些时候，费城劳工运动开始重新涌动起来，到了1836年，费城工会便已经拥有了大约五十个团体成员，会员人数超过一万。这场运动的领袖人物是约翰·费拉尔和威廉·英格利希，前者是纺织工，多年里一直为劳工利益奔走，不知疲倦。后者则是一个野心勃勃的鞋匠，不怎么可靠。[9]英格里希的演讲激情澎湃，将激进且不妥协的特质注入这场运动。"只要有资本，就会有资本对劳动的战争。"1835年7月4日的工会庆典之上，他宣示说：

> 资本从来都是攫取权力的工具，百试不爽，一切时代，一

切国家莫不如此。资本与权力的联合,其结果必然是将劳动群体置于贫困和受压迫境地。

世界历史不过是特权富人针对被压迫穷人的一部罪恶史。即便在我们这个国度,这所谓的自由之地,财富也是无所不能的……劳动者的处境不会比奴隶好到哪里去。[10]

此时,一份题为《激进改革派与劳工先锋》的言辞辛辣的小册子开始流行,作者是托马斯·布拉泽斯,来自英国的激进派,也是科伯特的门生。这本小册子考察了美利坚的这场民主运动,并致力于将劳工力量集结在硬通货政策路线上。

从一开始,工会就表现出相当高的政治活跃度。银行战争实际上也是一场劳工的动员战争。费城的《宾夕法尼亚人》是民主党进步主义集团的喉舌阵地,该报郑重捍卫人们的组织权利,甚至支持为争取十小时工作制而展开的罢工行动,由此也就等于是认可了自己跟工会组织的同盟关系。亨利·迪·吉尔平一直同英格利希和费拉尔保持通信,当然也跟埃利·穆尔有稳定联系;查尔斯·贾里德·英格索尔,1836年担任费城石膏工匠协会的顾问,在一次诉案中力挺工会,令工会成员获得无罪判决,由此也就结束了共谋罪理论对于劳动组织的钳制和束缚。[11]

跟纽约州和马萨诸塞州的情况一样,1834—1835年间的大繁荣在宾夕法尼亚民主党内引发了同样的分裂。进步派支持亨利·奥·米伦伯格,此人是宾夕法尼亚国会党团的激进派领袖。此等态势令保守集团的州长乔治·沃尔夫失去了进步集团的支持,最终,进步集团推出了单独的竞选票单,重点为米伦伯格打造政治前景。[12]在进步集团看来,州银行体系需要依从硬通货政策路线予以改革,否则,"即便打压了合众国银行,那真正的目标……也很难达成"。[13]在费城,米伦伯格竞选票单得到了《宾夕法尼亚人》以及劳工领袖的支持。在这份票单上,威廉·英格利希获得州参议院竞选提名。托马斯·霍根也是工会人士，获得州众议院竞选提名。里特纳因为此次分裂而得以进入保守集团选战票单；不过，这场分裂显然也表明了激进派的决心。跟纽约和马萨诸塞的情况一样，此时的进步集团准备奋力一战，要将自己的立场强加给本州的整个民主党集团。

3

的确存在罗克福克主义的模式。[14]银行体系在各州的肆意扩张引发了大范围的公众不满。罗克福克主义实际上就是这种不满情绪的表达，也正是因此，纸币发行体系和银行体系越是有分量的州，罗克福克运动潮流就越是强劲。不妨这么说，罗克福克运动就是一场东部的运动，旨在应对东部的经济难题，充斥并激荡着这股潮流的诸般恐惧，对西部人来说，是相当陌生的。很快，罗克福克运动便拥有了越来越大的政策影响力，在这个过程中，联邦政府的政策也同西部的愿望渐行渐远了。

西部最初的杰克逊派，前文已经指出，乃是借由对这位新奥尔良英雄的仰慕和崇敬之情而形成的，因此他们对思想和立场上的事情基本上是一无所知，只是相当模糊地觉得，老将军是"美利坚体制"的朋友。第一届任期上，杰克逊推行了一系列的举措，几乎所有这些举措从根本上就跟边疆偏好背道而驰，尽管那个时候还不曾有人能够撼动杰克逊在西部的那种莫可抵御的个人地位。梅斯维尔否决案削弱了杰克逊在大部分西部地区的影响力。特别是在密歇根和伊利诺伊这样的地方，民主党根本不关心此次否决事件，而且，他们对内部改进运动的热忱更是远远超越辉格党人。总体上说，西部民主党是支持扩张政策的，在这方面，他们并不逊色于辉格党人。[15]在一八三〇年代，关税问题并不紧迫，除非是跟否决权问题牵连起来，不过，西部民主党人也抵制东部、南方的激进民主党人以及杰克逊的自由贸易倾向。在合众国银行问题上，杰克逊不得不以扭曲和误解的方式，让自己的硬通货政策在西部得到接纳。确切地说，在西部，虽然也涌动着强劲的反合众国银行潮流，不过，其缘由却在于西部人将信贷和纸币从东部集团的控制中解放出来的强烈愿望。换言之，西部人之所以支持杰克逊的银行政策，主要是因为在西部人看来，杰克逊的否决行动是以膨胀而非紧缩为诉求的。[16]杰克逊政府的一系列决议和举措，都不是西部所欲求或者要求的，除了遭到误解的反银行战争，杰克逊的举措便不曾赢得西部的热情支持。

硬通货纲领在杰克逊的第二任期上算是露出了真容，这也就令联邦政府同西部的冲突公开化了。西部人真正关切的是自治和自主，而非经济民主，因此，大部分的西部政客都觉得很难在货币问题上追随总统。于是，他们便如同赖特、贝尔和伊顿那样离开了民主党，要么就是在联邦政治层面给予杰克逊政策面子上的支持，在州内事务上，则对这个问题根本就不关心，比如刘易斯·卡斯和理查德·门·约翰逊这样的人。

西部民主党人的确也在倡导罗克福克主义，不过，在很多时候，背后所依托的动机因为西部极高的社会流动性，而都变成暂时性的，并无任何常态可言。密西西比州的富兰克林·普卢默就是这方面的一个例子，杰克逊执政时期，他在国会的一次发言应该说是出自西部人之口的最激进的国会演说了。因此，在这方面是很能说明问题的。

普卢默是在大恐慌会期将近结束的时候选择起身发言的，此次发言最终成为一场有关劳工党问题的长篇演说。他首先阐述了熟悉的政策纲领，确切地说就是"那个素来被人瞧不起的党派的主要政策举措，而我碰巧是这个党派的普通一员"。接着，他便对"美利坚银行体系，说白了就是烂币体系、合法垄断体系"发起了长篇攻击，认为这套体系"令富者更富、穷者更穷"。他说，杰克逊是他仰慕之人，他将跟杰克逊政府站在一起："我不会反对民主党，除非民主党反对劳工原则。"不过，他同时也谴责了民主党组织并非常聪明地借机申述了劳工党原则，据此反对总体的政治境况。

他着重申述说，这个社会乃分化为两大阶级，一个阶级以劳动为生，另一个阶级靠法律为生。第二个阶级的人数较少，但是它控制着政府，据此系统地剥夺劳动阶级的劳动果实。这个较小的阶级，也就是贵族集团，自身也分化为两个小集团，这也就是人们常常说起的"在野党和执政党"。在野集团总是寻找机会攻击执政集团的错误，借此对选民提起诉求。为此，在野集团会"嘲笑执政集团的盲目，但是，若是他们当选，他们也会将同样的错误或者恶端继续下去，甚至会变本加厉，尽管当初让他们当选就是为了纠正这些错误……他们就如同赌徒一样轮流坐庄，广大民众则负责为他们的表演买单，根本就没有机会加入这场游戏"。普卢默据此宣示说，所谓银行问题不过是贵族集团内部的争斗，广大民众并无任何真实利益在里面。[17]

普卢默是新英格兰出身，后来移民密西西比。总体上说，他有点油嘴滑舌，说话诙谐有趣，同时有着底层扬基佬的那种精明。正是凭借这些特质，他成了很能干的陪审团律师，同时也成了政坛的大宠儿。据同时代的人说，"作为闹市演说家和竞选演说家，他无与伦比，就如同作为草莽出身的竞选活动家，他也是无可比拟的那样"。某次选战期间，普卢默同竞争对手一起走访某个地区，他们在一处农田停下，准备用午餐。他的对手抓住机会讨好农妇，亲吻农妇家的小姑娘并称赞这小姑娘长得好看。"不过，这个农妇却是完全被普卢默迷住了，她看到普卢默抱起还在牙牙学语的小男孩，很是轻柔地将小男孩放在自己腿上，翻动宝宝的小衣服，竟然在给宝宝捉虱子！'这些东西实在是太坏了，'普卢默便掐死虱子边说，'就这么可劲儿地折磨我们宝宝。'这名农妇一下子沉醉了，再也忘不掉这个菩萨心肠的国会议员。"[18]

1828年，普卢默正是靠着东密西西比丛林地区的这些自耕农的力量进入了国会。1832年，他在竞选中遭遇了杰克逊派政党机器的阻力，不过，最终还是赢得了选战，而后便对党组织秉持倨傲态度。普卢默毕竟是相当强劲的票仓收割机，即便失去劳工政党机器的支持，也仍然有着强大的政治效能。1835年，纳奇兹的银行家组团宴请普卢默，为他提供两万五千美元贷款，以此支持他竞选联邦参议员。普卢默遂购买了一辆四轮大马车并雇了一个人打杂，由此开启了这场选战。此举毫无疑问背叛了他当初的政治立场，在选战遭遇失败之后，他便失去了斗志，从此淡出政坛，不久便沦落为寂寂无名的醉鬼一个，于1847年在杰克逊市谢世。

普卢默的这段政治沉浮历程足以揭示出边疆激进派要面对何等诱惑。此一时期的边疆社会并不稳定，贫富差距近乎极端，不过，贫富阶梯的流动性也很高，贵族阶层的淘汰和换血速率同样也很高，这就很容易催生短暂、狂热且投机性的激进主义。这种激进主义基本上不可能是严肃、坚定且持之以恒的。诸如普卢默这样的人，当然可以高声斥责富人，不过，他也时刻准备好了改弦易辙，只要接下来的投机行动能够展示出足够的前景。

当然也会有一些西部政治领袖矢志忠诚民主原则，诸如俄亥俄的摩西·道森、托马斯·莫里斯、本杰明·塔潘和威廉·艾伦，此时正在印第安纳州议会供职的罗伯特·戴尔·欧文、密歇根的金斯利·宾厄姆、田纳西的波尔克和威廉·卡罗尔以及密苏里的本顿，等等。不过，即便是这些人的观念和实际举措，也主要都是从东部借取而来的。一八三〇年代的俄亥俄，激进集团是最为强大的，当时俄亥俄的经济形势最切近东部，而且在1836年经历了一场类似的罗克福克党人分裂运动。[19]一八四〇年代，新的金融体系向着西部伸展和渗透，民主党激进派的力量也在这个过程中越发强大起来，罗克福克观念在这个十年和接下来的那个十年间，在州宪法集会之上扮演了重要角色，有时候甚至是主导角色。

不过，东部仍然是杰克逊激进主义的有效表达源泉，而且随着杰克逊主义从一场单纯的运动沉淀并凝结为政策纲领，东部观念便也开始在华府占据主导地位。（此一时期，杰克逊政府的诸般举措显然是在没有安德鲁·杰克逊的个人魅力作为辅助的情况下进驻西部的，这就足以证明这个情况。）不过，话又说回来，在这方面，东部毫无疑问拥有稳定且常态化的痛楚经验，仅此一点就足以推动并完成激进主义的淬炼历程了。

一个巨大的边疆幻象一直在历史学家内心滞留徘徊，挥之不去，因为历史学家们一直认为，边疆的社会平等格局催生了经济上的平等主义。但事实上，经济平等的诉求通常是在社会不平等的土壤中孕育而出的，并且随着不平等格局的加深加重，经济平等诉求也会变得越来越强烈、越来越深重且实际。机会平等格局的确存在，不过，这在削弱人们的戒备和恐惧心理的同时，也会刺激对权力和特权的竞争。圣路易斯的毛皮资本家集团以及密西西比的土地投机热潮实际上就是典型的西部产物，就如同安德鲁·杰克逊一样。

十七　第三任期

　　亨利·克莱谈到过的那场"迄今不曾流血"的革命，究竟能维持多长时间呢？卡尔霍恩在1835年年初便预言了灾难即将降临。他说，本届政府太过腐败，"必须要变革或者革命了"。很多人对此表示赞同，一时之间，人们的情绪奔涌起来，令范布伦不得不随时佩带枪支，甚至在主持参议院的时候也是如此。[1]

　　赫齐卡亚·奈尔斯如实地记录着这场民众情感的崛起和奔流。"人们预言的民众统治的时刻，看来正在迅速迫近。"仅仅9月的第一个星期，奈尔斯便从各地报刊收集了超过五百条的相关信息。"这个社会似乎到处都在瓦解，"他说，"'鲜血和屠杀'的恶魔已经来到我们中间，开始释放力量了。"这究竟是怎么回事啊？"国民的性格仿佛一夜之间就变了个样。"奈尔斯变得越发伤感了，在结束此番记录的时候，还特地引用了古弗尼尔·莫里斯的话。[2]

　　混乱令外来访客也变得忧心忡忡，甚至那些特地前来美利坚朝拜这场伟大民主实验的人，也是如此。圣西门派的米歇尔·舍瓦利耶认定，恐怖统治已经开始了，并在自己有关美利坚的书中专辟一章讲述这件事情，该章节的标题是"革命征候"。费城激进派托马斯·布拉泽斯也对眼前的景象震惊不已，完全失去了昔日的变革激情，转而宣示就此告别乌托邦的决心，且看看他的作品就知道了。

这部作品的标题是《合众国实况,并非世人普遍印象中的拯救激进主义之地》,其中还有一个完整的附录,标题是《1834、1835、1836、1837 和 1838 年间各地谋杀、骚乱和震荡大集合》。

1

此时大选也即将到来,这是一次寻求并确立稳定局面的新机会。此时的辉格党人在候选人问题上无法达成一致,遂决定推出颇有民心的地方政治宠儿作为替代,将这些人推送到国会。于是,辉格党在西南地区策动了重大行动,希望围绕那里的民主党保守票仓搏上一把。为此,他们选择了支持杰克逊的老朋友休·劳森·怀特,此人是来自田纳西的参议员。此时的怀特刚过六十岁,瘦削、强健,大长脸看着很是憔悴,一头灰色头发倒是很顺滑,从前往后梳着,在肩膀的位置卷起来。怀特的言谈举止很是朴素平白,内心良知很是坚定,还有强健的幽默感,这些都为他赢得了很多人的尊重。[3]

怀特是杰克逊最早的支持者之一,他也因此目睹了西部影响力的逐渐式微以及范布伦和罗克福克潮流的崛起,这让他一直都心怀警觉。他本人曾担任过多年的田纳西州银行行长之职,他的女婿塞缪尔·若东是合众国银行的出纳,在银行业也是响当当的人物。[4] 杰克逊政府将硬通货政策公开化之后,怀特的担忧和焦虑便加剧了。1833 年夏天,杰克逊在政府储备金问题上征询他的意见,他当时便表达了强烈的反对意见,尽管出于政党纪律的考量,他还是在参议院捍卫了杰克逊内阁的政策。[5]

也就是在这个时候,怀特娶了一个寡妇为妻。这个寡妇在华盛顿开了一家民宿性质的旅馆,怀特就是在那里住了十二年。她对他的野心和企图,加上怀特自己的忧惧和失望,这一切都令 1836 年的怀特很容易接纳辉格党方面的选战动议。约翰·贝尔牵头劝说怀特，丹尼尔·韦伯斯特也在其中大力运作，力图煽起怀特夫人内心的小火苗。"怀特法官已经上路了，"很快，肯塔基州的一名辉格党人便在给朋友的信中写道，"步履轻快，而且是不会离开的；即便他有心离开，他老婆也不会答应。"[6]

西北地区，辉格党挖掘了辛辛那提普通法诉讼法庭的书记员。此人是个温和的老派人物，是蒂珀卡努战役的英雄，这场战役距离此时已经过去二十多年了，不过，民众心目中的英雄记忆尚且存续着。尼古拉斯·比德尔针对威廉·亨利·哈里森的参选，发表了令人印象深刻的演说，演说当中提起了如下告诫：

> 切不要让他谈论自己的原则或者信条，什么都别谈，什么都不要承诺。政党委员会、政党集会、市镇集会上也不可让他多说什么，不可让他吐露心迹、吐露日后的行动。切不可让他逞笔墨之能，他实际上就是疯人院里的疯子诗人。[7]

东北地区，辉格党则派出韦伯斯特占据了相应于哈里森将军在西北地区的位置；东南地区，则有约翰·考·卡尔霍恩可以信靠，他必然会对民主党人的选战活动报以冷脸，范布伦是不可能从中得到什么好处的。

2

民主党方面，第一个问题便是如何安顿约翰逊上校。此时的约翰逊，无论是个人野心还是劳工支持度，都丝毫不减。早在1833年1月，乔治·亨·埃文斯便已经提名约翰逊参加1836年的大选了。1836年8月，烈火一般的传单潮涌动起来，为约翰逊助选，据信这股传单潮是波士顿劳工党策动的。此一热潮甚至已经波及了印第安纳的偏远小镇，小镇的杂货铺大门上都贴上了传单。[8]

约翰逊的选战运动就此开始。很快，威廉·埃蒙斯便推出了约翰逊的传记。还有人为约翰逊创作了题为《勇士传奇，民族乐章》的歌谣。理查德·埃蒙斯更是推出了《特库姆塞；泰晤士河战役，一部民族戏剧，五幕》。后面这部剧作于1834年的1月在巴尔的摩上演，配备了很好的布景师，特库姆塞扮演者穿的衣服跟特库姆塞死亡之时穿的衣服是"一样一样的"，主人公"杀死这个蛮族敌人对手之时用的枪支，也是一样一样的"。战争部部长也鼎力相助，允许在演出当晚将当年约翰逊实际缴获的英军战旗在舞台上展示。[9]当该剧在华盛顿巡演的时候，传奇勇士本人亲临现场，在包厢里接受观众的掌声。

约翰逊的选战活动触动了范布伦的选战团队，范布伦的选战负责人遂决定向约翰逊团队发出副总统职位邀约，以此让约翰逊的选战活动消停消停。但是在这件事情上，范布伦阵营并未达成一致意见。约翰·卡特伦是杰克逊的老朋友，也来自田纳西，并很快成为联邦最高法院大法官，他就反对这种做法。他说："其实只是浪射了一枪，即便运气不错，真的打中了特库姆塞，这也不至于让他成为副总统。"[10]南方阵营则普遍持反对态度，原因在于约翰逊的家庭事务。约翰逊有两个女儿是他跟家中一个名叫朱莉亚·钦的女管家生的，这位女管家是黑白混血。两个女孩都接受了良好教育，而且都很吸引人，最后也都嫁给白人并继承了父亲的部分产业。朱莉亚死后，约翰逊勾搭了一个黄皮肤的姑娘，这个姑娘于1835年跟一个印第安人私奔了。约翰逊将私奔的两个人抓回，坊间即刻议论纷纷，约翰逊遂将这个跟人私奔的姑娘卖到密西西比下游地区，而后便又勾搭了这姑娘的妹妹。这样的事情在当时的种植园社会其实也不是什么大事，只是约翰逊没有做好保密工作罢了。南方阵营当然不会放过这样的机会，便借此在副总统职位上大做文章。在民主党集会之上，约翰逊凭借跟范布伦的竞选组合，最终击败了来自弗吉尼亚的竞争对手威廉·卡贝尔·里夫斯。不过，弗吉尼亚代表团对此结果并不满意，并拒绝在选战当中支持这个肯塔基人。[11]

此时的范布伦已经克服了政府储备金战争给他留下的恐惧后遗症，已然下定决心要将这场革命进行下去。"这场革命本质上就是贵族体制和民主体制之间的斗争，这就是我要说的，这就是我的理据所在，"他在1834年宣示说，"必须让人民意识到并明白这一点，为此，需要反复且强有力地向人民申述这一点。"1835年，威廉·M.霍兰教授半正式的竞选传记问世，是《自由探查者》的一个撰稿人执笔撰写的，还附有本杰明·富·巴特勒背书性质的评论。在这份评论中，巴特勒说，这部作品植根于作者"对激进民主信条的信仰，作者当然是有偏见的，不过，那也是因为作者信从并支持这样的民主信条"。[12]

到了这个时候，除了纽约州的罗克福克集团而外，差不多全部的激进派都集结在范布伦身边了：马萨诸塞的班克罗夫特和艾伦、印第安纳的罗伯特·戴尔·欧文、纽约的埃利·穆尔和威廉·莱格特，悉数在内。1836年5月，赖特开启了历时漫长的巡回演说，目的是告诉选民此次大选是何等重要。在纽约，赖特还尝试结束罗克福克党人的分裂。此时的赖特当然很清楚，辉格党集团的威胁已经不容民主党在教义问题上再加纷扰了。在波士顿，《自由探查者》的地方团体负责接待赖特，领头的是阿布纳·尼兰。赖特在此向台下的两百名听众发表了演说，其中包括三十二名妇女。当时在场之人报告说，赖特此时的关切点似乎全然转入政治了。她的演说"根本就没有涉及神学问题，连间接涉及都没有"。[13]

3

辉格党方面当然也不会闲着。他们同样活跃，将重点集中于一场声势浩大的人身攻击运动，令范布伦的声誉再也没有从这场攻击当中真正恢复过来。将火力集中在幕后的某个邪恶幕僚身上，不去正面挑战新奥尔良英雄身上负载着的民众热情，这当然是明智之举，而且长期以来也都是辉格党最喜欢的策略。阿莫斯·肯德尔当然是辉格党首选的替罪羊。"过去的八年间，"1837年，一名辉格党政客宣示说，"阿莫斯·肯德尔（此人在因为公愤被逐出肯塔基之前，已经是半个死人了），一直就是合众国实际上的总统……他实际上也当了八年的总统，那个昏聩、愚钝的老头不过是他的傀儡而已，阿莫斯·肯德尔就这样统治并毁灭了这个国家。"[14]

不过，大体上说，范布伦也的确是把肯德尔就此推出去，充当替罪羊。威廉·亨·苏厄德是纽约州冉冉升起的辉格党政治新星，他在品评此事的时候说，范布伦就是"一个可怜虫，他唯一考虑的就是从那个老迈、昏聩且顽固的老头那里骗取信任"。[15]韦伯斯特和卡尔霍恩顺势而上，在参议院发起了电闪雷鸣般的进攻。戴维·克罗克特，昔日的边疆英雄，也挂名推出了一本所谓的范布伦传记，将此一攻击模式发挥到最粗野的地步。[16]另有一个传记版本出现在杰克·唐宁文件当中，捉刀手是查尔斯·A. 戴维斯（合众国银行纽约分行的董事），也是尼古拉斯·比德尔的密友。贝弗利·塔克的小说《党派领袖》是在卡尔霍恩的崇拜者的立场上写就的，由达夫·格林于1836年推出，在某种程度上确立了范布伦的文学形象。这部小说依托上千个辉格党玩笑、讥讽和花边文字，令范布伦那柔顺且狡猾的形象跃然纸上，里面的范布伦就那么操控着愚蠢的主上，以便达成邪恶目的。

约翰逊上校在北方被斥为蓄奴分子，在南方则被斥为"混血儿"。显然，他的日子也不好过。他作为民主党人的惨痛经历以及他作为传奇勇士的身份，同样刺激着辉格党仆从。一个署名"约翰逊的老肯塔基妇人"的辉格党人更是创作了一首滑稽民谣：

刚果海滨掀起的浪潮，
既不汹涌，亦非暗广
如同午夜酣睡的苏姬，
被约翰逊阵营的特库姆塞锁住了。[17]

不过，所有这些肆意而为的反对声浪都动摇不了西部人对杰克逊的信任，也动摇不了范布伦在东部的民心，特别是那些并非人云亦云的人。怀特则是以"真正"的杰克逊派介入选战的，而且他也的确是发自内心的杰克逊派，准确地说，他肯定是代表了杰克逊在1828年和1832年间代表的那种西部思想。令杰克逊恼恨的是，他竟然将田纳西收入囊中，而且西部的年轻人，诸如安德鲁·约翰逊和亚伯拉罕·林肯这样的人物，也都投了怀特的票。韦伯斯特只赢得了马萨诸塞，也仅仅获得该州百分之五十五的选票。哈里森的表现则是真正令人吃惊，他赢得了七个州，无论他在票单上的位置如何，这都是很好的结果了。但是范布伦的成绩太出色了，他赢得了一百七十张选举人票，他的对手总计起来也只有一百二十四张。于是，这场杰克逊革命便可以进入第三任期了。

4

告别赠礼淹没了白宫，此时的老将军正和罗杰·布·托尼一起忙着起草告别演说，并且也已经开始准备举家离开白宫了。1837年3月4日，天空晴朗且明澈。杰克逊，脸色苍白，神态庄重且喜悦，由范布伦陪伴在侧，骑马前往国会山。中午时分，两人出现在东侧走廊之上。首席大法官托尼此前曾被参议院否决了财政部部长以及联邦最高法院助理法官的职位，而今，则要向同样曾被参议院否决过驻英大使职位的马丁·范布伦宣誓了。此时的杰克逊已经成为普通公民，但他很开心，很满足，注视着眼前的此一场景，深感满意。

人群已经拥挤在东草坪了，在午间阳光之下，都难掩脸上的兴奋，变得深沉且安静。就职演说结束之后，老将军沿着宽阔台阶缓缓而下，向着马车走去。在这个过程中，老将军的情感也感染着众人。一直压抑着的欢呼之声顿时爆发出来。人们纷纷向他们一直爱戴的这个老人致以长时间的、最后的敬意，那情感热潮席卷了在场的所有人……托马斯·哈特·本顿透过侧面的一扇窗户注视着这一切，他从来没有这么感动过。后来，本顿还能回忆起自己经历过的众多就职演说，不过，同范布伦的此次就职演说比较起来，那些演说都只不过是一些官腔颂词而已，"空洞，没有灵魂，不曾给人留下太多感受，很快便都消散而去了"。[18]眼前的场景却一直深深烙印在本顿的脑海当中，实实在在，是这么一个人同人民之间活生生的关系，经由世事潮流砥砺并淬炼而来，并借由同样的世事潮流一度升华为狂野奔涌的情感热潮，而后，这潮涌就这样淡入记忆深处去了。

菲利普·霍恩出于报复心理为这个"可怕的老人"潦草写就了送别词。"这是杰克逊政府的结束——我国史册之上最具灾难性的一届政府。"但是，菲利普·霍恩能为人民代言吗？"这一天，"威廉·莱格特写道，"标志了一个时代的结束，这个时代将彪炳美利坚史册，较之编年家们记载的所有其他时代都更光彩，都更不朽，这个时代将在美利坚青史之上留下永恒一笔。"

"这一天，"新英格兰的一名元老级牧师写道，"结束了安德鲁·杰克逊政府，他一生的大部分时间致力于公众事务……人民应当对一个好政府保持怎样的合理期望，我承认我对这个问题一无所知，不过，合众国的确在杰克逊政府时期享福了。"[19]

十八　恐　慌

货币热潮在1836年奔涌了整整一年,令硬通货派越发警觉起来。"这一泡沫何时会爆裂?"这是威廉·卡伦·布赖恩特于这一年春天发出的问询,"银行体系为我们备下的这场大灾难何时降临?"罗伯特·兰拓尔预测灾难将在一年之内降临。这一年秋天,约翰·亚·迪克斯写下阴郁的评论:"我们正处在一场极为惨重的经济萧条前夜,多少年了,我们不曾见识过此等灾难……切不要以为我只是在发泄情绪。"[1]

1

究竟谁不会认为他只是在发泄情绪呢?即便是那些公开的硬通货派人士,对这样的预测也都不大信服。最初的这轮声浪结束几个月之后,也即是1837年的2月,本顿招呼当选总统进入参议院金融委员会的房间。路上,本顿告诉当选总统,这个国家已经到了金融崩溃的边缘。范布伦则笑着揶揄这根"老金条"说:"您的朋友们认为您在这个问题上反应过度了。"本顿也就没有再给当选总统展开经济解析工作,只是喃喃低语说:"您很快就会感受到电闪雷鸣的。"(三年后,本顿在参议院发言:"我本来不该提及往事,毕竟,总统自己也记不太清楚了,而且他也不怎么提起这往事。")[2]

发牢骚的人们很快便有了证据。纸币和铸币的比例一直在提升,银行体系基本上进入了赌博境地,内部改进运动和公地投机热潮日趋疯狂,经济结构变得越发投机、越发不健全了。1835年农业遭遇歉收,第一块多米诺骨牌倒下了。农民无法付钱给商人和投机客,商人和投机客相应地也就失去了对银行的偿付能力;同时,农业出口额度下降,令国际收支状况变得对美国非常不利。此等情形之下,国外纷纷要求合众国用铸币支付,这样的情况完全出乎联邦政府意料。与此同时,"铸币通告"又引发了银行的公地投机热潮。

接下来,亨利·克莱提起的"分配法案",虽然遭到本顿、赛拉斯·赖特和硬通货派的强烈反对,还是于1837年的1月1日付诸施行。该法案规定了联邦盈余在各州的分配方案,目的就是将公共资金从储蓄银行撤出,由此也就令货币市场迎来一场普遍紧缩。1836年晚些时候,一家颇有地位的英国房企破产,便抛出手中持有的美国债券。信贷体系即刻收紧,铸币纷纷流出美利坚,经济萧条的阴影由此迅速地笼罩了美利坚大地。

摧毁了合众国银行,杰克逊实际上等于是打掉了遏制信贷扩张的一个重要制动阀门;同时,杰克逊政府又对州储蓄银行体系实施孤立,由此也就加剧了通胀趋势。硬通货派民主党人不管怎么说还是懂得其中危险的,加之州内的压力,令他们纷纷效仿联邦政府,试图遏制此时已经如同金字塔般累积起来的纸币信贷,但此番努力并没有取得成功。商业集团深受快速回报之幻想的诱惑,同硬通货政策展开了全线对抗。[3]现在,是到他们收获并品尝苦果的时候了。

2

　　这场萧条带来的当然是痛苦和困顿。生活必需品的价格一路攀升,到了穷人完全不能承受的地步。1835 年 3 月,面粉价格是 1 桶 5.62 美元,到了 1836 年的 3 月,价格提升到 7.75 美元,1837 年的 3 月,更是飚升到 12 美元。猪肉价格从 1835 年 3 月的 10 美元提升到一年后的 16.25 美元,1837 年 3 月便到了 18.25 美元。煤炭批发价从 1835 年 1 月的每吨 6 美元到了 1837 年 1 月的 10.5 美元,房租价格也呈同比例攀升。[4]

　　1836 年和 1837 年间的这个冬天,城市居民的不满从低声议论逐渐发展成呐喊和咆哮。1837 年 2 月的一天,纽约市民早上醒来之时,发现到处都贴着愤怒的标语:

　　　　面包、猪肉、房租,还有燃油!
　　　　它们的价格必须降下来!
　　　　民声即天声,必须倾听,必须接受!请民众于星期一下午四点在中央公园集会,我们风雨无阻……所有人,但凡还有一丝人性尚存,但凡决心抵抗垄断和剥削之人,都在受邀之列。

摩西·雅克、小亚历山大·明、约翰·温特还有其他的罗克福克党人都在上面签了名。

　　就这样,在这个酷寒之日,四五千人聚集在中央公园倾听明和温德特的演讲,人群上方扯着横幅,上书"纸币扩张,面包萎缩"字样,借此攻击纸币体制制造了这场灾难。渐渐地,激愤不已的人群开始分化成愤怒的小团体。公园边缘之地开始出现愤怒的演说人,咒骂面粉商。罗克福克党人试图平息后来者的怒气并中断集会，但为时已晚。有人喊了一声"哈特面粉店"，这一嗓子立刻起了效果，差不多上千的民众沿着华盛顿街一拥而上，对埃利·哈特面粉店展开劫掠和袭击。市长内留斯·劳伦斯试图遣散袭击者，结果遭遇了袭击者棍棒、石头和木桶板的密集打击，不得不退避。人群涌入店内，将面粉和小麦倒在地上，一通踩踏，而后涌向另外几家仓库，直到警察赶来将人群阻截。[5]

这场面粉暴乱令保守派深感震慑。当年，正是民众对面包的呼声开启了法国大革命，此事当然是这些人不曾忘记的，在保守派看来，诸如雅克和明这等"杰克逊-雅各宾派"人物，内心定然也酝酿着同样可怕的目标和诉求。[6]甚至威廉·莱格特也禁不住宣示说："此前，无论是哪个国家，都不曾出现此等毫无来由的暴乱。根本就是无可原谅。"[7]赫泽卡亚·奈尔斯将此次暴乱记录下来，并且带着阴郁的满足感申述说，目的"就是让未来的历史学家借此追索这个共和国的衰亡之路"。[8]

不过，罗克福克党人很显然无意制造这样一场暴乱，他们的演说人也不曾从中煽动。被逮捕的五十三个暴乱者中并没有罗克福克党人。当然，有人指责他们集结如此众多的愤怒民众，很有可能会触发暴乱。他们给出的回应倒也很合逻辑：阻止暴乱的最好办法就是找到暴乱的原因，从源头上加以解决。也的确有人将最终责任归于面粉商，认为是这些面粉商囤积居奇，恶意抬高价格。理查德·亚当斯·洛克在日报《新时代》上坦率直言：进口粮食刚一进港，就立刻被商人抢购一空，尽管他们的仓库里已经堆满了国内的面粉；埃利·哈特公司据说就是刚刚从新成立的州银行得到了一笔贷款（市长劳伦斯正是这家银行的行长），这笔钱的用途就是收购进口小麦和面粉，令独立经销商无从进入市场。[9]

暴乱没有重演，不过，痛苦一直持续到春天。5月，《新时代》宣称，纽约"还不曾经历过今天这般惨重的普遍困顿"。（然而，还是有一些人对局面无动于衷，他们对此事的看法令马修·凯里愤怒不已。此时还是年轻牧师的阿朗佐·波特就是这样一个例子,他不久就发表评论说:"没关系的,幸福和进步所要求的东西,绝少有劳动者自己解决不了的。")这场萧条在纽约造成至少上万技工和劳工失业,《新时代》继续倡言说,这些人的老婆孩子和其他家庭人口加起来,恐怕也要上万了,超过两千的店员也失去了工作。(就是在这样的境况下,阿朗佐·波特评论说:"这些人虽有不满和愤怒,但也应当冷静下来好好思量,若如此,便不可能感受到,在这么好的境况之下,他们还不幸福、不明白事理,还没有德性,那就只能怪他们自己了。")女工方面,包括裁缝、订书工、制帽工等等在内,则至少有三千人沦落极端匮乏境地;《新时代》的记者颇为伤感地指出,城中穷人区的这些女工和孩童,四处游荡,"疲惫、肮脏"。(当然还会有人认为,"她们对现在的薪酬倍感不满和愤怒,但若是给了她们更高的薪酬,她们就肯定会变得懒惰且挥霍无度"。)"男人也许应当为辛苦劳作而感到幸福,"《新时代》继续申述说,"……但是现在他们连这样的特权都没有了。身处一个自由平等的国度,这种情形的确太可怕了。"("劳动者的最高福利不管怎么说都取决于他们自己,"阿朗佐·波特总结说,"……若是没有美德和良好习惯,再多的补偿也不可能丰富他们,提升他们。")[10]

3

赛拉斯·赖特正在赶往华盛顿的路上,要去参加第二十四届国会的最后一个会期,在船上,他看到了自己的民主党保守派同僚纳·皮·塔尔梅奇、来自新罕布什尔的民主党参议员哈伯德。就在赖特在拥挤的船舱里准备享用早餐的时候,一名北方议员情绪十分激动,让他到船的后面看看。来到现场之时,赖特发现哈伯德正在发表激昂演说，塔尔梅奇、马修·利·戴维斯以及多名议员和商人围绕在侧。马修·戴维斯是一个政治专栏作家，以"华府密探"为笔名写了不少的东西。

看到赖特走过来，哈伯德便暂停了演讲，跟赖特握手，而后便直言道："让我重复一下我刚才说过的话，我不敢知道也不敢相信，在这个国家，竟然只有三个人赞同铸币法令。"他停顿了一下，接着说道："在这里不妨说说这三个人的名字，我指的就是老杰克逊、肯德尔和布莱尔，要是有人告诉我另外的名字，那我谢谢他。"

接着便是一片笑声，哈伯德领头，一干听众附和。赛拉斯·赖特冷冷地评论说，他从来都竭力避免马车政客或者汽船政客的名号，并且正面回应说："我倒是很乐于告诉您和这里的所有人，倘若还有人对现在的这一幕感到吃惊，那就肯定会有第四个人的。"一干人等一下子安静下来，塔尔梅奇则是脸色苍白，变得非常紧张。接着人群便散开了。（"我的确有些鲁莽，"哈伯德告诉赖特，"不过，您也实在是聪明。"）[11]

这场萧条给了民主党保守派新的勇气，此时的民主党保守派已经在塔尔梅奇和威·卡·里夫斯的领导下，成为独立党派了。此等格局之下，这个保守集团便打算将范布伦控制起来，尽管他们从来没敢想着去控制杰克逊，他们的具体计划就是先撤销"铸币通告"，以此作为先导举措，接着便是全盘肢解硬通货政策纲领。

新总统思量着保守集团方面的此番热议，而后转向古奇起草的一份关于此一撤销举措的"可能后果"的备忘录。备忘录说得很清楚，"铸币通告"的弱点"并非其太过强悍，而是不够强悍"。"当前这个国家的病痛，"古奇宣示说，"过度交易，这是银行的过度扩张引发的。真正的救治之道……就是对银行和贸易实施降温。这场病痛跟'铸币通告'没有任何关系。相反，'铸币通告'正是要遏制此等病痛。"[12]此论是典型的硬通货思维,范布伦遂悄悄地将问题清单收起,他原本要将这份清单交付内阁讨论:"我决定不将这些问题交付内阁讨论了,因为我已经决定承担全部责任,而且完全有理由相信,若是交付内阁讨论,内阁就会分裂。"[13]杰克逊的执政之道由此得以保全,"铸币通告"也暂时安全了。

但是,这样一个小小的缓冲之计仅仅是让压力越来越大。此时的尼古拉斯·比德尔仍然自视甚高,竟然现身白宫。(应该说,比德尔早已丧失了对现实的意识和把控。"至于实际权力,"他吹嘘说,"我想我多年间每天都在行使,我的个人权威是任何总统都不曾享受过的。"来自南卡罗来纳的老托马斯·库珀,一个没什么政治分量的人物,曾提议比德尔入主白宫,比德尔倒是十分谦逊地回答说,他时刻准备为国效力。比德尔一直都相信,合众国银行终将恢复起来,于是便一直跟范布伦内阁成员福赛思和 J.K. 波因塞特写信,希望能达成妥协。)[14]范布伦接见了他,气氛很是融洽,但没有在任何公共事务上征询他的意见,倍感刺痛的比德尔便也只能在文件里面加入了一段话,大意是说,总统这次算是错过了一次大好机会,这样的总统简直是不可理喻。[15]

4月份,纽约商界组织了一个"五十人代表团",意欲前去面见总统,提起"抗议",以此来更为郑重地表达商界诉求。一名商人拒绝参加这个代表团,他给出的解释力道十足,他说他"无论如何都不会同意去'抗议'马丁·范布伦……完全可以选择更为全面的举措,并且可以让一个上万人的商人群体来推行这样的举措,至于我个人,我已经准备好了履行我对国家的个人职责"。[16]

当然,这个代表团还是组建起来并前去面见范布伦,范布伦接见了这个代表团,表现出一如既往的礼貌和友好。不过,总统并没有让这个代表团感到满意,据代表团说,他们原本希望"我们的正义要求也好,我们的痛苦处境也好,能够打动总统,让总统放弃或者放松已经带来沉重灾难的硬通货政策",但此次会面令他们不得不放弃这方面的全部希望。纽约商界特地搞了一次集会，听取代表团的汇报，汇报的结果令此次集会较之先前那场集会更为激愤，即便菲利普·霍恩设法使一部分决议温和化了一些，也依然无法缓解激愤态势。集会之上，人们宣称，范布伦"一直在果断行动，步步为营"，依托的原则就是"穷人天然地仇视富人"。集会决议给出的论断可谓斩钉截铁，"绝大多数情况下，财富是德性的证据"。此次集会弃绝了叛乱念头，不过，集会商人同时也声明，"过往历史和人类观念都足以表明，无数民众叛乱的诱因若是同我们提起的这些恶端比较起来，根本就不足为论。"[17]

4

最后面的这份陈词发出了在这些紧张的日子里经常听到的一种威胁（这种威胁很可能是出自一批对前次面粉暴乱心怀敌意和恶意的人）。比如说，5月，一群波士顿商人在法尼尔厅集会，抗议邮政费用也要用硬币支付，并提起一份决议，要求抵制这项法规，"有可能的话，就'和平'抵制，有必要的话，就'强力'抵制，但无论如何，都要'全力'抵制"。阿博特·劳伦斯，棉花巨头，一年前国会制定此一法令的时候，他投了赞同票，而今也在集会之上深信不疑地陈词说，"但凡能够将心比心之人"都不能压制他们的义愤："这个世界之上，还有谁会像合众国人民这样，遭受统治者的此等压榨、欺骗和踩踏呢？"[18]像劳伦斯这等有责任意识的人说出这样的话，这实际上就是在提起十足的指控了。

法尼尔厅的此次骚动并非孤立事件。这些威胁和谴责言论实际上已经成了辉格党媒体的主流论调。"抵抗压迫是我们的权利和责任，"一家纽约报刊宣示说，"……在这样一个时刻，是绝对要行使此一权利了，我们国家何曾沦落此等境地啊。""革命"一词对这些人来说也"失去了特殊的恐怖意味",因为对此时的这些人来说,所谓革命,也即意味着"保全宪法,保卫生命和财产……我们的先辈革命过,他们的子孙当然也不会忘记革命,必要时候,当然会诉求革命"。(2月份的中央公园,罗克福克党的领袖们也许应当为自己当时的怯懦而羞愧吧。)一名辉格党编辑在品评"铸币通告"时候说:"我们毫不犹豫地认为,此等法令是暴政之下的高压手段,令那场要了查理一世的王位和脑袋的暴政自叹不如……激发此等反抗浪潮的暴政行径,更胜当年最终导向《独立宣言》的不列颠暴政行径。"[19]

菲利普·霍恩,一直都热衷于借取古典资源进行比附,这的确是典型的保守派弱点,他申述说,杰克逊、范布伦和本顿成就的三头政治,对美利坚繁荣之危害,要超过恺撒、庞培和克拉苏的三头政治之于罗马之自由的危害。"终局又会如何呢?"他自问自答,"那就是毁灭、革命,也许还有内战。"罗伯特·梅奥适时推出了《金融概览》一书,宣泄着一个倍受挫折的智囊人物的情绪,同时也力图确证商人集团的极端忧惧之心。"结论是无可避免的,"梅奥在书中陈词说,"革命已经完成大半了!"他还补充说,他迫切地想要将阿莫斯·肯德尔送上断头台[20]……政府四处出击,阴谋摧毁商业,那些人躲在幽暗之处,伺机行动,制造威胁。

5月10日,就是在这种山雨欲来的氛围中,纽约城市银行暂停了硬币兑换业务。没过几天,几乎所有的银行都起而效仿。

全国范围的中止兑换风潮令事态一下子加剧了。商界联合起来捍卫这样的行动,认为这样的行动既合情合理,也是不得已而为之,众门客更是将之吹捧为德性之举。"他们对公众是负有责任意识的,"安德鲁·普雷斯顿·皮博迪神父在5月14日的布道中将银行问题也扯了进来并高声宣示说:"他们是在宽恕贷款人,他们自己也在求取宽恕……我们的制度不曾背叛过公众信任,切望这制度依然能够凝聚希望之光,让这光芒刺透黑云,驱散惨雾。"[21]

不过，并不是所有的保守派都认同银行的此一举动蕴含了高度的公共责任感。[22]1841年内森·阿普尔顿对这股中止兑换潮流品评如下，这不过是"一个委婉说辞，实际上他们没有能力履行对纸币面值的承诺，或者说是拒绝履行此一承诺"。阿普尔顿进一步申述说，若是一家银行中止兑换，则会被贴上破产标签，若是一批银行中止兑换，"则所有的银行都会群起效仿，公众也会顺从，不仅不会有议论，还会获得赞誉"。[23]阿尔伯特·加勒廷也是同样刻薄，还有一批商人也表达了类似的忧虑，特别是在各方越来越明目张胆地利用这场危机大作政治文章的情况下。

仲夏时节，威廉·福斯特向约翰·昆西·亚当斯征询对当前局面的看法。这位暴躁的老人回答说，他看不出中止兑换和制造假币有什么区别，若要强说的话，唯一的区别就是造假币的人有更先进的技术，也更克制审慎而已。"伪造别人的名字，比签下自己的名字，当然更需要天分。造假之人至少懂得躲在黑暗中工作，中止兑换的人则是在朗朗天日之下厚颜无耻，而且还公开嘲笑受害者和上当者，就因为后者曾经信任过他们。"[24]

然而，无论赋有责任意识的辉格党人如何忧虑，也无论民主党激进派如何反对，各州议会还是纷纷通过法令，豁免了各个银行的中止兑换行径，由此完全满足了商业集团的心意。看来，对硬通货派发起总攻的时机成熟了。辉格党媒体越发暴烈且蛮横起来。丹尼尔·韦伯斯特更是受命展开了一场全国范围的巡回演说。范布伦和本顿还收到了数百张仿制的银行钞票，上面印有"这就是你们赐予这个国家的""黄金骗局爆炸了""玩火自焚"等字样以宣泄情绪，当然还有一些字样则是在宣泄更为恶劣的情绪。[25]

这种威慑在老将军杰克逊面前毫无用处。但是，马丁·范布伦这般以狡猾和手腕著称的红狐狸政客，能否抵制此等潮涌呢？

或者说，商界领袖这次是不是跟以前一样，也打错了算盘呢？毕竟，这种事情他们可是经常干。"他们还是依托他们惯常的智慧，将股票持有人和投机客的想法误认为是公众情感，"丘·卡·康布勒朗预断说，"并且还误以为他们能够掌控眼前的一切。但实际上，他们忘记了，即便华尔街变成了疯人院，这个国家也绝少会随之发疯，除非是遭遇战争或者革命。"[26]

十九　银行和国家分离

　　范布伦此时面临三个选择：他可以和州银行体系并肩斗争；也可以选择体面撤退，推倒杰克逊大旗，恢复大银行体制；当然，还可以正面迎战，将硬通货政策向前推进一步，力促政府财政同银行事务分家。此前，财政与银行的各种捆绑方式已经尝试过两次了，而且两次都以失败告终；但是商业集团作为一个整体，仍然深信财政与银行的这种捆绑关系是必须的，不管是以两种方式中的哪一种。至于第三种制度，也就是银行和国家彼此分离的制度，则未曾实验。目前为止，这套制度也只是在知识分子和激进派那里有市场。

1

　　杰斐逊和约翰·伦道夫曾在私人通信中隐约谈到银行和国家完全分离的想法。不过，独立财政部计划或者"亚财政部计划"的最早正式表述出现在1833年威廉·M. 古奇的《纸币史》当中。在书中，古奇申述说，公共资金不应当让私人银行托管，应当付诸公共监管。[1]处身华府的古奇，依然在不断提醒人们，以州银行体系为依托的公共资金储蓄体系是有危险的，1836年夏天的时候，他将自己的想法和计划详细呈现在一份专门的备忘录当中，并将这份备忘录呈交白宫。

与此同时，一份有所调整的计划版本也送达国会。1834年，康迪·拉盖，那个瘦削、冷峻且正在谢顶的费城经济学家，古奇的朋友兼崇拜者，展开运作，尝试劝说多个政治领袖推行银行和国家分离制度。此番努力基本上没有触动休·劳·怀特、卡尔霍恩和威廉·普雷斯顿，不过，弗吉尼亚的威廉·菲·戈登最终成了他的热情听众。戈登曾是民主党人，曾在1829年的州宪法集会上为拓展选举权而战。后来，戈登追随卡尔霍恩脱离民主党，1834年站上反对派立场，因为在他看来，当时的政府是在推行"行政专制"。不过，对于跟辉格党人结盟，他抱持疑虑，同时，他也在设法在某种程度上跟反合众国银行以及反宪法否决权的人建立联系。

拉盖的计划看来是为当前问题提供了完满答案。1834年6月20日，戈登在众议院提起银行与国家分离议案。1835年1月2日，来自佐治亚的罗杰·劳·甘布尔呈交了类似的提案。同样来自佐治亚的A. S. 克莱顿在第二天发言为提案声辩。2月10日，戈登发出了最终呼吁。然而，他的计划只有一个南方小集团感兴趣，这个集团既反对杰克逊，也反对比德尔。当然也有少数几个辉格党人表示了关注，不过这些辉格党人的目的是要借此向现政府发难。国务卿伍德伯里公开且正式表态说，这套想法的确有可操作性，但在当时显然没有提案价值。[2]

不过，古奇和戈登的此番努力还是令这套想法或者说是规划传播开来。硬通货派也逐渐开始围绕该计划的各个版本展开讨论。1834年2月，约翰·温特在纽约的一次集会上提起了类似的计划（据说摩西·雅克早在1832年就已经向康布勒朗提起了类似的想法。）[3]到1836年7月，《纽约晚报》已经开始以热忱态度接纳了此一总体观念。布赖恩特敦促民主党人"以命令式的语言呼吁推行银行与国家的绝对分离体制"。[4]

该计划之塑造进程的第二个步骤于1836年4月到来了。在这个时候，虽然各州银行不再作为公共资金的实体存储机构和托管机构，但这也只能说是达成了部分的分离。原因很简单；只要联邦支付仍然接受银行钞票，银行和国家就无从真正分离。本顿指出，国家从银行脱身乃分为两个阶段："弃用银行纸币，弃用银行储蓄功能"。为此，本顿建言设置"铸币条款"，借此条款将银行纸币逐渐排挤出政府支付体系。[5]

实际上，1829年，本顿便已经很熟悉独立财政观念了。1829年，伦道夫已经将其中要旨告诉他了，此后，本顿便一直坚持认为，他和杰克逊实际上都只是将州银行体系视为工具，借以对抗比德尔。说白了，州银行体系不过是座"盖到一半的房屋"，一旦硬通货派感觉已经在银行问题上掌控了大局，这座"房屋"也就没用了。[6]杰克逊于1834年告诉过一个纽约商人代表团，"倘若州银行实验失败，就必须找到其他的办法来收纳并存储财政资金，并排除金融机构的一切干预"，亚财政计划则定然是硬通货政策接下来的逻辑结果。[7]然而，杰克逊政府的此等政策宣示，实用成分远超马基雅弗利成分，说白了，这只不过是祭出一套更为激进的备案，以防州银行计划试验遭遇失败。

1837年的恐慌显然标志着这场实验失败了。古奇围绕撤销"铸币通告"问题为范布伦撰写了一份备忘录，这份备忘录在结尾处着重宣示：当前的危机并没有完满的补救办法，不过，"我们有能力也有力量阻止这样的悲剧重演，为此，我们必须斩断银行和政府之间的关联。"6月，古奇推出新作《关于清除银行财政权能以及放弃银行钞票问题的若干思考》，充分阐发这一论证。这是一部典型的古奇式作品，风格简洁、冷硬、紧凑，较之《纸币史》，这部作品更具论战性质，当然，还是一样的朴实、通达，富含细节，可读性很高。古奇在书中宣示说："为国计民生考量，合众国的财政机制绝对必须立足于如下原则：最大程度地向银行和投机客关闭财政运作空间。"[8]

2

费城银行中止兑换之后没过几天，独立广场便迎来了这座城市历史上最大规模的集会，集会人数最终达两万人之多。此次集会是约翰·费拉尔、托马斯·霍根等工会领袖召集的。亨利·迪·吉尔平在人群中四处走动。"气氛很温和，现场也很有秩序……不过，人们的情绪很是强烈……我从来没见过劳工群体如此激愤。"集会演说人纷纷谴责纸币体系，并组建了一个委员会同地方银行商谈重启兑换事务。吉尔平在给总统的私人信件里指出，这是一场自发的劳工运动，"全然是劳工群体自行计划并实施的"。[9]

此时的尼古拉斯·比德尔依然沉静如夏日清晨，他尝试说服这个委员会让合众国银行成为储蓄银行，这样他和政府就能重续前缘了。他还非常大度地说："我都能原谅他们，他们当然也能原谅我。"但是这个委员会根本就不受他的影响，该委员会提起的报告更是激发了再次召集的集会去表达自己的心声。最终通过的决议着重强调了来自商业集团的暴力威胁，据此提议组建一个"万人志愿团，并尽快地武装起来"，随时准备"驰援，以保公共和平"。另一份决议则是干脆要求政府剪断同银行的牵连。[10]

到了这个时候，已然是群情激昂。据信，弗朗西丝·赖特是这些决议的创制者，坊间也纷纷传言说她很快就要接受一项政府任命。但实际上，她转而在费城创办了一份新报刊，名为《美利坚原则指南》，以此为阵地来支持硬通货政策以及范布伦政府。[11]6月初，查尔斯·贾里德·英格索尔也开始追随古奇，并为独立财政计划站台。[12]甚至费城这样的地方也开始深深陷入对杰克逊派的羞愧当中……到了这一年秋天时，一名深为失落的费城出版商开始推出"平均地权主义者故事集"系列，目的是揭示"过去数年间向无知民众肆意传播不道德和混乱原则"而起的"可悲后果"。[13]

这模式很快便在大西洋沿岸地带传布开来。中止兑换行径令西奥菲勒斯·菲斯克义愤难平，他遂在查尔斯顿运笔如飞，抒发胸中块垒。6月初，他便已经完成了一份小册子，这实际上是一篇火力四射的战斗檄文，题为《银行泡沫大爆裂；且以鲜血救赎可怕的纸币腐败》。这份檄文颇为倚重古奇、莱格特、威廉·福斯特以及弗雷德里克·罗宾逊等人建立起来的智识库，菲斯克正是以此为依托，将流行的硬通货原则融汇成火药味儿十足的散文。当前政府能做到坚定不移吗？面对这样的问题，菲斯克明确宣示了对伍德伯里、肯德尔、约翰逊上校的信任；不过，他对范布伦倒是没有太大信心。[14]

7月4日，他再次出击，发表了一份演说词，题为《劳动是财富的唯一源泉》，再次简明概述了激进派立场。我们的宪法，他说，是严格禁止世袭等级王朝的，不过，"到现在为止，这部宪法尚未证明有能力防范或者对抗一个财富王朝"。既然唯有劳动能够创造财富，那么这个王朝就必然建立在盗窃劳动果实的基础之上，首要的盗窃和劫掠工具便是"公司"，一切公司之中最为恶劣者非银行莫属。[15]

查尔斯顿主流社会的公民显然已经听够了这些东西。当菲斯克于7月8日发表金融形势问题演说的时候，他们涌入大厅，吼叫着让菲斯克下台，菲斯克拒绝离开讲台，便有几个人上来将他拖下台。市长坐在旁边一动不动，显然是默许了[16]……查尔斯顿的商人也向罗克福克党人发出了警告，倘若他们再不收敛，他们是有能力镇压此次集会的。

马萨诸塞和纽约方面，银行危机加速了民主党保守派和激进派的最终决斗。马库斯·莫顿、乔治·班克罗夫特及其支持者的力量一直在稳步提升,中止兑换行动等于是为激进派提供了强有力的论证,令"关税厅"集团无话可说,这个集团的很多人都跟储蓄银行体系深有交集,要么是储蓄银行的行长、董事,至少也是持股人。此等情形之下,戴维·亨肖要竭力遏制这股罗克福克潮流,为此,他发表了一份小册子阐述公司问题,这份小册子同 1819 年达特茅斯学院案的判决意见完全分道扬镳。亨肖强调了在特许状问题上维持立法机构的权威,乃是一切问题的关键。"我敢肯定,"他说,"只要撤销达特茅斯案的判决,因特许状延期而带来的那些不好的东西,便可以借由立法途径予以救治。"换言之,根本就没有必要针对整个特许状体制发起一场讨伐运动。但是,民众对这块小小鱼排根本就没有兴趣,他们要的是一块更大的肉。亨肖遂向七月四日庆典发送了一份显然已经迟到的激进发言稿,试图借此做最后的修复努力。《改革者》对此冷冷评论说:"我们需要他做数年时间的忏悔,而后再决定是不是收容他做罗克福克团的军中走卒。"[17]

3

总统的家乡,大分裂的速度甚至更快。银行危机制造出该州进步派等待已久的大问题。《纽约晚报》于 1836 年初就已经颇为欣喜地评点说:如今,越来越多的人开始相信,真正的问题"并非人民和合众国银行之间的斗争,而是人民同一切特许公司之间的斗争"。到了这个时候,进步派当然要再起浪潮,呼吁政府和银行彻底分离。[18]

此时布赖恩特也已经在这个战场上赢得了一批同伴。1836 年 12 月,威廉·莱格特创办了《老实人》。这是一份周报,幕后支持者是演员埃德温·福里斯特,是模仿《伦敦观察家》创办的。到了 1837 年 2 月,该报的发行量就已经到了一千一百份,还有两百到四百份之多的报摊销售量。[19]然而,莱格特的行为也是越发狂躁,这就令原本有意支持他的团体纷纷退避了。他对公司垄断体制素怀仇恨,因此惹怒了辉格党人和民主党保守派;他攻击面粉暴乱,同时也攻击暴乱者自立组织,又得罪了罗克福克集团;3月份,他还因为范布伦在就职演说中表达了反废奴派观点而对总统发起尖刻攻击,这令民主党自由派对他也是忧惧三分。最终,当他在4月份对废奴派也展开猛烈攻击的时候,他彻底沦落孤立境地。即便这样,他的文字仍然强劲且闪光。吉迪恩·韦尔斯于6月开始对《华盛顿环球报》的那种摇摆犹疑之态感到不满,遂提议范布伦用莱格特取代布莱尔,他告诉范布伦,莱格特可是"这个国家最能干的编辑"。[20]

此时,理查德·亚当斯·洛克的《新时代》也作为流行日报介入战场。1835年,洛克来到纽约已经有几年了,此前,他在英国新闻界已经是颗冉冉升起的新星。也就是在这一年,他在《纽约太阳报》发表了大名鼎鼎的"月亮骗局"系列,以严肃且富含细节的方式讲述月球生命的故事,据信,那些月球生命是天文学家约翰·赫舍尔发现的。[21]也就是在这个时候,一个名叫埃德加·爱伦·坡年轻人也正执笔奋斗。爱伦·坡的《汉斯·普法尔历险记》实际上就是受了"月球骗局"的激发,后来,爱伦·坡将洛克视为"这个国家仅有的几个拥有无可置疑的天才的人之一",并且还不忘加上一条,"我就没见过有谁拥有他那么好看的前额"。洛克身材矮小,脸上布满斑点,可以在冷静和激奋之间随意切换。在他的操持之下,《新时代》呈现出锐意进取且相当鲜活的气象。该报支持工会,支持罢工,攻击纸币和垄断,甚至还同英国宪章派报刊有了交集。洛克离开《新时代》之后,他的继任者,先是西伦·拉德,后是罗克福克党人利维·D. 斯兰姆,多多少少都承续了该报的彪悍风格。[22]

此时的民主党保守派开始在参议员纳·皮·塔尔梅奇身后集结

起来。塔尔梅奇是个坚定人物，身材矮小、肥胖，皮肤黝黑，很是平易，一看就给人以强悍领袖的印象。[23]塔尔梅奇是在克服了范布伦的反对意见之后获选成为参议员的，而后的国会经历便是一路磕磕绊绊，直到 1836 年。这一年，他为新的分配法案而战，对抗"铸币通告"，还亲自发表了写给当前信贷体制的那份著名颂词。银行中止兑换之后没过几个星期，他便以公开信方式再次为纸币体制进言，那热情洋溢的文字漫卷了《奥尔巴尼阿尔戈斯报》的专栏，一个月后，纽约市便有超过七百个民主党人为他的立场发出政治背书，这其中就包括了吉迪恩·李、塞缪尔·斯瓦尔特沃特——此人是关税员，腐败透顶——还有马西的密友普罗斯珀·蒙·维特摩尔。也就是在这个时候，奥尔巴尼摄政团大委员会发布政党宣言，正式宣示了反硬通货立场。到了 8 月份，诸如吉迪恩·李这样的民主党右翼分子就已经蠢蠢欲动，开始致信范布伦。他们告诉总统，"除非让金融权能复位，否则就绝不要指望恢复繁荣。"倘若"古奇先生的小册子"获得接纳，李以威慑的语气陈词说，那么但凡"有点务实能力的人"就都不难明白，等着我们的只能是失败。[24]

奥尔巴尼摄政团的情况又是如何呢？老朋友们纷纷开始撕破脸皮。阿·卡·弗拉格和约翰·亚·迪克斯随即明确立场，反对奥尔巴尼摄政团的这份所谓的政党宣言。从 6 月 20 日开始，《圣劳伦斯共和报》便推出系列文章，所有人都认得出那坚定且持重的风格显然是出自赛拉斯·赖特之手。文章倡言联邦政府同银行体系彻底分离，并对州银行体系实施彻底改造；并强调说，除此之外，别无他法，否则共和国将面临灭顶之灾。"倘若真有那么一天，在美利坚大地崛起一个政党，其原则植根于银行或者别的金融公司特许状，那么，这个国家的统治体制毫无疑问就会成为这个世界之上最危险的贵族体制。"更年轻的一些政治人物则已经完全不信任州银行体系了。"事已至此，唯有平权党能够拯救民主了，"这是小西奥多·塞奇威克在6月给出的评说。他还申述,尽管平权党的观念"很是粗劣",但他们起码信守民主原则。[25]

州长方面是何态度呢?马西赞同奥尔巴尼摄政团的这份政党宣言,《环球报》和《晚报》对马西生出忧惧之心;此外,马西的岳父同银行投机浪潮深有交集。州议会很是顺利地通过了银行方面的要求,在中止兑换期间单独留置一笔保障基金,马西也就没有任何犹豫地在上面签了字。[26]此时马西也越来越感觉到,"华府方面的情况越发不稳定了"。杰克逊发出的公开信令他十分困扰。"依据戏剧法则,悲剧的主人公应当在最后一幕死去,也许还会更早一些。我担心我们的老英雄活得太长,令自己的名望折损。"他还宣示说,关于范布伦,已经有"可怕预兆"了。阿莫斯·肯德尔是不是权势过大了呢?州长就这么盯着黑洞洞的前路,十分不安。[27]

4

这一年的春天和夏天,是华府的决断时节。从一开始,范布伦的态度就很明确了:银行同政府脱钩是唯一的办法,否则就只能缴械投降了。古奇提起的申述和论证令他印象深刻,同时,一个名叫约翰·布罗肯布罗的弗吉尼亚银行家提出的规划也打动了范布伦,布罗肯布罗是兰道夫和格尔顿的好友,他提起的规划,要旨就是一套联邦储备体系,但并不坚持"铸币条款"。这实际上是此前独立财政计划的右翼变体。[28]此时的总统开始静心考量诸般可能性,并于5月草拟了初步规划,并交付幕僚讨论。

康布勒朗和巴特勒此时已然宣示了分离的立场。赛拉斯·赖特则对其中的政治风险表示担忧,不过,到了6月,赖特便也下定了决心。托马斯·哈特·本顿、詹姆斯·柯·保尔丁和詹姆斯·布坎南、阿·卡·弗拉格和小罗伯特·兰拓尔,也都表示赞同和支持。[29]最重要的是,此一时期全国各地集会抛出的决议已然形成了大潮,大潮漫卷了邦克山、坦慕尼协会和独立广场,各个城市和市镇,无分大小,纷纷要求银行和政府脱钩。

安德鲁·杰克逊此时正在赫米蒂奇安心休养,但他那鹰一般的锐利眼睛也一直在注视着事态的发展,并且常常挥动大手,在激愤之中写出长长的信笺,要么建言,要么鼓励,这些信当然是给布莱尔、肯德尔以及总统本人的。老英雄对人民的情感到了这个时候仍然不曾消弭,这段时期,白宫上空风雨肆虐,这个赫米蒂奇的隐士当然要劝诫总统大人坚定心志。"到处看看吧,人民对银行的所作所为已然是越发地激愤了,只要政府强制银行支付硬币,那么无论是怎样的政策,人民都会支持的;而且,无论怎样的计划,只要志在保护人民……不受腐败纸币体制之祸害,人们也都会支持。"[30] 1838年,阿莫斯·肯德尔拜访赫米蒂奇。那是一个酷寒之日,肯德尔策马而来,看到那可敬的昔日首领在大门口迎候,此处距离老将军的住所四分之一英里,老将军身上都没有穿外套,就在邮筒边上候着。"他跟在华府的时候没啥两样,"肯德尔回忆说,"只是没当年那么矫健灵活了。"[31]身子骨当然有些僵硬了,不过,眼睛里依然是光芒闪动。

7月7日,《华盛顿环球报》发表文章,宣示了脱钩立场并将古奇小册子的第一部分予以印发。民主党保守派即刻发动反击,在华盛顿专门创立了一家报纸——《麦迪逊主义者》,宣誓效忠"麦迪逊先生创立的"民主原则(这意思是说反对杰斐逊或者杰克逊的那些民主原则吗?)。《麦迪逊主义者》从一开始就猛烈抨击"排他性铸币规划是虚幻理论,愚不可及",并攻击古奇及其"雅各宾主义和无政府主义",同时,该报还抒发了浓浓情怀,颂扬州银行体系之美。[32]

这一年的9月,天气仍然酷热,国会开启了临时会期,9月4日等来了期盼已久的总统咨文。咨文当中,范布伦先是透彻剖析了这场恐慌,而后便明确拒斥了银行储备制度,无论是一家独大的银行体制,还是多家小银行共享体系,最后则正式宣示了独立财政计划。罗克福克主义如今总算是执白宫之牛耳了。[33]

5

"请坦率告诉我,"范布伦在发送给西奥多·塞奇威克的国情咨文副本上以潦草笔迹写下了这样的话,"这是不是跟您的想法很接近了呢?"实际上总统根本无需有此一问。此时的硬通货阵营一片振奋。弗兰克·布莱尔宣示说:"这是我国最高行政长官为捍卫人民权利而采取的最具胆略也最为卓绝的立场和行动……这就是第二次'独立宣言'。"布赖恩特和莱格特当然也是欢欣鼓舞,罗克福克党人即刻集会,目的就是颂扬范布伦。波士顿的A. H. 伍德则是表达了人们的普遍感受:"如今的他已经是激进民主的领袖了,就跟他的前任一样。"祝贺信如同雪片一般向着白宫飘洒,有吉迪恩·韦尔斯的,有詹姆斯·柯·保尔丁的,有尼·菲·特里斯特的,有俄亥俄的摩西·道森的,有西奥多·塞奇威克的,总有上百号人之多。[34]整个美利坚大地,那些靠着山间农田、靠着制作靴子或者靠着暗无天日的漫长工时,勉强为生的人,此刻有了新生的感觉,对政府涌起了新的信心和信任。这仍然是他们的国家,不是比德尔的国家。

商业集团的恐惧就跟劳工群体的热情一样,也是一门心思的:

"这样的国情咨文实在是无情、冷血,是对我国最有价值也最值得珍视的公民群体的残酷攻击。"(《纽约简报》)

"这份咨文没有给人民、国家和商界留下任何希望,人民国家和商界也绝不要指望对范布伦先生及其团伙抱有任何希望。"(《纽约快报》)

"这是本顿—杰克逊主义的体现,是一场精巧的布道,布

道的文本就是"消灭商业，消灭信贷"，是在无情诉求社会渣滓的非理性激情。"（《费城民族简报》）

"他跟罗克福克党人彻底同流合污了，这是全然毁灭性的极端硬通货主义，他瞄准了这个国家的核心利益展开打击，即便不会伤及自身，也要将这个国家送入持久的灾难当中，甚至有可能造成无可挽回的无政府状态。"（《波士顿阿特拉斯报》）

"他同《老实人》《晚报》《华盛顿环球报》、布莱尔、肯德尔和杰克逊将军声气相通，他们是一丘之貉。"（《纽约信使和探查者》）[35]

菲利普·霍恩本来对范布伦还是有一点点喜欢的，现在则禁不住伤感地评论说："一份长长的文件，文笔很好，但其取向是美利坚人民所见的最为恶劣的。"[36]一个年轻的纽约记者，名叫霍勒斯·格里利，则近乎狂野地宣称，该咨文的教义"跟一直令人讥讽有加的罗克福克破烂军团宣扬的那些荒诞教义，基本上是没什么区别"。[37]《麦迪逊主义者》则将独立财政计划一直溯源于劳工党。[38]一切的保守派，无分辉格党还是民主党，都陷入迷离和狂怒当中。[39]

此时的纽约，州长马西正在捧读国情咨文，震惊不已。本杰明·富·巴特勒叫他聚一聚，一帮老伙计就这份新计划热议了两个小时。巴特勒的脸色苍白且严肃，语气当中，一直是在压抑自己的愤懑。马西的言辞则是越发地率直，越发地愤怒。"我现在说话是越来越不顾面子啦……各位当然有理由觉得我会叛离这样的政策，只要有机会，我就会这么干。"《奥尔巴尼阿尔戈斯报》的埃德温·克罗斯韦尔当时也在场，表达了同样的愤懑。《阿尔戈斯报》是奥尔巴尼摄政团的老牌阵地了，此次一直就拒绝为此一计划背书，最终迫使范布伦在几个星期之后，不得不强行施加压力。

马西一开始极为愤怒，他明确敦促塔尔梅奇同联邦政府决裂，不过在经过两个星期的掂量之后，他最终还是咽下了这口恶气。他将自己的心声写在总统寄给他的咨文副本上面，小心翼翼地告诉总统："您毫无疑问已经为内部分歧做好了准备……我则诚心希望分歧并不像您预期的那么大。"不过，私下里，他仍然极为恼怒"那些罗克福克党人的倨傲，他们竟然说他们的全部的教义都已经得到总统的全力背书，显然不是这样的。"甚至到 12 月，他仍然告诫范布伦说："您一定要明白，这个国家的各个利益集团都已经对华府所谓的政策走向和教义倍感戒惧了。"不过，他最终还是在第二年 3 月表示了顺从态度。[40]

并不是所有的民主党保守派都如此顺从，而且应该说，顺从之人并不多。塔尔梅奇以其强劲的领袖权能敦促着保守派去拒斥总统的这种"罗克福克、赖特和托马斯·潘恩的教义"，并尝试引领保守派实施政治出走，制定自己的计划和教义。[41] 后来的研究足以表明，很多保守派人物都跟州银行利益有交集，这些人在反比德尔的斗争中强烈支持杰克逊，但是当同样的斗争逻辑落在州银行身上的时候，他们便站在反对立场上了。不过也有诸如华盛顿·欧文这样的人，作为总统的密友和杰克逊的崇拜者，则是发自内心地担忧激进主义在华府的崛起。对此，欧文申述说，他并不喜欢教条主义者（欧文是在约翰·雅各布·阿斯特的家乡写的这封信，阿斯特绝对不是什么教条派）。"因此，我对这些罗克福克说教人怀有强烈憎恶，他们最近一直在倡导那种力道十足且席卷一切的举措，此类举措显然是要毁灭这个国家很多人的利益。""那巨大的贸易群体和金融群体"定然是要承受巨大压力了，他对此表示遗憾，并总结说，他不会再跟如此暴烈的政府并肩而行了。[42]

6

一个世纪之后，人们再次见证了各方对独立财政计划的喧嚣和狂怒，实际上，这计划本身并不见得会引发此等热潮。这的确是很奇怪的情况，不管怎么说，这计划本身不过是希望政府看管并操持自己的钱袋子，希望用法币进行财政支付而已。如此简单且纯正的计划，为什么在激进民主派眼中竟然成了"第二次独立宣言"呢？又为何会在保守派眼中成了疯狂的、颠覆性的、极度危险的事情，令他们甚至愿意抛头颅洒热血地去抵抗呢？

从经济角度看，这份规划确实存在缺漏。它推行的是银行体系的分权化，最终证明制度成本是极为沉重的，所以后来才不得不建立联邦储备体系予以取代。不过，这不是反对声浪的真正动因。实际上，立足经济角度的反对意见在这场喧嚣中基本上无人提及，这其中的经济因素也只是到内战结束之后才成为考量的重点。说白了，此一时期，在独立财政问题上，人们考量的重点是政治和社会方面的因素，认为这是一场以专制为诉求和目标的运动，是一场反对私人财产权的阴谋。

无论是支持者还是反对者，都认为银行和政府脱钩的机制是硬通货政策的进一步伸展。切不可忘记，所谓硬通货政策，有三项诉求：其一，缩短经济周期；其二，摧毁政治圈中缺乏责任机制的霸权体系；其三，遏制金融贵族集团。独立财政计划需要在这全部的三项目标上提供助力。将财政资金从银行体系挪走，等于是削减了银行纸币发行的铸币基础，由此令经济不至于过度膨胀。撤销银行钞票在财政支付体系当中的功能，就在相当程度上限制了银行的货币权能。将银行业务局限在商业领域，这就等于是迫使银行持守"正当的"经济业务，限制银行对财富分配格局的影响力，由此削弱财富集中的趋势。

商界集团正是出于这样的考量，才同这种政策规划展开肉搏，认为此一规划实际上就是整个硬通货运动的顶峰。一名辉格党小册子作家写道，这样的政策"只能是立足于如下前提：银行以及银行发行的货币太不安全了，不能为政府所用。对政府不安全的东西，必然对人民也没有保障可言"。一名辉格党演说人禁不住问道:"那么,先生们,政府的政策究竟是什么呢?……就我自己来说,我是认定,这样的政策……就是一场战争,一场意在毁灭商业和货币的战争。"纳·皮·塔尔梅奇在参议院怒吼说:"你们尽情掩盖吧,这政策就是要毁灭整个的银行体系。"[43]

不过,明白人都知道,这其中可绝不仅是涉及硬通货和银行体系的问题。"倘若有谁认为这政策不过就是一项财政安排,"约翰·米·奈尔斯宣称,"……就显然错解了那些人的真正动机,那些人可是将此一政策视为货币体系改革的重大步骤,而且是第一步,同时也是政治改革的重大步骤,而且也是第一步。"奈尔斯接着申述说,这政策的目标就是"要将有组织的金融权能同政治彻底分隔开来并彻底排挤出去"。[44]

对那些跟汉密尔顿一样相信,商业群体因为手握财产而有权得到政府惠顾的人来说,这种政策方案显然是对社会组织架构本身的攻击。"其主要诉求,"惊恐不已的菲利普·霍恩喊叫着说,"就是要将商人彻底排除在财政事务之外,尽管商人也在支撑着这个政府。"威廉·M. 古奇则令反汉密尔顿的结论成为必然,他申述说:"倘若有财政盈余,那么银行和投机集团究竟有何权利将之垄断呢……倘若真的有什么集团或者阶级配得上政府的偏袒和恩顾,那也应当是农民、技工等劳动者。"[45]

联邦主义原则由此便要陷入险境了。《麦迪逊主义者》评论说:"今天的这场斗争,我们认为是文明和野蛮之间的决斗。"另一份颇有地位的杂志也申述说:"这个国家已经到了生死存亡的关头,人们已经不可能继续忍受恶政了。要么是一场革命,一场暴力革命,甚至是血腥革命,要么就是一场复兴,改天换地的时刻很快就会到来。"[46]

民主派当然也不会示弱。弗兰克·布莱尔宣称,此一政策实际上就是要"连根砍掉这套盘根错节的体制,当年的汉密尔顿及其党羽也正是要凭借这套体制来令宪法名存实亡"。赖特的表达则要温婉一些,她说:"此举是要实现国家独立。这是一套有效且明晰的办法,可以剥除国家机体之上的赘瘤。是第一次切实、有效且决定性地兑现了1776年的'宣言'。"[47]

这场萧条毫无疑问拉紧了双方的战线。1837年和1838年间,这个国家的商界表现出空前团结的局面,他们联合起来对抗政府。说到底,最终的问题是联邦政府敢不敢击败已经团结起来的敌人,不妨说得更直白一些,这个国家究竟是谁做主?

对杰斐逊派来说,答案很简单,而且只有一个。重大决定权归根到底要交付那些对人民负责的人的,绝不可能让没有权力责任机制的私人集团侵夺。马丁·范布伦拒绝在亚财政问题上让步妥协,这也就意味着,民选政府必须控制商业集团,因为这是捍卫底层群体之生命、自由和财产的唯一道路。[48]

二十　南方的困境

约翰·考·卡尔霍恩此时正面临一个重大抉择。1837年的那个暖秋时节，卡尔霍恩从彭德尔顿出发，策马北上，一路之上，嘴唇干瘪，脸色凝重，神情恍惚，寡言少语，他正在思忖、考量自己的未来，要尽可能地做到精确。国会的特殊会期在等着他，独立财政之战也等着他。他的决定，确切地说，他的每一个决定，都将摇撼南方的未来，直到那看来是无可化解的问题得到解决为止。

1

卡尔霍恩已经不再是1830年那个同杰克逊结下深深仇怨且野心勃勃的政客了。此时的他已经越发懂得放下个人野心，或者说是将这野心融入对南卡罗来纳的命运和奴隶制事业的冷静执着当中了。而此时，有很多人，包括哈利雅特·马蒂诺在内，都发觉已经无法跟他交流了。现在的他已然是心思深沉，绝少听别人说道，情感也变得极为强烈，从未忘记自己肩头的责任。"跟他在一起，就从来没有放松过，"他的忠实朋友、亚拉巴马的迪克逊·霍·刘易斯（这个三百五十磅的胖子说起话来总是带着激情）哭喊着说，

"要是我想放松一下，找他就是找错人了，他会让你更加亢奋，更加紧张。"此时的卡尔霍恩似乎沉浸在旁人无从想象的孤独思想当中，他的心灵完全追随那没有止境的责任感而去，永远聚焦于单独的某个闪光点，对他来说，那就是整个宇宙的中心。他显然正在变成"铁铸的人"，正如马蒂诺小姐说的那样，"看起来就是那种不生不灭的人"。[1]

不过，若是他选择在参议院起身发言，他就会成为令人震撼的人物，眼睛如同火炭一般在他苍白的脸上燃烧着，头发一下子竖起来，皮肤松弛地搭在他突出的骨头上，语词倾泻而出，暴烈、浓密且极为缜密。他的声音如同金属一般，掷地有声，相当严厉，手势很是单调，音调如同口技一般，不知从何而来，却又回荡在整个大厅。那充满威慑力的眼神、阴沉肃穆的姿态以及极端刚正的情感，令在场所有人都不免热切关注。他就那么站立在参议院的狭窄通道里，靠着旁边的桌子，平均每分钟可以喷射出一百八十个单词，那论证的力量更是无往不利。[2]

卡尔霍恩代表了那个时代政治圈的思想巅峰。同他相比，克莱主要是靠着极为丰沛且率性的情感，韦伯斯特则主要依赖辞藻的堆砌，本顿的力量则在于事实自身的分量。实际上，所有这些政治人物都在纵情享受辞藻的狂欢，卡尔霍恩的演说则完全剥除了这些东西，确切地说，他依托铁一般的逻辑来阐述事实，把逻辑链条拉伸到极致。他的头脑和思想是靠着亚里士多德、马基雅弗利和伯克养育起来的，因此，拥有一种可以刺透问题实质的神秘能力。[3]他的思维非常复杂，堪称冷酷，不带情感，在他所处的那个时代，他这些品质显然不存在需求。

他比那个时代的所有人都更清楚地意识到，他置身其中的那个时代乃是一个关键时代。对他来说，那是一个革命时代，"一个变迁时代，必然充满动荡、变动、混乱、错误，同时也激荡着狂野和炽烈的激情"，他怀着极度的焦虑看待这么一场显然"是正在迫近的政治和社会的伟大变迁"。"现代社会,"他几乎是以恐惧的语气宣示说,"正在奔向一种新的、人类不曾经历过的境况。"未来的"真正问题"将会是"财富分配的问题,这个问题几乎不曾有人探索过,但也是整个的政治经济领域最为重要的问题"。[4]

工业社会的轮廓已经在地平线上冉冉升起,这令卡尔霍恩内心充满了不祥的预感。他感受到新的经济形态正在牺牲普罗大众,正在将财富积聚在小小的资本集团手中。"资本的本性是摧毁并吸纳社会的财富,制造资本和劳工之间的冲突",此乃危机的深刻根源。"北方正急速奔赴无政府状态,"他告诉艾伯特·布里斯班,"……资本家是劳动工具的主人,他们竭力盘剥劳动果实,任凭劳工在年龄和疾病的双重侵袭之下自生自灭。这只能制造敌意。结果就是敌对和冲突,必然以内战收场,北方将就此沦落社会解体的深渊。"资本家集团权势日升,普罗大众日益沉沦,社会机体就此陷入危机之中。[5]

南方又是怎样的情况呢?商业集团当然看重保守和稳定;不过,他们比任何人都更希望扩张联邦政府的权力并削弱州权。倘若像卡尔霍恩认定的那样,银行和国家的融合"将无可避免地将令联邦政府吸纳一切的权能",那么南方的保障又何在呢?[6]另一个危险就是北方金融和南方棉花之间无可避免的经济冲突。弗朗西斯·威·皮肯斯相当率直地解释了卡尔霍恩逻辑背后的冷硬事实:南方必须做一个决断了,"究竟是让棉花来控制贸易和进口,还是让银行和股票、证券来操持这种控制权能……破解银行利益集团……棉花就能够执商业之牛耳了"。[7]

另一方面,反商业集团的党派对南方有着严重威胁。平等派和激进派正靠着激奋和运动成长起来,他们永远都在酝酿新的改革工程,这将会是自由论教义永不枯竭的源泉和动力。不过,尽管这一派肆意过火,但他们的主要关切是限制商业集团的权能,在这个过程中,他们依然要借助州权,州权则是南方的命根子。

因此，南方面临的决断是：激进民主派和金融资本，究竟何者对种植园体制威胁更大呢？说白了就是，南方统治集团究竟应当同北方上层社会结盟，并由此同宽泛的宪法解释路线、同资本主义和保守主义结盟，还是应当同北方下层社会结盟，并由此同州权、平均地权主义和改革派结盟？更直白点说，南方究竟应当联合辉格党对战激进主义，还是应当联合民主派对战商业霸权？

2

此时，很多南方人实际上已经做出选择了。托马斯·库珀于1830年抒发了深沉的种植园信念，他说，普选权是一切政治邪恶之根源。因为普选体制将必然令政治权能落入"劳工、技工和劳动群体手中，这些都是没有财产的人"。结果会是怎样呢？"结果是毫无疑问的，富人的财富将沦落危险境地。"[8]这显然已经不是派系问题了，库珀本人到1837年也归附尼古拉斯·比德尔阵营，他将比德尔视为金融资本的化身，也视为南方的真正希望所在。

乔治·麦克达菲最终也成为宪法否决权和合众国银行的追随者。1834年，他宣称，"北方和中部各州的财富和智慧"是南方反废奴主义的最强有力保障，废奴主义浪潮将因为"失衡的民主"而崛起。[9]北方辉格党人当然对南方的此等情感做出了强烈回应。我们应当"同我们的南方兄弟通力协作"，一个辉格党团体把话说得非常露骨了，"还应当承诺我们的南方兄弟，但凡相信财富乃是德性之体现的人，都是绝无可能扰动任何形式的财产权的"。[10] 1836年，南方对怀特的支持展示出了同北方保守集团结盟的力量。在弗吉尼亚，甚至严格的州权派也都支持辉格党票单。约翰·泰勒，在否决权斗争时期就曾单力对抗强制法案，而今，更是挺身而出，成为辉格党的副总统候选人。[11]

然而，此时卡尔霍恩也非常清楚，商业集团对南方的保护终究是有代价的，这代价就是要南方默从"美利坚体制"和宽泛的宪法解释路线。南方付得起这个价格吗？卡尔霍恩表示怀疑。倘若就此交出经济和宪法堡垒，那就只能听凭北方摆布了。

有别的选择吗？1836年，卡尔霍恩既无法支持民主派也无法支持辉格党。不过，1837年的大恐慌改变了形势。倘若范布伦忠诚于硬通货政策，他就定然要推行银行和政府脱钩政策。南方就不能抓住这个机会强化自身的经济地位，强化宪法壁垒并据此遏制北方资本主义吗？即便这代价就是向北方激进派出让更多的权力。

约翰·泰勒此前已经替激进派的联盟背书，将之视为对抗金融资本的最优策略。"问题在于，"泰勒写道，"地产利益……是不是应当同民主集团联盟，据此将显然要成长为可怕巨人的那个怪物扼杀在摇篮里面。"[12]最终，卡尔霍恩不得不以杰斐逊主义者的政治坐标来理解眼前这场斗争，说白了，那就是地产资本和商业资本之间的斗争，这样的政治坐标跟南方辉格党人显然不一样，南方辉格党人持守的是联邦主义的政治框架，认为这场斗争是财产群体和无财产群体之间的斗争，无论这财产是土地上的，还是商业上的。卡尔霍恩的此番抉择足以显示出，他是何等深刻地承续了杰斐逊传统。

范布伦发布的国情咨文令卡尔霍恩的政治抉择就此尘埃落定。"我们现在有了大好机会，击碎我们身上这最后的商业锁链，"卡尔霍恩颇为兴奋地宣示说。[13]此时的卡尔霍恩是有巨大的解脱感的，已然恢复了昔日"更贴合内心情感"的境况。很快，他便同辉格党人决裂，将自己的力量投注于几个月前他眼中的民主党"肮脏集团"身上——这个集团的领袖是"本顿、肯德尔、布莱尔和约翰逊"——当然也对自己的宿敌马丁·范布伦的个人决策提供了政治背书。[14]但是，此时的他也在内心建立了自己的原则，他将遵从这原则行事。

3

9月和10月间的众议院论辩可谓漫长且激烈,这场辩论明确揭示出卡尔霍恩和南方辉格党人的分歧和争斗。范布伦发布咨文之后,没过几个星期,凯莱布·库辛——来自马萨诸塞的辉格党议员,口齿伶俐——便提起强力诉求,希望南方给予支持。他说,对州银行的这场攻击行动,首先就是对州权的攻击,而后肯定会发展成对财产权的普遍攻击。"摧毁了州银行,就等于是革了这个国家的财产的命……也革了社会的命。"库辛以此番强力申述为依托,向南方发出了诉请。"这显然就是亡命徒的做派,他们攻击了一种财产之后,难道就不会攻击另一种财产吗?倘若他们蹂躏了北方,你们觉得他们会放过南方吗?法律、秩序和财产,在这个国家的一端遭到践踏、粉碎,那么另一端的法律、秩序和财产就能高枕无忧吗?一半地区沦落无政府境地,另一半地区就能避免吗?在我看来,"他总结说,"一处沦陷,将导致处处沦陷,无分南北,特别是南方。因此,我们应当通力协作,力求捍卫合众国社会组织体制中的保守元素。"[15]

此一强大申述深深打动了很多的种植园主。但是卡尔霍恩有不同的想法。弗朗西斯·威·皮肯斯,卡尔霍恩在众议院的代言人,首先代表南卡罗来纳发起反击。皮肯斯申述说,北方资本的要义就是剥夺全部的劳动果实,南方的劳动者则是要收获自己全部的劳动果实的,因为在南方,劳动和资本是一体的。"我们是在为不受人盘剥的利润和收入而战,"皮肯斯高声宣示说,"难道你们没有看出,我们的境遇跟北方劳工的境遇是一样的吗?不管从哪个角度来看,我们都是劳动者。就经济利益而言,我们是资本集团当中唯一一个劳动者群体。"因此,我们就必须同北方劳工携手对抗北方资本。[16]……论辩后半段的时候,埃利·穆尔起身发言,对攻击皮肯斯的北方辉格党人展开谴责,由此,这个联盟便等于是形成了。[17]

穆尔和皮肯斯之间的联盟,说白了也就是马丁·范布伦和约翰·考·卡尔霍恩之间的联盟,虽然坚实,但也脆弱。在某个环节之前,双方的一致格局是彻底且完整的,但是越过这个点,双方的分歧便如同深渊了。"我是贵族,"约翰·伦道夫曾对南方立场有过精彩的品评,"我热爱自由,我痛恨平等。"[18]卡尔霍恩在"热爱自由"和"痛恨平等"之间取了个中间值。卡尔霍恩确实恐惧激进民主,恐惧激进民主派的平等倾向和多数原则,此等恐惧仅次于对资本主义的恐惧。听到民主这个名字,都会令他抖上三抖。"民主这个词最好还是留给北方吧,千万别来南方,"他在1838年时说,"所谓民主派,通常就是指那些赞同多数之绝对权能的人,我则是绝对反对这个东西的,一旦这个东西得逞,就定然会毁灭我们的制度,毁灭我们南方。"[19]卡尔霍恩利用闲暇时间,阐发了一套颇为精细的少数派否决权理论,这套理论注定要跟北方盟友的多数原则迎头相撞。[20]

为了证成同激进主义的此次结盟,卡尔霍恩提起的论证对大多数种植园主来说太过精细了,基本上无从体认、无从理解。不过,卡尔霍恩也据此赢得了一批很有天分的年轻人,诸如皮肯斯、詹·亨·哈蒙德、迪克逊·霍·刘易斯、罗·巴·雷特。此外,还有一批政治精英也就此选择了追随卡尔霍恩,这其中就包括弗吉尼亚的威廉·菲·戈登、加罗林的约翰·泰勒的儿子威廉·佩·泰勒等。然而,卡尔霍恩未能说动作为一个整体的种植园集团,无论是弗吉尼亚派系,还是南方辉格党人,都没有追随于他,前者对州权确实有关切,不过没那么强烈,后者则对卡尔霍恩的"抽象理论"没什么兴趣。在亚财政计划上,弗吉尼亚派系有强烈分歧。1840年,埃布尔·帕·厄普舍尔推出了《联邦制度之性质和要义简论》一书。此书代表了一次很典型的努力,试图协调州权派和辉格派立场，因此也是对哈里斯堡宪法集会实施的理论伸展，正是此次集会提名威廉·亨利·哈里森和约翰·泰勒作为竞选伙伴参与大选角逐。

此时的泰勒、厄普舍尔、亨利·亚·怀斯及其同僚仍然抱有幻想，认为人是可以出于杰斐逊主义的考虑而成为辉格党的，但是1840年之后，此一幻想便一下子烟消云散了。卡尔霍恩正确地评论说，北方迟早要向南方开价。当克莱将辉格党经济纲领公诸于世的时候，弗吉尼亚集团便在泰勒的领导之下觉醒了，遂离开了辉格党阵营。厄普舍尔谢世之后，拥有更好逻辑能力的卡尔霍恩接替了厄普舍尔的国务卿位置，这表明弗吉尼亚集团意识到并且也承认先前的错误了。

不过，即便是泰勒引领的这个集团脱离了辉格党，南方种植园主的政治江山仍然是辉格党统领的。三分之二乃至四分之三的奴隶人口仍然掌握在辉格党人手中。也正如卡尔霍恩预见的那样，那些意在寻求并依托北方保守主义保护力量的人，定然会接受辉格党的经济纲领。于是，这些种植园主纷纷谴责卡尔霍恩是"形而上学家"，谴责泰勒是在"玩抽象"。说白了，这些种植园主都是极其实用之人，他们放弃了经济武器和宪法武器，就为了换取北方商业集团并不可靠的恩顾和保护。到了一八五〇年代的时候，他们才逐渐明白了，卡尔霍恩是对的。但为时已晚，他们已经输掉了这场游戏。[21]

二十一　激进主义高潮

独立财政计划公布之后，西奥菲勒斯·菲斯克第一次在国会山布道。不过，在角逐众议院牧师职位的时候，他遭遇挫败，这实际上也成了此次特殊会期的不祥征兆。赛拉斯·赖特接着便将亚财政提案引入国会，卡尔霍恩补充了"铸币条款"，激烈论辩由此开启。反对派当然是惊恐不已，不过，整个国家都在要求采取行动，亚财政计划很快便通过了参议院，也已经经由卡尔霍恩的补充提案完善起来了。众议院方面，来自弗吉尼亚的亨利·亚·怀斯，如同《纽约晚报》评说的那样，基本上是不会保持沉默的，"除非是身体原因"。面对亚财政提案，他即刻引领了一场反攻怒潮，那种辱骂之词，怕是伦道夫之后再没人见识过的。"诚实的埃古"肯德尔、"大笨牛屁股"本顿，就是他的典型用词，他将这些暴烈语词肆意抛洒而出，集结辉格党和民主党右翼的力量，反击他所谓的"全盘摧毁银行的……政策取向"。[1] 众议院做出了回应，独立财政计划遭遇搁置。

1

这当然令联邦政府倍感沮丧，不过，战局当然并未就此落定。

赛拉斯·赖特以其特有的果决和阴郁品评说，这场反银行战争很可能要持续很长时间，遂在常规会期再次引入提案。[2]新一轮论辩就此爆发，不过，并没有出现新东西。此次论辩，亨利·克莱宣示了"充分且郑重的信念，那就是，同这个世界之上最强大的权力展开的这场战争，也许会带来沉重灾难，不过这一切的灾难若是同此等政策举措的后果比较起来，却是要成为一项福祉了"，纳·皮·塔尔梅奇指控当前政府"阴谋摧毁这个国家的整个银行体系，阴谋撤销特许状，阴谋剪除固有权利"。[3]不过，提案还是再次顺利通过参议院，尽管这一次辉格党人和保守派（也就是反亚财政计划的民主党人）在西部民主派的襄助之下，剔除了铸币条款。卡尔霍恩遂反对此一举措。皮肯斯立场坚定，他在众议院发表极为蔑视的品评，说："这是在阉割议案……令这议案看着是个男人，但实际上已经成了阉官。"（来自宾夕法尼亚的萨金特回应说，如果这议案真成了阉官，他倒是愿意支持，"毕竟，总还是有东西在看管财政"。）[4]不过，独立财政提案这一次还是没能通过众议院，金融集团长出了一口气。

此时金融集团已经掀起了一场疯狂的反范布伦运动。费城方面，已经陷入狂躁的商人告诉来访的英国颅相学者乔治·库姆，他们宁愿要一个军事专制体制，也不愿意承受当前这个体制。"更为温和一些的人则告诉我说，他们更愿意接受英国在加拿大建立的那种体制，也不愿意要他们自己的这套民主体制。"[5]华尔街方面也对罗克福克主义入主白宫狂怒不已。到了1838年春天，康涅狄格州州长已经在州议会演说中宣称："我们的商业正如在烈日暴晒下的雪片一样，消融而去了……新英格兰的制造业遭受重挫之后，已经破败不堪，令人无法承受了。"[6]

《麦迪逊主义者》从华府发声，引领了一场宣传攻势，向各地输送无穷无尽的反政府素材，并印发怀斯、塔尔梅奇和克莱的演说词，更对范布伦展开人身攻击，其势头较之民主党媒体有过之而无不及，比如说下面这段话：

> 亨利·克莱同马丁·范布伦之间的对照，就如同教父同罗伯特·戴尔·欧文及其叛教追随者之间的对照，也如同大地的贞洁女神同赖特及其追随者之间的对照。

还有对埃利·穆尔的攻击：

> 我们不想说他是最堕落的那种人，也不想说他就是从酒馆和妓院走出来的低贱坏子，根本无力建立道德意识……有必要说这些吗？说这些只能脏了我们的嘴。

当然也有谈论眼前基本境况的，比如1838年3月6日的这份评说：

> 我们这个共和国从未遭遇如此险境！……接下来就是恺撒的魔掌和尼禄的暴政！[诸如此类，不一而足。][7]

《麦迪逊主义者》提起的此类攻击和指控不断得到各方的重复和援引，产生了十足的效果。到了1839年年中，就连《华盛顿环球报》也开始抱怨"商人集团对民主政府的这种普遍且尖锐的敌意"。《纽约晚报》也感觉有必要站出来驳斥那种认为政府及其支持者是"商界的敌人和压迫者"的说辞，正式否认"在启动旨在摧毁所有银行的计划"，否认要"对财产实施普遍再分配……平等共享财产"，并正式声明，政府根本无意攻击宗教，根本无意将"教堂变成异教哲学家的讲堂"。[8]

不过，中止兑换行动既然还在持续，就必然会严重威胁商业集团的团结。尚且有责任感的银行家自然会觉得有义务尽快重续硬币支付。实际上，早在 1837 年 8 月，阿尔伯特·加勒廷就已经引领一个委员会，代表纽约银行界向全国同行发出倡议书，明确申述说，恢复硬币兑换，"乃是最好也是最神圣的职责"，并提议召集全行业集会商讨具体操作办法。大多数城市都积极回应，[9]不过，波士顿闪烁其词，并未明确态度，费城和巴尔的摩则明确否认了任何的责任。

11 月份的这场集会将问题更为清晰地揭示出来。对加勒廷、波士顿的内森·阿普尔顿（此人因为支持恢复兑换而被排挤在波士顿代表团之外）[10]以及纽约银行业领头羊普赖姆、沃德和金银行的塞缪尔·沃德来说，此次决断纯粹是经济性质的。这也就是说，只要具备金融上的可能性，银行就应当恢复兑换。但是对其他的人来说，此次决断主要还是政治性的。换言之，银行应当以中止兑换为手段和筹码，挫败独立财政计划，并迫使政府恢复全国性的大银行体制。这一派人的领袖是尼古拉斯·比德尔，此时的比德尔仍然是 1834 年时那种压力策略的残忍且坚定的倡导者，这个集团包括费城和波士顿代表团。他们合力阻止了此次集会采取联合行动的诉求。

全国集会之上遭遇挫败之后，加勒廷和沃德便着手在本州推行此一计划。"我们的银行拥有非同一般的力量，" 1838 年 2 月沃德写道，"但是……对比德尔先生的恐惧、对亚财政计划的恐惧、对票据持有人以及储户的恐惧，一直盘桓在我们这个多头怪物的脑海里，最终就像是受到惊吓的小孩子一样，完全变得杯弓蛇影了。"[11]甚至有银行家希望州议会给予展期，也就是说，将中止兑换期延展下去，并不取消特许状，加勒廷挫败了此等动议。（后来，加勒廷和阿普尔顿都认为，唯有此等惩罚性质的法令才能强迫银行恢复兑换。）[12]

4 月 5 日，纽约方面正在完善加勒廷的计划。比德尔选择在这个时候发出一封公开信，为中止兑换行动提起大胆辩护，将之视为一种政治手段，同时也表态说，除非恢复合众国银行，否则就完全不应当恢复兑换。加拉丁认为此等宣示是在向其他银行和政府宣战。《纽约美国人》的编辑查尔斯·金，当时最具分量的保守派编辑之一，则宣示说，这是他见过的"最傲慢、最放肆的文件"。[13]

事情到了这一步，基本上可以肯定，比德尔是谋划着要袭击纽约货币市场，迫使纽约的银行再次关门。不过，塞缪尔·沃德也就是在这个当口采取行动，从英格兰银行拆借了价值五百万美元的金条，比德尔的计划被挫败了。但是比德尔仍然没有泄气，6月份晚些时候，他宣布说，是合众国银行"独力"挫败了独立财政计划。（相比之下，纽约的银行岂不是太过"下三滥"了吗？）[14]然而，到了7月份的时候，纽约的榜样激发了公众舆论，在强大的公众压力之下，这个国家其他的银行，包括比德尔自己的银行在内，都不得不恢复硬币支付。实际上，此时的联邦政府一直都在财政业务领域尽可能多地使用硬币，并据此抵制一切复位银行钞票的企图，由此将相当额度的硬币流量注入经济体系中，对恢复兑换起到了重大作用。[15]

2

与此同时，独立财政问题实际上也化解了民主党的党内斗争，因为党内大多数保守派的反对立场公开化了。在马萨诸塞，在围绕独立财政计划展开宣传攻势之后不久，激进派便取得了明显的胜势。约翰·K.辛普森，亨肖的波士顿关税厅职位候选人，在这一年的夏天非常不明智地评论说，亚财政计划将会毁灭民主党。1837年秋天，辛普森谢世，这也是他在政治上的死亡。[16]1838年1月，马库斯·莫顿再次拒绝了关税厅职位，这个职位便给了乔治·班克罗夫特，班克罗夫特也由此成为马萨诸塞新任的民主党党魁。

这份党内荣耀令班克罗夫特的社交位置彻底倒塌。波士顿一家很有地位的报刊评论说:"关税员,没有比这个更令人憎恶的任命了。"[17]昔日的老朋友们变得更为冷淡了。只有为数不多的几个人,比如历史学同行普雷斯科特和颇有才干的年轻律师查尔斯·萨姆纳,仍然维持着昔日友谊,不过,此二人也都因为此等离经叛道之举而倍受冷落。不过,补偿还是有的。亨肖淡出,莫顿秉持支持态度,此等情形之下,班克罗夫特便可以依托真正的先进思路,放开手脚建设这个政党了。新任关税员于是便怀着巨大热情,开始工作了。

班克罗夫特往民主党委员会输送的第一批新人之一就是身为牧师的奥雷斯特斯·奥·布朗森。此时的布朗森三十四岁,拥有多样且鲜活的智识经历。他先后经历过长老派、普救派和不可知论,并在最终归附单一神论之前,有过一段短暂的休息期。在政治上,他曾在纽约劳工党同弗朗西丝·赖特有过合作,而后在宗教开始成为纯粹的社会救赎手段之时,进入了一段反政治时光。在迁居马萨诸塞之后,他于1834年发表了国庆演说,此次演说引起了塞缪尔·克莱森·艾伦的注意,后者明确告诉布朗森,他的政治立场是有弱点的,确切地说,他对经济改革太过冷漠了。

1836年,布朗森迁居波士顿郊区的切尔西,并在那里创建了基督教团结和进步会,这个组织的诉求是借由劝诫来提升劳工群体的素质。布朗森身高六英尺两英寸,此时已经是布道坛上的显赫人物了,一头黑发从前额一直梳到脑后,灰色眼睛很是深邃,里面闪动着深沉的情感,在大步流星来回走动的时候,宽大袍服的边缘在身后随风飘摆。6月,他成了《波士顿改革者》的编辑,在哈利雅特·马蒂诺看来,这份报刊在布朗森的引领之下,已经较之其他的报刊都更切近"严格的正义原则"了。[18]

此时的布朗森仍然认定,改革只能从内部发起,于是,他便用纯洁度标尺来衡量并掂量既有的各个党派,这种标尺显然是政治不能满足的。"杰克逊将军乃是凭借绝对的民心入主白宫的,"他写道,"……老将军志在成为一个改革者,但是他在就职演说中明确的所有改革举措,没有一项是实现了的。"[19]不过,布朗森的读者倒是相信,老将军的确完成了一些事情,尽管也留下了诸多没有解决的问题,于是,他们便开始抗议布朗森,说布朗森背叛了他们的事业。最终,布朗森不得不辞去编辑职务。

此一时期的危机很快便揭示出布朗森的这种道德主义态度不会有什么效能。经济萧条逐渐深化,布朗森的理论也开始在痛苦和饥饿熔铸而成的绝望事实面前黯然失色。银行中止兑换的行径算是完成了他的这场政治教育。他们拒绝偿付债务,此可谓"邪恶",竟然有那么多的人为他们的此等邪恶行径辩护,此可谓"道德暗弱",这样的情形令布朗森突然开始担心这个国家正在落入财富集团的魔掌。[20]

5月28日,也就是中止兑换两个星期之后,他依托"巴比伦之陷落"发布了一场尖锐布道。"这场斗争如今是特权集团和普罗大众之间的斗争,"他高声宣示说,"而且是一场可怕的斗争……民众正在崛起,威风且严厉,正在用陌生语言要求素来遭人蔑视、遭人否决的权利。"与此同时,布朗森又恢复了《波士顿改革者》的编辑职位,将强烈的罗克福克准则灌注其中。"这场斗争就是资本或者金钱跟劳动之间的斗争,"他极为严肃地宣示说,"他们当然可以随意将事实掩盖起来,但劳动者已经崛起,正在寻求自己的尘世权能,劳动者终究是要得到属于自己的权能的。"[21]

此时班克罗夫特已经关注这个激情四溢的年轻牧师很长时间了。到了这个时候,班克罗夫特便鼓励布朗森创办一份新的评论期刊,并且很快便利用联邦资源,在切尔西海军医院给布朗森找了一个职位,算是给布朗森提供了实质性的帮助。于是,《波士顿季刊》便在布朗森、班克罗夫特和亚历山大·希·埃弗里特这等强劲撰稿人的支撑之下,迅速成为民主党的智识阵地,对政府政策锐利且详尽的辩护文章同相当深奥的神学、形而上学和政治论章，交替出现在这份期刊之上。在现实政治领域，布朗森也呈现出迅速崛起的态势。他的文字功夫令他成为政党宣言和决议的执笔人，他同时也是优秀且极具力量的竞选演说人，他的言词句句入骨，总是能够激发人群的阵阵喧嚣。[22]

保守派看着班克罗夫特的威势日渐崛起，心怀警惕。"罗克福克党人在这里算是找到家园了，比……华府的罗克福克党人更为暴烈，更具毁灭性"，《波士顿阿特拉斯报》品评说。自民主党"落入班克罗夫特、布朗森和哈勒特这等人物手中之后，这些人便引入了……诸般形而上学和神秘教义，这些教义显然是从暴烈无常的法兰西雅各宾派那里借取而来的，倘若他们掌权，他们就会据此教义全盘重建当前秩序"。班克罗夫特是辉格党的重点攻击目标，辉格党指控他动用手中权威，"侵害、骚扰整个的商业群体"，并且还全力促动政府"对商业群体的仇恨，这仇恨是没有悔改的，也是无从平复的"。[23]温斯洛普广场的大门向这位历史学家关闭，哈佛大学也很自然地将他视为叛徒，这都没什么好奇怪的。

社会氛围日趋紧张，1839年的斗争尤其剧烈。十一年前，马库斯·莫顿收获了不温不火的六千张选票，这十年间，票仓差不多翻了七倍。此时，辉格党人推动一项法令，禁止出售低于十五加仑的散装酒，这很明显是一项阶级立法，民主派由此获得了进一步的动力。班克罗夫特、布朗森和哈勒特主导了州宪法集会，并怀着非同往日的巨大希望，展开了选战预热工作。[24]

这场州长选战之剧烈在马萨诸塞的历史上是前所未有的，在酷寒的十二月竟然盘桓了数天时间，无法决出胜负。有效票仓总量是十万两千零六十六票，获得五万一千零三十四票方能成为多数票。在对可疑票箱实施计算之后，结果判定，莫顿刚好获得五万一千零三十四张选票，埃弗里特获得五万零七百二十五张选票，剩下的三百零七张选票则分散各处。

莫顿遂发表就职演说，据此成立了民主党政府。这场演说强有力地概述了罗克福克党人在州政府问题上的观点。班克罗夫特颇为欣喜地品评说，此次演说激起的呐喊之声将会响彻美利坚大地，他确实说对了。前任州长埃弗里特在日记中品评说，这场演说"很长，很激进"，他还告诉丹尼尔·韦伯斯特，他希望马萨诸塞人能意识到，在有名无实的国王统治之下的昔日时光要比未来的暴君岁月好上不知多少倍。韦伯斯特回复说，"我实在是没想到他会这么激进"，并将莫顿和本顿视为一丘之貉："他们都是赖特学院培训出来的诡诈学者。"[25]

韦伯斯特和埃弗里特实际上不必有此担忧。州议会的多数仍然在辉格党手中，莫顿的政纲根本就没有推行机会，令"暴君"最终变成了"木头国王"。不过，民主党方面也就此坚定了自己的目标。"捍卫劳动者的权利是这个时代的荣耀，"州议会的民主党议员集会宣示说，"所谓民主，就是要提升劳工群体，此乃一切政策举措之试金石。"[26]

3

纽约的情况也差不多，这里的民主党也经历了一场明显的左转运动。在纽约，独立财政计划制造了比马萨诸塞更多的民主党叛逃者，原因很简单，在纽约，有更多的民主党人跟州银行利益有交集，而且，纳·皮·塔尔梅奇在纽约促动并引领的"保守"运动，对这些脱逃者是有着更为强劲的引领力度的。塔尔梅奇及其追随者的这场政治"出走"，令纽约的州政治格局较之以往任何时候都更依托阶级阵线。[27]这也就从政治上削弱了民主党，并令辉格党在1837年的选战中获益匪浅。

保守集团的分裂令州长马西的立场越发地模糊了。一开始，他对独立财政计划非常愤怒,不过,随着冬日临近,他的愤怒逐渐冷却下来。此时的马西正着手构思在州议院的年度演说,这场演说的遣词极为含混,一方面是在安抚激进派,另一方面,这种含混态度也令马西的朋友们认为他实际上并不赞同范布伦的计划。[28] 又过了几个月,马西甚至已经逐渐开始认可并接受独立财政计划了。[29] 不过,他对仍然在党内涌动的激进主义潮流持反对态度。"我一点都不吃惊,"他说,"金融贵族群体置身此等情形之下,当然是极为惊惧的;而且,但凡出于业务需要,不得不动用大笔资金的人,也都会惊惧不已,目前,这个群体的心绪就是这样的。"[30] 马西相信,正是这场罗克福克主义潮流,令民主党在秋季选战中遭遇顿挫。

但是在激进派看来,辉格党在秋季选战中的胜利,恰恰就是拜马西和奥尔巴尼摄政团的摇摆态度所赐。"老天,今年的民主原则和去年的民主原则究竟有什么不同呢?"普雷斯顿·金禁不住喊叫着说。圣劳伦斯郡的反安抚态势极为明显且坚定,这位来自圣劳伦斯郡的民主党议员兼干才显然是压抑不住自己的愤怒了:"……民主跟妥协、跟安抚有何干系呢?……没错,我说的就是那该死的妥协态度。"真正的危险不是让步太少,而是让步太多了。"范布伦的咨文就如同天空中飘扬的旗帜,在这旗帜下面,我们应当严守立场,集结民主的力量,为之战斗……我不惧被别人看作是强硬分子、极端分子,我已经在急切求战了。"[31]

实际上,到了这个时候,很多民主党人的战斗欲望都已经勃发而出了。整个 1838 年,激进派都在拱卫并强化他们的影响力。坦慕尼协会的一次集会曾给出决议说,该党根本无需"担心再被世人称为'平均地权派''罗克福克党人'或者'激进分子',就如同杰斐逊的辉煌时代一样,那个时候,杰斐逊派也被世人称为'民主派和雅各宾派',但他们毫无惧色,毫不在意"。[32] 昔日劳工党的残余也在约翰·康默福德的促动之下,向民主党激进派提供了政治保证。[33]此时赖特也在坦慕尼协会的一个元老的协助之下，得以在共济会堂现身，展开系列演讲，为联邦政府申辩。[34]这一年的国庆日庆典时，演员埃德温·福里斯特在挤满人群的会堂发表了激进演说。福里斯特展现了极度的雄辩之才，令威廉·莱格特都忙不迭地否认是自己捉刀写就了那份演说词。[35]10月，福里斯特婉拒了坦慕尼协会的国会竞选邀约，这场强劲有力的莱格特运动随即归于失败，主要是因为福里斯特拒绝调整自己在奴隶制问题上的激进观念。

不过，1838年的选战也导致了辉格党的另一场胜局，威廉·亨·苏厄德挫败马西，成为州长。紧随上一年的顿挫而来的论辩和纷争即刻重启了，这一次来得更为剧烈。马西再次将罪责归于罗克福克集团，《民主评论》是在本杰明·富·巴特勒支持之下在华盛顿新兴的杂志，此时则对激进派提起强力支持。华盛顿方面的此一表态令前任州长身陷怒潮当中，这位前州长称呼此一表态为"指令"，并据此认为，范布伦和赖特都支持《民主评论》的此番表态。[36]范布伦方面并没有做出特别的努力去修补这道裂隙。1839年夏天范布伦巡访纽约之时，协同亚历山大·明夫妇前往包厘剧院看演出。据菲利普·霍恩说，这趟行程中，范布伦所到之处，都有大批"罗克福克草民"跟随左右。[37]

有了这等激励，纽约城的民主党人便越发地有胆量了。辉格党当然会利用他们的坦率决议大做文章，反对保守乡村郡的民主党势力，不过，他们对此似乎并不上心，这种态度令马西这样的职业政客不禁吃惊不已。威廉·卡伦·布赖恩特和理查德·亚当斯·洛克都认为，此等率直态度很可能"会对州内政治产生不太好的影响"，不过，他们也都很欣慰，因为就最终效果而论，定然会将那些仅仅对政党分肥感兴趣的人逐出民主党，这些人无论如何是靠不住的。[38]当年12月份的《民主评论》回应了此一路线，马西便在狂怒中取消了订阅，并向赖特和范布伦提起抗议。[39]如今，民主党保守集团脱党，马西也已经离心离德，民主党轻松获胜的好日子也算是走到头了。

也就是这个时候,激进派等于是失去了一个支持者,但也得到了一个殉道者。威廉·莱格特在 1837 年就已经是病入膏肓了。昔日的雄辩蜕变成紧张和颤抖,任何令他不悦的东西,都可以引发他的怒火,他也不再压抑这怒火了。《老实人》在这一年晚些时候遭遇败绩,令他深陷沮丧。现在,手边已经没有自己的报纸可用了,昔日朋友也大都散去,他的想法和立场显然令先前的很多崇拜者疏离而去。现在的他已经是疲惫不堪,人基本上颓废了,债务缠身,令他生出自杀的念头。埃德温·福里斯特在这个关口上再次出手相助,尽管福里斯特自己也已经在莱格特的这趟报业冒险中折损了差不多一万五千美元。他替莱格特偿还了部分债务,并拿出六千美元,在新罗谢尔为莱格特购置了一套房子。[40]

临近生命终点之际,莱格特突然收到此等馈赠,这倒是他生平不曾享受过的。他身上的那种侠义精神抓住了民主党的想象,在这方面,可以说莱格特的党内地位仅次于杰克逊。他成为各种诗篇、颂词的主角,各种祝酒等公开场合,他都会成为人们议论的焦点;人们回忆他,敬重他,他的榜样成了砥砺的源泉。10 月,坦慕尼协会发出指令,取消 1835 年对莱格特发出的政治放逐令,当时,莱格特是因为攻击了阿莫斯·肯德尔的邮政政令而遭此大难的。威廉·卡伦·布赖恩特以精美且动人的笔触抒发了自己对莱格特的情感,发表在 11 月号的《民主评论》上:

> 死亡的冰霜降临人间,
> 覆盖他那温暖、强大的内心,
> 无畏且友善的眼睛啊,昔日光彩虽已熄灭,
> 他的灵魂依然永恒。

> 言词之火,从他笔端喷薄而出

在透明纸页上面舞动,
永远舞动,永不停歇,永远都在摇撼人心,
在这凄冷、懦夫的年代。

他热爱真理,这爱欲太炽烈,太强大
希望也好,恐惧也罢,都无从钳制,都无从冷却,
他痛恨暴政,痛恨邪恶,
他点燃的仇恨的烈火,在人们的胸腔中燃烧。[41]

4

此时在整个东部地区,独立财政计划引发的战争浪潮也加剧了杰克逊派潜在的激进倾向。演说、致辞以及集会决议纷纷抛洒而出,越发强烈地公开号召底层群体去抵抗权贵集团。此前,"罗克福克"这个称谓尚且仅限于纽约城中的一个小集团,而今,很快便铺展开来,涵盖了整个民主党了。

此时三十出头的激进派青年基本上都支持范布伦,这其中有不少人已经据有联邦职位了。赖特、罗伯特·戴尔·欧文、塞缪尔·克莱森·艾伦、乔治·班克罗夫特、奥雷斯蒂斯·奥·布朗森、约翰·康默福德、西奥多·塞奇威克、威廉·莱格特如今都算民主党人了。查尔斯·道格拉斯博士是华盛顿专利局的书记员;[42]弗雷德里克·罗宾逊是波士顿关税厅的计量员;埃利·穆尔在1839年国会选战失败之后成了纽约港的测绘员;摩西·雅克于1840年接掌新泽西州民主党集会的主席之职;各地的激进派也都获得接纳,进入了民主党的核心圈子。[43]此等情形之下,诸如本·哈勒特和费尔南多·伍德这样的政党政客,也纷纷低头让步,给自己涂上了进步主义的保护色。[44]

此时的东部地区，独立财政计划已然将民众争取到了政府这边。西部的情况则大不一样。此一差别恰恰可以帮助我们了解杰克逊民主之于西部的影响，毕竟，这一直是个麻烦问题。边疆集团一直都在观望着硬通货政策的展开和推行过程，这个过程中，他们也越发地冷淡了。比如说，1837年年初的国会会期中就曾考虑过撤销杰克逊的"铸币通告"，这份通告可是硬通货政策体系的关键元素。此次表决结果显示，西部在参议院投出十三票赞成票，三票反对票，众议院方面则是四十三票赞成，十票反对。[45]

独立财政计划并无太大进展。特殊会期之时，西部参议员集团以十二票赞成和八票反对的态势支持了卡尔霍恩提起的铸币条款，但是，众议院方面，西部集团则以四十七票赞同和十八票反对的格局，支持搁置铸币条款。1838年的常规会期中，西部参议院集团在铸币条款问题上形成十一票对十一票分裂格局，以十七票对十票的局面支持取消"铸币通告"，以十五票对七票支持了独立财政提案。众议院方面的西部集团则以四十六票对十九票反对该提案进入三读程序。1840年，当该提案获得最终通过的时候，西部参议员集团是以十一票对九票的局面给予支持，众议院的西部集团则以三十三票对三十二票表示反对。1838年的一份众议院决议案实质上规定，政府应当以认购方式为中止兑换的银行实施背书，众议院的西部集团以四十三票对十三票支持了该议案。

西部各州对银行与政府脱钩计划的反应，可以说是一片悲声。比如说，肯塔基和田纳西的州议会就通过决议案，反对此一联邦脱钩计划。田纳西的一个民主党人于1837年8月份告诉波尔克说，在田纳西，差不多所有人都赞同某种形式的联邦银行体制，若是支持独立财政计划，就很可能会令民主党失去田纳西的票仓。独力财政计划同样令伊利诺伊的民主党人陷入分裂。[46]

西部的反对态度显然十分明确，这令威廉·福斯特得出一种理论，该理论赢得了《纽约晚报》的赞同。据此理论，独立财政计划实际上是一个地域问题，在其中，东部扮演的是自由派角色，西部扮演的则是保守派角色。通过分析国会票决格局，能够为福斯特的此一理论提供证成，不过，无论是对福斯特的杰克逊民主理论来说，还是对边疆理论来说，亨利·迪·吉尔平给出的回应都是决定性的。吉尔平宣称，这并不是"大西洋沿岸各州和西部各州之间的问题，而是贸易和生产性劳动之间的问题……确切地说，这并不是一个地方性的问题。"[47]如此也就很清楚了，倘若将此问题视为阶级问题而非地域问题，那也就能够更充分地理解杰克逊民主了。1837年，除了诸如本顿和波尔克这几个人的支持外，范布伦也的确获得了西部在相当程度上的支持，不过，这主要是因为他对政党机器的掌控力度。

5

作为总统，范布伦首先就应当是一个相当出色的政客，但恰恰就是在这个方面，他是有相当欠缺的。范布伦其人，昔日的政治生涯打造了他出色的党务能力，但是在真正自己执政的时候，他却表现得相当粗疏且笨拙。他对联邦职位的任命并没有强化自己的力量。比如说，让詹姆斯·柯克·保尔丁担任海军部部长，这纯粹是浪费资源。更糟糕的是，在华盛顿·欧文公开表示反独立财政计划之后，仍然考虑让欧文入主邮政系统。有三年时间，他对实际国务不闻不问，让各个部长自行其是。直到任期到了第四个年头，他才开始展现出一些行政能量，让自己成为真正意义上的政府首脑，而这也成了他总统生涯中最成功的一年。在大部分的时间里，《华盛顿环球报》表现得比白宫更有活力。"反正我感觉自己成了技工群体的代表，成了支持我们政府的所有劳工者的代表。"弗兰克·布莱尔禁不住告诉总统，布莱尔也的确将全部精力都投入到这个角色当中了。[48]

在应对党内分裂问题上,范布伦也没有表现出太多的才干。他放任塔尔梅奇分裂运动几乎发展成一场反叛,在杰克逊时期,这样的分裂行动顶多也就是个人事件。在奴隶制问题上,范布伦的表现也很糟糕,他在北方赢得了亲南方的美誉,尽管实际情形并非如此,与此同时却又不曾赢得南方的信任。这样的政治怠惰和无能局面实在是出人意料,当然削弱了他执掌的这届政府,令独立财政计划直到1840年才获得通过。[49]

政府政策若要取得成功,就必须面对跟比德尔的终极决战。1838年,全国银行体系基本上都恢复了兑换,这就令比德尔的银行陷入越发不稳定的处境当中。"如此糟糕且不健全的银行体制,"威廉·格雷厄姆·萨姆纳在品评刚刚过去这几年间比德尔的政策之时写下了这样的话,"这些都是这家超级银行领头干的。"[50] 1839年3月,比德尔虽然已经自行离开了这条就要沉没的大船,但他的政策仍然没有消散。有那么一段时间,合众国银行试图通过一系列诡诈的金融操作来掩盖自己的糟糕境况,此番操作的目的是令纽约的一批银行首先中止兑换。当此次操作遭遇挫败的时候,比德尔的银行便于10月9日宣布停业,将这个国家的大部分银行都拉下水,只有纽约和新英格兰的银行除外。一直到10月23日,比德尔的银行仍然没有死心,仍然在尝试把纽约的银行也拉下水;但是阿尔伯特·加勒廷和塞缪尔·沃德心志坚定,没有退让。沃德甚至从病床之上挺身而起,同比德尔作战,为此旧病复发,不久就归天了。[51]

第二轮的中止兑换行径令加勒廷对比德尔的银行有了成熟判断。给出此番判断的加勒廷在1832年是支持特许状延期的,在那个时候,商界整体上也是支持合众国银行的。

1837年5月的第一个中止兑换浪潮之后,这家银行就在背后阻止恢复兑换，并在幕后运作推动又一轮的中止兑换浪潮，这家银行就是背后的主谋，甚至是唯一的操盘手。无论从哪个角度看，此等行径都是公共罪孽。原罪就在于那种意图操控全国商业的巨大野心，就在于他们那些人竟然如此倨傲地认定自己有权利决定在绝对责任问题上该如何便宜行事，就在于他们明目张胆地背离银行业工人的健全和正当准则……此等嚣张恶行，在寥寥几年之间便吞噬了这个国家三分之二的资本，共计有三千五百万美元之巨，实在是不可理喻，整个银行史上也不曾有过类似例子……绝对不应当容许如此罪恶且如此危险的银行存在下去了，这既是这个国家的道德情感使然，同样也是为着这个国家的金融安全考量。[52]

美利坚金融王国的这个元老级人物最终给出了这样的评判，很有意思，这一评判倒是跟当年杰克逊将军的评判是完全一致的。

第二轮的中止兑换潮令公众情感更加倾向于银行同政府脱钩。新一届国会选立之际，亚财政计划便也成为固定议题了。赛拉斯·赖特从未放弃过努力，一而再再而三地将独立财政提案引入国会，这一次，该提案顺利且稳步地通过了参众两院，并随附了将于1843年完全推行开来的"铸币条款"。1840年7月4日，范布伦终于得以在布莱尔所谓的"第二独立宣言"上签字。在前一天晚上，坦慕尼厅便挤满了坚定的民主党人，举行了庆祝活动。人群显然已经是极为兴奋了，不停地有人起身发言，这些发言人恰恰体现了诸般力量的团结和融合，比如说，本杰明·富·巴特勒代表的是中产阶级自由派，塞思·路德代表的是劳工，西奥菲勒斯·菲斯克则正在迅速转变为纯正的卡尔霍恩反资本主义派。[53]

范布伦也就是在这个时候发布政令，推出了他执政生涯的第二个大动作。3月31日，他宣布，联邦体系工作日的时长不得超过十个小时，而且不得因此减扣工资。⁵⁴ 此一举措毫无疑问是在宣示，人民的政府应当由人民当家做主，就如同昔日里资本家的政府是由资本集团当家做主一样。辉格党阵营即刻喊叫着回击说，范布伦是在侵害工作权利，并要求依据工时相应地减扣工资。霍勒斯·格里利，虽说是劳工的朋友，但也宣示说："我并不觉得这样的举措能带来任何像样的好处。"他申述说，工作时长应当"由双方议定……政府和总统在这其中能有何作为呢？"⁵⁵

面对此番抨击浪潮，倘若范布伦读一读迈克尔·夏纳，一个在华盛顿海军基地工作的获释黑人的评说，也许会感受到莫大的安慰。夏纳在数年之后满怀痛楚地写道："合众国的技工和劳工永远不会忘记尊敬的前总统范布伦推行的十小时工作制……倘若我们这些人真的淡忘了范布伦先生，那么上帝会赐福给他，让他的名字永留劳工心间。"⁵⁶

我们这位总统，身材矮小，性格沉静，脸上总是挂着笑容，他完全有可能在青史之上留下恶名。他的执政期正值危机和焦虑年代，时代需要太多的重大决断，昔日的友谊之船在这样的震荡中不断倾覆，人们的忠诚更是飘摇不定。那些战斗在火线的人，对这段岁月的感受如同硝烟四起的战场。《民主评论》曾登载了威廉·卡伦·布赖恩特的一首诗篇，表达了战场之上战士的那种悲怆、焦虑、可怕的孤独感，当然还有那终极的希望：

　　一场无友人的战争！长久萦绕
　　在疲乏的继日和流年；
　　一帮野蛮又武装精备的人
　　驻守他们的前方、侧方，和后方

　　仍振奋精神去抵抗
　　不放弃他们遴选的据点

胆怯的善德也许会冷漠，
圣人亦会皱眉，然而你不会昏厥

真理，碾碎于地，会再次崛起！
这上帝不朽的年月归于她
并于他敬神的人中间消亡。[57]

二十二　辉格党反改革运动

杰克逊任期乃完成了政治价值王国的一场革命。这场革命摧毁了作为社会哲学的新联邦主义，并据此重申了美利坚政治生活的基础准则。从此之后，若再有人用费希尔·埃姆斯、钱塞勒·肯特或者杰里迈亚·梅森那样的言论介入美利坚政治，便只能是自断前程了。

1

对那些已经习惯了联邦主义话语并将之视为绝对的现实描述的人来说，新联邦主义的消散也就意味着一个世界的终结。旧日的保守派在此等情形之下，便纷纷相互致以哀悼，望着黑洞洞的未来，日益沉陷越发黯淡的深渊当中。"我觉得我们的自治实验彻底失败了，"马萨诸塞的威廉·沙利文感叹说。"我的看法就是这样，"钱塞勒·肯特说，"普选制度和新闻自由制度，同政府和财产安全是无法兼容的，政府和这个国家的特质就要毁灭了。"1837年，肯特偕同一批同样心念和心志的绅士在萨拉托加共饮。据肯特说，此次聚会，大家谈论的重心是"自治式的民主体制看来是没希望了"。

他以悲怆和怀旧的心绪总结说："我们都要完蛋了，一切制衡，一切旧日制度，都将在数量民主、激进主义和杰克逊主义催生的恐怖教义和影响力面前毁于一旦。"[1]

也就是在这一年，已经年迈的保守派宣传家诺亚·韦伯斯特推出了一套计划，旨在遏制眼前的解体局面并依据联邦党原则重建社会。他陈词说，美利坚国民尚且没有像不列颠那样分裂成诸如贵族和平民这样的集团，"贫富之分的确存在，且一直都会存在下去；人类并无能力阻止这样的局面"。若如此，则明智之举难道不应当是在政府结构中认可并接纳此一分化？毕竟，"拥有五十万美元财产的人……于政府事务当然会有极高的关切度，这是那些几乎没有或者根本没有财产的人无从比拟的"。因此，我们应当就此取消总统民选制度，因为"民众的判断力从来都不是可靠的，这是没有办法的事情"。也应当就此破除那种认为富人在盘剥穷人并且认为公司"都是贵族禀性"的观点；此类观点乃是"一个国家能够遭遇的最为恶毒的诅咒"。且让我们将选举人分为两个群体，"分别以年龄和财产作为门槛"，由这两个群体分别负责选任国会两院。由此，财产之主导权能就能够得到保障，美利坚也就可以从民主泥潭中得救了。[2]

这样的建言毫无疑问代表了联邦主义的最后喘息。杰克逊当政八年之后，仍然有人伸张这样的纲领，由此足以见出联邦主义已经变得何等虚幻了。没有政治人物会支持这样的纲领。民众自然也不会顺从这样的纲领。这样的观念不仅已经死亡了，而且触碰一下那尸体也是有致命危险的。

联邦主义就此死亡了，不过，这其中的灾难性于韦伯斯特和肯特这等人物而言，肯定最为深重。保守主义曾经凝聚为一个政党，也曾经结晶为一套社会信仰。就在这信仰的护卫者以纯粹态度珍视并捍卫信仰之纯正性质的时候，这个政党的领袖人物也正在悄悄地展开微调，进入细节性的操作环节。要收割票仓，这些都是必须的。成功而非教义之纯正遂成为他们的标尺。确切地说，倘若联邦主义那高远且神圣的原则已然没有效果，那就只能将之放弃。此外，经历了这段岁月洗礼，很多保守派实际上也都多多少少浸染了杰克逊的理想，此时的保守派也都从内心里希望将这些民主理想同商业集团的主导权能协调起来。

结果就是催生了一种新型的保守主义，这种保守主义尊重杰克逊主义的政治力量和道德力量。此等新型特质先是发挥了近距离的影响力，影响了一批政治人物，而后便传播到州政治体系当中，并最终沉淀到政党领袖群体当中。毕竟，诸如韦伯斯特和克莱这样的政党领袖距离人民最远，同时也是最为强烈地信守古老教义之人。尽管如此，新保守主义也伸展到这些人物的内心，于是，他们进行了调整、重塑，并依据他们朦胧感受到的新特性有所变通。就这样，新元素披荆斩棘，透入保守思想阵营，并且在人们尚且没有意识到的情况下，差不多改造了旧保守主义。

2

此等情形之下，首先消散的便是汉密尔顿关于权力—财富关系的理论。丹尼尔·韦伯斯特曾于 1820 年以巨大的说服力确立了此一理论。他说："这世界之上，最为危险的实验莫过于将财富置于一个群体之手，将政治权力置于另一个群体之手……倘若财产不能获取政治权力，那么政治权力就必然会反过来追逐财富。"普选制度的支持者在要求"像平分政治权力那样平分财产的时候"，就是这么想的。[3] 那么，随着选举权的扩张，令政治权能在事实上转移到没有财产或者少有财产的群体手中，又会是怎样的结局呢？加罗林的约翰·泰勒在回应约翰·亚当斯的类似陈词之时，实际上已经给出了答案，他说："确实，如同亚当斯先生断言的那样……'财富乃是这个世界的真正统治机制所在。'正是因此,财富,也如同选举权一样,应当而且必须大范围分散开来,以此才能支撑我们这个民主共和国。"[4]依据韦伯斯特的前提,他难道不应当推进大范围的财富分配吗?"将财富置于一个群体之手,将政治权力置于另一个群体之手,这是人世间最危险的实验",这难道不正是韦伯斯特自己说的吗?

显然,韦伯斯特及其追随者无意牺牲他们的忠诚和对逻辑的持守。于是,他们便悄悄放弃了那曾经是联邦主义拱顶石的理论,转而为新形势提供证明,此一新形势恰恰就是韦伯斯特早前所谓的"危险实验"。

从权力—财产之关系理论中解脱出来之后,新保守主义便也可以放弃此一理论的一些推论了,特别是早期联邦党人抱持的社会等级观念,这样的观念如今已经越发地尴尬了。所谓政府问题,斯托里大法官曾有言说,就是"如何保护财产不受穷人和恶人的侵害"。[5]然而,而今的"穷恶之人"已经获得了选举权,因此,重中之重就是要找到一种不是那么冒犯穷人的言说方式。此外,此时激进派也开始借用联邦党人自己的格训来反对联邦党人,而且取得了极大的政治效果。汉密尔顿曾特别演证了数量和财富之间的内在敌对关系,如今则是在激进派手中经历了一场政治切换,用来作为强有力的证据,论证财富和数量之间的内在敌对关系。此等格局之下,若是继续伸张昔日的论证,结果就只能是票仓折损,这就迫使保守派开发出更为亲和一些的理论,来阐述"富人和有教养之人"同普罗大众的关系。

新保守主义放弃了联邦党人的那种阶级冲突信条,转而着手围绕阶级利益认同来阐发自己的理论。"最危险的错误,"罗伯特·黑尔博士、费城的杰出科学家高声宣示说,"就是认为以任何方式将富人和劳动者利益分化开来,都是可以的。无论财富阶层是何等自私自利,若不为劳动者群体着想,自己也会反受其害。"(这话的意思其实很明显:"倘若劳工阶层希望这个国家恢复繁荣,那么他们就必须赞同一切有助于重建商业信贷体系的举措,否则,财富阶层也会沦落贫困境地。")[6]

如此看来,不仅各阶级利益是一致的,这些人更逐渐认定,美利坚根本就不存在阶级分化的情况。丹尼尔·韦伯斯特很快便成为这种观点的主要倡议者,就如同二十年前他曾是相反观点的主要倡议者一样。他当然也承认,在欧洲,是存在"清晰且明确的资本—劳动分界线"的,但是,"美利坚是不存在如此鲜明且宽泛的社会分野的"。[7] "'上层社会''下层社会'之类的字眼都是欧洲用词,在我们的扬基方言中,是没有此类用词的立足之地的"。这是诺亚·韦伯斯特最终试图在美利坚创建一个联邦主义共和国的前五年,保守派的批评者塞思·路德提起的评说。[8]

倘若没有阶级分化,那么就只有两种前景:其一,所有人都是劳动者;其二,所有人都是资本家。保守派同时采纳了这两种理论。爱德华·埃弗里特曾于1830年告诉一个来自查尔斯顿的劳工,说他跟他们一样,都是劳动者;《新英格兰杂志》也开始对那些策动劳动主义呼声的人表示愤怒,他们这阵势摆的,"就好像新英格兰的所有人都不干活一样"。[9]

不过,最终胜出的是另外一种理论。爱德华·埃弗里特于1838年评论说,财富之路是向所有人开放的。"命运之轮从来都是在转动的,一代人的穷困很可能会造就下一代人的富有。""美利坚的每个劳动者,"卡尔文·科尔顿写道,"都可以傲然于世,并说,我就是美利坚资本家,这不是在打比喻,这是实实在在的。"那么,结论呢?结论就是:"打击金融资本家,也就是在打击劳动者自己,并且对劳动者的伤害肯定要超过对资本家的伤害。"[10]

这种相互依存理论在一场政治论辩中得到了充分表达,这场论辩是从工资角度为关税保护体制辩护的。1820年代的美利坚民众常常抱怨高工资阻碍了制造业的发展,为此,人们甚至支持关闭边疆贸易，以便让工资水平降下来，而今，却突然推出如下论证为高关税说话：高关税可以维持高工资水准，保护美利坚劳工不受海外廉价劳工的冲击。（然而，恰恰是此一论证的倡导者在毫不犹豫地输入廉价劳工，据此推高国内劳动力市场的竞争。）就这样，关税保护体制倏忽之间变成了劳工举措，也成为阶级利益同一性的证据。[11]

3

作为辅助策略，商业集团孕育了一套田园牧歌式的劳动阶级神话，着重描摹了资本和劳动关系之和谐，之美妙，甚至据此暗示说，劳工要比富有资本家幸福得多，尽管这套说辞有时候表述得并不是多么精巧。据此图景，无产阶级虽然一度构成对社会稳定的威胁，但是现在已经成为国家的坚定核心。制造业也因此披上了田园诗般的光彩。比如说，洛厄尔就是由此从昔日的工厂城镇一下子变成了现在的田园。爱德华·埃弗里特很是直截地评论说："新近建立的这些磨坊厂，其舒适和雅致是无与伦比的。"[12]女工则全然成了此番图景中的一道亮丽风光，令人禁不住地联想起置身凡尔赛森林的玛丽·安托瓦内特。"此等风光，实在是令人愉悦，这难道不正是我国这真正的共和制度孕育而出的吗？"波士顿的一家报纸发出了这样的问询。[13]《波士顿信使》特地登载了《曼彻斯特女工之歌》，由此也就揭示出此番辉格党田园风的精义所在：

噢，给我唱一首女工之歌
如此愉快、开心和自在
她的脸颊红润，面色健康！

她就着织机，照料着纺锤，

兴致勃勃地交谈；
在轮轴间，她明亮的双眼何其点燃！
而她的心中总是愉快。

噢，给我唱一首女工之歌！
勿将她的名字系同于那些奴隶。
她勇敢而自在，如一棵古老的榆树，
俯瞰着她那农庄土地的起伏波浪。[14]

这股田园风中的财富阶层又是怎样的情形呢？困顿又疲惫不堪，同劳工这悠闲的生活形成了鲜明的对照。凯瑟琳·玛·塞奇威克的说教体小说《贫穷的富人与富裕的穷人》极为精简地将这幅图景呈现出来。换言之，穷人完全不必嫉妒富人，因为财富带来忧虑，贫穷则令人可以过自己的自在日子，这可是比黄金都珍贵的东西啊。在单一神教派的著名牧师威廉·埃勒里·钱宁看来，劳工群体的困苦被严重夸大了，"完全有理由认为，劳动群体抽中了上上签"，毕竟，律师、医生和商人经历的挣扎和失望要严重得多。"当然会有一些懒人因为吃不饱肚子而活活饿死，的确有这样的事情，"钱宁对此并不讳言，不过他同时也指出，"这个国家有太多的人是被撑死的，而不是被饿死的。"当然会有穷人害怕缺衣少食，但是想想富人的痛苦，"他们必须去迎合时尚，为此就不得不忍受荒谬得近乎犯罪的吃穿方式"，跟这样的痛苦比较起来，缺衣少食真的不算什么。穷人当然会时常过度劳累，但是，"我们这些人家的女儿们有多少是患上了严重的厌倦症啊，此等惨状是穷人不知道的，这可要比过度劳累更为悲惨，更令人难以忍受啊"！[15]

当然，不会所有人都完全信服这样的田园风，为了对付这些人，辉格党方面便推出了最后的策略，那就是所谓的内在改造理论。此一理论的要义就是引导人道关怀避开经济改革轨道。钱宁提起的"劳工阶层升华"观念就是在界定此一内在改造的场域。"这并不是外在境况的变革。不是要脱离劳动。不是要人去奋斗，去向上层阶级靠拢。这也不是政治权力的问题。这是更为深刻的东西。所谓人的提升，我只知道一种，那就是灵魂的提升。"[16]这话的意思是说，政治和经济领域的行动是没有任何用处的，不应当抱持这方面的想法。1841年，钱宁也正是这样劝诫英格兰矿工的，"你们的真正力量乃在于头脑、正直、自尊、虔诚以及互信。这些肯定能让你们享受到应有的社会声誉"。[17]

钱宁的此等教义能够令善良之人对劳工群体抱持发自内心的情感，但同时又避开了经济上的诉求。比如说，一名秉持此等教义的改革者在结束一次有关贫穷问题的演说之时，发出这样的问询：面对低工资，能做什么呢？答案是："立法无能为力；集体行动也不会有持久的收获。只能诉求雇主的公正和怜悯。"[18]社会工作者约瑟夫·塔克曼就是据此在波士顿展开工作的，他的这些工作足以表明，内在改造信条乃在何等程度上为此类个体性的行动开辟了空间，借此去弥补"雇主之公正和怜悯"的缺失，同时，雇主自己也因此获得了神圣不可侵犯的地位。此一教义究竟给劳工群体提供了多大的安慰，我们就不得而知了。不过有一点是可以肯定的，这样的理论极为有效地缓解了中上阶层的个体在良知上的煎熬。

此等态度，涵括了阶级利益认同、阶级分量的弱化乃至阶级的消失，以及劳动者高人一等的幸福感、内在改造之必要性等，可以说是满足了商业集团当中各色群体的情感需求——从无可遏制的权力欲望到令人无法自拔的罪孽感。这样的态度组合表征了强劲且多变的策略，在美利坚生活的诸般希望当中寻获巨大支持，在现实当中找到了一定程度的支持。民主党人却素来都没有足够能力应对这样的挑战。

民主党人通常都只是在逻辑层面上挫败阶级利益相互依存的说法。"且不要被这种动听且美妙的理论给欺骗了，竟然有这样的理论，认为一个政治体中所有的阶级或者群体都是相互依存的，"弗朗西斯·皮肯斯警告说，"……且不要认为给资本增添力量和利润的东西就一定会给劳动提供相应的帮助。我完全不认同此等聪明理论……完全不认为这个国家不存在资本和劳动的分化，完全不认为所有的人都是资本家或者所有的人都是劳动者。""这个世界只有一种社会状态。"巴恩韦尔·雷特补充说。莱特更在此处决定性地回应了这些辉格党理论："可以让劳动和资本的利益同一，这就是家庭奴隶制……唯有这样的社会状态，资本和劳动才不会产生冲突。"[19]

奥雷斯特斯·奥·布朗森给出的回应则更为尖锐：

> 恶狼不能没有羊羔；若是没了羊羔，狼就没的吃了；羊羔也不能没有恶狼，若是没了狼，羊羔就不能被吃掉。"就是因为这个，"好心肠的狼才会跟羊羔说，"不要敌视我们，不要刺激你的同伴反对我们；毕竟你也看到了，我们狼和你们羊是相互依存的。有了你们，我们才有吃的，有了我们，你们才有可能被吃掉。""但是我不想被吃掉，"惊恐不已的羊羔回答说。"不想被吃掉！"狼回应说，"这也太奇怪了。你我的想法偏差太大了，我只能认为你已经失去理智了，而且你的想法太过激进了。"[20]

激进派也用类似的方法来反击辉格党策动的这股田园风，尽可能地揭露磨坊厂真实且残酷的生活场景。辉格党为工厂女工书写了欢快赞歌，民主党则提供了一幅颇为黑暗的图景：

> 那是一个冬日的早晨，
> 天气潮湿，风雨恣肆，
> 黎明前的三小时，

父亲唤醒了孩子,
她每日那点干活的收入,
在黑暗的房间,他踱步
叫嚷着:"钟声快敲响,
我不开心的宝贝,抓紧点。"
"父亲,我起来了,但困乏,
我勉强能到那扇门,
噢,再带我去一次!
我们已没有母亲来帮助,
你也没有了工作;
他们杀死了弟弟,
像他一样,我也在工作和死去!"
她憔悴的身躯似乎无比单薄,
成他心中重负,
他一直在安慰这苦孩子,
直到磨坊前,他们分离。
那位监工碰上她,
提到她的样子,病弱地爬,
他用皮条抽打她,
因其哭泣,将她骂。[21]

民主党针对内在改造信条展开攻击。布朗森再次挺身而出,以辉煌的笔法告诉世人,这样的信条是毫无意义的。"此等信条的意思其实很简单,就是要你们在完善社会之前,先完善自己;就是要你们在完善制度之前,先完善人。"若如此,岂不是以制度为本、以人为手段了吗?"完善了人,就毫无疑问会轻松且安全地完善制度。但是,当人已经完善的时候,还要制度干吗?倘若制度不完善,人又如何达到人性所能认可的完善境地呢?"[22]然而,面对辉格党推动的此等信条组合、此等有着强烈内在需求的信念组合,逻辑显然是非常脆弱的武器。

4

保守派就此推出和解理论,意图以此替代民主派的阶级冲突理论,不过,保守派并不满足于此。他们也有自己的攻势行动。当激进派提起谴责,认为保守派是在策动贵族统治的时候,保守派开始推出这样的回应:民主派是在策动专制统治。保守派申述说,这专制体制并非阶级暴政,而是行政暴政。根本冲突并不在于剥削者和被剥削者之间,而在于统治者和被统治者之间。对自由的主要威胁并非来自财产阶级,而是来自官僚阶级。人民应当揭竿而起,反抗这样的政府暴政,而非财富的暴政。

韦伯斯特在银行否决案时期播散了此等信条的种子,卡尔霍恩的追随者则是在宪法否决权斗争时期哺育了这些种子,不过,这些种子是到了杰克逊内阁取消合众国银行的政府储备金的时候,才充分发育出来。到了这个时候,所谓的"行政专制"也就提供了一个相当宽广的政治空间,令杰克逊的所有对头都可以汇聚其中,亲银行派和反银行派、宽泛的宪法解释派和州权派、北方和南方等等,尽在其中;有了这样的平台,合众国银行也就得以用"更能诉求民心的新问题"来取代旧日的特许状延期问题,这新问题就是:如何修正独断且违宪的行政权能犯下的巨大错误。[23]

此等情形之下,韦伯斯特、克莱和卡尔霍恩便开始抛弃前嫌,转而达成令人生畏的共同战线,此一共同战线的理论基础就是:白宫的权力侵夺行径正威胁着要剪灭自由。《纽约美国人》高声宣示说:"在这自由之地,我国政府的全部权能都被一个人篡取了,此人根本就不配信任,他就像疯子一样,满口胡言,撕碎并摧毁我们的宪法俨然成了他的日常消遣，将人民的权利踩在脚下，谁会相信这样的事情呢？""我们的自由到了危急存亡之际了，"1834年的纽约辉格党集会涌动起这样的喧嚣和呼声，"值此危急存亡之际，倘若你们投票给他们，让他们肆意侵夺权力，你们的总统就会摇身一变成为君王。"独立财政计划，约瑟夫·斯托里说，"此等举措的目的就是要将全部的货币权能都集中在行政部门手中"。到了1837年，独立财政计划当然也就成为佐证民主派篡权野心的进一步证据。[24]

此等忧惧，究竟有几何真实性？杰克逊令总统权能较之以往更为强大了，这一点毫无疑问。比如说，他动用否决权的次数超过了先前历任总统的总和。此外，对行政专制的恐惧也肯定不是空穴来风，世人毕竟对二十世纪一党制国家的经验历历在目且记忆犹新。不过，毕竟有太多的人不曾对杰克逊有任何的反对，他们也就不可能参与这场反杰克逊潮流。任何强有力的民选总统历来都难免遭遇暴君指控，毕竟，这样的总统总是要威胁到一些人的利益的。

自联邦党人时代以来，传统的保守派立场从来都不信任立法权能并竭力扩张行政权能。亚历山大·汉密尔顿还提起过总统终身制计划；加罗林的约翰·泰勒真正确立了这种反行政专制理论。不过，1830年代的实情也是十分明朗的，那就是民主党执掌行政权能，也正是因此，在人们看来，民主浪潮最有可能的策源之地将是行政权能而非立法权能。于是，保守派便放弃了传统立场，转而成为国会权能的倡导者和支持者，并且此后便一直扮演着这个角色。

5

保守主义就这样推进着自身的调整进程，以便应对这个后杰克逊世界。为此目标，保守派就必须剥除掉昔日里联邦主义的那种标志性的社会封闭态势。昔日的联邦党人，无论是穿着打扮还是言谈举止，从来都是与众不同，他们也对此等社会隔离态势非常自傲。所谓绅士，在联邦党人看来，就应当垄断政府权能，更低等级的社会群体就应当各安其命。"农民的手当然应当放在犁耙上，这是最好的，"直到1834年，波士顿的一家报纸仍然给出了这样的评说，"让农民的粗糙大手放在立法册上，他又能做什么呢？让农民立法，这就如同让铁匠去修钟表一样，太荒诞了。"[25]

此等贵族优越感的表达一度是绅士身份的标配，如今，则在日益崛起且日益强烈的民主浪潮中日趋淡化了。着装上的差异开始消失。保守派政客也越发地感觉到，是时候向普通人的言谈举止看齐了。

实际上，银行战争初期的时候，情形便已经变得很明朗了：最具效能的反杰克逊主义者，恰恰就是那些奉行通俗言论的博学之士，因为他们懂得用民众的语言向民众阐述问题，他们懂得，要跟如此强劲且充满战斗意志的杰克逊民主派作战，就必须依托这种平易近人的保守主义以及乡村世界的那种凡俗智慧。杰克·唐宁少校，尼古拉斯·比德尔的朋友、合众国银行纽约分行的行长，据查尔斯·A.戴维斯描述，此人在这方面的体认和效能胜过了韦伯斯特和克莱集团的所有参议员。"唐宁文件"中的杰克逊乃是一个虚浮、暴躁的老人，是一批狡诈恶棍手中的玩物，幕后大佬则是范布伦和阿莫斯这等人物，比德尔则是那种善良绅士，他的这种性格也足以折射出合众国银行的朴实和仁慈。"的确是有那么一种财富贵族，我是极度恐惧的，"杰克少校申述说，这个贵族集团正在推进官僚专制体制，令美利坚陷入日益深重的险境，"而且，那些政客恰恰就是利用这样的时机，去攫取人民的钱财，收入自己囊中。""相形之下，那些有钱出借的人，是不可能做任何有背这个国家的繁荣的事情的，这不合情理……说白了，只要这样的人能够介入政治，就定然要阻止那些政客干坏事。"诸如此类的申述，不一而足；此等凡俗智慧，估计也只有彻头彻尾的犬儒主义者才不会信从了。[26]

保守主义就这样走入了寻常巷陌。第一份伟大展品是田纳西的戴维·克罗克特上校。这个粗犷、瘦削的边疆人，一头黑发，身穿鹿皮，举止诚恳，高谈阔论，显然是那种真正意义上的普通人。他出身田纳西草莽之中，获选进入国会，1827年，他在华盛顿迎来了第一次政治爆发。"我是戴维·克罗克特，"他告诉华府众人，当然又是一个寻常故事，"我来自荒僻丛林，半马半鳄，又有鳄龟的风骨。我可以畅游密西西比河，可以越过俄亥俄河，如同闪电，奔袭而来，一颗皂荚都不曾碰触，我驯服猎豹当坐骑，我同大熊亲近，寻求安慰，我要吃掉一切反对杰克逊的人！"[27]

然而，在土地法案问题上，就是这样一个克罗克特同政府决裂，并在1831年败选。1833年他再次获选进入国会，此次，他的回归却成为普通人反抗专制政府的典范。辉格党充分利用这个典范，为他编造了众多传闻，1834年春天，更派遣他在东北地区展开巡回演说。他参加宴会，视察工厂，捍卫合众国银行，倾尽全力将萧条之罪责倾泻在杰克逊身上。此次政治巡游，他在阿博特·劳伦斯的监管之下造访洛厄尔，并极为忠诚地给马萨诸塞磨坊厂的田园生活背书。上流社会对他吹捧有加，就此将他腐化，哪里还有1827年的风骨。"现在的我已经非常温和、安静了，"他自评说，"因此我觉得这可能会让一些人失望……他们本指望看到当年那头半马半鳄的怪物呢。"[28]

在政府储备金问题上，联邦政府取得最终胜利，这令克罗克特痛苦不已。1835年，他越发地变得失望且沮丧了，遂用A. S. 克莱顿写就的那份近乎野蛮的《马丁·范布伦传》站台吆喝，借此为赖特助选。[29]不久，在寻求连任议员的选战，克罗克特遭遇挫败，在愤恨中离开田纳西，前往得克萨斯。"在向范布伦政府投降之前，"克罗克特曾经在谈到范布伦的时候陈词，"我要投身得克萨斯的荒野。"[30]不过,当范布伦获选成为总统的时候,克罗克特便永远地归于沉寂了。最终,倒也的确是顺应了自己的禀性,他在阿拉莫战场上英勇就义,倒在桑塔·安纳的乱枪和刺刀之下。

就这样,唐宁少校和克罗克特上校在总统政治催生的文学浪潮中,成为丰碑式的人物,此一文学潮流的第一个受益者便是威廉·亨利·哈里森将军——战争英雄,西部人,在俄亥俄过着恬淡生活,毫不倨傲,甚至没有个性,这样的人物当然会成为一些人心目中的理想选择,因为这些人并不真正关心杰克逊的政策,但多多少少都接受了杰克逊派激情的诱惑。1836年的选战中,哈里森斩获的票仓令职业政客震惊不已。

6

保守主义的这场转变在政治上复兴了保守主义,但也从智识上毁灭了保守主义。联邦党人乃是以理智且不带情感的眼光来构思社会的。他们的观念同现实生活当中的冲突和张力有莫大关联。但是辉格党人在改造联邦主义的时候,实际上是用一套社会哲学取而代之了,这套社会哲学并非植根于观念,而是以诸般含混的遁词和情感主义诉求为依托的。这就如同亨利·亚当斯评论的那样,"在合众国大地之上曾经涌现的所有党派当中,这著名的辉格党在观念上毫无疑问是最为孱弱的"。[31]

联邦主义和辉格主义所代表的是同样的社会利益、同样的权力欲望、同样的经济政策;但是联邦主义在谈论此等利益、欲望和政策的时候,是非常率真直截的,辉格主义则闪烁其词、含混不已。联邦主义的用词都极具现实感,这样的用词作为分析纲要非常有用。说白了,这种论说的确是有助于理解社会。辉格主义的用词则根本没有现实感,主要是作为一种掩饰手段在发挥效用,其目标是制造混乱而非促进理解。两党都是为商业集团效劳，但是政治价值王国的这场革命迫使辉格党人惺惺作态，假装是在为普罗大众说话。[32]

此等辉格党新思维的最大牺牲品毫无疑问就是丹尼尔·韦伯斯特。韦伯斯特其人，拥有强大智性，对普遍观念有体认，对宽泛的社会问题有关切，他这样的人是在联邦党人的学校训练出来的，因此也就秉持了有关政府的众多在理且诚恳的观念。1820年，他的诸多演说和论章可以说是联邦主义的经典表述。然而，虽然他就权力和财产理论给出了如此经典的表述，但这样的理论也只能有两条发展路线：要么公开表态，为财产和权力的阶级垄断而战，要么为财产和权力的分散而战。韦伯斯特同时拒绝了这两个逻辑取向。第一条道路显然不具备政治上的可能性，第二条道路则是个人无法认同的。于是，他便用另一套观念取代了自己先前秉持的联邦主义，这套观念虽然有助于掩盖辉格党的意图，但根本无助于理解社会。

此番替换摧毁了他自己的思想。在这样的情形之下，他便产生了自我分裂和自我对抗，这样的自我分裂和自我对抗当然无法孕育像样的社会理论。从此，韦伯斯特便不再以智性方式申述财产和权力这个话题了。相反，他开始致力于参议院演说。1840年，他发表《辉格党原则和诉求》演说，等于是正式宣示了辉格党对新闻自由、言论自由、大众教育（也就是"最大程度地扩展智识和真理"）、公共自由、宪法以及联邦的信奉和忠诚。[33]这中间，韦伯斯特显然漏掉了上帝和家庭，这并非偶然。此时的韦伯斯特在经历了这段岁月的砥砺之后，变得越发地情感丰沛了。他这么做是有理由的，他要以这样的方式获取听众，就如同爱默生说的那样："脱离一己之感受，以便享受演说的高贵华彩。"[34]他的智性令他无法对社会展开现实主义的探察，反而空耗于过度雕琢的辞藻上面，他的宪法论证也变得越发学者气了。此一时期，借由对现实的严厉且冷酷的现实关切，卡尔霍恩这等人物的社会思想已经趋于成熟，韦伯斯特的哲学则逐渐蜕变成杰斐逊主义的陈词滥调，并无任何的信念支撑。

那些仍然希望维持个体信念并据此过一种双重智识生活的人，他们的困境在卡尔文·科尔顿身上展露无遗。科尔顿是亨利·克莱的密友，是后者指定的传记作者，也是辉格党的小册子写手，并负责辉格党的文字工作。他毕业于耶鲁，毕业之后有过一段成功的牧师生涯，而后便投身新闻界，并取得更大成功。他以"尤里乌斯"（Julius）这个名字撰写的政论，极为完整且有力地表达了辉格党的新思路，诸如田园风、阶级和谐、反行政专制以及辉格党的本质上的民主准则等。然而，这些都根本不是在表达科尔顿内心的真正观念。他很显然是耐不住寂寞的，但是又不愿意威胁到辉格党，于是便于1839年在伦敦推出了自己的匿名作品《呼声：从美利坚到英格兰》，署名是"一个美利坚绅士"。

《呼声》一书相当坦率，充满思想和智性。在书中，科尔顿申述说，美利坚社会已经显现出两种相反取向，"一个是朝向最低劣的民主制度，另一个则是朝向孤高的精神境界"。宪法的"塑造者乃预见到了公众心灵的民主取向，并且也刻意地用这部宪法去遏制这股向下的潮流"。1788年以来，"宪法和民主之间的斗争一直都是美利坚社会的真正战场所在，这个共和国的命运也正是取决于这场斗争"。一方是保守派，他们希望"人民回归宪法塑造者的那种清明境界"；另一方则是激进派，"他们威胁着要瓦解并摧毁这个共和国"。这场斗争的优势是在激进派一边，因为他们总是采取那种煽动性的机会主义策略。

科尔顿不无忧虑地指出，如此发展下去，结果就是令"民主"这个词"被注入深沉意涵和巨大能量。任何政党都不敢抛弃这个语词。无论他们奉行什么样的原则，激进也好，保守也罢，民主之名都是他们最好的政治通行证"。当前的保守派领袖，他说，当然都很清楚激进派的威胁。科尔顿意味深长地陈词说："不过，这些领袖人物，都已经在民主大潮砥砺之下升华为政治家，他们深知自己肩头责任之重大，因此，他们通常都会采取微妙立场，这样的立场意味着谨慎，意味着尽量少说话，避免因此招惹无谓风波。"[35]

科尔顿自己当然也奉行这种微妙立场，懂得三缄其口，此等缄默态度成为深怀严肃政治雄心的保守派政治家的戒律。其结果就是辉格党在思想和观念上的瓦解。由此催生了一大批新杰斐逊主义者，在纽约的霍勒斯·格里利和丹尼尔·杜·巴纳德的引领之下，以寄人篱下的方式同民主原则展开斗争，在偷来的旗帜之下，悄悄集结商业集团的力量。巴纳德将自己这个政党溯源于1798年的"共和信条"。科尔顿据此申述说，其他政府的政策是将财产恒久地集结在少数人手中，我们的政策则是"在不侵夺个人权利、不伤害个人激励机制的情况下，尽可能地分散并均分财产"。（科尔顿接着解释说，据他所知，"要同时满足这两项诉求，最有效的工具就是私人公司"。）[36]

巴纳德的文字将杰斐逊主义表现得酣畅淋漓，可谓完美，但就是在这字里行间，汉密尔顿的情感一直都在隐现。比如说，巴纳德从来都是在字正腔圆地谈论人民，阐述人民不可让渡的权利、人民的绝对平等，但他也从来不忘记点评说，人民通常都是"盲从盲信，如同风中的芦苇那样，很容易受影响，受欺骗，随风飘摇；很容易遭人谄媚，虚荣，很容易信从假象，看不透实情；任何令人震惊或令人愉快的表演，都会令民众目眩神迷"。[37]

内心信念和公开表态，二者之间的鸿沟于是便越来越深、越来越宽，令作为社会哲学的辉格主义丧失了一切的严肃性，最终将辉格主义转化成一堆政治诉求的杂合体，唯一守恒的就是那不变但也沉默的反改革态度。面对此等情形，人们当然可以说，保守主义的智识坍塌倒也不是什么大事情，毕竟，政治信条的头等标尺是能够取得成功，而非是否深刻。但是仔细想想，保守主义多次尝试有效地统治这个国家，但一直不能摆脱屡战屡败的命运，这难道就跟保守主义思想日益孱弱且摇摆的格局真的没有关系吗？保守派的人物当然可以继续用联邦党人的思维进行思考，继续保留辉格党的遣词，以便公众消费；但是，这样一种彻头彻尾的马基雅维利立场是很难维持的。一个政党，若是靠欺骗人民起家，那么结局就很可能是在自我欺骗中灭亡。

最终，随着辉格主义演变成主流语言，所有的保守派或多或少地都使用这种语言，慢慢地，大部分的保守派就都开始相信这种语言了。在社会特性问题上，遭遇此等系统化误导的政治人物，基本上没有可能有效施政，除非他们像马克·汉纳那样是纯粹的马基雅弗利主义者，或者像威廉·霍华德·塔夫脱那样，拥有非同寻常的行政天分，足以克制所有这些幻象。

二十三　一八四〇年

　　保守主义就这样开启了吸纳新民主情感的进程，此一进程本身则是在西部开启的，毕竟，在西部，正统的联邦主义从来没有找到社会基础。不过，此一民主化进程总体上是一个无意识的进程。诸如克莱和哈里森这些西部领袖，无论他们对汉密尔顿政策体系保持何等强烈的态度，他们实际上都无需被迫拒斥汉密尔顿式的社会哲学，因为他们从来就没有从骨子里信从这套哲学。东部的阶级分化令联邦党哲学一直保持着活力，因此，东部吸纳新价值的进程就显得非常吃力，毕竟，这是需要人们首先刻意地拒斥并清除旧日的价值，这样的思想砥砺过程在边疆地区更是没有必要的。一八三〇年代的辉格党群体，就如同民主党群体一样，人们都需要有意识地主张并吸纳激进主义，这股潮流主要是从海岸地带开启，而非源自森林地区。

1

　　保守主义的使命，若要在后杰克逊时代的美利坚取得成功，就必须将信誉扫地的历史包袱剥除，这包袱当中涵括了阶级风俗、原则以及问题意识，等等，而后才可能着手在新的场域之上重塑商业集团。死而不僵的联邦主义已经令纽约保守派在四分之一世纪的时间里没有尝到权力的滋味了，此时的他们已经看得特别清楚，他们需要一个新起点，在一八三〇年代，纽约政坛上冉冉升起的两颗有着非凡才干的新星也已经在指明道路了。

此二人就是威廉·亨·苏厄德和梭罗·威德，二人十分精确地代表了新保守主义背后的双重潮流。苏厄德兼具激情和原则，对杰克逊理想的信仰未必彻底，却都是发自内心的。威德，就其个人来说，当然是反动派，但是他颇具犬儒胸怀，他承认，要在政治上取得成功，杰克逊主义者的信念是不可或缺的。比如说，苏厄德认为1821年的纽约州宪法显然是太过保守了；威德则强烈反对这部宪法，在他看来，这部宪法太过激进了，当然，威德是在私下里表达的这种看法。苏厄德高度信仰人民之治和频繁选举机制；威德则终生都担心普选制度会"造成普遍的政治堕落，并最终毁灭政府"，尽管这种担心从来没有阻止他本人推动他眼中的这个堕落进程，只要这么干对他有好处。[1]

此二人都是纽约保守派的新型人物，都代表了那么一场远离鲁弗斯·金式的高高在上的身份和地位诉求的运动和潮流。苏厄德身材矮小，纤细且灵活，蓝色眼睛，红色鬈发，灰白眉毛，直挺挺的大鼻子。声音沙哑，谈风平易，衣着很是随意，打喷嚏、咳嗽是他的家常便饭，永远都叼着烟斗，吞云吐雾。[2]威德身材高大，皮肤黝黑，说起话很是柔和，是一等一的操盘手，人们常常能够看到他在奥尔巴尼厅的会客室里吞云吐雾，或者在烟雾弥漫的党务会议上肆意伸展自己的大长腿，跟众人商议政治战略问题，语气温和，但他那种现实主义诉求绝对不抱幻想。（据他自己统计，长达五十四载的烟龄中，他至少吸掉或者扔掉了八万支雪茄。）在威德这里，真诚是无足轻重的东西，反而有可能是障碍。他自己就从来不受真诚牵绊，他认为那是自我欺骗，因此，他也怀疑别人的真诚。[3]

然而，苏厄德和威德，就是这样两个人，却是合作得天衣无缝。他们对对方的领域都示以善意的尊重，由此，便令威德得以大力协助苏厄德展开政治讨伐运动，苏厄德自然也是大力协助威德展开公共劫掠行动。二人在信念上经常发生分歧，但他们的判断和目标却总是能取得一致。反共济会运动很快便成了煽动术的卓越培训所，令二人都对那看似高蹈的联邦主义策略蔑视有加。倘若保守主义要在一八三〇年代在政治上有所斩获，就必须利用已然占据主导地位的自由潮流，而不是抗拒这股潮流，这一点，二人都看得十分清楚。

"我们的党，按照目前的组织状态，"威德于1834年写道，"注定了是要战败的……就现在这些武器，我们越是对战杰克逊主义，我们就死得越惨！"穷人已然全体集结起来反对我们，若是继续支持合众国银行，"就只能令民众更加团结，更加同仇敌忾"。苏厄德同样强烈地表述了这样的看法。"我是相信，现在的我们是绝无可能击败范布伦的，"他于1835年致信威德说，"人民支持他。即便范布伦本人不怎么样，但是他代表的原则是人心所向的。这原则很简单，就是民主……穷人就是依托这样的原则，才揭竿而起对抗富人；自上次选战之后，政治阵营的排列组合就已经非常强烈地接纳了这样的政治特性，对此，切不可憎恶，也不可回避，这是事实。"此等情形之下，辉格党必须变得比民主党更为民主，只有这一条路可走。也正是出于这样的考虑，二人都支持取缔合众国银行，并采纳更具进步主义诉求的政策。当然，苏厄德多多少少相信这些政策本身，威德（私下里，他认为合众国银行是这个国家"不可或缺的"）则认为，这是获得成功的必要手段。[4]

纳·皮·塔尔梅奇于1838年策动的那场革命潮流很快便悄然退去，民主党右翼随之融入辉格党集团，他们带来了已然有些褪色的杰斐逊主义元素，由此强化了辉格党内的新取向。[5]此时威德正在物色人选，准备创办一份很是便宜的流行周刊，作为辉格党新思维的喉舌阵地。他看中了《纽约客》的编辑,《纽约客》是一份评论杂志,时不时地会为刚刚那场大繁荣、信贷体系、投机活动以及辉格党的其他专长提供辩护。《纽约客》的编辑是一个二十六岁的年轻人,身材很高,粗笨,总是穿着大衣,袖子高高挽起。人们对他的印象是:站在印刷机前面,高度近视的眼睛盯着印刷机,因为他正要将新的页面插入印刷机里面。[6]此人就是霍勒斯·格里利,新英格兰人,坚定的辉格党人,亨利·克莱的崇拜者。在威德的促动和鼓励之下,格里利创办了《杰斐逊主义者》,这是一份期刊,无论这名字还是期刊的论调和文风都令老派的保守主义者备感震惊。格里利其人激情满怀、内心燃烧着一团烈火,对人民矢志忠诚,这样一个人当然是能够将内心的烈火注入新政策的阐述体系中的。当然,还有他的睿智和信念,这些恰恰都是威德没有的,毕竟,他私下里对这些东西持保留态度。

2

苏厄德的基本战略是让这股民众性质的民主大潮为辉格党所用。他的论调通常就是典型的杰克逊式的。社会不平等,苏厄德申述说,乃是"民众无知、犯罪和困顿"的源泉,"我说我们这片土地的确是存在这样的不平等的,这没什么好奇怪的"。那么该怎么办呢?"倘若我们不对眼前的这套贵族体制展开攻击,将贫富之间的壁垒清除,破除少数对多数的霸权,最大可能地将自由拓展开来,全方位强化我国体制的民主原则,我们就根本不配做英雄先辈的子孙。"

此等情感宣示很可能走上煽动轨道,不过,苏厄德很快便剥除了这其中的煽动元素。"贵族体制的奥秘是什么呢?"他紧接着便发出这样的问询,并自行提供了答案,"那就是,知识即力量……

究竟是什么令这个人成了普通劳工，令那个人成了篡夺者，令这个人成了奴隶而那个人成了暴君呢？毫无疑问，是知识……"此外，苏厄德还特别呼吁改善教育，让教育变得足够好，但从商业集团的角度看，又会是无害的。[7]"看来，苏厄德是支持平等的，"迈克尔·霍夫曼语带讥讽地品评说，"他是要让所有的人，男人、女人、孩童，还有所有的银行、城市和州，都像他那样信从这套东西。"[8]不过话又说回来，苏厄德谈论的东西以及使用的方式，是旧日的保守派纲领当中都没有的。他等于是给保守派立场涂抹了新杰斐逊派的色彩，由此也就等于是出力恢复了保守派同普罗大众的接触。

自由派辉格党人在立法战略上也是类似的门道，确切地说，就是主动倡议必要的改革举措，以此先发制人，遏制民主党的政治势头，同时也用这样的办法对终究是无可避免的变革潮流进行控制和引领，最终确保实际的改革行动对商业集团的伤害最小化。1838年的纽约银行业法令就足以揭示出此等战略的成功。取缔特许状体制，特别是银行业的特许状体制，乃是激进派最古老和最受荣崇的要求之一。1837年年初，《纽约晚报》和《劳工先锋报》发起了一场历时漫长的斗争，背后的策动者是莱格特、布莱恩特、埃文斯，还有阿·卡·弗拉格、塞缪尔·扬和普雷斯顿·金等人，最终结果是撤销了针对私人贴现和储蓄银行的限制法令。中止兑换刺激了激进派去推进立法，力图在发行银行也建立自由竞争制度，时任州长马西在1838年1月2日的州议会咨文中也认可了这场运动。

保守集团遂掀起反对浪潮；不过，自由派辉格党人突然之间也开始意识到，一项普遍性的银行法令若要对商业形成实质性的干预，就必须对发行银行实施严厉限制，若要推行这样的限制举措，则民主党人就必须有相应的法令创制空间。于是，自由派辉格党人立刻抓住主动权，于1838年率先通过了一项普遍法令，将限制力降到极其微弱的程度，令大多数民主党人都感觉必须票决反对这样的法令。辉格党人由此便等于是将这个领域的立法声誉抓在手中，同时也将激进的一揽子改革方案的危险最小化了。[9]

此次事件传递的教益非常明显。激进主义纲领并不一定就是致命的，而且，保守主义若真是有决心利用激进主义，也是完全有机会让它为其所用，并且还能够据此赢得进步主义声誉，这样的声誉对政治成功来说至为关键。

然而，此番教益也很难被真正汲取。诸如钱塞勒·肯特、查尔斯·金以及詹姆斯·沃森·韦布这样的人，对自由派辉格党人的反合众国银行态度甚是恼恨。他们觉得，苏厄德集团在平等道路上走得太远了，做得太过火了，他们太倾心于外来移民和黑人群体，对废奴主义太宽容了。确切地说，在这些强硬保守派眼中，苏厄德集团在致力于效仿杰克逊的过程中已经向杰克逊缴械投降了。1839年，有人告诫菲利普·霍恩不要去竞逐联邦职位，理由是，"没有绅士能有所斩获"。这令霍恩陷入痛苦思绪，"倘若他们说的是对的，那么这个党就根本不值得存续下去；那样的话，还不如让一切都回归民主粪堆算了"。"今天的辉格党要比杰斐逊时代的民主党人更加民主，无论是原则还是手段，都是如此。"这是费城的霍勒斯·宾尼写下的品评，显然语带恼恨。[10]

老卫道士们对于究竟该提起怎样的政治诉求，是有自己的想法的。1837年5月的商会委员会报告乃十分鲜明地表达了这个集团的想法。"切不要去诉求民众偏见了，煽动家们就是在那里面找到力量的。""且明确你们的如下信念吧：通常情况下，财富就是德性的象征。"要让民众明白，他们的福祉乃寄托于商业，"没有一家全国性银行的襄助，商人就无从指望获得安全和繁荣"。[11]

此等观念同苏厄德和威德的想法可以说是全然背道而驰的，由此便也全盘揭示了老卫道士的主要特性，那就是完全缺乏学习能力。钱塞勒·肯特于1832年时候写道："我从政已经四十载了，这四十年的经验足以告诉我，选战当中，越是传扬平等情感，表现得越是暴烈,越是民主,越是不讲求原则,就越有机会获胜。"[12]当然,后来的梭罗·威德也有同样的评说,不过,威德是顺应态势、依据这样的原则采取行动的。

然而,无论苏厄德开展何等的雄辩,也无论威德施展怎样的狡计,都无法将这批强硬派争取过来,强硬派仍然是坚定地反对新政策。1841年,一度极端疲惫的苏厄德禁不住地哀叹说:"我的这些原则对我党来说,显然是太过自由了,太过博爱了,实际上,说这些都没用……他们肆意宣泄,但终究得罪了人民;他们尽管行动,但终究伤害了人民;所有人都怀疑他们的真诚。"[13]

3

在马萨诸塞,辉格党据有多数派的地位,因此也就不像纽约的辉格党那样,有着沉重的外在压力,必须去改变策略。不过,民主化潮流奔涌向前,力道十足。约翰·昆西·亚当斯还是那惯常的非常规做派,由此也就激起了多次的自由化运动。爱德华·埃弗里特的头脑也许略显散漫,但他的感受是很清晰的:老联邦主义已经死亡了。亚当斯和埃弗里特都或多或少地参与了反共济会运动,在这场运动的催动之下,二人协力引领了一场短暂的反叛运动,目标所指当然是丹尼尔·韦伯斯特和那帮老卫道士。亚当斯在众议院无情地攻击了韦伯斯特,埃弗里特则评论说,乔治·班克罗夫特的激进主义植根于一项"理据充分的原则之上,这原则就是:辉格党强硬派的政策终究是要伤害这个国家的",并且,埃弗里特更以州长的身份接纳了相对自由化的政策取向。[14]不过,亚当斯其人太不稳定,埃弗里特则太过怯懦,都不足以担当有效的领导权能。二人只是略作一番反抗姿态之后,便缴械投降了,亚当斯重回孤独老路,埃弗里特则重回韦伯斯特羽翼。

如此一来，马萨诸塞的自由化运动领导权便从辉格党领袖阶层滑落，落入党务阶层手中。这个集团毫不遮掩自己的动机。"老卫道士们当然可以肆意嘲笑那些志在诉求民众情感的人，"《波士顿阿特拉斯报》评论说，"……不过，也只有这样的办法才能赢得众人，凝聚人群一起行动，无论是大行动，还是小行动。"既然我们生活在民主制度当中，"那么那些尽心竭力确保人民的支持和善意的人，那些尽心竭力赢得民心的人，终究是要掌控民主制度的主导权的。因此，尽可能地斩获票仓才是王道"。[15]

理查德·霍顿此时正担任《阿特拉斯报》的编辑，此人是政治战略家，十分精明。该报的头号评论人是理查德·希尔德雷思，此人则跟格里利一样，出于自身的人道情感，支持新政策（没过几年，他的这种人道热忱便引领他彻底脱党了）。很快，《阿特拉斯报》便给出了政治表态，跟"《环球报》《劳工先锋报》和《马萨诸塞民主党人》秉持同样的抽象观念"，由此便等于是充当了辉格党领头羊的角色，引领了一场旨在为保守派俘获这些抽象观念的运动。[16]《商报》是波士顿"受人尊敬的日报"，风格严肃，学究气十足，对丹尼尔·韦伯斯特也是敬重有加，相形之下，《阿特拉斯报》就随意得多，而且毫无恭敬可言，这就足以展示出新老保守主义的差异。

宾夕法尼亚也是类似的情况，在前反共济会领袖撒迪厄斯·史蒂文斯和约瑟夫·里特纳的引领之下，宾夕法尼亚的辉格党人也采取行动，接掌了普罗大众的旗帜。实际上，整个北方的保守派此时都正在分裂为自由派和强硬派两个集团。两个集团的力量呈现出此消彼长的态势，通常都取决于在政党组织体系当中，是昔日的反共济会势力占据优势，还是昔日的国家共和党（说白了就是昔日的联邦党）势力占据优势。

1840年这一年的世事进程迫使辉格党做出切实抉择。辉格党究竟是应当继续同那些已然令自己屡战屡败的问题和领袖人物战斗下去呢？还是应当忘记过去，卸去昔日的负担，依托民主原则重新投入选战呢？

对自由派来说，抉择是很清楚的。范布伦任期之初，这个集团实际上就已经决心抛弃"贵族制"前景，并为"民主派"候选人扫清战场。第一个牺牲品当然就是丹尼尔·韦伯斯特。韦伯斯特最好的机会是在 1837 年，这一年，深陷危机的商业集团本能地在韦伯斯特身边集结起来，将他视为辉格党集团最为强大的思想人物。但是，韦伯斯特并没有提供更具激发性的方案，只是建议回归合众国银行体制，这也就令他错失了这次机会。1838 年，《阿特拉斯报》对他策动了群狼攻击战术，凭借一系列的评论宣示说，若是提名韦伯斯特，势必会毁灭辉格党。[17]1839 年，韦伯斯特在郁郁寡欢中前往英格兰，他明白，家乡州的这场反叛已经毁灭了他的政治虔诚。梭罗·威德则亲自引领了一场毁灭行动，针对亨利·克莱而发，他坚定地告诉集会代表，人民已经不再需要亨利·克莱了。1836 年，民众票仓已经选定了候选人。[18]威廉·亨利·哈里森，一个西部人，一个战争英雄，一个平民，政治羽翼无比清洁，不曾沾染过杰克逊论辩的污水，还有谁比这样一个人更有资格呢？

当时的亨利·克莱正在焦急等待来自哈里斯堡的消息以及华盛顿一家旅店里面辉格党集会的情况。他不停地从壁橱里拿出酒瓶把自己的杯子灌满，借此来打发这折磨人的时间。他喝酒、咒骂那些阴谋反对他的人，用词异常粗俗。突然之间，他住口了，因为他看到两个前来拜会心中英雄的陌生人，二人站在原地，呆若木鸡。"先生们，从你们的衣着来看，你们想必是教区牧师吧，我说的这些话其实也没什么，别在意就是了，"克莱说道，"我们喝一杯吧。"两个访客即刻离开了这个地方，显然是非常失望。其中一人颇为伤感地说道："这个人再不可能是我的政治偶像了。"

克莱继续喝着。哈里森获得提名的消息传来，狂怒的黑云掠过克莱那令人无从忘怀的脸庞，接着，便是一通破口大骂。他暴烈地跺着地板，绝望地喊叫着说："我的那些所谓的朋友，用枪打死他们都便宜他们了，他们根本就不值那些火药和子弹！……我真是政党历史上最不幸的人。我的那些朋友总是推我出战注定失败的战争，而今这场选战是注定了要胜利的，他们却背叛了我，提名他人。"[19]

4

在政党提名大会上赢得胜利之后，辉格党的这股新势力便满怀热忱地投入选战当中。差不多就在同时，民主党也开始为辉格党新势力站台了。巴尔的摩的一家报纸颇为高调地评论说，哈里森其人，只要有一笔养老金、一座小木屋和一桶苹果酒，就完全满足了，就可以安居自己的荒野林地了。萨斯奎哈纳河的一处风光旖旎的岛屿之上坐落着一处美丽的庄园，庄园的主人是托马斯·埃尔德，此人是一家银行的董事会主席，来访者是哈里斯堡的一家辉格党报刊的编辑理查德·S. 埃利奥特，二人正谋划着如何将此等坊间品评转化为政治用途。[20]苹果酒和小木屋？……没错，这就是答案，这答案很快就响彻美利坚大地了。辉格党就是苹果酒和小木屋的政党，苹果酒和小木屋将一直捍卫辉格党，对抗民主党人的所有冷嘲热讽。

就这样，辉格党人凭借自身令人震惊的资源和头脑，不知疲倦地展开运作，他们纷纷脱掉昔日的华贵衣装，换上平民装扮，四处出击。所有的演说、所有的歌谣和口号，都祭起了平民风和乡村风，并令这些元素尽可能地切近辉格党灵魂。昔日里辉格党人那肃穆典雅的集会氛围如今也让位给平民式的吵闹和欢笑。竞选歌曲令人如醉如痴地回响于大街小巷，选战游行队伍也是那么随意，那么散乱，在昏黄的火炬光芒的引领下，人们摇摆着，喊叫着：

>再见，亲爱的范，
>你不是我们的人；
>要引领航船，
>还得靠蒂珀卡努的老汉。

于是，小木屋便开始四处现身，表链和耳环上面、客厅壁画上、商店橱窗里、马车上、用浣熊皮装点起来，出现在大规模的游行队伍里面。几个关键城市还建造了大大的小木屋模型，用苹果酒桶环绕起来，用链子悬吊起来，供众人观瞻。热力十足的各个辉格党俱乐部还特意制造了巨大的球状物，找人滚动起来。这显然是在嘲讽本顿当年的自夸之词，据说，当参议院方面着手删除反杰克逊的发言记录的时候，本顿曾有言说："孤单且无助，我凭一己之力让这球滚动起来。"于是，便有一个用锡箔纸制造的巨大球体，直径十二英尺，从克利夫兰一路滚动起来，先是滚到伯里亚，而后便先后滚到了惠灵顿、梅迪纳，最后到了哥伦比亚，在哥伦比亚同另一个巨球相会。这个球直径十五英尺，镶着牛皮，由二十四头奶牛一路牵引，从马斯金格姆郡一路滚来：

>用心用魂，
>我们滚动这球；
>巨球滚动，
>时代变好。
>
>这民主之球
>本顿率先滚动，
>如今继续前进，
>已然不在昔日道路。

木刻工匠和排版工匠此时也都动员起来,日夜操劳,推出各种宣传画:哈里森,蒂珀卡努的英雄,战马之上,英姿飒爽;哈里森,旷野田间的辛辛纳图斯;哈里森,一身戎装,在小木屋门口迎候战友,身上还吊着长长的拴锁带;哈里森,一副印第安酋长装扮,正愤怒地走向白宫,范布伦正从那里逃跑(美其名曰"飞翔的荷兰人");哈里森,拳击手的形象,正挥拳打向范布伦,"山胡桃树"则侧立一旁,观瞧着此一场景,眼神落寞且沮丧,显然是范布伦的教练。各种铜质纹章也纷纷推出,一面是小木屋、旗帜、酒桶和酒杯的形象,另一面则是哈里森的形象,并刻有文字:"他扔下犁头,前来拯救国家。"到处都是锣鼓喧天,歌声嘈杂,演说人声音嘶哑,黑压压的人群,无穷无尽的游行,苹果酒桶摞了一层又一层,还有在夜色中闪着烟火的火炬。[21]

> 巨球滚动,
> 范布伦的缰绳散落,
> 他只能,
> 望向肯德胡克。

哈里森本人,生于弗吉尼亚,出身贵族集团,不过,他就这么看着自己被改造成普通人,并没有提起抗议,尽管在这个过程中,他在俄亥俄的宽敞住宅也被改造成一间低矮的小木屋。此情此景令人不禁回想起尼古拉斯·比德尔 1836 年提起的告诫:要彻底禁绝笔墨宣传,否则他会变成疯人院里的癫狂诗人。辉格党人还专门组建了一个委员会,这个委员会精于含混其词,精于雕琢润色,负责哈里森的全部信笺往来工作。(《华盛顿环球报》称这个委员会是"哈里森将军个人良心的管家"。)[22]哈里森本人倒是没有太多地出现在公共场合,不过,他一旦出现,通常都是姿态含混,因此也就会有很强的效果。这个饱经沧桑的老兵,已然卸去了昔日里的丝绸高帽,换上了宽檐的乡村帽子,说话态度极其认真,但不会涉及实质内容,只不过是要令已经被辉格党的苹果酒灌醉的人群更加兴奋而已。"我相信而且我也要说,民主党的真实想法就是",哈里森通常会说,"一切政策都要令富者更富,穷者更穷",人群以一阵咆哮作为回应。[23]他偶尔也会坦露一下心迹,比如说在代顿的一次演说中,他说:"好像有人在问,你支持纸币吗?我想我是支持的。"[24]不过,在重大问题上,哈里森自己的想法通常都是被小心翼翼地掩盖起来的,很显然,有时候甚至他自己都不知道自己是什么想法。

辉格党同时也推出了一大批草根演说人,为新兴的这种辉格党民主站台吆喝:诸如约翰·W. 贝尔,所谓的"俄亥俄的铁匠";汤姆·科温,所谓的"马车夫";亨利·威尔逊,所谓的"内蒂克铜匠";还有"诚实的亚伯·林肯","劈木头的人"。总之,所有人的观点都是有分量的,甚至连此时巡游美国的暹罗连体双生人"昌和恩"都走上政治舞台,辉格党报刊纷纷骄傲地宣示说,此二人将前往投票站给哈里森投票。[25]

任何政治领袖,无论何等声望,都无法避开这股浪潮。亨利·克莱此时正在吞咽失望苦果,他郑重宣示说,这场斗争是小木屋和皇宫庙堂之间的斗争,是苹果酒和香槟之间的斗争。丹尼尔·韦伯斯特此时刚从伦敦返回,尽管他被普遍认为是此类辞藻的创制者,不过,伦敦之行还是令他的头脑清醒了一些。回国之后,他便为自己没能生在平民之家深感沮丧,尽管他也可以骄傲地说,他的哥哥和姐姐们的出身要更为高贵一些。他也正是据此喊叫着说:"那些说我是贵族的人,都是骗子!"谁要是再这么攻击他,"就要小心了,别走到我的拳头范围之内,这样的人不仅是骗子,也是懦夫"。[26]

此时的辉格党不会放过任何机会以劳工运动支持者的形象现身。他们派出群众演说人,前往各地发表演说,谴责独立财政计划是"一场反劳工阴谋",此举等于是完全翻转了1837年的路线。[27]

这场选战运动的扛鼎之作出现在 1840 年的 4 月 14 日，这一天，来自宾夕法尼亚的查尔斯·奥格尔提出动议，否决总统提出的用于修缮白宫的三千六百六十五美元的拨款申请。奥格尔据此高声指控范布伦"肆意挥霍人民的钱财，同时又中饱私囊"。奥格尔更宣泄说，现在的白宫"已然奢华如恺撒们的宫殿，其富丽堂皇较之最为倨傲的亚细亚府邸毫无逊色之处"。"看看吧，为了一个名叫范妮·肯布尔的外国女人能够在用完精美大餐之后，有一只玉杯将她的纤纤玉指洗得嫩白如初，竟然耗费人民的大笔血汗钱，先生们，诚实的罗克福克党人对此会作何感想呢？"[28]

奥格尔的此番言论可谓旁敲侧击、含沙射影，更有胡编乱造的色彩。詹姆斯·西尔克·白金汉于 1838 年造访白宫的时候，曾描述说，"太破落、太狭窄了，跟我国贵族的宅邸根本没法比"。那样的装潢，"当然也算得体且宽绰，但根本算不上雅致或者昂贵，"整体感觉就是"舒适，但没有任何炫耀的成分"。[29]当另一个国会议员趁机推出奥格尔这份攻击之词的更早版本之时，曾担任过马萨诸塞州州长并亲身探察过白宫的利瓦伊·林肯随即发表了愤怒的演说，予以驳斥：

> 这位绅士一直在抱怨总统的豪宅，总是在抱怨总统挥霍无度，但实际上，那个样子的白宫实在是对这个国家的折辱。白宫的很多房间恐怕这位绅士都不愿意让自己的黑奴住进去，倘若这位绅士蓄奴的话。这位议员先生的选民，他们的房间恐怕都比白宫装潢得更漂亮，总统就是在那样的房间里居家过日子的。屋顶和两侧墙壁实际上都已经漏雨了，但是这位来自新泽西的绅士仍然要否决修缮拨款，看这样子，就是要让白宫继续漏雨。[30]

此时的林肯虽然强烈反对范布伦连任，不过，他还是发言驳斥了奥格尔的说法,林肯的这份发言在民主党内被广泛传阅,但没有任何效果。1840年,智识层面的回应显然不会有任何作用,就如同暴风雨中的一丝微弱呼告一样。奥格尔的玄妙陈词倒是成了辉格党选战的畅销书。

5

辉格党阵营最具效能的喉舌阵地是《小木屋》,是梭罗·威德的那个门生负责主持打理的。1840年的这场选战令霍勒斯·格里利第一次登临大舞台,并有了充分展现才干的机会,无论是他的弱点还是强项,都在此次选战中展露无遗。格里利对人民的情感毫无疑问是发自内心的。1837年的那个寒冬更是激发了他的这种情感,他认为辉格党的纲领可以为劳工造福,他也据此为辉格党纲领声辩,在这方面,他的效能无人能够比拟。他是那种充满热忱的田园主义者,满怀赞许之心转载了钱宁的《论劳工》,同时对阿莫斯·肯德尔的那份不那么自恋的《告合众国人民书》发起责难,认为那是"孤注一掷的煽动之术"。《小木屋》非常热衷于蕴涵了如下情感的诗篇韵文:

> 欲壑难填的富人是何等贫穷啊!
> 恬淡的穷人又是何等富足![31]

此类华丽的民主辞藻当然不足以解释格里利一手锻造的改革者神话。[32]当然,从外在形象来看,他的确就是那种平凡和善的人,大大的脑袋,一副紧张的样子,脑门已经秃了,已然变白的头发向后梳着,遮掩不住的慈祥,破旧的白色帽子就那么随意地搭在后背,衬衫的纽扣也脱落了,至于外套,有人禁不住地品评说,"就像是用干草叉叉上去的一样",口袋里面装满了纸片,都露在外面了,两条裤腿,一条掖在靴子里面,另一条则在外飘摆。[33]

不过,仅仅是外表当然不足以解释格里利的改革者声誉。事实上,格里利是完全投身到辉格党的经济政策当中了。他的真正偶像是亨利·克莱,高关税、内部改进政策体系以及合众国银行,在他看来,都是迈向社会救赎的重大步骤。同梭罗·威德之所以发生摩擦,早期的一个原因就在于格里利直到 1842 年仍然支持支持合众国银行,即便在 1842 年,就连韦伯斯特都已经将合众国银行视为"过时观念"加以抛弃了。[34] 辉格党集团更促动格里利创办了《论坛报》,因为此时辉格党迫切地需要一份廉价日报,可以直接送达劳工群体。说白了,格里利从未在任何重大经济问题上同辉格党抵牾。

他将民主党激进派的强硬纲领视为"雅各宾式的鼓噪"。[35] 他还攻击范布伦,说这位在任总统 1837 年就已经为了"范妮·赖特①的罗克福克主义"而背弃了民主。激进派对银行体系以及保护性关税体系的攻击,在格里利看来,就是要威胁美利坚社会保守集团的巨大利益。

> 你们竭力说服穷人,让穷人认定富人是他们的天敌,富人盘剥他们的劳动果实,富人剥夺他们应有的社会地位。你们不仅教导穷人憎恶劳动,让穷人心怀嫉恨、不满和恶意,更怂恿穷人夺回他们失去的东西,你们告诉穷人,富人是通过不正义的手段夺走了那些东西……你们教导穷人说,富人过度垄断了特权,还说这样的特权体系终将令穷人沦落深渊。你们还怂恿穷人说,要像男人那样勇敢,要揭竿而起,主张自己的权利,必要的话,不惜动用武力。[36]

这就是格里利对民主党激进派的描摹。

---

① 即弗朗西丝·赖特。

说白了，格里利的改革者声誉主要是因为他以炽烈态度倡导一些边边角角的改革举措（当然，在奴隶制问题上，他的强悍立场虽然来得有些晚，但也提升了他的政治声誉）。他是那种极度"稳靠"的激进派。他可以一方面矢志忠诚，为"美利坚体制"战斗，另一方又心安理得地让艾伯特·布里斯班为傅立叶专栏每周付一百五十美元的版面费。对他来说，这又何妨呢？[37]这个价钱，对格里利的进步主义声誉来说，无论如何都是很便宜的了。将那种傅立叶主义的无害幻想刊印在专栏里，顶多也只是鼓励那些浪漫人道派游离于社会之外，这样的事情实在是再好不过的了，否则，这些浪漫派就会去骚扰社会，起码来说，这要比刊印阿莫斯·肯德尔的反银行论章强得多。此举当然会令老派卫道士们不满，不过，终究能够消除过多的罪孽感，毕竟，这样的文字足以令难以尽数的辉格党人不由自主地沉浸在改革幻象当中，认为自己是在顺应并参与改革大潮。实际上，他倡议的这些改革举措跟既存利益格局没有任何直接碰撞，反而是给辉格党新势力的操盘格局涂抹了一层相当温婉的光彩。正如格里利在给威德的信中申述的那样："现在，社会改革的全部信奉者……以及这个国家所有的不满情绪，都已经被正式逐出辉格党了，并且都已经向着敌人的营地涌去了。……在我看来，继续坚持这条路线已然是不太明智了，除非我们野心勃勃地希望被世人看作是改革的敌人，被看作是已经过度发育的贵族体制的中坚和堡垒。"[38]

格里利的朋友们对他的这种社会热情，无论是傅立叶主义方面的，还是土地改革方面的，当然有一套现成的解释，他们说这是格里利的个人癖好，就如同他憎恨烟酒一样。"他在这方面的癖好，"梭罗·威德在谈到格里利的社会观念之时陈词说，"绝不曾令他对辉格党事业分心，在这项事业上，他从来都是持之以恒、满怀热忱的。"[39]最终，当两人发生争执的时候，原因并不在于政策问题，而在于格里利认为，辉格党没有给予他应得的职位。

6

恰恰就是在这个节骨眼上，约翰逊上校令民主党陷入第一轮的困顿当中。他的确和善可亲，但是这并不是副总统的职位所必需的品性，他在这个位置上的表现实在是糟糕，显然，他并不是能够胜任这个职位的人，这也令他那发自内心的自由主义情感早早便被消磨殆尽了。1838年他主持参议院的时候，有人注意到他"衣着破落，笨拙不堪"。[40]此时，肯塔基方面开始传来种种奇怪消息。1838年的秋天，阿莫斯·肯德尔走访肯塔基的时候，听说副总统花了整整一个夏天操办一家旅店，事必躬亲，甚至亲自去购买鸡蛋和西瓜，更对自己的第三个情妇，也就是因为不忠而被他卖掉的那个姑娘的妹妹，情深意切，两人就那么腻在一起。一个肯塔基人这么写道："那姑娘也就是十八九岁的样子，十分漂亮，会弹钢琴，称呼约翰逊'亲爱的上校'，约翰逊则称那姑娘为'亲爱的'，据说两人十分恩爱……他就是这么……不知羞耻地同一个黑妞乱搞，又怎么可能指望朋友们支持他、支撑他呢？"[41]

辉格党人的嗅觉十分灵敏，很快便抓住了上校的这些劣迹，开始大做文章。来自新泽西的霍尔斯特德于1838年借由一份演说对内阁展开抨击，演说当中尽是含沙射影的双关词，矛头直指约翰逊。他说，"民主党人已经变成了花花公子（dandies）"，还说，"花花公子都特别喜欢小鸡（dickies）"，"小鸡则跟黑人（darkies或者blackies）非常接近了"。[42]实际上，1836年，此类风言风语就已经制造了相当大的麻烦，肯德尔也已经感觉到，民主党不能再为约翰逊的个人行为承担责任了。杰克逊同样反对约翰逊，并转而支持詹姆斯·诺·波尔克，后者已经离开众议院并前往田纳西但任州长去了。最终，民主党令范布伦陷入没有竞选伙伴的境地，此等情形之下，便只能让各州为自己偏爱的人选投票。然而，约翰逊选择在这个时候策动了一场强有力的演说攻势，他吹嘘说，自己生在树丛里，以树槽为摇篮，还撕开衬衫给众人看战争留在他身上的伤疤，同时又信口开河，乱说一气。[43]最终，此等行径差不多令他成为当年唯一在智识层面有所施展的民主党演说人。

总体上说，民主党人的选战活动是沿着已经陈旧不堪的路线铺展开来的。"几年前，马萨诸塞民主党人就已经在这个问题上宣示了自己的观点，"州议会的民主党党团宣示说，"民主党不会背离当年的这个信仰。在此不妨重申一下：伸张劳动者的权利，乃是时代的使命。"[44]几乎在所有问题上，民主党的选战策略都是在炒冷饭，说白了就是重申昔日的理想，探讨昔日的问题。[45]一份传单再好不过地总结了这种情况，这传单的名字是"生产者的战歌，致穷苦人"：

> 起来！起来！捍卫你们的权利，
> 劳动人民的儿子啊，起来吧！
>
> 纸币瘟疫折磨世人，
> 那痛苦无法承受；
> 我们仍有希望，因为我们有杰克逊的战袍，
> 这战袍正披在范布伦的身上。
> 劳动阶级，
> 当团结一致，万众一心，
> 密切监视那阴险的敌人；
> 每个银行家，就是一个，
> 他们的目标就是制造我们的痛楚，
> 他们是自由的害虫！
>
> 我们要团结起来，如同胜利者一样，前往投票站！

如同激流涌动，
冰雪已经融化，汇入我们这激流；
将每个辉格党人都标识出来，那是我们的仇敌！
他们会奴役你们，折磨你们！
且支持范布伦吧！[46]

　　当然，民主党的选战运动偶尔也会出现闪光点。比如说，在纽约，《新时代》也会运用"O. K."这样的语词来丰富竞选语言，这个词实际上是"Old Kinderhook"（老肯德胡克）的缩写。到了4月份，纽约民主党的行政区集会就给出了这样的决议，"我们要告诉马丁·范布伦，O. K.，你是可以在白宫再待上四年的"。[47]不过，民主党总体上显然是没有能力应对辉格党方面掀起的这场飓风一般的选战策略。选战歌谣、游行以及篝火晚会，已然是令民主党陷入束手无策的境地。"已经不是哈里森喝不喝苹果酒的问题了，"威廉·卡伦·布赖恩特颇为怨愤地品评说，"……他和他的党上台之后，究竟会干什么，这才是问题所在。"[48]但是民主党集会人群也喊叫着说："蒂珀卡努和泰勒。"一名民主党人愤怒地质问："辉格党这是在竞争在小木屋居住的特权吗？""这个国家难道就真的没有暴君，阻止他们推倒他们用砖头、黄岗岩和大理石盖起来的庄园吗？难道就没有人阻止他们在庄园的废墟上盖起小木屋吗？"[49]集会人群立刻喊叫着回应说："范，范，范就是个没用的人……"显然，跟这样的呼声抗辩，是毫无意义的。就这样，辉格党尽其所能地将自己打扮成人民的党。"他们的确是从失败中学到了胜利之道！"《民主评论》宣示说，"是我们教会他们如何征服我们！"[50]

7

　　1840年的这场选战催生了最有名的杰克逊民主文件之一。一直在考量工业社会运行机制的奥雷斯蒂斯·奥·布朗森，在1840年的这个春天，似乎是得出了一些结论，他那样的性格，当然是觉得必须即刻将这些结论告诉这个世界。于是，7月号的《波士顿季刊》便出现了他那篇流光溢彩但也肆意无度的文章，题目是《论劳工阶级》。

　　文章还是以熟悉的论调开始，布朗森申述说，财富的实际生产者往往都无法享受主要的社会福祉，到处都是如此。"遍观这个世界，到处都是这样的情况，令人触目惊心，劳动者无不贫穷、破落，大批的非劳工群体……却是极为富足。"这样的不平等格局究竟还要持续多长时间呢？布朗森陈词说，已经有种种迹象表明，"人类世界最可怕的战争就要降临了，这就是贫富之间的战争。人们也许会设法延缓这场战争，但它终将到来，随同这战争一起降临的，则是无尽的恐怖"。

　　布朗森接着指出，如今存在两种劳工体制，其一是奴隶制，其二是自由劳工体制。这其中，自由劳工体制是最具剥削效能的。"所谓工资，"布朗森申述说，"实际上是恶魔的诡计，这样的诡计既能抚慰那些人的社会良心，同时又能够保留奴隶制的全部好处，令雇主无需像蓄奴者那样花费、操心，更不会引发世人的憎恶……倘若这个世界必然要有一个区别于财富群体和雇主群体的劳动者群体，那么我们认为，奴隶制肯定要比工资体制好上不知多少倍。"然而，自由劳工体制到处胜出，原因就在于这套体制听起来更好，制度成本更小。

　　那么，那些劳工呢？他们的未来会是怎样的呢？毕竟，他们是"财富的实际生产者，但他们不是财产所有者，他们没有生产资金，没有住房，没有店铺，没有土地，没有劳动工具，只能是靠着自己的双手为生"。对此，布朗森给出的答案是，劳动者跻身财富阶层并拥有足够资本以保证独立地位的几率相当渺茫。实际上，他们的境况只能是越来越糟糕。"荒野正在后退，新土地已经不是单纯的劳动者能够拿到的了,雇主已然将劳工控制在手中。"时代必须认清时代的责任。"我们这个时代的使命就是要解放无产阶级,就如同昔日人们解放奴隶那样。"

那么,具体该怎么做呢?内在改造显然是不够的。"我们要的不是从神父和道学家那里获得族群的重生。"老实说,他们这些人"虽然也在寻求改变,但他们不会触碰社会制度,但是改革之所以势在必行,恰恰就是因为社会制度……自我教育当然是好事情,不过,这并不能消除不平等"。那股田园风,还有钱宁博士,当然都做了这样的内在改造尝试,问题是,救赎的代价绝对不会如此低廉。

布朗森宣示说,第一步是必须摧毁神职阶层并复兴基督的基督教。真正的福音一旦传布开来,就能够令所有人的改革能力获得砥砺,而后便需要诉诸政府了:首先要取消一切反劳工法令,并相应地推行令劳工获得平等所需的那些法令;其次就是要政府同银行体系彻底分离,因为银行代表的是"商业集团的利益,此等利益是反劳工的";而后,便是不可或缺的关键步骤了,那就是取消财产的世袭继承制。

对此,布朗森并不乐观。"富人、商业集团,是绝对不会轻易就缚的……若这一天真的会到来,那也只能靠着一场战争,这样一场战争是这个世界不曾见识过的。这样一场战争,从哲学眼光来看无可避免,但人性就摆在这里,但凡是人,都不免会对这其中的恐怖退避三舍。"[51]

那么,布朗森的新社会图景又是怎样的呢?在这个问题上,这篇文章并没有清晰阐述,只是在某处申述说,工资体制"必须"取消,另有一处倒也提起了改变之策,旨在保证劳动者有足够的能力"靠着自己的资本获得并维系独立性,比如说自己的土地,自己的店铺"。当年的10月号推出了布朗森的第二篇文章,这篇文章阐述得要稍微清晰一些。布朗森在文中宣称,时代的真正恶端就在于

"资本家和劳工的分化"。不平等格局日益深化、日益严重，但政治并没有给出解决这个问题的希望。"普遍选举权不过是一场笑话，"因为普选机制并非植根于大范围的财产分配。"你支持哪个政党，你投票给哪个人，这些都无关紧要，因为财产才是一切政府行为的基础所在。"因此，唯一的办法就是"将劳动和资本结合在一个人身上。我们反对的恰恰就是将社会分化为两个阶级，一个阶级拥有资本，另一个阶级只能劳动"。[52]

布朗森认为，此一变革工程的主要障碍就在于汉密尔顿政策体系，他在伍斯特的国庆日演说中明确陈词，当前政府的"主要诉求，就是保护资本，特别是商业资本"。那么，究竟是谁人在领导辉格党呢？"这个党的首领，我们都知道，就是商业集团的首领，他们跟农业群体和劳工群体根本就不在一个世界。"他们的目标何在呢？"就是要依托严密的公司体系，将这个国家的资本牢牢锁住，同时令这些公司垄断全部的实业部门"，由此也将劳工闭锁在实际上的奴隶境遇当中。正是因此，独立财政计划才会变得如此重要，因为该计划的目标就是要"让政府摆脱特定阶级的控制，向全民开放"。[53]

显然，布朗森的这篇文章全然建基于杰克逊观念，里面的银行理论、垄断理论、不平等分配理论以及阶级冲突理论都是杰克逊式的，不过，无情的逻辑定然要导向无情的结论。布朗森在劳动者和中产阶级之间划下了更为尖锐的界线，同时也确立了更为暴烈的阶级冲突图景。他显然是提议对整个工资体制展开更为猛烈的攻击（尽管具体的讨论文字颇多模糊之处）。总而言之，他展现的是激进民主理论的极端意涵。

布朗森在文中提起的具体举措实际上并不重要。原因很简单，此类建言一旦脱离民主纲领，也就不具备可操作性了，就如同他从圣西门那里借取而来的消灭财产继承制的政策举措那样。[54]然而，此等建言一旦进入那奔涌而起的政治选战浪潮，便即刻会被人视为民主党领袖人物在实际问题上的政治表态。由此，对神职阶层以及财产继承制的攻击便被剥离了具体的语境，并很自然地遭到扭曲，成为党派怒潮攻击的靶子。辉格党宣称，这是决定性的证据，足以表明民主党就是他们一直说的那个样子，说白了，民主党的学说最终定然是要攻击宗教和财产的。《麦迪逊主义者》更是断章取义地援引威廉·卡伦·布赖恩特和弗朗西斯·皮肯斯的话，意在告诉众人，独立财政不过是这些人迈出的第一步，布朗森的这篇文章才道出了民主党的终极意图。于是，这令人震惊的计划便呈现为如下格局：

　　一、摧毁自由劳工体制和工资制度
　　二、摧毁各派教会
　　三、取缔财产继承法

"阴险的目的……残暴的教义……"《麦迪逊主义者》咒骂道。[55]霍勒斯·格里利也认为，布朗森的此番伸张足以证明罗克福克主义"志在全盘颠覆财产权体系"。[56]

辉格党的《纽约评论》也加入了攻击序列，认为这样的人单单用酷刑对付是不够的。[57]丹尼尔·韦伯斯特在邦克山的一次演说中对布朗森爆发出雷霆之怒。亨利·亚·怀斯和威廉·卡贝尔·里夫斯则着重向弗吉尼亚选民解释说，布朗森的这些东西已然将范布伦政策体系之邪恶诉求揭示无遗。在佐治亚州，约翰·麦·贝里安，曾是杰克逊时期的总检察长，此时也将《波士顿季刊》推出的这些观念视为"平均地权主义、雅各宾主义，是反宗教的"。[58]一份小册子指控范布伦"图谋革命"，并宣称，范布伦的政策植根于"托马斯·潘恩、范妮·赖特、罗伯特·达尔·欧文、奥雷斯蒂斯·奥·布朗森以及威廉·麦·霍兰"的信条，"更以亚财政分肥体系拱卫起来"。[59]卡尔文·科尔顿将两篇"尤里乌斯"文章作为利箭向布朗森射去。他写道，倘若"这项志在用武力征服美利坚人民并将美利坚人民捆绑在这由贪婪和鲜血铸成的锁链之上的计划，真的已经运作到成熟地步，可以经由政府出资的公共期刊公开宣示"，那么，人民就必须揭竿而起，必须采取行动了。[60]梭罗·威德的报纸发出了这样的呼吁："基督徒们！爱国者们！还有国父们！且读一读、想一想这样的东西吧。"[61]波士顿哈里森俱乐部更是推出了故事的升华版：

> 他一直在吹嘘，说很快就要让辉格党人血流成河；他们党的一个领袖人物，同时也在波士顿关税厅供职，最近更是宣称，辉格党很快就会品尝到罗克福克武力的滋味了；他还说，他将在城中带起一支一百人的队伍，足以惩罚上千的辉格党人了……他说，战事若起，他将径直前往灯塔街，烧掉那里的辉格党人住宅。[62]

民主党自己对布朗森推出的这些教义也没有太大的热情；不过，布朗森在自传中的确勾勒出一幅浪漫图景，"普遍的恐怖和尖叫"，却是被严重夸大了。[63]事实上，民主党方面在拒斥了布朗森提起的取缔继承法的建议之后，对布朗森这篇文章倒是颇多赞赏，如《纽约晚报》说的那样，这是《波士顿季刊》一直都有的那种风格，说白了就是"自由思想和大胆表达"。[64]

但是声讨浪潮并未停歇，一直到10月，利瓦伊·伍德伯里从华盛顿致信一直拒绝解雇布朗森的班克罗夫特："所有人都在声讨他。为什么还留着他？为什么？"[65]民主党保守派的报刊，诸如《奥尔巴尼阿尔戈斯报》也趁机对布朗森展开攻击。不过，即便是《波士顿邮报》也仍然将矛头集中在辉格党身上，谴责辉格党是在恶意扭曲这篇文章，布朗森的确写了这么一篇文章，但辉格党恶意扭曲的行径才是最严重的。"我们相信托尼法官是个天主教徒；那么,能说所有的民主党人都是天主教徒吗?"[66]《纽约晚报》更是寸步不让,发表了一系列评论文章,捍卫布朗森表达自己观点的权利。[67]应该说,这篇文章并没有严重折损布朗森的政治作用,也没有太多地影响布朗森在马萨诸塞民主党内的支持度。选战的最后几天,马萨诸塞的战况是相当激烈的,布朗森在这段日子里一直都在发挥作用,也一直都是民主党需要的人物。[68]

8

这场选战就以这样的狂躁态势继续下去,人们的鼓噪和咒骂彻底湮没了一切,据理力争、清晰论证显然是没有意义的,在巨大的篝火面前,切实的问题、切实的论辩都被蒸发掉了。9月的缅因州选战令辉格党有机会将此等迷醉场面继续推高,并创造出这一年的年度歌曲:

> 而你已得知新闻,自缅因州,
> 而旧缅因州,能做什么?
> 她曾不顾一切,为了肯特州长,
> 而帝珀卡努和泰勒郡,亦这样,
> 而帝珀卡努和泰勒郡,亦这样。

就这样,整个秋天,游行队伍四处出现,火炬闪耀各地,苹果酒浪潮不断涌动,辉格党人的竞选演说席卷整个美利坚大地。各州逐次展开票决。票决结果依次出炉。最终结果可谓一锤定音:哈里森,两百三十四票;范布伦,六十票。此时总统静静地坐在白宫中,十一月的阴云漫卷而来,外面街道上传来人们的呼叫之声:"范,范,无用的人……"

不过，辉格党的多数地位倒也并不像选举人票显示的那样明显。范布伦赢得了普选票仓 1 129 102 张选票，比 1836 年还多出了 366 424 张；这比 1840 年之前所有获选总统都多。这场选战当中，有效选票共计 250 万张，哈里森的优势仅仅是 145 914 张。如此看来，范布伦若是能够在这个总票仓中多拿 8 000 张多一点点的选票，并适当分配到各州票仓当中，就足以改变结果了。[69]

辉格党策动的此番狂欢的确是有成就，这倒并不是因为这场选战改变了民主党的票仓，而是因为此番操持之下，动员了更多的人前往投票站。新加入的选民约有百万之众，这个群体对观念背后的涵义基本上没什么意识。就如同一名选战老兵回忆的那样，"我支持辉格党，不过，要说这里面有什么观念因素的话，我也仅仅将辉格党候选人看作是一个穷人，家住小木屋，而且会帮助人民……同时我也完全认定，范布伦不仅是个残忍贵族，是个花花公子，更是无比狡诈的阴谋家，处心积虑地要颠覆这个国家的自由。" "亚财政计划究竟是什么呢？" 另一个选民坦率直言，"我的确是一点都不知道；不过有一点我是知道的，这是极为邪恶的计划，是残忍暴君犯下的暴行，他要折磨长期忍受着痛苦的民众。"[70] 这场狂欢、这场辱骂狂潮，却是无可抵挡的。

> 再见，亲爱的范，
> 你不是我们的人；
> 要引领航船，
> 还得靠蒂珀卡努的老汉。

这场挫败令很多民主党人深陷沮丧，他们不明白人民为何抛弃了他们。当然，长远的观点在短期内是不可能提供足够安慰的。不过话又说回来，1840 年的这场选战，如果说对民主党是一个挫折、一场打击的话，对民主却未必如此。从某种意义上可以说，辉格党人的这场胜利反而是最具决定性的证据，证明了杰克逊的胜利。说白了，保守集团的确赢得了选战，但是，他们之所以获得这场胜利，完全是靠着将自己打扮成民众政党。更确切地说，不平等体制的支持者而今不得不接过新分配制度的口号。

杰克逊的确是胜利了，不过这并不意味着一切冲突都结束了。民主若是没有冲突，就无法存续下去，若是一个党派掌控绝对霸权，压制了所有的反对派，那么民主也就毫无意义可言了。应该说，杰克逊的胜利实实在在地意味着，斗争不但会继续下去，而且是在杰克逊确立的框架当中获得新生，丹尼尔·韦伯斯特或者尼古拉斯·比德尔的老框架已然烟消云散了。

二十四　杰克逊民主：一场思想运动

　　一八三〇年代，美利坚大地的一系列斗争最终熔铸了一套极具实用取向的社会哲学，这套社会哲学恰恰就是这场杰克逊革命的前提。这套社会哲学也是一种思考社会的方式，这种思考方式的轮廓是十分清晰的。实际上，各个层面的政治话语都在反复申述这套社会哲学，从总统的咨文到竞选演说，从报刊评论到私人信笺，莫不如此。这一切最终都汇聚起来，成就了当日党派斗争的思想背景，没有这个背景，就无法理解当日的党派斗争。

1

　　杰克逊主义者相信，社会当中存在一种根深蒂固的冲突，那就是"生产"阶级和"非生产"阶级之间的冲突，所谓"生产者"，就是农民和劳工，所谓"非生产"群体，就是商业集团。在这种冲突中，商业集团被普遍认为是手握王牌的，因为他们有银行和公司网络可以作为依托，还掌控着教育和新闻资源，最重要的是，他们拥有主导各州和联邦的权能。他们就是靠着这些，成功地剥夺了劳动者的劳动果实。阿莫斯·肯德尔说："他们生产了全部的财富，自己却沦为穷人。他们就那么眼睁睁地看着贵族的领地和宫殿在他们身边拓展,却根本没有意识到,那都是靠着从他们身上薅来的羊毛建造起来的。"[1]

此等格局之下,倘若生产者要捍卫自由,就必须团结起来,共同对抗这"令富人更富穷人更穷"的潮流。宪法条款和政治承诺绝无可能提供安全保障。"长久以来,我们都过于疏忽这样的事实:社会秩序当然要倚靠财富分配方面的法律,但同样也依赖于政治组织。"这是威廉·M.古奇给出的评说。而今,是时候推出相应的政策,去抵制一切将财富和权力向着一个阶级集中的企图。而仅仅只靠自由选举当然不可能剪灭反对力量,因此,这场战争将不会有停歇之日。"权力斗争,"丘·卡·康布勒朗说,"乃是永恒的,就如同社会分化一样。一场失败并不能抹去民主制和贵族制之间的分界线,因为这分界线是永恒的。"[2]

因此,问题的关键就是如何为东部、西部和南方的非资本群体、农民和劳工的利益,去控制和约束资本集团的权能,这个资本集团主要分布在东部地区。因此,杰克逊派的基本观念很自然地植根于东部的经验,东部经验是最能理解商业权能之性质并据此展开最锐利的抵抗的。有人一直认为,所谓杰克逊民主就是边疆能量的大爆发,据此令一批暴烈之人平步青云,直升华府,这些人都对大商业集团满怀乡土偏见,很显然,这样的看法并不能解释这段岁月的基本情状,实际情况是非常复杂的。也许应当这么说,杰克逊民主乃是商业集团和社会其他群体之间在美利坚的漫长斗争历程的第二个阶段,而这种斗争在美国这样的自由资本主义制度之下,恰恰就是自由的真正保障。[3]

跟一切社会哲学一样,杰克逊民主也是以多个思想传统为依托的。从根本上讲,这样的社会哲学当然是杰斐逊主义的复兴,不过同时也因为注入了新的元素而令杰斐逊的遗产得到了强化。这其中特别需要一提的是反垄断思想,此一思想主要是亚当·斯密锻造出来的，在美国则借由古奇、莱格特、塞奇威克以及康布勒朗这些人得到阐发；还有就是亲劳工思想，这个思想传统的主要创制者是威廉·科贝特，在美国则是借由乔治·亨·埃文斯、埃利·穆尔以及约翰·费拉尔这些人阐发的。[4]

2

杰斐逊主义在各个方面都极具激发性和渗透力，所谓杰克逊民主，实际上就是杰斐逊民主的一个版本，只不过更为强悍一些、更为果决一些罢了。不过，二者之间还是存在差异的，这些差异很容易被低估。杰斐逊广受尊崇，他的文字也被广为援引，但具体到杰克逊派的领袖人物，杰斐逊则没有任何个人影响力，也许范布伦除外。麦迪逊和门罗得到的尊重则更为含混，更像是表面文章。激进的杰斐逊主义者，诸如泰勒、伦道夫和梅肯这样的人物，乃将弗吉尼亚王朝视为一场背叛，因此，这些人物倒是在杰克逊派的内心烙印着鲜活得多的记忆。

然而，即便是泰勒的那些后期贡献也被夸大了。他的伟大作品《合众国政府之原则和政策探析》于1814年问世，刚好赶在麦迪逊派政治大投降前夕，因此，这部作品也就没有斩获太大的时代影响力，除了在信徒中间。这部作品文风枯燥，组织散乱，而且相当冗长，因此也未能获得足够规模的读者群。到了杰克逊入主白宫的时候，这书已经停印很久了。1835年，据说在纽约已经买不到了，只有弗吉尼亚还能买到，但"难度也不小"。[5]在杰克逊派的语言体系中，基本上没有这部作品的印迹。[6]

一直以来，人们都觉得《探析》一书是就民主之基础这个问题提起的最为出色的讨论，这也许是有道理的，不过，书中的很多细节论证到1830年实际上已经荒弃了。这部作品重点阐述了贵族机制是如何运用国债来构筑自己的势力的；在杰克逊时代，国债体系已经偃旗息鼓了，但贵族体制仍然存续着。此外，泰勒展开反行政权能、反政党系统的论说，并且支持恢复公民军役制度，此类申述对杰克逊派来说，已经是没有意义了。乔治·班克罗夫特于1834年发出呼吁，要求对美利坚社会展开全盘的改造工作，这份呼吁获得了普遍认同。当时的一个激进派写下了这样的回应文字："但凡对政府工作生出疑虑，那就根本不能信靠任何相关论章。你必须相信自己，自己思考。"[7]

显然，泰勒已经过时了，过时的原因很简单，美利坚社会已经发生了巨大变化。1816—1828年是保守集团的霸权时代，在这个时代，美利坚的农业田园梦无可挽回地彻底破碎了，杰克逊派遂开始调整杰斐逊视野，以便贴合新的社会实情。这样一个再调整过程实际上也意味着要对素受恩宠的杰斐逊教义实施一场彻底检省。

杰斐逊主义者的核心取向是一个自耕农的国度，每个自耕农都拥有相当刚正的道德品质，也都拥有相当程度的经济保障和政治独立性，如此，也就完全不会有谁再去琢磨着侵夺他人的权利和自由了。此等社会的基础是农业和手工业，这一点是杰斐逊予以明确承认并申述的。可是到了杰克逊时代，美利坚的农业体系，最多也只是同工业和金融共享江山，此等情形之下，这个杰斐逊式的希望，又能在何处安身呢？

奥雷斯蒂斯·奥·布朗森在其《论劳工阶级》论章中详尽探讨了一种前景。在这篇论章中，布朗森重新确认了一项杰斐逊主义期许："我们希望每个人都是独立的财产所有者，都拥有足够的财富，都可以靠自身的适度劳动供养自己。"这样的期许若是付诸实践，将会意味着什么呢？多年后，布朗森自己也承认，这样的规划若真推行起来，必将"摧毁整个现代商业体系，令巨大的工业体系就此坍塌……将民众抛回农业和手工业时代"。[8]仅仅是展示一下这样的后果，就足以表明这样的计划根本就是不切实际的。自耕农主导社会的时代就此结束了。

　　新兴的工业化潮流是必须接受的，银行、工厂、工业资本和工业劳动，这些都是工业化的题中之义。这些也都是令正统杰斐逊派备感憎恶的东西，当然更是无产劳工备感憎恶的东西。"大城市的群众，"杰斐逊曾言，"给纯粹的政府权能添加了莫大的力量，就如同疼痛也会刺激身体力量一样。"他描摹的图景极为暴烈，由此也就不难看出他在这个问题上的情感是何等暴烈。他曾告诉麦迪逊说："人群就这么拥挤在大城市里面，就跟欧洲的情形那样，如此一来，我们也势必要跟欧洲一样腐烂下去，迟早也会沦落人吃人的境地。"[9]这实际上也是他的追随者群体当中的普遍情感。纳撒尼尔·梅肯就常常说："倘若能听到邻居家狗叫的声音，那就不应当是人居住的地方。"[10]

　　然而，无论如何都是要赢得劳工票仓的，这是实实在在的政治必然性，这也就令这个群体的情绪发生了改变。渐渐地，杰斐逊主义者对普通人的偏爱扩展到城市劳工，尽管这个过程当中免不了会有一些磕磕绊绊。[11]1833年，《纽约晚报》宣示说，大城市那复杂且密集的人口状况是否展现出普选制的恶果，纽约是否就是这样的情况，答案是否定的。阿马萨·沃克也于这一年力证说，"大城市并不一定就是人们常常说起的'巨大伤口'"，相反，应当令人很欣慰，因为总有一天，大城市将会成为"健康道德力量的源泉，由此流淌而出的道德溪流将会浇灌并赐福美利坚大地"。老西奥多·塞奇威克还补充说，大城市之所以会有恶名，主要还是经济方面的原因："想想看吧，那么多的城市人群就睡在阁楼里、地窖里，生活在肮脏的贫民窟里，那里的街道脏乱不已，没有照明，没有井水，没法洗澡，根本就没有任何的卫生设施。"将这一切肮脏的东西都予以清除，城市自然就恢复健康常态了。[12]

　　杰克逊本人从未表达过杰斐逊主义者对工业化的憎恶之感。比如说，1833年，他就对洛厄尔的磨坊厂表现出浓厚的兴趣，并且详细询问工时、工资以及生产方面的情况,此等情形,就如同一名观察者评说的那样,足以证明"家庭制造业早已经激发了他的强烈关切"。[13]他任职总统期间常常谈到的"生产阶级"也从来都是将城市劳工涵括在内的。

3

将无财产的劳工阶级接纳进来,这实际上是在弃守杰斐逊主义的一条重大底线。约翰·泰勒在"自然"财产和"人为"财产之间所做的区分,令杰斐逊主义者随时都可以召请此等财产观念中蕴含的道德和情感力量。确切地说,他们据此就可以自立为财产权的保护者,至于商业集团,因为他们盘剥、吞噬生产者的劳动果实,因此也就只能是财产的敌人。然而,这样的区分,倘若要获得实际的社会存在而非纯粹的想象性存在,就必须依托那种农业和手工业占据主导地位的社会-经济格局。农民或者铁匠的劳动所得自然是可以精确衡量的;但是,一个在制衣流水线上只负责纽扣环节的姑娘,她的"正当"劳动果实又该怎么衡量呢?这个无财产的群体,又该在怎样的意义上说他们的财产遭到剥夺呢?

泰勒反复告诫说,"虚拟"财产会以一切财产的支持者的面目现身,对抗民众,以此令"真实"财产也归附他们。如今的民主党,不仅是自耕农和小工匠的党,也是无产劳工的党,如此一来,保守集团的此等政治姿态看起来也就更加合理了。辉格党人就是凭借这一点,尽其所能地将"虚拟"资本遭遇的每一次攻击都转换成对财产权本身的攻击。"那些谴责财富积累的哲学,"爱德华·埃弗里特说,"就是野蛮人的哲学。"[14]反垄断鼓噪,亨利·克莱补充说,"实际上就是在攻击财产权。可以视为,一个人是不能随意使用自己的财产的,即便这个国家的法律允准了那样的使用方式,否则的话,这人就会被指责为垄断分子。"[15]

辉格党慢慢赢得了这场战争。美利坚司法体系最终认可了公司的法人身份,这场争斗就此尘埃落定。截止到1843年,威廉·S. 韦特便已经可以重新祭起杰斐逊的大旗,他陈词说:"所谓'保障财产'已经不再是保护拥有适度财产的公民了,而是要保障那些垄断者,保障那些靠着多数人的血汗钱营造奢华和优裕生活的人。"[16]

此时杰克逊主义者遂开始祭起人权的旗帜,来对抗财产权。弗兰克·布莱尔陈词说,辉格党人的目的就是要大肆扩张"财产权体系,以此来吞噬并剪灭人的权利";民主党则是要"竭尽一切可能,保护和捍卫人的权利"。"财产是附属于人的,而非相反,这就是我们的信念,"奥雷斯特斯·奥·布朗森写道,"因此,依据人性的福祉时刻调整财产的构成,这当然是合情合理的,历来如此。"[17]罗杰·布·托尼早先的一系列判决毫无疑问促成了公共福祉的优先地位。不过,民主党也因此弃守了一块很是重要的意识形态阵地。财产权能够为自由化改革提供坚实基础,人权论调则往往会以情感泛滥甚至血腥收场。

因此可以说,杰克逊主义是在多个方面对美利坚的杰斐逊信仰实施了修订。杰斐逊主义一直予以强调的农业德性、独立的财产所有者、"自然"财产、取缔工业化,在杰克逊主义者这里,都得到了温和处理,同时,杰克逊主义者大幅度拓展了杰斐逊主义者对经济平等、劳工群体、人权的申述,更是力主对工业主义进行约束和控制。此番调整之下,杰克逊主义者就可以对一系列的经济问题展开攻击了,昔日杰斐逊派正是受困于此类问题。现实感当然是更为浓重且强劲了,同时也令杰斐逊主义的基础观念变得更为强硬了。"财产"观念的折损相当严重,无论从寓意层面还是从智识层面来看,都是如此,不过,对大多数的杰斐逊主义者来说,"财产"观念不管怎么说都不如兼具自由和德性的自耕农融构而成的那幅浪漫图景来得重要；而且，此时的杰克逊主义者也越发地看重并追捧资本主义异化理论了。在杰斐逊派的观念当中，阶级冲突乃消弭在民主制和贵族制这样的含混范式当中，但是杰克逊派通常都认可A. H. 伍德的评说：“空谈贵族制和民主制是毫无意义的，此类语词变数太大，基本上没有确定性可言，根本不足以揭示当前的利益对峙格局。对峙双方就是富人和穷人，这场战争就是在这二者之间展开的。”[18]

此等更为厚重的现实感，主要是靠着时间积累起来的。进展到这个时候，杰斐逊主义者的恐惧已经是实实在在的东西了。他们以逃避作为应对恐惧之策，但是，现实要求自我调整。杰斐逊主义者对银行和公司的不信任，主要还是个理论问题；对杰克逊主义者来说，这恐怕就是个经验问题了。约翰·泰勒的比喻体系可谓才智焕发，威廉·M. 古奇的论说则以清平和细节见长，这就足以揭示两派的差异。杰斐逊拒斥工业革命，并试图让前工业化时代的那个温婉社会在这世间永恒（至少，作为哲学家的杰斐逊是这么想的；但现实迫使作为总统的杰斐逊采纳了截然不同的政策路线），杰克逊则将工业化视为经济图景中无可根除的要素接受下来，甚至认为工业主义元素是相当有用的，不过，杰克逊同时也在竭力控制工业主义。杰斐逊民主是致力于回望过去，回望那在记忆云雾中不时闪现的昔日光阴；杰克逊民主则是要同这粗粝且令人憎恶的现实直接碰撞，展开缠斗。

这段时期也见证了民主信条之经济效果的逐渐展开，此前那代人对此尚且没有清晰认识。杰斐逊主义者当然也对政治权力和经济权力的关系问题有理论上的认识，不过，杰斐逊派历来关切的重点是确立政治平等。这的确是杰斐逊主义者的使命，他们也确实没有太多时间去纠结经济问题。

但是，伸张并确立政治平等并非那么简单的事情，这必然会将有关财产和阶级冲突的所有问题都牵扯进来。倘若各个阶级之间不能达成适度的经济平等格局,那么政治平等又有何意义呢?这恰恰就是杰克逊主义者着重面对的问题。正如奥雷斯蒂斯·奥·布朗森说的那样,"罗克福克党人其实就是杰斐逊民主派,只不过他们在实现政治平等之后,便从革命的一个阶段进展到另一个阶段,开始致力于实现社会平等,说白了,人的实际社会境况本来就应当同公民权利观念携手并进"。[19]

由此,杰克逊主义者便极为果决地开启了经济问题的战线,杰斐逊主义者在这类问题上的态度只是蜻蜓点水而已。不过,杰克逊派虽然致力于廓清民主之经济意涵,但他们在廓清与之相关的政治问题之时,并不比杰斐逊主义者更成功。这其中,有两个问题特别突出,其一,政治生活当中多数派的德性和地位问题,其二,政府之恶政问题。1840年之后,杰克逊主义者才对这些问题展开了有效探讨,因此,这方面的内容也就留待后面讨论了。

4

杰克逊主义的第二个灵感源头是亚当·斯密及其《国富论》激发的自由经济思想潮流。亚当·斯密的思想一经问世,便成为左翼和右翼阵营热议的话题,在双方的共同促动之下,这场亚当·斯密神话便赢得了大批的信徒,杰克逊主义者当然也从中找到了自己所需要的灵感;不过,真实的亚当·斯密既为杰克逊派提供了丰富的弹药库,同样也为反对国家操控商业的集团提供了丰富的弹药库。[20]

《国富论》以平静、精细的论证,对政府与商业的联合展开强力攻击,明确阐述了垄断体制是如何阻滞经济发展并推进垄断集团盘剥民众的。实质上,这是对重商主义的一场攻击,一七九〇年代,汉密尔顿恰恰就是将这样的重商主义政策略作调整之后,纳入了联邦主义轨道。斯密的反垄断论证堪称经典,对杰克逊派有着强烈吸引力,斯密在生产性劳动和非生产性劳动之间做出的区分,也正好对应于杰克逊派在生产者和非生产者之间做出的区分。杰克逊派即刻便采纳了劳动价值理论,抛弃了先前的重农主义,因为依据重农理论,价值乃全然在于土地,杰斐逊持守的正是重农理论。斯密倡导的是那种温和的硬通货路线,确切地说,斯密赞同取消面值在五镑以下的银行钞票。跟坊间议论不同,真实的亚当·斯密并不反对政府干预,他认为,政府干预是可以保护国民的,不一定就是在盘剥国民。在探讨银行控制问题之时,他写道:"若是任由少数人肆意践行自然自由,就很可能会危及社会安全,因此,一切政府都会而且都应当制定法律予以钳制。无论是自由体制还是暴政体制,莫不如此。"[21]此外,斯密更提倡教育,并且对农业阶层和劳工阶层之福祉提起了一般性的期许,这些在杰克逊主义者眼中,当然都是加分项。

应该说,亚当·斯密在经济层面上塑造了杰斐逊以流光溢彩的道德和政治语言予以申述的那些情感。杰斐逊本人就认为《国富论》是既有的经济书册中"最为杰出的"。[22]让-巴·赛的翻译更是令斯密成为流行人物,这无形中也就将自由放任教义推行开来。马萨诸塞的小村镇斯托克布里奇是自由贸易思想的一个重镇。1838年,西奥多·塞奇威克是这么品评亚当·斯密的:"他的声音已经在这个世界回荡了六十年了,但到了如今的合众国大地之上,才真正被人们倾听、敬奉并追随。"实际上,当塞奇威克给出此番品评的时候,这场觉醒潮流在很大程度上恰恰是归功于塞奇威克自己。[23]正是他的传教工作成功归化了威廉·卡伦·布赖恩特、戴维·达德利·菲尔德以及小西奥多·塞奇威克这等人物。而且也正是布赖恩特,令先前对政治并无兴趣的莱格特也正式进入《国富论》的世界。

很快,莱格特便极为热诚且不遗余力地致力于将亚当·斯密的教义运用于这个正在公司化的社会,莱格特也因此而被贴上了激进主义的标签。[24]"不妨分析一下自由政府的性质和实质,"莱格特写道,"便不难发现,人们的自由度同垄断程度呈反比。"[25]莱格特以此为核心信条,对合众国银行体制、纸币体制以及公司特许状体制展开攻击。《纽约晚报》在布赖恩特的主导之下,一直都秉持极为坚定的自由贸易立场,并成为自由贸易信条的强大喉舌。纽约民主党激进派则更是自由放任信条的强力倡导者。常常有人攻击杰克逊的政策有平均地权的嫌疑,丘·卡·康布勒朗竭力展开声辩,他曾在众议院高声宣示说:"富兰克林和杰斐逊是平均地权主义者吗?先生们,亚当·斯密是平均地权主义者吗?"[26]塞缪尔·扬上校也是斯密和赛的门徒,同时也是边沁的门徒,最初的罗克福克主义者也都是极具教条气质的自由贸易主义者。[27]

亚当·斯密和杰斐逊共享的基本经济观念,就是所谓的"自然秩序",一旦清除垄断的污浊,"自然秩序"就能够为最大多数人的最大利益运转起来。此一观念就其本身而言是十分清晰的,不过,很快便在实践中漫布疑云了。自由企业制度,对莱格特这样的人来说,乃意味着一种战斗信念,那是对自由竞争制度的信念,不过,对今天的保守派来说,也意味着一种战斗信念,据此信念,政府干预总是要带来恶果的。发生在杰克逊时代的一系列战斗已然表明,对自由放任信条的这两种解释正日益剧烈地冲撞起来。

杰克逊主义者以极大热忱投身第一个信念,因此,他们毫不犹豫地倡导政府干预,以便恢复竞争。不管怎么说,他们对"自然秩序"的理解涵括了劳工完全享有劳动果实的权利,尽管所谓"自然秩序"乃意味着政府不得予以干预的领域。因此才有了范布伦的这样一番申述:政府应当时刻戒备着,随时准备实施介入,以便保证劳动者"充分享有自己的劳动果实"。

倘若真的能够令其自由运转,不受派系立法、垄断、财富集中机制以及各种利益集团的侵害，则劳动就能获得足够的补偿，也就肯定能够令这种有益局面存续下去。唯有在社会的自然秩序因为上述的任何一个原因受到干扰之时，劳工的工资才会发生不正常的下降。[28]

由此，自由企业制度的规约也就成为政府权能的题中之义，借此去摧毁"阶级立法、垄断、财富集中机制以及利益集团的恶劣影响"，并最终为"社会的自然秩序"提供保护。

不过，亚当·斯密的具体论说乃是植根于对作为政府政策的重商主义的批判，这样的论说本身很容易令人们得出结论，认为他是反对政府干预的。杰克逊主政的这个时期，已然开始效仿汉密尔顿的方式，削弱保守集团对政府干预的热情，商业集团更是开始运用自由放任话语。到了1888年，爱·M. 舍帕德，格罗弗·克利夫兰派民主党人，便已经写就了范布伦传记，意在告诉世人，范布伦乃是政府干预体制的决绝反对者；然而，这种看法完全没有将诸如十小时工作日这样的举措考虑在内。[29]

最终，商业集团完全俘获了自由放任语言，并以决绝方式运用这样的语言来捍卫垄断体制，甚至还据此为保护性关税提供论证，将自由放任语言同保护性关税体制并置起来，这不管怎么说都会令早期的保守派感到尴尬。亚当·斯密本人非常怀疑大商人是否真的信从自由竞争制度。结果很快就印证了他的怀疑。讽刺的是，亚当·斯密推出的诸般自由贸易口号，目的就是为了摧毁垄断，但最终都成了垄断体制的堡垒。

5

杰克逊主义收获的第三项刺激因素是那个时代英国涌动而起的

社会动荡潮流，这方面的信息主要是通过威廉·科贝特的作品传递而来的。科贝特早先是以"彼得·波库派恩"为笔名，参与联邦党人的报业活动，因此成了杰斐逊派早期攻击的对象，在美国待了几年之后，科贝特返回英国，回国之后，他发现，他一直为之奋战的保守派价值已然在工业化硝烟当中迅速消失。面对日益迫近的堕落局面，他以华彩之笔、愤怒之词，伸张独立劳动者群体的愤恨之情，他那流畅、强悍且肆意的散文很快便在英国平民群体中创造了一种新的政治意识。

于此，科贝特便摇身一变，成为劳工权利的强烈捍卫者和倡导者，同时也成为新兴的金融贵族集团的强悍敌人，由此便在美利坚赢得了一批痴迷不已的听众，特别是在劳工运动中建立了巨大的声望。他的《纸币反对黄金》一书于1834年在纽约再版，并推动了硬通货运动。纽约的威廉·H.黑尔，也就是《财富生产者实用手册》一书的作者，还有托马斯·布拉泽斯，费城《激进改革者》的编辑，则成了科贝特的主要门徒，当然，科贝特那无可遏制的活力和精力，最终也鼓舞了整个激进派。[30]

此时的科贝特怀着巨大的热情，密切关注着大西洋彼岸的情况。杰克逊的反银行战争令他兴奋不已，遂得出了过于迫切的结论，认为杰克逊是"当世最勇敢也最伟大的人物，就我所知，也是整个世界历史之中最勇敢最伟大的人物"。他挥笔撰写了一部杰克逊传记（确切地说，是在重印伊顿那本杰克逊传记的时候，将自己的标志性评论插入其中），他甚至还在英国发行了古奇《纸币史》一书的删节版，并取名为《纸币和银行的诅咒》。他还写下一系列卓绝的信笺给美利坚的这位总统，他对杰克逊的崇拜不曾有过动摇，他说，这位美国总统乃是"人类历史之上最伟大的士兵和最伟大的政治家，无论勇气和智慧都冠绝历史"。[31]

科贝特对社会正义可谓激情满怀，不过，他绝少谈论民主。他和他的美利坚追随者都认为，只要将投机客、商业寡头和资本家清除，令普罗大众获得权力，那么社会的主要问题也就迎刃而解了。他笔下的英格兰自耕农，靠着牛肉和啤酒养育出强健体格，是一副实实在在的理想化形象，也正是此番理想形象令他从阶级制衡理论逐渐进展到阶级无谬论的阶段，有时候甚至从民主跃进到社会主义。只不过，这些还都是隐隐约约的东西，在他的美利坚门徒身上，则包含了更多隐没难显的东西。不过，乔治·亨·埃文斯、约翰·康默福德、约翰·费拉尔以及早期的劳工领袖，似乎都是将民主视为保护性教义，确切地说，这些人并不是因为民主本身是好东西而支持并倡导民主的。更确切地说，这些人若是掌握了权力，他们的行动也不会跟丹尼尔·韦伯斯特和尼古拉斯·比德尔这些人有太大的区别，也许在目标方面会有所不同。

6

激进派也有着非常清晰的历史定位。杰斐逊主义，在借由亚当·斯密和科贝特的洞见获得强化之后，令激进派找到了依托，据此对现代历史提出了他们自己的一番解释，并据此赋予了这段杰克逊主义斗争史以意义和历史地位。

杰克逊主义者认为权力乃是跟财产携手并进的。中世纪时，封建贵族借由土地垄断掌控了社会权力。随着封建制度的覆灭，新的财产形式崛起，这是漫长的自由历程的第一步。这场斗争的主力军团是新兴的商业集团，确切地说，这是一场"商业资本反对土地资本，商人、制造业者和工匠群体反对土地所有者也就是大地产贵族"的战争。[32]这场战争从公元12世纪末一直持续到1688年英国的辉格党革命。

资本贵族最终摧毁了土地贵族。也就是在这个历史阶段，商业阶层在人类的自由大剧中扮演了关键角色。《民主评论》品评说，封建制度的溃败"为民主原则进驻政府打开了通道"。[33]商业集团也因此获得了自由之倡导者的历史声誉,但他们配不上这样的声誉。商业集团的真实动机从来都是夺取权力并将之控制在自己手中,而不是解放全人类;他们创立的政府体制是以财产而非平权为基础的。"我当然很清楚我在说什么,"乔治·班克罗夫特高声宣示说,"我要明确的是,找遍全部的人类历史,恐怕都找不到有哪个商业集团是奉行民主和自治原则的,在此,我敢回应任何挑战。"[34] "若是认为商业是有利于民主的,那就大错特错了,"费尼莫尔·库珀补充说,"这是金融寡头的根本取向。"[35] "他们并不是要解放人,"阿莫斯·肯德尔说,他们"只不过是增加的主人的数量"。[36]

美洲革命则是自由进程迎来的第二场大跃进。这场革命"所推动的不是阶级当中的人……而是人本身"。[37]但是,汉密尔顿多方运作,遏制了这个蓬勃而起的民主发育进程。"他建立了金钱权能,"范布伦写道,"并且恰恰是建立在昔日里英国人曾经确立的那个基础之上。"[38]随后的美利坚历史因此也就成了一部斗争史,一部致力于推翻汉密尔顿政策并实现革命理想的斗争史。

将来又会怎样呢?对此问题,杰克逊主义者抱持了高远的信心,他们说,历史将站在他们这边。"现在是自主农民和技工引领文明进程的时候了,"班克罗夫特陈词说,"商业和律师,也就是金钱利益集团摧毁了封建制度。而今,民众的时代已经破晓了。""以前,是各个阶级轮流掌控权力,"这是布朗森发出的呐喊,"而今,阶级霸权归于消亡的时代已经到来了;这是人本身或者说是人民执掌天下的时代。"[39]

这不仅仅是美利坚的一场运动,更是全人类的运动,波及四海,反抗主人,此一时期的杰克逊主义者怀着极大的热忱关注着海外的社会反抗运动。杰克逊及其内阁参加了华盛顿举行的1830年法国革命庆祝活动;当时身为国务卿的范布伦更指令新政府发布通告：美利坚人民"普遍且热诚支持法国的这场革命以及这场革命推行的原则"。（此时的辉格党，尽管克莱表示支持希腊和南美的民族革命运动，但总体上的表现是相当冷淡的。）[40]拉梅内以雄辩之声表达了法兰西的民主渴望，他的作品在杰克逊集团广为传阅。《一个信仰者的话》深深影响了奥雷斯蒂斯·奥·布朗森。1839年，波士顿出版了《人民自己的书》（*Le Livre du Peuple*），译者是纳撒尼尔·格林，波士顿邮局的局长，《波士顿邮报》的查尔斯·戈登·格林的弟弟，也是戴维·亨肖的密友。

此时民主党人也以同样的热情关注着英格兰《改革法案》的进程，辉格党阵营则对托利党颇为同情。这个十年快要结束之时涌动而起的宪章运动，在民主党的新闻阵地获得一片欢迎之声。英国改革者集团也予以回应。不仅是科贝特和萨维奇·兰多尔这样的人，老资格的激进派杰里米·边沁也对杰克逊政府表示赞许。边沁是约翰·昆西·亚当斯的朋友，1828年，作为战争英雄的杰克逊当选之时，边沁曾表达过自己的失望之情；不过到了1830年年初，正当他在家里嘶嘶作响的蒸汽散热器旁边缩成一团的时候，他听到有人大声朗读杰克逊的第一份国情咨文，这个老人一下子兴奋起来，因为他发现自己跟这位新总统的一致之处是先前那个总统不能比拟的。后来，他更写下长篇备忘录，这如同天书一般难懂的备忘录，名为"反参议院"，目的就是为杰克逊政府出谋划策。[41]

此时，所有的杰克逊主义者都相信，他们在美利坚推进的这场斗争是有国际意义的。正是出于这方面的考量，同时也出于票仓方面的考虑，民主党领导人遂开始对新近归化的移民提起了专门的诉求。[42]此时的辉格党仍然反对移民，他们要求政府发布移民禁令；民主党则是热情欢迎移民，并对美利坚主义者策动的反移民骚乱展开抵制和攻击。美利坚一直都是人们借以摆脱暴政的庇护所，这个地位必须维持下去。"资本家集团，"塞缪尔·琼·蒂尔登说，"已经在全世界都团结起来，组建了巨大的现代财富王朝，人类文明世界的大部分地区毫无疑问都处在他们的霸权之下。"美利坚乃是民主的应许之地,美利坚民主党人在此等情形之下,就应当向全世界展示人民政府的荣耀,这也是美利坚民主党人的使命所在。美利坚民主党人已经站在历史的最前沿了。没有人可以否决他们。"全世界自由的朋友们啊,"西奥菲勒斯·菲斯克宣示说,"就让我们携起手来,共同奋战吧。""全世界的人民,"范妮·赖特呐喊道,"都将融入这项事业当中。"[43]

二十五　杰克逊民主与法律

在 1800 年的选战中被杰斐逊击败之后，联邦主义便选择了政治撤退，并转而寻求防御。在约翰·马歇尔的精明引领之下，联邦主义在司法战线构筑工事，尝试将司法体系转变成无可摇撼的反变革堡垒。跟美利坚历史上历次大的民主运动一样，杰克逊民主运动最终也难免同司法体系发生冲撞，司法体系志在为财产设立新的保障机制并据此遏制民主控制的潮流。由此引发的斗争涵括了两个主要方面：其一，改变司法体系的人员构成；其二，简化并改革法律本身。

1

围绕联邦最高法院展开的斗争，最为集中也最为鲜明地展现了这场斗争的面貌。马歇尔推出了一系列的卓越判决令，在他的引领和影响之下，类似的判决层出不穷，最终成功地将宪法改造成禁止政府干预私人财产的工具，即便是以公共福祉为理据，也是不可以的。很多州的法学界人士都接纳了马歇尔催生的这股强劲影响力。法律界的所有人都认可并援引马歇尔的先入之见，尽管在这个过程中绝少有人懂得马歇尔的深刻心思,而且,他们团结成一个法律的高级领导者群体,对杰克逊民主秉持憎恶态度。纽约州高等法院的首席法官斯潘塞经常谈起"野蛮人杰克逊",钱塞勒·肯特则说杰克逊是"可憎、无知、莽撞、虚荣且恶毒的暴君",康涅狄格州高等法院的首席法官达格特1832年时更是直言不讳,说他从未有此等不祥感受,"这个国家也许还太年轻,虽然已经败坏得可以了,但还不至于就此毁灭。但愿上帝保佑我们吧!"[1]

当然,联邦最高法院才是保守主义的主要堡垒。约瑟夫·斯托里——仅次于这座堡垒的首领人物马歇尔——就非常坦率地表达了当时美利坚保守集团的恐惧之心。安德鲁·杰克逊执政六年之后,斯托里便已经彻底认定,这个国家正在"沦落专制泥潭,尽管打的是民主运动的旗号",斯托里进而认定,辉格党是仅存的希望了。[2] "我是辉格党人。"斯托里颇为自傲地告诉亨利·克莱。实际上,1838年的时候,他还告诉尼古拉斯·比德尔说,倘若"我在这个司法职位上付出的辛劳能够得到您的小小赞许",他就已经感到莫大安慰了,因为他并不了解"该怎么做,才能令我们这个时代的这个有头脑、有品行且有尊荣的人更加满意"。[3] 斯托里这样的人,显然是学识胜过智慧,此时他已然抱定越来越强烈的信念,认为这场民主运动注定了要失败,此等激烈态度令外来访客经常感觉他说出来的一些话有叛国之嫌。[4]

马歇尔于1835年的夏天去世,保守集团的绝望感也因此臻于顶峰。他们经常说他是保守大业的最后堡垒,事实的确如此。而今,这最后的堡垒,这个国家的自由,就此殒没了。在随之而来的司法任命中,杰克逊将不仅得到一个民主派的大法官,更将在联邦最高法院获得民主派多数。威廉·莱格特直言不讳地告诉民主党人,马歇尔在最高法院的权势,"总是个大麻烦。现在,他终于去职了,这个大麻烦总算是解除了"。[5]

辉格党方面此时感觉到本顿将接掌马歇尔留出的职位,日夜难眠,然而,这个密苏里的巨人自行否决了这方面的想法。"燕雀安知鸿鹄之志,"他写道,"他们太小看我了,这就如同一年怀孕十二次的兔子根本不会懂得两年怀孕一次的大象一样。他们为了小小权位,就会拼死拼活,当然不能理解我肯定是要拒绝所有的这些小打小闹的……我认为,托尼是这个职位的最佳人选。"[6]托尼也是杰克逊心目中的最佳人选,从各个方面看,他的任命都合情合理。早先在助理法官的任命问题上,马歇尔本人就曾支持托尼,只是当时的参议院否决了这项任命,此时保守派显然已经找不到更好的人选了。不过,保守派仍然是愤愤难平,《纽约美国人》在托尼确定入驻最高法院之际,禁不住地评论说,"最高法院的纯洁华服,因为这个政治奴仆而遭到玷污了"。[7]

2

新任首席大法官穿普通的长裤,而不是传统的长及膝盖的短裤,而且,这个新人还用其他的方式表明心迹,他要同传统决裂。他的第一个任期便遇到两个重大案件,这令他有机会去开辟新路。其中一个案件涉及公司特许状的解读问题,最高法院可以给出两种解读,可以偏向公司,也可以偏向公共利益。另一个案件涉及州权问题,确切地说,各州是否有权制定并推行将会影响到州际贸易的法令。托尼给出的答案,展现出毫不逊色于马歇尔的现实感和清晰感,同样对原则而非先例提起了强力诉求,判决本身也展现出同样的决绝态势。明眼人都不难见出,此等判决之下,最高法院的基本取向是限制公司特权并据此拓展社会立法空间。[8]

保守集团在联邦主义的阵地上实施的这场退却和防御战,其中的关键战役是围绕查尔斯河大桥和沃伦大桥案展开的,这个案件在很长的岁月里一直都是马萨诸塞政治统绪中的一个轴心议题。马萨诸塞州议会授权建造一座免费桥梁，跨越查尔斯河，新桥恰好会影响附近一座收费桥梁的收益，旧桥是私人所有，由此也就对桥梁公司形成了契约侵权。1831年，该案提交联邦最高法院，但当时最高法院并未下发判决。1837年再审，丹尼尔·韦伯斯特作为桥梁公司顾问团的成员现身法庭。很显然，哈佛学院和波士顿的很多头面人物都在该公司持股，由此也就令这个案子成为公众关注的焦点。

这件案子实际上提出了公司之社会地位问题，围绕这个问题，联邦主义观念和杰斐逊观念展开了激烈对撞。"我认为是立法机构干预了私人事务，无论这私人事务是交托给公司来执行，还是保留在个人名下，"约翰·马歇尔在早前的判决意见中提起了这样的陈词，"这种做法既危险又不明智。"[9]马歇尔在达特茅斯学院案中给出的判决认为，特许状本质上就是契约，州立法机构是无权侵夺的，此等判决显然要给公司提供足够的保障，令州权无从实施干预或者侵夺。

但是托尼在担任总检察长的时候，便已经阐明了自己的立场，他认为，公司，特别是担当重要公共职能的公司，诸如公路和桥梁之类的公司，"它们的特许状绝对不是为着公司所有者的排他性利益而设。它们当然会享受一些特权，但这样的特权是为着公众福祉而来的。我认为，诸如收费桥梁或者收费公路的特许状，其主要目的就在于公共福祉。"[10]

至于那些并非严格意义上的公益公司，托尼更在私下里还告诉杰克逊说：

> 我国自由制度的精神要义乃是保障所有人的平权地位，在这种情况下，若是给那一批私人公民颁发特许状并给予种种特权，让他们放开手脚牟取私利，这显然违背了我国自由制度的精神要义……仅此一点就足以论定，此等公益公司的特许状必

须着眼于公共利益之诉求。[11]

很显然，此时的托尼，民主党激进派的这个重头人物，就如同四分之一个世纪之前的马歇尔那样，正着力将自己的"经济取向"灌注到宪法当中。

1837年2月14日，联邦最高法院下达了大桥的判决案，托尼为首的多数派就此判定，公司特许状的权利仅及于特许状条文规定的范围。这话的意思很明确，不允许对公司特许状做推论和延伸，借此对抗共同体的利益。托尼就此给出的判决意见，恰恰是杰克逊民主的要义所在："一切政府的目标和诉求，就是要推进共同体的福祉和繁荣，政府正是为此而建立起来的；绝不可认为政府应当削减自身在这方面的权能，毕竟，政府正是为此目标而来的……倘若借由各种推演和假说，认定政府之持久存在并无太大价值，那就等于是解除了政府为达成公共目标所必需的权力，更将政府的此等权力转移到特权公司手中。"然而，若如此，则财产权岂不是要遭殃了吗？就这个问题，托尼驳斥说，"当然要捍卫财产权利之神圣性，不过，切不可因此就忘记了，共同体也是有权利的，所有人的福祉和幸福从根本上讲都是要以共同体之完整性为依托。"[12]

托尼这话的意思是说，对财产权利的绝对保护，并不一定就能跟国民的普遍福祉保持一致，恰恰就是这一点，等于是否决了联邦主义的根本设定。此次判决，只有大法官斯托里投了反对票，斯托里还为此发布了一份长而枯燥的判决意见，里面塞满了先例，就附在托尼那份流光溢彩的判决意见的后面，行文极为晦涩，厚重的逻辑申述中时不时地爆发出斯托里本人的种种忧惧。"这个案子已然激起此等震荡，"斯托里在判决意见里面陈词说，"这本身就足以警醒此类公益公司的所有持股人，整个国家都概莫能外。"私下里，斯托里宣示说："此等不正义，此等压迫性立法，已然到了登峰造极的地步。"[13]

第二个关键案子是纽约诉米尔恩案。此案涉及的问题是，在缺乏国会立法的情况下，一个州是否有权要求船长提供来自其他州的旅客信息。来自弗吉尼亚的菲利普·彭·巴伯是这个案子上多数判决意见的创制者，斯托里同样是唯一一个持不同意见的人。巴伯支持纽约港的规定，认为这是纽约港应有的警察权力。他宣示说，各州"对本州境内的所有人员和物品，都有绝对的司法管辖权"，除非是有宪法方面的限制。内部警察权并不在宪法拘束之列。那么，究竟哪些是在警察权限范围之内呢？"那就是事关本州民众以及本州境内任何个人之福祉的法规。"[14]后来的一系列判决表明，托尼认为纽约州的这项法律作为商业举措同样合宪；换言之，托尼的判决意见是：各州有权制定法令，对州际商业实施规约，只要不同相关的联邦法令发生冲突。此举毫无疑问扩张了州的警察权能，同时也限制了"潜在"的商业条款，由此便极大地提升了各州的经济立法空间。[15]

托尼的第一个大法官任期的第三个关键案子是布里斯克诉肯塔基银行案，这个案件进一步拓展了社会问题上的州权立法空间。此前，马歇尔曾在相关判决中叫停了各州以公共利益为依托对财产实施限制的举措，此时托尼收窄了对契约的解释面并相应地拓展了商业条件以及警察权理论，从而极大地提升了各州在公共福祉方面的权能。斯托里仍然是该案件判决意见的唯一反对者。

3

这些新的宪法解释个个击中联邦主义的要害，本来就已经是严阵以待的联邦主义集团顷刻之间便发了疯。斯托里在极度沮丧之中返回马萨诸塞，此时斯托里已然生出了辞职的念头，并到处宣示灾难预言。"我是那个老派法官族群的最后一员了，"他悲叹说，"我代表着这个族群，但已然是茕茕孑立，无望无助，心如刀割，信心全无。可还记得那个一年聚会一次的俱乐部的故事吗？如今，我就是这群人当中最后的幸存者，孤身一人，身陷绝境。"[16]

钱塞勒·肯特第一次捧读托尼的判决的时候，"便在极度憎恶之下扔掉了手中文件，他实在是读不下去了"。两个月后，他勉强激励自己再试一次，"但是憎恶感更加强烈了……该如何护卫宪法，该如何保护最高法院，我完全没有信心了，也完全失去希望了"。[17]那么，剩下还能做什么呢？几个月后，肯特彻底发泄了自己的哀伤和愤怒。对于查尔斯河大桥案的判决，他说，"乃摧毁了道德、信心和真理的根基"。对公司特许权的那种狭隘的字面解读同样令人震惊："这完全是在毁灭契约权利，还有比这个更登峰造极的吗？"这位老人的愤怒已然是无可平复的了。"近来，观念、政策以及人数等领域发生的这场革命，已然改变了最高法院的性质，此等情形之下，这个共和国的绝望命数看来是无可回避的了。"[18]

此时的保守集团全盘陷入深深阴郁当中。丹尼尔·韦伯斯特在一年之前就已经确证说，最高法院"已然随风消散啦……一切都随风消散啦，这局面，看来是发展得很快"。[19]查尔斯河大桥案判决之后，一家波士顿报纸驻华府的通信员随即告诫说，公司的投资者"可得记清楚了，自此之后，此类财产将不再受法律保护了，将尽归立法掌控了"。[20]《北美评论》则颇为伤感地品评说，最高法院，"我们最后的堡垒"，如今也沦陷了，"此后，司法力量也成了我们的敌人，要来摆布我们"。[21]

4

接下来一年，大法官麦金利在亚拉巴马主持联邦巡回法庭的时候，又做出了一项令辉格党无比惊惧的判决。佐治亚州的奥古斯塔银行向亚拉巴马的一批债务人提起诉讼，理由是对方拒绝兑现银行汇票。该案涉及的问题是，公司是否有权在当初订立契约之外的地方强制执行契约。麦金利判决奥古斯塔银行败诉，理由是，本地公司不得在其他州订立契约；换言之，银行无权在州外动用银行权力，更确切地说，银行的权力范围仅限于向银行直接颁发特许状的州。此一判决对公司体系的州际业务的影响之巨不言而喻。"此等判决毫无理据，显然是麦金利法官的毁灭性创造，究竟是谁给了他这样的权力呢？"《麦迪逊主义者》发出了狂暴的问询，"罗克福克集团的派性取向已然遭到了人民的拒斥，而今，却要借助这样的简易程序来达成自己的魔鬼诉求！"[22]

奥古斯塔银行诉厄尔案，连同一系列的类似案件，很快便都上诉到联邦最高法院。丹尼尔·韦伯斯特和约翰·萨金特为奥古斯塔银行申辩，查尔斯·贾·英格索尔则支持麦金利的判决。在一番激昂陈词中，英格索尔宣示说，最高法院若是纵容这些外国公司肆意妄为，这是美利坚人民不能容忍的。韦伯斯特则是同样的暴烈，他伸张了相反的立场：公司在所有州都是有特许权和豁免权保障的，宪法条款是这些权力的基础，因为宪法规定各州公民在其他州也都享有公民特权。韦伯斯特提起的此一论证，差不多等于是令公司立于不败之地了。

托尼操刀写就了多数判决意见，他凭借卓绝的才能在两种立场之间游刃回环。他首先认可公司的作用，并因此拒绝就此摧毁公司；同时他也申述了公司的危险，并据此拒绝允准并支持公司。最终的判决意见则认可公司有权通过代理人在其他州订立契约，依托的是潜在的礼让原则；不过他同时也认可各州有权直接采取行动排除此类公司。但是，既然没有明文禁令，那么公司的州际业务权利是应当得到认可的。因此，实际的判决支持了奥古斯塔银行，不过，判决意见为各州的规制权能提供了新的资源。确切地说，判决意见确证了各州有权拒斥礼让原则，由此也就为针对州外公司的州立法权能提供了门径；同时，托尼的判决意见也拒斥了韦伯斯特那种认为公司特权和豁免权受宪法保护的理论，由此否决了公司即为公民的观点。[23]

不过，总体上看，此次判决既没有达成激进派的期许，也没有抚平保守派的恐惧。1837年的喧嚣很快便退潮了，风生水起的法官们开始沉淀下来，转入颇受社会尊崇的常态轨道上，联邦最高法院也开始恢复昔日的声望。昔日里司法篡权行径最为激烈的批评者，一度也是最高法院的大法官，如今想必也恢复了对最高法院的忠诚以及对最高法院司法权能的信任，毕竟，司法权能已经开始回归正道了。此外，无论法官在造法之时展现出何等才智，"遵循先例"的原则天生就蕴含了保守精神；就托尼以及南方的那群法官而言，尽管他们对公司财产之神圣地位表现出冷漠态度，但也因为此一时期人们围绕奴隶财产提起的灼热诉请而得到制衡。此时，唯有来自弗吉尼亚的大法官丹尼尔仍然对安抚公司的司法路线秉持反对态度，作为一个整体的最高法院应该说已经回复了昔日的观念和立场。[24]

当然还会有一些进步主义者继续敦促改革最高法院。范布伦跟之前的杰斐逊一样，也都支持法官选举制度，还有像伊利诺伊的约翰·温特沃思这样的人，偶尔会提议大法官固定任期制。不过最终，托尼主政之下的最高法院还是凭借相对的自我克制，平复了马歇尔的司法帝国主义行径激起的尖刻抱怨。[25]

5

法官和律师的一个主要力量源泉便在于法律本身的含混性，对此，杰克逊派是有感受的。此时的成文法和普通法可以说是一团混乱，此等混乱局面令法庭获得了巨大的自由裁量权，同时也令司法成了一桩神秘之事。律师集团从中获益，成为不可或缺的社会群体，最终也因此催生了法务和司法贵族阶层。激进派于是便着手策动一场法律改革运动，目的是简化法规和程序，令法庭更贴合公众舆论。当然，法典化、特别是普通法的法典化，也成了这场法律改革运动的一个重要议题。

新联邦主义集团敏锐且强烈地意识到司法控制权的分量是何等深重，遂抵制法律改革倡议。诸如斯托里这样的人，认为"普通法的健全原则"是"我国政治自由之堡垒、私人财产之护盾"。[26] 辉格党人秉持了一种总体上的牧师情怀，他们禁不住地称颂普通法是"人民的法……于无形当中陪伴人民，成为人民生活中的固有元素，就如同看不见的精灵一般，沉淀在人民的思想深处，安静地等待着，用那特有的语言跟人民交谈，哺育人心，这就是所谓润物细无声的境界……至于成文法，则远离人民，高高在上，说白了，这样的法律就是纯粹的规条而已"。[27] 此番颂词实在是动人，不过，此时的民众也不免生出了一丝疑惧：这个心灵的哺育者难道不是太过频繁地传达着主人的指令吗？

正如罗伯特·兰拓尔说的那样，这所谓的普通法，"变动不居，太过含混，无人知晓其确切界定"，令法官获得了太多的自由裁量空间。西奥菲勒斯·菲斯克颇不容情地补充说，所谓普通法，"植根于欺骗、盘剥、邪恶和诈术"，是"轻浮贵族手中最具威力的武器之一，他们就是借此盘剥民众、中饱私囊的"。甚至诸如理查德·希尔德雷思这样深受边沁影响的人，也不免认为普通法"跟民主精神是背道而驰的"。他说，与其说普通法体系是司法体系，倒不如说它"是一种工具、一种谋划，一旦法律和立法意图未能满足法官的心意，他们便会利用这套工具对法律实施搁置，并据此挫败立法机构的立法意图"。希尔德雷思据此总结说，"在我国这般开化的民主制度当中，这样一套体系根本不合时宜，事实上，它正在变成少数集团对抗多数的工具"。[28]

人民变得越来越不满,由此也就催生了一场法典化运动。这场运动的引领者是路易斯安那州的爱德华·利文斯顿,目标便是将普通法和成文法都予以法典化。利文斯顿是边沁的朋友,曾精研过法理学,也是颇为能干的律师,他在路易斯安那州提起的法典化倡议很快便引发了全国的关注。他本人是杰克逊的密友,且拥有阁僚身份,这也在相当程度上帮助他的法律改革建议渗透到民主党机体当中。

杰克逊派对边沁是有好感的。1835年波士顿的民主党国庆庆典之上的一番致辞,乃将边沁视为"自由和改革事业的现代使徒……全体民主党人和劳动都应当记住,是他如此完美地将民主原则之精髓浓缩在那个经典短句当中——'最大多数人的最大幸福'"。[29]希尔德雷思是美国的边沁追随者集团的领袖人物,也是一名辉格党人,他将杜蒙编订的《立法原理》一书译介到美国,在民主党报刊获得一致好评。《民主评论》虽然对作为终极伦理标准的"效用"持怀疑态度,但也仍然对作为立法标准的"效用"表示出热烈欢迎,并向"这位法律改革之父、立法科学的奠基人、政治解放的热忱倡导者以及人类道德改进事业的杰出朋友"表达了高度敬意。[30]

法典化斗争遭遇了保守集团的强劲阻力。钱塞勒·肯特告诉利文斯顿,"我生命中最好的年华都用来侍奉那古老的普通法……尽管这个古老的法律体系有着各种各样的缺陷"。[31]为什么要改变?然而,变革的压力也确实强大。1827年,本杰明·富·巴特勒在《纽约州法令修订书》的起草工作中扮演了重要角色,这是美利坚大地之上第一次成功的法典化工作,将普通法、殖民地时期的法令以及州法集结在一部系统化的法典当中。1830年代初期,宾夕法尼亚予以跟进;1833到1834年间,萨蒙·波·蔡斯创制了《俄亥俄州法令修订书》;1836年,罗伯特·兰拓尔在马萨诸塞州不知疲倦地奔走呼告，终于促动该州设立了一个委员会，考量将普通法法典化的议题，尽管作为该委员会主席的斯托里大法官从中运作，令这个委员会不能充分施展手脚。"我们还没有沦落为杰里米·边沁的信徒，"斯托里私下里说，"不过，当前民意也已经令这件事情势在必行了，必须做点什么了。"[32]杰克逊集团的攻击浪潮并没有在所有地方都引发法律修订和集中化的浪潮，不过，即便是在那些没有受到太大冲击或者影响的地方，杰克逊民主运动通常也都能够达成简化程序的目标，并据此革除了先前司法体系的重重阻绊。西部新兴各州的宪法都深深地烙下了杰克逊改革运动的印记。

6

此时斯托克布里奇再次成为这股改革热潮的重镇之一。老西奥多·塞奇威克一直都在倡导法律实践改革，特别是取消诉讼费，他将这样的改革热情灌输给了自己的儿子，由此催生了诸多的小册子和改革论章。

不过，这批法律改革者当中表现最为突出者当属戴维·达德利·菲尔德。菲尔德于1805年出生在康涅狄格，在斯托克布里奇长大，随后便成为这座著名村镇的名人。最终也令菲尔德家族的声望超越了塞奇威克家族。戴维·达德利的兄弟当中，塞勒斯负责铺设跨越大西洋的电缆，斯蒂芬在最高法院供职五十四年之久，亨利则迎娶了亨利埃特·德波特——迷人的女家庭教师，在普拉斯林女公爵谋杀案中扮演了谜一般的角色。

在活力四射的年轻时代，戴维·达德利进入了罗伯特和亨利·德·塞奇威克在纽约的律师事务所，最终成为该律所的合伙人。他是自由贸易运动的热情支持者，并在政治上同马丁·范布伦结成同盟。达德利其人过于倨傲，这种品性令他很难取得政治上的成功，不过他的超群才智令他成为很好的出庭律师,他的勤奋和坚忍令他有足够的能力为法律改革事业不懈奔走、不懈战斗。很早的时候,他便对那冗赘无益的法令册倍感吃惊,遂对法典化之事越发关注起来。利文斯顿推出的《路易斯安那州法典报告》,加之来自塞奇威克家族的促动,最终令他成为法律改革大潮的弄潮儿。

菲尔德凭借小册子和演说这两种武器激发而出的改革情感,最终成功地令纽约州采取修宪行动,于 1846 年将两个条款写入该州宪法,这两个条款的目的是要推行一场普遍的法典化运动,并进一步改革司法实践。1847 年,纽约州依托这两个条款设立了一个委员会,菲尔德加入其中,日夜操劳,志在重构程序法。到了 1850 年,刑事和民事程序法修订完毕并提交州议会。1857 年,菲尔德确保州议会通过一项议案旨在推动实体法的全盘法典化。

据此法令推出的诸多法典在纽约州的采纳过程是非常缓慢的,有些法典根本就没有机会得到采纳;不过,就跟美利坚历史之上历次改革运动一样,新兴各州没有这么多的顾虑,很快便推行了老州创制的这些改革成果。在菲尔德的帮助和建言下,尽管遭遇了某些集团的严厉批评,各地最终推行并效仿了菲尔德的这些法典。最终,共有二十七个州和准州整体或者部分地接纳了菲尔德的法典果实。后来,菲尔德成了党老大特威德的御用律师,也成了杰伊·古尔德和吉姆·菲斯克的密友,从很多方面看,菲尔德都可算是非同一般的改革家。他同时也对改革司法实践激情满怀,他有一系列的奇思异想,也就是靠着这些东西,他成为杰克逊法律改革浪潮孕育而出的巅峰之作。[33]正是在罗杰·布·托尼和戴维·达德利·菲尔德的工作中,历史最为直截地见证了杰克逊民主运动在法律上留下的烙印。

二十六　杰克逊民主与工业化

　　从世纪之初的时候开始，首先是在银行业和保险业，而后是在包括运河、桥梁和收费公路在内的运输业，再后是在制造业等领域，公司这样的经济组织形式逐渐占据了主导地位。杰克逊那代人最早开始面对此一新型经济机制并策动大规模的调整。对公司所有者和大投资人来说，此番调整并没有带来太大问题。但是边缘群体或者局外群体则不免生出了深深的挫败感，这样的感受更多地展现为道德上的抗议，而非经济或者政治上的不满，说白了，这样一个发展进程深深震动了人们。

1

　　公司时代之前，至少在主流观念看来，经济生活是借由相关个体之间的相互责任感运转起来的。此等格局之下，经济关系通常都是个体性质的，比如说，雇主和劳工是在同一间店铺里面一起劳作，卖主和买主基本上也都生活在同一个村落里。这样的关系自然而然对雇主的剥削倾向产生约束，卖主也没那么大的动力或者空间去欺骗买主。个人关系在这其中起主导作用，相互之间的信任也无可避免地成为这套经济运行体系的本质要素。商业和私人事务自然也受制于同一套伦理规范。

工业化进程则令经济生活逐渐去个人化。劳动规模日益提升，雇主跟劳工越发地隔离开来，最终令工厂主同劳工之间的情感共享淡化到极为微弱的地步。制造业的不断发展以及分配手段的日益改进，也将卖主和买主彻底隔离开来，对消费者的责任感自然就削弱了。投资的扩张最终造就了不在场的所有权体系，同时，所有权和管理权就此分离开来；城市的崛起和发育淡化了父权情感，昔日里，很多资本家就是凭借这样的情感跟城市和乡镇里的劳工打交道的。慢慢地，重要的经济关系都变得非个人化了，由此也就脱离了私人性质的道德规范的约束。慢慢地，私人道德和商业道德分道扬镳了。慢慢地，商业群体发展出自己的一套装置和仪典，令商人可以抛开私人伦理。

此类装置中最为惹眼也最能得到认可的，便是公司。倘若人们仍然瞩望着个体责任感主导之下的经济模式，仍然对杰斐逊的梦想充满热忱，那么在这些人眼中，公司的突出特性毫无疑问是其道德责任感的缺失。"公司没有身体可以惩罚，没有灵魂可以谴责"，这是当时的一句流行语。新经济就这么傲然自立，超越善恶，不为议论或者诉求所动，超脱个人生活的一切拘束和顾虑之外。

"一家公司的董事，"威廉·M.古奇写道，"会允准种种经济行为，这些行为若是放在私人生活当中，毫无疑问是罪孽，是他们极为不齿的罪孽。一桩罪行当然会令个体良知蒙上浓重阴影，不过，这样的罪行若是在大规模群体中分散开来，也就不是什么大事情了。"即便是商人自己也不能否认古奇提起的这种指控。"公司可以做个人不敢做的事情，"彼得·沙·布鲁克斯，波士顿首富，也高声宣示说，"倘若欺骗和撒谎是所有人都在干的事情，那么每个人都可以像麦克白在谋害班柯之后那样，说'你们不能说这是我干的'。"人们就是这样对公司展开谴责，认为那不过是窒息人类良知的奇巧罢了,此等谴责声音之频繁、之普遍,怎么说都不为夸大。马萨诸塞州议会的一个委员会宣示说:"此等人工造物……跟个人雇主不是一回事情,人类的情感、个体的良知意识以及公众舆论,对这样的造物是没有约束力的,这一切在这造物面前,没有任何惩罚力度。"[1]

1840年,阿莫斯·肯德尔开始竭力传布这样一种观念:"道德规范只有一种,无分公私。"[2]此等焦虑和关切本身实际上是承认了的确存在两套道德规范。新经济已然突破了旧日里个人道德的约束,由此引发的后果对整个的杰斐逊传统都是巨大的,而且是根本性的。

只要个人责任意识仍然在经济生活中存在,只要是同一套规范仍然在主宰商业生活和私人生活,那么杰斐逊主义者就是正确的,在这样的格局之下,政府当然是越小越好。然而,这一切都是自耕农社会的道德特征,杰斐逊本人对此心知肚明。一旦经济体系变得复杂起来,便很难再承受如此多的个人责任感了,一旦所有权得到强化,责任意识遭到削弱并分散化,一旦非个人特性开始主宰经济体系并由此催生无责任意识,简言之,一旦经济生活开始抛弃私人顾虑,那么,政府就必须扩张自身的职能,去维系社会纽带。由此来看,政府干预的历史,实际上就是个体良知作为社会控制力量日趋失效的历史。个体良知丧失力量之后,若要不让社会就此沦落暴政或者无政府状态,唯一的办法就是提升公共良知,民主政府恰恰就是公共良知的天然表达。

2

因此,尽管杰斐逊主义有着诸般禁忌,杰克逊政府也不得不采取行动对商业实施干预。这场干预行动的最终目标是要捍卫财产的公平分配，杰克逊主义者很清楚，唯有公平格局才能支撑民主，不过此番诉求和努力也就无可避免地催生了一场战争，一场反对财富和权力集中体制的战争。

最为惹眼的公司形式是银行，依据杰克逊主义的经济理论，在财富从生产阶级向非生产阶级转移的过程中，银行的力量无与伦比。硬通货政策的主要目的是削弱银行的力量，并提升纸币体系的稳定性。很多州的杰克逊主义者都推出了多种类型的结构控制举措，比如定期监管、强制透明，并为纸币的流通和贴现准备充裕的基础货币。此类举措从表面看来是无害的，但却遭遇了频繁且强烈的抵制。1840年时的马萨诸塞，一个辉格党委员会拒斥了百分之十的银行准备金率要求，认为这样的举措"明显侵害了州议会同银行订立的'契约'，从本质上'改变并伤害'了银行的契约权利"。[3]不过，到最后，大部分的此类改革举措还是获得了并非情愿的接纳。

然而，杰克逊主义者的主力政策举措是要对银行业的垄断特性展开攻击。银行业往往借助一般性的公司法来推行垄断机制，此一改革举措很快便在调整之后覆盖了整个公司体系。特许状公司对这样的改革举措当然不会有好感，除非是那些已经手握特许状且有意排挤竞争者的人。特许状体制是立法腐败的丰沛源头，同时也很容易催生一套很难跟民主制度兼容的特权体系；特许状体制催生的银行和公司主要是在回应政治压力而非经济需求。民主党激进派因此也就开始倡导自由银行制度，至少在贴现和储蓄领域推行自由竞争制度（当然，同时要对发行银行的权力实施严格限制，并以废除此等权力为目标），以此来取代那套不经济的而且是反民主的银行业垄断体制。同样道理，激进派也倡导普遍性的公司法令，这样就可以将公司特权铺展开来，将所有达到标准的攻势都涵括进来，而不再像以前那样，依托所谓的合法"垄断"机制，将特权局限于那些能够哄骗、威慑或者收买州立法机构的群体上。

这股普遍性法规潮流，从私人商业公司的发展和崛起中得到了力量，这些公司的发展得益于早期土地公司的运营经验，这样的私人公司是介于大公司和单纯的合伙公司之间的建制。从某种意义上，这些普遍性法规等于是认可了此类私人公司的效能和力量，此时不过是认可其法律地位，并将大公司享有的为数寥寥的法律特权给予这些公司罢了，毕竟，此类公司在此之前已经得到了不少特权。[4]

1836年，康涅狄格州的民主党州长亨利·爱德华兹呼吁推行普遍性的公司立法。1837年，该州通过了《欣思代尔法案》，这可以说是最早的现代公司法。[5]接下来几年间，另外一些州也相继通过了有限制的普遍性立法。各州议会的激进派不断宣示这个问题，州宪法集会也往往会将这个问题纳入议程，选战之时，人群拥挤的大厅里，这个问题更显突出，竞选演说中，各方人物同样将这个问题摆上台面讨论一番。内战之后，普遍性立法成了常态，今天，则已然得到普遍认可，人们很难再去想象不同的办法了。这些实际上都是杰克逊民主的直接遗产。[6]

3

杰克逊主义经济立法的最终命数并未能超脱通常的历史反讽泥潭：此等经济立法总体上推动的目标，恰恰是立法意图本身意欲打击的目标。普遍性立法本身实际上是将圣水抛洒在公司身上，令公司就此洗去了合法垄断的地位，并据此令置身自由竞争格局中的公司蒙上了仁慈色调。一系列的司法判决依托1838年纽约州的普遍银行法而起，最终论定：普遍法令之前的公司跟依托新法创立的新公司拥有同样的法律地位。[7]甚至昔日里的"垄断"公司也都因此摇身一变，成了自由放任体系的成员，并斩获了新的声望和德性。

资本主义最终也从普遍性的公司法体系当中，斩获了新的道德力量。

杰克逊主义政策体系最终推动了企业的发展，这是事实，不过，这并不意味着商界真的有那么聪明，从开头就能看到结局。事实上，商业集团一直都在强烈抵抗杰克逊政策体系，就这么一路打将过来，中间的痛苦和灾难可是见了不少。比如说，托尼在查尔斯河大桥案上的判决，很显然要比斯托里的立场更能回应资本主义的扩张需求，若是依从斯托里的观点，运输业的发展恐怕要推后数年时间。然而，当日的商业集团却都站在斯托里一边，责骂托尼是激进分子。

此一插曲实际上让人意识到这样一个情况：商界也许并非真的想要自由竞争制度。他们也许能在原则上接受自由竞争，但实践中，垄断的诱惑从来都是要命的，是他们无从抵御的。在杰克逊时代，被排除在特许权利益体系之外的群体简直是数不胜数。更有权势、更有钱的人，已然置身商界当中，他们当然要捍卫垄断，这就令一批不那么有钱有势的人在争取特许权的道路上遭遇挫败。一些受挫之人甚至组建私人公司联合体，意图借此跟垄断体系搏斗。不过话又说回来，这些人的思维同样是特许权思维，他们想的仍然是特权，且一直都迷醉于这样的期许当中：也许有一天，他们自己也能够运用这样的特权去挫败潜在的竞争者。显然，他们非但没有放弃这样的期许，反而对杰克逊的反垄断政策展开强力反击，就如同他们也会憎恶来自其他人的竞争、也会憎恨政府将自由竞争制度引入垄断王国一样。最终，商业集团虽然俘获了自由竞争这个符号并运用这个符号对抗政府的干预举措，但他们从来不会将自由竞争奉为自身的行为准则。

杰克逊的政策令商业企业最终受益，这是事实，不过这并不意味着这些政策是失败的，即便就政策初衷而言，也不能这么说。说白了，新兴资本主义的能量和力量是压倒性的，在这种情况下，任何立法举措都不可能不被这个压倒性的集群掌控并利用。此外,杰克逊主义者本来就无意限制真正的企业。他们对经济多元化和政治自由之间的关联当然是有认识的,且有着极为强烈的信念;毋宁说,他们的目标就是要捍卫资本主义,并让政府从资本家集团手中解脱出来。"商业的合法权利有权得到完整且有效的保护,"这是费尼莫尔·库珀给出的评说,"但若是他们生出欲念,想要操控别人……那就应该给他们当头棒喝了。"这样的情感在杰克逊集团是很普遍的。"我们必须保护商人,"乔治·班克罗夫特宣示说,"但不能被他们控制。""我们不会攻击财产,"塞缪尔·琼·蒂尔登也说道,"我们只是否决财产的政治权能。"[8]有那么一段时间,杰克逊主义经济政策因为拓宽了竞争领域而极为有效地促成了这些目标。

4

对资本家霸权的正面战争必须得到非资本集团的支持,为此就必须将他们动员起来。杰斐逊传统已然将农民和手工业群体集结起来。但是,杰斐逊主义者实际上跟联邦党人一样,都瞧不起工业体系里面的劳工,虽然后者的规模尚且不大,但他们对后者从来都抱持不信任和憎恶的态度。在他们看来,置身大城市的工业劳工,若是没了财产,便也就没有独立性可言了,如此一来,他们就会变得极具派性且极为败坏,成了煽动家和小暴君们的掌中玩物。此番思路也不是完全没有道理,但是,杰斐逊主义者,特别是联邦主义集团,也从来没有尝试过阻止新兴的工业化潮流吞噬这个劳工阶级,尽管他们十分惧怕劳工阶级的影响力。

由此,城市劳工阶级便在老派集团的反对声中兀自成长发育起来,最终,其力量更是迫使各方予以认可。杰克逊民主正是依托这个新的政治情状采取行动。今天的很多人都相信，美利坚的阶级意识是在刚刚过去的那场大萧条中人为创造出来的，但实际上，一百年前的阶级意识之强烈，远远超出了这些人的想象。历次的杰克逊主义演说毫无疑问唤醒了阶级意识，大量的杰克逊主义立法也是以阶级意识为依托的，杰克逊主义媒体攻势更是以阶级意识为诉求。民主党报刊纷纷开设专栏，捍卫工会主义思潮，印发工会集会的报告，并对劳工组织的敌人展开攻击。诸如查尔斯·贾里德·英格索尔和约翰·沃思·埃德蒙兹这样的民主党政客更是在法庭上为工会辩护，对共罪阴谋指控实施了政治阻击。小罗伯特·兰拓尔，极具干才且野心勃勃的马萨诸塞州民主党人，还凭借著名的马萨诸塞诉亨特案的卓绝表现，为劳工运动赢得了最伟大的司法胜利。

1840年10月，身为波士顿鞋匠工会成员的亨特等人，因为联合起来迫使雇主只雇用工会劳工而遭到控告，并在波士顿市政法庭接受审讯。此次审讯提取的证言，包括雇主方的证言，足以揭示出，工会的存在提升了劳作的质量和效率。兰拓尔在辩护之时致力于表明，英国普通法在马萨诸塞州法庭是不能作为指控依据的。彼得·奥克森布里奇·撒切尔也在呈交陪审团的控词中承认，被告方依法是可以单独拒绝为雇用非工会成员的雇主工作的；不过，撒切尔也指出，"倘若他们串通起来，借助数量优势去操控其他人的工作机会……那么我认为，无论是手段还是目的，都构成了违法"。倘若允许工会继续存在下去，"全部的工业和企业恐怕都得停工，所有的财产就都将失去保障……我们的这套自由且幸福的共和制度将很快沦为废墟，废墟之上将很快崛起可怕的专制制度"。[9]撒切尔法官的陪审团并没有违抗他的习惯，只用了两个小时十分钟的时间，便定罪了。[10]

该案即刻上诉到州高等法院，1842年3月的审讯期里，兰拓尔继续展开辩护，认为这样的指控是有缺陷的，"原因很简单，每个被告都有权做那样的事情，但那样的事情竟然是他们不能联合起来做的"。[11]州高等法院首席法官莱缪尔·肖最终做出了判决。肖也曾是联邦主义者,不过,跟撒切尔不一样,他并不受党派偏见的蒙蔽。他对民主并没有特别的同情,不过,他对变革的律令有着非常切实的体悟。"这位伟大法官的力量,"奥利弗·温德尔·霍姆斯法官不禁品评说,"就在于对共同体之要求的精确体悟,他很清楚,他就是这个共同体的法官……绝少有人能够像他那样,对公共政策之理据有如此深湛的理解,一切法律说到底都要以这样的理据为参照。"[12]

肖在判决意见中指出,此案涉及两个问题,这两个问题并不是一回事情:其一,联合行动本身的合法性问题,其二,具体行动方式的合法性问题。在第一个问题上,他接受兰拓尔的申述,联合行动本身并非犯罪,除非联合行动的目标是犯罪。在第二个问题上,肖指出,他们采取的手段是拒绝为雇用非工会成员的雇主工作,而后便宣示说:"我们根本就没有理由认为,几个人一致同意运用他们公认的权利去达成自己的诉求,就是犯罪,更何况,他们为了达成自己的诉求,也的确是采取了最好的办法。"[13]

肖的判决激起了相当强烈的抗议。"令人吃惊、不合情理,"弗朗西斯·利伯喊叫着说,他还不忘补充说,就工会的情况而言,"我们都知道他们将会导向令人无法承受的社会暴政、罪恶的习惯,当然还有可怕的罪行。"[14]肖对劳工罢工行动的此次判决并没有任何太大的接受度,不过,工会本身的合法性此后则得到了实质性的承认和确立。以共谋罪指控工会的日子总算是结束了。[15]

5

工会问题上的这场斗争实际上是"自由放任"问题的一个组成部分。从一开始,保守集团就提起了这样一个说法:工会打断了商业自由。早在1832年，撒切尔法官就宣示说，法律必须"充分保护平等竞争和公平竞争原则。倘若允许人们实施串谋，据此赢得并非公正的优势，这毫无疑问是背离了平等和公平竞争原则的"。纽约州高等法院首席法官萨维奇在日内瓦鞋匠案的判决中，就曾以这样的自由贸易原则作为依据。"劳动价格应当留待市场自行论定，对社会的最佳利益来说，这个原则是非常重要的，"这就是萨维奇在判决意见中给出的观点，"……竞争乃贸易之本。"[16]

然而，若是这一原则仅仅运用到工会上，不用到公司上，很显然就造成了矛盾。比如说，依据这样的原则，汉密尔顿的政策又该怎么说呢？合众国银行呢？撒切尔和萨维奇这样的人本来就反对宽泛解释这样的原则，对他们来说，自由竞争很显然是一项社会和经济上的排挤机制，而不是什么信仰。

但不管怎么说，这一原则本身完全可以催生相反的论证，并且有着同样的说服力。威廉·莱格特是"自由放任"原则的坚定信徒，他曾品评说："我们赞同自由贸易；但是联合行动的权利是这种自由不可或缺的要素。"[17]（跟一些杰克逊主义者不一样，莱格特显然愿意将劳动和商业都涵括进来。）约翰·沃思·埃德蒙兹在哈得孙鞋匠案上提起的评论则以彻底的自由贸易原则为依托。法官莱缪尔·肖当然也没有抛弃自由贸易原则，他认为自己对工会的辩护依托的是跟撒切尔一样的原则，尽管撒切尔是为相反的利益辩护，但二人只不过是从同样的原则出发，得出了截然相反的推论。"正是通过……竞争，"他说，"贸易和工业的利益得到了最有效的推进。"这话跟萨维奇的评论如出一辙，不过是导向了完全相反的结论。[18]

至此，情况就变得越来越明朗了，依托同样的自由贸易原则可以证成任何事情，甚至可以证成垄断体制的卓绝德性（不知道亚当·斯密看到这样的论证，会作何感想）。

6

民主党人同样支持缩短工时。1845年，洛厄尔地区的平均工时从12月份和1月份的11小时24分钟到4月份的13小时31分钟不等，通常都是从日出到日落。[19]一八三〇年代的劳工组织策动了缩短工时的浪潮，民主党激进派满怀热情地介入了这场运动。本·巴特勒，一个热忱且年轻的杰克逊主义者，在磨坊工厂的压力之下挺身而出，推进了这场运动。磨坊工厂的劳工因为害怕遭到解雇或者进入黑名单，基本上没有胆量参与抗议集会，一旦进入黑名单，他们就很可能无法在其他工厂找到工作机会了。[20]

1840年，范布伦发布政令，给予这场运动官方认可。接下来的十五年间，马萨诸塞州的民主党人多次将十小时工作日提案呈交州议会。但是辉格党委员会悉数予以封杀，其中一个委员会还在1845年实地走访洛厄尔，并在提起的报告中陈词："一切都令人满意，有秩序，很体面，工厂内外的局面都好，不是小好，而是大好，劳工的任何抗议以及任何的立法举措，实际上都没有必要。"[21]这只不过是在委婉表达保守派的反对态度。辉格党则以不同的心绪谴责这场运动，认为"这是他们已然扭曲的伦理催生的最为恶劣的怪胎。夏天只干十个小时，冬天只干八个小时，这就是在浪费生命"。[22]不过，十小时工作日运动还是在一八四〇年代和一八五〇年代兴盛起来，并且得到了民主党激进派的强力支持。[23]

杰克逊民主运动的另一个组成部分便是保障劳工的政治权利。获得选举权之后，劳工面临的问题便是如何确保自由投票。此一时期的雇主经常向那些胆敢投票给激进派的劳工发出解雇威胁令，费尼莫尔·库珀就曾报告说，有人竟然为这种做法公开辩护。[24]直到1850年,马萨诸塞州辉格党中央委员会仍然向州内的辉格党头面人物发出通告,要求他们动用手中权力,影响他们手下工人的投票行动。洛厄尔的布特磨坊厂的监工也非常负责地回复说,他手下的任何人,只要投票支持十小时工作日,就将遭到解雇。[25]

此等局面之下,要令劳工票仓产生真正效力,就难免要搏斗一番,战斗形式多种多样。在马萨诸塞州,州参议院的构成建基于财产而非人口,该州的民主党人时不时地尝试改变这种格局。他们直到1853年才取得成效。同时,他们也在竭力推动投票改革。1829年,戴维·亨肖就一路争斗,要求承认印刷选票的合法地位,官司一路打到州高等法院,并最终胜诉,这是向着统一选票制度迈出的第一步。从1849年开始,阿马萨·沃克便也引领了一场运动,旨在推进秘密投票制度。这场运动还是有所斩获的,一项自由派法令不久就通过了州议会,决定推行秘密投票制度,不过,1853年,辉格党人又撤销了这项法令,理由是,该法令"是在折辱劳工的男子汉气概和独立性"。[26]民主党在推进削减人头税的过程中也遭遇了辉格党方面类似的理论创新,他们认为,若是削减人头税,会令底层劳工自感遭受了社会贬抑。[27]民主党则进一步寻求撤销日落法令,毕竟,投票站都是在日落之前封箱的,这就令劳工票仓很难发挥应有的威力。总体上说,民主党人作为一个政党,一直都在竭力改进并保护劳工选举权。

不过,激进派从来不会将全部的希望都寄托在政治机制上,否则就太过荒谬了。杰克逊主义者对民主和财产分散格局之间的关系有着深刻洞见,这也就令他们不会对机制细节上的改革抱持过乐观的态度。保障选举权当然会给劳工阶级带来帮助,但是,劳动的关键需求乃是经济独立,因此,改善劳工境遇的最好办法毫无疑问就是推进民主党激进派的经济纲领。

7

因此，对杰克逊主义者来说，所谓劳工问题，就是要将劳工票仓动员起来，纳入政策轨道，据此提升国民收入当中的劳工份额。这实际上是要捍卫劳工运动的经济根基，在这场行动当中，杰克逊主义者有一个强有力的潜在同盟，那就是西部的公地体系。此时的西部仍然有一片辽阔区域，横贯森林地带，草地和肥沃的平原看来没有边际，这实际上成了东部劳工集团以及被剥削群体的逃避之所；越多的人从定居的各州投身边疆，那么留在后面的人就越是能够斩获高工资，就越是能够过上更轻松一些的日子。

此等情形之下，无论是新州还是老州，都从这场穿越阿勒格尼山的移民运动中获益匪浅。"西部，穷人的天堂，"《民主评论》刊发评论说，"财产的大肆集中当然会催生诸般邪恶，不过，辽阔西部对此类恶端也是实实在在的救治之策。""我们的城市并没有发育成伯明翰和曼彻斯特的那种样子，"乔治·班克罗夫特陈词说，"这倒不是因为我们的立法有多么睿智，而是因为我们拥有西部，这当然是偶然之事，但也足够人们感到欣慰且幸福了。"有关边疆之价值的流行观念实际上体现在一个相当有名的说法当中："就像人们常常说的那样，丰沛的空地，乃是我国体制的安全阀。"[28]

然而，这个安全阀此时也已经开始出现裂缝并吱吱作响了。此时报界人士已经在热火朝天地争论，这样的"西部天堂"究竟在何等程度上已然成为幻象了，这实际上预示了一个世纪之后历史学界的那场大争论。奥雷斯蒂斯·奥·布朗森强调说，这样的逃避之策已经变得越来越不现实了，在这个问题上，布朗森并不孤独。《波士顿邮报》早在1834年就已经指出，制造业城镇的人口"无论身体上还是道德上，都无法适应艰苦的西部农业生活"。[29]实际上，绝少有劳工能够攒下足够的钱财在西部得到一块肥沃土地,甚至都很少有劳工攒下足够的旅费,可以拖家带口迁居一千英里之外的那个西部。1847年,新英格兰的一个改革派人物强有力地将个中实情摆在台面上:

> 一百六十英亩土地就是你的,只要你前往艾奥瓦或者威斯康星定居,然而,这样的邀约对你其实没有任何意义。你没有能力去到那里。即便你有能力去到那里,你也没办法在那里定居。那里的土地贫瘠且无从改善,对贫穷之人来说,这样的邀约不会有什么价值。或许你根本就没有意愿前往那里。你根本就没有意愿实施这样的自我放逐,离开一直以来无比珍视的家园。你根本就没有意愿离开文明、投身蛮荒。你根本就没有意愿背弃新英格兰的社会建制、新英格兰的安息日、新英格兰的教堂、学校以及广为传布的人类智识,更有那样的社交网络以及相对密集的人口格局。你会愿意放弃这一切并转而投身遥远西部吗?那里可是没有这一切的生活元素的……还要认识到,你并不是种地的,你是技工、工匠、书记员,是工厂劳工……这并不是救治之策;这只是逃避之策。无力逃避的人,就只能承受痛苦。[30]

无论这样的边疆前景对工资水平、劳工供给量、资本投资以及普遍的经济环境有何等的影响,到了杰克逊时代,这样的边境意象已经不再是东部各州劳工群体的切实选择了。[31]

更何况,边疆正在退却并消失,这样的前景是非常可怕的。假以时日,边疆的自由土地将走向封闭,安全阀也将因此彻底关闭。究竟会是什么时候呢?没人知道。1840年,奥雷斯蒂斯·奥·布朗森给出的推测是五十年。[32]其他人则给出了更长的时段,不过所有人都同意,美利坚自由制度终究要面对这场极端考验。"这的确是我们国家独有的情境，是极端的偶然情境，"罗·巴·雷特于1838年宣示，"我们拥有一块大陆，我们可以在如此漫长的时间里保有这块大陆。但是终有一天，西进之路会彻底关闭，而且这一天正在迅速迫近。"[33]

那么，真到了这一天，又会是何等情形呢？"干脆就这么规定吧，若是劳工群体竞争的压力太过沉重，也不得向着遥远的远西之地的自由丛林和丰裕土地寻求逃避，"罗伯特·戴尔·欧文说，"那么，洛厄尔、林恩和塞勒姆这样的地方又能够提供怎样的保障呢？难道那曾引发世人无限同情和怜悯的不列颠劳工的惨状，就不会在美利坚大地之上重演吗？看吧，这一天很快就会到来的。"[34]

8

杰克逊主义者就此认定，保持西部公地的开放态势是美利坚民主本身的指令。这并不是单纯的地区问题。西部的贫穷群体当然会要求得到更廉价的土地，以便维持自身生存。东部的贫穷群体同样也要求更为宽松的土地政策，以便在必要的时候有个逃避之所，同时也可以借此吸纳绝大部分的东部乡村人口，否则这个群体就会涌入东部城市，令劳动力过剩的情况更严重。[35]此外，所有人都赞同对西部公地实施拓殖和定居，否则就难以防范投机客将大片肥沃土地揽入自己手中。

对东部保守集团来说，土地问题有着同样分量。1827年，约翰·昆西·亚当斯的财政部部长就非常坦率地解析了西进运动。他说，这场运动背离了工业资本的利益。[36]有大量的劳动力供应对工业资本是有好处的，这样就可以借助劳动力市场自身的竞争压低工资水平。

公地问题上的利益冲突催生了截然相反的两套理论。约翰·昆西·亚当斯和亨利·克莱希望推高土地价格，以此来聚敛资金支持"内部改进"运动，同时也希望就此遏制西进潮流。1830年，来自康涅狄格州的参议员富特甚至提请国会考量是否限制进一步出售公地。本顿对该提案发起了强力攻击，由此为韦伯斯特和海恩之间的那场出名论战埋下伏笔（这场论战的确很出名，也许没那么大的分量）。1832年，本顿发起攻击说："工业集团当然反对公地出售制度有任何的放松，甚至干脆反对进一步出售公地，这是天下人都知道的事情；原因很简单，他们就是想和圈羊一样，把穷人囚禁在老州，为他们的工厂卖力。"[37]

实质上，亚当斯和克莱在国有公地问题上抛出的是一种"收入"理论。与之相反，杰克逊主义者提起的则是"定居"理论，本顿则是此一土地政策取向的主要代言人。"定居"理论希望降低土地价格并据此鼓励移民。一八三〇年代的政治革命迫使辉格党人以虚假理论的袍服将自己的土地政策取向包装起来，甚至最终也在一定程度上支持了宅地法案，但是，定居政策的策动者则一直都是民主党人。

杰克逊和范布伦都在年度咨文中呼吁解放土地法令。他们的呼吁和建言即刻在西部得到了普遍反响；但是在东部，唤醒土地问题意识的工作则只能是交给围绕《劳工先锋报》集结起来的激进派小集团了。乔治·亨·埃文斯是这个集团的领袖人物。早在1834年，埃文斯就已经开始详细阐述东部劳工群体在公地问题上的利益关联。他曾在自己的新泽西农田待过一段时间，也就是在这段时间里，他慢慢构建了一套很是精细的土地改革计划。1841年，他开始在一份名为《激进派》的月刊上阐述自己的观念，提议向实际定居者开放公地，提议限制个人购地额度，更提议宅地不受债务追诉。[38]他用一套很是复杂的土地自然权利理论将这套规划装饰起来，据此，将一切的社会扭曲都解释成不恰当的土地出售或者让渡举措造成的恶果。

慢慢地，这套计划令他自己陷入迷狂当中。他认为，除非破除土地垄断，否则就没有任何实质性的改进可言；一旦摧毁了土地垄断制度，一切问题就都迎刃而解了。1844年2月，他返回纽约，在约翰·温特的印刷店召集了一帮老朋友。此次集会之上，他极为雄辩地阐述了自己的纲领。3月，他便开始在《劳工先锋报》上发表系列文章，该报不久就更名为《年轻美利坚报》。他的热情感染了纽约很多的激进派人士。温特、约翰·康默福德都加盟了这项事业，活力四射的迈克·沃尔什一度也加入其中。

这个集团很快便建立了自己的演说人团体，在公园、街角不断集会，向日落时分下工回家的工人散发传单，还在科罗顿大厅举行声势不小的夜间集会，大厅就坐落在迪威臣大街和包厘大街的会合处。"给自己的农田投一票"，这是他们的座右铭，这份座右铭很快便传布开来，一向寻求稳重改革之道的霍勒斯·格里利此时也借助手中的《论坛报》，热情满怀地介入其中。接下来的五年时间里，埃文斯历尽艰辛，维持着自己的这份报刊，期望有一天自己的纲领能席卷美利坚大地。1849年，他已经疲惫不堪、一文不名了，遂在极度失落当中返回新泽西，七年后在新泽西谢世。埃文斯将自己建立的这个小集团称为"全国改革协会"，他离开之后，这个集团很快便瓦解并消散而去了。[39]

不过，埃文斯的努力并非全无效果。他毕竟播下了种子，终有一天，地力自然会令这种子开花结果。无论东部资本家集团、南方种植园主集团以及西部投机客集团掀起何等强烈的反对态势，西部都必须要开放；美利坚大地的普通人绝对是有这个方向上的要求的；没有人能够阻止此一帝国潮流。从1846年开始，一个满怀阴郁和野心且年纪轻轻的杰克逊主义者，开始为宅地法案奔走呼号，并引领了一场持之以恒的社会运动，这个年轻人名叫安德鲁·约翰逊。1852年5月，约翰逊前往纽约，在埃文斯的朋友的安排之下，在一次民众集会之上发表演说。[40]与此同时，霍勒斯·格里利也利用自己在国会的任期，于 1849 年再次引入《宅地法》。1850 年之后，土地改革派的力量因为一个宾夕法尼亚民主党人加卢沙·阿·格罗的加盟而得到了强化，格罗是本顿的密友兼追随者。这些人的共同努力最终令宅地法案于 1862 年时候正式获得通过。

若是狭隘地理解，公地问题应当说是个西部问题，不过，对公地的需求以及公地问题本身激发出来的能量也在塑造并引领国家的土地政策，从这个意义上来说，公地问题绝对不是单纯的西部问题。开放公地，此举意义之重大，对东部劳工、农民群体和西部人民来说，都是一样的。土地问题既有此等分量，足以证明杰克逊主义的西部特性，同时也足以证明杰克逊主义决心在美利坚大地的所有地方推行并捍卫经济民主机制，毕竟，唯有经济民主才能令政治民主变得有意义。

二十七　杰克逊民主与宗教

联邦主义素来看重神职阶层，在联邦党人眼中，神职群体跟司法群体一样，都是极具分量的社会稳定器，也正是因此，联邦主义素来都将社会当中的不满群体和潮流视为上帝和法律的敌人。1802年，汉密尔顿酝酿了一个怪异想法，就是要组建一个"基督教宪法协会"，此一意图足以表明，在投票站遭遇挫败的保守集团，显然打算向宗教和法律寻求救赎。接下来的四分之一个世纪中，保守主义跟布道坛展开协作，致力于培植一种系统化的美利坚观念。据此观念，所谓美利坚，无论本质上还是法律上都将是一个宗教国族，在这样的国族当中，教会应当襄助国家捍卫既存的社会秩序。杰克逊民主则同这样的宗教观念和政府观念呈现出尖锐对峙的态势。

1

一八二〇年代后期的那场安息日大论战显然复活了宗教集团，使之成为全国性的政治压力集团；在星期日邮政问题上遭遇的那场挫败，只是强化了这个集团的信念，认为但凡有虔诚之心的人都应当团结起来，拯救这个国家脱离叛教和激进的泥潭。杰克逊在第一个任期便在这个领域遭遇了两个重大问题，从中足以见出保守集团对杰克逊政府的经济举措所持的反对态势，令神职集团也采取了敌对立场。

第一个问题是佐治亚州传教案。十一名传教士前往印第安人的切洛基部族传教，但是遭到逮捕，原因是违反了佐治亚州的一项法令。据该法令，若没有得到该州的许可，白人是禁止在印第安人当中居住、盘桓的。其中的两名传教士奋起抗争，把官司一直打到最高法院，最高法院裁决传教团胜诉；但是，佐治亚州拒不服从此一判决，杰克逊拒绝实施干预，这个传教团便只好在狱中度过了一年多的时光。1832年大选之前几个月的时候，亨利·克莱激发了第二个问题。当时亨利·克莱提起一项议案，希望总统重新考虑是不是真的要拒绝设立全国性的斋戒日和祈祷日，以避免霍乱流行。此时保守集团已经意识到必须及早动员全部力量展开抵抗了，这两起事件毫无疑问令保守集团有机会对教会票仓提起强力诉求。

此时，即便是宗教关切极为淡漠的人，也开始觉得基督教纽带的碎裂乃是眼前激进主义的主因之一。马萨诸塞州参议院接收了一份辉格党报告，该报告采集了非信徒的证言，认定无神论不仅仅是敌视宗教，"更敌视一切风俗和规范，敌视共同体的和平状态，意图给一切政府制造麻烦……无神论就是一套平均主义体系。无论是宗教领域还是政治领域，无神论都意图颠覆所有的古老习俗、所有的古老制度"。[1]

在一些作家眼里，杰克逊政府毫无疑问代表了这种组织化的反宗教潮流的巅峰。他们这个反宗教集团，"同国家政治融为一体，试图据此赢得民心，打着政治改革的大旗，暗地里推行无神论"，这是《美利坚月刊》提起的指控，"……这实际上是在向宗教建制和政府建制宣战。他们将一切的宗教都视为教士妖术，将所有的财产都视为垄断，将所有的司法行动都视为对人类自由的有预谋、有组织的欺诈"。[2]

面对政治激进主义浪潮的此番侵袭,保守集团看来,最好的救治之道就在于重建国家的宗教性格,因此,也就应当令宗教利益重新恢复主导地位。在世俗政治王国,此一观点的主要倡导者是西奥多·弗里林海森,此人来自新泽西州,拥有多年的联邦参议员履历。弗里林海森是铁杆的保守派,他捍卫合众国银行(也就是他给了比德尔那番著名的描摹——"沉静如夏日清晨")。他支持辉格党经济纲领,据说在纽瓦克鞋匠准备罢工的时候,他甚至主动承担起律师的工作,对这批鞋匠进行打击。[3] 弗里林海森其人有着极为坚定的宗教情愫,在"美利坚海外传教协会""美利坚圣经协会""美利坚福音传单协会""美利坚主日学校同盟"以及"美利坚戒酒协会"都是头面人物。在星期日邮政问题上,他立场坚定,满怀热情投入斗争,并以同样的热情介入了佐治亚传教团案件以及全国斋戒日的斗争。此外,他在本州还不懈组织祈祷集会,最终成为宗教之政治职能的强力倡议者。似乎没有任何东西可以动摇他对亨利·克莱和丹尼尔·韦伯斯特之道德品性的信仰。

1838年,一本名为《美利坚政府之道德和宗教品性探析》的书在纽约问世。该书一出现,人们便纷纷猜测是出自弗里林海森之手。[4] 不管弗里林海森是否是该书的真实作者,书中的观念和论证跟他完全一致。该书的目的是同政教分离观念作战。作者在书中相当阴郁地追溯了"政治反宗教"脉流在美利坚的进展,最初是杰斐逊在1807年拒绝设置忏悔和祈祷日,后来是星期日邮政问题上的斗争,最后则是1832年杰克逊拒绝设置斋戒日。"罪恶正在传播开来。……整个美利坚大地都没能幸免",宗教"在所有地方都被剥除了政治效能"。

解决办法就是重塑政府的宗教基础。该书由此提起了一份长长的历史论证,尝试据此确立基督教的宪法主导地位。据此论证,良知的权利仅适用于信仰者,因为良知仅仅关系到对上帝的信仰。("良知的自由会与违背良知的放纵混淆吗?")基督教因此也就是尘世法律的固有组成部分，这个共和国的结构应当是"极度基督教化"的，政府则必须满足基督教的标尺。"能让非基督徒的人物去执掌基督徒的政府吗？"显然不能。唯有让基督徒居于高位，这个国家才能从激进主义泥潭当中解脱出来。"没有宗教，法律就不再是法律，原因很简单，没有宗教的法律，是没有凝聚力可言的，根本没有能力将社会维系起来。"[5]

2

这本书实际上极为全面地概述了流行的辉格党观念，此一观念，正如丹尼尔·杜·巴纳德说的那样，认为美利坚"拥有一个国家宗教和一个国家政府"。该书没有刻意去掩盖此一观念背后的政治诉求。也正如巴纳德申述的那样，"服从的义务通常不会对民众有太大影响，除非在里面灌注一套共同的宗教责任意识。……我们必须培植一套民众的宗教意识，这是我们唯一的保障了。"巴纳德指出，即便是奴隶，一旦"接纳此等共同的宗教信仰，"统治起来也会容易很多。[6]他据此进一步展开论说。"资本和劳动问题催生的经济和社会大问题"，也必须借助宗教来获得解决。"我并不是在传道，"他宣示说，"……我是在陈述并坚持一个经济真理。"[7]

泰勒·刘易斯教授甚至在《美国辉格党评论》上发表文章，认为"宗教，我指的是启示宗教，也就是基督教，应当规约立法，"并据此为针对宗教异端的迫害原则辩护，尽管他也非常审慎地指出，迫害原则在美利坚不具备可行性。[8]丹尼尔·韦伯斯特在吉拉德·威尔案的陈词当中，以他那种典型的修辞风格重述了此一辉格党观念。卡尔文·科尔顿更是以托克维尔式的格言警句，强有力地申述说："政治纽带松懈了，倘若道德纽带没有相应地强化起来，社会将何以逃脱解体的命运呢？"科尔顿接着便对政教分离制度展开攻击，认为这样的制度乃是真正的罪恶，并据此提议说，应当以税金来支持教会。[9]

神职阶层极为忠诚地推进着同政治的联盟。这个集团的大多数领袖人物都投票支持辉格党，更有不少的人以布道坛为阵地，为保守主义站台。比如说，纽约的一个牧师就在布道之时高声谴责那些宣扬"'人生而平等，生而自由'之皇皇教义"的人，并据此认为，"上帝的恩典掌控一切，上帝的智慧无可探测，是上帝安排好了，人生来就有三六九等之分"。"所谓的'权利平等'，"这位绅士继续申述说，"此等教义就是背教，就是反基督教，就是要从根本上摧毁俗界之美以及圣界之神圣。"[10]

历次选战中，杰克逊派都得面对反宗教的指控。在康涅狄格河谷的一次代表性的竞选活动之后，乔治·班克罗夫特极为痛苦地申述说："此处民众似乎都相信，有人正图谋夺走他们手中的《圣经》。有人反复告诉民众说，民主就是无神论……于是，大家都开始发疯了。"此等情形之下，也难怪一贯平稳持重的范布伦也不免对宗教人群展开了尖刻攻击，认为"这个群体很容易被怂恿着介入公共事务，而且，在这样的宗教热潮当中，基本上无法摆脱那已然扩散开来的政治偏见"。[11]

3

面对辉格党的"国家宗教"理论，民主党推出了自己的一套理论与之对抗，这便是宗教中立理论。理查德·门·约翰逊在星期日邮政问题报告中陈词说："我们的宪法认可了每个人都有权选择自己的宗教信仰，并且可以自由享受这种权利，不受任何人的干扰。"[12]值得一提的是，这份报告也是杰克逊主义者在宗教自由问题上推出的主要文件。此番陈词意味着，国家是一个世俗建制，在宗教问题上，国家唯一的义务或者职责就是保障所有教派的平权地位；国家无权介入个人信仰。"倘若一个人心怀异端信仰，"约翰逊于1840年时候申述说，"那么，谁有资格当法官呢？造物主并没有将这样的权力交给尘世之人。唯有我们的造物主才有资格审判。界定此等罪行并施以惩罚，这是造物主的事情，不是凡人的事情。"[13]

政教彻底分离，乃是国家和宗教各自健康和健全的最好保障。杰克逊在拒绝设置斋戒日的时候解释说，他实在是担心"设立这样的节日会令这个国家当前的宗教和平局面遭受袭扰，因此，宗教必须跟联邦政府的政治事务分离开来"。[14]

此一原则并不一定就意味着彻底的防御性政策。教会和国家实际上并没有彻底脱钩。杰克逊主义者的部分纲领不仅仅是为着防范神职集团介入政治，比如在星期日邮政问题上，也是为了根除神权政治的顽固残余。1828年时的康涅狄格州就曾有这样的例子，当时该州高等法院的法官戴维·达格特，曾是联邦党人推出的州长竞选人，他以州高等法院首席法官的身份裁决说，不信上帝者或者不信来生者，不能担当证人，达格特也据此拒斥了该州基层法院呈送的一个普救论者的证言。《哈特福德时报》（*Hartford Times*），约翰·米·奈尔斯的报刊，遂对此一裁决发起攻击；吉迪恩·韦尔斯也在州议会提案，认为不应当将宗教信仰作为证言之有效性的条件之一。然而，州议会挫败了此一提案，该州的保守派甚至令自己的一项提案通过了州众议院，意图令达格特的裁决成为法律。1830年，该州议会通过了一项妥协案，允许普救论教派成员担当证人，但是不信上帝者则被排除在外。[15]

纽约州方面，托马斯·赫特尔，一个激进民主派，引领了一场类似的斗争。民主党人支持这些旨在结束神职立法议员薪酬制度并将神职人员排挤出公立学校的运动。[16]只要是有宗教门槛的地方，都会遭遇民主党人的火力，辉格党人则普遍致力于维持宗教权威。

政教关系问题上的民主党理论并不一定就意味着会削弱个人信仰。政教分离制度最为强烈的支持者，诸如 O. B. 布朗和埃尔德·约翰·利兰这样的人，实际上都是牧师。很多州的福音教派，其主体都是民主党人，杰克逊派的很多领袖人物都有着很深沉的宗教信仰。本杰明·富·巴特勒的虔诚人所共知；杰克逊本人也是教堂的常客，尽管直到 1839 年才开始领圣餐；詹姆斯·诺·波尔克一直都信守安息日戒律。不过，所有这些人都坚定地反对宗教的政治诉求。波尔克当总统的时候，就曾被一个长老派牧师给激怒了。这个牧师前来拜望波尔克之时，身为总统的波尔克郑重告诉他说："感谢上帝，在我们的宪法之下，教会和国家是分离的，作为合众国的总统，我在任命职位的时候，是绝对不会将宗教信仰考量在内的。"波尔克后来回忆说，他总统任期的前两年还从来没有遇到过如此令他憎恶的人："我对宗教和虔诚素来高度敬重，但是对于伪善之徒或者已经丧失理智的顽固狂热之徒，我是绝对不能忍受的。"[17]

不过，辉格党人说民主党是反宗教政党，这并非没有原因。如此众多的神职人员秉持着毫不容情的保守主义，这毫无疑问会侵染众多的自由派人士。"神职人员，作为一个集团，"塞缪尔·克莱森·艾伦申述说，"从来都想着要在特权阶级中分上一点好处，作为回报，他们会将宗教赐福施予特权阶级。"[18]偶尔，民主党人也会在国会对神职群体发起尖锐攻击，来自北卡罗来纳的杰西·阿·拜纳姆在国会发言说：

> 在社会的早期阶段，教士术乃是奢华和悠闲阶层盗取劳动者钱财的通用手法……应该说，无论是之前还是之后都不曾出现过……如此一套有效制度去奴役人类理智，令人类深陷无知、卑贱和堕落……教士术毫无疑问……背叛了基督，我就是这么认为的。[19]

托马斯·潘恩，在这个时候的辉格党人眼中已然开始迅速幻化成无神论小人，但在此一时期的民主党人眼中则仍然是个英雄。杰克逊对之仰慕有加，在多次的政党庆典场合，都会向潘恩致敬，并为之辩护，对抗保守集团的攻击和辱骂。[20]

此外，当时的大多数公开的不可知论者和无神论者，都是很活跃的杰克逊主义者。《自由探查者》的罗伯特·戴尔·欧文和范妮·赖特、《灯塔》的吉尔伯特·韦尔、《波士顿调查者》（该报是思想自由运动的主要阵地）的阿布纳·尼兰，这些人都是坚定的民主党人。尼·菲·特里斯特，杰克逊的私人秘书，是《自由探查者》的撰稿人，还有很多民主党政治人物，诸如来自俄亥俄的参议员本杰明·塔潘、埃利·穆尔、约翰·费拉尔、乔治·亨·埃文斯以及托马斯·赫特尔等，则都有怀疑主义取向。在民主党的地方政治层面，著名的异教徒兼计划生育制度的倡导者查尔斯·诺尔顿博士一直都是突出人物。自然神论者和不信上帝者，甚至每个星期都会在纽约的坦慕尼厅聚会。

4

宗教在国家中应当担当怎样的角色，在这个问题上，辉格党和民主党所持的观点显然是冲突的，这两种观点在波士顿的阿布纳·尼兰这里发生了最为激烈的碰撞。尼兰，一个相当和善的老绅士，白头发，面色红润，1829年已经六十岁了，应该说，他是碰巧成了无神论的宣扬者。1829年，他被逐出普救会团体，不久，他就在波士顿创建了"第一自由探查者协会"，并于1831年创办了《波士顿调查者》，这是一份致力于伸张怀疑主义的周刊。这份周刊对教会以及加尔文宗神学展开了相当强烈的攻击，同时也在州的竞选活动中反对辉格党，对杰克逊和约翰逊抱以敬仰，在托马斯·潘恩的华诞庆祝日还刊发了热情洋溢的政治祝词："安德鲁·杰克逊和阿布纳·尼兰，人民的朋友，贵族和教士的灾难。"[21]尼兰绝大多数的追随者据信都是民主党人。[22]

尼兰的听众群日益扩大，令保守集团心生警觉。1834年年初，他因为在1833年12月20日的《调查者》上发表的一些内容而遭到指控，有人认为这篇文章"肮脏、污秽、低俗、庸俗地谈论并诋毁上帝"。[23]共计有三篇这样的文章据信是冒犯了上帝。第一篇文章援引了伏尔泰在"童贞感孕"问题上的那句著名评说，此一评说太过粗俗，无法在法庭上公开转述，不过，在波士顿的所有书店里面都可以查到，因为伏尔泰的《哲学词典》已然遍布这里的书店。第二篇文章则嘲讽了基督教有关祈祷的教义，将上帝比作被如同雪片一般漫卷而来的各种申诉和祈请包围并掩埋的杰克逊将军，这一切的祈请和申诉已然是乱成了一锅粥，彼此冲撞。第三篇才真正出自尼兰之手，文章明确申述说他不信基督，不信神迹，不信灵魂不朽，更给出了含沙射影的结论："普救论者相信的神灵，我是不信的"，控辩各方对此番宣示提起了多种解释，主要是围绕"这句话的句号究竟是不小心漏掉的，还是故意略去的"这个问题。[24]

此番指控令大多数保守派备感欣慰。萨缪尔·格里德利·豪很快便为《新英格兰杂志》写就一篇文章，对尼兰展开暴烈攻击。约翰·昆西·亚当斯在这件事情上的唯一遗憾就在于：尽管面临这样的攻击浪潮，尼兰仍然前往联邦大街跟粉丝见面。[25]保守集团还推出小册子攻势，重印了公诉人对这个老头的谴责，认为尼兰德鼓励控制声誉，举办"廉价舞会"，还有很多类似的邪恶行径，这一切都意在"瓦解社会之根基，将财产和女人共享，如同野人那样"。[26]

第一次审讯是在波士顿市政法庭进行的，主审法官是彼得·奥克森布里奇·撒切尔，此次审讯从一开始就充斥了政治意味。安德鲁·邓拉普是狂热的民主党人，也是戴维·亨肖的密友，他挺身而出为尼兰辩护。撒切尔向陪审团提起了一份长篇控词,这份控词枯燥无味,令人厌烦,但也清晰地显示出背后的担忧和恐惧。尼兰的杂志,他说,"在成千上万的穷人和劳工群体当中"流传。而后,他援引了厄斯金在审讯托马斯·威廉斯时说过的话(托马斯·威廉斯当时因为出版了潘恩的《理性时代》而遭遇指控和审讯):"穷人是最需要宗教来安抚的,让穷人享受宗教的恩泽,是国家的至高利益之一……不管怎么说,倘若人们揭竿而起反抗上帝的统治,就绝对不要指望人们还会信从人间的权威。"[27]陪审团接纳了此番论说,判决尼兰有罪。

尼兰随即上诉,于 1834 年的 5 月审讯期在高等法院接受审讯。这一次,陪审团未能达成全体一致,最终以十一票对一票将尼兰定罪。可能是因为某种说不清道不明的偶然因素,此次审讯的辩护律师换成了《波士顿邮报》的查尔斯·戈登·格林。[28]第三次审讯,陪审团同样没能达成全体一致。最后是第四次审讯,是在 1835 年的 11 月审讯期进行的,最终将尼兰定罪,并判决六十天监禁,在州监狱服刑。最后,这位老人自行打理自己的案子,上诉至州高等法院。到了这个时候,这件案子的政治意味已经是越发地鲜明且浓重了。一次审讯过后,尼兰发布了一封祝贺信笺(附有一份礼金),信中包含了前言性质的评说,据一个观察者说,这份评说文字"仅仅是写给约翰逊上校看的"。[29]亨肖撰写一系列的文章刊发在《邮报》上面,甚至还写了份小册子,为尼兰声辩,邓拉普发表的系列演说更是广为传阅,格林也提起一系列的社论,反对这项指控。

州高等法院直到 1838 年 4 月才宣布判决结果,并附有首席法官莱缪尔·肖写就的多数意见,该判决支持了低等法院的判决,只有马库斯·莫顿法官持不同意见。就在尼兰开始服刑的时候,格林宣示说,这场判决"是在侮辱时代,侮辱国家和我们这个共同体",全国各地的民主党报刊都开始鼓动并传布对尼兰的同情。[30]

于是，这件案子也开始令民主党人之外的群体受到震动。于是，一份免罪请愿书便开始在自由派单一神教派当中流传开来，更得到了钱宁博士、乔治·里普利、西奥多·帕克、拉尔夫·沃尔多·爱默生等人的签名。不过，塞·柯·洛斯罗普，保守派的普雷多街区教堂的牧师，以布道形式捍卫此次判决，撒切尔正是这座教堂的执事，洛斯罗普还策动了保守派的请愿行动，赢得了上流社会相当程度的支持。

最终，尼兰还是在监狱里度过了六十天的时光。范妮·赖特则在这段时间襄助了《调查者》的编辑工作。出狱之后，尼兰便已经对波士顿不抱幻想了。此时尼兰已经很是老迈了，不过还不至于老迈到无法改变自己的地步。1839年春天，他动身前往偏远准州艾奥瓦，在范布伦郡定居。1840年，他作为该准州的民主党竞选人参与了准州参议院的选战角逐，1842年，更成为范布伦郡民主党集会的主席。这样有着一头银发且具长者风范的老人，竟然曾经是马萨诸塞人眼中极度危险的人物，他的邻居们想必是不能理解的。1844年，尼兰谢世，时年七十岁整。[31]

他输掉了他个人的这场战争，不过，他为之战斗的原则经由他个人的失败而最终确立起来。自阿布纳·尼兰之后，马萨诸塞州便再也不曾有人遭遇渎神指控并被定罪。百年之后，该州的教会组织便完全不再拥有世俗能量了。[32] 政教关系问题上的辉格党观念，虽然成功地给尼兰定了罪，但同时也给自己定了罪，令辉格党观念本身归于消亡。

5

不过，也会有一些民主党人并不觉得基督教是特权的同盟，反而将基督教视为一切宗教当中最为激进的。这些民主党人很显然意识到了神职群体所扮演的那个典型的保守角色,因此他们便也开始倡导政教分离制度;不过,在他们内心中,真正的基督教仅凭自身的力量就足以将改革能量全部释放出来。一名劳工运动领袖倡言:"倘若劳工运动树立起伟大目标,将商业体系重新植根于基督教那刚正的道德体系当中,那么背教就是一项非同寻常的指控。"[33]

对乔治·班克罗夫特和奥雷斯蒂斯·奥·布朗森这样的人来说,宗教并非一个世纪之前那种严厉的加尔文体系,而是超验主义初次觉醒之际的那种更具光彩的信仰体系。也正是因此,班克罗夫特和布朗森对来自宗教的改革能量是非常有信心的,他们坚信基督教将给民权运动提供巨大支撑。"民主大业,"班克罗夫特说,"乃是真正宗教的事业,就如同也是正义事业一样;说白了,就是这现世生活当中基督教的事业。"[34]确实,布朗森在《论劳工阶级》论章中有关反宗教问题提起那些一般性的申述,实际上正是他最具激情的段落,并且显然是在确证并伸张自己的宗教信仰。他希望剪灭教士集团,不过,"提升劳工阶级乃是人类事务中的伟大工作,在这项工作当中,若是没有强劲的情感支撑,若是没有人类的慨然同情和道德勇气,每迈出一步都将会相当艰难且危险,这样的情感和勇气唯有基督教才能够铸造出来"。[35]约翰·路·奥沙利文则在《民主评论》发表文章,反复抗议这场民主运动本质上的基督教性质。

从这样的观念来看,耶稣的使命显然已经遭到神职集团的背叛。1836年,布朗森呐喊着说,倘若他在大庭广众之下申述耶稣当年说过的话,"你们就说我是'激进分子''平均地权主义者''工会分子',还有'平均主义者'"。[36]几年之后,布朗森申述说,问题的关键在于,那样的传教方式是不会让人自感是合格的基督徒的,"他们的确很富有,眼睛因为太过肥胖而突出,但普罗信众却因为邪恶的法律、不良的社会制度而备受痛楚,也正因为……缺衣少食而日渐疲弱"。[37]

不过，此等激进信仰，归根结底是对基督教之于个体灵魂之砥砺力量的信仰，而不是对教会或者教士集团之正确性的信仰。班克罗夫特和布朗森要指陈的是一个宗教可以安享权威的领域。教士集团在对抗杰克逊的过程中毫无疑问遭遇了政治失败，这已然摧毁了神职集团的声望。将宗教权威确立在个体领域之内，激进民主派此举也就令神职集团能够体面地放弃公共裁决者的身份，从已然千疮百孔的昔日阵地上撤退下来。

因此可以说，杰克逊主义促动了社会的世俗化进程。其实质效果是令教会将精力集中在另外的职能之上。这个世纪的很多人都已经开始相信，那才是基督教的真正使命，确切地说，是引领个体灵魂走向救赎之境，而不是介入政治。杰克逊主义者心目中的宗教，若是能结束同政治保守派的这段纠缠，并就此脱离政治，反而是最有助于自身利益的。

二十八　杰克逊民主与乌托邦

一八四〇年代这个十年，最为突出的时代特征之一就是乌托邦热情的爆发。社会生活在这个年代趋于平淡枯燥，令文人雅士在极度震惊之下，纷纷在自己营造的社会秩序观念中寻求避难。一些人在精神上和身体上都在寻求逃离，退避到一些模范社团里面，在那里，他们推行依凭这种自我玄思构建而出的原则，试图借此形成自我保护，不受新兴工业化浪潮的侵染。随后几代的文人雅士，很可能是因为自身的怯懦，也对前辈的这种自我逃避的行径、这种没有责任担当的行径大表同情，并一直都致力于宣扬并荣耀化这场逃离运动，最终竟然令这种印象和感受沉淀为一种传统，人们据此认为是这些逃避者几乎垄断了改革的动力。此等情形之下，也就有必要去探究一下杰克逊民主和此类乌托邦激情之间的关系问题。

1

美利坚大地存续过的诸多乌托邦信仰当中，最为盛行者非傅立叶福音莫属，这道福音的先知是艾伯特·布里斯班。布里斯班，瘦高个，肩膀浑圆，下巴突出，眼窝深陷，曾于一八二〇年代后期游历欧洲,欧洲之行令他心念顿起,"生出不可遏制的欲望,要解开人类命运之奥义"。几年之后,他返回美利坚,此时,人类命运在他眼中已然成为一本开放的书册。这书册的作者就是傅立叶。布里斯班接纳了傅立叶主义的核心要义,剥除了那些显然属于玄想的细节(比如说,行星交配、海水变柠檬汁等),并将剩下的部分结晶在一本书中,该书于1840年在费城出版,名为《人的社会命运》。[1]

作为对工业社会实施的一场诊断,傅立叶主义的确充满洞见。其根本要旨是必须将人视为一个整体,必须考量人的全部需求、激情和本能。任何社会,若是常态化地忽视、窒息乃至压制人的诸般基本冲动,都将不会有稳定或者幸福可言。布里斯班在描述资本家集团是如何摧残被工业化了的人的时候,显然是投入了百分之百的才能。证据就在身边。"看看当今社会吧,"他喊叫着说,"单调枯燥,千篇一律,思想停滞,到处都是麻木冷漠;人们没有信任,茕茕孑立,彼此隔离,还有冲突和敌意,这些差不多已经湮没了一切;人间的慨然之情,人类的诸般情感,毫无进展可言……这个社会已经沦为精神荒漠。"[2]

傅立叶主义者以现实主义态度接纳了人的诸般本能,却以此为基础设计出重造社会的伟大工程。确切地说,他们希望建立这样一种社会组织,这种社会组织尊重人的基本情感和激情,并将之纳入社会效用轨道。如此一来,不安和焦虑就会消失,团结与和谐将会盛开,人类的创造力就此充分释放出来,共建一个辉煌未来。

然而,他们开出的救治药方远远没办法匹配他们给出的诊断。上帝,布里斯班申述说,并非随意创造人类的激情,而是以"数学般的精确"将人类的行动和互动整体考量进来。"总是有人谴责今天的人类堕落且邪恶,这是因为科学尚未发现上帝为人类设计好的社会秩序。"[3]不过,傅立叶主义的数学也并非仅仅为应对这个问题而来。他们更有一套复杂精密的心理分析,此番心理分析催生的结论便是:"法郎吉"就是那个理想的社会组织形式。一番精心计算之后，结果证明这种社会组织形式能够最大化地满足人的所有欲望和冲动。每个法郎吉涵括一千六百二十个成员，他们有一个充满激情的计划来甄选成员。在各个法郎吉组织集结为联邦体系之后，便可由此形成社会，在这样的社会里是可以期待一个以无限博爱支撑起来的未来的。

2

布里斯班其人在诸多重要方面都可说是一个极为典型的傅立叶主义者：神经质，体型纤细，颇有口才，憎恶现实，对混乱极为敏感且憎恨，甚至到了神经过敏的程度。他曾讲述过他在索邦的那段生活，这段话也足以概括他的总体观念："我对普遍且抽象的问题极有兴趣，对物理科学基本上不关注……我有极度强烈的欲念去理解普遍问题，因此也就抛弃了那些具体且实际的东西。"他的妻子也曾谈起，"他的那种心灵构造，令他没有能力对现实世界建立起常识性评估；他在待人接物方面从来都是一塌糊涂"。[4] 布里斯班就是这样，永远沉浸在逻辑王国当中，借此逃避经验王国吹袭而来的狂野之风。此时布里斯班已然极度热切地要重组社会以满足个体需求，令他很快便忘记了什么才是个体。"说起来，"沃尔特·惠特曼品评说，"他似乎总是在思量那些对他来说难度偏大的问题。"[5]

不过，那个时代也不乏另外一些敏感之人，对新兴的工业化进程造成的这种无意义乱象和道德无政府状态秉持同样的憎恶态度，这些人对布里斯班这极为自信的解决办法备感欣悦。此等乌托邦蓝图对那些眼高手低的人有着特殊的吸引力，这样的人通常都对纯粹的才智极为仰慕，因此也就很容易瞧不起他们所谓的次要问题，诸如工业主义、技术以及政治权力等等。"社团主义"，这是布里斯班为迎合美利坚消费而给傅立叶主义改的名字，在这样的情形之下,也就能够抚平这些人的私人良知,又用不着让这些人经历或者承受剧烈的行动之苦。更在他们心头催生了一种极为满足的自我意识,让他们误以为自己是极具胆略的改革者和社会思想家,但也同样不需要他们做什么具体的事情,只是安静地待在乡间,同寥寥几个同伴分享灵性之福,偶尔做一些小小的手工劳动而已。

这个群体中大部分人都有辉格党背景,在傅立叶主义的基本信条中,也确实找不到什么足以令他们生出排斥感的东西。社团主义同杰斐逊传统没有任何共同之处。这种社团主义基本上不涉及民主,对平等也没什么兴趣,对政治自由也相当漠然。它并不提倡或者主张劳动者享有自己全部的劳动果实,相反地,他们希望保证资本收益,为此,这个群体甚至提议以四比五比三的比例在资本、劳动和技术之间分配收益,以此将收益分配格局稳定下来。财富,布利斯巴恩说,是应当"跟阶层对应起来"的。[6]

"依据傅立叶派的观念,"一名德国难民颇为讽刺地评论说,"法郎吉里面的劳动者可以依据自己的心意进行劳动,只要不让自己忍饥挨饿就行了。在这个意义上可以说,让资本家富裕起来,就是法郎吉的宗教。为此目的,一切的安排都应当是让劳动者吃好、住好、穿好,甚至要好过南方的奴隶。"[7]因此可以说,傅立叶主义实际上也是一套致力于将资本主义稳定下来的规划,因为所谓的法郎吉组织实质上就是要将封建农奴的满足感注入劳作当中,将封建农奴的地位注入新兴的生产流程当中。

此等尝试实际上隐含了对社会和谐之必然性的真诚信念,尽管1840年的那个美利坚社会还远远称不上完善,同时也隐含着对阶级冲突的强烈拒斥。帕克·戈德温,傅立叶主义在美利坚仅次于布里斯班的代言人,此人认为,傅立叶主义实质上认可"上层社会的财产和特权都是他们自己的,法郎吉制度根本无意在任何程度上侵夺他们的东西"。"任何人,若打算从根本上变革社会,"布里斯班宣示说,"就应当有相应的变革计划,该计划不能同社会中任何群体的利益和偏见发生冲突。""我的目标,"布鲁克庄园的 L. W. 里克曼说,"不是让阶级互斗,而是希望达成甚是荣耀的利益一体化格局,令所有人都置身和谐境地,据此保证所有人都能够获得知识,获得提升,获得幸福。"[8]

阶级和谐以及田园风显然就是美利坚傅立叶主义的主音符,同时,也承诺可以在遏制激进潮流的同时,又不用折损资本特权,因此,傅立叶主义对辉格党内的人道派产生了天然的吸引力。("如何避开正在迫近的这场社会革命呢?"一家社团主义报刊发出这样的问询,并自问自答说,"那就是对工业进行组织。这是唯一的答案。"[9])霍勒斯·格里利自然也成了傅立叶主义运动的支持者。帕克·本杰明则直言:"只有十足的笨蛋才会相信此等胡言乱语。"[10]不过,在《纽约时报》的亨利·贾·雷蒙德就此将他拉入一场舆论大战之后,他却又开始闪烁其词了。

社团主义者实际上据有一种理想位置。这也令他们可以非常虔诚地忽略或者反对一切实际的改革举措,毕竟,以他们那样的理想位置观之,一切实际举措都不过是"卑贱琐碎之物,不足为论"。同时,这种感觉并不会失掉那令人愉悦的幻觉:他们是改革者。他们尽可以谴责十小时工作日制度,谴责罢工,谴责对银行体系的攻击,这些都是发自他们内心的善意,就同他们的保守派朋友那样,同时又可以尽情地倡议一种绝无可能因此也就绝对安全的社会重组计划,以此来安抚自己的良知。他们当然不是真的要改变社会。他们真正关切的是表达自己的玄想,并据此抚平自己的罪孽感。他们骨子里是惧怕担当责任的,他们更愿意沉浸在华丽的未来愿景当中,一醉方休。[11]

3

在这场杰克逊民主大剧中,穿插了这么一出乌托邦小剧,此一情状的背景是十分清晰的。到了这个时候,民主党的编辑和政客已经花费了十年的时间将财产分配问题摆上台面,提请世人关注资本主义的诸般缺陷,并策动了社会改革的呼声和浪潮。这连续不断的奔走呼号,最终也渗透到处于幽僻之境的知识分子群体中,令知识分子群体也开始研究,开始议论,这个知识群体当然承认这些呼声有理有据,不过,这些知识分子天生喜欢沾染粗砺肮脏的政治泥潭,于是他们便取了一条捷径,那就是建立各种理论共契团体。

民主党方面当然乐见其成,他们很愿意推动布里斯班、戈德温、里克曼这些人的工作,毕竟,他们是在鼓动对社会诸般恶端的感受。布里斯班本人也是《民主评论》和《波士顿季刊》的供稿人,同时也给诸如波士顿的《马萨诸塞民主党人》以及纽约的《平民》等民主党报刊写稿,《平民》是《新时代》的继承者。不过,傅立叶主义对杰克逊主义的分析框架没什么贡献,而且,至少从硬心肠政客的角度来看,对杰克逊主义的政策规划和解决办法也没有任何贡献可言。1842年,布里斯班向托马斯·哈特·本顿发出呼请并阐明了自己的实质诉求,本顿则"毫不掩饰他的冷漠态度,他显然时刻准备着,一有机会就跟我脱离干系"。[12]

社团主义者方面则对民主党人保持很明确的反对态度。但凡涉及实际问题,他们总会发明一系列很有才智的理由,让自己站在辉格党方面。比如说,布里斯班就攻击硬通货政策,这倒不是因为他赞同辉格党的政策体系,而是因为他有自己的一套纸币理论,不过,最终的结果是站到辉格党政策这边。[13]帕克·戈德温也是一样,他谴责罗克福克党人对垄断制度的攻击行动跟辉格党人一样猛烈,尽管他宣示的是一套不同且特殊的理由。[14]社团主义阵营的报刊杂志也大肆批判罢工行动和十小时工作日运动。[15]

更为根本的是,他们憎恨杰克逊主义有关阶级冲突的整体理论。布里斯班正是在1840年那段如火如荼的时光里写就了《人的社会命运》一书,借助此书,他小心翼翼地同罗克福克激进主义脱离干系。"我们希望砥砺的不是贫富战争,虽然这正是我国的某个政党正在做的事情,我们要鼓舞的是那种正当的义愤,是所有受苦之人都应当有的义愤。"在布里斯班的思虑当中,一切人,无分贫富,都在承受当前体制制造的痛楚。布里斯班告诉爱默生说,所谓民主,根本无意建设什么,"只是要推翻上帝和银行,推翻他们能够看到的一切"。[16]

傅立叶集团的这种态度根本上是以政治冷漠为支撑的。所谓政治,在他们看来就是"彻头彻尾的愚蠢和无益……就如同古老民族的各种狂欢活动一样,只是为了迎合民众的粗俗品味"。——这是戈德温的话。布里斯班则补充说,政治顶多就是"谈判、交易和责骂,顶多就是一些表面文章罢了"。"任何形式的政治行动,实际上都干不了什么实事。"戈德温宣示说。[17]对政治的此等拒斥态度,从某种意义上说,就等于是在拒斥民主。这些乌托邦主义者实在是恐惧他们眼中那一锅粥式的党派斗争,他们梦想的是一个黄金时代,一个所有变革终将自动发生且人人皆兄弟的黄金时代。

民主党人同乌托邦主义者之间的争执,在《时代精神》中的一段对话中体现得可谓淋漓尽致。要充分理解这种乌托邦心性,就必须明白,对话里面的"社会主义者"对蒙昧不堪的"激进主义者"是秉持强烈的斥责态度的:

> 激进主义者:这个时代是原则战争的时代,是真刀真枪的战争时代,唯有在那根深蒂固的古老偏见丛林中奋勇冲杀,才有可能为人类的和平发展开辟出一条道路。
>
> 社会主义者:您的这番话,这背后的精神肯定是十分普遍的;不过,那已经是上个年代的事情了,不属于这个时代。今时之世,世界各地还存在大大小小的宁禄式的人物,在捕杀那野蛮的压迫者;但是,世人更愿意看到俄耳甫斯式的人物用音乐驯化此等野人……

激进主义者：您的整个论调近乎神秘、超验且抽象；您并不了解人民，不能体会他们的悲伤和需求，他们的愤怒和焦虑。切实的话题应当是人民的现实关切；要告诉人民如何为自己谋取尽可能大的利益，如何推翻这整个赌博性质的贸易体系，如何脱离利息体系，如何解放劳动者。一言以蔽之，就是要告诉人民，如何将那'山岳老人'……也就是资本，推落尘埃，让这些吸血鬼，这些靠着银行业、掮客业和各种食利手段为生的吸血鬼，在吸食劳工阶级血汗的同时也明白，他们终有一天会被噎死……

　　社会主义者：您的这些诉求，大体来说是对的。……不过，您的那些手段，无论是可靠性还是效率，跟我们的和平言论和和谐行动都是无法比拟的……我们要的是大赦天下，要的是普遍解除武装，要的是天下一家。我们要诚心实意地让特权阶层知道，我们绝对无意破坏他的文化、荣誉和福祉，我们倡议的改革计划对他们、对穷人都是有益的。

　　激进主义者：您认为温婉劝说、和颜悦色可以驯化这群饿狼跟羊群和谐共存。您这种情感我当然尊重，但这纯粹是胡说八道……现在真正需要的是神圣报复，疾风闪电，山崩地裂，需要人民掀起一场巨大震荡，推翻压迫和压迫者，将他们永远地抛入深渊……

　　社会主义者：上个时代已经彻底领教了这种报复力量；这个时代应当更为彻底地尝试一下救赎和宽恕的力量……这话在您听来也许是痴人说梦；那么好吧，咱们不妨就走着瞧；今天看来是荒诞的东西、被人们备加嘲讽的东西，将会成为明天的智慧。[18]

4

　　然而，"明天"已经到来……傅立叶主义即便是在当时那代人中也没有留下太深的印迹。说白了，傅立叶主义不过是这十年间的一个玩偶而已，并不是持续终生的激情和热忱，它的确扰动了人们的良知，但并没有改变人们的意志。在它的这段存续期，它的确相当有效地令它的追随者们失去了对大问题的感受和关连。历史没能给它提供养分，甚至都没有证明它是真的还是假的，确切地说，它跟这个时代基本上是无关的，这是最要命的。就如同爱默生说的那样，它跳过的不是事实，而是生活。

即便在这个十年间，傅立叶主义本质上也只是一种纯粹的姿态而已，是浪漫和绝望的姿态。傅立叶主义者刚一遭遇复杂的经济格局，便即刻陷入恐惧当中，正是这样的恐惧支撑了他们的这种姿态，一旦遇到危机，就即刻自我暴露出来。霍勒斯·格里利其人，在现实危机降临的时候，便马上极为坚决地忘却了社会主义，转而拥抱辉格党经济学。帕克·戈德温在走过意气风发、肆意而为的年轻时代之后，便在那场剧烈的政治斗争中摇身一变成为当时最为惹眼的保守派新闻工作者。艾伯特·布里斯班则更是宣称，尤利塞斯·辛·格兰特是卡尔霍恩之后第一个拥有创造性观念的政治家，仰慕之情溢于言表。查尔斯·安达纳很快便成了犬儒主义者，也成了《纽约太阳报》的保守派编辑。威·亨·钱宁曾是最为坚定的傅立叶主义者，后来也致信詹姆斯·艾·加菲尔德说："您的形象仍然在我心间闪耀，如同华盛顿、'亚伯叔叔'、米开朗琪罗和婴孩撒母耳一样……您就是我们的理想总统，这是显然的，如同正午白昼一样！"[19]这最后的乌托邦愿景，终于还是弭散而去，就在这荣耀年代的炫目阳光之下！傅立叶并没有扛住这个工业帝国。他就这么抹去了早期的忧惧，并就此铺就了最终投降的道路。

文学风潮自然扭曲历史，素来如此。美利坚民主传统同这股假民主潮流的这段交集，当然没有好的结果，不过同这个比较起来，罗克福克政客集团干下的那些糟糕且肮脏的事情，对美利坚民主统绪的伤害则要严重得多。世人对此类乌托邦激情的仰慕已然存续了足够长的时间了。现在是时候脱离这出小剧,看一看舞台中央的那些人,那些人是在改革战场上实实在在地厮杀过的,他们必须在那里战斗。尽管乌托邦集团日夜挥洒文字,抒发集体生活孕育的博爱之情,描摹种种美好实验,但这一切根本不曾令保守集团有一丝一毫的放松。政客们已经将灵魂出卖给政党,但他们最起码也应当在这样的时刻有所表现才对。

不过,也切不可就此忘却此等乌托邦信仰背后那慷慨且人性化的关怀和渴望。总会有一些人的梦想是宏大的、纯真的,这些多多少少也可以抵冲一下那些从来不做梦的人。

二十九　杰克逊民主与文学

革命史学家们常常会谈到一个他们称之为"知识分子叛逃"的现象。具体来说，社会发展进程中常常会出现这么一个阶段，在这个阶段，艺术家、作家以及一般意义上的知识分子，纷纷感觉既有社会秩序中已经没有足够的东西可以维持他们对这套秩序的忠诚。他们的内心充斥并激荡着疏离和渴望，这样的激情最终控制了他们的作品。如果是政治作家，这种控制当然就是直接的，倘若是诗人，这种控制则是间接的，非常隐晦。杰克逊时代就是这么一个阶段。一个世界正在消散而去，另一个世界正在分娩的阵痛中挣扎，杰克逊集团在策动一系列政治斗争的同时，也在其他领域激荡起整体的变化潮流。"这场斗争注定了要将全部的民心民智都激发出来并卷入其中，"小西奥多·塞奇威克于1835年写道，"……说白了，这场斗争在催动全部的美利坚心灵向前奋进。"[1]

1

并非所有的作家都是政治活跃分子，即便是那些抱持着新世界愿景的人，也不一定就会积极参与政治。诸如爱默生和梭罗这样的人，虽然也对时代变迁激发的问题怀有极为深沉的关切和体悟，但他们的生命基本上是在平静中度过的，对政治根本就不予理会。不过，虽然有此等例外人物，也终究有太多太多的大作家和大艺术家公开宣示政治立场，同杰克逊派站在一起。纳撒尼尔·霍桑、威廉·卡伦·布赖恩特、沃尔特·惠特曼、詹姆斯·费尼莫尔·库珀、乔治·班克罗夫特、华盛顿·欧文（只是最后没有顶住越来越大的压力）、詹姆斯·柯、保尔丁、奥雷斯蒂斯·奥·布朗森、威廉·莱格特、约翰·路·奥沙利文、约翰·劳·斯蒂芬斯、霍拉肖·格里诺、海勒姆·鲍尔斯、埃德温·福里斯特、弗朗西丝·赖特、罗伯特·戴尔·欧文，等等，都是杰克逊主义者。如同哈利雅特·马蒂诺评说的那样，此时的这个民主党涵括了无特权群体、野心家、人道主义者以及"一批天才，人数不多，能量巨大"。[2]

对这批天才的加盟，民主党人自然是极为骄傲。《波士顿邮报》炫耀说："这已经是天下人都知道的事情了，我们第一等的文学人士都归附了民主党，绝少有例外的。差不多所有有点名望的文人雅士，包括历史学家和诗人在内，差不多所有在文字方面有点名气的人，都是支持民主的，这一点也并不出人意料。"[3]范布伦本人就曾向班克罗夫特、霍桑、欧文、保尔丁、布朗森以及莱格特等人提供联邦职位。甚至辉格党人也不免抱怨说，"罗克福克"一词"本应当是无知的代名词；但是民主党的头面人物中竟然有那么一批文学名人"。[4]对很多人来说，这样的情况的确令人气愤。来自霍索恩的爱德华·埃弗里特曾喊叫着说："我们不得不将这场可怕的战争打下去，在这样一场战争中，他们为什么站在野蛮和蒙昧一边，跟秩序、法律和宪法自由为敌呢？"[5]

很多作家将政治的自由化立场视为艺术上的律令。他们认为，辉格党在文化领域所关心的仅仅是保存那些顺服、可靠的衍生性的元素，诸如埃弗里特和朗费罗这样的人是这种文化的忠实代表。若要塑造强有力的本土文化，以无畏姿态面对真理和现实，唯一的希望就在于大胆探索民主的诸般可能性。《民主评论》宣示说:"美利坚民族文化之生命力的要义和原则必须是民主。"[6] "文学中人,"乔治·班克罗夫特告诉埃弗里特说,"也应当是人民中人。"班克罗夫特自己那里程碑式的《历史》一书也足以表明,对人民的这种活生生的信仰,何以能够砥砺、凝聚起一种叙事,并将这种叙事转化成著作,而此前的叙事一直都是干瘪枯燥的编年纪事而已。[7] 奥雷斯蒂斯·奥·布朗森在这方面表现得更为细致明确。资本和劳工的问题就是他眼中至高无上的问题:"真正的美利坚文学将从资本和劳动的斗争当中诞生。"[8]

2

要塑造一个文学传统,首要的要求便是出版媒介。此时的美利坚,几份颇受尊重的报刊都掌控在辉格党手中,比如《北美人》《美国评论季刊》以及《新英格兰杂志》,等等。与此同时,一八三〇年代的美利坚,对自由派取向的月刊杂志的需求也正变得越来越强烈、越来越明显。也就是在这个节骨眼上,一个名叫约翰·路·奥沙利文的年轻人横空出世。奥沙利文很有才干,曾在华盛顿经营过一家小报,此时他开始酝酿一份民主党人的评论杂志。

奥沙利文出身爱尔兰底层社会,家族故事以长长的冒险脉络融构而成,他个人的生涯历程被家族传奇遮蔽了。他的父亲一直寂寂无名,曾在摩加多尔和特内里费这样的地方充任美国领事,更多的时候则是以船主身份闯荡南美洲贸易圈。他的很多行径都笼罩在厚厚疑云当中,曾多次被指控受贿、剥削乃至海盗行径。他的一个姨妈曾于1827年拜访过前总统麦迪逊,还是一身男人打扮,身后跟着四个孩子,跟麦迪逊讲述了自己纵横欧洲和美洲的神奇冒险经历。[9]

1831年，年轻的奥沙利文从哥伦比亚毕业，以自由作家身份开启了报业生涯。他很有魅力，欢快但有些懒散，性情乐观，经常失望，但很少沮丧。纳撒尼尔·霍桑虽然觉得他很肤浅，但也很享受跟他合作，像梭罗这样性情更为严肃一些的，就不免觉得他"形容猥琐"、过分健谈，但总体还是觉得这人"不坏"。奥沙利文的妹妹（很是漂亮，甚至爱默生都被她迷住，赞赏有加）嫁给了另一个年轻作家，名叫S. D. 朗特利。1837年，在一份民主党文学期刊的举荐之下，夫妇二人一起来到本杰明·富·巴特勒的报刊做事。[10]

　　此时巴特勒开始对文化产生兴趣，甚至还写了些诗歌用来发表。他对创办杂志一事非常上心，自己出了五百美元订阅《民主评论》，同时还敦促另外一批民主党政客为《民主评论》出钱出力。亨利·迪·吉尔平也很是积极地为《民主评论》寻求资金支持。杰克逊一直以来都希望能有一份这样的期刊，遂表示鼓励，并成为《民主评论》的第一个订阅人。这一年的夏天，编辑们开始跟全国各地的作者群接触，10月份作者群已经初具规模了，还收到布赖恩特、霍桑、惠蒂尔等人的稿子。（朗特利还向约翰·昆西·亚当斯约稿，这位老人相当暴躁地回复说，文学本质上是贵族的事情，一份民主派的文学期刊，这个想法本身就是自相矛盾的。）[11]

　　奥沙利文当然有诸多缺点，但不管怎么说，他是个优秀的编辑。他不知疲倦地四处奔走，发掘新人，很快便令《民主评论》的活力远远超越了当时所有其他的同类期刊。他建立的作者群涵盖了布赖恩特、霍桑、梭罗、惠蒂尔、沃尔特·惠特曼、爱伦·坡、朗费罗、洛厄尔、保尔丁、威廉·吉尔摩·西姆斯、班克罗夫特、布朗森、亚·希·埃弗里特，等等，还有很多人。在政治上，《民主评论》秉持强烈的激进派立场。《麦迪逊主义者》称《民主评论》是"政治湿度计，可以通过它来窥测这个统治王朝的政党议事会的氛围"，甚至像马西也认为《民主评论》是"政府的喉舌"。[12]然而，并没有证据表明范布伦将《民主评论》用作试探舆论的工具，而且，当布莱尔出于嫉妒，拒绝让《民主评论》使用政府的印刷渠道之时，该杂志也就选择了离开华盛顿。[13]迁居纽约之后，《民主评论》继续编辑发行，在奥沙利文的主导之下，一直存续到1846年。1843年，该杂志发行量达到三千五百份。[14]

与此同时，奥雷斯蒂斯·布朗森也为自由派运作了另一份期刊，这就是《波士顿季刊》。这份期刊背后集结了种种动机和考量，足以表明此一时期的这场文化反叛运动拥有何等宽阔的正面战线。布朗森自己曾说，他的目标是全方位地支持这场新文化运动，"无论是致力于更为纯净、更为理性化的神学的教会改革运动，还是致力于抛弃上个世纪的无心感觉论并寻求更为深刻、更具灵性的精神元素的哲学运动，抑或是致力于协同罗克福克党人一起提升劳工地位、协同废奴派一同解放奴隶的社会运动"。[15]

《波士顿季刊》由此也就成了这场知识分子叛离运动的大平台，对宗教、哲学和政治领域的老秩序展开打击，同时也展开颇为详尽的自我申述。不仅仅是班克罗夫特和亚·希·埃弗里特，更有乔治·里普利、西奥多·帕克、布朗森·奥尔科特和玛格丽特·富勒，都融入布朗森策动的这场广泛战争，且都发挥了重大作用。对布朗森来说，这场战争涵括的所有元素都是一样的，尽管随着时间的推移，政治动机在其中逐渐占据了主导地位，布朗森也跟范布伦说过，这份杂志的"目的就是要将文学、宗教和哲学都争取到民主一边"。[16]

《波士顿季刊》不像《民主评论》那般张扬且灵变，不过，《波士顿季刊》更为博学、更为严肃也更具洞察力。布朗森显然是将自己的性格注入到这份期刊当中，他也因此逐渐地成为唯一的撰稿人。他赋予《波士顿季刊》的活力和说服力引发了广泛的关注。约翰·考·卡尔霍恩就是它的忠实读者，甚至素来冷漠的利瓦伊·伍德伯里在读过一期之后，也顾不上财政部部长的身份，高声赞叹说:"这一期太棒了!让他多送来几期!"[17](不过,几个月之后,布朗森真的送了几期过来的时候,伍德伯里显然没了当初的那股热情。)

1842年,《民主评论》和《波士顿季刊》合并了,应该说,在合并之前,二者都在美利坚文学史上留下了各自的印迹。在各自的层面和领域内,二者都可说是当日美利坚的顶级期刊,二者也都从杰克逊民主的政治理想中汲取了巨大的能量、勇气以及自由精神。

3

作者群当中,政治和政府事务领域的活跃分子数量惊人。在民主理想和个人野心的双重驱策之下,乔治·班克罗夫特成为马萨诸塞州民主党的党老大,后来又在波尔克内阁中执掌海军部,尽管他的民主理想和个人野心并没有维持很好的平衡局面。布朗森在范布伦时期一直持有联邦职位,并在内战期间竞逐国会席位。华盛顿·欧文和亚历山大·希·埃弗里特则都是外交领域的积极分子。

詹姆斯·柯·保尔丁在政府薪金出纳的位置上有过多年历练,先是担任纽约的海军出纳员,后来担任过范布伦的海军部部长。这个张扬但也不惹人嫌的荷兰人内里是个坚定的杰克逊主义者,尽管表面上并不是很容易看出来。他有着很强的常识感,因此对激进话语不以为然,不过,他对保守主义话语则更为反感。他于1826年推出的著名讽刺小说《哥谭三智者趣闻录》既嘲讽了普通法,也奚落了罗伯特·欧文的那些幻梦,可以说是一碗水端平了。他还写就了很多的政治短章,都烙印了他那辛辣的讽刺和浓重的常识感,这些文章在《华盛顿环球报》以及《纽约晚报》上都可以看到。[18]

纳撒尼尔·霍桑也是民主党职位持有人,可以说是三朝元老了。跟保尔丁不一样,他没有带着太强烈的党派立场介入报界,尽管他有机会进驻弗朗克·布莱尔主持的《华盛顿环球报》。1852年，他还为富兰克林·皮尔斯撰写了一部助选传记。[19]不过，他并不像一些传记作家说的那样，只是个表面上的民主党人。他对人类自身的罪愆有着深沉意识，痛恨人类的傲慢，这就令他对辉格党保守集团伸张的那种道德和政治上的优越感很是憎恶。他对乌托邦思潮也不以为然。他的情感在他的日记中流溢着、跳跃着，很显然，那是对普通人的朴素平淡生活的清晰且强烈的同情。《七个尖角阁的老屋》同样表达着他那浓浓的情感，他深刻认识到财产和特权会造成何等致命的孤离境遇，并因此而深深沉浸在变迁和改革催生的洪流当中。[20]在《红字》的前言中，他留下了这么一番自我描摹：这个"罗克福克海关稽查员"永远忘不了1833年的那一天，当他走过黄昏时分光线幽暗的塞勒姆街道只为看一眼安德鲁·杰克逊将军之时的情景。

4

这一时期的美利坚文人群体中，詹姆斯·费尼莫尔·库珀的政治观念很可能承受了最多的拷问。人们在实施这些拷问的时候，通常都不知道当时实际的党派背景，因此，若是联系当时的实际问题来对库珀展开一番拷问，也许能够更为完整、更为充分地揭示他的情况。[21]

库珀毕竟是纽约北方的乡绅，他的政治世界说到底被这个群体特有的地产安全意识所决定。他的父亲是很突出的联邦党人。不过，库珀很早就感觉杰斐逊有关农业德性以及民众之治的观念对自己有着更大的亲和力。到了一八三〇年代他已然开始相信，联邦党的领袖实际上是在酝酿一场旨在创建王朝体制的革命。在1835年的小说《莫尼金斯》中，他就已经对联邦主义提起了那著名的讽刺，称之为"社会股份体系"。[22]

在库珀看来，"国家的心脏和力量"就在于"农业人口"，在他眼中，共和国的农业根基正在遭受商业集团的威胁，这也是大多数杰斐逊主义者的看法。[23] 库珀相信，"贸易和民主之间的嫌隙和对峙是天然的"，正是这样的情形，令商业集团开始图谋建立金融寡头体制。他写道，"通常来说，商业是憎恨民权的"。[24] 不列颠的历史在前，加上他本人一八三〇年代早期的法兰西体验，证明了商业集团无可避免地要建立金融贵族体制。"任何政府，但凡本质上接纳了商业的影响力，"库珀总结说，"就必定是排他性的，这说白了就是贵族制度。"[25] 在此番政治忧惧之外，库珀当然也不忘记加上地产绅士对商业"暴发户"的蔑视。"令人类骄傲的所有事物当中，"库珀写道，"财富是最为卑贱、最为低俗的。真正的绅士肯定都比这个高尚一些。"[26]

此类取向是库珀根深蒂固的人生体验，既主宰着他的创造冲动，也主宰着他的表达和申述。《回乡之路》中对埃芬厄姆兄弟的刻画，就非常鲜活地呈现了库珀对地产和商业财产的不同情感，其辛辣程度丝毫不逊色于他在这个问题上的所有那些明确申述。爱德华·埃芬厄姆"样貌迷人"，约翰"则实在是不敢让人恭维，那样的样貌令人在憎恶之中不免退避三舍……爱德华·埃芬厄姆的脸部轮廓是高贵的，到了约翰这里，就变得十分阴冷；约翰那鹰钩状的鼻子，看起来十分凶残，且敌意十足，嘴唇紧闭，一副尖刻、冷漠的样子……傲慢之态令人避之唯恐不及"。为何会有如此大的差别呢？"爱德华·埃芬厄姆继承了一笔很大的地产，这地产自然给他带来丰厚收入，令他能够同我们这个世界建立友善关系，毕竟，亲近土地和水，就等于是亲近我们；约翰当然要比爱德华富有得多，他继承的是一笔巨大的商业财富，却没有足够的土地埋葬自己。他时常自嘲说他把'黄金都存在公司里面，那公司跟他一样没有灵魂'。"[27]

库珀对土地的信仰、对金融贵族的仇视，很自然地令他在1833年回国之时成了杰克逊政府的热情拥护者。除了关税问题，他几乎在所有问题上都接纳了极为激进的民主派立场，特别是极为坚定地倡导硬通货政策。[28] 1836年，他申述说，财产的统治"是一切人类政体中最为败坏、最为狭隘也最为邪恶的"。[29]他当然不相信作为一个整体的人民不会犯错，不过，他对人口中任何一个集团的信任度更低。"多数当然经常出错，不过，少数派集团犯错的可能性要更大。"[30]

在1834年《致同胞的信》中，他对辉格党立场提起全盘谴责，认为辉格党人是以英国人的框架来理解美利坚政体，意图借此摧毁美利坚政体，并最终效仿英国建立一套商业寡头制度。1835年问世的《莫尼金斯》是一部长篇讽刺寓言小说，小说行文时而繁丽，时而沉闷，旨在更为详尽地阐明美利坚因为效仿英国的商业政治而遭遇了怎样的政治危险。这两部小说，还有他此时正在撰写的一系列游记，以及他在《纽约晚报》上发表的一系列文章，都对辉格党人提起的反杰克逊话语展开反击，辉格党人一直认为杰克逊有擅权之嫌。他甚至于1838年在《美利坚民主党人》上发表文章，为杰克逊独立裁决合宪性的权利辩护，就如同银行否决案揭示的那种独立权能。

然而，这个十年间，库珀嘉许杰克逊主义的同时，对"舆论的暴政"也逐渐积聚起如山的愤怒。1837和1838年间，他依托《美利坚民主党人》上的文章以及《回乡之路》和《故乡风貌》这样的小说，开始阐发并攻击"舆论的暴政"，这个问题成为他的主要关切。文学史家们通常将他的这种愤怒视为证据，借此证明他在"杰克逊民主"开启的所谓统一化潮流的压力之下，已经颇为恼怒了。

暂且不忙着接受这样的解释，倒是有必要先来看一看库珀所谓的"舆论的暴政"中的"舆论"究竟是指谁的舆论。在1836年推出的《瑞士掠影》中，库珀申述说："究竟该让什么样的大原则操持人类事务,在这个问题上,我就不曾见过有任何国家的下层民众的观点不比上层群体更为清晰、更为合理。"接着,库珀便提起一些常规的民主论辩,来捍卫杰克逊对总统权能的使用,而后,他便评论说,在这些问题上,"我们那些所谓的开明阶层"的流行思维,足以表明他们的观念已然落后社会实情太远太远了。[31]

很显然,在库珀这里存在两种公共舆论,其一是"所谓的底层群体"的舆论,其二是"所谓的开明阶层"的舆论,后者就是库珀所憎恶的。不过,库珀这样的作家也是相当随意,就在刚刚攻击了"开明阶层"之后,他就申述说:"我很清楚,在这个国家宣示这样的观念是危险且大胆的,在这个国家,民众已然凝聚起来,极具同一性,已经没有办法从中分辨出各个组成部分了;在这个国家,个性已经彻底迷失在共同认同中了。"[32]很显然,库珀的这些观念仅仅是在"所谓的开明阶层"眼中才算是"大胆",据此语境,便不难见出,库珀对"舆论的暴政"的攻击,实际上是对他自己所属的那个阶级的舆论暴政的攻击。

更确切地说,要理解库珀于一八三〇年代对"舆论暴政"的攻击,上述情况是关键所在(到了一八四〇年代,情况则变得不一样了)。置身此等语境的库珀当然会说,倘若将进步主义观念摆在"美利坚阅读群体"面前,这些观念也定然不会对这些群体有任何影响,"原因很简单,他们本来就仇视民众权利";实际上,库珀紧接着便坦言,"没有哪个国家会像我们这样,在过去不足五年的时光里,观念上的退步竟然到了此等程度",此处所谓的"国家"显然不是指整个美利坚,而是指这个国家中的"阅读群体"。[33]"我花费多年时间游历各国,不曾见识过有哪个国家像我们这样,如此蔑视自由情感,特别是我们的上层阶级。"[34]但是当他真的据此展开谴责的时候,通常会忘记此一限定,对整个美利坚提起指控。

1837年的一件事情强化了库珀对"舆论暴政"的恐惧。库珀在奥齐戈湖附近拥有一处地产，名为"三里点"，库珀家族经常向库珀斯镇的居民开放这个地方，供人们野餐聚会。渐渐地，镇上居民就开始将这个地方视为公共财产，库珀当然要重申自己对这片地产的所有权，但此一举动引发了极为暴烈的舆论攻击浪潮。当然不能将这样一场舆论浪潮归罪于"杰克逊民主"。事实上，此一反库珀浪潮是纽约州的辉格党媒体策动并引领的，诸如梭罗·威德、詹姆斯·沃森·韦布、威廉·利·斯通以及霍勒斯·格里利等人是幕后的操盘手，这其中的大部分人都刚刚被库珀攻击过。杰克逊阵营的媒体，特别是《纽约晚报》和《奥尔巴尼阿尔戈斯报》，则纷纷赶来为库珀救驾。"看着，他们这次是要将库珀彻底打翻在地了，"《新时代》点评说，"这批英国辉格党贵族跑到这里兴风作浪，他们的仆从也跟着在四处煽风点火。"[35]

库珀本人当然是对社会同一性的压力秉持抗拒态度的，不过，这样的压力显然不是来自大众舆论，而是阶级舆论。常常有人认为库珀是反对杰克逊民主的，因为杰克逊民主在推行舆论暴政，这个看法显然没有任何依据，实际上，库珀在一八三〇年代经历并体会的舆论暴政，基本上都是因他亲杰克逊民主的观点而引发的。

库珀于1838年在《美国民主党人》上发表文章，详尽阐述了他对此等公共舆论的指控，这篇文章因此也就足以呈现库珀的这种尖锐的反抗态度。不过，他选择的攻击点很显然都关涉到辉格党人操控舆论并据此干涉他私人事务的情况，在当时的所有热议话题上面，库珀都非常坚定地站在民主党一边。库珀此一时期的小说实际上也正是在阐发此类情感。《故乡风貌》的艺术品质也许要逊色于《回乡之路》，不过在这个方面，这部小说的表现力则强得多。跟《美国民主党人》上面的那些文章一样，这部小说也灌注了两股激流：其一，是美利坚辉格党人自立的贵族体系，狂妄且势利，对英国奴颜婢膝，痛恨杰克逊将军这个"老怪物"，蔑视下层民众；其二则是民主煽动家制造的威胁。[36]

不过，对民主煽动家的恐惧并没有动摇库珀对民主党的信任和忠诚。不管怎么说，在纽约，苏厄德—威德的政策路线正在赢得越来越多的追随者，在这段政治潮流当中，最可鄙的民主煽动家自然出在辉格党阵营，就是这些人日复一日地将民主信条挂在嘴边。"在这个国家，当前的政治斗争，"1838 年库珀写道，"就是人和美元之间的斗争。"[37] 1840 年辉格党赢得选战的时候，恰逢库珀晚期生涯的悲观主义年代，在他眼中，辉格党人的这场胜利"不过是证明了金钱和享乐的力量"，正是这样的力量令民众成为"他们征服的工具"。[38] 1844 年的选战中，库珀参加了政治集会，在二十五年的漫长光阴中，他还是第一次参加这样的集会，此时库珀给出了强有力的宣示："倘若真的有什么力量能把我牵引到政治选战当中，那么这力量也足以压制那个肆意妄为且派性十足的集团，这个集团正酝酿着让克莱先生执掌这个国家。"库珀更进一步地谴责辉格党，认为此时的辉格党"是我平生所见最为虚伪也最为危险的派系"。[39]

然而，库珀的这种激进思想很快便消散了。实际上我们也都知道，他的这种激进思想植根于地产资本对商业资本的仇视情绪，以收租为生的地产阶层对金融投机群体的这种憎恶由来已久。到了一八四〇年代中期的时候，库珀的思考突然发生了转变，确切地说，他此时面对的问题是：激进主义和商业集团，究竟何者对地产的威胁更大呢？显然，库珀需要就这个问题作出决断。此一问题之所以摆在台面上，是因为哈得孙河谷巨大地产之上庄园主和佃农之间的一场斗争，在这场斗争中，一批农民组成反租赁集团，寻求改变庄园主和佃农之间的那种半封建的土地关系。库珀作为地产利益的支持者，当然很喜欢看到杰克逊派对商业的攻击行动；但是现在，民主煽动家们显然正将战线拓展开来，在同样的民主呼声当中，传统的地产利益也岌岌可危了。倘若这些煽动家获胜，那么整个国家的财产根基岂不是要遭殃了吗？"我们这个国家，真正的自由能否存续下去，我们的制度能否存续下去，我们的公共道德能否得到保障，这一切都取决于我们能否决绝且彻底地将这些肆意且虚假的信条和说辞镇压下去。"[40]"民主煽动"，在库珀眼中，曾经只是民主制度的一个小缺憾、小毛病，此时却一下子成了重大威胁。库珀由此写就了他那著名的反租赁三部曲，将煽动家们的邪恶品性尽情呈现出来，同时也将库珀自己所属的这个阶层的恐惧和憎恶展露无遗。这三部曲本身植根于深刻且具体的情感当中，并由此勃发而出，让人们一下子明白了，库珀本人的见解和视野是何等深沉地跟既存的土地关系纠结在一起。也正是他的这种极为顽固的个人态度，经文字的淬炼之后，顷刻之间便将这神圣的地产制度遭遇的一切威胁幻化成一场民族灾难。

这场纷争不仅动摇了库珀对民众之治的信心，同时，也摧毁了库珀内心一直维系着的对土地生活之道德纯洁性的杰斐逊式的信仰。他说，"我们不再相信乡村人群那超乎寻常的纯洁和美德了。"[41]此时，库珀的悲观情绪更为强烈了。1850年，他推出了小说《湖枪》，这部小说揭示了他对联邦的担忧，毫无疑问，这样的担忧因民主煽动家而起；这一次，他心目中的人物是苏厄德。沮丧和阴郁的情绪在他最后一部作品《曼哈顿城》中展现得更为明显，再没有任何遮遮掩掩了。这部小说本身葬身于一场火灾，但残存下来的前言足以见出其主旨和基本诉求。库珀在前言中申述说，倘若财产继续遭到攻击，就必定会有反制行动勃发而起，寻求自我保护。结果则很可能对民众自由造成致命威胁，不过，民众既然滥用自由，这样的结果也应当说是适得其所。看来，只有三种解决办法：其一，军事独裁，其二，回归最初的原则，其三，"金钱统治"。[42]在库珀看来，金融贵族体制的可能性是最大的。此时，他对商业寡头体制的昔日仇恨已然削弱，开始认为商业寡头体制是财产的唯一堡垒。不过，他对这套体制的信心并不足，也并不看好其前景。库珀素日里以坚定和明确见长，但在这个问题上，他的结论显然游移不定，这就足以表明他内心已经是何等绝望了。一年后，詹姆斯·费尼莫尔·库珀便去世了。

5

马萨诸塞的超验主义者自成一体，形成了一个重要的文学团体，杰克逊民主从未在这个团体身上留下什么烙印。对杰克逊民主的这种免疫能力看来是非常奇怪的事情，特别是考虑到乔治·班克罗夫特和奥雷斯蒂斯·奥·布朗森也时常出入这个团体，令这个团体看起来跟民主之间的关系相当密切，而且似乎也是一条极具分量的纽带。在班克罗夫特和布朗森看来，杰克逊主义者在政治领域所做的事情，说白了就是反抗约翰·洛克的永久遗产，这跟超验主义者在宗教领域干的事情本质上是一样的。确切地说，民主党人和超验主义者都是在确证并伸张自由心灵之权利，据此对抗先例以及所谓制度的僭妄主张。双方都对人之完整性和可完善性抱持强烈信仰。双方都宣示独立自主、自我依靠。对于那些自居普通人和真理之间、自认有权向普通人传递真理的人或者集团，双方都秉持强烈的憎恶。双方都致力于将个体全然植根于个体的本能当中，只对自己和上帝负责。《马萨诸塞民主党人》宣示说："灵魂必将确立自身的充分权能，据此打垮所有那些将虚假世事强加给社会的武断习俗。"班克罗夫特同样宣示说："民主就是要给良知以绝对的自由。"[43]

然而，在康科德之地诞生的这种超验主义极具个体诉求，可以说，这种个人主义取向是无限的，因此也就根本没有能力在不同人群奉行的多种制度之间做出调和，更无从决断哪种制度更好一些。实际上，这些超验主义者对这样的问题并不上心，在他们看来，尼古拉斯·比德尔这样的人自然应当拥有自己的良知权威，就如同他们也拥有自己的良知权威一样。政治义务的王国却是不能容许此等灵活度的。班克罗夫特对超验主义实施的巨大改造，实际上是将民众的集体意识补充进来，令民众的集体意识对个体直觉的无政府状态形成了必不可少的制约。"倘若理想是人人皆享有的机能，那么，来自尝试的决断自然就是最为切近的真理标尺。"民主由此便完善了超验主义的洞见。"个体当然有权宣示一己之想法；但是圣灵贯注于民众的集体智虑当中……唯有民众参与其中，提供建言，才能确保目的正确；民众的想法拥有无可动摇的确定性；民众的见解拥有至高智慧。"[44]

在班克罗夫特和布朗森看来，这场针对过去的战争显然是全方位的，这条一体化的战线是无可分割的，政治和哲学同样涵括在内。班克罗夫特1837年推出的《历史》第二卷当中，专辟华彩章节讲述贵格会，这一章集中阐述了他对于灵魂解放和身体解放之关系的看法。在布朗森看来，宗教上的保守主义和社会上的保守主义差不多就是一回事情，他也因此在品评法国哲学家维克托·库辛的时候指出，"他的作品令我国的很多年轻人都成为民主党人"。他还颇为骄傲地告诉库辛，"我们正在将哲学和政治结合起来"，更不用说，民主党很快就会接纳这个新学派的观点。[45]乔治·里普利编纂了一部《哲学杂论》，将法国和德国的部分形而上学论章辑录起来。班克罗夫特应《华盛顿环球报》之约，为这本书撰写评论，在这份评论中，班克罗夫特称这本汇编为"哲学民主之宣言"，并阐述了杰斐逊的荣耀何以在库辛、茹弗鲁瓦以及贡斯当那里得到了新的证明。[46]一份民主党报纸上甚至发表了一篇匿名文章，用爱默生式的独特文风，劝诫年轻人"相信自己"，并颂扬"自立"之德性。[47]

尽管民主党领袖人物在超验主义思潮中发掘了所有的这些灵感和激发力量，但是超验主义者对民主党人的此番努力根本没有触动。他们或埋头于幽僻书斋，或漫步康科德的丛林幽径，对他们来说，党派政治的喧嚣和尘埃实在是太过庸俗，没有任何教益可言。"自然"提起的驳斥对这些超验主义者来说从来都是压倒性的："您不觉得太热了吗？这位小同志。"生命如此短暂，拿这生命去沉思真理，跟随这幽静之地的节律一起颤动，岂不是要比介入俗世政治要好得多？政党，就如同社会一样，只不过是个合股公司罢了，参与其中的所有人不过是为了保障持股人的利益而集结起来、采取联合行动罢了，他们为此牺牲掉了自己的自由和修养。说白了，但凡政党者，"所需的是统一。自立是他们最为憎恶的"。

不过，这种自绝于政治的典型的超验主义态度也许正表征了他们的失败，尽管他们竭力将这种失败树立成德性。紧迫的责任意识正从他们身上消散而去；他们要的是完美，并极为义愤地拒绝沾染尘世，拒绝跟那看来是压倒一切的现实缠斗，在他们看来，若是介入那样的现实，只能令身心俱疲，结果终究是一无所获。就这样，他们一路奔逃，退避到所谓的完善境地，将责任远远地抛诸脑后。他们所谓的完善境地，实际上就是一片魔幻境地，充满着神秘情感以及格言警句式的情感抒发，力图屏蔽一切可能的尘世入侵。显然，康科德的治国之道可要比华府的治国之道轻省了不少。国家总是需要统治的，那是不可能抚平的真空；布朗森·奥尔科特当然更喜欢弗鲁特兰，不过也恰恰因此，他是没有理由抱怨詹姆斯·诺·波尔克更偏爱白宫的。

不过话又说回来，这些都是最为糟糕也最为纯粹的超验主义者，他们没有能力建立有效的人类关系，对责任感到恐惧，于是就这么放任自己逃避，并将逃避幻化成一场道德胜利。心志更为坚定的一批人则处身超验主义的边缘地带，这些人对于责任秉持认可态度，他们同时也明白，有些责任或者义务是不能动摇的。社会之存在是以人与人之间的相互关系和相互信任为依托的，要维系一个社会，就必须回应饥饿之人、匮乏之人以及不安全之人的呼声，否则绝望和决绝的心态和举动就会击碎社会链条。这一切痛楚都是最基本的，也都是实实在在的，靠着轻盈灵魂的温婉怀抱，显然无法应对此类问题。乔治·里普利跟布朗森·奥尔科特不一样，他并不蔑视那些很是看重日常现实之人。政治上的辉格主义对他没有任何触动，就如同宗教上的辉格主义一样，他有班克罗夫特和布朗森这样的朋友，这些朋友身上爆发出来的能量足以激励他运用超验主义的诸般洞见来救治社会。"他已然完成了哲学上的自我改造，将自己变成民主党人了。"这是布朗森于 1836 年对里普利的一番品评。一年之后，里普利本人也颇具勇气地告诉班克罗夫特说："应该说是无一例外，但凡有点才具、有点思想的人，都已经是哲学上的民主党人了。"（这封信的日期标注是 9 月 20 日，不过，里普利并没有谈论独立财政计划。）里普利在信中继续申述说："春蚕已经把桑叶吃得饱饱的了，这种情况下，若是还不能收获亮闪闪的蚕丝袍服，那就实在是太奇怪了……宗教、哲学和政治终将联合起来，成就一个神圣的三位一体，为社会制度的救赎和福祉而战斗，我已经迫不及待地要看一看这一刻的到来了。"[48]

不过，里普利对待民主党的这种态度和姿态，显然就像是一个纯情的年轻小伙子在跟一个阅历江湖多年的女人大胆调情。他先是笑意盈盈，倾心相向，差不多完全拜倒在石榴裙下，但是很快就生出满心愤懑，抽身走开，满脸的满足和兴奋，他的德性并未遭受折损。当班克罗夫特援引里普利的一些评论来填充《波士顿邮报》上的一篇匿名文章的时候，里普利警告班克罗夫特说："我坚持认为民主之哲学原则和这个国家的民主党是有区别的。"（显然，此前他的那些调情举动被人当真了；甚至都已经被女方邀请去见家长了。）"……这些年轻人就是这样。他们不信党派，但对原则极具热忱。他们不爱辉格党的任何东西，除了辉格党人的个人品性而外；不过，他们同时也怀疑辉格党的敌人是否就是真正的民主派。我不得不承认，辉格党阵营里面的确也有那么一批民主原则的热忱倡导者，他们的确对人的可完善性抱持极其高洁的信仰。"[49]此类评说极能说明问题,毕竟,里普利还不能算是最为清纯的超验主义者。然而,究竟该拿怎样的实际举措和政策来支撑并证成"民主原则",在这个问题上,里普利不曾有过任何想法。春蚕吐丝,最终当然是要制造出亮丽袍服的,但对于真正的现实主义社会观念,这些桑叶显然没有提供像样的营养。

里普利就此逃开了,但是个人良知依然是他的主宰者。1840年,已经受政治红尘历练的里普利已然获得拯救,以更端庄、更纯情的形象出现在"布鲁克庄园"的愿景当中。他和其他的超验主义者当然都没有能力消解这红尘俗世中的人类痛楚,对他们来说,"布鲁克庄园"显然就是人类痛苦境遇的一个很是严肃的解决办法,同样的人类境遇却迫使班克罗夫特和布朗森以政党为武器,沉陷在红尘俗世中,挣扎、斗争。说实在的,超验主义者的信仰就是乌托邦主义的变体,"布鲁克庄园"最终也不过是傅立叶主义者的一个法郎吉而已。

6

他们的"超灵"就这样安抚了这些温婉的超验主义者,于是他们就在"布鲁克庄园"心安理得地过上了那幽静的田间劳作生活。不过,在这个超验主义集团之外,也有那么一个人,他接纳了超验主义的灵感,但拒斥了超验主义的幻象,此人就是爱默生,那个时代的真正智者。爱默生对经验世界之复杂性太了解了,因此,超验主义的那种朦胧和狂想根本不足以抚平他的良知。所谓的补偿教义当然是有限度的,爱默生当然不会被里普利的这个共同体给骗到。"在这座'教育农庄',一批极其高贵的青年男女抱持一套极其高贵的生活理论,这理论虽然极其高贵,但也极其无力,极其哀伤。这理论不足以堆砌哪怕一吨的干草;不足以梳理哪怕一匹马的皮毛；这些青年男女就只能落得个脸色苍白、饥饿不堪的境地。"⁵⁰然而，政治恰恰也正是爱默生最大的失败。他既不能向政治辞藻的喧嚣低头，又不能像梭罗那样做出终极的道德努力，弃绝一切的社会义务。他就那么犹疑着、徘徊着，沾染政府，但没有任何热情，从来不敢直接面对这尘世侵袭势必要带来的诸多后果。

他认可班克罗夫特和布朗森强力阐发的民主党诉求。"哲学家也好，诗人也好，信徒也罢，当然都愿意投票给民主党，当然都赞同自由贸易，赞同选举权扩张，赞同取缔刑讯，赞同尽可能地为年轻人和穷人打开财富和权力之门。"⁵¹他同时也认可超验主义者的民主姿态必然会带来的诸般意涵。1839年他开启了"当代"系列讲座，西奥多·帕克就第一讲给出品评说："通篇都是民主党-罗克福克党的情怀，精神上极为切近布朗森刚刚发表在《季刊》上面的那篇论民主与改革的文章。"此次讲座令班克罗夫特"心醉神迷……对罗克福克主义生出无限憧憬"，波士顿的一个保守派人士聆听此次讲座之后，怒吼着说，爱默生肯定是想在关税厅得到一个职位。⁵²

不过，爱默生也就到此为止了，并没有再前进一步。"值此之时，两个大党差不多瓜分了这个国家，"他很是温婉地总结说，"我要说的是，一个政党拥有最好的事业，另一个政党则拥有最优秀的人。"⁵³然而，即便这是真的，也不足以成为无动于衷的理由，毕竟，一个信奉爱默生原则的人，当然应当采取行动推进这原则；更何况，爱默生此论并不是真的。

对制度的恐惧令爱默生小心翼翼，慎重有加。在他看来，一个政党差不多就是一个教会组织，而爱默生本人，就如同被火灼烧过的孩子那样，一见到火，就避之唯恐不及。"班克罗夫特和布赖恩特，"他说，"都是历史中的、现实中的民主党人，他们关心的是已经死亡的自由，更确切地说是已经建立起来的自由，而非建立自由。"⁵⁴爱默生很喜欢《华盛顿环球报》的一句格言："这个世界已经被过度统治了。"尽管这份报纸的庞大读者群令他惊惧不已。但是话又说回来,既然这个世界并不完美,他为什么就不能接纳这些"历史中的民主党人"和《华盛顿环球报》呢,或者至少对不同的政治选择做出评论呢?爱默生当然很清楚这已经摆在眼前的抉择是无可回避的。然而,恰恰就是在这个抉择面前,他竟然退缩了。说白了,他的道德立场必然是蕴含了责任,但他竟然回避了责任问题。

爱默生根本就不在意这些,他便也因此归附了保守主义的陈腐论调,几乎没有任何挣扎和抵抗,那样的陈腐论调从他出生之时开始就一直包围着他。闪念之间,他偶尔也会意识到,"银行和关税、报刊和党务骨干",这些"对平常民众来说寡淡无味的东西,实际上都是非同寻常之事,其根基之宏伟并不逊色于特洛伊古城和德尔菲神庙"。[55]然而,康科德的生活就那么日复一日地美妙下去,银行问题、关税问题对爱默生来说,实在是太过平淡无味了。他偶尔也会瞥一眼党派斗争,不过,那样的斗争给他留下的感受只有一个,那就是"政治的卑贱"。[56]

他对一八三〇年代之政治斗争的分量和意义基本上没有体悟。1834年,他在卡莱尔面前发泄了一通怒气,"坐在总统位置上的那个人,根本就配不上总统位置,他做的事情可真是糟糕透顶,"此番宣泄应该说也总括了他对杰克逊政府的看法。[57]他本来就不愿意跟辉格党决裂,这种心情因为他创造的那个名叫丹尼尔·韦伯斯特的政治家而更形强化了,他给予他创造的这个人物以深沉的信念,而且他竟然如此随意地将他创造的这个人物同那个颇受欢迎的同名的辉格党政治家给弄混了。"他那宽阔的额头是我整个年轻时代一直在追随的东西,从法庭到参议院,从党务会议到大街之上。"这宽阔的额头显然是给爱默生施了魔咒,可别忘了,爱默生这样的人可不是那么容易愚弄的。[58]他的这些评论,散落在二十多年的时光隧道当中,这段岁月里,他一直保持着极高的自我忠诚度,从这一切的评论中足以见出他对人之个性的那种文学式的迷醉，他那庄重典雅的修辞、他那大理石般的眉头和如同滚雷一般的愤怒面容，都给人留下深刻印象；至于他对现实政策的看法，则基本上属于可有可无。韦伯斯特是专属爱默生的理想人物，超凡脱俗。在布赖恩特、班克罗夫特、库珀、惠特曼和霍桑这些人看来，韦伯斯特不过是极为脆弱的当世名人而已。[59]但是在爱默生眼中，韦伯斯特一直都保持着伟大政治家的形象，直到韦伯斯特挺身而出反对那么一个令爱默生将全部的想象和关切都投入其中的问题，1850年的"妥协案"终于令爱默生意识到多年之前就应该意识到的东西。也就是在这个现实政治的王国，这位康科德圣人的稳重智慧步履蹒跚，并最终沦落情感主义泥潭。

7

这个新英格兰群体中的人物莫不以回避政治抉择为特征，这其中，唯有梭罗置身一定程度的道德张力当中。正是这样的张力给梭罗贯注了极为强烈的责任意识，其程度足以跟担当现实统治之责的人们相提并论。梭罗当然不会像奥尔科特或者里普利那样，以轻松救赎的幻象来欺骗自己，但是他同时也不能像爱默生那样，在接纳公民身份的同时又在义务和责任问题上敷衍塞责。对梭罗来说，道德生活只认可一种可能性，那就是个人要担当起全部的责任。最高的善，梭罗说，就是伦理意识及其在艺术和生活当中的直接且稳定的表达，能够达成鲜活的统一。

梭罗在实践中找到了达成此一目标的最有效办法，那就是将生活沉降到最基本的层面上——碧蓝的瓦尔登湖畔的一座小屋、夏日里的草莓、顽皮的土拨鼠、夜莺的甜美吟唱、掠过矮树丛的鹅、夕阳的最后一抹余晖。但是他不可能在瓦尔登湖永远待下去，他有另外的生活要过。于是,他回归社会,此时他已然将卓绝的风格灌注到文字当中,令文字如同划过纸面的冰砾,将他特有的情思表达得淋漓尽致。不过,此时他既已回归世界,便不得不直面道德生活的诸多敌人,比如新兴的工业主义,这定然是要扭曲道德自我的;比如国家,这定然是要败坏道德自我的。置身社会的人们就是这样,生活在寂静茫然的决绝状态当中,心性已然病态,正直遭受威胁,不得不妥协,不得不遮掩。于是,梭罗认为,唯一有价值的人就是奉行原则的人,这样的人于国家而言,其价值是无可估量的。

至于国家,梭罗认为,是没有任何道德地位的。统治之基础就是功利,就是便宜考量,统治的方法就是强制,就是武力。国家根本无权以责任和义务之名对臣民采取行动。个人跟国家也没有任何道德关联可言;说白了,灵魂是任何力量都抹不掉的,国家绝无可能担当得起灵魂的任何诉求。国家若是温和,人类尚可忍受,若是国家采取不道德行径,侵害人的正直,那就必须摆脱国家的一切纠缠。"我从来不管统治集团有多少人,也从来不问军队规模大小,我唯一认可的是那种致力于正义的政府,除此之外,我均不予认可。"这话难道不就是说要反对一切国家吗?毕竟,用梭罗自己的话来说,一切国家都是"半人半虎或者半人半牛的怪兽,在大地之上肆意踩踏,心和脑都已经被掏空"。梭罗更高声宣示说:"个人是对的,政府是错的,这种情况难道就不可能发生吗?"因此,人必须达成自身的道德统一性,若有必要,就踏上公民不服从的道路。这是最为崇高的英雄主义。"如此一来,我们都能够超脱琐碎且肮脏的政治红尘,进入真理和英雄之境。"唯有人类前赴后继,依凭男子汉气概,推进这等不服从运动,才能最终驯服这头半人半虎的怪兽,最终令国家承认个体是"更高的而且是独立的力量,国家自己的力量和权威则是从个体那里衍生而来的,并以这样的态度对待个体"。[60]

梭罗的此等观念和立场一以贯之,任何力量都无法令其回头。

他经由艰苦的征服行动才达成这样的观念和立场，为了捍卫并维持这样的观念和立场，他倾尽了全部的生命。没有什么立场能比他的这个立场更为决绝、更不容情了。此等立场蕴含的恒久责任意识催生了无情的压力，令脆弱的个体纷纷倒下，由此也就令这样的个体在社会中播散自己的罪恶，于是，这反抗的个体就这么孤独面对宇宙，仅靠着内在的正义感自我支撑。

绝少有人能够抵御得住这超乎想象的压力。说白了，大多数走上这条道路的人，要么以虚伪收场，要么就是以个体的彻底坍塌作为终局。"人既不是天使，也不是野兽，"帕斯卡曾评论说，"所以，很不幸，那些试图扮演天使的人，最终都变成了野兽。"也正是因此，社会通常会将逃避者放逐，因为这样的逃避者要求梭罗的特权，却不曾经历过梭罗那等剧烈的道德考验。唯有最为严厉的私人规训才能证成公民不服从，毕竟，天使太容易变成野兽了。梭罗当然是赢得了自己的信仰和特权。但是平凡之人，通常都不过是扯起自我正义感的大旗来掩盖自己的怯懦和贪婪，据此要求梭罗的特权，并且其僭妄更是达到无以复加的程度。梭罗展开了一场战争，并赢得了众多的追随者，但是这些追随者很快便同整个社会开战，在这场战争中，他们接受了国家的保护，但拒绝担当任何的义务。不过，这类人的行径并不会令梭罗本人的道德权威遭受折损。说白了，他的作品和他的生平都对民主构成了深刻的道德挑战。

8

梭罗否决了民主的诸般要求，沃尔特·惠特曼则以雷鸣之音认可了民主的这些要求，这雷鸣之音在整个世界都震荡不已。蒂珀卡努战役之时，惠特曼年仅二十一岁，但已经在激进民主政治中淬炼多年。很快，他就可以在大规模的政党集会上发表演说并且为《民主评论》撰稿了。1844年,他参与了选战,襄助赛拉斯·赖特竞选州长,同时也为詹姆斯·诺·波尔克助选。1846年,他成为《布鲁克林鹰报》的编辑,这是一份日报。在布鲁克林工作期间,他为民主党全国委员会效力,同时也为国庆庆典委员会效力。

布鲁克林市民差不多都认识这个叫沃尔特·惠特曼的年轻人——和善、平易,健康且令人愉悦的面容,短胡子,人们常常看到他在繁忙街道上慵懒漫步,跟所有人都打招呼,无分商人还是车夫。每天在《布鲁克林鹰报》操劳之后,他都会前往富尔顿街角的格雷浴池泡上二十分钟。而后,服务生会带着他来上一场淋浴,再而后,他才搭乘晚班渡船返回纽约。此时,夕阳的余晖也会前来眷顾于他。[61]"脚下的潮水啊!我面对面看着你!西边的云——太阳还有半个钟头就落了——我也面对面看着你。"

这真是沃尔特·惠特曼生命当中的一段静好岁月,他沉浸在经验的河流中。这经验的河流很快就会漫溢而出,越过诗歌韵文的体例禁锢,肆意挥洒,肆意表达,酣畅、柔和、喷薄、狂野、跃动,还有恢宏。海鸥都迷醉在他的诗篇中,那海鸥安然翱翔在天空之中,斜阳的余晖点染了它们的身体,还有大街小巷的男男女女,也成为诗中风景,"马路上的坑洼、车辆的轮胎、鞋底上的淤泥、闲游者的谈话",等等。这一切都令他陶醉其中,那是人民自己的情感,有焦虑,有希望,也有渴念。

梭罗的一切犹疑在惠特曼这里都没了踪影。对惠特曼来说,一切的一切,就是慨然接纳并掌控民主的机遇。"人们常常会谴责民主精神,说这精神暴烈无常,说这精神要摧毁一切,"惠特曼说,"这些都是人类生活中的古老故事了……然而,这个世界的一切政治组织当中,一切善好且宏伟的东西,都是这种暴烈精神和毁灭精神孕育而出的,这又是为什么呢?不知人们可曾想过这个问题。美利坚民族充满智慧且极具常识,民主精神在美利坚民族的驾驭之下,无论是过去,还是将来,都绝对不曾也不会制造危害。"

人们也常常认为，政治不过就是一出琐碎闹剧，根本不值得正经人去关心，真是这样吗？"蔑视'政治'，在某些人那里已经成了时尚……他们就那么看着剧烈的斗争，看着原则的斗争，看着候选人之间的斗争，他们软弱的神经不免变得极其阴沉沮丧，对政治旋涡不免退避三舍。不过在我看来，这样的政治场景从来都蕴含了恢宏的元素，强健且高尚。"

民主当然是有热情的，这热情是坏事吗？"这个国家的一切政治纷争和喧嚣，甚至说一切激奋和斗争，在我看来，都是好事情。这些足以表明，人民在行动，这个年轻的巨人正在接受训练，正在获取日渐成熟的力量。"

那么，民主是完美的吗？在这个问题上，切不可被细节误导，切不可见木不见林。"实际上我们都很清楚，民主的运作机理并不一定能够在所有细节上都得到证明。大家一定要明白，唯有烈风才能净化空气，否则整个大自然都将沦为废墟，难道我们能因为这烈风吹倒了几棵朽木，就谴责这烈风吗？"[62]

惠特曼的诗篇就如同平地刮起的烈风，是在强势回应梭罗的疑惧。惠特曼申述说，人同国家当然是有道德关联的，只要国家真的是在表达民众的意志，是在伸张人性当中那些善好的元素。民主是完善的吗？当然不是，毕竟，国家就如同创造了国家的人民一样，都是有缺陷和不足的。（显然，跟梭罗完全不一样，惠特曼对不完善是有同情的。）细节和琐事上的失望和不满，绝不至于削弱对人民的信仰。对人民的信仰乃是伟大信仰，正是这伟大信仰令惠特曼禁不住地要去伸张对民主制度之前景的信仰。

1856年，亨利·梭罗和沃尔特·惠特曼第一次见面，会面地点就是惠特曼在纽约的那间阁楼，二人有了一场很是僵硬的谈话。梭罗觉得惠特曼并没有特别明白自己的意思。"我就是约略谈了一些话题，我记得我说……我不太关心美利坚，也不太关心政治，反正就是诸如此类的话，似乎这些话令他非常扫兴。"惠特曼当然会扫兴，他对梭罗倒是留下了深刻印象，因为梭罗"对世人的蔑视（张三李四之类的）：他似乎没有能力体会并鉴赏普通人的生活，甚至没有能力品鉴非同寻常的生活；我感觉他缺乏想象力。他没有能力用心体认别人的生活，因此也就没有办法理解为什么各人的生活是不一样的；他对凡俗之人显然没有耐心"。据惠特曼回忆，这场谈话的氛围还是相当热烈的。"我们之间的差异的确尖锐：梭罗如此敏感、如此挑剔，这实在是让我吃惊。"[63]

梭罗本人没有任何重建社会的想法。他只是想着过自己的生活，他的这种个体生活的标尺要高过惠特曼，很显然，在梭罗看来，惠特曼不在意红尘俗世。然而，芸芸众生是必须生活在社会中的，顶多也只能生活在对新社会的期许中。民主制度给吹毛求疵者留下了空间，但是，要据此塑造一套政治哲学，民主制度显然提供不了足够的基础。在社会状态当中，惠特曼的观念和冲动显然要更为健全。他的生活就是在对民主前景的期许和兴奋中度过的，当然，在这样的生活历程当中，惠特曼也愿意承受民主的诸般挫败。倘若不想让国家变成半人半虎、无心无脑的怪兽，那么很显然，惠特曼这样的人肯定能比梭罗这样的人做更多的事情。惠特曼自己也曾宣示说："倘若人民丧失对自己的坚定信心、丧失力量和抵抗精神，那么暴政随时都有可能侵袭这个国家，一旦没了守门人，暴政随时都会乘虚而入，那唯一的守护力量，毫无疑问就是人民的决心和意志。"[64]

三十 泰勒回归

美利坚的历史一直就是由保守主义和自由主义潮流反复回旋、交错而成的。在平静期，社会问题因为没有机会得到解决而不断堆积起来，最终令改革呼声占据压倒性地位。一个自由派政府随即上台，堤坝就此破裂，变革之洪流就此奔袭而来，顷刻之间便漫卷大地。过上十五年或者二十年，自由潮流逐渐耗尽能量，"稳定"和清静年代随之到来，保守主义重新成为国家情感的代言人。不过，一般来说，在表达国家情感之时，保守主义仍然采用自由主义语，尽管它已经取代了自由主义。[1]杰克逊民主也是如此。这套民主体制在时间进程中逐渐满足了民众的变革欲望。不过在这个过程中，民主党也化育出自身的既得利益，与此同时，党内的权力通道也逐渐趋于封闭，令一批青年才俊，诸如苏厄德、林肯、塔丢斯·史蒂文斯这样的人物，不得不开始投身敌对阵营。此时的辉格党，部分是因为这批新鲜血液的加入，部分则是因为先前失败的教训，已经变得不那么强硬了，在目标诉求方面有了很大的灵变空间，也开始借取杰克逊派的政治语言。就这样，辉格党开始酝酿一场大范围的反击行动。他们很快便收获了果实，这便是1840年选战的胜利。

1

　　1840年的这场失败极大地挫伤了民主党的士气。自1796年以来，差不多半个世纪过去了，还不曾有保守派候选人登临总统大位。（即便是约翰·昆西·亚当斯也是以杰斐逊共和党人的政治身份获选成为总统的。）更糟糕的是，人民选择的这个保守派人物，实际上一直在冒充民主党人，在杰克逊派看来，那样的冒充行径显然是太过拙劣了，还有什么比这个更具讽刺意味的呢？

　　内阁立刻陷入极度沮丧。此一时期的法国外长于1840年11月召见战争部部长波因赛特和海军部部长保尔丁，会面之时，法国外长发现二人极度消沉，不停地说着一些很难听的话，诸如这个世界已经没办法统治了，共和主义已经没有用处了，等等。[2]"劳动者实质上推动了一场反劳工的选战，"马萨诸塞的本杰明·富·哈勒特高声宣泄说，"……他们竟然抛弃了他们昔日的总统，难道不正是前任总统……第一个挺身而出，同财富集团对抗，坚决执行了那样一批政策吗？也只有那样的政策才有可能将资本和劳动融合起来，并造就公正的财富分配格局。"[3]俄亥俄的一个政治人物在给范布伦的信中说："我得承认，我这辈子还不曾有过如此不祥的预感，这样的人民还有能力统治自己吗？"[4]

　　此时总统本人深居白宫，一派恬淡安然。他有现成的解释并以此自我安慰，这套解释也成了后来的官方解释：败就败在欺诈和腐败手上。很显然，也只有这样的解释才能在平复这场失败的同时，不用将罪责归在民众身上。"人民的思虑素来是清明且慎重的，"他几年之前曾有言说，"因此是不会出错的，也从来都是有效的。"[5]此时民主党人纷纷开始离开权位，等待着品尝此番安抚格言带来的苦果。

在兴盛期展开合作的人们一旦沦落黑暗岁月，便通常会发生争吵和内斗，会相互指责谩骂。1841年仍然置身华府的民主党人，并没有一个人拥有范布伦或者杰克逊那样的权威，可以保持党内团结。本顿当然有个人力量，但是没有声望；赛拉斯·赖特倒是有声望，但是没有个人力量。这场失败究竟是因为激进主义不够还是因为激进主义太过火了，这个问题成了此时民主党内的轴心话题，并令民主党归于分裂。[6]也就是在这个时候，党内各个集团开始瞄准1844年的选战展开运作，这就令局面更形复杂。

阿莫斯·肯德尔和弗兰克·布莱尔之间发生了一场悲惨的斗争，足以令人们对这场党内分裂局面有所窥测。肯德尔在邮政部部长的位置上表现出色，赢得了普遍赞誉。他重组了混乱不堪的财政体制，提升了邮政效率并拓展了邮政体系的覆盖范围，在付费基础上重整了邮政体系。[7]这的确称得上是出类拔萃的政绩，不过，这也令本来就已经疲惫不堪的肯德尔彻底耗尽了精力。范布伦败选之后，肯德尔在纽约创办了一份报纸，意图借此在身体和经济两方面恢复元气。然而，一桩诉案因他的邮政改革举措而起，将他牵扯进来，赔偿额度有可能达到一万一千美元，同时，法院对他发出了人身限制令，规定他不得离开哥伦比亚特区。（当然，后来最高法院判决肯德尔胜诉，最终由国会赔偿了全部损失。）

此等情况下，肯德尔便失去了一切收入来源，便在华盛顿创办了一份双周刊，名为《肯德尔说》，旨在激发美利坚自由公民反对那些试图"剥夺自由公民之财产或者获取财产之能力"的政策举措，"这样的举措，目的是要令自由公民成为富裕有闲阶层的依附民，这个有闲阶层注定了要攫取一切的政治权力"。[8]此时肯德尔和家人就在肯德尔·格林的那座破落房子里过着极为清贫的日子。每隔两个星期，肯德尔便会在这破房子里面为自己的这份期刊搜刮、填充素材，此时肯德尔已经过早老去了，面色灰败，满是皱纹。偶尔会有一个华彩段落，令人回想起当年那个伟大的阿莫斯·

肯德尔，不过，大部分的时间里，他不过是在重复一八三〇年代的那些老调门，这中间看不到任何的热情。失败前景令他备受折磨，他几乎连房租都付不起，一家人的穿着都成问题，于是便不得不费尽心机，日夜操劳，推出杰克逊将军的传记，意图从杰克逊身上捞一些钱。[9]

肯德尔一直操控着华府的媒体，布莱尔对此一直心怀嫉恨，后来，布莱尔更是被排挤出了《民主评论》。这种情况下，他对肯德尔方面的竞争自然是高兴不起来，无论这竞争态势是何等间接。不过，他后来仍然竭尽所能地在经济上帮助肯德尔，甚至给肯德尔提供了一个共同编辑的职位。但是这个时候的肯德尔已然陷入神经质的焦虑和不安当中，开始在范布伦面前说布莱尔的坏话，并开始秘密运作，打算从政府的新闻和出版资源里面分一杯羹。此等行径显然是忘恩负义，当然也就激怒了布莱尔。1842年12月，两人的争斗终于在愤怒中爆发了。布莱尔及其合作者约翰·C.里夫斯表现得冷静、审慎，甚至有些残忍；肯德尔则愤怒、颤抖，甚至到了歇斯底里的地步。赛拉斯·赖特试图在二人中间有所调解，当然也取得了一定的效果，接下来的几个月时间里，二人的关系归于平静。但是到了1843年12月，二人再度爆发争斗，这次可不仅仅是打嘴仗而已。1845年，威廉·鲁弗斯·埃利奥特，约翰·C.里夫斯的妹夫，将阿莫斯·肯德尔的儿子威廉·肯德尔杀害，二人的关系便再也没有机会缓和下来了。[10]

肯德尔就是在这个时候开启了一份新的事业。在一年之内，《肯德尔说》的订户数量便从最初的一万一千人锐减到一千六百人，很显然，这是一场失败，1844年，肯德尔将这份期刊卖给了西奥菲勒斯·菲斯克。肯德尔自己则改行当起了职业游说人，他既有的影响力和关系网，很适合干这个。

在担任邮政部部长的时候，肯德尔见证过塞缪尔·芬·布·摩尔斯于1838年2月在范布伦内阁进行的一次技术演示，那是一种被称为"电报"的新发明。不管怎么说，1838年3月号的《民主评论》刊文说，肯德尔"很久之前就已经预言说，以无线电方式发送信息，这肯定是未来的走向，这种通信手段能够即时传送信息……肯德尔显然强烈认为，政府应当接纳并推动此一工程"。[11]此时摩尔斯仍然在华府盘桓，希望能等到政府的资金支持，于是便指定肯德尔为自己的游说人员，并于1845年让肯德尔担任自己的全权商业代理人。肯德尔也当仁不让地将自己的全部行政才干投入电报业这一私人渔利事业当中。于是，我们便见证了一八三〇年代的那个伟大激进主义者摇身一变成了一八五〇年代的大资本家。旧日的政治积怨随风消散，旧日的怨恨故事也不见踪影了。当肯德尔于1860年随同一笔巨大财富一起退隐的时候，他已经是颇有长者风范的老人了，头发已然雪白，面容和善且正气十足，此时这个老人已经过着优裕富足的生活，众乡里都知道他的虔诚和仁慈。[12]白宫的那段古老岁月——在雷切尔的画作下，他跟杰克逊一起起草政令，壁炉里的木柴吱吱作响，托尼在房间里来回踱步，显然正在紧张构思银行否决案——那段岁月真的已经远去了。

2

威廉·亨利·哈里森获选成为总统，不过各方也只是把他当作傀儡，克莱、韦伯斯特，毫无疑问还有其他人，都盘算着如何操控这个傀儡。哈里森早早谢世，令弗吉尼亚的约翰·泰勒得到入主白宫的机会，泰勒可是再典型不过的弗吉尼亚州权派。泰勒原本接受的教育和训练令他加入了辉格党的阵营，目的是对行政专制主义展开攻击，因此，他不会支持辉格党纲领中更具进攻性的联邦主义规划。他上任之后便开始着手撤销独立财政计划。当亨利·克莱推出一项新的银行特许状之时，泰勒便果断动用了总统否决权。

到了1842年，合众国银行计划便差不多已经没什么吸引力了，顶多也只是个别失魂落魄的极端保守分子心有不甘。克莱的复兴计划遭到了内森·阿普尔顿和阿尔伯特·加勒廷的攻击，同时也令大多数保守派对跟比德尔模式有关的复兴计划都持反对态度，当然，阿普尔顿和加勒廷的攻击是有节制的。韦伯斯特（此时，距离他重续合众国银行的聘期已经过去很多年了）也颇为冷淡地评论说，基于私人认购体制的银行观念"已经过时了"。即便是《基督教考察者报》，作为波士顿素受尊崇的报刊，也不免刊载了一篇文章，重申并强力支持了杰克逊派早先提起的那些指控。[13]

曾遭遇犯罪指控的比德尔，此时已然是风雨飘摇。他曾是这座城市的焦点人物，是众人心目中的英雄，而今算是跌落凡间了，这样的境遇当然不利于重启特许状的行动。律师们还是依托法律技术上的漏洞，令他获得释放，不过，他也已经变成了落汤鸡。"反比德尔的情绪现在已经是非常强烈了，"费尼莫尔·库珀满心愉悦地报告说，"就如同先前亲比德尔的情绪一样强烈。"[14]1843年的《辉格党年鉴》更是干脆将"尼克"。比德尔称为流氓恶棍，并宣示说，"他的银行"实在是"腐败透顶"。当比德尔于1844年谢世之时，威廉·卡伦·布赖恩特写道，末日"最终还是降临他的乡居之所，他在那里度过了生命最后这段还算体面的退隐生活，倘若正义也降临在他身上，他本来应当在劳教所度过风烛残年的"。[15]

此时克莱及其追随者仍然惦记着联邦主义梦想，泰勒则已然相当果决地依托总统否决权以及诸如凯莱布·库辛、亨利·亚·怀斯这样的辉格党自由派和戴维·亨肖以及罗伯特·约·沃克这样的民主党保守派或者说是温和派，建立起一支政治近卫军团，当然，还有诸如纳·皮·塔尔梅奇和威廉·卡贝尔·里夫斯这样的无党派人士加盟。一边是克莱为首的极为倨傲的保守集团，另一边是范布伦引领的罗克福克激进主义，泰勒在二者中间维持了一条中间路线，他希望借此为自己创建一个相当强劲的中间集团。他作为总统的权力当然能够为他赢得一个小小的追随者集团，但是他作为政治领袖的政治声望则只能说是聊胜于无，是不可能为他赢得任何人的追随的。此时的辉格党人，即便是其中的自由派，也都更倾向于克莱。此时的民主党人，即便是其中的保守派，则都更倾向于范布伦或者卡尔霍恩。泰勒就这么平静地在中间路线上游荡着，盘桓着———个有政策但没有政党的总统。

泰勒的一系列否决权行动令亨利·克莱最终认定，这届政府已经是无可救药了，遂向参议院发表了辞职演说，辞去了自己的议席并就此返回阿什兰，在那里静心等待 1844 年大选的到来。他当然希望借助此次大选挣顺自己的政治生涯，同时也希望登临总统大位。在亨利·克莱宣布离开参议院并表达对政治升迁的漠然态度以及对退隐生活的热烈渴念之后，赛拉斯·赖特品评说，"反正我是感觉，他此时的情感是非常沉重的，我能觉察出他内心的真正恐惧，也许他已经意识到，上帝已经决定满足他的这个心愿了，即便他改变想法，上帝也不会改变自己的意志了。"[16]

3

肯德胡克的榆树正优雅地向着天空舒展自己的身形，马丁·范布伦，此时已经是风烛残年，他很是悠闲地在林登沃尔德新家的宽阔草坪上散步。早在 1797 年，彼得·范·内斯就已经在哈得孙河谷建造了这座巨大的砖石建筑，效仿乔治三世时期的殖民地风格。还是个孩子的时候，置身肯德胡克的范布伦对这座范·内斯庄园充满敬畏。而今，他则开始改进这座古老庄园，并已经不再依从古老的殖民地风格，而是依从当时欧洲的那种闲适品味；他对林登沃尔德的此番改造被视为外来文化冲击本土建筑风格的早期作品之一。房屋的内饰都依照哥特式风格实施了重塑。阁楼上开出了一系列屋顶窗，将原本枯燥无味的屋顶也装点起来，屋檐处补充了各种华彩装饰。后院的四层塔楼充溢着意大利风格，一条厚重的连拱廊将那庄严典雅的正门遮掩起来。[17]

不过，这里的社交氛围愉悦且平实。这位前总统会在早上骑马走上一圈，做些农活。房间里面悬挂着杰斐逊和杰克逊的画像，晚宴之时，这位前总统会呼朋唤友，聚集在画像下面，边吃边聊，甚是愉悦。1842年，范布伦进行了一场长途旅行，穿越南方，在赫米蒂奇拜望了"老山胡桃树"，在阿什兰拜望了亨利·克莱，重新回味了那段峥嵘岁月，并据此重续了二人的友谊。他偶尔还会发布一些公开信，以便让自己的政治观念与时俱进。1844年，当大选来临的时候，几乎所有的人都预期他会再度出任民主党候选人。（当然，这里只是说"差不多所有的人"，毕竟，约翰·考·卡尔霍恩、卡斯将军、约翰逊上校、宾夕法尼亚的詹姆斯·布坎南，以及他们的追随者和政治仆从，是不希望范布伦重出江湖的。）

作为政党首领，范布伦当然要超脱诸般党内争斗之上，保持一种很是微妙的中立姿态。罗克福克党人和保守集团之间的争斗、挺泰勒派和倒泰勒派之间的斗争、北方派和南方派之间的斗争，已然是激流涌动了，范布伦并没有介入其中。然而，从纽约本城的情况就不难见出，民主党已经开始陷入重大分裂格局了，此等情形之下，范布伦自然也不可能长时间拖延下去，总是要表态的。

在州一级的金融政策问题上，民主党的大分裂初现轮廓。德·威特·克灵顿推动的运河体系早期带来了高额盈利，这也相应地推动了1827年的立法，据这项法令，州政府放弃直接税，将运河收益带来的财政盈余释放出来，以满足资金需求。但是这项政策很快便令州财政吃紧，1835年，身为州长的威廉·勒·马西以及身为税务稽查员的阿·卡·弗拉格宣布，要么恢复直接税，要么就只能陷入债务泥潭。二人同时也宣布支持恢复直接税。1827年，赛拉斯·赖特为新运河工程确立了严格标准，意图借此限制运河体系的肆意扩张，由此也就在民主党内催生了又一轮的争斗。

在此一时期，党内保守集团日益倾向辉格党的债务政策，让州财政为运河体系的扩张兜底。杰克逊派围绕银行问题和公司问题展开的斗争加深了党内两个集团的敌对态势。保守派支持将1837年中止兑换行动合法化的提案，同时更支持撤销小额钞票法令，这就进一步在两个集团之间打下了楔子。独立财政计划最终则令众多保守派叛离范布伦，投奔纳·皮·塔尔梅奇。

也就是在这个时候，辉格党开始执掌纽约州的大权；在民主党保守集团的襄助之下，苏厄德放手推进野心勃勃的运河扩张计划。到了1842年，州债务直接翻了二点二五倍，州信贷额度则跌落得很惨，公众舆论很快便开始在激进派身后集结起来，要求压缩债务，限制运河体系扩张。迈克尔·霍夫曼随即提起"停工—征税"法案，此一提案要求即刻叫停所有并非绝对必要的运河工程，并要求开征直接税，虽然税负并不重。此一提案在一番激烈争论之后获得通过。不过，1842年10月该州的民主党集会因为这个问题发生了严重分裂。结果是保守集团提供了候选名单，激进派则负责制定竞选纲领，此一联合局面令民主党斩获了一场大胜。[18]

纽约民主党的保守集团常常会被称为"守旧派"，这主要是因为大家都知道他们无时无刻不在渴望职位。他们推出的州长威廉·克鲍克并没有什么才能，也没什么分量，不过，他们还是拥有一批很是能干的领袖人物，特别是埃德温·克罗斯韦尔，此时仍然在主持《奥尔巴尼阿尔戈斯报》，还有丹尼尔·史·狄金森以及一个名叫霍拉肖·西摩（吉迪恩·韦尔斯在多年之后，才找到贴切字眼来评说西摩，说此人"是马西的门徒而非赛拉斯·赖特的门徒，这两派当然是有差异的，纽约人都知道这差异是什么"）的崭露头角的年轻人。[19]此时马西本人仍然深藏不露，一副浓眉将他的态度遮蔽起来，给人以高深莫测之感。他在独立财政计划上的行径已然揭示出他对激进政策的不安,不过同时也足以表明,他并不愿意据此脱离范布伦的运势。

激进派在纽约的政坛切口当中当然也有自己的位置,人们通常称之为"烧仓派",意思是放火烧仓、以便杀死老鼠的农夫。激进派的喉舌阵地有《奥尔巴尼阿特拉斯报》《纽约晚报》和《纽约平民报》。《纽约平民报》是《新时代》的活生生的继承者,颇为辛辣且离经叛道,该报的编辑是极为贪财的利瓦伊·D.斯兰姆,曾是工会主义者和罗克福克党人,此人在那个时代人们的眼中,恐怕是最令人憎恶的家伙。"烧仓派"的领袖人物主要还是老奥尔巴尼摄政团的那些激进派,比如弗拉格、约翰·迪克斯、塞缪尔·扬上校、普雷斯顿·金、赛拉斯·赖特、本杰明·富·巴特勒、布赖恩特、戴维·达德利·菲尔德,等等。迈克尔·霍夫曼是这个集团在议会的领袖,他在银行战争期间一直在国会效力。到了这个时候,霍夫曼已经过了中年,一头铁灰色的头发兀自垂在肩膀之上,衣着是混搭风格,很是朴素,一副农民气质,作为演说人或者发言人,他的效能是很高的,通常是老奥尔巴尼摄政团的那种沉静且讲求逻辑的风格,不过,他也有能力运用一些机智之语作为点缀(比如说,在克莱同泰勒之间的嫌隙分裂了辉格党的时候,他评论说:"一个人活得比自己的党还长,这实在是不幸。克莱先生把本该自己服下去的毒药给了别人用,说起来也不是什么大错,就像我的一个客户,他切断了自己老婆的喉咙而非自己的喉咙,在获罪之后便吊死自己,借此来弥补错误;克莱先生很可能就是在效仿我的这个客户。")。[20]霍夫曼是个教条主义的硬通货派;即便硬通货派已然开始变得遍体鳞伤,他仍然秉持那炽烈的观点,并为之论证、申诉、乞求、逼迫,力图让自己的党支持自己的政策。[21]

不过,真要说起来,"烧仓派"真正的希望之星是此时尚且年轻的约翰·范布伦,前总统的儿子,极具才干。1842 年,约翰·

范布伦三十二岁，可谓前途无量，不但能力出众且魅力十足。他毕业于耶鲁，在贵族的悠闲时光中度过了自己的大学生涯。关于他在大学的生活，父亲得到的消息基本上就是，"吃喝、穿着是最重要的事情，正经事一点不干"，这就令当父亲的颇为担忧。[22]不过，当父亲的跟其他人也一样，都拿约翰没有办法，毕业后，约翰就作为外交随行人员陪同父亲一起前往伦敦。他在伦敦的一系列行迹，比如跟维多利亚公主共舞，等等，令辉格党媒体将"约翰王子"这个讽刺性名号加在他头上。回国之后，他表现得相当强悍，言谈中的讥诮闪烁不断，这也就令他的民主党追随者开始从正面看待这个名号了。

约翰·范布伦很高，很瘦，棱角分明，很是迷人，言谈举止很是率直，差不多可以说是无所顾忌，蓝色眼睛不时闪着光芒，常常妙语连珠。他拥有极强的灵变能力，可以从容应付各色人物和各种场合。波士顿的那些僵硬的老派人物也都对他甚是着迷，查尔斯·萨姆纳承认，"我很迷他"，即便很是势利的理查德·亨利·达纳也承认，"他相当迷人"，这样一个人物，自然能够同包厘大街上的底层民众轻松打成一片。[23]上流社会的耀眼人物，纽约酒吧里社会底层人群的英雄——显然，他是那种在任何地方都可能找到并维持自己身份认同的人。

在人群面前，他表现得冷静且自持，说话风格甚是随意，音调很高，音色显然有所讲究，很少动用肢体语言，也很少有亢奋之态。他的论辩很有力量，也很有策略，不过，他真正的力量在于他那冷漠且随意的机智。他将漫不经心的姿态发挥到了极致，尖刻的评说同这种态度完美地融为一体，将无情的嘲讽砸向对手，如同利箭一般。面对群众之时，他从来都是以率真态度示人，因此也就能够游刃有余地让人群发出笑声，也可以在情绪上来的时候，感染得人群也禁不住地义愤填膺起来。应该说，他是那个时候最出色的民众演说家了。

当然，有好的一面也就会有坏的一面。"在这个国家，我就不曾见过有第二个人会像他那样，"有人评论说，"如此浪费机会，如此挥霍天分。"[24]1842年，尚且还没有人能预知他的命运，不过很多人都已经感受到他身上的那种道德上的怠惰。"他是如此坦率，如此慷慨，如此有天分，他就是人民想着要予以荣崇的那个人，"当时有人告诫说，"但他绝无可能像亚西比德那样，在毁了神像之后，还指望人们会原谅他的离经叛道之举。"[25]乍一看，他似乎是将马丁·范布伦身上的一切缺陷都给弥补起来了；不过，若是再往深里看一层，就不难发觉，他并不具备父亲那样的坚韧和意志。"他只需要具备他父亲的庄重文雅以及内在尊严感……就足以成为十九世纪美利坚最具效能、最受尊崇也最为出色的人物之一了。"[26]然而，内在尊严只能是大格局、大志气化育而出的。说到底，我们的"约翰王子"有着哈尔王子的一切品质，唯独缺了成为亨利五世的能力。[27]

家族忠诚，还有自身的政治取向，都令我们的前总统倾向于"烧仓派"；在国家政治舞台上也是如此，他虽然尽可能地回避有可能疏远保守集团的举措，但他很注意维持同本顿、布莱尔、赛拉斯·赖特这类人物的密切私交。这个集团则对范布伦也是相当忠诚，这倒不仅是因为共同的杰克逊经验，也是因为这种深刻的私人交情。布莱尔常常会写一些冗长、琐碎又非常潦草的信件给他，跟他讲述华盛顿的生平往事，借此鼓励他、开导他，本顿和赖特更是没有任何私心杂念的人，二人都热切期盼范布伦在1844年的时候重出江湖。

不久，很多个州的老罗克福克党人都开始在本顿—布莱尔—"烧仓派"阵线上集结起来，支持范布伦参加1844年的大选。比如说在马萨诸塞州，乔治·班克罗夫特、小塞缪尔·克·艾伦和马库斯·莫顿就已经在引领范布伦军团，试图重新举起旧日的反垄断大旗。在康涅狄格州，虽然约翰·米·奈尔斯因为神经衰弱恶化成严重的抑郁症而失去政治能力，但吉迪恩·韦尔斯则一直在不懈地维持着范布伦精神的生命力。在美利坚大地之上，忠实的罗克福克党人、硬通货派以及最为激进的杰克逊主义者都希望马丁·范布伦于1844年重出江湖，以民主党候选人身份介入大选。

三十一　少数派与多数派

托马斯·杰斐逊在第一次就职演说之时列举了"政府的根本原则"，他利用这个机会确证了他所谓的那个"共和国的重大原则"，也就是"绝对服从多数意志"。不过，他同时也列举了一系列的"根本原则"，这些原则本质上说都是例外于这个"共和国的重大原则"的。实际上，这些所谓的"根本原则"就是一份权利清单，这些权利都是多数派绝对不能触碰的，否则很可能会毁灭这些权利，这应当就是杰斐逊担心的。在同一场就职演说中，杰斐逊更明确宣示，尽管多数意志"在任何情况下"都应当占据主导地位，但是，多数意志"必须是合理的，否则就不会有正确性可言"。"少数派也拥有同等的权利……若侵害这些权利，就是压迫。"[1]

1

此时民主派政治集团已经从一系列的挫折中汲取了不少的经验，也已经从1840年的挫败中恢复了元气，与此同时，他们并未对民治政府生出太多的疑虑。"人民的思虑都是清平且审慎的，不会出错，从来都有效。"不过，对很多教条派的民主党成员来说，

1840年发生的事情并不仅仅是一场选战的失败，更是一场灾难，这场灾难触碰到了民主理论的根基。奥雷斯蒂斯·奥·布朗森是极端讲求逻辑之人，在他看来，1840年的失败本质上就是人民抛弃了他们的领袖，仅仅为了换取一首听起来顺耳的歌谣、一桶苹果酒和一个老迈不堪的战争英雄；所以，对他来说，结论是无可避免的：自己对民主的理解也许出了大错。"到了这样一个时候，我们必须回归最初的原则，也就是第一原则，重新开始，"他在这一年的12月份写道，"当我们回来的时候，我们将带着真正有价值的东西回归。"[2]

那么，这所谓的"最初原则"是什么呢？面对这样的问题，布朗森不免思忖起1840年的那场选战，当然也就无可避免地关切了这样一个相当可怕的事实：人民已经沦落敌人手中，被那些人玩弄在股掌之间。倘若人民如此轻易地就沦为煽动家们的猎物，那将何以指望他们会是真理和正义永无谬误的存储之所呢？倘若人民的品性就是如此善变、反复无常，那么自由和善好的政府岂不是需要较之自由选举、民众德性和民众头脑更为可靠的保障吗？

此番思忖之下，布朗森的思想根据显然是遭遇了一场震荡和摇撼，他也开始据此重塑自己的观念和建议。于是，他平生第一次捧读了亚里士多德《政治学》，同时也浏览了另外一批政治思想家的作品。此时布朗森特别关注自己的朋友约翰·考·卡尔霍恩的举动，卡尔霍恩可算是当日美利坚仅有的哲学化的政治家了。很显然，倘若个人真的如同杰斐逊主义者或者超验论者认定的那样，天生就是善的，那么政府统治越少也就越好。在这样的情况下，倘若政府是无可避免的，那么多数派，更确切地说，就是善好之人集结起来的多数派，也就当然是可以信靠的，可以担当起全部的统治权能。但是，倘若个人并非那么完善，如同卡尔霍恩、亚里士多德（更不用说加尔文了）认定的那样，那么政府本身也就成了正面的善，成了必要之物，据此约束并引领人们的激情。此等情形之下，多数派则纯粹成了并非完善之人组成的群体,因此也就只能据有力量而非智慧上的主导地位。事实上,经验——特别是1840年的经验已然足以表明,从长远来看,所谓的数量多数从来都是听从强大经济集团的摆布的,后者从来都能够借助数量多数的力量来压服弱者的经济诉求并据此建立自身的霸权。

政府若是植根于数量多数之神圣性原则,也就必然内在地以绝对政府为取向,原因很简单,数量多数有力量摧毁少数派的一切权利,也有力量撤除对自身权威的一切限制和拘束。"攫夺多数的政府,"如同卡尔霍恩在1833年说的那样,"非但不会是人民的政府,反而更有可能沦为强权集团的政府;倘若不施加有效约束,势必会成为人类制度当中最具暴政性质的,也是最具压迫性的……无论哪个利益集团掌控了政府,本性使然,都将以权力为取向,都将阻击宪法施加的一切限制,都将竭尽所能地取消此类限制。"[3]因此,数量多数原则,在面对经济强权集团之时,根本不足以提供有效抵抗或者约束。

那么,该如何有效约束多数派,令其无法清除宪法限制呢?或者说,该如何有效约束经济霸权集团对弱势群体的权能呢?"维持宪法之于立法多数派的主导权能,"卡尔霍恩回答说,"乃是重中之重。"[4]但是,严格的宪法解释就能够维持宪法的主导权能吗?"所有人都应当支持严格的宪法解释,"卡尔霍恩以轻蔑态度宣示说。但凡少数派都会坚持严格的宪法解释,据此对抗执掌政权的党派。[5]"补救办法还是有的",不过,"只有一个",那就是社会组织进程要以利益集团而非个体为参照基点。要做到这一点,唯一的办法就是"给予各个集团或者群体以自我保护的权利"。[6]

在卡尔霍恩的政治感受当中,数量多数体制的基础在于对现代国家的误解。"昔日里,社会组织进程的基本取向是个体自立自足,并为此将个体权利配备给个体,"这是弗朗西斯·威·皮肯斯所作的宣示,也就是以这样的宣示为参照,卡尔霍恩的原则便一下子无比清晰地呈现出来。"……但是，现代社会的组织取向是全然相反的。确切地说，现代社会的组织取向是集体化、集中化，人们以群体和利益为轴心集结起来，采取集体行动，并借此将个体的能量统一起来，真正的争斗是在群体之间展开的。"[7]如此一来，社会的基础单位便不再是个体，而是利益集团了。

那么，怎样的机制才能保证每个利益集团都拥有自身的"自我保护权"呢？在卡尔霍恩看来，州就是行之有效的经济利益表达单位，他给出的解决办法也一直都是以州权为参考系的。第一项原则就是否决权。尽管这一点在理论上是说得通的，不过，在杰克逊的成功运作之下，若是反复尝试以州权为基础的否决权，就定然会被视为叛乱。1837年在同詹姆斯·布坎南的那场激烈交锋中，卡尔霍恩呈现了另一种政治前景。在这场论辩中，卡尔霍恩对布坎南的观点做了曲解，并据此认定，布坎南奉行的原则是："纯粹数量多数的意志是至高无上的，可以压倒法律和宪法的权威……在我看来，这意思就等于是说，纯粹数量多数可以随意摧毁各州的宪法和政府，布坎南先生显然认为这才是民主之真义所在。"与之针锋相对，卡尔霍恩宣示说，南卡罗来纳宪法所尊崇的就是"本州的真正利益，说白了，就是在政治事务当中，让各个群体都拥有各自发声的机会和权利"。卡尔霍恩还以强烈口吻补充说："且让我告诉我们的这位参议员先生，跟那种全然依从数量多数原则的政府相比，这样的政府才是真正的民治政府……这样的政府才真正代表了这个州的各种集体利益，也因此才能够成为真正的人民的政府，而不是纯粹数量多数原则之下的政府或者主导利益集团的政府。"[8]

卡尔霍恩明确申述说，南卡罗来纳应当成为整个美利坚的典范。问题是，如何在联邦政治层面上保障各种集团利益的有效参与呢？卡尔霍恩在这个问题上贡献了自己的主要智识思考，他身后发布的名作《论政府》则是他给出的最终方案。"只有一个办法能做到这一点，"卡尔霍恩给出了自己的答案，"那就是建立一种组织机制，令被统治者可以有效且成功地抵抗统治者的压迫和滥权倾向。唯有权力才能对抗权力。"那么，这又是怎样的组织机制呢？那就是让各州（也就是各个利益集团）在立法过程当中拥有复合权能，并在法律推行过程中拥有否决权。如此一来，各集团的利益都能够得到保护，因为唯有在取得全体同意的情况下，政府才有可能真正采取行动。绝对民主体制内在的经济暴政倾向，由此也就遭遇了"复合多数"制度的有效抵抗。[9]

不过，复合多数的统治模式尚且是遥远未来的事情。也只有到了这种制度真正建立起来的那一天，人们才可以指靠这套制度。在此之前的漫长岁月里，宪法机制若要获得切实保障，就只能靠蓄奴阶层的力量来作为壁垒，来对抗多数民主的压迫取向，"这多数民主，若不加以削弱，终将是要压迫贫苦下层群体的"。[10]（在卡尔霍恩这里，多数民主机制俨然成了资本主义的工具，他时常会将二者等同并交换使用这两个语词。）这恰恰就是卡尔霍恩关切的重心所在。"人民并不理解自由，也不理解多数，"他常常抱怨说，"多数的意志就是无知民众的意志。进步主义民主跟自由是无法兼容的。"[11]倘若自由的命脉所系就在于宪法的至高权能，那么唯一一个尚且对宪法至高权能有所关切的集团，就是南方的种植园主。

就如同一切有分量的政治理论一样，卡尔霍恩的这套政治理论也是用来保护一个特定集团的利益的。高关税和废奴主义潮流令此时的南卡罗来纳惊惧不已，卡尔霍恩正是在这样的时局中锻造出一套普遍化的原则，在这堵原则大墙的后面，蓄奴集团可以安全潜伏。不过话又说回来，卡尔霍恩锻造出的这份智识成就也极为明晰诚实，同时具备极强的现实主义特质。说到底，他的这套理论跟律师们的诡计可不是一回事情，虽然这套理论也是为了捍卫奴隶制的利益，却是现代社会的一份极为出色且也极具锐见的研究，那里面的洞见对一切少数派都有着重大意义。

布朗森一度自认是民众多数派的一员，并毫无保留地投身民主原则。然而，1840年的事情已然让他明白，多数派并不是稳定的，也不一定是有责任担当的。他在1842年评论说："经验证明，选举权越是扩张，影响力越是提升，财富或者说是商业集团的胜算就越是大。"[12]相形之下，那些真心要解放劳动者的人，反而成了少数派，卡尔霍恩的理论则也足以演证出，多数原则不仅对多数派本身有致命危害，对卡尔霍恩所属的少数派以及一切的少数派也都有致命威胁。由此可见，北方的工人阶级在联邦政府问题上，应该说是跟南方共享同一份纲领的。布朗森也承认，这样的联盟"是民主派和反民主派之间的一个联盟"，不过，这倒不是问题的关键。"有一点是可以肯定的，联邦权能的增长阻碍了民主的发育。联邦政府的行动，一旦越过宪法界线，通常都是以劳动为代价来襄助商业，通常都要令资本家受益而令劳工受损。由此也就不难见出，一切的民主人士都应当成为宪法主义者。"[13]

就这样，辉格党采纳了民主党昔日里有关多数派之德性的主张，借此推进自己的经济纲领，在这个过程中，布朗森则沿着卡尔霍恩的道路越走越远。1841年10月，他为乔治·班克罗夫特《历史》一书新推出的一卷撰写评论，在评论中他明确警告信奉多数派原则的民主党人说，"没有制衡的绝对民主，若是没了人民的德性和智虑"，结果就只能是商业集团的霸权。确立一套"严格的宪法性秩序"，看来是劳动的唯一保障，这一点较之以往任何时候都更清楚、更迫切了。[14]

对于布朗森在思想上的此番进展，卡尔霍恩点头称许。他在评说班克罗夫特这卷作品的时候宣示说，"文中的所有观点和情感，我都是完全赞同的"。至于布朗森，卡尔霍恩则评述说，为人民服务的同时，坚决否决人民的德性和智虑，这中间并没有什么矛盾。"我所理解和接纳的民主，"他宣称，"乃要求我为了民众牺牲自己，而不是向着民主牺牲自己。倘若你有意拯救民众，通常情况下都必须先反对民众才行，这一点想必天下人都知道了吧？"[15]

2

　　此时的民主党,作为劳工阶级的政党,开始陷入分裂。劳工的支持者集团,诸如班克罗夫特和范布伦这样的人都认为,"人民"尽管在1840年的选战中遭到误导,但从根本上讲还是清醒且讲理的,大多数时间里还是可以倚重"人民"来支撑民主政策的。换言之,人民偶尔会有犯错的时候,但人民的审慎思虑可以弥补这些错误。不过,另外一些人,诸如布朗森这样的,此时则开始认为"人民"不过是无知民众,在声势如潮的歌谣声中,在规模庞大的火炬游行当中,往往会迷失方向,投奔敌营。因此他们相信,民主的真正支持者只能是一个很小的集团,这个集团经常要采取反人民的行动来拯救人民。

　　信奉多数原则的民主党人集结在范布伦身边,支持他作为民主党候选人参与1844年的大选。信奉少数原则的民主党人则接纳了同南方结盟的逻辑,将政治眼光投向卡尔霍恩。对此时的大多数民主党人来说,少数派和多数派之间的争端,既以如此抽象的形式呈现出来,也就没有非常切身的意义。不久,一批反范布伦政客加入了这个教条派小集团,比如费尔南多·伍德、本·富·哈勒特和艾萨克·希尔等人,这批政客,倘若说有什么信念的话,也只能说是多数主义。不过,1842年,这股卡尔霍恩热潮在北方的初次涌动导源于一批自封的所谓受困民众的支持者。

　　这场很是怪异的亲劳工运动是在双重悖论基础之上铺展开来的:其一,人民的安全要求限制人民的权力;其二,若要拯救劳工,就必须让奴隶制获胜。这股潮流的策动者大多是昔日罗克福克党中"残余"势力的老兵,这个集团甚至在独立财政咨文发布之后,也仍然拒绝重归民主党。他们跟范布伦从未真正和解过,因此也就没有忠诚义务可言；他们对1840年选战的看法跟布朗森基本上是一个套路，因此也同样地将南方视为反商业霸权的堡垒。卡尔霍恩在此时抛出的纲领当然也是打算将这批人争取过来："自由贸易—低关税—不要债务体系—不沾染银行—经济节约—严格尊奉宪法。"[16]

这场卡尔霍恩热潮的领袖人物是菲茨威廉·彼得萨尔，历史学家，罗克福克党前任党务秘书，多年来，他一直是南方事业的热忱捍卫者。（直到1847年，他依然写道："任何制度都不曾像我们所谓的南方奴隶制那样遭受如此不公的攻击和谩骂。"[17]）1842年，他创建了一个名为"自由贸易协会"的组织，为这场卡尔霍恩运动打掩护。劳工运动领袖约翰·康默福德担任这个协会的主席，罗克福克党人的另外一批创始人，诸如约翰·温特、约翰和艾萨克·赫克以及斯蒂芬·哈斯布鲁克等人，在这里面都扮演了重要角色。乔治·亨·埃文斯从泽西岛返回后也加盟其中。[18]一度被人怀疑从事奴隶贸易的一名纽约商人约瑟夫·阿·斯科维尔则从旁提供助力，斯科维尔后来成了卡尔霍恩的私人秘书。[19]罗克福克党的另一个创始人利瓦伊·D. 斯兰姆甚至一度向卡尔霍恩秘密保证，《平民报》将成为卡尔霍恩运动的一个喉舌阵地，不过，范布伦集团适时介入，以资金承诺为手段收买了斯兰姆，后者即刻改换了门庭。[20]

纽约之外也有一批人参与进来。1842年，布朗森依循卡尔霍恩的战略路线抛出了一系列报刊评论，还为卡尔霍恩集会撰写演说词，甚至在1843年后期考虑过在纽约编辑并发行一份卡尔霍恩派的报刊。[21]西奥菲勒斯·菲斯克此时正在弗吉尼亚担任一份报纸的编辑，他也以同样的热情为这场卡尔霍恩竞选运动推波助澜。[22]于是，一八三〇年代那批劳工运动的支持者，在1844年纷纷成为卡尔霍恩事业的强力支持者。不过，所有这些才干和热情最终促成的这场运动，最终很自然地因为信息匮乏且不了解世事潮流而归于失败。纽约的卡尔霍恩集团对坦慕尼协会的那场攻袭行动本有可能是一场大胜利，但最终被搞得乱七八糟，若不是其中的一些落败政客于1843年设法投奔卡尔霍恩，北方的这场卡尔霍恩运动也就差不多全军覆没了。

3

卡尔霍恩派左翼领袖人物当中，表现最为华彩者当属爱尔兰出身的底层煽动家迈克·沃尔什。1842年，沃尔什应该是二十五岁或者三十岁（没人知道他的确切出生时间，也没人知道他究竟来自哪里），他集演说才能、组织才能、民主热忱以及暴力于一身，在政治阶梯上一路攀爬而来。他的话风将俚语、尖刻和讽刺融为一体。古铜色的脸庞，冷静且无所畏惧的风格，他就是凭借这些将草根演说挥洒而出，用讥诮和嘲讽令听众迷醉其中。此外，沃尔什其人极为精明且锐利，对对手的弱点有敏锐嗅觉，而他自己的一切作为，则都灌注了对普通民众的真实同情。不过，他完全没有责任意识，经常喝得酩酊大醉，特别热衷于开玩笑，显然是一个根深蒂固的政治反叛者。他是"包厘街爱尔兰男孩"的英雄人物，也是拳击手汤姆·海尔的伟大朋友。就是凭借这一切资质，迈克领导了一个相当暴烈的组织，人称"斯巴达团"，他常常利用这股力量在选举日和政治集会之上发挥出十足的效能。这样的团体组织可以说是迈克为美利坚政治做出的一个重大技术贡献。[23]

迈克几乎是凭借一己之力单挑坦慕尼协会，意图摧毁坦慕尼协会对纽约民主党组织的控制，迈克也由此成为极为突出的政治人物。双方对战之时，大批人群集结在坦慕尼厅，高声呼喊着他的名字，令集会主席不得不召唤他登上讲台。迈克昂首阔步，登上讲台，一双眼睛瞪着听众，满是战斗欲望，下巴向前伸出，同他肆意且率性的风格正相匹配。讲词从他口中喷薄而出，滔滔不绝，偶尔会被听众的仰慕之声打断一下，"继续，迈克！""继续，我的英雄！""骂死他们！"劳工绝对不想"这些娘们代表他们"，迈克高声喊叫着说，"这些娘们，不过是动物和植物之间的中转环节……他们根本不会召唤大家说，'不到天亮，我们誓不回还'，因为他们根本就没有这底气；他们的确不怎么好色，但这是因为他们还没有受精到足够程度，可以让他们挺直腰杆"。（报纸如实刊载了他的此番演说。）这架政党机器总是在背叛劳工阶级，他宣示说："我们取得了无数的政治胜利，可是我们得到了什么？什么都没有，就是换了主人而已！"人民一旦觉醒，就完全有能力推翻这架机器。"我很清楚，我们底层民主党人是有力量的，我们只需要使用这力量就足够了。"[24]

1843年，他创办了一份名为《底层》的周刊，将这场战斗推进下去。他的座右铭是：

光阴荏苒，你们在铁链和黑夜中沉睡，
该醒醒了，男子汉们，该伸张你们的权利了！

沃尔什推出的这份报刊，风格活泼且辛辣，暴躁且强悍，追着上层社会的脚后跟直咬，报刊的编辑将充足的幽默感和十分昂扬的意气灌注其中，由此塑造了这份报刊富有魅力的性格。这份报刊从某种意义上说是依托杰克逊传统创立起来的一份讨伐性报刊，充斥着高贵意味，不过，在另一个意义上也可以说是一份肆无忌惮的、诽谤性的闲话报刊。迈克因诽谤罪在布莱克韦尔岛监狱度过了两段刑期，乔治·威尔克斯，迈克的助手，遂离开《底层》，转而创办一份名叫《警察快报》的报纸。威尔克斯很有才能，却也是一个放纵且无情的恶棍，青楼妓院的常客，还出版了不少的淫秽书刊。1843年，威尔克斯仍然是凯特·里奇莉的情夫，凯特在杜安大街经营一家妓院。[25]有理由认为，威尔克斯是美利坚共产主义最早的同路人之一。

应该说，在沃尔什那极度夸张的外表下面，一股强烈甚至尖锐的社会压迫感在涌动着，翻滚着。"这个世界之上，罪恶和悲惨的巨大且丰沛的源泉，"他高声宣示说，"就是社会的不平等，说白了，诚实、勤劳之人就是因为这样的不平等，纷纷沦为闲散且狡诈的资本家的奴隶。""煽动家们往往会告诉你们说，你们是自由人，"他在政治集会之上经常宣泄说，"他们是骗子；你们实际上就是奴隶……当前这个社会，一个除了自身的劳动之外没有任何生活资源的人，是绝无可能成为自由人的。"[26]乔治·亨·埃文斯曾于1844年在土地改革运动中同迈克有过一段短暂同盟期，对于迈克，他的溢美之词倒是发自内心的：

> 1835年以来，这座城市只有一个人能够敏锐洞察、真心拥抱并热烈倡议那些伟大真理，且献身于传布这些真理，这些真理的目标就是要拯救备受践踏的民众于水深火热之中，这个人就是迈克·沃尔什。当然也会有其他的人具备这其中的部分品性，但唯有他具备全部的这些品性。[27]

出于一些说不清道不明的原因，迈克对范布伦集团甚是憎恶。他曾说本杰明·富·巴特勒是"惺惺作态的伪君子"，声音听起来就像是"饥饿的公牛在尖叫，又像是洗脸盆碎裂"。[28]迈克支持泰勒，因此也就很自然地投奔了卡尔霍恩的阵营，这倒不是因为他在数量多数问题上有任何的信念，而是因为坦慕尼协会是站在范布伦一边的。卡尔霍恩也很有意地培植了同迈克的友好关系，结果也就令迈克对他生出了高度的敬仰。二人的这种同盟关系，充分表明南卡罗来纳方面已然成功地斩获了北方劳工支持者的政治身份。[29]

4

1842年的春天，突然之间，多数派与少数派之间的问题便不再是理论问题了。此时的罗得岛是唯一一个尚且没有完全推行男性普选权的州。1841年,该州仍然奉行1663年的殖民地章程,据此章程,但凡地产额度不足一百三十四美元的人都是没有选举权的。因此,1841年的罗得岛州,超过半数的成年男性没有资格投票,此时,制造业的扩张也正在迅速地降低选民比例。此外,在旧日章程之下,州议会席位的分配格局也是向着古老的村镇倾斜的,这就令迅速成长当中的工业市镇在选举体系中的地位变得非常不利。殖民地时代的这份章程并没有涵括人权法案,更缺乏民治政府所必需的诸般民主保障机制。此等情形激起了重大不满,没有选举权的人群开始要求创制新的宪法,这股潮流越发猛烈起来,人们希望新宪法赋予他们选举权。糟糕的是,殖民地章程并没有提供所需的立宪或者修宪渠道,保守集团也一直都在顽抗当中,坚守自己的垄断特权。

一八三〇年代中期,一个拥有保守主义渊源的年轻人走上舞台,此人名叫托马斯·威尔逊·多尔。多尔是辉格党人,毕业于埃克塞特和哈佛,不过,他的原则意识和责任意识都是非常强烈的,正是在此等意识的催动之下,多尔开始关心并考量如何救治选举体制的这种不平等局面。他在辉格党当然是得不到支持的,遂于1837年加入民主党。1841年改革运动已然演变成周期性的潮流,多尔也就很自然地成为罗得岛州改革运动的领袖人物。

新的改革运动从一开始就抛弃了对既存政府的一切诉求,转而诉求那原初的人民主权原则,毕竟,这原则是美利坚一切政府的基础原则。到了1841年7月,此一战略催生了两场宪法集会:一次是州议会在仓促之间召集起来的,目的是为了平复民愤;另一次则是依托超宪法程序召集起来的,其依据就是人民那基础性的"选区权能"。很快,两部宪法便摆在州政府面前。其中立法会推出的宪法,也就是所谓的"自由人宪法",可以说是一份冥顽不灵的保守文件,只是给出了极为吝啬的让步。比如说,这份文件看似是要给选举权松绑，但只是将一百三十四美元的地产额度替换为五百美元的应税资产额度。更重要的是，该宪法并没有触碰已然非常严重的腐败选区问题。另一部宪法则是"人民宪法"，这部宪法的自由化倾向更为浓重，不仅如此，该宪法显然也更为精细，人们倾注了更多的才干在里面。多尔派动用手中力量，先是挫败了"自由人宪法"，而后便将自己起草的"人民宪法"提交全民裁决，并最终获得批准。的确，"人民宪法"赢得了合法选民的多数票，多尔派据此也就可以宣称，该宪法是获得多数支持的，不仅仅是成年男性居民的多数，也是自由民的多数。

结果便是两套州政府体系并存的局面，一个依托旧日的殖民地章程，另一个则依托"人民宪法"。在1842年最初的几个月间，罗得岛州的局面虽说平静，但已然是暗流涌动。5月3日，多尔作为人民的州长，开始出面组建政府。以殖民地章程为依托的政府遂按照"阿尔及利亚法令"（Algerine law）的严厉惩罚机制，对多尔派领导人实施逮捕。多尔遂逃往华盛顿和纽约，求取外援。华盛顿之行令多尔很是失望，不过，纽约的"烧仓派"给了他热情接待，令他重振信心，决定继续行动下去。《纽约晚报》和《平民报》支持他的斗争，中央公园更是举行了一场大规模集会，以此表示纽约方面对罗得岛民主运动的关切和支持。康布勒朗主持了此次集会，一系列响当当的人物也都出现在请愿名单当中，比如威廉·卡伦·布赖恩特、小西奥多·塞奇威克、约翰·路·奥沙利文、埃利·穆尔、塞缪尔·琼·蒂尔登、约翰·沃思·埃德蒙兹等等。此次集会之上，利瓦伊·D. 斯兰姆傲然宣示说，他已经征调了一艘汽船，准备将一支上千人的战队派往罗得岛，只要联邦政府出手干预这场民主运动。小亚历山大·明更是提出派出自己的一支队伍，武装护送多尔返回普罗维登斯。（面对此番盛情和好意，多尔回答说："请允许我在此表谢，我想说，不久，我就会恳请诸位襄助于我了。"）[30]

5月17日的夜晚，雾霭重重，多尔率领一支两百三十四人的队伍，突袭了普罗维登斯弹药库。塞思·路德作为"组织秘书"与他随行，路德是老牌鼓动家了。据守弹药库的人拒绝投降，多尔遂命令火炮开火。漆黑夜色中的两轮炮击并没有带来任何收获。很快，普罗维登斯各处都响起警钟，街道之上也很快便挤满了张皇失措的人群。东方天色蒙蒙亮之时，多尔带来的人开始返回。到了太阳升起的时候，多尔身边只剩下五十个人了，早饭时分，多尔被告知，自己的政府已经解散了。朋友们都建议他离开。没到九点，多尔便掉头往边界地方行进。

多尔并没有放弃战斗。他说，"我们的斗争是正当的，战场上的失败并不能剥夺我们的权利"。他认为，弹药库前遭遇的惨败是偶然原因所致，当然，自己也的确高估了民众支持度，同时也误将单纯的同情理解成援助的承诺。6月21日，他离开纽约前往康涅狄格的诺威奇，沃尔什率领"斯巴达团"的二十个成员与他同行。抵达罗得岛的切帕奇特的时候，另有一批人赶来会盟，不过，这支力量同样被打散了。到了这个时候，多尔才相信，他的追随者是不愿意借助暴力来支持自己的政府的，遂放弃了这场斗争。

叛乱既然安全了结了，此前一直在惊惧之中不断向泰勒总统发送求援信的旧政府，此时开始放心大胆地采取行动了。政府官员先是取消了多尔推出的"人民宪法"并就此瓦解了多尔引领的这场运动，接着便于6月26日宣布为期六个星期的宵禁，那情形，就仿佛各处角落都暗藏凶险一样。数百人遭到逮捕，更有数百间民房遭到闯入和搜查。6月28日的晚上，军队在波塔基特朝着集会人群开枪，当场射杀了来自马萨诸塞州的一个旁观者。旧政府还发出通缉令，悬赏多尔的人头，并要求邻近各州协助抓捕多尔，邻近各州的辉格党州长纷纷热情接纳了此一要求，民主党人则表示了义愤和拒斥。

1843年，罗得岛州的合法选民票决采纳了一份更为公平一些的新宪法。多尔遂利用这个机会宣布他将在秋季选举结束之后返回罗得岛。10月31日，他在普罗维登斯火车站悄然下车，不过很快便以叛国重罪遭到逮捕。此时，他的很多追随者已经在监牢里度过一段时间了。塞思·路德就经历了几个月的监牢时光，他靠着写诗消磨时间，甚至还尝试在监狱里面放火，试图趁乱逃脱。1844年3月，多尔在纽波特接受了审讯。当时的罗得岛州总共只有一百一十八个陪审员可用，这其中只有三个民主党人；多尔的陪审团是清一色的辉格党人。多尔很快便被定罪，遂判终身监禁并服苦役，同时被否决了重审的可能性。

此番独裁审讯、此等严厉惩罚，加之多尔其人的高贵心性，很快便催生了一场情感逆转。"解放"遂成为此一时期罗得岛的头号政治议题，1845年6月，民主党主导之下的州议会发布法令，将多尔释放，这届州议会实质上就是为此目的而选任出来的。1851年，罗得岛恢复了多尔的民事权利和政治权利，1854年，当年的判决也被撤销了。不过，研究这场多尔叛乱的历史学家也有自己的话要说："任何法令都不足以弥补多尔州长……所受的伤害。"此时的多尔已然是身心俱疲，没有任何精力再斗争下去了，可以说是未老先衰，就在这样的境况下打发余生。1855年，多尔谢世，年仅四十九岁，显然，他是为民治政府而牺牲的。[31]

5

这场多尔叛乱实际上是将诸般"形而上学"问题非常尖锐地摆了出来，令这个国家的政治实用主义者不得不直面这些问题。这些问题实际上已经在卡尔霍恩和布朗森这些人的手里有过深入的演练了。1837年，卡尔霍恩便已经向如下观点发起猛烈攻击："纯粹的数量多数可以任意颠覆某个州的宪法和政府。"在那场著名的论战中，布坎南似乎认为此乃"民主之精髓"。二人的论辩发生之时，这个问题尚且局限在抽象层面上，而且是非常抽象的；而今，这个问题已经实实在在地摆在人们前面了，而且已经成了极具爆炸性的问题。这问题的焦点就在于：多数的这种自行建立政府的绝对权利，是否就是民主之精髓呢？

在这场炽烈的论辩当中，没有任何人质疑人民拥有改变政府的终极权利，并且这种权利还应当是革命权利。双方争执的焦点在于：这样的权利在稳定且和平的社会秩序当中是否也存在。更确切地说，"人民"可否在无需合宪权威同意的情况下自主行动，合法地创制新政府体制呢？还是说，这种权利局限于当前宪法认可的合法选民且局限于当前宪法规定的操作方式呢？

从一开始，此一根本问题就引发了普遍关注。弗朗西斯·韦兰，布朗大学的校长，本人是支持选举权扩张的，他在普罗维登斯弹药库事件爆发几天之后便宣示说，倘若多尔的原则获胜，则这片土地之上的所有宪法都会沦为一纸空文。若如此，"则武力法将很快成为天下间唯一的法律"，毕竟，此等情形若是成真，则各个党派都会宣称自己据有多数，并因此认定自己拥有立法权能，人们又能作何选择呢？此外，多尔主义更威胁到了一切的宪法保障机制。倘若多数不在权位的所谓多数派可以随意摧毁宪法，那么身在权位的多数派要干这样的事情，岂不是再容易不过的事情？"这样的话，一切宪法权利岂不是都消融在强者意志当中了？"[32]

当然，反方提起的申述也得到了普遍讨论，比如约翰·奥·博尔斯就推出了一本很是流行的小册子提出了反方意见。博尔斯是马萨诸塞州民主党的领袖人物，也是约翰·亚·迪克斯的妹夫，这份小册子的主旨就是论定"人民拥有至高权利依据自身的利益去创设、改变或者推翻政府"。[33]不过，这个问题并没有交付民众讨论。罗得岛依据宵禁法令实施的抓捕行动，显然是将该问题呈送法院裁夺了，最终，路德诉博登案上诉到了联邦最高法院。

马丁·路德，鞋匠，"人民宪法"运动之时沃伦市镇集会的组织协调人。他也参与了多尔政府的选举活动。依据阿尔及利亚法令，这些都是可以控罪的。宵禁法宣布之时，他逃离罗得岛。他逃亡期间，以路德·博登为首的九个人闯入路德家中进行搜查。未能抓获路德本人，这些人遂将怒火发泄到路德的母亲、雇工以及家具身上。路德于1843年返回罗得岛，遂遭到逮捕并定罪，最终课以沉重罚金并六个月的监禁。路德遂向联邦巡回法庭提起控诉，指控博登等人的罪行。博登以宵禁法令为依托展开辩护，路德否认了宵禁法的效力，理由是，多尔的政府建立起来之后，旧政府便已经不具备法律效力了。约瑟夫·斯托里，巡回法庭的主审法官，拒绝了路德的此一申诉，路德遂向联邦最高法院提起上诉。

本杰明·富·哈勒特为路德出庭辩护，他将这个枝节蔓生的案子拉回人们都很熟悉的论证轨道之上，他指出，人民有权利在无需革命的情况下重新接掌政府权能。他申述说："人民有权以自己的方式改变、变更或者取缔政府；这权利并非基于纯粹的力量，而是基于人民主权。"[34] 丹尼尔·韦伯斯特则出面为博登辩护，韦伯斯特强调说，必须有"切实的方式来确证人民的意志，否则一切都只能沦为无政府状态。若如此，则所谓的人民的意志将自行消解为强者的法令，这所谓的强者不过是一时之间人数最多的一方罢了"。[35]

托尼则代表了多数派立场，他绕开了旧政府之合法性的问题，理由是联邦法院只能处理这个事实上的州政府及其司法机关的裁决。利瓦伊·伍德伯里是奉波尔克之命进驻此次审讯的，他认同托尼的此番政治推演，不过他不同意就此认可宵禁法令的效力，他的理由是：当时的情形根本不足以证明如此暴烈的举措，毕竟，宵禁法一旦推行起来，一切的宪法保障机制都是要叫停。[36] 1848年的这场审讯并没有带来明确结果，问题本身也开始淡化了。1843年的新宪法实际上已经洗刷了人们的冤屈，多尔所受的伤害也得到了弥补，尽管这样的弥补也只能是尽立法之所能了，此等情形之下，便也没有人觉得有必要继续追究下去、分个你死我活了。

这场多尔战争由此便也归入这样一个案件序列当中。在这类案件当中，法律权利和实质权利分道扬镳，各站一边。大体上可以肯定，始终是有那么一个冥顽不化的少数派决心要将政府操控在自己手中，与此同时，改革派则也基本上耗尽了法律变革的可能性。不过，在推行变革的过程中，多尔很可能是因为对自己的家乡州太过忠诚，因而不愿意承认反叛是仅存的道路了，于是，他征用了主权理论，但事实上，此一理论就是革命"权利"，只不过用一层薄薄的织物掩饰起来而已，这样的"权利"显然不会是社会权利。倘若多尔的原则获得接纳，成为常态的政治程序，那也就基本上没有可能避免韦兰和韦伯斯特呈现的那种灾难性后果了。

不过，有一点也是很清楚的，罗得岛州的困境并不是1842年的法律能够化解的，而且，若是没有这场多尔战争，1843年也就不会诞生那么一部相当有用的新宪法了。[37]事情的终局显然缺失了道德成分，罪责当然要算在保守集团头上，这个集团从头至尾都不曾表现出任何的责任意识。在相当漫长的岁月里，这个集团一直都拒不承认所有人都看在眼里的不公不义现象。1842年，当他们已经明显感受到压力的时候，也只是聊作让步，算是回应，那样的让步当然是不情不愿的，而且也相当愚蠢。危机期间，他们表现得软弱且怯懦，危机过后，他们一下子变得极度严厉。1836年，马里兰也经历了类似的情形，当时该州的民主派掀起一场浪潮，抗议州议会席位分配方面的巨大不公，但是，当时的辉格党州长亲身引领了一场修宪运动作为回应，由此也就避免了暴力，同时也保住了自己的位置。[38]倘若罗得岛的保守集团能够展现出同等的智慧，势必在很久之前就已经能够认清形势，他们是绝无可能将这部来自1663年的章程永远维系下去的。若如此，他们也应当在很久之前就引入新宪法并将改革功劳收入囊中，最终也就能够保证事态不会发展到这样的地步。实际情况却相反，正是他们的愚蠢催生了多尔派的过火行为。当法律道路行不通的时候，历史的压力自然会在法律王国之外铺展力量；这一点，恰恰就是多尔战争提供的教训。

6

这场多尔战争令美利坚严格依照政治路线分裂开来。辉格党方面，即便是诸如霍勒斯·格里利这般坚决捍卫人权的人物，也都高声谴责多尔，民主党方面则围绕选举权事业集结起来。民主党领袖人物，尽管为多尔所受折磨而大声宣泄义愤，并同样地大声谴责殖民地章程体制的不正义，但他们同时也非常小心谨慎，并没有表态支持多尔的理论。乔治·班克罗夫特在向范布伦评说罗得岛叛乱者的时候，显然是一副智者姿态："那里的事情太乱了，根本没有政治家的用武之地。"[39]迈克·沃尔什当然是毫无保留地支持了多尔，一直到1845年6月，沃尔什仍然威胁说，要从自己的"斯巴达团"拨出五百人，从纽约出发，直捣普罗维登斯，"将那里夷为平地，就如同罗马人铲平耶路撒冷一样"。[40]土地改革派也对多尔十分关切，并在整个东部地区策动了一场"多尔解放"运动。沃尔什和土地改革派的这种态度十分令人吃惊，毕竟，多尔主义毫无疑问严重威胁到少数派权利，而这些人的英雄约翰·考·卡尔霍恩则是以炽烈态度捍卫少数派权利的。

作为少数派权利的捍卫者，卡尔霍恩本人对此事的反应是可以预见的，而且也是相当强烈的。迪克逊·霍·刘易斯于1842年5月报告说，卡尔霍恩虽然支持选举权的扩张，不过也认为多尔的这种行径势必会导致多数派主宰宪法。一年后，卡尔霍恩以一封颇为出彩的公开信详尽阐述了自己的总体看法，他在信中宣示说，"倘若承认数量多数有权随意变更或者取消宪法，那将是对宪政民主的致命打击"，如此一来，就等于是将菲尔莫尔交付给君王的神圣权能交给了纯粹的数量多数。[41]罗得岛问题令卡尔霍恩同"烧仓派"发生了尖锐分裂，这场分裂则完全有可能令卡尔霍恩对信奉多数主义原则的民主党人更形戒惧。

多尔战争就这么赤裸裸地将问题摆上了政治舞台，多数派—少数派这个原本幽暗的问题域一下子扩展开来，被抛入激烈论战的旋涡。奥雷斯蒂斯·奥·布朗森此时已然采纳了少数派立场，不过，置身多尔战争引发的情景当中，他也不免感到自己的立场是何等尴尬和反讽。多尔攻袭弹药库之后，据说普罗维登斯的一名老妇人曾喃喃自语说，"是布朗森搅起了全部的这场动荡，他们就是为了执行布朗森的信条"。的确，1840 年，布朗森不仅写就了一系列的煽动性论章，更在 1841 时应多尔之邀，在普罗维登斯选举运动协会发表演说，还专门给多尔写信，表达鼓励和赞许。[42]然而，当此次运动背后的意涵开始真正呈现出来的时候，布朗森改变了想法，1842 年，他在"烧仓派"多数主义集团的喉舌战地《民主评论》上发布了自己的新观点，此时的《民主评论》已经将《波士顿季刊》合并过来了。布朗森也正是因此同《民主评论》的编辑约翰·路·奥沙利文发生了争执。

我们最好先弄明白布朗森究竟是在攻击什么。跟多数主义原则的大多数反对者一样，布朗森也是在扭曲多数原则本身。1840 年的选战令他的政治观念发生了一场决定性的转变，这一点他自己也是有显著感受的；不过，他更早的论章实际上也一直都在告诫人们，正义必须高于多数，而且，他很可能是觉得，大多数的多数主义者都会有类似的保留。

的确，奥沙利文已经在《民主评论》的创刊号上界定了自己在"多数派—少数派之相对权利……这个重大问题"上的立场。他当然支持多数之至高权能原则，不过，他同时也申述说，"一般来说，我们也都对少数派权利秉持强烈的同情态度，并且认为他们的权利饱含了强烈的道义，应当得到多数派的尊重和公平对待"。他接着申述说，少数派权利并不总是能够得到公正认可，这是事实，而且恰恰也是民主论证中极为薄弱的一个环节。"我们应当坦率且公正地直面这个问题。"

奥沙利文接着阐述了他心目中的少数主义原则。他承认政府的目标就是"最大多数人的最大幸福"，不过，他同时也宣示了少数主义的一项信念：尽管这的确应当是政府的目标，但这也绝对不会意味着最大多数人总是能够正确地理解自身的最大幸福。若是面临困难且复杂的问题，财富阶层和受教育阶层若是站在少数派一边，那么无偏见的观察者在决定是否支持纯粹数量多数派的时候，肯定是会犹疑再三的。这的确是少数派立场的通俗申述，不过，这样的通俗说词也足以概括前卡尔霍恩时代的辉格党立场了，很快，卡尔霍恩那敏锐的感受力便将此一通俗立场给深化了。

作为对此等少数派立场的回应，奥沙利文提起了三项论说，这三项论说集结起来，成了对少数派准则的强力批判。首先，同少数比较起来，"通常情况下，多数更有可能"理解普遍利益。其二，少数更有可能剥削多数，而不是相反。"贵族的历史已经强有力地证明了这一点。"无论如何，历史上都不存在所谓的"少数集团之于民众的天然优越性"，倘若消除阶级或者阶层障碍，则智识和才干是完全有可能赢得应有的地位的。

不过，奥沙利文也承认，这些论证仅仅适用于少数原则。"问题的关键仍然没有得到令人满意的解答，多数派和少数派频繁发生冲撞，在这样的情况下"，何以调整二者的关系呢？多数派政府肯定不能提供"完善的保障机制，来对抗数量多数对少数派的滥权和压迫行径"。不过，奥沙利文得出的结论仍然取实用一途，他认为，"通常情况下，多数派滥权的几率要远远低于少数派"。[43]

应该说，奥沙利文的此番论说是相当温和的，而且也合情合理。他并没有诉求诸如"人民不会犯错"这样的神秘论题，而是全然诉求历史证据，并据此对当前形势提供了一项很是务实的阐述，这样的阐述完全没有卡尔霍恩极为戒惧的那种极权意涵，那样的意涵也正是布朗森着力予以攻击的。

不过，布朗森是有一个强敌的，尽管这个人并不是奥沙利文。布朗森的真正敌人是乔治·班克罗夫特。班克罗夫特身上有着浓重的社会超验主义诉求，这也就很自然地导向了一种并非建基于奥沙利文式的实证材料的民主理论，确切地说，班克罗夫特的民主理论是以"民众永不出错"的内在之光为根基的。他宣示说，"倘若理性是人类共有的机能，那么普通民众的抉择就是最切近真理的"。在班克罗夫特看来，多数人的决定绝不是所谓的粗粝且含混的偏好，恰恰相反，那是超灵的声音，是借由人类的集体良知传达出来的超灵的声音，他说，这声音就是"借由人民实施统治的永恒正义"。[44]这样的多数主义信仰蕴含了绝对主义品性，这种类绝对主义品性很显然也意味着民主"是完全拒斥……'革命权利'的"。在这样的情况下，"仍然伸张'革命权利'，"班克罗夫特宣示说，"要么是毫无理由的胡说八道，要么就是在为财富少数派张目，是要给这些少数派颠覆民主制度的权利。"[45]然而，即便是班克罗夫特对于多数派之无谬性的炽烈情感，也纯然是理论性的。在实践当中，班克罗夫特从来都很注意调整自己的这种情感，以适应政策现实，说白了，班克罗夫特并不是那种决绝且非同寻常的多数主义者。说实在的，在这个世界，绝少有谁真的相信民声即天声，特别是当这民声同他们极为珍视的利益或者志趣迎头相撞的时候。

布朗森加盟《民主评论》的时候，奥沙利文已经让这份杂志成为多尔主义的支持者了。于是，在加盟《民主评论》最初的几个月时间里，布朗森也只能是以喃喃自语的姿态申述宪政主义和少数派权利的话语。但是到了1843年4月份，布朗森发表了《民主与自由》一文，公开宣示少数主义准则，并对一切的人民信仰实施嘲讽（"有人说起人民的德性和智慧，简直是满面红光，但这些都是空的骗局"）。据此，布朗森将多尔派视为异端加以攻击，并下结论说，亲劳工派已经分裂为两个集团,"一个是激进派，试图通过毁灭来寻求进步；另一个是保守派，尝试借助现存制度并且在服从现存制度的前提下，寻求进步"。[46]

奥沙利文当然不会允许这样的话语大行其道。"即便说人民在1840年的确出了错，那又能怎样呢？"他很是温和地问询说，"……民主并没有主张说人民不会犯错。"无论是从集体角度看，还是从个体角度看，人民的确经常犯错，"但也不妨将眼光放长远一些，如此将不难见出，民主，以及民主所尊奉的自由以及权利和机会的平等机制，较之任何别的政府形式都要好得多，若是换作其他的政府形式，则只能是少数人劫掠并欺诈多数人，历史从来都证明了这一点。"奥沙利文反复申述如下的主要论题："对人民之'信仰'的一切表达，都是比较而言的，都是相对的。"至于布朗森，奥沙利文则给出了冷冷的评说，他说布朗森这样的人实际上正处在转变当中，年轻自由派很少能避免这样的转变，而且这样的转变也都是天下人都知道的事情，确切地说，年轻人在经历沧海桑田之后，往往都会从年轻的自由派转变成苍老的保守派。[47]

接下来那个月，奥沙利文眼中这个苍老的保守派再度挑起争论。他重申，1840年事件应该让人们不再对世事抱有幻想了，并据此伸张了自己的新观念：金钱总是要主宰民众选举的。他宣示说，在这种情况下，唯一的办法就是要确立"现实的保障机制"，令一切政府都不可能肆意妄为，令任何阶级都不可能肆意劫掠或者压迫其他阶级。政府的目的就是要"令宪法少数派能够有效阻滞多数派，当然不是去宰制多数派，一旦有了这样的保障机制，少数派的权利……就能够得到保障，不受侵害了"。至于具体的操作办法，卡尔霍恩已经在符合多数原则当中予以提点了。奥沙利文则撰写评论予以回击，在这份评论中，奥沙利文坦率认可"少数派权利的神圣性"，不过他同时也指出，卡尔霍恩的体制设想只能是拱卫既存的不平等格局，最终结果就是为少数派集团保证统治权能。

"要消解昔日恶政制造的诸多恶端，是需要政府出来做很多事情的……没有人民，确切地说，没有多数主义原则，这样的事情是根本做不成的。"[48]

奥沙利文是决绝的实用主义者，他关注的是现实且具体的政治问题。布朗森同样是决绝的教条主义者，他关切的是终极的逻辑意涵，他认为这东西要比眼前那些暂时性的问题切实得多。短短几个月时间里，布朗森就深深沉浸到天主教威权主义氛围当中，对平权原则展开谴责，认为那都是有毒的教义，同时也开始祭起有机论的大旗。对此，奥沙利文的反应很是冷淡，他只是说他不能赞同这样的教义，"这一点无需多言"。[49] 1844 年，布朗森离开《民主评论》，两人也都得到了解脱。布朗森创办了《布朗森季刊》，并在这一年年底安然投入了罗马的怀抱。

这场论战就此结束，没有达成任何结论性质的东西；不过，论战本身也的确激发了一些根本性的问题。从中不难见出，倘若在多数派统治权能和少数派权利之间做出任何明白无误的抉择，都很可能会给民治政府带来灾难。杰斐逊在就职演说中所作的双重申述，实际上就已经十分精确地表述了民主的这种本能。说白了，民主是要避开任何法典化的政治主张的。民主注重的是切实的解决办法而非逻辑对抗，在民主实践当中，一切的逻辑对抗都要在一定程度上加以调节并达成协作机制。实际上，民主也因此获得了灵活空间，这样的灵活空间则可以拓展民主机制的政治可能性，也许在哲学之纯洁性方面会有所折损（这可能是教条派备感悲伤的事情。)

杰斐逊在就职演说中的这种模糊态度实际上恰恰成了民主之力量和稳定性的一个源泉。政治环境和人民的情感较之任何的理论程式，都能够更为有效地约束多数暴政以及少数派的顽抗。就跟大多数的重大问题一样，多数派—少数派的问题实际上是不存在理论上的解决办法的。最终，一个老派的弗吉尼亚杰斐逊主义者确立了这个问题上的常识观念，此人是在同卡尔霍恩的一番交流之后，于

1843年阐述了这样的常识观念。"毫无疑问，"威廉·亨·罗恩写道，"他的那些观念都并非正统，而且对美利坚品位来说也太过精细了……我既不能理解也不能赞同他在少数派问题上的所有那些博学话语。他们似乎不太愿意在有可能的时候，以自由、和平且合法的方式自我转化为多数派，尽管他们是完全有这个权利的，因此我就不能理解，他们所说的权利究竟是什么东西。"[50]

三十二　风起云涌

一八三〇年代的政治斗争毫无疑问是围绕银行和货币问题展开的。在这个十年的斗争中，总体来说，民主党占据胜势。杰克逊一手摧毁了合众国银行，范布伦则终结了银行系统可以自由使用政府储备金的权利，杰克逊更驯服了很多州银行的政治野心。尽管1840年之后是有可能撤销独立财政计划的，不过，若要重启特许状，创建一家新的合众国银行，则已然是不可能的事情了。银行集团的利益暂时得到了遏制，银行问题就此退场，但一个新问题也随之来到舞台中央。

1

关税问题在1833年已然得到了广泛讨论，那场论战曾唤起克莱和卡尔霍恩的炽烈激情，当时二人各自引领了对战双方，不过，双方最终还是在仓促之下达成和解。这实际上只是暂时休战，休战的前提是对关税税率实施自动减扣，并一直持续到1842年。等到泰勒上台，这份休战协定便告结束了。东部工业集团开始动员起来，力主恢复高关税，这个集团也由此取代了先前的银行集团，成为辉格党背后的主要力量；阿博特·劳伦斯也顺理成章地取代了尼古拉斯·比德尔，成为这个集团的首要人物。此时杰克逊集团在经历了银行战争之后，已经是颇为疲惫了，但也不得不集结力量，应付这场同工业集团的新战争。

杰克逊派对工业社会的看法，在工业保护问题上是毫不含糊的。加罗林的约翰·泰勒于1822年就已经厘清了基本论题；到了一八四〇年代，杰斐逊在这个问题上提起的那些观念，在亚当·斯密命题以及英国自由贸易论者的拱卫之下，正式成为杰克逊派的重要智识武器。阿莫斯·肯德尔则将这个问题上的民主观念拓展到极致。"一切国家，一切地方，人类的福祉在某个方面都是一样的，"肯德尔申述说，"那就是充分享用自己的劳动果实。"但是无论在哪里，统治阶级都力图"过一种悠闲生活，为此，他们定然要攫取并盘剥同胞的劳动果实和生活资料"。美利坚并不存在习惯于"攫取劳动果实"的贵族阶层或者教士阶层，但是，"资本家就是我们的贵族和教士；他们靠着法律的权威，抽取租金和税赋，将农民、技工和劳工的劳动果实大肆据为己有"。[1]

保护性关税，肯德尔分析说，"实际上就是要让全体国民给工厂主纳贡"，一部分是盘剥工人，剩下的部分则通过提升工业产品价格来实现。这仅仅是南方的怨诉吗？肯德尔予以郑重否认。他说，在这个问题上，北方和南方唯一的差别就在于：大部分的工业体都聚集在北方；"因此，在某种意义上也可以说，这是一场财富转移，从国家的一个地区转移到另一个地区。"那么，在这样的情况下，北方的农民和劳工"不也是跟南方种植园主一样，眼睁睁地看着财富被盘剥，被转移，用来建造一套贵族体制，而他们自己则只能沦为这套体制的奴隶吗"？确实，工业保护体制的整体取向"就是要将北方的财富汇聚到少数人手中，这跟南方的情形实质上是一样的"，由此，北方工业集团就可以将白人劳工转变成实际上的奴隶。肯德尔反复申述说，所谓关税，归根结底是一个阶级问题，而非地区问题。[2]

以前，倒也的确有不少的杰克逊主义者在关税问题上采取了模糊态度和骑墙立场，这主要是因为他们都知道，高关税体制是颇有人缘的，因此也就顺势而为，采纳了这种顺服态度。但是杰克逊早在1824年就已经抛弃了这种宽容态度，范布伦是作为工业州的代表进驻政坛的，因此要为这种含混态度承担不小的责任，最终，他也在1843年明确了反高关税的立场。1842年，工业集团开始围绕关税保护问题展开运作，民主党少数派因此也警醒起来，他们已然意识到，此次爆发出来的关税问题，不仅意味着提升关税税率并由此将财富向着工业集团转移，更意味着一场新的权力斗争——商业集团和普罗大众之间的权力斗争。正如霍勒斯·格里利评说的那样，北方的自由贸易精神，"背后的推动力量实际上是对财富集团的嫉恨和敌视，而非对保护体制本身的憎恶……这是财富集团和平民集团之间的一场持久战"。[3]

不过，就在关税问题将各方战线拉紧的时候，一个更为紧迫的问题浮出水面，关税问题黯然失色。跟关税问题不一样，这个新问题在杰克逊派的社会分析图景中，并无明晰位置。

2

一开始，就像是远方地平线上的一团阴云——这是人们后来回忆往事之时给出的评说——这阴云也就是巴掌那么大一块。接着，这团阴云开始升腾，呈现出黑云压城的态势。很快，便遮盖了整个天空。这架势，显然要席卷整个美利坚大地，又有谁能够避开这阴云呢？……不过，已经有智者在很久很久之前就已经意识到，美利坚终有一天要直面这个问题，并因此直面自己的良知。民主的承诺若要发挥力量，自然需要一个缓慢的过程；但是，若美利坚要证成自己的梦想，这些承诺是必须兑现的。黑奴制度就是对美利坚伦理的活生生的挑战，1820年，约翰·昆西·亚当斯就曾评论说，这是"这个北美联邦肌体之上的巨大污点"。说到底，美利坚的道德情感要求必须洗刷这样的污点，否则，这个民族就将失去自己的灵魂。"《独立宣言》的种子正在成熟，"当密苏里获得接纳成为蓄奴州的时候，亚当斯在惊惧和仇恨的旋涡中写道，"最终的果实将由西部来收获，画家们常常会将恐怖视为升华之路。"

此时的美利坚，所有问题中，奴隶制是最具罪性的，也是最为悲剧、最为危险的问题。这个问题显然无从平复，不可能靠着妥协的艺术将其化解。亚当斯早在1820年就已经很清楚这一点了，他当时就申述说，任何人若是真要触碰这个问题，就得做好联邦解体的准备，并且"要适应这样的结局，因为肯定是这样的结局"。[4]这个民族在内心里是很清楚这一点的，就如同人总是本能地要将可怕意象从意识中清除那样，美利坚民主此时也不过是在绝望中辗转反侧，力图压制、否认并埋葬这个可怕事实。密苏里危机过去四分之一个世纪之后，奴隶制问题在人为努力之下，不再作为特殊的政治问题据有核心议题的地位了。1820年的创伤的确是太过深重了。但是，压制并不是解决问题的办法。实际上，人们只是闭着眼睛不去看它，但它依然会时不时地在国会论辩中闪现（此类国会交锋通常是围绕亚当斯展开的，因为亚当斯对肩头的责任再清楚不过了），这就如同一场狂野的噩梦，摇撼着人为的静谧夜晚，令人内心充斥着焦虑和不安；破晓时分，人们又会摒弃并淡忘这个问题，就在那人为营造的安稳幻觉中争论起银行问题和关税问题。

一八三〇年代的杰克逊派对废奴派是秉持尖锐的批判态度的。他们觉得，反奴隶制呼声是在转移人们的注意力，令他们眼中那炽烈且生死攸关的经济问题归于淡化，诸如银行问题、货币问题，等等。当然，此一时代，杰克逊派若要在经济战线上取得成功，南方的支持是绝对必需的。那段时期的杰克逊党人的确耗费了大量的精力，力图将废奴运动呈现为一场保守派阴谋。丘·卡·康布勒朗宣示说，废奴派"差不多就是清一色的旧式'教会—国家'派"，西奥菲勒斯·菲斯克对此表示赞同。埃利·穆尔也为劳工群体代言，指控说，辉格党人之所以要解放黑奴，就是为了让黑人"在北方劳工市场上同北方白人竞争"，由此摧毁北方劳工力量。[5]

杰克逊派反复提醒废奴派，改革就在家门口。"我们常常听到博爱主义者哀叹南方奴隶的悲惨命运，"塞思·路德说，"但是就在我们这个州，尚且有成千上万的悲惨儿童，他们的处境跟南方黑人是一样的。"一次工会集会之时，一名工人起身发言说，他已经听到了太多解放黑人的议论，"但是，首先应当在我们的家乡确立平权制度，解放他人之前，应当先把我们身边的白人奴隶给解放了"。北方也的确有一批人发自内心地怀疑南方黑奴的境地是否真的就比北方的自由劳工差，南方黑奴当然很是无助，但是北方劳工也得独力面对疾病和衰老。"缺少自由的确令人的福祉大打折扣，"威廉·M.古奇评论说，"但是奴隶是不需要为自己操心太多的。"从范妮·赖特和艾伯特·布里斯班这样的改革派，到诸如杰克逊和范布伦这样的政党领袖，都无一例外地联合起来，对废奴派展开谴责。[6]

甚至还有些人走到了亲奴隶制立场的边缘。詹姆斯·柯·保尔丁就是一个例子，他于1836年专门写就一本书来颂扬奴隶制。最初的罗克福克党人集团中，也有不少人在1840年之后归附了约翰·考·卡尔霍恩集团，这个情况前面已经提到了。奥雷斯蒂斯·奥·布朗森早期曾为废奴运动辩护过，不过，慢慢地也投身亲奴隶制阵营了。1837年他宣示说，若真要解放奴隶，实际上就等于是"将奴隶从一个暴君手中解放出来，而后又将他至于拉梅内……所说的'来自地狱的无名恶魔'的魔掌当中"，到了1843年，他更发觉主奴关系较之雇主—劳工关系"更为慷慨，更有人性"。[7]加入天主教之后，他便自然而然地开始为奴隶制穿上道德袍服。

西奥菲勒斯·菲斯克甚至更为决绝地为南方辩护。"北方废奴派弄错了美利坚奴隶的肤色,"他说,"在美国,真正的奴隶都是白色脸庞。"他对反奴隶制运动展开反复攻击。"我们身边还没有开始慈善运动吧,"他极为轻蔑地问询说,"波托马克以北就真的没有奴隶了吗?……我却要斗胆指出,仅洛厄尔和纳舒厄这两个地方的奴隶数量就超过了波托马克以南地区的总量。"在菲斯克看来,南方奴隶制实质上是一种博爱制度,在那样的制度里面,奴隶主竭力维持奴隶的生活,"让黑奴生活惬意,如同土财主一样"。"解放他们吗,解放了之后怎么办呢?他们只能是游手好闲,偷鸡摸狗,然后活活饿死。"无论如何,这不是北方的事情。"倘若奴隶价格足够便宜,我相信所有这些废奴主义者明天都会成为奴隶主的。"他们真应当先解放工资奴隶,"而后手脚干干净净地前往南方,那时候,我们才会倾听他们的呼吁"。[8]菲茨威廉·彼得萨尔和约翰·康默福德则跟菲斯克一样,争先恐后地效忠卡尔霍恩的神圣制度。

奴隶制是罪恶的,还是有众多杰克逊主义者秉持着这样的个人信念,或者说,他们终究是无法将此一信念彻底压制下去的。"要说我绝对反对任何形式的奴隶制,民事的也好,政治的也好,家庭的也罢,"马库斯·莫顿于1837年的一番宣示代表了这批人的心声,"这等于是什么都没说;毕竟,任何人,但凡接受过道德或者宗教原则的浸润,汲取过正确的政治观念,无论这原则或者这观念具体是什么,就都没有可能去证明或者原谅奴隶制……我始终认为,奴隶制是一个正义上帝施加给一个民族的最大诅咒和最为可怕的罪恶。"[9]乔治·班克罗夫特早期也秉持类似的看法,尽管野心令他小心翼翼,避免在如此不招人待见的问题上置身前台。在废奴派编辑伊莱贾·帕·洛夫乔伊被亲奴隶制暴民杀害之后,诸如本·富·哈勒特和阿马萨·沃克这样的人物都参加了抗议集会,哈勒特的报纸几乎是唯一一份忠诚于威廉·劳埃德·加里森的报纸。(很是奇怪,哈勒特最终成了波士顿最为坚决的亲奴隶制派人物之一,甚至还依据《逃亡奴隶法》担当了相应的起诉工作。)托马斯·莫里斯,来自俄亥俄的范布伦派成员,在废奴请愿斗争中挺身而出,成为第一个真正意义上的反奴隶制参议员。詹姆斯·吉·伯尼,一个温文尔雅的民主党律师,则开始向整个北方地区的反奴隶制群体发出呼吁,希望组建一个"自由党"。社会激进主义和反奴隶制情感乃最为深沉地汇聚在威廉·莱格特身上。1835年,阿莫斯·肯德尔封禁了废奴宣传品在南方的邮政渠道,这令莱格特随即脱离了政党路线。此时莱格特对奴隶制和其他形式的阶级剥削之间的亲缘关系有了日渐清晰的认识,于是,他便在1838年成为公开的反奴隶制人物。[10]此时整个民主党内越来越多的人开始发觉,民主原则的内在倾向正推着自己向莱格特、莫里斯和伯尼的立场靠近。

3

《独立宣言》的种子已经开始成熟了,收获之日不会太远了。一八四〇年代的一代新人已经开始淡忘密苏里危机的那段焦虑岁月。这个国家正在扩张,这是律令,也是命运,令一代新人将眼光放在新的方向上了。新的愿景令整个美利坚大地如同着火一般——一个民主国家,富有且宏大,从大西洋一直伸展到太平洋。约翰·路·奥沙利文是最早阐发并确立新信仰的人之一。他在1839年宣示说:"我们这个民族代表着人类的进步,又有何人或者何种力量能够限制我们的进步呢?"他说,美利坚的"使命"就是要将四项自由向着全世界扩展,"良知自由、个人自由、商业和贸易自由以及普遍的自由和平等"。[11]1844年,奥沙利文和塞缪尔·蒂尔登在纽约创立《晨报》,作为《纽约平民报》的继承者,1845年12月27日,奥沙利文将美利坚的新帝国主义凝结成一个简单术语。此时的美利坚坚定地要求得到俄勒冈,奥沙利文指出,美利坚此一要求的理据"就在于美利坚的昭昭天命,这天命就是将整个北美大陆收入囊中,这是天意的规定……而目的就是要在这片宏伟土地之上展开自由制度的伟大实验"。[12]

"昭昭天命"标志着辉煌的民主信仰以及让民主统领世界的炙热欲望。毫无疑问,这样的"昭昭天命"多多少少起到了面具的作用,意在掩盖土地投机以及吞并得克萨斯这样的事实;不过,从另外一个角度看,这样的"昭昭天命"也的确表达了对于世界之未来的诚挚的理想主义诉求。此一时期,美国人对路易·科苏特的热情,就跟对《奥斯坦德宣言》的热情一样,都可以说是"昭昭天命"的产物。北方民众以及众多的民主党领袖人物都深深沉浸在这天命意识中。班克罗夫特在1844年宣示说,这是"天意的明确诉求,民主自由的光芒应当从我们这里发出,照亮落基山之外的地方"。[13]此时,范布伦的另外一些密友,诸如康布勒朗、弗拉格、吉迪恩·韦尔斯、弗兰克·布莱尔等人,还有诸如罗伯特·戴尔·欧文以及沃尔特·惠特曼这般强烈的范布伦派民主党人,都是倾向赞同兼并得克萨斯的。尽管反对那样的兼并方式,托马斯·哈特·本顿也仍然是"昭昭天命"最为雄辩的倡议者之一。卡尔霍恩在北方的亲劳工派追随者,诸如布朗森、彼得萨尔、康默福德、埃文斯,等等,则同样是热情的扩张主义者。迈克·沃尔什于1845年宣示说,他才是"第一个"倡议兼并得克萨斯的人,当然,这样的说辞倒也符合沃尔什的一贯风格。[14]此时的老将军杰克逊虽然正深受病痛折磨,在赫米蒂奇已然迎来风烛残年,但也仍然希望能够在有生之年看到得克萨斯进入联邦。美利坚人民的本能似乎就要求美利坚的国土从一侧的大洋伸展到另一侧的大洋。(即便是亨利·梭罗,虽然不赞成将扩张奉为国家政策,但也不免发觉,自己在散步的时候,是不由自主地向着西南方向行进。)

这股剧烈的民主热情很自然地引发了保守派的敌意。1844

年，北方辉格党集团坚决反对吞并得克萨斯（就如同他们在1851年反对科苏特一样），即便是南方的辉格党人，总体上也都反对这场兼并和战争。罗伯特·兰拓尔于1848年时候着意指控说，辉格党人之所以反对扩张，就是要图谋压低工资标准。"只要廉价土地仍然充沛，"他申述说，"你们就无法将劳工薪酬压低到饥饿线上……这宏伟的民主政治就是要用这样的办法来保护劳动者，确切地说，就是给劳动者提供充沛的住房和土地，令他们能够在北美大陆的无主区域自由劳作。"[15]

4

不过，也有一些非保守派人士看到了其中的诸般爆炸性问题，这些问题很有可能会危及整个民主未来，这些问题已经等待在兼并的道路上，令人十分不安。倘若兼并得克萨斯，就必然引发奴隶制扩张问题，若是这样，又当如何呢？《独立宣言》的支持者们怎么可能将奴隶制引入先前依据墨西哥法律并不存在奴隶制的地方呢？将这个国家的西部遗产交托到种植园贵族集团手中，合格的杰克逊主义者怎么可能干出这样的事情呢？倘若兼并得克萨斯带来的是奴隶制领土的扩张和南方政治力量的提升，那么南方岂不是要顺理成章地解除同北方民主派的同盟？没有这样的同盟，杰克逊当年的那场革命运动怎么可能成功呢？如此扩张起来，岂不是将整个的杰克逊主义纲领置于险境吗？

多年来，小西奥多·塞奇威克都相信，奴隶制是或者将会是"扰动这个国家的最大问题"。在北方，奴隶制问题很清晰地在民主背景下塑造起来。"且让我们面对这个真正的问题吧，"塞奇威克于1840年发出呼吁，"对这个国家的自由公民来说，奴隶制究竟是善还是恶？"到了这个时候，塞奇威克在《纽约晚报》上进一步宣示说，得克萨斯问题也正是因为奴隶制问题"成为这个时代的人民应当予以评判的最重大问题"。他还发布了一系列的文章，阐述了为什么兼并得克萨斯将会威胁民主的未来。"兼并得克萨斯将会无以估量地提升蓄奴集团的分量，"他写道，"……在这种情况下，倘若北方人不亲身参与其中，同蓄奴势力展开寸土必争的战斗，那么北方人就等于是彻底抛弃了自己的教育和利益。"但凡存在奴隶制的地方，"劳工群体都将陷入困境当中，更令劳动本身成为耻辱"。万万不可上当，得克萨斯问题绝非单纯的领土问题。兼并得克萨斯势必意味着"'永恒的奴隶制'，我们这些今天享受着权利并据有联邦土地的人，一旦兼并得克萨斯，就永远不要指望能够从这有害的制度的威胁、耻辱和污点当中解脱出来"。[16]

塞奇威克提起的这些论说，以小册子形式流传开来，在"烧仓派"群体中产生了巨大影响。威廉·卡伦·布赖恩特和戴维·达德利·菲尔德都表示坚决认同。此时，一个在政坛初露头角的年轻人也表示了热情支持。塞缪尔·琼·蒂尔登，身形纤瘦，沙色头发，喜欢热闹，步调轻快，说起话来紧张且羞怯，很有头脑，但缺乏个人魅力。他的生活，于公于私，都可说是一场自我压抑。他不曾结婚，尽管在中年时候闹出了一系列桃色事件，并且在遗嘱中还给了新奥尔良的一个女人大笔财产；他的藏书包含了大量的淫秽品。在政治交往中，他总是结合了小心谨慎和冷淡自尊，令众人很是恼火。谈起政治，他总是装腔作势，喃喃低语，这习惯常常逗乐身边的助手。不过，私底下，人们倒也不难感受到他内心中的正直，而且，没有人怀疑他那实实在在的政治运作能力。[17]

此时的华盛顿方面，民主党激进派也对得克萨斯问题充满了警觉。本顿宣称，兼并得克萨斯是一场阴谋，是总统为着某些人的利益策动的，"当然也有另外一些人是有土地投机利益在其中的"。赛拉斯·赖特则进一步宣称，这场兼并行动"已然令其他的所有问题都退居二线了"，他坚决反对兼并。[18]

赖特的追随者普雷斯顿·金已经于1843年进入众议院，此时凭借这个政治地位成为"烧仓派"立场的最有力代言者。普雷斯顿是在三十七岁进入华盛顿的，他毕业于联合学院，曾在赖特的律所当过一阵实习生。在一八三〇年代的纽约政坛，普雷斯顿是一个激进的杰克逊主义者，1838年他身体遭遇重大打击，被送入精神病院。此时他已经恢复过来，并进入国会，随后的两个十年间，他凭借他那种审慎持重和通情达理，成为最具政治效能的人物之一。吉迪恩·韦尔斯品评他说，"没有野心，谦和有加，所成甚多，但赞誉甚少"，他更补充说，"他无所畏惧，挺身而出，抗拒那倨傲且蛮横的蓄奴寡头集团，并组建了最终将摧毁这个寡头集团的政党，在这方面，他的功劳无人能出其右"。[19]普雷斯顿的特殊才能是影响并团结众人，他内心已然燃烧着烈火，外表仍然是平静如水、悠闲从容。如同赖特说的那样，他能够跟一切人敞开交流，"用实实在在的努力而非惺惺作态，将众人凝聚起来，这等稳重明理之人，我见所未见"。[20]普雷斯顿明确指出，他之反对兼并得克萨斯，"完全是因为奴隶制"；若没有奴隶制问题掺杂其中，"我今晚就要拿下得克萨斯"。[21]

约翰·帕·黑尔，精力充沛，机巧睿智，他是来自新罕布什尔的民主党参议员，他的加盟毫无疑问增强了反奴隶制集团的力量；黑尔身形高大，相当健壮，脸泛红光，蓝色眼睛不停闪烁，为人真诚，很是随和。虽然懒散且略显浅薄，花钱大手大脚，特别是在晚年时，不过，他是那种真正意义上的无所畏惧之人，卓绝的民众演说家，极为有力且灵变的论辩人，他的论辩足以应对一切危机。他的朋友都希望他能够变得更可靠一些（萨蒙·波·蔡斯就曾抱怨说，他这人"太随意了"），不过，他的那种和善性情具有无可抵挡的魅力，甚至南方人都不免为之动情。黑尔坚决反对兼并得克萨斯，并且他也已经协同小西奥多·塞奇威克在纽约有所运作，当然，他们并没有抱成功的希望。不过当他在选战前夕回归新罕布什尔展开竞选演说的时候，家乡州的民众支持并加入了他的这场战斗。1846年，他重回参议院。[22]

显然，此时这些人都已经成为民主观念的守卫者，正极为警觉地注视着一切可能威胁到民主信仰的东西。此时范布伦在林登沃尔德过着恬淡平静的生活，他要经历一个缓慢过程，才向着同样的结论推进。在得克萨斯问题上，他从来都不抱乐观态度，他执政期间抵制了这方面的一切想法和行动。此时，他更为强烈地感受到这个问题的沉重后果。不过，此时他也寄望获得1844年大选的民主党提名。扩张在此时的美利坚大地，无分北方和南方，都已经是民众热情所向了。

1844年4月下旬，前往巴尔的摩参加民主党集会的各路代表团已经上路了，他们也就是在这个时候颇为吃惊地收到了范布伦在得克萨斯问题上的表态。在提名大会的前夜，这个主要的竞争者挺身而出，反对民众在得克萨斯问题上的扩张热情，也反对即刻兼并得克萨斯。范布伦是以公开信渠道发布自己的看法的。当然，出于政治上的谨慎考量，此时的范布伦不会像后来那样，公开宣示自己的理据是对蓄奴势力的担忧，不过，他仍然恳请南方阵营坚决反对兼并行动。反奴隶制的民主党人报以热情回应。赛拉斯·赖特写道，"此举可谓高贵、必要、重要且爱国，这简直就是在冒天下之大不韪，为真理和原则说话，在这样的时刻，大家都更愿意当和事佬，敷衍了事，尽管此事对我们的制度来说乃是生死攸关"。[23]……然而，此时南方已然决心要跟范布伦集团为敌了。

总体上说，北方民众都跟范布伦一样，是反对奴隶制扩张的，但是"昭昭天命"掀起的第一轮扩张热潮目标直指向俄勒冈，那里不存在奴隶制问题，而且此时民众也都倾向于回避两个问题之间必然会有的关联。当然也有一些人承认二者之间的关联，不过，这些人也会自我安慰说，兼并得克萨斯将会"分散"奴隶制，而不是强化奴隶制。更多的人则抱持范布伦于一八三〇年代的那种看法，认为奴隶制问题无关紧要。但是在"烧仓派"看来,得克萨斯问题已然表明,他们昔日里忽略了的恶端,如今正在发育成对民主的重大威胁。此等情形之下,再说中立或者置身事外的事情,显然已经无法再对改革形成助力了。事实上,中立已经不再可能,因为南方已然决心在即将到来的民主党全国大会上表明态度:北方民主党人要么安抚蓄奴势力,要么就只能起而抵抗。说白了,倘若要廓清民主之路,就必须挑战南方意欲掌控民主党以及民主党政策的野心。

5

反奴隶制情感的崛起提出了一个很是复杂的历史因果问题。从根本上讲,反奴隶制情感是一种道德情感。很显然,除非在道德层面予以呈现,否则,任何事业都不可能唤起人类最为深沉的忠诚感,更无可能激发人类做出巨大牺牲。历史唯物主义者曾经指出,革命运动只有在迎合了经济需求的时候,才会取得成功;不过,同样也可以说,革命运动只有在迎合了道德需求的时候,才会取得成功。两种动机实际上是无法拆分的,二者之间的关系并非相互抵触,马克思主义者也只是在谈论自己策动的革命运动之时才会承认这一点,但他们毕竟还是承认了。历史中历次的道德运动若要取得成功,都是需要社会—经济因素予以匹配的,不过,这并不会减损这些运动的道德特质,因此,我们切不可认为那些参加内战的北方人都是傻瓜,都是被愚弄的理想主义者,也不可认为他们就是掠食性资本主义的代理人。

本质上讲,促动北方最终走上血腥战场的那种情感是道德上的憎恶。只要蓄奴集团的权势没有侵犯北方的诉求,这种道德上的憎恶就会一直局限在"狂热者"的圈子中,所谓的"狂热者",指的是那种被伦理动机吞没、即便在没有利益驱动的情况下也会对奴隶制展开攻击的人群。前面已经谈到，宗教集团通常都是反杰克逊的。很多满怀热情的废奴主义者也都是乔治亚传教团的热忱支持者，他们同时也都强烈支持设立国家斋戒日，支持安息日戒律的神圣性，说白了，这个群体就是康布勒朗说的"旧'教会—国家'派"。最早的反奴隶制浪潮就是以此为源头的。[24]

不过，当南方的要求和主张对北方的政治意向构成切实威胁的时候，道德上的憎恶感也就开始在广大民众当中广泛传布开来，反奴隶制的情感浪潮随即将新的群体或者集团收入囊中。反奴隶制情感的政治理据跟宗教理据同样必不可少，甚至更能促动普通民众。

如果说，这场反奴隶制十字军运动要等到蓄奴集团的权势直接威胁到北方的诸多诉求的时候才会全力释放出来，那么问题便来了：这所谓的诉求，究竟是在诉求什么？既然马克思主义的启示已然传布到新世界，那么时髦的答案当然就会是：这诉求就是要在内战之后统领这个国家的强盗工业主义。据此思路，"资本集团"要没有任何约束地执掌国家权能，而南方显然是这个集团最后的障碍；于是"资本集团"便极为讽刺地诉诸道德的力量，借以无情地摧毁他们的对头。

此等逻辑显然是展现了教条论者的典型手法，那就是将结果和原因混淆起来，并且将对逻辑的教条式的偏爱提升到事实之上。实际上，蓄奴集团最早威胁到的诉求乃是民主诉求，对南方集团的诸般要求秉持日益纵容态度的，恰恰就是北方的商业集团，真正登上政治舞台、引领反奴隶制运动的，则是作为杰克逊统绪之直系后裔的激进民主派。

三十三　风雨摧城

1843年5月，韦伯斯特辞去内阁职务，由此也就斩断了约翰·泰勒同辉格党的最后一根重要纽带。此等情形之下，约翰·泰勒若要寻求连任，便只有依托心怀不满的民主党政治集团创建一个自己的党，并据此瞄准1844年的民主党提名大会。此一策略令泰勒很快便同卡尔霍恩建立了密切关系。从长远来看，双方是一种相互利用的关系，不过，在这个时候，双方确实能够取得暂时性的合作局面，共享政治资源和政策资源。民主党保守集团在范布伦执政期间已然是饥饿不堪，这场政治结盟从1843年开始向这个集团释放联邦职位，以缓解他们的饥饿感。比如说，马萨诸塞的罗伯特·兰拓尔成了港口税务官，戴维·亨肖进驻华府，成了海军部部长。这些人遂会同本·富·哈勒特、查尔斯·戈登·格林以及新罕布什尔的艾萨克·希尔引领了新英格兰地区的泰勒—卡尔霍恩同盟，接着，他们便复兴了昔日的亨肖体制，这些事情就是在班克罗夫特、马库斯·莫顿以及范布伦集团的鼻子底下运作开来的。[1]1844年3月，卡尔霍恩获得任命，成为国务卿，这算是对此次同盟的事后认定。

1

不过，1844年这一年，倒也并没有任何迹象表明范布伦对民主党的整体控制力度有所削弱。1月，卡尔霍恩发出声明，拒绝在提名大会召开之前实施政治站队，泰勒的力量只能说是聊胜于无，若真要说有什么力量的话，也仅仅是靠着那批联邦职位持有人。实际上，也只有这些人在5月份巴尔的摩的提名大会上推动针对泰勒的提名动议。泰勒最后也曾努力将主要竞争者争取过来，为此还专门释放了一批联邦职位，但没有取得任何效果。范布伦和赛拉斯·赖特拒绝了联邦最高法院大法官的职位，詹姆斯·柯·波尔克是副总统的首要人选，因此也就拒绝了泰勒在海军部部长职位上的提议。(当然，泰勒是通过西奥菲勒斯·菲斯克向波尔克提议的。)[2]

与此同时，反范布伦集团则开始聚集在来自密歇根的刘易斯·卡斯周围。宾夕法尼亚的詹姆斯·布坎南和新罕布什尔的利瓦伊·伍德伯里也都是有些小声望的。此时约翰逊上校仍然在游走各地，孤注一掷地追寻一切可以到手的荣誉。很多人都跟威·勒·马西一样，认为约翰逊已然是"今不如昔了，尽管很多人仍然相信他还是很厉害"。虽然老相识们都这么瞧不起他(卡尔霍恩的一个朋友评价他说，"这家伙简直是愚蠢、庸俗透顶、毫无道德感"。)，但他也仍然如同赛拉斯·赖特说的那样，保持了"令人憎恶的民心"。[3]然而，随着提名大会召开之日逐渐临近，范布伦的胜势看来也是越来越明显了。此等情形之下，泰勒和卡尔霍恩便也只能采取亡羊补牢之策，将极具民众蛊惑力的得克萨斯问题抛了出来，并令其成为头号议题。

5月份的最后几天，各路代表云集巴尔的摩，不确定性和激奋之情在空气中震荡。此时，范布伦抛出的公开信炸弹仍然在所有人的耳际回响。他竟然在得克萨斯问题上宣示了反对态度，这究竟意味着什么呢？此时的巴尔的摩城，所有的酒吧里面、街道上面以及烟雾缭绕的旅店房间里面，都在热议这个问题，人们反复喊叫着：得克萨斯——得克萨斯——得克萨斯。(此时，人们也在纷纷议论5月24日的那场神奇事件，都是一副半信半疑的态度。据说，一群人围拢在华盛顿最高法官大厅里面一台很是古怪的机器周围，距离那里四十英里的巴尔的摩这边，则有另一批人在推动一个杠杆。接着，那些金属丝便颤动起来，随着机器来回抖动，一系列的语词便闪现而出。"上帝啊，这是什么发明！"……"你们那边有消息没！""没有。"……"这些字太挤了，分开一些。""你应该给手表上点油啦。""据说布坎南的走势不错。"……"范布伦的大炮已经上前线了，上面还有一根狐尾草。")[4]罗伯特·约·沃克，来自密西西比州的参议员，矮小、精明，在新进来的人群当中悄悄穿行，声音沙哑，表情严肃，在人群中间柔声放话，那些话显然都是有深意的。亨利·迪·吉尔平同本杰明·富·巴特勒共住一个房间，遂将自己的不好预感写信告诉了范布伦，他说，他正在见证一场"政治阴谋，其肆无忌惮的程度，简直是见所未见"。[5]5月20日，巴特勒亲自送来范布伦的密信，大概内容是说自己准备退出竞争，以此来支持赛拉斯·赖特竞选。

然而，如何挫败一个已经获得多数提名的人呢？1832年的民主党提名大会以三分之二的多数提名了杰克逊，以此证明政党团结。1835年则再度使用了三分之二多数规则，不过，1839年时却放弃了此一规则。此时沃克正在展开运作，力图恢复这个规则。沃克那流利且聪明的发言一下子就点燃了拥挤且燥热的大厅，引来欢呼和嘘声。接着是巴特勒起身发言反对沃克，巴特勒虽有白净且庄重的俊朗面容，给人以智识之感，但他的论说毫无疑问太过冗长了，有评论者说，那样的语调听起来就像是在跟一股潮流艰难对抗、逆流而上。沃克就坐在巴特勒近旁，忙忙碌碌地记着什么。马库斯·莫顿提起简洁且强力的反对发言,兰拓尔则表示支持,沃克对巴特勒提起很是出彩的回应和反驳。在票决之时,原本收到指示要支持范布伦的代表都秘密倒戈,支持另外一个候选人,要不就是在得克萨斯问题上反对范布伦,纷纷支持得克萨斯提案获得通过,范布伦的命运就此封印了。

第一轮票决,范布伦收获了二十六票的多数票,但没有达到三分之二,北方差不多是一致支持他,南方则差不多是一致反对他。七轮票决过后,战斗继续下去,范布伦的票数优势开始下滑,卡斯则慢慢地开始呈现上升势头,但人们仍然看不到打破僵局的真正希望。第十一轮投票过后,俄亥俄州有代表提出动议,认为应当认定范布伦获选,理由是范布伦在第一轮投票之时就已经获得多数了。主席否决了此一动议,于是围绕会议程序问题又展开了一场激烈争斗。此番混乱当中,有人竟然提议推举安德鲁·杰克逊,可谓乱上加乱。此一提议倒是激起了疯狂的掌声和欢呼声,当然也遭到了否决。最终,提名大会不得不在各方的愤怒中暂时休会。

这一天的夜晚是忙碌紧张的,各方经理人在代表中不断游走。约翰逊上校决定退出竞争,将自己的选票让给卡斯,这个消息已经坐实了,这令范布伦集团不禁担心在第二天上午的选战中卡斯会实现逆袭。巴特勒很显然明白范布伦集团的票仓正面临解体危险,于是一直忙碌到午夜时分,力图维持既有票仓并将之顺利交给赛拉斯·赖特。但是赖特在提名大会召开之前就已经通过一名纽约代表宣读了一封退出竞选的信。

此时,班克罗夫特同样也意识到来自卡斯的威胁,遂决定采取更为激进的策略。来自田纳西的詹姆斯·柯·波尔克,原本是范布伦集团推出的副总统候选人,意识到危险的班克罗夫特突然之间也意识到此时波尔克应当是唯一能够令提名大会取得一致的人物。班克罗夫特遂赶在午夜之前,同北方代表团的头面人物会商推举波尔克的问题。早上,波尔克便在当天的第八轮票决中获得了四十四票。接下来的第九轮投票，巴特勒将纽约州的范布伦票仓转给了波尔克。此举引发了连锁效应，一个又一个代表团开始投入波尔克票仓，这样的模式在日后的提名大会中已然是人们习以为常的了，但在此次提名大会之上，波尔克扮演了再典型不过的黑马角色。

波尔克是经历了何等曲折才获得提名啊！在得克萨斯问题改变竞争形势之前，波尔克的最大期望也就是在范布伦麾下获得副总统提名。而后，在5月份的时候，杰克逊认定范布伦已经犯下了无异于政治自杀的错误，于是便召见波尔克，很正式地跟波尔克谈到了参加总统候选人竞逐的问题。此时赛拉斯·赖特也显然对范布伦的胜率感到绝望了，5月7日，他致信波尔克的政治密友凯夫·约翰逊，信中认为，倘若范布伦出局，则波尔克就是北方民主党人能够共同接受的唯一人选了。波尔克其人头脑清醒，他当然能够看清楚巴尔的摩此时的前景。"此时的情况是乱云笼罩了，"他在给约翰逊的信中颇耐人寻味地评论说，"……没有人能说清楚接下来会发生什么。"[6]不过，他仍然小心翼翼，这是他的一贯风格，目的很显然是为了不背负图谋做掉范布伦的黑锅，否则范布伦集团就会弃他而去。如果说詹姆斯·柯·波尔克实在是靠着极好的运气获胜的，说白了是被闪电击中的，那也是因为这电流已经着实酝酿了一段时间了……在这场无比曲折的缠斗中，本杰明·富·巴特勒保持了从头至尾的忠诚，待一切尘埃落定之后，他回到房间，一下子把自己扔在床上，哭得像个孩子。

范布伦当然也得到了安慰奖，赛拉斯·赖特获得副总统提名。消息顷刻之间便借由新生的电报技术传到了华盛顿，赖特的回复也即时传送而来：

> 华盛顿：确实是重磅消息！赖特先生就在这里，他想告诉纽约代表团，他不能接受此一提名。
>
> 重申：我是赖特，我衷心支持波尔克先生，但是我不能接

受副总统提名。

电文公布给提名大会的时候,大家都不能相信,遂派出快马前往华盛顿确认。副总统竞选提名遂落到了宾夕法尼亚的乔治·米·达拉斯身上。[7]

2

激进派在这场斗争中遭遇溃败,于公,颜面扫地,于私,恼恨不已。诸如康布勒朗和迈克尔·霍夫曼这样的人,都在众议院有过跟波尔克共事的经历,对波尔克也都深为尊重,而且人们也都普遍认为,范布伦既已出局,波尔克就是最好的第二人选。范布伦相当平静,对此次提名大会表示祝贺,托马斯·哈特·本顿则委托赛拉斯·赖特转达前总统说,这样的局面根本不至于绝望,特别是这个党还拥有范布伦、赖特和阿·卡·弗拉格这样的人物。本顿宣示说,"有这三个人实际上就足够了,不仅可以挽救我们的党,还可以挽救一个年代、一代人和一个时代。一定要告诉他,一定。要让他知道,我就是这么说的。拯救索多玛也许需要五个人,但拯救我们党,这三个人就够了"。[8]但是,"烧仓派"方面满心怒火。"我认为这场提名就是一场流氓骗局,"西奥多·塞奇威克已经是愤怒难当了,"即便是严密组织起来的贼窝,也会因为这样的骗局而蒙羞……多数派就这么彻彻底底地向蓄奴派少数集团缴械投降了。"[9]

此时,波尔克的竞选经理人正在悉心评估这个结果是否会令波尔克就此失去纽约州的支持,未来大选的胜负在很大程度上取决于纽约州的表现。于是,这些经理人便开始着手安抚"烧仓派",并致力于强化纽约州的票单,为此,他们特地推举赛拉斯·赖特成为州长竞选人。很多激进派对此报以热情的回应，这其中就包括了普雷斯顿·金、克灵顿·罗斯福和沃尔特·惠特曼。[10]但是赖特本人特别不愿意离开参议院，最终也只是因为压力太大了才接纳了此一竞选提名。由此，"烧仓派"便将更大的精力投入到选战当中，不过，他们并未因此削弱在得克萨斯问题上的反对态势。的确，在选战当中，纽约市的"烧仓派"在该州民主党人中发布了一封密信，主旨是为波尔克提供政治背书，但是拒斥巴尔的摩大会推出的得克萨斯纲领，认为那样的纲领"完全背离了民主党的原则"，更提出要挫败那批秉持兼并立场的众议员。布赖恩特、塞奇威克、约翰·沃思·埃德蒙兹和戴维·达德利·菲尔德等人引领了签名者的名单。[11]

辉格党方面则提名亨利·克莱竞逐总统大位，提名"美利坚主日学校协会"的首领西奥多·弗里林海森作为克莱的竞选伙伴。就在范布伦发布那封令乔治·班克罗夫特极为不悦的反兼并公开信的同时，克莱也宣示了同样的反对立场，班克罗夫特对范布伦这封公开信的解说虽然有情绪，但他的感受也应该说是准确的，他说，"这就是在愚弄北方废奴派，同时又在讨好南方"。在后来的选战期间，范布伦又发表了一系列的说辞，让自己在得克萨斯问题上的态度成了任人猜测的事情，由此将这种对南方的讨好态度臻于完善。詹姆斯·吉·伯尼再次作为自由党的候选人参与总统角逐，同时也以民主党身份角逐密歇根众议院的席位；托马斯·莫里斯，来自俄亥俄州的前民主党参议员，在自由党票单之上成为他的竞选伙伴。此时摩门教也开始为这场大选鼓噪起来，他们以伊利诺伊州的诺伍为基地，向全国发出呼吁，呼吁选民为他们的领袖约瑟夫·史密斯投票，说史密斯是"美国最聪明的人"，不过，很快，一群暴民便在这一年晚些时候摧毁了这位摩门教领袖的野心，连带着毁灭了史密斯本人。[12]

这场选战可谓乱云笼罩。这次，民主党人汲取了1840年的教训，开始以其人之道还治其人之身。他们创作了自己的选战歌谣：

> 蒂珀卡努和泰勒,多么魔幻的名字,
> 　　可是别指望蛊惑民众,
> 民心向来知根知底,不会上当,
> 　　这让他们心伤不已,
> 他们的浣熊死了,他们的小木屋倒了,
> 　　苹果酒也腐烂了,
> 人民对他们嗤之以鼻,
> 　　他们的首领脸色苍白。[13]

民主党人更在一切地方都对克莱展开无情诋毁。特别是在南方,民主党人让南方人知道亨利·克莱就是废奴派,密西西比的一名记者这样讽刺说:

> 能想象黑人票仓吗?这实在是令人震惊,
> 那你们就投克莱和弗里林海森的票吧。[14]

辉格党方面当然也不遑多让,掀起选战运动并且表现出令人吃惊的自信。他们也是机锋无尽,围绕波尔克那所谓的含混作风大做文章,由此创造了又一场选战神话,这场神话,就如同杰克逊的神话和范布伦的神话一样,在下一代共和党史学家当中被作为事实接受下来。来自俄亥俄的汤姆·科温是宠儿级别的辉格党民众演说家,他以他擅长的回环和暗示之法,发出问询说:"谁?他们提名的是谁?是田纳西的那个詹姆斯·柯·波尔克吗?"接着便顿了一下,缓缓地将听众巡视了一遍,一脸错愕不已的表情,说道:"这样的话,还有谁会是安全的呢?"[15]

纽约方面,霍勒斯·格里利全副身心地投入到选战当中,经常在凌晨两三点才疲惫不堪地回到住处,长时间劳累令他心力交瘁,不得不把身体泡在水里才能入睡。此番劳作六个月之后,他便全身长满囊肿，有时候甚至一次长出五六十个，令他不得不靠着一张相对舒适一些的椅子过夜。[16]新英格兰方面，人们需要经历一番良心上的挣扎之后才会去支持克莱这样的角斗士和蓄奴派，为此，辉格主义动用了耶鲁大学著名加尔文教徒纳撒尼尔·威·泰勒创制的决疑之术。"倘若两个魔鬼竞逐职位，"泰勒博士宣示说，"而且这场斗争必定是二选一的，那岂不是应当投票给相对不坏的那一个，以此保障更多一些的善吗？"一个名叫霍勒斯·布谢尔的年轻神父很有前途，他在此时开始鼓吹此一异端论调，借此将其中的霍普金斯主义内涵全部发挥出来，他说，罪是达成至善的必要手段，因此是可以为着绝对正义加以传扬和使用的。[17]不过，结果是小魔鬼拿下了康涅狄格州。

最终，虽然科温、格里利以及泰勒等人物倾尽心力和头脑，动用了各种武器，詹姆斯·柯·波尔克还是赢得了这场选战的胜利。他获得了多数票，但也只有四万张选票的优势，选举人票方面则以一百七十张对克莱的一百零五张，占据明显优势。倘若克莱拿下纽约州，就很可能已经赢了。但是赛拉斯·赖特将数千张选票给了波尔克，由此便足以令民主党票单拥有足够的力量，加之克莱方面在该州的很多选票都叛逃到伯尼阵营，这就令波尔克在这个最为关键的州赢得了五千票的票仓优势。新英格兰的一名观察家给出郑重评论道："倘若波尔克是克莱那般生硬的赌咒发誓之人，则波尔克很可能早就出局了。"[18]败局既定，辉格党的段子手们便以痛切的音律抒发着辉格党的忧伤，哀叹他们的偶像、那曾经荣光加身的"哈里·克莱"的失败：

    田纳西的小个子吉米·波尔克，
      哎呀呀，哎呀呀
     让我们攀爬那长势狂野的柿子树！[19]

3

"詹姆斯·柯·波尔克是谁？"辉格党报刊和竞选演说不断围绕这个问题发难，漫长纠缠之后，不免创造出这样一个日常形象：一个靠运气平步青云的庸人，其平庸足迹刚刚才被涂抹干净。[20]事实上，波尔克在杰克逊时期历次斗争中的表现可不是"平庸"二字可以形容的。他曾担当过政党经理人和众议院议长的角色，这些都足以表明他是一个兼具敏锐和干才的领袖人物。他曾投身田纳西政坛，竭力将这个州从辉格党的控制中解救出来，作为该州州长，他经历了两段相当成功的任期，1840年，他差一点就获得了副总统竞选提名，1844年，一度成为范布伦的竞选伙伴。他的声誉远远超越了他的家乡州。比如说，早在1839年，马萨诸塞的一家报纸就预测他将成为总统。[21]

波尔克获选之时只有四十九岁，非常年轻，也是当时为止合众国最年轻的总统。此时波尔克仍然是一八三〇年代的那个波尔克，愉悦、没有架子，但也不失尊严。就这样，他直接入主白宫，身上的自卑感尚且没有褪去，他自己也很清楚这一点，他在信中向塞缪尔·琼·蒂尔登坦承说，他进驻华府之时，并没有先前那些总统们的那种强悍的"个人力量感"。不过，他也申述说，他绝对不会成为任何人的"临时代理人"；老托马斯·里奇品评说，他"对一切的强迫都非常敏感"；他甚至不愿意接受他心目中的英雄兼政治恩主杰克逊的宰制。比如说，杰克逊曾希望《华盛顿环球报》继续担当政府的喉舌，波尔克则坚决抵制了此一要求；杰克逊提醒他防着罗伯特·约·沃克，波尔克也不予理会；杰克逊举荐阿莫斯·肯德尔和威·伯·刘易斯入阁，波尔克同样予以拒绝。[22]

波尔克当然不是那种一等一的政治家，他不具备杰斐逊或者杰克逊的那种创造性的政治才干，不过，他集中政府能量和精力达成预定目标的能力，却是没几个总统能与之媲美的。他很早就搔着大腿，非常确定地告诉乔治·班克罗夫特说，"本届政府有四大举措，其一，降低关税，其二，独立财政，其三，解决俄勒冈边界问题，最后是将加利福尼亚纳入联邦"。[23]波尔克凭借平静坚韧的力量，步步为营，节节推进，将障碍悉数清除，同时也非常坚定地让一切个人野心屈从这些目标。

此时美利坚民众显然不曾预见到此等效能的行政权能，而是在等待、在观望，特别想知道波尔克的内阁究竟会落在何种势力的掌控当中。最终出炉的内阁名单却让人摸不着头脑：国务卿是布坎南，沃克执掌财政部，马西和班克罗夫特执掌战争部和海军部，这基本上是一届杂耍团队，令党内的三个集团——范布伦派、卡斯派和卡尔霍恩派都非常不满，而且，这样一届内阁基本上是看不到团结和效能的前景的。然而，波尔克有着坚定的意志和清晰的规划，这足以令他成为这届内阁真正意义上的主人。波尔克一上来就宣布了放弃连任的决定，这也就令所有的内阁成员都同样地放弃了当总统的野心。如同班克罗夫特多年后评说的那样，波尔克从来都是内阁的中心和首领，一直牢牢地将阁僚控制起来，令他们团结一致，采取行动。[24]

波尔克其人非常谨慎内敛，很是多疑，这令他总是笃信并秉持自己的想法，吉迪恩·韦尔斯颇为恼火地品评说，他有一种"狡猾特质，但是他自认为那叫精明"[25]。此外，波尔克是极度的工作狂，记忆力和细节掌控力相当突出，这样的人物绝对不会是那种在实战当中听凭阁僚的诸般主张随意驰骋的人。他缺乏那种托付责任的能力，这的确是他的一大缺陷。"我通常都是事必躬亲，而不是将公务交托给属下，"波尔克宣示说，"这就令我肩头的责任极为沉重且巨大。"[26]他任期最初的十八个月里，他实际上只离开过华盛顿两次，而后便永远地离开了。[27]1847年时他说："我当然是位高权重,不过,我也是这个国家最为勤劳的人。"应该说,他这话倒是大实话。[28]就这样,他无情地自我驱策着,这样的辛劳很快便将他消耗殆尽,在离开白宫之后没过几个月,他便去世了。的确,他知道自己想要什么,他也得到了它,可惜,它却杀死了他。

波尔克的前两项施政计划,也就是削减关税并重建独立财政,在激进派议程表上拥有十分重要的地位,波尔克的政策因此也就赢得了激进派的热情支持。不过,他们并没有以主人翁般的热忱态度来看待这些改革举措,这是因为作为财政部部长的罗伯特·约·沃克乃直接参与其中,创制了这些改革举措。沃克的履历可谓犬牙交错,巴尔的摩集会之时,他参与了挫败范布伦的行动,杰克逊对他的不信任是天下人都知道的事情,这也就令他在激进派心目中的形象彻底毁灭了。尽管如此,他还是秉持了坚定的硬通货立场,据此为波尔克的纲领战斗,并将极大的才能投注其中。

将独立财政计划付诸有效实施之后,他便转向关税问题。1845年12月3日,他发表的咨文可以说是民主党在关税保护问题上的经典论说。沃克写道:"公正地讲,所有税收,无论是直接税还是间接税,都应当尽可能地贴合应税财产额度,否则便难以推行。"以此为前提,他开始对高关税提起强力批评,认为所谓的高关税"无非就是盘剥民众的钱包,用来提升受保护集团的财富"。这样的举措非但不能令劳动者获益,反而强化了资本对工资的控制权能,由此令劳工更加陷落于资本的权能当中。[29]1846年,在经历了一场激烈斗争之后推行起来的关税法,正是沃克自身观念的体现。(霍勒斯·格里利专门谴责说,波尔克的"视野仅及于资本家……沃克则是要教导所有的非资本群体去嫉妒、仇恨资本家,将资本家视为终极压迫者"。)[30]到了1847年春天,沃克疲惫已极,喉咙疼痛不堪并缠上了纱布,只能通过写字跟人交流了,波尔克相信他命不久矣。[31]

4

波尔克的财政政策当然完全符合杰克逊统绪,并且在第三个问题、也就是俄勒冈问题上,他的表现也赢得了激进派的赞许,尽管如此,内阁同"烧仓派"之间的关系却是日益恶化了。他在第四个问题也就是加利福尼亚问题上的政策,则令播种已久的分歧种子趋于成熟。

波尔克本人很清晰地觉察到此一分歧和争斗的根源。"在我上任之初,范布伦先生就对我十分不满了,"波尔克于1847年写道,"因为我依从自己的判断,选任了我自己的内阁。"[32]范布伦的支持者们都觉得他们的领袖是因为遭受欺骗而退出总统竞选的,因此,便也都觉得波尔克或多或少应当算是范布伦的代理人。他们因此也认定,联邦裙带资源应当用来强化"烧仓派"。当波尔克将裙带资源用于团结全党的时候,他们便将每一桩他们不能赞同的分配行动视为背叛。他们对波尔克的独立诉求不予信任,并因此得出结论:波尔克在向蓄奴集团出卖利益。

波尔克也确实在尽可能地安抚他们。一开始,他邀请赖特和巴特勒入阁,但两人都拒绝了。纽约州的另一个拥有全国声望的人是马西,波尔克邀请马西执掌战争部。范布伦则推荐弗拉格或者康布勒朗执掌战争部,若是对纽约政坛之复杂有着比波尔克更深的了解,则应该能理解范布伦为什么会举荐马西。无论在州政治还是在联邦政治中,马西都不曾表现出明显的反杰克逊立场,就在提名大会前夕,他也为着范布伦的利益展开了一系列的复杂运作和谈判(比如说,他曾劝说班克罗夫特为范布伦撰写一份助选传记)。此外,波尔克还在范布伦的强力推荐之下,将海军部给了乔治·班克罗夫特。(前总统还特别提醒波尔克,千万别被班克罗夫特的文学声誉给欺骗了,切不可低估班克罗夫特的实务能力:"切不可以为这些舞文弄墨的人就没有实际才能,他们是扬基佬,可不是别的什么族群,这个群体跟苏格兰人一样,通常都兼具文学才具和实务才具,他们唯一缺乏的就是机会……一旦有机会,他们就可以证明他们的多才多艺。")[33]

然而,在"烧仓派"眼中,单单是马西和班克罗夫特尚且不足以构成他们充分的利益保障。接着,波尔克便解雇了弗兰克·布莱尔,关闭了《华盛顿环球报》,将《华盛顿同盟》作为新的内阁喉舌,并令托马斯·里奇执掌这块阵地。波尔克有很好的理由解雇布莱尔,因为他认为布莱尔有可能影响政党和谐,更有可能干预自己的行动自由。他的看法是正确的,《华盛顿环球报》是范布伦和本顿的喉舌,而不是内阁的喉舌。布莱尔公开反对卡尔霍恩,卡斯也不信任他,他本人也已经疏远了大多数曾跟泰勒有染的民主党人。波尔克告诉杰克逊,"布莱尔是绝无可能得到全党支持的"。布莱尔其人一直图谋从《华盛顿环球报》编辑部操控内阁,这就令波尔克的敌意更形严重。"我的地盘必须由我做主,我不会让任何报纸来控制我的内阁。"波尔克同时也怀疑布莱尔对自己的那种不温不火的态度。[34]激进派自然无法理解这个杰克逊民主的忠实支持者为何会落得如此境遇,也就只能认定,是波尔克为了跟卡尔霍恩达成交易,将布莱尔卖掉了。

就这样,总统动用大量的联邦裙带资源,试图在纽约州修复党内裂隙,而不是一味地去拱卫"烧仓派",这样的举动令"烧仓派"方面认定总统在叛变。但实际上,波尔克仅仅是要寻求党内团结而已。"什么都满足不了他们,"波尔克品评说,"除非我去做他们的人,除非我将民主党的其他派系悉数清除掉。我当然可以像范布伦先生那样,向他们充分释放联邦裙带资源,但是我不可能为了赢得他们的善意而将其他派系都清除掉。"[35]不过,波尔克的此番政策也并没有令反范布伦集团满意。丹尼尔·狄金森,来自纽约州的守旧派参议员,此人就曾威胁说,倘若不即刻向守旧派释放联邦裙带资源,那他就辞职。"对此等威慑态度,我十分愤怒,"波尔克给出了有代表性的评说,"不过,我还是控制住我的怒火并告诉他,你应当冷静一些,这对你有帮助,能让你清醒一些……实际上,狄金森先生和马西先生辞职与否,我都无所谓了。"波尔克在两院都宣示了自己的愤怒,并提起了警告。"我对这些琐碎无谓的派系争斗憎恶已极……很多时候,我都是拒绝倾向任何一方,轮流着得罪双方。"[36]

不过,有一点是应该肯定的,跟守旧派相比,"烧仓派"对联邦职位有着更为强劲的权利主张。比如说,"烧仓派"是政府经济政策更为稳靠的支持者,比守旧派要稳靠得多,而且,他们完全有理由认为,作为杰克逊统绪之纯正传承人的他们,是不应当跟昔日里保守集团的传人平起平坐的。说白了,纽约州的这些争斗,看似琐碎,内里则蕴含了相当程度的原则诉求。波尔克显然低估了这样的原则诉求,而且或多或少地可以说,是有人故意误导了波尔克,毕竟,诸如布坎南和沃克,都强烈希望就此抹平赛拉斯·赖特对总统大位的野心。同时也可以肯定,在其他问题上,波尔克表明并且证明了他对激进派立场的基本倾向,不仅他自己推行的施政纲领是如此,他在其他州释放联邦裙带资源的情况也是如此,比如俄亥俄州和马萨诸塞州,等等。波尔克将波士顿港税员的职位给了马库斯·莫顿,为此还抵抗了南方的反对声浪,南方集团就因为这项任命指责波尔克是废奴派(当然,亨肖、哈勒特和兰拓尔在这其中也是有所策动的)。[37]

就这样,"烧仓派"认定波尔克背叛了自己,为了跟其他派系达成交易而牺牲了他们,这样的看法无论如何都没有任何理据。波尔克态度非常坚决,就是要重建党内团结,这样的意志激怒了各个派系,同时也对各个派系形成了威慑。波尔克执政第一年,反"烧仓派"的私人信笺充斥了种种怨愤,他们认为波尔克倒向范布伦集团，为此，他们便开始走向反波尔克立场。卡尔霍恩因为失去了国务卿的位置而愤怒不已，他对眼前的局面只有一个看法，"我当然是挡了杰克逊体制复辟的路"。另有一个卡尔霍恩派抱怨说，"我们选的这个总统根本就不是一个独立的人，他的手脚都被捆绑在范布伦的战车上"。这是必然要发生的事情。"本顿、布莱尔和坦慕尼协会实际上主宰了一切。""波尔克政府完全是范布伦的天下。"[38]

当然也有人觉得沃克或者布坎南是本届政府真正的幕后老大，不过，所有这些看法都植根于这样一个谬误：詹姆斯·柯·波尔克没有能力执掌自己的政府。话又说回来，即便是波尔克，也只能靠着纯粹意志的力量将各个派系捏合起来。毫无疑问，得克萨斯问题揭示出来的一切将会彻底改造各个派系，令党内冲突爆发出来，将原来的政治纽带炸裂，变成一地鸡毛。

5

杰克逊主义者的统一和团结局面就此瓦解。那么，我们的"老山胡桃树"呢？此时的这个老人仍然拒绝西去。旧日伤病已经令他的身体疲弱不堪，三十年前的克里克战役已然摧毁了他的身体，不过，他的意志仍然强悍且坚定，依然坚持着。经年累月的咀嚼烟草，令他的声带都在颤抖，更是给他留下了严重的头疼病。两个肺，一个已经废掉，另一个的情况也很糟糕。一系列的身体疾病令他落入绝望境地，他仍然沿用原始的救治办法——放血疗法。此时杰克逊已经是瘦骨嶙峋，没有血肉，如同鬼魅，仍然梳着一头白发，偶尔吃上一点点的米饭和牛奶。

就这样，这个老人仍然靠着无比强悍的意志活着。任何痛楚都不曾令他发出任何的怨言。他的头脑仍然敏锐且强劲，一如既往，他的风范,如同保尔丁于 1842 年拜访赫米蒂奇时说的那样,"比我所见的任何人都更为谦和优雅"。[39]他就如同族长一样统领着自己的种植园。早上起床后,他会骑马巡视这片地产,会停下来跟自己最喜欢的马夫闲扯几句,接着便前往田间,在那里采摘棉花的黑奴会向他发出三声问候。晚上,他会带领全家进行祈祷。他一直贪婪地紧盯着政治,在事关国家命运的问题上也一直都在提出猛烈且决绝的建言……然而,死神是无可抵御的,即便杰克逊这等人物也不例外。[40]

夕阳将长长的阴影投射在赫米蒂奇的这片土地上,傍晚时分,老将军拄着那长长的拐杖,在长廊里面来回走动;当最后一抹余晖洒下的时候,他会挺直腰身,大踏步地穿过绿茵茵的草地,径直前往妻子的坟墓。时光迁移,1844 年过去了,1845 年到来了,波尔克在总统位置上已经相当安稳了。6 月降临了,田纳西的夏日时光静谧且炎热。6 月 8 日是个星期天,这天早上,在经历了历时一个星期的非同往日的疲弱之后,老将军脸色苍白,陷入昏厥。家中的奴隶们禁不住痛苦哀嚎起来,这痛苦的声音回荡在赫米蒂奇的田间和马棚。"哦,上帝!哦,上帝!老主人死了!老主人死了!"不过,晨雾很快散去,老人又恢复了意识。刘易斯少校于中午时分抵达老将军床边,老将军将想说的话告诉他,让他转达给本顿、布莱尔和萨姆·休斯顿。

时间向着下午迫近,高高的桃木腿支撑起来的高床周围,老将军的朋友们驻足静立,眼含热泪。窗外,奴隶们悄然集结起来,哀恸不已,昔日里的贴身家仆也都静立在侧。"别哭,"这个将死的老人一度焕发了一些精神,说道,"我们会在天堂再见的,是的,我们都会去往那里的,无分黑白。"话音刚落,人群当中又是一阵哭泣。老人环视四周。"为什么哭呢?我就要回到救主的怀抱了!救主是要让我解脱的,你们应当高兴才对,不许哭啦!""嗨,大家都别哭啦。做个好孩子,我们天堂再会。"老人服了镇痛剂,便不再说话了。下午六点,夕阳余晖透过窗户洒进来,老人轻微地抽搐了一下,下巴随之垂下,呼吸渐渐消失,一切都是那么柔和,人们甚至都不知道老人是何时停止了呼吸。萨拉·约克·杰克逊一直握着老人的手,突然之间晕倒在地,人们将萨拉抬走。此时整个赫米蒂奇种植园一片哀恸之声。[41]

葬礼是一场大规模集会,白人和黑人齐聚在悲恸氛围当中,老将军的宅邸挤满了人,人们安静地等待着送老人最后一程,老人的歇息之地就在一处树荫遮蔽之地,旁边就是老人的一生所爱蕾切尔的坟墓。葬礼布道刚结束、葬礼尚没有正式开始的时候,老人的宠物,一只鹦鹉一下子变得非常躁动不安,人们遂将这宠物送走了。老人的躯体进入坟墓的时候,刻意停留了一会,以便众人最后再看上一眼。悲恸不已的黑人妇女挤进人群,来到前面,要看一看她们的老主人,并将白人妇女的坠饰留在墓地,那上面已经满是泪水了。一名在场的人禁不住品评说,"人都说,死亡让众生平等,但是你可曾见过这样的平等呢"。[42]

日后,卡特伦法官在思量杰克逊之伟大的时候,禁不住地将这一切都溯源于杰克逊那恢宏的领袖品质。"一件事情应该怎么去做,他对此是有率直感受的,于是,他便会采取相应的计划。"那也许不会是最好的计划,不过,他仍然会悉心执行,力求发挥最大功效。"他的做事风格,可以说是极度勤奋,不知疲倦,在这方面,罕有其匹。"最重要的是"他的强悍意志,那样的意志,兀自伫立,感染并激励着他麾下的所有人"。"倘若他从云端跌落一座着了大火的城市,他定然会身先士卒,迅速带起一支灭火大军,为了遏制大火,他会毫不犹豫地推倒一座宫殿,若是换作他人,即便是为此拆掉一处板棚,恐怕也要顾虑良多。他说干就干,行动迅捷。往日里那些疲弱怯懦之人,在他的感召之下,也会一下子振作起来,加入这行动大潮。"

卡特伦接着品评说,"看看这里的这些怯懦的男人、柔弱的女人，只要他发出命令，这些人都会勇往直前，坚定不移、无所畏惧，即便这是他们平生当中的第一次"。也正是因此，在漫长的五十载岁月当中，美利坚大地之上的人们一直都在追随他；也正是因此，他才得以横扫所有的反对势力，"如同春风野火，以强劲之势将这草原荡涤得干干净净，连废墟上的一缕残烟都不曾留下"。[43]

这个老人的故去令人民内心升腾起空荡荡的感觉。迈克尔·夏纳是华盛顿码头的一个贫穷黑人劳工，他是这么呈现自己内心的深切痛楚的："杰克逊将军就这么走了，这个世界再也听不到他的声音了。但是他的名字仍然存留美利坚人民心间，他的灵魂已经回归造物主那里了，我相信，他现在就坐在造物主的右手边，尽享荣耀时光。"[44]

三十四　自由土壤

　　1845年年初，参众两院发布联合决议，正式兼并了得克萨斯。1846年1月，波尔克命令美国军队在扎卡里·泰勒的统领之下越过墨西哥的领土，推进到格兰德河。"昭昭天命"开始沸腾起来，此时身在林登沃尔德悠闲度日的范布伦是颇值得为自己的远见庆祝一番的。泰勒将军率领一支混乱的军队，就那么在争议之地等待着，波尔克则试图用钱将墨西哥北方诸省买过来，但徒然无功。于是，4月24日，两国军队开战了。消息传到华盛顿，可谓正逢其时，一下子便令一切反战势力闭嘴了。从南到北，普通民众纷纷在征兵站排起长长的队伍，挥别含泪送行的家人。新英格兰跟格兰德河可以说是隔了万水千山，不过，塞思·路德，老牌的劳工权利鼓动家，宣示他是第一个扬基志愿兵。[1]还说，美利坚民主如今要拓展自由之地了。沃尔特·惠特曼，《布鲁克林报》的编辑，写道："美利坚的权力和领地应当扩张，这是为着全人类的利益，扩张得越远越好。"[2]

1

　　这是一份民主党激进派的画像：戴维·威尔莫特来自宾夕法尼

亚的布拉德福德县，1844年时正好三十岁。在地方政治舞台上，他参加了反债务监禁运动，同时也为硬通货政策而战。他还勇敢地支持独立财政政策。1840年的那场溃败中，他仍然是傲然挺立，英勇无畏。1845年，他获选进入联邦众议院，在众议院，他是宾夕法尼亚国会党团中唯一一个投票支持沃克关税计划的人。他从一开始就是坚定的范布伦集团成员。不过，当得克萨斯问题浮出水面的时候，他也跟其他的激进派一样，脱离范布伦路线，转而支持兼并政策。

　　胖乎乎的婴儿脸，衣着邋遢，毫不讲究，嘴里一直放着一块烟草，头发差不多都把眼睛盖住了，就是这样一个戴维·威尔莫特，从来都是一个彻底的杰克逊主义者，他认定自己的政治职责是捍卫劳工权利。也就是依托这样的责任意识，在战争进程中，他也开始对1844年令范布伦倒下的那个问题有了越来越深的理解。经由这场战争而来的这片土地会成为北方自由劳工的财产吗？还是说，很快就会被南方蓄奴集团给瓜分了呢？

　　此时普雷斯顿·金已经用他那种令人愉悦且不乏说服力的方式展开运作了，目的是将北方的众议员团结起来。威尔莫特很快便加入了普雷斯顿的这个集团，来自俄亥俄的雅各布·布林克霍夫、来自缅因州的汉尼巴尔·哈姆林以及一批年轻的反奴隶制民主党议员就此集结成一个非正式的北方路线委员会。这其中，每个人都自认是这个集团的领袖；实际情况则正如吉迪恩·韦尔斯说的那样，普雷斯顿·金，"很是低调，虽然他嘴上不说，但他就是那个将这个集团维系起来的人"。[3]1846年8月，他们看到了机会，其时，波尔克要求国会拨款两百万美元，以便同墨西哥方面达成交易。

　　8月初的一个闷热天气，已经是晚上时分，蜡烛和油灯将原本昏暗的众议院会客室照得透亮，普雷斯顿集团围坐在这间房子里面，边喝冰水，边展读报刊。很快，戴维·威尔莫特便提议说，应当对拨款提案进行修订，将奴隶制排挤出战争所获领土之外。他后来宣示说,"我要给我们的白人自由劳工保留一片公正土地,一笔丰厚馈赠,这些辛勤的人们跟我们是一个族群,同样的肤色,我要让他们的生活摆脱羞辱,一旦沾染蓄奴势力,我们的自由劳工就难免这一切的羞辱"。[4]或者也正如普雷斯特·金于1847年1月重启《威尔莫特但书》的时候宣示的那样,"这个共和国是时候借由法令宣示立场了,是时候表明态度,不再充当奴隶制的扩张工具了……倘若不通过法律将奴隶制排除在外,那么,奴隶制就会将白人劳工排除在外"。[5]

《但书》未能获得通过,不过,自由土壤问题却因此得以正式浮出水面并摆在国人面前,那样的申述语式是足以激发深沉的杰克逊主义情感。"问题,"沃尔特·惠特曼呐喊着说,"……在乎两个集团之间,一边是白人劳工者群体,是数百万之众的技工、农民和劳工,还有他们的利益诉求;另一边是不足千人的权贵集团,他们置身南方,富有,'优雅',是贵族奴隶主。"[6]

不过,杰克逊派的另一个成员并不这么想。"奴隶制问题上的这场躁动是糟糕且邪恶的,"詹姆斯·柯·波尔克宣示说,"他们策动这股潮流,并非出于爱国动机。"在波尔克看来,《威尔莫特但书》是"糟糕且愚蠢的",整个的这场运动就是一场毫无意义的骚乱,是"煽动家们和野心政客们为了推进自身的诉求"而使用的手段。[7]

这一敌对态势并不是因为任何奴隶制诉求而起。事实上,波尔克拒绝在任何积极的意义上表现出亲奴隶制抑或反奴隶制的立场;他采取的政策和行动完全是为了维持杰克逊派的团结和统一,为此,他实际上希望将一八三〇年代的那种中立态势延展到一八四〇年代。他全部的经验已然接受了奴隶制的社会存在,但并不接受奴隶制的政治存在,应该说,作为一个普通人,他完全没有感受到这场正在将杰克逊派撕裂开来的道德危机。他说,"奴隶制是宪法将以妥协方式予以解决的诸般问题之一。同这场墨西哥战争并无任何逻辑关联，无论是过去还是现在，都是如此"。[8]由此观之，"烧仓派"也就毫无理由如此反复无常地推进这个危险问题，这个问题只会分裂民主党，并不会给国家带来任何好处。

波尔克没有那种认可反对派之诚实性的能力，这是他的重大缺陷。在他看来，反对派从来都是奉行自私和派性准则，从来都是植根于野心或者在裙带资源问题上的嫉恨或者失望。如此纯粹地自认不会犯错，一方面令他的政府拥有了特殊的力量，这个政府非常果断，目标坚定，对目的的选择非常沉稳，而且能以极大的耐心和精细达成目标。但这同时也造成了这个政府的特殊弱点。由于误判了反对派的理据，波尔克便一直都低估了反对派的道德力量。他拒绝感受奴隶制问题所蕴含的那种无可压制的道德能量，这是他最为显著的失败。

对很多人来说，在一八四〇年代仍然摆出中立姿态，已然是越发地虚伪了。一时的激情便由此催生出一种后来在历史学家中短暂流行过的理论，认为波尔克是蓄奴集团之阴谋的代理人。此一理论有两大来源：其一是范布伦集团的历史作品，特别是哈蒙德法官撰写的赛拉斯·赖特的传记和本顿的《三十年见闻录》；另一个源头则是新英格兰改革派提起的论题，特别是西奥多·帕克在《马萨诸塞季刊》发表的一系列文章以及詹姆斯·罗素·洛厄尔编纂的《比格洛文件》。

波尔克曾告诉威尔莫特说，他根本无意扩张奴隶制，并说，整个这场"但书"论战纯粹是在"一个抽象问题上"刻意炒作，因为奴隶制是绝无可能在新墨西哥或者加利福尼亚存在的；波尔克说这话的时候，的确是发自内心的。[9]实际上，波尔克十分谨慎，尽可能地避免跟亲奴隶制兼并派走得太近，而且他也从来不曾跟种植园主、南方辉格党人或者卡尔霍恩派民主党人交好。在奴隶制问题上，对战双方的歇斯底里都令波尔克感到震惊。"两边都没有爱国情感可言"，他坦率直言，而且他相信，卡尔霍恩"对总统职位的渴念已然到了疯狂地步",正是这样的欲念令卡尔霍恩抓住这个地区性质的问题,"将之视为唯一可以在困顿境遇之中支撑他的手段"。对"烧仓派",他也是同样地担忧,他觉得"烧仓派"面对这样的挑战会大喜过望,欣然应战,这样的话就可以突出赛拉斯·赖特的地位了。两大集团"都将奴隶制问题当作一场游戏,都试图借助这场游戏来保证各自的宠儿赢得未来的选战……我对这样的图谋,向来是深恶痛绝"。[10]卡尔霍恩曾恳请波尔克不要忘记南方血统,试图借此引诱波尔克反对北方,波尔克则告诉他说,"我对一切有可能引发暴力或者各州分裂的运动,都不会给予任何支持"。波尔克此前曾提名一批卡尔霍恩派民主党人担当联邦职位,这些人竟然同辉格党联合起来,共同反对北方民主党人的反奴隶制倾向,波尔克对这些人提起了严正谴责,他说,"我反对南方的煽动者,我同样反对北方的狂热者"。[11]

2

然而,北方在奴隶制问题上的焦虑正日趋强烈。二十年的不安和动荡逐渐积累起来,如今算是要发威了。宗教上的反奴隶制群体,通常都是经济问题上的保守派,他们更多地是关心黑奴本身,而不是特别关切北方的白人劳工,他们的观念在辉格党里面传布甚广;政治上的反奴隶制群体,则主要是关切白人劳工的未来,他们的观念在民主党里面拥有越来越大的影响力。

此时,已有诸多迹象表明,这两大集团很可能会联合起来。约翰·格林利夫·惠蒂尔是道德上的废奴派,同时也具备相当程度的现实感,这样的人并不多见。他很早就认为,范布伦虽然是大师级的政客,但是他竟然在那么一个时刻令得克萨斯问题成为焦点问题,这毫无疑问是错误的。美利坚人民当然是支持兼并的,那毕竟是民心所向。"倘若不将这丑陋的奴隶制问题视为兼并的必要前提条件,那么,这些在得克萨斯问题上嗓子都吵哑了的躁动政客,势必会非常满意。"战争当然应该打,不过不是反对扩张("反对扩张,显然是不可能的事情"),而是要反对出现更多的蓄奴州。[12] 戴维·威尔莫特的举动可算是为这场战争做出了精确界定。

反奴隶制集团应当奉何人为自己的领袖,此时的看法也越来越倾向于范布伦当年的副手——时任纽约州长的赛拉斯·赖特。赖特本无意接受州长之职,也只是因为政党义务要求他这么做,他才出面担当了这个职位,毕竟,对奥尔巴尼摄政团的成员来说,政党义务是高于一切的,除了个人荣誉而外。"在我的政治生涯中,还不曾有过任何事情像这件事情一样,"他不久后就宣示说,"如此背离我的兴趣、情感和判断。"他当然不觉得自己会在选战中被打败,不过,他也清楚,"胜利本身恰恰是最有效的武器,可以将我击败"。他实际上坦承了他的一项深沉信念:"失败恰恰是最好的事情。"[13] 他天然是一副悲观心性,这样的宿命感也就很自然地从中涌动而出。他在私下聊天时也曾品评说,既然州长职位是避无可避了,他也就只能在这个位置上结束自己的政治生涯。[14]

赖特的此番忧虑当然是有理由的。纽约州的政治情势可谓盘根错节,实在是无解。赖特当然很清楚,他没有能力将纽约的民主党团结起来。无论他采取怎样的政策,一旦成为"烧仓派"的领袖,就必然会招致守旧派的全力攻击。"他的提名是致命的,"威·亨·苏厄德评论说,"无论成败,都将结束他的政治生命。"[15] 此外,赖特的才能在于国会,而非行政。卡尔霍恩根本就不相信赖特会接受此一提名,他早早地就说过,赖特的真正位置是在参议院。"他在那里能够挥洒出少有人能匹敌的力量。他心思富于逻辑,精通立法事务,更以国会史上无出其右的机巧和才能引领了一个多数派。他可以极为娴熟地运作他们的提案,但他自己并没有创制提案的能力。倘若有范布伦作为领袖,赖特将无可抵御;倘若让他靠着自己的头脑行事，他注定会失败。"[16]

无论出于什么样的原因，赖特在担任州长期间并不避讳任何一场斗争，而是直接参战，并且潜意识里为失败做好了准备。"我的体会就是这样"，1846年，马西写道，他"似乎是完全麻木了"；1849年，马西不免回望这个自己昔日里颇为敬仰的人物，不免感慨说，赖特自从投身奥尔巴尼摄政团之后，就不再是赖特了，"要不就是我以前看错人了"。[17]当然，若是依据通常标准来衡量，这并不能说是一场失败，不过，赖特执掌州长职位期间也的确是树敌不少，又没能为自己一方赢得任何像样的胜利，总体态势暧昧不明。1846年，当他的任期结束的时候，守旧派对他的激进经济政策已然是极为震怒了，遂决意将他驱逐。还好，"烧仓派"在约翰·范布伦的出色引领之下控制住了提名大会，并确保了赖特获得连任提名。

波尔克的态度令局面乱上加乱。1845年，波尔克曾告诉约翰·路·奥沙利文说，他认为赖特"是这个国家一等一的人物，几乎可以胜任任何职位"，波尔克对待赖特的个人感情一直都是很友好的。[18]不过，波尔克也一直都信奉自己的固有看法：纽约民主党的两派应当和解，即便是在守旧派已然明确了赖特的政敌身份很久之后，波尔克仍然秉持这个看法。于是，班克罗夫特才会在1846年告诉赖特说，纽约的问题是华府方面根本无从理解的。波尔克的此等政策路线最终给纽约政坛留下这样的印象：华府方面是反对赖特的。1846年，一批联邦职位持有人开始反对赖特，守旧派则以集团身份出现，竭尽所能地要在提名大会上挫败赖特。结果，赖特的票仓损失了五万四千张选票，并遭遇挫败。"我怀疑是不是总统先生想要这样的结果，"素来心思中正的赖特不免评论说，"不过这些都无所谓，败局早就注定了，那些在他身边说三道四的人，其实也是无所谓的。"[19]波尔克听闻失败消息之时，认为这场失败的主因是守旧派的"麻木不仁和秘密拆台"。"这个派系，"波尔克在愠怒中写道,"若是落到我手里,我不会给他们好果子吃,只要他们再干这样的事情。"[20]

确信自己的政治生涯就此结束之后,向来平实的赖特便回归家乡坎顿的小村庄,退隐田园了。但是这个国家的人民并不像他本人那么肯定。这场失败非但没有折损他的政治信誉,反而令他成了反奴隶制战场上的殉道者。普雷斯顿·金此时在众议院推行的那种冷静且无畏的策略,更是给赛拉斯·赖特添光加彩。普雷斯顿毕竟是赖特的门生,也是赖特所在选区的众议员,因此便被视为赖特的代言人,就如同昔日里赖特一度被视为范布伦的代言人一样。当《威尔莫特但书》将问题正式摆上台面的时候,没有人怀疑赖特的立场。1847年1月,赖特写道:"我当然觉得若是提出反普雷斯顿决议,将会对本届政府造成致命威胁。"这一年的4月,赖特再次申述说:"在这个问题上,我就是这么看的,有人觉得我会有不同的看法或者回应,这倒让我很是吃惊。"他还在私下里宣示说:"其实,这个问题很好解决……只要所有的自由州团结起来,共同捍卫并支持自由土地计划就可以了,就像南方那样。南方从来都是团结协作,共同致力于扩张奴隶制的。"[21]

3

1848年越来越近了,此时的北方,人们正在思量着如何最有效地将各个自由州团结成"一个整体",共同捍卫自由土地。5月,萨蒙·波·蔡斯,来自俄亥俄的反奴隶制领袖人物,一个天分十足的年轻人,写了一封重要信笺给约翰·帕·黑尔。蔡斯一直在为自由党效力,此时黑尔正在运作,希望能在1848年为蔡斯赢得提名机会。但是蔡斯对这个第三党的前景并不抱乐观态度。"我们当然可以争取公众情感的支持,"他申述说,"但是一旦我们完成了这项工作，两个大党就会逼近我们的领地，并将我们的领地严密封锁起来，令我们的人数根本无法有像样的扩张。若如此，则自由党就根本无从指望做成像样的事情，因此，我们也就只能迂回前进，通过对两个大党发挥影响来间接达成我党所愿。"

这样的话，岂不是能够更有效地支持两个大党中的反奴隶制集团吗？"创建一个新党，绝对不是好办法，用这样的办法施压于两个大党，让他们去做某件事情，这绝对不会是很容易的事情。"一些反奴隶制群体当然会指望辉格党。"我没有这样的指望……而且我担心辉格党在这个问题上的态度，说实在的，并没有什么东西可以强制他们在奴隶制问题上采取特定的态度，他们只是便宜行事而已；相反，"这位昔日的辉格党人继续申述说，"倘若我们能够让民主党动起来，将摧毁奴隶制视为民主原则之自然且必然的结果，我们就丝毫不用担心什么了，在这种情况下，民主党就定然会将问题推进到底。"倘若民主党提名赛拉斯·赖特，那么反奴隶制力量不就都集结在赖特身后了吗？[22]

两个月后，蔡斯致信普雷斯特·金，承诺自由党会在《威尔莫特但书》及其相关问题上襄助赖特。此时蔡斯已经在反奴隶制激情的驱策之下向激进立场稳步靠拢。在这种情况下，蔡斯还在信中补充说："就我而言，我差不多在所有问题上都强烈同情民主党，但是我绝对不会屈从蓄奴势力。"[23] 托马斯·哈特·本顿，此前找了一个法律上的托词，没有为《威尔莫特但书》提供政治背书，但也很快就对南方的那种倨傲态度越发地愤慨了，遂于8月宣示说，民主党必须迎接卡尔霍恩的挑战，提名范布伦或者赖特，即便这代价是民主党公开决裂。[24] 很快，在整个北方地区，赖特的名字开始出现在各大报刊的显著位置，显然成为人民选定的1848年竞选提名人。（南方遂感受到了压力，卡尔霍恩的一个忠实追随者在一顿大餐之后从不安中醒来，便尖叫着说："这个赛拉斯·赖特就是我的眼中钉肉中刺啊。"）[25]

但是此时赖特依然在坎顿继续自己的退隐生活。政治生活的一切烦恼和恶毒此时都消失不见了，取而代之的是恬淡的田园生活。赖特已经彻底戒酒了，将政治抛在脑后，就此回归田园，闲云野鹤，两袖清风。他很快便用三倍于昔日的强度投入到田间劳作当中。1847年6月的一天，天气闷热，有人前来造访赖特，看到他正在收拾马铃薯地，跟普通农夫没什么两样，汗水正顺着脸颊流淌而下。这座幽僻小村庄里的时间过得很快，白天是长时间的劳作，晚上时间很短，全家人围拢在起居室的那张朴素的红木桌子周围，很快便消磨过去了。7月和8月，热气就如同毛毯一般将坎顿覆盖起来，但是赖特仍然在辛勤劳作，不停地清扫沟渠，将垃圾装入马车，接着便是犁地、规整田垄，等等。8月18日，他突然感到一阵胸痛，21日，胸痛复发，不过，只要略微休息一下，发发汗，痛感很快就消失了。

8月26日，他参加了一个葬礼，而后便一直劳作到很晚，将田间谷物全部收割完毕，这一天的夜晚出人意料地寒冷。第二天早上一大早，他如同往常一样前往邮局取件。还没打开信封，他那原本红润的脸上便泛起一阵死灰一般的颜色。有人帮他坐下，尽管他不愿意，但还是帮他叫来医生。此时赖特显然是陷入极度的痛感中了，眼睛充血且显出玻璃一样的色彩，前额已经呈现死一样的苍白，胸部疼痛欲裂，双手托着脑袋。人们纷纷围拢而来，询问情况，赖特几乎是以无限的耐心一遍又一遍地回答着同样的问题。医生给他打了镇痛剂，赖特遂平静地走回家中。痛感并没有缓解，他合衣躺倒在床上。十点钟的时候，他便突然归天了。[26]

直到这个时候，北方才真正意识到自己是多么地倚重这样一个人物。在这个要命的早上，密苏里偏远之地的一家报纸还在祭起赖特的大名，力荐他竞逐总统大位，他死亡的消息令整个反奴隶制集团结结实实地打了一个冷战。（南方自然是兴高采烈。"总算是完蛋了"，身在彭德尔顿的卡尔霍恩说，此时卡尔霍恩对形势当然是很清楚的，正如他的一个朋友在信中说的那样，"倘若赛拉斯·赖特还活着，我们是无力阻止他获得提名的"。)[27]波尔克则在自己的私人日记中将赛拉斯·赖特称为"伟人和好人……他的死，令我极为悲伤且遗憾"。[28]

赛拉斯·赖特就这样走了。"这个早上的消息太让人震惊了，人民的悲伤无以复加，人们纷纷传递着这个消息，都不敢相信那是真的：'赛拉斯·赖特死了。'如此地震惊和悲伤，无以言表。"这是沃尔特·惠特曼写下的话，他还近乎宣泄地说，我们的希望"就在此人之身，我们的未来也是如此，我们已然习惯了将他视为我们力量的象征，视为正义原则的护盾，他却离开我们而去，如此出乎意料的情形，真的让我们无从承受啊"。[29]

戴维·威尔莫特则表达了政治领袖群体的极度伤感。他告诉普雷斯顿·金：你和我也就是小打小闹，打一些小仗而已，"我们真的需要一个能够唤醒这个民族的人"。"这个国家，没有谁能像他那样，将此等的道德和政治力量集结一身。"现在该怎么办呢？"赛拉斯·赖特既已离去，便再也没人接掌他的衣钵，拥有他那样的力量和道德高度了。他就是那个为这场危机而生的人。"[30]

约翰·格林利夫·惠蒂尔的诗篇《失落的政治家》可以说是道出了反奴隶制宗教群体的心声：

> 他的支持者有数百万之众，他却匆匆西去！
> 而今，谁来集结这散落的力量？
> 谁来传承这失落的领袖衣钵？
> 谁又来抵抗这奴隶制大潮？[31]

时代危机催生的诸般心理效能，令赛拉斯·赖特成了一个象征、一个符号。北方必须创造一个领袖人物来抒发反奴隶制的道德情感，这样一个人物必须是万众拥戴的，必须是出身卑微的，必须是家境普通的，必须是作风朴素的，必须是躬耕农田、辛勤劳作的，要么是在纽约，要么就是在伊利诺伊的荒僻丛林中披荆斩棘、开荒种地，唯有这样的生活才可以正面挑战蓄奴派的诸般价值观念。这样一个领袖人物，还不能是极端派，不能是狂热派，而应该是一个能够给南方一切宽容度的人，除非原则问题遭遇明确威胁；即便原则问题遭遇明确威胁，也能够将联邦置于一切其他的考量之上。这个领袖人物逐步意识到了危险，这实际上也正好折射出各自由州的逐步觉醒过程，这样一个人物对原则坚定且忠诚，在良知问题上不会妥协。他还必须有能力融入城市群体，从容灵变，也能够在乡间炉火旁边给大家讲家常故事；但是当黑夜降临，在那样的至暗时刻，他内心的冲突则必须让他做好准备，去理解这个已经陷入自我分裂的国家的全部痛苦，对经验之奥义必须有清明的感受，唯有如此才会赋有悲剧意识，并为悲剧宿命做好准备。

当日所有政治领袖当中，唯有赛拉斯·赖特全部符合这些要求。但凡对奴隶制扩张问题忧心忡忡的各门各派，从狂热废奴派到普通公民，都信任他，都希望他担当这时代的重负。他内里的保守品性反映出北方并不愿意撕裂这和平的纽带，但他同时也极为坚定，这则折射出北方更不愿意沾染奴隶制的罪愆。"如此伟大，如此朴素，如此精粹，近乎独一无二，却又是如此亲民，"乔治·班克罗夫特品评说，"他就是民众的老师和领路人，同时又是如此地不去讨好民众，实在是见所未见。"[32]

这些话当然也适用于另一个更为伟大的人物。的确，班克罗夫特的这幅肖像画应该说就是为亚伯拉罕·林肯准备的。1847年的这场剧烈震荡令人们近乎疯狂地意识到那无可挽回的损失，这种感受席卷了整个1847年，而这实际上不也正是1865年的福特剧院刺杀行动所制造的那个可怕空白的预演吗？[33]

4

赛拉斯·赖特谢世一个月之后,纽约民主党人在锡拉丘兹举行了本州的政党集会。毫无疑问,此次集会的氛围十分暴烈,国会席位、州经济政策以及奴隶制问题等都营造了这样的炽烈氛围。集会之时,有人提出要为赛拉斯·赖特正名,一名守旧派人士以讥笑口吻回应说:"这恐怕太晚了吧,他已经死啦。"詹姆斯·塞·沃兹沃斯,"烧仓派"的一个领袖人物,即刻跳上一张桌子,高声宣示说,"的确太晚了,已经不可能为赛拉斯先生正名了,不过,让那些伤害赖特先生的人尝尝正义的滋味,还不算太晚"。[34]守旧派以极为微弱的多数否决了反奴隶制扩张的决议案,"烧仓派"随即脱党,并号召于当年10月在赫基默自行集会。

赫基默火车站是这座城市最大的建筑,前来集会之人都处在一种肃穆且狂热的情绪当中。丘·卡·康布勒朗也结束了退隐生活,回归公共舞台,担当了此次集会的主席。戴维·威尔莫特,《威尔莫特但书》事件的主角,则在集会之上阐述了杰克逊改革运动的当前困境。"这个党的使命,"威尔莫特向一八三〇年代精神发出了强有力的诉求,"就是提升人类,捍卫人的权利,保障人的幸福,世事潮流是能够规避的吗?那高尚的目标仅仅因为奴隶制的牵绊,就应当被挫败吗?……倘若南方不愿与时俱进,不能跟上民主改革的步伐……那就不应当再让他们拖我们的后腿,不应当任由他们将我们从这高尚的命运舞台上拉入泥潭。"[35]

约翰·范布伦此时则展现出冷静、锐利以及异乎寻常的严肃,他发表了主旨演说,"代表南方和北方的白人自由劳工,代表外来移民,代表后代,以自由之名"抗议奴隶制的进一步扩张。一组流光溢彩的词句将此次集会激进派的诉求和渴念结晶了:"自由贸易、自由劳动、自由土壤、自由言论和自由的人们。"[36]

过去的几年间,约翰·范布伦一直在观察并听取守旧派的议论和动作,没有任何的反击行动。"为了您,为了赖特先生,我一直在隐忍,"1847年晚些时候,他告诉父亲说,"赖特先生已经故去了,我觉得您也是真心地不愿意回归政治了。到了现在,我除了自己之外,看来是不会伤害任何人了。"[37]于是,约翰·范布伦便踏上了战争之路,并开始疯狂战斗。在他的引领之下,"烧仓派"摧毁了锡拉丘兹票单,并将之彻底踩在脚下。纽约的众多民主党人纷纷在票箱之上刻下极为醒目的诅咒字样:"请记住赛拉斯·赖特!"[38]整个北方大地的反奴隶制群体都开始以极度的激奋之情注视着纽约。萨蒙·波·蔡斯在给查尔斯·萨姆纳的信中描述了俄亥俄州"烧仓派"脱党运动所造成的震荡:"在这个国家的政党史上,我还不曾见识过任何可以在高贵和地位方面同赫基默集会媲美的事情。"[39]

1848年是决定命运的一年。在欧洲,愤怒的民众涌上街头反对专制,令既存政府颤抖不已,纷纷倒台。1847年,老范布伦谈到意大利风起云涌的民族运动之时评论说,"如果我没弄错的话,这仅仅是个开始"。倘若既存政府顽固地反对必要的改革,将毫无疑问地激起"暴烈且血腥的革命"。[40]法国的革命运动极大地激励了弗兰克·布莱尔,他甚至种下一批树木,目的是让这些树木在长大之后呈现出三色旗的样态;为此,他以极度的热忱展开劳作,并身染风寒。[41]杰克逊民主派,自波尔克以下,都对各国暴君的垮台兴奋不已,巴黎方面传来的一个又一个消息,都令辉格党人和卡尔霍恩派民主党人越发地哀伤和阴郁。[42]

这一系列的运动在暴政的堡垒中爆发出来,这就无形中提升了新世界民主激进派的责任和意识,令他们生出强烈欲念,要在自己的土地上为着自由而发动最后的攻击。此时正在担任驻伦敦大使的乔治·班克罗夫特几乎是呐喊着说:"世事潮流至此,我们还能表现得这么不温不火吗？旧世界正在斩断锁链，正在解放民众并给民众加冕。"[43]一个热情洋溢的"烧仓派"成员则更是明确道出了这其中的寓意："整个欧洲都在战斗，就是以我们的当年为榜样，在这种情况下，我们还能弃守先辈的信念，还能否决文明世界的那种将奴隶制视为罪恶的观念吗？"[44]当然不能，此时此刻，马丁·范布伦也慨然而起，开始迎接挑战了。

一直到1848年的春天，这位前总统一直都在幕后徘徊，此时却突然发声了。4月份，他写就一份长篇论章，阐发了"自由土壤"的观点，由此便以杰克逊统绪为坚定依托，开启了反奴隶制扩张的战争。约翰·范布伦和萨缪尔·琼·蒂尔登对这份论章实施了细节上的修订，而后便以"烧仓派"议会发言的形式发布。"从政府初立到现在，"范布伦宣示说，"资本和劳动之间的斗争便一直贯穿其中，双方一直都在为利润的公正分配问题而斗争。"一开始，优势一直都在资本方，不过，近些年来，心怀善意且通情达理的人们也已经越发地关切另一个问题了，确切地说，他们希望"保障劳动者的社会地位，同时也保障劳动者在收入分配方面能获得较之以往更为公正的地位"。很多个世纪了，法兰西运行的那套体制，实际上就是为了"压制勤劳的人们在社会和分配格局上的地位，并以此来做大做强特权集团的钱包"，而今，"劳工民众就是靠着自己赤裸裸的双手"将这套制度推翻了。范布伦遂发出问询说，"我国政府之初衷就是要提升劳动者的地位和尊严，在这种情况下，我们难道不应当"在奴隶制问题上采取压制政策吗？

奴隶制同民主的关系问题如今已经进入"切实领域。不能再逃避，更不能再迁延了。责任就在我们身上。我们必须决断。从墨西哥那里获取的巨大土地究竟是自由劳动者的土地还是蓄奴者的天下呢"？范布伦指出，这两套制度是无法共存的。要么是种植园主，要么是自由劳动者，只能二选一。"倘若我们推行不公正的排挤政策，那毫无疑问就是在反对数十万的我们的后人，他们可都是靠着双手劳动为生的；同时也是在反对数十万的外来劳动者，他们为了脱离匮乏和压迫，每年都来到新世界寻找新的家园。"《威尔莫特但书》的反对者们难道不正是忘记了"我国政府对劳动民众是负有特殊责任的，我国政府必须保障他们的政治和社会的平权地位，必须保证他们充分享有他们自己的劳动果实，这样的职责既是我国政府的目标，也是我国政府的骄傲"？[45]

范布伦的这份演说遂成为"烧仓派"的政纲，在政治策略方面，范布伦也提供了一份私人备忘录性质的东西，以此为依托，"烧仓派"代表团在康布勒朗、蒂尔登和普雷斯特·金的引领之下，南下巴尔的摩，参加民主党的全国集会。当此次集会提议给守旧派另立坐席，据此将纽约票仓分隔开来的时候，"烧仓派"随即退出了。剩下的民主党人很快便提名了刘易斯·卡斯，此人是人所共知的《威尔莫特但书》的敌人。卡斯提出了"主权分散化"计划作为另一条政治路向，此一计划毫无疑问表达了西部的自治诉求，以此来对抗更为宏大的经济民主问题。扎卡里·泰勒将军，辉格党候选人，此时当然也对反奴隶制扩张的政治群体颇为不满了。

"烧仓派"代表团回归之时，民众自发地前往迎接。此等公众热忱令"烧仓派"领袖获得激励，遂计划于6月在尤蒂卡自行召集全国提名大会。在是否提起独立的选战票单这个问题上，"烧仓派"发生了分裂。小西奥多·塞奇威克反对奴隶制问题进入选战议题行列。威廉·卡伦·布赖恩特则对创立新党没有太大热情。本顿、布莱尔、弗拉格和迪克斯也都反对独立票单。[46]

不过，年轻一代，包括普雷斯顿·金、戴维·威尔莫特、吉迪恩·韦尔斯、戴维·达德利·菲尔德以及最重要的约翰·范布伦在内，都坚定地要求采取切实行动。此外，本杰明·富·巴特勒，虽然在先前的"烧仓派"运动中都落在后面，此时也突然进入前台，全副身心地投入战斗。"在自由准州禁止奴隶制，此乃当前最大的问题，"他宣示说，"……这个问题终究要主导这个国家，要不就会令这个国家进入革命轨道。"⁴⁷在这些领袖人物的背后,是人民的反奴隶制呼声。各方信笺如同雪片一般涌向范布伦父子和巴特勒,由此也就开启了民众情感的大潮。据此公众情感,卡斯和泰勒将不可能赢得北方的支持,他们不是合适的候选人。我们不会再纵容南方颐指气使、胡作非为。怎么办?我们这个郡都会支持你们。我们这个州还有很多人都支持这场运动,必须将所有的支持者都联合起来。纽约怎么办?我们就在你们身后。我们在等待你们的决断。北方的希望全在"烧仓派"。我们必须推举一个"《威尔莫特但书》候选人"。范布伦先生会回来吗?最重要的是,纽约必须行动起来。北方会追随纽约的。⁴⁸

5

普雷斯顿·金、本·富·巴特勒和约翰·范布伦分别发表相当振奋人心的演说,以此开启了尤蒂卡集会。戴维·达德利·菲尔德接着便宣读了范布伦的信笺,信中赞扬了此次集会的目标,同时也请求不要将自己列入提名人名单。到了第二天,此次集会引发的全国性的情感浪潮便越发地涌动起来。各方电报如同潮水般涌向大会,其中,芝加哥市长明确表示支持态度。印第安纳的拉斐特同时也有一场民众集会,此次集会发来电报说:"我们都在看着你们。请即刻行动吧。"一封给约翰·范布伦的电文也是相当简洁:"马上提名,不要拖延。"⁴⁹尤蒂卡集会随即做出回应,以欢呼取代票决,一致提名马丁·范布伦为总统候选人。约翰十分愉悦地告诉父亲说,"宪法中没有任何条款可以禁止我们把票投给您"。⁵⁰

此时的约翰·格林利夫·惠蒂尔,则以贵格派特有的那种平静且内敛的现实感构思好下一步的举措。尤蒂卡集会的前两天,他致信查尔斯·萨姆纳,信中提起这样的问题:"真的就不打算跟他们联合起来吗？……勇敢！勇敢！勇敢！就如丹东当年告诉法国人的那样，此乃革命成功之秘诀。"但是，应当由何人来做候选人呢？惠蒂尔倾向于约翰·范布伦，但是萨姆纳则希望是马丁·范布伦。"有了老范布伦，我们就能够击破蓄奴势力。这是我们的第一目标。"[51]在此时的俄亥俄州，萨蒙·波·蔡斯也正致力于将自由党同惠蒂尔的新英格兰废奴集团和萨姆纳的良心派辉格党集团联合起来。

此时"烧仓派"中仍然有人认为应当召集全国大会，借此将特别狂热的废奴派排挤出去。7月2日和3日，围绕这个问题的争执越发地尖锐起来，最终还是约翰·范布伦举办了一场社交晚宴，将态势缓和下来，并提请暂时休会，于4日派团前往林登沃尔德拜会前总统。在林登沃尔德，这个年事已高的政治家仍然相当有活力，精神矍铄，他接见了代表团，同时也非常愉快地跟儿子寒暄起来，据在场之人说，那是一种"父子之爱，温暖、惬意、强韧"。这是愉快的一天，两个范布伦"在交谈中尽显机锋"。晚上，萨姆·蒂尔登正式发出了有限度的吁请。前总统也给出了最终的回应："倘若你们已经有所决断，你们就必须非常坚定且强劲……我认为我们需要将所有反奴隶制扩张的人们团结起来……只要是反对奴隶制扩张的，任何人的选票都是一样的，难道不是吗？"[52]

8月9日，三个蓄奴州和全部自由州的各派反奴隶制人士齐聚布法罗，在8月的骄阳之下，他们搭起一座巨大帐篷作为会场。在接下来的两天里，代表们纷纷发言，有民主党的，有辉格党的，还有自由党的，令在场听众陷入极度亢奋当中。第二天早上，本杰明·富·巴特勒以洪亮的嗓音宣读了纲领，这份纲领是他和萨蒙·蔡斯携手起草的。纲领当中的每一个昂扬的句子都引发了欢声雷动，一些字句甚至激起了阵阵尖叫，帽子和手帕在人群当中不断挥舞。

与此同时，一个专门委员会依托秘密会期开始着手考量候选人事宜。自由党此次前来布法罗，对范布伦是非常不信任的，但是巴特勒的坦诚以及那份纲领透露出的坚定驱散了他们的众多疑虑。然而，在非正式票决程序当中，自由党大多投了黑尔的票，民主党则大多投了范布伦的票。当马萨诸塞州代表团准备投票的时候，结果仍然悬而未决。S. C. 菲利普斯，一名辉格党人，宣布支持范布伦，理查德·亨利·达纳表示附议。几分钟之后，来自俄亥俄的萨蒙·蔡斯投出自己一票，拱卫了范布伦的优势。这场非正式票决以前总统的显著优势收场。

就是在这个时候，乔书亚·莱维特，马萨诸塞的老资格废奴派，获得了发言机会。他声音哽咽，精致脸庞上激荡着浓浓的情感，一开始，他的语速很慢，一股深沉的静谧之气随之传布整个会场。"主席先生，"他说，"此次大会是我生命中最为庄严的事情，就仿佛圣灵临在。"他说他曾是宗教废奴主义的代表，而今，就在这么一个胜利时刻，他要交出他的领导权，并提议一致提名范布伦。"自由党不会死，"他突然以雷霆之音宣告说，"自由党只是转化了。"

随即便有一群歌手在主会场表演助兴，会场边缘处的人们纷纷议论说，委员会已经做出选择了。整个帐篷里面即刻喊声四起："说名字！说名字！"主席遂回应说："马丁·范布伦。"会场立刻欢声雷动，人们鼓掌，人们跺脚，人们喊叫……但凡参加过这场自由土壤大集会的人，对这段亢奋且忠诚的光阴都没齿难忘。"这些品性高尚的基督徒，"莱维特后来品评说，"在这些天显然比任何时候都更为明确地感受到圣灵的临在。"乔治·华·朱利安在其漫长政治生涯结束的时候，仍然不记得有哪次集会可以跟布法罗集会相提并论，他说，布法罗集会是如此肃穆，如此理想主义。[53]

6

此时的自由土壤派已然是信心爆棚，对选战充满希望，他们以极大的热忱投入选战,就仿佛胜利在握一样。良知派辉格党人和废奴派则同范布伦集团展开协作。在马萨诸塞,乔治·班克罗夫特的脱轨举动令范布伦组织体系遭受重创,班克罗夫特在加入波尔克内阁之后,便同亨肖和哈勒特达成同盟。不过,阿马萨·沃克于此时挺身而出,为自由土壤派民主党集团提供了强有力的领导,马库斯·莫顿则提供了强有力的道义支持。良知派辉格党人在萨姆纳和查尔斯·弗朗西斯·亚当斯的领导下,大有压倒该州自由土壤派的势头,这个集团中的辉格党人要超过民主党人,不过,在该州的辉格党中,良知派辉格党人的代表比例则要小很多。[54]

此时的北方大地,老杰克逊派开始在自由土壤派的大旗之下集结起来。在康涅狄格州,约翰·米·奈尔斯引领了该州自由土壤派的票单。在宾夕法尼亚州,戴维·威尔莫特则再次为范布伦的选战运动扛起大旗。在俄亥俄州,本杰明·塔潘、雅各布·布林克霍夫和埃德温·麦·斯坦顿同蔡斯携手鼓舞自由土壤派的选战热情。弗兰克·布莱尔则因为范布伦写给尤蒂卡集会的那封公开信而改宗自由土壤派,范布伦在信中说,"这将是你们生命中最伟大的行动"。布莱尔的儿子小弗兰克·布莱尔更是极具天分,在密苏里引领了自由土壤派的斗争。[55]在纽约州,布赖恩特和《纽约晚报》携手组成统一战线,热情满怀。约翰·亚·迪克斯虽然多多少少违背了自己的心愿,但也成为自由土壤派的州长竞选人。《布鲁克林鹰报》的年轻编辑,素日里留着一副短胡须,作风懒散,此时也不见了那惯常的野蛮吼叫,在自由土壤派的大潮中很快便丢掉了工作。"将近二十年的时间,我一直都是你在政治上的朋友,"老杰克逊派兼劳工报刊编辑霍伯特·伯利安致信范布伦说,"……我贡献了我全部的时间和热忱,毫无保留,倡导激进民主和进步民主原则……您刚刚的那封信,就是您的生命信笺啊。"[56]

自由土壤运动的主角是约翰·范布伦。如今的小范布伦已然置身力量顶峰。他就那么安静地站在广大听众面前,以他的讥诮、毒辣以及他那种突然激发听众深沉情感的能力,就如同《纽约时报》在二十年后品评的那样,"已然成为北方大地之上最得民心的竞选演说人",他在这场斗争当中赢得的声誉"是任何人在任何一场运动中都不曾赢得过的"。[57]布法罗集会之上,一名宾夕法尼亚代表动议约翰·范布伦前往宾夕法尼亚州展开竞选演说的时候,大帐篷里面一片呼喊之声:"我们希望他来纽约""他必须来俄亥俄""马萨诸塞需要他""他应当去往全世界演说"。最终通过的决议是:"邀请范布伦先生在整个美利坚大地展开演说。"[58]

小范布伦照办了,而且是竭尽全力,一个晚上接着一个晚上地展开演说,不曾有停歇。那样的演说,时而婉转轻柔,时而狂野暴烈,这是他最擅长的。他的声名和追随者与日俱增。马萨诸塞的一家自由土壤派报纸用这样的方式宣告他将到来的消息:"啥都不用说了,那一天,人民自然会蜂拥前往波士顿的。"那个酷热的夜晚,他在法尼尔大厅的演说场景长存人们记忆当中,挥之不去,演说中途,他索性松开领子和领带,那样的雄辩如同灯塔闪耀在夜空当中。[59]

当然,也并非所有的激进派都愿意跟这个他们效力了这么长时间的政党决裂;也并非所有的激进派都能够接受奴隶制问题的这种勃发态势,以及地区分裂的这个致命开端。[60]本顿就是其中一员,他虽然在原则上附议了尤蒂卡集会,但他拒绝就此脱离党组织,并且还积极支持卡斯。诸如乔治·班克罗夫特、罗伯特·兰拓尔、弗雷德里克·罗宾逊、托马斯·威·多尔乃至小西奥多·塞奇威克这样的人物,仍然不愿意脱党,诸如威·亨·苏厄德这样的反奴隶制辉格党人,则仍然奉行泰勒的路线。霍勒斯·格里利,一个伟大的理想主义者,一度考虑过追随自由土壤派,但是辉格党的国会提名最终还是令他改变了心意。[61]

11月到来了,硝烟散尽之后,情势总算是明朗了,泰勒和菲尔莫尔拿到了纽约州,并因此赢得了这场选战。自由土壤派的票单差不多收获了三十万张选票,较之1844年的反奴隶制票仓差不多提升了五倍。现在的问题是,在人民日益迫切的追问之下,政府还能迁延多久,对这个问题视而不见呢?

三十五　暴风骤雨

地区问题就此浮出水面，紧张态势日渐加剧。那本来就无可遏制的差异感，在很长时间里一直压抑在民族意识之下，而今算是破土而出了。此时北方压力日增，这令众多北方人都最终相信，奴隶制乃是对自由社会的一个根本威胁。南方当然也是压力日增，同样令很多南方人最终相信，民主是对奴隶制的一个根本威胁。此等压力遂令双方都开始重新考量政治前提。随着这个重新考量的过程逐渐伸展开来，人们也就越发强烈且越发警觉地感受到，已经没有调和余地了。戴维·威尔莫特宣示说："奴隶制乃是自由劳工体制的致命大敌。"弗吉尼亚宪法集会的一个代表写道："民主，依其最初的哲学意涵，就无法跟奴隶制共存，当然也就无法跟南方的整个社会体制相容。"于是，激进民主派和蓄奴派便都开始认定对方是安全和权力道路上的致命障碍。[1]

1

问题就这么日益尖锐起来，令北方的反民主集团较之以往任何时候都更为渴望同蓄奴势力结盟。商业集团害怕这样的地区冲突，他们的商业和信贷网络是非常精细且脆弱的,如同蜘蛛网一样覆盖着这个国家,一旦被撕破,结果就会是股市动荡,资产化为泡影,合同也随之消解。此外,很多商人都因为经济利益纽带而同南方捆绑起来。不管怎么说,1848年激进民主派掀起自由土壤运动之后,南方遂以自身特有的贪婪展开运作,意图拒斥北方的激进主义潮流,这就非常显著地强化了北方保守集团对蓄奴势力之未来的诉求。

1849年8月,创办于1844年并旨在鞭挞《民主评论》的《美利坚辉格党评论》刊发了一篇题为《一个北方保守派致南方民主党人》的文章。文章宣称,卡尔霍恩同激进民主派之间的联盟,从来都是"强制的、背离情理的"。这样的联盟仅仅是因为共同的敌人而成,并无共同原则作为依托。"南方的资本和贵族体制天然地是要反对'美利坚体制'的;在北方,'美利坚体制'的敌人则是贫穷和民众。因此,借由这样的强制性同盟机制,政治光谱的两个极端就这么相遇并融合了,坦慕尼协会同查尔斯顿的贵族就此握手。"但是,1848年之后,一切都变了。"在北方,废奴主义已然同激进民主结盟。这已然成为这个时代的根本实情。"如今的南方民主党人的确需要重新掂量一下究竟何人才会更为温和地对待奴隶制的宪法保障机制,"是保守且尊奉宪法的辉格党人,还是植根于北方和西部的罗克福克主义和废奴主义的那个暴烈且狂野的集团呢?"[2]

南北两方的这个财产同盟到了1850年,看来已然是进入了良好的协作态势。也正是因此,一个来自佛罗里达的辉格党众议员才向北方保守集团保证说,蓄奴势力将拯救他们脱离"社会主义、平均地权主义、范妮·赖特主义、激进主义、多尔主义、废奴主义以及……诸如此类的一切主义的毒瘴,这毒瘴正在污染你们的社会组织"。作为回应,马萨诸塞州辉格党委员会的主席选择在选战前夕发布了一份通告,要求所有的商人"动用全部的手段和资源",去挫败自由土壤派—民主党同盟。[3]此等情形之下，查尔斯·萨姆纳也就很自然地谴责说，"金融势力已经跟蓄奴势力联手了"。[4]

棉花派辉格党人只能透过利润单据和账册来看待这个世界，因此，他们满眼都是受到威胁的财产，此等出自含混境地的启示当然也就关闭了沟通和讨论的大门。不过，其他的辉格党人则秉持不同的价值观。他们明白，财产和自由社会遭遇了同样的威胁，于商业、于改革，捍卫自由社会乃是同等重要的事情。于是，辉格党内关切民主和自由的人群便开始在威廉·亨·苏厄德身边集结起来，在整个北方，辉格党人遂开始分裂成亲奴隶制和反奴隶制两大阵营。一般来说，辉格党良知派和棉花派之间的这场分化，乃对应了先前在经济议题上的分化。反奴隶制辉格党人在其他问题上多多少少都有些左倾，这部分地是因为他们对纯粹商业寡头集团的利益是有敌意的，不过，最重要的原因在于，杰克逊传统，而非辉格党传统，为政治上的反奴隶制观念提供了最为坚实的基础。

辉格党内的这股左倾潮流最为明显地展现在政治哲学层面上。反奴隶制保守派不免发觉自己出于思想上的必然性，不得不去捍卫自由和民主，于是便越发地抛弃了汉密尔顿的理论前提。他们也不得不收拾心情，继续上路，以更为严肃的心态和行动，竭力抓住苏厄德凭借自己的政治天分于一八三〇年代奠立的杰斐逊主义。苏厄德本人诉求的是"高级法"而非宪法，因此，良知派辉格党人得以自由谈论"天赋权利"，到了1859年，诸如伊利诺伊州的亚伯拉罕·林肯这样的自由派辉格党人，甚至已经将杰斐逊原则视为"自由社会的定义和公理"了。[5]

在棉花派辉格党人眼中，这些良知派辉格党人自然成为异端，然而正是这些异端的政治视野限制了他们的手脚，令他们最终不得不将对民主之诸般公理的憎恶和敌视坦露出来。韦伯斯特极为愤怒地反对"高级法"观念，鲁弗斯·乔特则对"天赋权利的煌煌之论"极为轻蔑，尽管那是《独立宣言》的要件。[6]北方保守派虽然没有接纳蓄奴集团的全部价值，但也依然跟蓄奴势力联合起来，对激进民主展开强有力的意识形态攻击，并携起手来拒斥平等主义诉求。

于是，北方保守派便越发地不能回避这样一个决断了：是追随苏厄德和林肯这样的人物，采取杰斐逊的政治和哲学呢，还是追随韦伯斯特和乔特这样的人物，采取蓄奴派的政治和哲学呢？世事潮流在疾进当中，要么安抚，要么抵抗，中间地带的选择空间越来越小了。[7]

2

尽管遭到了两边极端派的反对和谴责，1850年的妥协案毕竟还是表达了整个美利坚大地之上温和派的一个深沉心愿，那就是以和平方式解决因从墨西哥手中夺取土地而带来的问题。密苏里妥协案将奴隶制问题屏蔽了四分之一个世纪之久，于是，处身绝地的人们便也希望这份新的妥协案能够再次带来一个区域和谐格局。大多数自由土壤派当然都反对这份妥协案，并且也准备好了依托昔日的那些问题跟民主党重新联合起来。

尽管自由土壤派最终同意了这份新的妥协案，但他们当然是不情愿将政府权能就此交给昔日里那些曾经为奴隶制扩张而战斗的人。倘若民主党要重新团结起来，那也应当以昔日的杰克逊派为领袖。而且老杰克逊派的传承序列是非常明确的，范布伦隐退了，赖特谢世了，那就该轮到托马斯·哈特·本顿了。

本顿本人并不是自由土壤派。他更是找到了《威尔莫特但书》的技术瑕疵，并由此认定这份但书并不必要（卡尔霍恩后来将这些技术瑕疵彻底放大并正式阐发出来了），并且依照政党规程，1848年，他是排在刘易斯·卡斯后面的。然而，在参议院，本顿对蓄奴势力的批评越发地无情了，有那么一次甚至令来自密西西比的一名议员拔枪相向。本顿的议会演说还从未产生过此等效能。在杰克逊时代，他那魁梧的身形，加之总是手持几页纸起身发言，通常就是一个信号——走廊里的人们可以离开了，他的同僚则要么开始打哈欠，要么就是在他靠着准备好的字句艰难发言的过程中翻阅各自手中的报纸，更糟糕的是，他还时常偷偷地透过镜片，找寻自己发言所需的数据。可是这一次，他的发言没有任何草稿，充满激情，且言辞犀利恳切，声音之洪亮，震荡着走廊和议会大厅。过去，弗兰克·布莱尔从来都是更愿意帮本顿宣读稿子，而不是听本顿自己读稿子。"现在，一切都反过来了，他那些印发出来的演说词简直是无与伦比。"[8]

后来这些年间，本顿的政治分量越发地无足轻重了，他很少会去经营或者修复关系，更将国会席位或多或少地视为自己的个人财产。然而，密苏里是个蓄奴州，本顿对南方的巨大敌意因此也就给了敌人新的口实和弹药。1849年，本顿不得不回归战场，并发布一系列非常尖刻的演说，将这场战斗向着民众层面推进。他对卡尔霍恩尤其严厉，谈到卡尔霍恩，本顿总是蔑称他为约翰·"喀提林"·卡尔霍恩，令地方媒体最终也对他展开猛烈攻击。但是我们这位老人很快便很是干脆地否认了这个故事，而且还颇为宽宏地说自己本不应该"这么不公正地对待那个勇敢无畏的罗马阴谋家，竟至于拿他跟这个怯懦的美利坚阴谋家相比"。[9]弗兰克·布莱尔的两个儿子都非常能干，一个是蒙哥马利，另一个是小弗兰克，在此二人的襄助之下，本顿同一批庸碌无为的地方政客展开了一场大战，如同老布莱尔说的那样，就如同被群狼包围的大熊。"只见他左边打倒一个，右边打倒一个，嘴里咬着一个，还用鼻子拱翻一个。"[10]然而，敌人组织甚是精良。1851年，当参议院开会的时候，本顿便已经被取代了。

1850年时本顿已经六十八岁了，但是没人感觉出他的精力以及他的那种自我主义有任何衰弱的迹象。一次晚宴之上,加拿大副总督埃尔金勋爵无意间问起本顿他是否认识杰克逊。杰克逊?"是的,先生,"本顿回答说,"我认识他。我打击过他。后来,他帮我跟合众国银行干仗。"[11]于是,他便开始审视那个时代的历史,不怕脏,也不怕累,竭尽全力地要将那段历史从联邦党人的诸般扭曲中拯救出来,在托克维尔的书册当中,他惊恐地发现了满书的错误。("看看他写的都是什么啊,我们必须自己修史了。"他向范布伦宣泄着说。)1851年,他仍然在亢奋中宣示说,"我现在感觉很好,即便我三十岁的时候,也不会有这么好的感觉,"他开始构思自己的《三十年见闻录》,借此来清理民主党传统并恢复党内团结,以对抗近些年来的腐败。[12]1852年,自由土壤派已经对他心有戚戚了。普雷斯顿·金、布莱尔和威尔莫特已经在准备开启一段属于本顿的光辉岁月了,整个北方的老杰克逊派,诸如范布伦、吉迪恩·韦尔斯、马库斯·莫顿以及自由土壤派都心怀希望和憧憬。但是这个老人真心地不想当总统。即便是布莱尔,虽然并不相信本顿的这些拒绝之词,但最终也被说服了。

本顿没接招,那么接下来还有谁呢?本顿举荐了利瓦伊·伍德伯里,伍德伯里此时还在联邦最高法院供职,是北方人,温和的杰克逊派,对奴隶制很是憎恶。布莱尔认为"这个选择并不理想,不过,我还是要接受,咱们可不能被卡斯或者克莱之辈给打败了"。[13]范布伦虽然更倾向于托尼,不过,最终也认可了伍德伯里,但是选战还没有开始,伍德伯里就归天了。布莱尔、迪克斯和韦尔斯遂转向来自得克萨斯的萨姆·休斯顿,但是本顿反对。激进派最终敲定了威廉·奥·巴特勒,杰克逊的门生和追随者,此人很是温顺,且没有太多鲜亮的政治羽翼,背后这些人当然希望能够善加控制。但是1852年年初,巴特勒给肯塔基州议会通过的一些亲奴隶制议案提供了政治背书,这令布莱尔十分憎恶,遂将巴特勒放弃。

无奈之下，其他人便开始考虑威廉·勒·马西，此人的独立禀性太过强硬且突出，最终跟守旧派发生抵牾，并彼此疏远了。但是这一年的6月，当提名大会召开的时候，自由土壤派仍然没有组织起来。提名大会之上展开了四十九轮票决，卡斯、布坎南和斯蒂芬·阿·道格拉斯展开了一场历时漫长的缠斗和厮杀，最终，来自新罕布什尔的富兰克林·皮尔斯胜出，又上演了黑马逆袭的戏码。大多数的自由土壤派都接受了这个柔弱且随和的人，此人在名义上一直是杰克逊派，本·富·巴特勒在1848年也一度考虑过推举此人作为自由土壤派的提名人。[14]

3

辉格党方面提名了温菲尔德·斯科特，他们的竞选纲领实质上是在背书1850年的妥协案，至于没有跟民主党重新和解的自由土壤派则运作了独立的自由民主党票单，并提名了约翰·帕·黑尔。萨蒙·波·蔡斯写了一封公开信给本杰明·富·巴特勒，强烈反对民主党的提名，并支持自由民主党。他在信中提醒"烧仓派"说，他们就这样一步步地退入民主党的围栏，这个过程必须有政治保证作为基础和前提，否则，自由土壤原则就会遭遇打击和折损，但是此类保证通常出自约翰·范布伦之口，此人"实质上就是自由民主党的'狮心王'……他那无畏的自由呼声已然如同号角，响彻了美利坚大地"。接着便是1850年的妥协案和1852年的巴尔的摩集会。倘若这些保证是得到尊奉的，那么，普雷斯顿·金、巴特勒以及范布伦父子又何至于宣布支持巴尔的摩集会给出的提名呢？[15]

巴特勒当然给出了回应和辩解，不过，此番辩解也实在是牵强，他说："您的这封信显然是要解释和捍卫您的立场，看来您是反对巴尔的摩集会的奴隶制决议案的，从这个意义上来说，您要表达的东西实际上也正是我的信念，我是完全赞同的。"巴特勒接着申述说，这些决议案"是无法见容于布法罗集会纲领的"。巴特勒强烈宣示说："我信奉布法罗集会纲领，完全信奉，没有保留。""我完全不能接受 1850 年和 1851 年的那些妥协案，我公开反对它们。"但是，巴特勒申述说，他仍然决定把票投给皮尔斯，原因就在于，民主党政府之下的奴隶制政策再糟糕也不会比一个辉格党政府更糟糕，而且，经济政策方面则要好很多。[16]威廉·卡伦·布赖恩特也是依托古老的经济问题加入这场选战的，这一年 10 月，布赖恩特重新刊印了范布伦昔日的一封信笺，并给出了充满希望的品评："这封信充满创造力和活力，恢复了平权党和特权党之间的那些重大分野。"[17]然而，这些古老的分野显然是不会依照古老的形式复活的；此外，既然 1850 年妥协案已经令奴隶制在技术上不再成为问题，那么这场选战也就肯定不会围绕真正的问题展开。于是，人们便见证了一场 1820 年以来最为沉闷的选战。皮尔斯以两百五十四对四十二的选举人票，赢得了决定性胜利。

1850 年的妥协案冷却甚至消解了一部分的不安和焦虑，但是其中的一些条款，特别是《逃亡奴隶法》，则强化了极端派的愤怒和仇恨。比如说，1851 年波士顿在执行此一条款的时候，即刻便令自由土壤派和民主党亲南方派——也就是所谓的"柔顺派"——之间的敌意浮出水面了。1849 年，民主党和自由土壤派的两个组织体系达成了联盟，此时，民主党集会宣示了反奴隶制立场，反对"一切形式、一切肤色"的奴隶制，更宣示支持"上帝怀抱当中一切人的自由和一切地方的自由土壤"。[18]1851 年，这个同盟将查尔斯·萨姆纳送入参议院，同时也使一项影响深远的社会改革提案通过了州议会。但是，民主党守旧派，诸如本·富·哈勒特和查尔斯·戈登·格林这样的人物，对《逃亡奴隶法》提供的支持，最终却结束了这段同盟关系。弗雷德里克·罗宾逊在州参议院对该法案之诉讼提起谴责，此时已经身为联邦众议员的小罗伯特·兰拓尔更是谴责此一法案侵害了州权。1852年的集会之上,哈勒特担任全国委员会的主席,在这个位置上,他便不得不直面问题了,不得不去化解马萨诸塞州民主党人对奴隶制发起的攻击了。他的办法很是简单粗暴,直接对兰拓尔发起了人身攻击。[19]

也许不怎么情愿,但兰拓尔最终还是加入了激进派。他奉行的那种一八三〇年代的改革信念,在接下来的十年间已然是大幅度退潮了。于是,兰拓尔便在这段时间里前往西部投资,甚至还在西部铁路交易当中充任东部利益集团的律师(此举是为了给伊利诺伊中央铁路争取州议会的特许权,此次行动当中,他同当地的一名颇为精明的律师有过交锋,这个律师的名字就是亚伯拉罕·林肯)。[20]而今,奴隶制问题终究还是催逼着他公开反叛了,当然不是在1848年时随同自由土壤派一起反叛,而是更靠后一些;他的反应的确很迟钝,不过,他的勇气还是得到了回报。到了这个时刻,他总算是站在全国政治的门槛上了,而这也正是他长久以来所期望的。然而,1852年8月,也就是在他四十七岁生日之前六天,他却谢世而去,眼看着就要抵达那伟大声名的应许之地了。惠蒂尔,他的老朋友,则代表反奴隶制群体,抒发了哀伤之情:

某一天,通过那条电缆线,
　他阳刚的话语,谈论那自由的频率,
我们明早即至:那火焰之舌
　独白着:"演说的他,死去了!"

我们见过他被误用的伟大权柄
　之于那贫乏的雄心,然而,经历所有,
我们发现他站在弱者这一边,
　纠正贻误的,解放奴役的。[21]

从一开始，新任总统就对南方表现出明显的顺服取向。1854年，来自伊利诺伊州的民主党参议员斯蒂芬·阿·道格拉斯开始急切地抛出各种理由，希望开放堪萨斯和内布拉斯加准州，他在政府的支持之下，引入了人们后来所谓的《堪萨斯—内布拉斯加法》。此一法案包含的一些条款显然是要撤销《密苏里妥协》，并据此允许蓄奴势力进入此前一直遭到排挤的这些地区。该法案的创制者跟一八三〇年代的休·劳·怀特和一八四〇年代的刘易斯·卡斯一样，都是所谓的密西西比河谷"民主"的倡议者；道格拉斯是"人民主权"、自治、投机以及银行家奥古斯特·贝尔蒙特的强力支持者和倡议者，不过，他对经济民主问题基本没有关切。对很多自由土壤派来说，《堪萨斯—内布拉斯加法案》就是终极背叛。

此等情形之下，萨蒙·波·蔡斯即刻抛出了《独立民主党人的呼吁》一文，文章在各个自由州广为流传，表达了北方反奴隶制群体的愤怒，蔡斯、萨姆纳和苏厄德引领参议院反奴隶制党团展开斗争。1852年获选进入参议院的托马斯·哈特·本顿更是对《堪萨斯—内布拉斯加法案》展开猛烈攻击，他宣示说，该法案若通过，"民主党就会轰然坍塌"。[22] 5月份的纽约州，本杰明·富·巴特勒在自自由土壤运动之后第一次现身政治舞台，谴责那些支持《堪萨斯—内布拉斯加法案》的人是"北方的叛徒"，并宣示说，他宁愿支持苏厄德，也不会支持道格拉斯竞逐总统大位，他还告诉激奋不已的听众说，"请你们立刻团结起来，组织起来"。[23] 后来，他还告诉范布伦，这样的法案"极度肆意妄为，是我国的一切愚蠢和罪行中最不可原谅的"。[24] 范布伦本人对此也是极度震惊且愤怒。[25] 诸如普雷斯特·金、戴维·威尔莫特和吉迪恩·韦尔斯这等年轻一代，则已然感受到，民主党内不会再有他们的空间了。

4

弗朗西斯·普·布莱尔，银泉的一个农夫，但凡国会会期，他从来都很是积极，每个月都多次赶奔华府参会。1854年，布莱尔已经是六十三岁高龄了，为人很是柔和，眼睛明亮，丑陋但很有魅力，总是戴着样式古怪的宽檐扁帽，看待所有人的眼光都是那么和善。到了这个时候，旧日的政坛宿怨也算是缓解下来了。举个例子说，1850年冬天，他便已经开始同亨利·克莱和解了。这个老牌编辑的谈话当然是有欺骗性的，不过，他的回忆录倒是颇能说明问题。不管怎么说，他虽然怀念那个已经被淡忘的往昔，但他绝对不是那种念念不忘的怨妇式人物。北方的年轻一代民主党人已然将对自由土壤的热忱贯注给他。此时的本顿，虽然年龄日增，但并没有柔和下来，反而是回过头来给布莱尔灌输了火一般的反奴隶制激情。他的两个儿子此时也正在密苏里跟极端派蓄奴集团斗争。不过，此时布莱尔也仍然在战场边缘徘徊不定。恰在此时，国会通过了《堪萨斯—内布拉斯加法案》，这就令一直徘徊犹疑的布莱尔一下子暴怒了。"我希望能够找到足够数量的爱国者去抵抗这样的法案，"他宣称，"我还希望击退这场侵略行径。我愿意为此奉献我的余生。"[26]

此时的各个自由州，人们都对刚刚的投降行动极为愤怒，纷纷转向，反对富兰克林·皮尔斯和斯蒂芬·道格拉斯集团。在良知派辉格党人和自由土壤派民主党人的引领之下，各州纷纷爆发集会，纷纷立定反《堪萨斯—内布拉斯加法案》的决议，并要求各自的国会代表保证不再有任何的安抚和让步。人们纷纷祭起杰斐逊的大旗，作为跟杰斐逊亲缘关系的证据，各地集会也纷纷复活了杰斐逊的那个政党的古老称谓，自称"共和党"。很快，这个称谓便漫卷整个北方，并以之作为新立的党组织的必然称谓，以此来直接面对当日最为紧迫和最为可怕的这个问题。1854年的选战中，共和党取得的进展令人瞩目。到了1856年，该党领袖便已经开始为即将到来的总统选战做计划了。

1856年华盛顿诞辰之际，各个自由州和八个蓄奴州的代表齐聚匹兹堡。弗兰克·布莱尔担任此次共和党集会的主席，昔日里曾跟布莱尔并肩战斗的老战友们也都在代表行列：普雷斯顿·金，欢快且冷静；戴维·威尔莫特，胖乎乎的；此外还有来自俄亥俄的雅各布·布林克霍夫和来自密歇根的金斯利·宾厄姆。整个美利坚大地，其他的杰克逊派都在密切关注此次集会；在新英格兰，康涅狄格的约翰·米·奈尔斯，虽然腿脚已经不方便了，也同老朋友吉迪恩·韦尔斯跃跃欲试，此外还有缅因州的汉尼巴尔·哈姆林、新罕布什尔的约翰·帕·黑尔、马萨诸塞州的阿马萨·沃克、小马库斯·莫顿；纽约州方面，则是本杰明·富·巴特勒、戴维·杜德利·菲尔德、《纽约晚报》的威廉·卡伦·布赖恩特，当然少不了此时正在成长为民主诗人的沃尔特·惠特曼。所有的自由州，杰克逊和范布伦的昔日追随者，此时都挺身而出，扛起平权主义大旗；北方大地之上的所有人，从新英格兰壁炉边上看报的人到密苏里偏远之地乡间邮局耐心等待的朴素村民，都在瞩望这个新兴的政党给他们自由的方向。

此次杰斐逊派之脱离民主党可以说是相当彻底的。4月，布莱尔发布题为《来自杰克逊坟墓的呼声！》的文章，以旧日《华盛顿环球报》的权威和激情阐发了激进派观念。"不妨通俗一些说，"他在文中宣称，"'民主党已经被出卖'给卡尔霍恩的否决党了。"如今，是必须决断的时候了，究竟是不是容许"这个虽然篡取了民主党的名字和组织但在原则方面并无任何共通之处的否决派，继续披着羊皮干狼的事情"。"且让我们对抗这个虚假的民主党吧，"布莱尔呐喊着，"堪萨斯法案已然完善了他们的组织体系，那就让他们接受考验吧，我本人是杰斐逊、杰克逊和范布伦统绪中的民主党人，我将对抗他们，我将义无反顾。"[27]

《沃尔特·惠特曼呼吁四海青年》一文也表达了类似的情感。"今天,这所谓的民主党要干的事情,将会毁掉数代普通人,比可怕的疾病更可怕……青年们!美利坚的劳工、农民、船夫、工人以及南方和北方的所有劳动人民!你们要么剪灭奴隶制,要么就被奴隶制剪灭。"[28]

这个春天的事态毫无疑问强化了反南方情感。5月,查尔斯·萨姆纳发表了那场著名演说,演说中谈到了堪萨斯内战。那样的语言当然是深深伤到了蓄奴州代表的敏锐情感,这些代表已然习惯了将咒骂视为南方的特权。第二天,南卡罗来纳种植园骑士精神的代表人物普雷斯顿·布鲁克斯在这位马萨诸塞州参议员伏案工作的时候,悄悄来到参议员的身后,简短地嘀咕了一句话之后,便用手中拐杖重击萨姆纳,直到萨姆纳轰然倒地,不省人事。其他南方绅士则围拢在侧,以防有人干预。布鲁克斯完事之后,这批人便离开了。萨姆纳血洒当场,就那么躺在地上(仿佛还在悠闲地思量着这种植根于人类奴役的社会体制中的侠义本能是如何发育起来的)。萨姆纳再也没能从此次野蛮袭击中完全恢复过来,并就此退避布莱尔在银泉的家中,寻求初步的康复。

此次野蛮行径造成的震荡波顷刻之间便席卷了北方,包括杰斐逊·戴维斯这样的人在内的很多南方人都将布鲁克斯视为英雄,如此倨傲的态度更是令北方愤慨不已。6月,共和党举行费城集会并制定了本党的总统竞选票单,此一行动就是趁着这股强有力的反南方潮涌铺展开来的。约翰·查·弗里蒙特,本顿的女婿,最终赢得了提名,共和党随即展开了全国性的选战工作。

5

此时,大批辉格党人加入了民主党,这在一定程度上弥补了自由土壤派脱党给民主党造成的损失。此一变动是在南方开始的，在1849年的南方，辉格党人必须面对这样一个实情：自由土壤派的分裂差不多是彻底清洗了民主党的反奴隶制领袖人物，苏厄德主导下的辉格党阵营中，反奴隶制领袖集团仍然相当强劲。佐治亚州的亚·汉·斯蒂芬斯和罗伯特·图姆斯和北卡罗来纳的托·拉·克林曼早在泰勒时期就已经脱离了辉格党。1852年，斯科特获得提名，令众多的南方辉格党人转而投票给皮尔斯，接下来两年间，辉格党走向解体，民主党成了很多辉格党人的主要庇护所，无论南方还是北方，都是如此。[29]

至于剩下的辉格党人，此时横空出世但终归昙花一现的"一无所知党"等于是为他们提供了中途可供休憩的庇护所。这样的政治现象的确令人震惊，所依托者是传统的保守派反移民偏见，一八四〇年代后期，移民数量剧增，令这样的偏见和情绪变得更为剧烈了。1856年大选之后，"一无所知党"销声匿迹，大部分流落该党的前辉格党人遂投奔民主党。

实际上，到了1856年，布莱尔就已经有充分的底气发出这样的问询了："南方的领袖究竟是何人？他们竟然如此高调地宣示民主党信仰……这些人绝对不是民主党人，相反，当民主党将整个国家团结在一个忠诚于……自由事业的政府周围的时候，他们对民主党这个名字是十分憎恶的。"布莱尔更指名道姓地提到了最为高调的一批南方民主党人，比如弗吉尼亚的亨利·怀斯和罗·默·亨特，还有图姆斯、斯蒂芬斯、克林曼、巴特勒、尤利以及索尔等。"这些人究竟是在哪里修习的民主党外交术呢？很显然，杰克逊重建民主党的时候，他们就是在反对派的大营里面修习的。"[30]

北方也发生了类似的事情。1848年，"烧仓派"脱党之后，在诸如纽约的詹姆斯·沃·杰勒德这等富商眼中，守旧派民主党要比良知派辉格党安全多了，难怪杰勒德会宣示说，"倘若我的党委身那些背叛了党的原则的领袖……那我就投奔那个老民主党了"。[31]

与此同时，就在几年前告诫富兰克林·皮尔斯不可前往拜会韦伯斯特的艾萨克·希尔，如今则自己去做这样的事情了。到了 1851 年时候，韦伯斯特已然开始跟戴维·亨肖频繁通信，互通款曲了，并开始建言马萨诸塞辉格党人同民主党保守派合作。1852 年他谢世之前，更敦促自己的朋友圈子投票给皮尔斯。[32]

凯莱布·库辛此前就已经投奔民主党了，到了 1856 年，鲁弗斯·乔特、阿莫斯·亚·劳伦斯、罗伯特·查·温斯罗普、乔治·蒂克纳·柯蒂斯以及韦伯斯特和克莱的几个儿子也都追随他的脚步，加入了民主党。有人问过乔特，为什么他挺身而出支持布坎南，他的解释可以说代表了全部的这群人，他回答说，他无处可去。"但是，乔特先生，这样的话，您一直以来极为珍视的辉格党原则呢？""辉格党原则啊！我投奔民主党，就是要找寻这些原则。他们已经陆陆续续承续了我们的原则，现在，基本上已经没区别了。"[33] 到了这一步，整个北方的形势就跟亚伯拉罕·林肯呈现的伊利诺伊的形势差不多是一样的了："民主党的大量普通成员已经跟我们站在一起了，辉格党贵族派则差不多是全部反对我们的……情况当然会是这样的，毕竟，自革命时代之后，政治生活中尚且没有任何东西能够像今日之民主党这样，如此投合他们的心性。"[34]

不过，也并非所有的杰克逊派都会投身弗里蒙特及其共和党。政党纽带是很强劲的，民主纽带则更是强劲，这些纽带令很多人不会轻易地投身一个地区性的政党，更何况，这个政党的一些领袖还曾是昔日的辉格党人。对本顿和范布伦这样的老一代人来说，维持联邦是第一要义，其他的事情都可以往后放放。此外，作为民主党提名人的布坎南，尽管履历之上有着一切的"柔顺派"污点，但毕竟也是北方民主党人的选择；尽管人们都明白他缺乏行政能力，但他的政治能力和经验能够赢得尊重。此等情形之下，北方民主党人当然要指望他去终结南方的影响力，这种影响力在极大程度上就是前辉格党人的影响力,他们认为正是这股影响力毁掉了皮尔斯政府。本顿正是考虑到这一点,在给予布坎南政治背书的同时,也顺带对这届即将到期的政府的政策展开猛烈攻击。范布伦也是一样,他虽然"并不看好布坎南",但终究还是相信,布坎南能够足够有效地处理好《堪萨斯—内布拉斯加法案》问题,阻止外来力量干预准州政府,如此一来,就能够令堪萨斯"决定性地成为自由土壤,并就此终结蓄奴势力的图谋"。[35]

乔治·班克罗夫特对皮尔斯政府也是同样恼恨。"他把那么多的辉格党分子聚拢在身边,民主党人都已经被排挤出去了,空有民主党政府之名,"班克罗夫特说起此事,火气不小,这令布莱尔甚感欣慰,班克罗夫特还以诅咒的口吻说,"这群该死的家伙操控着政府,他们就是一批没有生育能力的杂种,是南方的傲慢跟北方的逢迎媾合之后的产物。"他更补充说,面对后人,皮尔斯能够找到的唯一辩解就是"他那软弱的头脑","他们如此残忍地让堪萨斯陷落奴隶制泥潭,这是我们历史当中最为恶劣的事情了"。不过,跟范布伦一样,班克罗夫特也抱持了一个希望,也许布坎南会修正一切,让事情重回正轨,清除辉格党和否决权派的势力,扶正堪萨斯,令其成为自由州,"这是唯一的救治之法,唯有如此,才能恢复这个国家的长治久安"。[36]在这样一个时候,诸如约翰·亚·迪克斯、塞缪尔·琼·蒂尔登和小西奥多·塞奇威克这样的次级人物,也随着年龄的增长而越发地保守了,更何况,他们也都越发有钱了,于是,这批人便也都开始全心全意地支持布坎南。

但是,那个最为耀眼、最为出色的反奴隶制领袖,也就是自由土壤派十字军运动的主角、"自由民主运动的'狮心王'",究竟在哪里呢?1848年的黄金一代,其中最具伟大特质和潜能的那个人,应该说就是约翰·范布伦。这股反奴隶制运动当中,大多数人都是以他作为领袖的(当然也会有少数人对威·亨·苏厄德心有所向;并没有人会把眼睛转向西边的伊利诺伊)。有那么几年时间,

"约翰王子"一直保持着这个地位。1849年,他高调宣示说,任何人,"只要不愿意动用宪法赋予的全部政府权能来剪除"奴隶制,他就"没有任何义务"去支持这样的人担当总统大位。(就在泰勒总统亡故之前几个月,他玩了一把颇有预言色彩的黑色幽默,评论了一把当时的民主党,"经验表明,这个党,在顺势之时,是能够保住权位的。[笑声];在这样的时候,民主的敌人即便进来,也是一个死"[笑声]。) 1850年,他在家乡州的民主党集会之上反对批准妥协案,并指出,他当然不愿意"跟那些人手挽手走向葬礼"。1851年,他在佛蒙特州发出呼吁,号召民众抵制《逃亡奴隶法》。他呐喊着说,"在我有限的身心构造当中,对奴隶制度的憎恨乃是我的主导情感。就我来说,这情感是再自然不过的了,就像呼吸一样,除非我死掉,否则这情感不会熄灭"。[37]

尽管他表现得如此忠诚、如此坚定,但人们还是怀疑他的决心究竟有多大。有人品评说:"在他身上,我感受不到对人性的真切同情,一点都感受不到……很造作,很自私。"查尔斯·萨姆纳评论说:"他的发言比任何人都更强劲,都更懂得把握时机。我个人当然是非常支持他,我仰慕他的才干……不过我也感觉,他的忠诚度和奉献度是不够的,倘若在这些方面能够有所提升,他的能量就更大了。他的能力的确是罕见。"[38]

说白了,那样的魅力、机智和磁力之下潜藏着内在弱点。1853年,他对皮尔斯政府已经是怒不可遏了,不过还是保持了沉默。1854年,他的第一本能告诉他要对《堪萨斯—内布拉斯加法案》展开攻击,但最终还是在所谓的堪萨斯"人民主权"面前认怂了。当普雷斯特·金、巴特勒、布赖恩特、菲尔德、约翰·沃思·埃德蒙兹以及次要一些的"烧仓派"人物投身共和党的时候,我们的"约翰王子"迟迟没见动作。1856年,朋友们纷纷为此指责他,"倘若你早些动作,弗里蒙特的位置应该就是你的了。""等等看吧,"约翰·范布伦讥讽暗藏地回应说,"看看弗里蒙特如何表现。"[39]这也是他的一贯作风，嘴不饶人，但总是落于人后。1856 年，他为布坎南助选，此举很可能是希望重获民主党内的地位；但是蓄奴集团是绝对不会将任何权威交托给他的。如同萨姆纳在 1851 年评说的那样："他表现得也太忠诚了，因此他也就只能期望我们的事业获胜，除此之外，就什么都别指望。"[40]

三十六 "我们的联邦……"

布坎南赢得了1856年的大选,这段暗流涌动的和平期在这个时候迎来了最后的关键岁月。此次大选当中,不少杰克逊主义者把票投给了布坎南,于是,这些人便满怀希望地观瞧着,希望能见证布坎南解除南方的影响力。此时的堪萨斯,"流着鲜血的堪萨斯",仍然是问题的关键所在。1857年,堪萨斯的一个很小的少数派在勒康普顿起草并提交了一部亲奴隶制宪法,一场考验也就由此开启了。布坎南方面给出了顺从的回应,这位新总统希望堪萨斯接纳勒康普顿宪法,到了这个时候,便再也没人怀疑他对"柔顺派"原则的忠诚了。即便是斯蒂芬·阿·道格拉斯,《堪萨斯—内布拉斯加法案》的创制者,也转入反对派立场了。

1

布坎南任命罗伯特·约·沃克为堪萨斯准州总督,这位新总督采取的政策毫无疑问强化了叛乱势头。"烧仓派"当然不会忘记杰克逊当年对沃克的不信任,也绝对不会原谅沃克1844年在巴尔的摩集会之上的所作所为,但也因此误解了这个能干、忠诚且和颜悦色的小个子。沃克是铁杆儿的扩张主义者，正是这样一个角色令他以亲奴隶制的形象现身；不过，尽管他是南方人，他身上的奴隶制扩张主义取向并不比波尔克或者杰克逊更浓重。实际上，早在1849年，布莱尔就已经有了令自己都吃惊的发现，他告诉范布伦，沃克是"激进的自由土壤派，比你我都激进"；当时的沃克便已经在倡议拓宽门罗原则的涵盖范围，令其适用于"国内和国外，以便将北美大陆之上所有的自由土壤都'美利坚化'"。[1]作为堪萨斯的总督，他的政策意图非常明确，那就是全力确保多数定居者在奴隶制问题上的决定权，而不是将这个准州交给南方。布坎南拒绝了他的这个政策，沃克随即便辞职了。

在此时的各个自由州，先前投票给布坎南的杰克逊派，纷纷聚集起来，开始阻击布坎南的堪萨斯政策，保守派则也不遑相让，开始酝酿着支持布坎南的政策。在纽约州，乔治·班克罗夫特和阿·卡·弗拉格领头组织了一场反《勒康普顿宪法》集会。有意思的是，只有一个商人在此次集会名单上签名，音乐学院董事会在商业集团的压力之下，也拒绝反奴隶制集团使用它们的大厅。随后，商业集团出钱筹办了自己的堪萨斯集会，集会人群极为热情地倾听了约翰·亚·迪克斯对布坎南政府的辩护，并为勒康普顿宪法背书。[2]此时的保守主义同盟应该说依然运作良好。不过，北方民众的普遍呼声最终也迫使政府方面妥协让步，令堪萨斯方面重新考量这部亲奴隶制宪法，实际上等于是拒斥了这部宪法。

与此同时，一个更具爆炸性的问题应运而生，令形势更加紧张。德雷德·斯科特案上，联邦最高法院给出的裁决实际上等于是宣布奴隶制可以在任何准州存在，此一裁决若产生拘束力，则显然会对自由土壤派—共和党的原则和立场构成沉重打击。不过，此一判决会有拘束力吗？在自由土壤派看来，做出此等裁决的联邦最高法院已然是越界了。此案的法律要点仅仅是德雷德·斯科特的公民权问题，最高法院逾越了这个法律界限，那样的判决显然是在逾越司法界限的情况下，给出了一系列毫无理据的政治宣示。

杰克逊传统素来强力反对司法侵权行径。这场政治上的反奴隶制运动是以杰克逊主义为堡垒集结力量并不断自我强化的，因此也就顺势接管了斯科特案件，同司法侵权行径展开斗争。事实上，早在1852年，查尔斯·萨姆纳就已经依托杰克逊主义展开斗争了。这个理论令韦伯斯特惊恐不已，据此理论，联邦最高法院的判决对美利坚的立法群体是没有拘束力的。萨姆纳宣示说："我完全赞同杰克逊总统在1832年那次著名的否决行动中说过的话。"[3]（很显然，作为斯托里大法官的学生，萨姆纳已然是离经叛道了。）

杰克逊在总统时期的此番言论毫无疑问是在这个时候被罗杰·布·托尼作为观念和原则确立下来了，托尼至少对之甚为赞赏，极为讽刺的是，三十五年之后，也正是这个托尼成了德雷德·斯科特案判决意见的主创法官。这样的判决令大多数老杰克逊派深感不安，对诸如萨姆纳这样的新杰克逊派也是如此。当年，托尼曾指控马歇尔那过分的野心和倨傲，并因此赢得了不少支持者，而今，当年的那些支持者看到托尼也在伸张司法帝国主义，于是便都跟托尼分道扬镳了，即便托尼本人希望借助此一判决将这个关键问题清除出政治领域。蒙哥马利·布莱尔，作为德雷德·斯科特的首席律师，在高度紧张且安静的法庭之上为自己的当事人辩护，他的父亲就骄傲地坐在旁听席上。乔治·班克罗夫特称这样的判决是"对宪法的极度宽松的解释"，并据此指出，同样的原则可以证成"对劳动关系的任何干预行径"。[4]整个北方，但凡接受了杰斐逊传统熏陶的人，都有类似的担忧；当年跟布莱尔一起成为杰克逊最为亲密的政治同盟的另外两个人，虽然在1856年没有跟随布莱尔一起跟杰克逊的这个政党决裂，但到了这个时候，也终于按捺不住对这些所谓的新民主教义的蔑视了。

托马斯·本顿此时已身患重病。一年前，他竞选密苏里州长的职位遭遇挫败，这令他最终退出了政治，到了1857年，他已经开始走向坟墓了，因重病而痛楚不堪。不过，他直到最后都保持了严肃且勇敢的态度，不曾有过任何抱怨，就那么不知疲倦地编辑并精简国会论辩记录。就是在这个时候，他读到了德雷德·斯科特判决，这个老迈的战士最后一次爆发了。在一份详尽且充斥激情的小册子中，他对这所谓的民主法庭所扭曲了的民主，表达了极度的蔑视。

而后，本顿便回头继续往常的工作，就那么躺在藏书室的床上，盖着白色的亚麻被单，低声向女儿口授，声音已经沙哑不堪了，他的女儿则将他的话重复给秘书。昔日的一名"烧仓派"成员，如今已经是来自威斯康星的共和党参议员，在拜访本顿之后报告说，本顿严厉申斥"那所谓的民主党，他说这个民主党无论是原则还是举措，都跟杰斐逊和杰克逊时代的民主党没有任何共同之处"。[5]老人就这么坚持着，一直到1858年的那个春天。4月他完成了国会论辩记录的精简工作。两天后，他那强大的意志力终于坍塌了，他把他的黑人护工姬蒂叫到床边说："我不会再麻烦你太长时间了，你听到了吗？"姬蒂当然听到了；本顿说："姬蒂，那是死亡的声音。"很快，本顿便撒手而去。[6]

此时范布伦正在林登沃尔德的老榆树下悠闲度日，司法对政治的这场侵夺行动也同样令他震惊。他发表了一份相当精辟的长篇分析文章，阐述了司法霸权观念如何在违背民主党原则的情况下被法院悄悄采纳，而政府又如何默许了这样一个篡权过程。这样的事情在杰斐逊和杰克逊的政党里面怎么可能发生呢？这位已然老迈的前总统颇为悲恸地申述说，1857年的这些所谓的"民主党人"，从布坎南和托尼往下，已经有太多的人是以联邦党人身份开启他们的政治生涯的。这批人很可能在内阁和最高法院都占据了多数席位；而且，在堪萨斯问题上，国会中"数量空前"的政府支持者都是有保守派背景的。范布伦更是冰冷地评论说，当今的民主党领袖当中，有一批人他从来都没有听过，"剩下的人则都曾是敌对阵营中的极端派性分子"。

杰克逊的党在干什么?范布伦深为忧虑地指出,这个党目前正在推进"自私且狭隘的司法寡头统治,这个统治体系无论情感上还是行动上都在跟金融集团协作",这将会摧毁美利坚政府的民主根基。[7]

1858年,前自由土壤派的一个成员,此时已经是共和党的活跃人物,他前往拜访范布伦,范布伦告诉他,自己对1848年的看法就是自己的成熟看法。"我没什么好调整或者改变的,"范布伦说,在顿了一会之后,他极为郑重地补充说,"奴隶制终将结束,有可能是在可怕的动荡当中结束,这是我担心的,不过,话又说回来,奴隶制的末日迟早是要到来的。"[8]

2

在杰克逊时代,准确地说,是直到1850年,蓄奴派贵族的主体一直都是辉格党人。那么为什么到了这个时候,民主党会变成蓄奴势力的堡垒呢?

这个问题的答案相当复杂。应该说,民主党此时是在为自己的激进主义付出代价。它是第一个在奴隶制问题上陷入分裂的政党。自由土壤派脱党之后,剩下的民主党操控者在奴隶制问题上都是相当稳靠的人。1848年,辉格党并没有分裂。1840年,从南方的立场来看,辉格党当然是更为可靠的,不过,到了1850年,这个政党就没那么可靠了。随着苏厄德及其追随者在党内的权势日增,南方辉格党人也越发地搞不清楚他们究竟在干什么,恰恰就是在这个时候,南方民主党人也破天荒头一回在杰斐逊的这个政党享受到了自由空气。

此时,约翰·考·卡尔霍恩已经着手在民主党内为奴隶制创设一套宪法防护机制，这种机制要比先前辉格党创制的一切机制都更为精细且完善。此前，南方辉格党人为了同北方保守派结盟，已然是大幅度地牺牲了州权。民主党也由此更为迅速地清洗了党内的反奴隶制势力，因此也就为奴隶制提供了更为强大的保护机制。也就是这个原因，令民主党在1848年之后越发地能够吸引蓄奴集团了。

南方最终以卡尔霍恩集团为核心集结起来，不过，这并不意味着卡尔霍恩的总体战略取得了胜利。此前，卡尔霍恩曾选择跟北方激进民主派结盟来对抗商业集团，南方辉格党人则坚持跟北方保守集团结盟，对抗激进主义。卡尔霍恩对诸般潜流的动向是有正确感知的，自由资本主义社会和植根于奴隶劳动的社会之间的冲突无可避免，而且也是根本性的。不过，卡尔霍恩错误地认为，资本家集团会相当积极地攻击奴隶制。自由土壤运动已然清楚表明，反奴隶制的动力乃是来自激进民主派；而且，当南方辉格党人于1848年之后投奔民主党的时候，便也都自然而然地接纳了同北方保守集团结盟的观念。的确，民主党人虽然在1850年之后转而持守州权，将之作为自己的政治和法律盾牌，但他们也已经从南方辉格主义汲取了足够多的东西，已然可以接纳相当强劲的反州权立场了，因为他们觉得他们是有能力在需要的时候随时放弃此一立场的，比如在《逃亡奴隶法》问题上以及德雷德·斯科特案件上。

事实就是如此，到了一八五〇年代，两个旧党已然消散而去了。1844年的大选，如同吉迪恩·韦尔斯多年之后品评的那样，"乃是人们所谓的民主党和辉格党这两大敌对阵营之间的最后决战"，这场斗争仍然是围绕一八三〇年代的那些重大经济问题展开的。韦尔斯还补充说，"虽然这两大政党的名字作为战斗口号仍然延展了数年时光，不过，基本上已经无法再激发人们采取行动了，只留下昔日嫌隙和敌意催生的残余偏见罢了"。[9]自《威尔莫特但书》被引入国会开始，政治已然开始围绕奴隶制问题运转起来了。

到了1856年，萨姆·休斯顿将军便已经证言说，昔日里辉格党和民主党斗争之焦点的那些老问题已经从舞台上消失了，不仅如此，"各个党派也已经不是那么界限分明了。它们已经黯淡下去，并开始消解了"。[10]

到了1858年，杰克逊传统的余脉总体上说都已经融入共和党了。这一年的3月23日，已经成为密苏里国会代表的小弗兰克·布莱尔在众议院挺身而出，提出动议，希望从一个国会此前未曾触碰的角度来讨论奴隶制问题，这就是南方"非蓄奴群体"的角度（布莱尔更补充说，这个群体在安德鲁·杰克逊时代是被遗忘了的，但他们一直是南方民主党的主力成员）。接着，布莱尔便对南方寡头集团展开了强有力的攻击，对这个集团蔑视有加。"我当然不会抱怨……脱离了这个政党。实际上，我应当庆幸就此脱离了苦海。"那么，现在的民主党究竟是个什么东西呢？"我从来都是这么理解的，"年轻的布莱尔宣示说，"所谓民主，应当关心人的权利胜过财产的权利，确切地说，应当关心实实在在的个人而非垄断体制的权利。""我们建立政府，难道目的就是去保护植根于奴隶劳役的财产权利而非自由人之于自身劳动的权利吗？"

民主党应当采取怎样的立场呢？"有那么一个时候，民主党并不仅仅是个空的名字……那个时候的民主党是严守阵地、对抗特权阶级的，对抗资本集团的一切篡权行径。"布莱尔禁不住地回忆起银行战争、关税战争的岁月，"而今，又有一个问题浮出水面，令资本和劳动之间的斗争以令人极度憎恶的形态展现出来。""黑奴资本已然集结起规模庞大的资本"，蓄奴者正试图攫取政府权能，更试图阻止这个国家的自由公民进入准州领土，否则就不得不面临奴隶劳工的竞争。"此时的民主党，非但没有信守昔日的立场、阻击此等反民主行径，反而对南方寡头集团俯首帖耳，跟黑奴没有两样。"[11]

1859年，亚伯拉罕·林肯相当戏谑地品评说，被奉为杰斐逊传人的那个政党不再提起杰斐逊的名字了,被奉为杰斐逊的对头的传人的那个政党,反而扛起了杰斐逊的大旗。林肯说,此番情形令他真真切切地觉得,这就像是两个穿着大披风的醉汉在打架,打着打着,两人发觉自己竟然穿上了对方的大披风。林肯说:"倘若今日的两大政党仍然是杰斐逊和亚当斯时代的两大政党,那么他们最终也会干下跟那两个醉汉一样的事情。"[12]

3

不过,也并非所有的杰克逊派都能够接受布莱尔的此番分析。迈克·沃尔什,1854年时身为国会议员,就秉持强烈的反对态度。"南方黑奴和北方白人工资劳动者之间的唯一区别,"他宣称,"不过就是前者在并非情愿的情况下有了一个主人,后者则是乞求成为奴隶,认为那是特权……前者是一个人的奴隶,后者是一个阶级的奴隶,这个阶级是无可原谅的。"沃尔什申述说,废奴派刻意地制造出"特殊的堕落"形象,将这种形象加在奴隶身上,就仿佛北方的自由劳工不会因为贫穷而承受痛楚一样。"绅士们纷纷挺身而出,为南方奴隶的痛楚呼号,"他非常尖刻地评论说,"但是,先生们,在过去一年间,仅仅是在纽约,就有超过一千三百人在没有任何冒犯倾向的情况下被剥夺了自由,就因为他们太贫困、太诚实了,完全没有犯罪能力。"迈克总结说,两套体制之间的差别很简单,"倘若我们当中有一批人共享一匹马,我们当然都会采取搭便车的行径,尽可能多骑少喂。[笑声]但是,倘若我们每个人都拥有一匹马,我们则会很好地照看自己的马,不会太多地驱策这匹马,不会威胁这匹马的健康,而是让这马吃好、睡好,保持良好状态"。[13]

(可怜的迈克此时已经在走向坟墓了。在华盛顿的这段岁月,他靠着嬉戏笑闹打发时间,有人注意到,在闲下来时候,他的脸上掩饰不住深深悲伤。1854年遭遇政治挫败之后,他前往欧洲,为朋友的船坞谈一些合同。这次行程中,他那肆意率性的老毛病又犯了,他一直都是这个样子,不过,这次是要了他的命。他游荡欧洲,寻欢作乐,迟迟不归,最终乘坐三等舱返回纽约,无论是身体还是精神,都已经瓦解了。他在纽约过着非常落泊的日子,就这么又消耗了几年的时间。1859年圣帕特里克节的时候,他在百老汇的酒吧里同朋友整晚作乐。大约凌晨两点的时候,他摇摇晃晃地开始回家。天亮时,有人发现他倒在第八街区一家店铺的前面,已经死去了,身体瘫软在陡峭的台阶上,脑袋枕在最后一阶台阶上,很不自然,下面的台阶上沾满了他的鲜血。金表和钻石戒指都不见了。第二天早上,数千人围在那条肮脏的地下室通道附近,为美利坚最早的无产阶级领袖之一送行,显然,人们都脸带讽刺。)[14]

迈克身上当然有不少的缺陷,但不管怎么说他对问题本身的看法和申述都是可圈可点的。杰克逊主义情感潮流之所以涌动起来,是因为北方社会的诸般缺陷,这股潮流就是冲着这些缺陷而来的,人们当然可以在奴隶制问题上奔走呼号,但北方社会自身的缺陷并不会因此就消失,它们一直就那么存续着。自由土壤派认为,若要继续推进改革事业,就必须剪灭奴隶制,此乃前提要件;但是教条激进派则不免会觉得这样的观念是无能的表现,是失败的改革派为了逃避内部责任而对外开启的一场讨伐运动。他们自身的情感,则是融合了对北方境况的强烈罪恶感以及思想上的坚硬立场,当然,他们自己也有着强烈的欲念要回避责任,正是此等复杂的情感纠结,令他们对整个这场反奴隶制运动采取了尖刻的反对立场。

然而,从根本上讲,他们是错的。实际上,奴隶制问题涵括了杰克逊主义者的民主和自由问题,不仅客观上是如此,主观上也是这样的,看一看当时的美利坚大地,很快便有难以尽数的人们以各自的行动表明:在他们的观念中,这些问题是彼此融汇,彼此贯通的。早前几代人的时光里,民主情感经由选举权问题、银行问题以及关税问题来自我表达和自我伸张,但是到了一八五〇年代,民主情感已然非常明确地在这场反奴隶制运动中寻求自我表达了;尽管此时也存在其他一些全国性的问题,但奴隶制问题是重中之重。也正是因此,诸如沃尔什这样的人,尽管表里如一,但最终也不免要淡出国家政治舞台。这些人并不觉得蓄奴势力有任何的威胁,实际上就等于是纵容甚至支持了蓄奴势力。于是他们也就只能游离主流政治之外,自我边缘化了。

在一八五〇年代,但凡不能体认奴隶制问题之分量和意涵的经济改革派,都注定了失败的命运。比如说,地权改革派也对这场反奴隶制运动秉持了跟沃尔什一样的感情。《宅地法》是他们的特殊关切所在,因此也就不奇怪,在究竟是自由劳工还是奴隶劳动主宰西部的问题上,他们的态度是漠然置之,在他们的那种特殊焦虑的映衬之下,这种冷漠态度就更加刺眼了。不过,他们都是教条主义者,因此,要化解此番困境倒也不是难事。比如说,约翰·康默福德在1856年就投了布坎南的票,他和他这一派的其他领袖人物都一再申述说,民众(实际上就是他们自己)并不关心奴隶制问题,民众关心的是土地。当然,1860年,康默福德倒是有意把票投给共和党,不过这也仅仅是因为共和党是支持《宅地法》的。[15]

沃尔什、康默福德以及地权改革派,这些名字本身实际上就表明社会改革运动正在沦落散乱境地。菲茨威廉·彼得萨尔一直在纽约呆到1875年,到最后都在支持卡尔霍恩,他代表的是另一种政治失败。约翰·温特的名字则直到1865年才从纽约的黄页上消失,1862年,还有一份题为《老实人金融和政治手册》的小册子问世,出版人是温特,作者很可能是约翰·H.亨特。倘若这个时候的温特赞同书中的论说,则显然表明,他已经放弃了对地权改革的信仰,并回归旧日的激进民主正统了。这本书重申了旧日的反"美利坚体制"观念,并阐发了硬通货政策的价值;不过,该书附了一些属灵主义的宗教短论,这样的东西不可能在劳工群体中获得太大影响。乔治·利帕德、约翰·皮克林、乔塞亚·沃伦、托马斯·洛·尼科尔斯、克灵顿·罗斯福也纷纷脱离主流,沦落凄清境地,这便进一步证明改革运动已然是四分五裂了。

在地方层面,当然还存续着相当强劲的进步主义改革潮流,这些地方潮流的推动者通常都是国家政治层面蓄奴势力铁定的敌人,比如纽约州、马萨诸塞州、俄亥俄州和密歇根州就是这样的情况。工会运动再次兴盛起来,不过,此时的工会运动所关切者乃是小集团的切实利益,对国家层面的事情倒是不怎么关心了。杰克逊派大团结的时代过去了;在那压倒性的奴隶制议题之下,昔日的改革潮流已然是碎裂了,瓦解了。

4

1860年的秋天,霍勒斯·格里利正试图描述商业集团对林肯的怒火,这不禁令他回想起往昔岁月里的一场政治危机。"自1832—1838年的银行战争以来,还不曾见识过这样的情形,"他写道,"商业集团的这股怒潮,无论是烈度还是广度,都甚至是当年的银行战争都无从比拟的。"[16]不过,这两股怒潮同样都没有产生真正的政治效能。这一年的11月,共和党在投票站赢得胜利,保守派俱乐部里一片阴沉,南方则是一片低语之声,人们纷纷议论着要脱离联邦。

此番热议令人回想起当年的那场危机,此时,很多北方人便开始希望白宫再度出现杰克逊将军那样的人物。12月,老弗兰克·布莱尔从走廊向下张望,查尔斯·萨姆纳正在发表演讲,演讲的主旨是南方脱离问题。演讲之时,萨姆纳从口袋里拿出一封信,将之高高举起,让所有人去辨认那奔放且潦草的字迹。国会大厅里面一片寂静,寂静背后涌动着紧张和不安,萨姆纳就是在这样的氛围中抛出了杰克逊派在否决权问题上的经典陈词,对南方参议院党团展开强力攻击。"'哈曼的绞刑架就是你们这些野心之人的归宿,是你们将这个国家送入内战……关税问题不过是个借口,脱离联邦并自立邦联才是你们的真正目标。'"而后,他便以尖锐语气提出阴郁预言:"'下一个借口就是黑奴问题。'"[17](不过,此时的南方民主党团,还有谁会关心杰克逊当年的此番旧论呢?)

南方要脱离吗?查尔斯·弗朗西斯·亚当斯,1848年自由土壤派竞选票单之上范布伦的竞选伙伴,他相信,倘若南方十五个州采取联合行动,则政府也只能是无能为力。普雷斯顿·金此时已经是代表纽约州的共和党参议员了,他于1月跟萨姆纳一起前往劝说亚当斯,晚宴之时,推杯换盏,烟雾弥漫,二人力劝亚当斯相信,妥协是没有可能的。谈话气氛的火药味渐趋浓重,亚当斯很快便让萨姆纳彻底沉默了。不过,他还是倾听了普雷斯顿的申述(他那聪明的儿子亨利描述说,普雷斯特·金,"一个胖老头,我所见过的最为平和的狂热派","他的谈话没有任何的冒犯……同样的话若是放到萨姆纳的嘴里,将肯定是不可原谅的"。)[18]南方的脱离运动很快便到来了,即便是亚当斯也随即认可了强力压制的必要性。

"我们的联邦,必须保存。"这是政治职责和政治义务,其拘束力在1861年丝毫不逊色于1830年。此时,各地的杰克逊主义者,甚至包括南方的在内,都认可此一国家性质的要求乃是至高要求。最高法院当中,所有的南方杰克逊派,诸如田纳西的卡特伦、佐治亚的韦恩以及马里兰的托尼,都是忠诚于联邦的。马丁·范布伦为纽约州民主党集会起草了决议案,申述了极为强烈的反脱离论调,令他的儿子觉得已经没有必要将这样的决议案呈送守旧派领导集团了。[19]弗兰克·布莱尔此时已经成为新总统最为得力的谋士之一。吉迪恩·韦尔斯、蒙哥马利·布莱尔、萨蒙·波·蔡斯以及埃德温·麦·斯坦顿则都已经入阁了。

整个一八五〇年代,已经老迈的阿莫斯·肯德尔依然密切关注事态进展,满心忧虑。1856年,他是支持布坎南的;1860年,他仍然没有放弃一个全联邦总统的梦想，他希望道格拉斯、布雷肯里奇和贝尔的追随者能够联合起来，共同推举一个候选人。但实际情况四分五裂，这便驱策肯德尔采取行动，1861年，他回归政治报业生涯，发布了一系列有关"脱离"问题的信笺，从这些信笺不难见出，他的文字功夫犹在，笔力更是不减当年。他已经习惯了杰克逊式的雷厉风行，对林肯政府的那种犹疑不决、摇摆不定心有戒惧。肯德尔呼吁人们走上战场，对南方实施强大的武力打击，并做出榜样，将自己的两套房子让出来当军营使用。他给苏厄德制造了巨大的压力，令后者也感到需要振作一下了，他更写就一系列意气昂扬的报刊论章。1862年的2月，他评论说，倘若总统是杰克逊，"这场叛乱就不会发生，即便发生了，叛乱者也必定已经被赶入墨西哥湾了"。[20]到了1864年，他祭起了反政府立场，以"安德鲁·杰克逊"为名，写就了一个系列论章，指责林肯无能，并倡议选任麦克莱伦为总统，将战争坚决打到底，据此建立和平。

此时乔治·班克罗夫特也扮演了名人角色，借助自己的影响力去支持一场坚决的战争。到了1862年夏天，他便已经开始敦促解放奴隶了，当年的秋天，他获得共和党的票单邀约。在婉拒了此番邀约之时，他重申了杰克逊主义政策路线："发动反叛的这个南方政党，不是民主党，而且从来都不是民主党；无论是过去，还是现在，他们都是民主的仇敌……本性使然，[这个党派]注定了是要消灭民主原则的。"[21]战争期间，他担当了民主党观念之非官方代言人的位置和角色，林肯遭暗杀之后，人们选择他为林肯书写颂词。

奥雷斯蒂斯·奥·布朗森，是另一个因战争重返公众视野的杰克逊主义者。1844年之后，他颇为高调地加入天主教。他在天主教集团仍然是一个疾风暴雨般的存在，时不时地会出头对新教及其作品实施攻击。有那么几年，他颇为勤奋地研究天主教教义，那样的教义当然是反对民主并捍卫威权的。1853年，他抨击说，所谓平等"不过是痴人说梦，不过是空头词句"，对待反奴隶制运动，他基本上也秉持了迈克·沃尔什的那种立场。然而，蓄奴势力的傲慢最终突破了他的暴躁天性。当德雷德·斯科特案的判决出台的时候，他便清楚地看出了南方意欲宰制这个国家的致命野心。1860年，他选择了支持林肯，此时，他也算最终意识到，南方问题必须一劳永逸地予以解决。

战争唤醒了他昔日的能量和活力。从一开始，他便攻击政府的怯懦和犹疑，甚至亲身前往华盛顿以私人身份向林肯力陈解放奴隶之必要性和重要性。1862年的秋天，他接受提名，成为新泽西州第三选区的工会代表，竞逐国会席位。尽管竞选遭遇挫败，但他仍然为战争不懈奔忙，写就无数论章，发表无数演说，就这么不惜牺牲自己的身体以及自己的天主教追随者群体，只为拱卫这个国家。1864年，激进共和派策动阴谋，意图用弗里蒙特取代林肯，布朗森卷入其中。与此同时，政治上和神学上的离经叛道之举也招致了天主教会方面的攻击；尽管罗马方面最终驳回了这些指控，但1864年12月发布的教皇通谕"*Quanta Cura*"，不仅对自由主义实施了整体放逐，更对布朗森最近的一切活动都实施了官方封禁。此一打击，加之弗里蒙特集团挫败以及两个儿子战死沙场，令他心力交瘁，卧床不起。1865年，他送了本书给班克罗夫特，以便"公开赎罪"，为自己对老朋友的那些责骂之词赎罪；不过，他很快便又回归正统，1876年他谢世之前的几年间，重又开始强力捍卫天主教会在一切问题上的那种极端反动的立场。[22]

弗雷德里克·罗宾逊，昔日的马萨诸塞激进派，则以另一种方式表明这场反奴隶制运动是如何吸纳昔日的杰克逊运动的。1862年，他仍然信守基本的杰克逊主义信念："这个世界从来都是分化为两大群体的……人民则是分化为两大党派，贵族党和民主党，或者说是保守党和进步党。"此时罗宾逊不免回忆起自己在一八三〇年代所作的一项评说：只要保守派还在指责民主党，说民主党"激进、罗克福克、平均主义、平均地权、分化财产、劫富济贫"，民主党就"仍然会是民众力量的真正集结点,但是,一旦所有这些恶毒词句消停下来,保守派开始向着其他的集团泼脏水,那就标志着保守派已然嗅到了民主党内的腐败味道,并且也已经投身民主党阵营了"。罗宾逊接着申述说,腐败已经获胜了,他追溯了腐败的生长和发育进程,为自己于1848年时竟然支持卡斯而倍感遗憾,他宣示说,《堪萨斯—内布拉斯加法案》之后,"民主元素已然悉数离民主党而去了,在这样的情况下,一切真正的民主之士,只要稍有头脑,不再被单纯的名字欺骗,那就都是民主阵营的战士"。[23]

即便是一度对卡尔霍恩忠心耿耿的西奥菲勒斯·菲斯克,也不能忍受南方脱离。1846年1月,他离开《民主阐释者》,在那份尖刻且痛楚的告别书里,他已然对劳工阶级不抱幻想了,在他看来,劳工阶级已然是对卑躬屈膝的境遇非常满足了。1845年和1848年,他都参加了"工业集会",但是1848年之后他便消失了,直到一八五〇年代,他才以《费城阿尔戈斯》也就是后来的《宾夕法尼亚人》的特约供稿人的身份重出江湖,而且他还在自己的名字里面增加了一个字母"e"。1856年,他在费城海军基地获得了一个书记员的职位。[24]1860年选战期间,他重新办起《民主阐释者》,令这份报刊变成相当强劲的反废奴主义、反脱离主义阵地。8月,他尝试策动一份妥协性质的民主党票单,以"田纳西劳工政治家"安德鲁·约翰逊为首,但是此番运作很快便遭遇挫败,菲斯克遂转而支持道格拉斯和联邦,同时也支持战争。[25]

也有为数寥寥的一批杰克逊主义者是支持邦联的,这其中便包括约翰·路·奥沙利文,实在是令人吃惊。1848年的奥沙利文尚且是个"烧仓派",他显然是支持范布伦的,不过,他并没有在那场选战中扮演积极角色。[26]不久,经由他自己的那段著名申述而激发起来的扩张梦,便也越发地刺激起他那不切实际的政治想象。于是,他试图向波尔克兜售购买古巴的想法,泰勒和菲尔莫尔政府期间,他甚至已经开始跟海盗有所来往,并酝酿起虽然含混但也相当庞大的帝国政府计划。1852年，他更是因为海盗行径遭遇了审讯。1853年，皮尔斯任命他为驻葡萄牙大使，他在葡萄牙介入了多桩可疑事件，最终于1858年遭布坎南解职。

1860年，他从葡萄牙返回美国，也就是在这段时间里，他宣布了自己亲奴隶制的立场，更补充说，美利坚黑奴应当自愿募捐一座纪念碑，敬献给奴隶贸易的开创者；此举令《纽约晚报》的比奇洛震惊不已。1861年，罗宾逊返回里斯本，1863年又前往伦敦，在此期间，他不断推出致北方友人的信笺，这些信笺的主旨都是支持南方反叛的。他曾坦率地告诉萨姆·蒂尔登，"而今的南方，是在为美利坚自由权利和原则而战，是在为自治和人的尊严而战"。战后，罗宾逊便沦落寂寂无名的境地了。1871年，他身在巴黎，一八七〇年代的最后一年，他返回纽约。1895年，他在东十一街区的一家旅店里谢世，此时，他的民主履历，还有他的亲奴隶制履历已然是尘封很久了。[27]

马萨诸塞的本·巴特勒，此人绝少有自己的信念，不过他拥有相当的讥诮才能去表达聆听他演说的听众的情感和信念，应该说，他充分表达了杰克逊民主派普通成员对民主党内反战集团的看法。"我倒是听过安德鲁·杰克逊本人对这些政客的寥寥评说，这些政客通常也都自称民主党人，"巴特勒于1863年宣示说，这个时候，人群中有人在激奋之下喊叫着说，"他会吊死他们的"。巴特勒工于心计，讲台之上，他扭曲着自己的一张丑陋脸庞，喊叫着说："不，我的朋友，我觉得杰克逊是不会吊死他们的。我也不觉得杰克逊会把他们抓起来。"听众即刻爆发出笑声和掌声。[28]

5

战争的痛楚过去了，随之而来的是和平，这和平中蕴含了无尽的不安和焦灼。联邦得以存续下来。但是现在要让这个联邦再次成为真真切切的一个联邦，在战争中存续下来的杰克逊主义者随即开始投身这项工作当中。

战后的新任总统是杰克逊派，而且是来自杰克逊的家乡州，也就是安德鲁·约翰逊，1865他入主白宫的时候是五十六岁的年纪。他生在北卡罗来纳，1826年迁居西部。早年生活相当困顿，他也正是以此为起点，在田纳西的格林维尔逐渐成为颇受人欢迎的裁缝，干得相当好。1828年，也就是杰克逊获选成为总统的那一年，裁缝约翰逊成为格林维尔的市议员。他拥有强劲的个性，而且从来都是相当率直地站在农民和工人这一边，诉求他们一起对抗棉花贵族集团，这便为他赢得了在仕途稳步提升的机会。1835年，他成为州众议院议员，1841年进入州参议院，1843到1853年间，他更是拥有了一份很是完整的联邦众议院履历。约翰逊中等身材，拥有强壮且硕大的脑袋，面色黝黑，肩膀很是结实，黑色眼睛闪烁着好斗的光芒，作风顽强且坚定，很快便在华盛顿成了一号人物。

然而，童年生活的重压，小镇裁缝生涯的痛楚和飘摇，已然在他身上留下的深重的烙印，毕竟，在那些年里他一直跟农夫和小商人打交道。这令他绝对不能原谅这样一个忘却了早年苦痛的社会。于是，他的内心里面便升腾起强烈的恨意，他仇恨那些如此轻易地就能够斩获他自己需要经历卓绝奋斗之后才能取得的东西之人。他几乎是天然地就憎恶财富和雅致，仇视那制造了巨大社会鸿沟的制度，对任何故作贵族派头的人都怒目以对。他有着深深的自卑感，这令他变得封闭且多疑。有人形容那他标志性的言谈是"警觉的思虑"，他黑色的眼睛似乎在观察一切，脸上总覆盖着"善意但也颇具邪性的表情，深藏其中的则是深深的不信任"。[29]

苦痛的成长经历培育了他那种冷酷禀性，他偶尔也能够施展一下此等禀性。对于政治当中的所谓公平游戏，他有的只是蔑视。对手的善意，在他看来就是软弱。1853年的田纳西州州长选战当中，辉格党的竞争对手是一个相当文雅的绅士,此人拒绝使用人身攻击这样的手段,约翰逊对此的反应是阴沉且满足,他说,"那好,今天我就让他见识一下什么叫地狱"。他从来都不辞劳苦,更是无可和解的对头。他在辩论之时极为毒辣且无情,他的竞选演说通常都可以用冷酷来形容。嫉恨、多疑以及冷酷,此等心性聚合体令他通常都变得跟他如此蔑视且不信任的贵族一样冷静、傲慢且蛮横。[30]

不过,这样一个约翰逊也是相当能干的,诚实无畏。他自认是田纳西东部非蓄奴群体的代言人,此番立场既经选定,他便将极大的精力和勇气投注其中,为这个群体而战。在国会,他总体上尊奉波尔克路线,支持兼并得克萨斯,支持墨西哥战争,支持沃克关税计划和独立财政计划,反对《威尔莫特但书》,但从未在国会倡议奴隶制扩张,也不曾在理论上捍卫过奴隶制。[31]《宅地法》是他的伟大政治贡献,他于1846年提起该法案,并为之斗争多年,这场斗争极为坚韧,他通常都是孤身一人在战斗。也正是这样的一场斗争令他引起了北方劳工集团的关注。1851年,他在工业集会之上收获一批选票,很显然,有一个集团要推举他成为总统候选人。1852年的5月,他在一场纽约集会之上发表演说,是乔治·亨·埃文斯多多少少在背后运作此事。1853年,他所在的国会选区在一番运作之后,约翰逊赢得了田纳西州州长的职位,并且一干就是两个任期。1857年,田纳西州选派他进入联邦参议院。

约翰逊跟杰克逊及其朋友圈不曾有过私交,波尔克也确实对他充满不信任,不过,杰克逊也的确是约翰逊的政治偶像,约翰逊自己的演说更是蕴含了真正的杰克逊主义风范。他追随卡斯和道格拉斯为"人民主权"背书,不过他从未像卡斯和道格拉斯那样相信民主政治家的全部职责无非就是达成这样的政治民主。"倘若一套邪恶制度将巨额财富积聚在一个人或者少数人手中,"约翰逊于1864年宣示说,"这样的结果显然就是错误的,这样的错误必须尽速纠正,否则便无从造福民众。"这项工作也正成为他政治生涯的主旨所在。"我们的全部立法，或者说是差不多全部的立法，"他申述说，"都是支持公司、支持垄断、支持阶级以及个人的；但是，是民众在生产，我们在消费，民众绝少得到领受立法之恩泽；他们的权利和利益一直就是这么地被打入冷宫。"1858年，南方主流群体已然弃绝了《独立宣言》，并开始谴责民主，约翰逊则在这样的背景下重申了自己对杰斐逊和民众政府的信仰，重提"底基社会"理论和财产理论，令同僚不得不去直面这些问题。"我在此重提《独立宣言》，重提杰斐逊先生的就职演说，目的就是要告诉你们，所谓民主，跟这位来自亚拉巴马的杰出参议员先生阐发的那些东西根本就不是一回事情。我援引这些重要文本，更是要告诉你们，财产并非一个政府以及一个社会的主导元素。"[32]

战争对此等民主信仰会有怎样的影响呢？在约翰逊看来，这个问题无需犹疑。在这场战争中，民主的诉求只在其中一方，杰克逊已然划定了蓝图和路线，一旦联邦陷入危机，一个田纳西人将何去何从，实际上已经是清楚明白的了。约翰逊毫无畏惧地谴责脱离派参议员，并且还顺带着评论说（当然，并没有"蔑视其他人"的意思）：倘若当前的总统是杰克逊，这场反叛就根本不会发生。[33]作为田纳西的战时州长，他倾尽所能捍卫田纳西的自由；到了1864年，他便已经是战时民主派的领袖人物了，这一年的6月，工会集会提名他作为亚伯拉罕·林肯的竞选伙伴，竞逐副总统职位。约翰逊接纳了这项提名，他在信中更援引安德鲁·杰克逊的预言，萨姆纳于1860年宣布了这封令参议院震惊的信笺。

然而，作为民主制度支持者的约翰逊却也因为自己的私人怨愤而遭到了某种程度的背叛。他的早年生涯的确十分艰难困苦，这毫无疑问。他在二十岁的时候就成了市议员，二十七岁的时候成了州众议院的议员，三十五岁的时候成为国会议员，的确，有不少人也都是出身草莽，以困顿起家的。但是，此番经历对约翰逊来说是特别痛楚的，给他留下了终身难以磨灭的深深伤害。对他来说，民主绝非仅仅是杰斐逊和杰克逊观念中的一套社会理想；那当然是社会理想，不过，也是约翰逊为童年苦难而寻求复仇的工具。复仇俨然成为他的生命律令，在此等律令驱策之下，约翰逊对财富报以无情敌意，而这往往会令他为杰斐逊主义而展开的战争变得混乱且复杂，毕竟，从形式上讲，他是以无偏见政治人物的身份介入这场斗争的。比如说，他总是要在演说之时展示自己的低微出身以及自己的使命感。他那极富悲剧色彩的就职演说当中，这种剧烈的卑贱意识就强烈地爆发出来，他近乎迷醉地反复申述自己的"无产者"身份。

作为民主政治家，他毫无疑问是失败的，上述因素在这场失败中扮演了颇具分量的角色。他内心时刻翻滚着极为暴烈的恨意，通常他都能够将之压制起来，以诚挚且谦恭的风范示人，不过，这情感偶尔也会爆发出来，幻化成炽烈炫目的煽动术，而这常常伤害到他的事业。他缺乏伟大领袖人物所必需的那种本能的自我克制，一个伟大领袖绝对不应当驱策或者激发人民去索取他无力给出的东西。他就这样以自己的过火行径纵容民众，令民众更容易遭受那些更肆无忌惮的民众煽动家的蛊惑和伤害。约翰逊从来都不知道审时度势，何时应当停下，而他内心的暴烈情感也绝对不允许他停下；最终，他便很自然地为此付出了代价。

6

随着约翰逊入主白宫，杰克逊派的其他成员遂开启了最后一场运动潮流，意图恢复昔日的影响力。老弗兰克·布莱尔当然了解约翰逊，就像他了解其他人一样；约翰逊发表那场并非十分光彩的就职演说之后，便退避银泉，寻求恢复。普雷斯顿·金跟约翰逊已经是二十年的老朋友了，在副总统竞选提名的事情上，普雷斯顿也发挥出特别的影响力。吉迪恩·韦尔斯仍然是精明且忠诚的幕僚角色。乔治·班克罗夫特操刀写就了约翰逊给国会的第一份咨文。阿莫斯·肯德尔则公开宣布支持新政府。所有这些人都建议约翰逊维持林肯那慷慨的重建政策。（西奥菲勒斯·菲斯克则仍然是一副古怪风范，他向新政府表示祝贺，祝贺上苍安排安德鲁·约翰逊斩获总统大位，以此来终结"对待叛国者的那种犯罪式的宽免"政策。此时菲斯克俨然自诩为窥测天意的专家。他在纽约谢世之时，身后留下了很多卷神学和哲学作品。跟肯德尔一样，当然也跟老烟鬼达夫·格林一样，菲斯克最后的这段时光是在信仰的抚慰中度过的。）[34]

然而，约翰逊政府最终证明了是场失败，究其原因，在很大程度上是因为约翰逊本人缺乏领袖才具，杰克逊派最后的这场努力也就此以失败告终。曾在"老山胡桃树"麾下效力的那些人，此时都已经老迈不堪了。约翰·米·奈尔斯于 1856 年谢世，本杰明·富·巴特勒于 1858 年谢世，詹姆斯·柯·保尔丁和埃利·穆尔于 1860 年谢世，马丁·范布伦和丘·卡·康布勒朗于 1862 年归天，马库斯·莫顿则死于 1864 年。1865 年 11 月的一个清冷早晨，正担任纽约港口税务官的普雷斯顿·金已然是极度虚弱、极度痛苦了。一大早，他便小心翼翼地将两大袋沉甸甸的枪弹绑在身上，用大衣遮盖起来，登上一条新泽西渡船，上船之后，他将那顶黑色的丝绸帽子摆放在甲板上面，接着便悄无声息地跳入河中。[35]

约翰·范布伦呢？多年的病状和精神紧张，已然令他成为疲弱之人。战争期间，他看起来也已经是没有任何精神头了，显然是提早衰老了；若是在大街上遇到，他的朋友们基本上都认不出他了。"我已经没有精力去经商了，就喜欢安静待着，经常小题大做，"他在 1861 年写道，"这种情况看来是越来越严重了。……这辈子，我所有的希望都破灭了，这令我陷入绝望泥潭，无法自拔。"[36]虽然他最终还是从此等泥潭当中恢复过来，不过，昔日里那个光华四射的"约翰王子"已然消逝不见了。常常还会有人向他问起 1848

年的情形,他则以一种老人的讥诮和睿智来解说年轻时的理想情怀,他说,那就跟那个疯了似的试图清除路边干草堆的男孩一样。于是,人们会追问,那男孩为何如此忙乱。约翰则回答如下:已经是汗流浃背的男孩,擦着脸上流淌而下的汗水,手指干草堆,哭喊着:"我爸爸在那下面埋着呢!"这就是"约翰王子"对当年理想主义光芒的解析。[37]

1866年,约翰为了康复身体前往欧洲旅游,在返回的路上,他患上重病。他躺在床上,在精神恍惚中度过了很多个小时,嘴里不停念叨着什么,反反复复地开着玩笑,言词中时常闪现出昔日演说的碎片,对昔日的敌人和对手更是一番猛烈攻击。偶尔会有清醒时刻,但凡这样的时刻,他便否认自己的严重病情,而且试图拒绝吃药,拒绝进食。很快,他便一命呜呼了,这条生命刚刚逝去,天空便阴沉下来,大西洋的冷风席卷而来,激起巨浪,水手们纷纷要求将他的尸体扔进大海,以平息海神之怒。最终,不得不加派两个警卫来看守那尸体,直到航船抵达纽约。[38]这就是美利坚政治史上最具天分、最具魅力也最不走运的政治家的终局。

戴维·威尔莫特于1868年去世,阿莫斯·肯德尔于1869年去世,弗兰克·布莱尔于1876年去世,威廉·卡伦·布赖恩特和吉迪恩·韦尔斯则于1878年归天。

那么,剩下来的人呢?剩下来的大多数软弱不堪的政治娘们儿,纷纷追随最为顺畅的路线,而且也都颇精于此道:戴维·达德利·菲尔德,野心勃勃的律师,很快便转向,成为朱比利·吉姆·菲斯克和特威德党老大的捉刀手,无论是他给出的榜样,还是他的文字,在阻碍法律变革的道路上都出力不小;萨缪尔·琼·蒂尔登后来成为非常富有的公司律师;约翰·亚·迪克斯成了受人尊重的共和党政治家;班克斯和鲍特韦尔成为马萨诸塞的投机家。当然也有一些人会像俄亥俄的威廉·艾伦那样继续这场孤独的战斗,但是在国家政治舞台上,他们已经没有了方向感,也失去了支持。还有一些人则完全离开了政治：乔治·班克罗夫特转向自己的历史写作，奥雷斯蒂斯·奥·布朗森转向宗教，阿马萨·沃克转向经济学。（沃克的《财富科学》于1866年问世，就杰克逊主义的经济立场给出了最为全面的概述，并据此重塑了硬通货理论，以便适应更为复杂的金融结构，还以更为温和克制的方式，重申了反银行体制的立场。无论是论述方式还是前提设定，都深受威廉·M. 古奇的影响，对此，沃克在前言也特别致谢了。）

年轻一代的情况又如何呢？在一八四〇年代和一八五〇年代成长起来的那一代人很自然地都接受了杰克逊主义的胜利，并将之视为政治行动的前提。内战之前的两个十年间，杰克逊运动的许多战果都是可以融入州宪法当中的，在这样的情况下，年轻一代的杰克逊主义者便不再拥有先辈身上的激进改革光环了。[39]奴隶制问题崛起，令新经济问题相形见绌。因此，很少有年轻人是在杰克逊主义的热情中接受政治训练的，内战之后登上政治舞台的一代人基本上没有经受过自由主义的淬炼，无论是方法还是目标，都是如此。

一些杰克逊主义者的儿子当然也走上了仕途。约翰·范布伦是这其中最能干的，但很快便燃烧殆尽了。布莱尔的孩子们则从未兑现过当初的丰厚承诺。至于其他人的儿子，诸如威廉·艾伦·巴特勒，则从不介入政治。诸如小西奥多·塞奇威克的儿子阿瑟·G. 塞奇威克则转而反对杰斐逊主义（见他1912年出版的《民主的错误》一书），塞奇威克家族的另一名成员甚至还在佛朗哥将军的队伍里成功发现了基督徒英雄。当然，图景也有另外的一面：威廉·巴·格林，纳撒尼尔·格林的儿子、查尔斯·戈登·格林的外甥，因为倡议女性选举而震惊了1851年的马萨诸塞州宪法集会（其时，阿克顿勋爵将他刻画为"教条主义者，面容狰狞"），最终则成为蒲鲁东派无政府主义者。[40]

此时民主党则还没有从一八五〇年代的挫败中恢复过来，共和党则在战争期间和战后落入一个银行家和工业家组成的集团手中，于是便迅速抛弃了昔日里的自由和民主信念，终于令党内最具干才的一批领袖人物在1872年自由共和党的脱党行动中实施了政治跳水，这批人最终也同民主党重新取得联合。自由共和党的候选人霍勒斯·格里利，曾是极为活跃的辉格党人，也曾是杰克逊、范布伦和赛拉斯·赖特的宿敌，还是合众国银行、高关税体制以及"内部改进计划"的强力支持者，民主党给予他政治背书，由此便足以表明杰克逊式的问题已经消散而去了。

1874年，约翰·比奇洛预测"共和党内那原初的民主党元素"将会回归民主党，而里面的"辉格党元素"则会作为共和党的特质而存留下来。[41]此一预测当然是有很大可能性的，民主党方面实际上也并不需要付出太多的努力，就足以重获昔日的能量和活力了。1876年，民主党推举塞缪尔·琼·蒂尔登出面策动了诚实政府问题，接下来的几年间，这方面的呼声发挥出替代品的功能，将更为根本的改革诉求掩盖起来。直到格罗弗·克利夫兰入主白宫，改革诉求才得以主导民主党，并且直到威廉·詹宁斯·布赖恩在他那震动四海的"黄金十字架"演说中对杰克逊精神提起诉求，这股改革能量才真正获得了非常激进的表现形式。

三十七　民主诸统绪

杰斐逊和杰克逊的传统也许会消退，但绝无可能消散。只要自由资本主义社会在美利坚存续下去，这个传统就注定也会存续下去，个中原因其实很简单，这个传统就是这个自由资本主义社会的内在必然性孕育而出的。美利坚民主已然学会了将各个集团为控制国家权力而铺展开来的斗争格局，并将之视为积极德性，更将之视为自由的唯一基础。商业集团通常都是最强大的，在美利坚，自由主义通常就意味着社会的其他群体制约商业集团的努力和尝试。这就是杰斐逊和杰克逊的传统，也是美利坚自由主义的基本意涵。

1

内战之后的那段岁月里，此一自由主义统绪显然沦落黯淡境地。战前就已经崛起了一个工业集团操控之下的政党，这个政党的组织体系相当精良且高效，领袖才具也是十分突出，更拥有积极的纲领和坚实的经济根基。接着便是奴隶制这个新的也更为可怕的问题爆发出来，调动了善意之人的忠诚和才能。反奴隶制运动遂抽干了这股能量，转移了人们的热情，并最终摧毁了杰克逊民主统绪孕育出来的这个政党。

在某种意义上也可以说，这纯然是一种自然而然的现象，毕竟，这个政党要面对一个极其磨人的问题，要为之打上一场极具消耗性的战争。在另一种意义上也可以说，此一结果是杰克逊派在战争问题上的无能和无效所致。杰克逊主义的基本方略令激进民主派必须动员全部能量去对战蓄奴势力，这是律令，也是正确的；但是，这样的方略并没有将全部的事实情状涵括进来，更不用说从战争当中汲取力量和紧迫性；杰克逊派甚至都没能武装起来，展开一场生存之战。

小弗兰克·布莱尔很是缜密地对杰克逊主义实施了延展，借此将奴隶制问题上的冲突也涵括进来：

> 这并不是北方和南方的问题。这是两个集团之间的问题，一个集团要为等级和特权而战，另一个集团则并无超越同胞之上的特权，也对此等特权没任何欲念。这实际上是一切自由国度都会有的古老问题，因为少数精明富人总是力图从民众手中窃取全部的统治权能。[1]

此论只能说是部分地道出了实情，毕竟，事实就是事实，这场战争首要地就是北方和南方的问题。看看蓄奴州的大部分底层民众，都是那么热切地集结起来为奴隶制而战，当然，安德鲁·约翰逊这类人是例外的，而且北方的大多数"精明富人"也都是支持联邦的。很多人虽然没有布莱尔的那般理由，但也都秉持跟布莱尔一样的立场，很多人若真的接纳了布莱尔提起的那些因由，则本来是应当站在布莱尔的对立面的。这场战争当然涵涉了"阶级"成分，某种意义上也可以说是为民主而展开的战争，不过，这场战争主要就是一场地区之间的战争；而且跟一切忽略了地区忠诚和国家忠诚的战争理论一样，杰克逊派的内战理论在面对事实情状之时，很快便触礁沉没了。

于是，随着冲突的深化，区域理论被逐渐扶正并赢得权威，这部分是因为更多的实情和情感都支持此一理论，部分是因为阶级理论在国家统一这等大义面前不免要黯淡下来，同时也因为北方的众多保守派都对阶级理论的爆炸性后果心存戒惧，所以也都竭尽所能地破坏这种理论。最终，战前经由范布伦父子、普雷斯顿·金、布莱尔父子等人予以强力申述的杰克逊派理论，很快便变成了学究气十足的学院派论题，这样的论题在炽烈的斗争和战争岁月里，当然是不会具有强有力的情感魅力，赢得广泛的追随者群体的。[2]

1859年《大西洋月刊》之上的一篇保守论章所蕴含的本能，显然要比布莱尔这等人物的诸般期许来得更为真切。这篇文章的作者已经觉察出，奴隶制问题已然吸纳了杰克逊民主，并令这个民主统绪的能量脱离了其主体诉求，遂评论说，区域问题已然"令我们近期的党争脱离了激进泥潭"。"大约是从1829年开始，直到1841年，"这个保守派作家写道，"我们的政治生活显然已经贯注了大量的社会主义元素。"但是今天跟1833年比较起来，"地权平均主义情绪"已经是大为淡化了。[3]

杰克逊统绪默诉了此等情势，杰克逊派的组织体系也归于瓦解，杰克逊派的领袖人物陆续离世，这一切不免令自由主义运动在战后的斗争中失去了武装。与此同时，商业集团则有着强烈欲念要为自己寻找保护色，一八三〇年代在苏厄德、威德和格里利的引领之下，便已经开启了此一进程，战争则令此一进程臻于顶峰。他们俘获了共和党，由此也就俘获了自由和民主之声望。"煽动仇恨情绪"，这是战后共和党发展出来的策略，确切地说，就是依托选举体制，每四年便解放一次奴隶，也正是这样的策略，令共和党在相当长的一段时间里得以掩盖如下实情：他们正在变成垄断和财富的政党。也正是因此，那紧迫的经济问题在战后的一段时间里是被排除在国家政治议程之外的。当这个国家再度回归一八三〇年代的那些老问题的时候，激进民主派已然从人们的记忆中消散了，当年的诸般民主实验也沉没在历史脉流当中，他们的哲学也沦落遗忘之地。改革的连续性就此断裂。

2

与此同时，新形势显然变得更为复杂了，这是昔日的杰克逊主义者不曾面对过的，置身此等新形势之下，甚至一些民主派人士也禁不住地弱化了对激进民主解决办法之效能的信念，确切地说，他们渐渐地不再相信民众政府可以解决一切问题了。这其中，最为重要的情况就是一个无根群体的崛起，这个群体没有方向，也没有稳定性可言，这样一个群体一方面是因工业化进程而起，另一方面则是因为移民潮的迅速涌动。移民潮是在一八四〇年代大规模开启的，成千上万的欧洲人，基本上没有接受过教育，非常驯服，已经习惯了很低的生活标准，还不习惯政治自由，就这么如同潮水一般涌入美利坚。他们涌入大城市和工业城镇，同本土美国人混杂在一起，几乎全都靠着白天的劳作过日子，境况十分悲惨，如同牧群一般遭到肆意驱策，差不多都是同样的生活模式。这样的生活没有任何安全感可言，这既限制了他们的选择自由，更剪灭了他们的责任意识。"人民"随即降解为"大众"，将他们维系起来的并不是共同的忠诚和渴望，而是共同的焦虑和恐惧。

这个新人口群体的崛起所引发的政治后果是相当显见的，也是相当可怕的。"大众"就那么拥挤成一团，无论从何种切实的角度来看，都不再是自由的了。在形式上他们当然也都是选民，但是，这样的选民群体，要么对雇主俯首听命，要么难免遭受煽动家们的肆意愚弄。"面包和马戏团"再次成为政治成功的基本程式。迈克·沃尔什就是这股大潮孕育而出的弄潮儿，他典型地表征了新型大众政客的善与恶：一方面，他是民众权利发自内心的热忱倡议者；另一方面，他使用的方法则是政治流氓的典型，比如说他的斯巴达团、他雇佣的街头帮派、还有投票站的各种腐败行径（"早投票，多投票"，这就是他这类政客的口号）。

不过话又说回来，迈克·沃尔什这等政客，虽然方法很是离经叛道，但毕竟在内心里惦记着人民；那些采纳了沃尔什的方法，但没有沃尔什这般政治内心的人，又会怎样呢？诸如纽约的费尔南多·伍德这般党老大的崛起，很自然地令民主体制的信奉者起了深深的警觉和不信任。

若是将眼光放得更长远一些，则显然更令人警觉的是那些接纳了沃尔什的热忱、四处鼓吹民主和自由，实际上却只是为了赢得权力去摧毁自由和民主的人物。在纽约，乔治·威尔克斯，情夫、造谣者、淫秽作品的贩卖者，却成了坚定的共产主义者，写就一系列小册子鼓吹"英特纳雄耐尔"和巴黎公社。然而，从威廉·莱格特到迈克·沃尔什再到沃尔什的助手威尔克斯，这显然是一条直系传承脉络，威尔克斯的大量诉求实际上就是以杰克逊主义的语言呈现出来的。[4]马萨诸塞方面，肆无忌惮的本·巴特勒也成了四处聒噪的"激进派"，1884 年，他一跃成为反垄断党推出的总统竞选提名人，他实际上也是杰克逊主义的直系传承人。

此时，众多的杰克逊主义者，都对此类不祥征兆有所意识，有所解读，纷纷服膺于杰斐逊当年提起的对大城市以及工业无产者群体的那种恐惧感。1864 年，吉迪恩·韦尔斯和普雷斯顿·金在通信中彼此都表达了那种特殊的憎恶，因为纽约市竟然选派费尔南多·伍德这样的人物进入国会，二人遂开始讨论激进民主的限度问题。

韦尔斯宣泄说："整个纽约城已经是疯狂且败坏透顶了……这样的地方何以重生、何以净化呢？该怎么拯救这鬼地方啊？"尽管并不情愿，但他还是坦言了如下看法："在这样一个邪恶群体里面，自由选举权显然是要堕落的，真的得考虑一下了，是否需要策动一场外部运动，或者采取限制选举权的举措，以此来纠正市政体制当中的明显罪恶。"

此时普雷斯顿·金则如同韦尔斯说的那样，仍然维持着昔日的信仰。"此番罪恶是可以自行修正的，"这位激进派老兵坚定地宣示说，"在经历了足够的羞辱之后，在背上足够的税赋和债务之后，他们的责任意识终将觉醒，到了那一天，这座城市也就能够脱离这罪恶统治了。"

有那么一刻，韦尔斯似乎从普雷斯顿那明确信念中感受到"昔日的古老热忱"回归了。他禁不住地回忆起那段美好时光："那是强健的青春岁月，我相信民众的声音是正确的，我相信多数派在任何群体当中都可以达成正确结果；但是啊！眼前的情况已经让我不再有昔日的信心了。而在农业区或者人口稀疏的地区，古老模式仍然存续着。"这一点他倒也承认；但是，大城市呢？"无根的大众"在他眼中显然不会是稳靠的权力储存之所。"我们的体制，缺乏恒常元素。"[5]

即便是沃尔特·惠特曼对民主的那般卓绝信仰也不免发生了动摇。战后的这个世界就这么在他眼前铺展开来，他就那么眼睁睁地看着"人群的那种浅陋和悲惨的自私，人心已然是一片空白，毫无人性之高贵和渴念可言，可怕的问询接踵而来，而且无可否认：人权之下的民主归根结底不就是一场骗局吗？"这样的人民，"心性破败，灵魂全无"，他们会有自治之恢宏视野吗？惠特曼不知道如何回答；他已然无法"掩饰普选体制的可怕危险"，不过他终究还是相信，人民是能够自我救赎的；说白了，此时的惠特曼依然信从昔日的信仰。[6]

不过，不管怎么说，此时民主体制所面对的这个问题，是任何的多数统治修辞都无从平复和掩饰的。大众的崛起令民主的呼声平添了邪恶意蕴。诸如费尔南多·伍德、本·巴特勒、乔治·威尔克斯这等人物，还有那些腐败的党老大、亲法西斯分子以及亲共产主义分子，他们之运用民主辞令也充满了激情，那样的激情较之发自内心的民主派毫不逊色，而且跟后者比起来，他们的顾虑要少得多。倘若民主领袖不能解决重大经济问题，那么，在绝望中四处乞求灵丹妙药的大众，最终不就是要乞灵于那些能够给他们提供一揽子启示良方的人吗？

　　昔日的美好时光还没有回归。不过，吉迪恩·韦尔斯那已然疲惫不堪的自由主义则显然夸大了灾难的紧迫性。普雷斯顿·金和沃尔特·惠特曼对美利坚民主之修复能力、自我纠正能力的信仰，仍然可以得到证明（当然，此等能力在很大程度上植根于美利坚的经济资源和地理位置）。美利坚人民尚且没有完全沦落为"无根大众"，"无根大众"本身也还没有到无可救赎的地步。一方面是激进民主之道，试图建立一个没有焦虑和绝望的社会；另一方面是恐惧催生的"黑死病"病毒播散四方，令人民士气尽丧，令人民不惜一切代价求取安全。美利坚的未来就是这两条道路的竞争，如同惠特曼说的那样，这是"一场反反复复的拉锯战，一边是民主的信念、渴望，另一边是人民的愚钝、邪恶和摇摆"。[7]吉迪恩·韦尔斯的不祥预言发布之后，已经过去了四分之三个世纪的时光，美利坚的激进民主不仅仍然存续着，而且因为一些人的非凡努力，还获得了小小的优势地位，优势虽小，但分量十足。

3

　　前文曾经谈到，经济关系的非人格化进程日益发育，由此也就强化了对政府干预的需求。私人良知越发无力对商业机制实施有效约束，在这样的情况下，公共良知便必须以民主体制的形态体现出来，必须实施介入，否则便无法有效遏制商业集团在逐利过程当中撕裂社会的取向。"大众"的崛起令社会决策机制归于碎片化，只能偶尔做出拥有责任担当的决策，由此也就更加强化了国家干预的必要性。然而，无论就信条而论，还是就起源而论，杰斐逊传统都秉持了相当强烈的反国家主义取向；更何况，惠特曼提起的这场冲突和争斗，也激发了一系列的新问题，这些问题都是民主思想必须面对的。

对政府的不信任深植于美利坚传统。正如范布伦说的那样，当初众多殖民者抵达美洲的时候，对清教徒、胡格诺教徒、胡斯派以及荷兰的前辈新教徒所承受的苦难和迫害尚且记忆犹新，"母国那根深蒂固的不正义，慢慢地就令这种不信任感在新世界生长发育起来，并最终成熟定型，沉淀为美利坚民主最为强韧也最为持久的政治观念"。美利坚民主的首要动力就是反对他们眼中一切没有道理的暴政，同不列颠的战争则毫无疑问地确证了民主制度对国家的疑虑。此外，对于从中世纪阴影中走出来的人群来说，自由的历程实际上也就是抓取一系列保障机制和豁免权利的历史，他们正是凭借这样的历史从国家泥潭中挣脱而出；就美利坚共和国自身而言，中央政府的大多数干涉行径，诸如合众国银行、"内部改进计划"以及关税体制等，实际上都是为了商业集团的利益而行的。因此，坚持对国家实施宪法层面的拘束，也就成了美利坚民主派的本能。美利坚人民的统治经验以及他们对历史的解读，也正如范布伦说的那样，乃彻底剪灭的这样一种希望："可以在无需保证不被滥用的情况下，将政治权力交付距离遥远的一批人的手中。"[8]

"政府管得越少越好""这个世界已经被过度统治了"，诸如此类的言论从《民主评论》和《华盛顿环球报》倾泻而出，强有力地表达了这种主流的反政府情结。其中的意涵不言自明：政府必须涵盖的事项应当交托给各州负责。"那些意欲捍卫州权的人，那些意欲拱卫民众统治的人，"1844年，《民主评论》申述说，"在我国政治体制之下，是必须运用同样的手段来达成目标的。"[9]乔治·

班克罗夫特评论说,杰克逊的一个深沉信念就是,"严格的宪法解释,乃是合众国伟大劳工阶级的持久福祉所在"。[10]

州权情感以及对政府之恶的感受,逐渐融入人们通常所谓的"杰斐逊神话",并在此一神话中得到拱卫。历次大的社会运动,正如索雷尔提点的那样,都会制造自己的"社会神话",确切地说,就是"意象聚合体,这样的意象聚合体能够本能地激发出跟运动宣言对应的全部情感"。这样神话尽管着眼于未来,但也绝不可因此就被当作是一份蓝图。相反,"必须将之当作一种旨在影响当下的手段;若真有人从字面上加以理解,将之当作是未来历史的参照系加以探讨,那是毫无意义的"。这样的神话"并不是在呈现实情,而是在表达行动决心和意志"。[11]显然,驳斥神话是毫无意义的,因为这样的神话只是为了表达激情,这激情的本质功能则只是为了动员激励人们采取行动。

杰克逊在参议院为自己的施政体系进行辩护的时候,就展示了杰斐逊神话的一些资源。他说,他的目标"就是要救治宪法肌体的伤口,捍卫宪法不再受到侵害;就是要尽我所能地说服国民,绝不要指望能在强权垄断集团和贵族体制拱卫的光鲜政府中找寻幸福,这样的政府也绝无可能保护人们的自由,应当创建一套简单朴素的政府体制,祛除一切华彩,保护一切人,不偏袒任何人,让那赐福如同上天的雨露一般,虽不可见、不可感,却新鲜、润泽、促使万物生长"。[12]此一意象毫无疑问揭示出这样一个潜在模式:纯正的宪法对遭到侵害的宪法;朴素政府对光鲜政府;平等权利对强权垄断;上天雨露,新鲜且润泽对"贵族体制",内在地涵养着君主机制、财富和堕落。

由此,杰斐逊神话便作为一套完整的社会选择体系深植于追随者的内心:朴素对夸饰;简约对铺张;刚正对松散;节制对奢华;乡村对城市;纯良农民或者技工对腐朽资本家或者垂头丧气的日工;简朴且亲和的政府对傲慢且复杂的政府;节约对债务;严格的宪法解释对宽松的宪法解释；州权对巨大的联邦权力；分权对集权；民主制对贵族制；廉洁对腐败。

这样一套价值和意象体系，既激发也深化了杰斐逊、约翰·泰勒、杰克逊、范布伦以及其他的杰斐逊主义者的吸引力。这套体系之效能是依托一种共同的伟大愿景发挥出来的，此一愿景相当强劲、相当朴素，也相当令人满意，由此激发的情感恰恰是美利坚人民的希望、记忆和经验都极为珍视的，由此也就令工业主义和贵族体制的入侵军团呈现出极为鲜明的丑陋面目。此等神话就那么深深地沉淀在美利坚人民的心灵深处，令神话的各个部分都获得了强劲且几乎是神圣的地位，这其中当然包括了对政府之邪恶性的信念。

4

然而，世事变迁，神话和现实之间的差异越来越大。我们实际上也都已经见证了那一系列的精妙对照，诸如乡村和城市、诚实农夫和消沉劳工之间的对照，是如何在杰克逊时代政治实情的发育进程中化为齑粉的。在政府事务领域那根深蒂固的反政府情结的映衬之下，神话和现实之间的歧异日趋尖锐。反国家主义的诸般命题相当工整干脆，但在现实中则全然失效。这些命题原本是为了对抗贵族专制体系而创造的保护性观点，但是当激进派自己执掌政权的时候，此类观点便不免沦落尴尬境地。杰斐逊执政之时，一旦感觉有必要采取强有力的行政举措，便随时将这些观点摒弃，并且在退隐之后的恬淡时光中，他甚至还演绎了一套普遍性理论，为逾越杰斐逊主义框架做出铺垫和论证。[13]

《华盛顿环球报》和《民主评论》抒发而出的这些简单原理显然是有欺骗性的，潜藏在这些原理背后的现实也显然是相当复杂的，杰克逊的施政体系毫无疑问强化了这样的复杂性。设若免除了政府干预的竞争就是理想的经济形态,若是这样的自由最终导致垄断的生长发育,并就此毁灭了竞争,那么在这样的情况下,杰斐逊主义又当何为呢?杰克逊主义者的回答是政府干预,借此来恢复自由竞争所需的条件;更确切地说,是"救治宪法肌体的创口",并重建那原初的纯净政府原则。如同约翰·路·奥沙利文说的那样,"的确需要政府积极作为、大量作为,如此方能消解昔日里恶政留下的众多恶端"。[14]如此,杰克逊主义者便在反国家主义的旗帜之下,推行强有力的政府干预政策,杰克逊本人正是以弱政府的名义施政的,结果却创造了美利坚历史到那个时代为止最为强悍的总统。

杰克逊政府的一些具体政策,很自然地引发了正统杰斐逊主义者的显著不安,即便是那些竭力顺应总统否决权行动或者撤销政府储备金行动的人,也不例外。

一方面是杰斐逊神话,另一方面是杰克逊时期的统治实情,二者之间的歧异当然需要调和,为此也就需要一场斗争,《民主评论》以最为率直的方式推进了这场斗争。这份期刊的创刊号颇为忠实地阐述了所谓的杰斐逊立场,这份阐述相当出彩,弱政府理论镶嵌其中,扮演了拱顶石的角色。但是在面对强劲的反民主攻势的时候,这样的理论又会是怎样的地位呢?《民主评论》第二期便发表了奥沙利文的一篇文章,这篇文章以决疑论的方式写就,致力于应对此一难题,最终将此一理论的适用范围局限于联邦政府,同时也猛烈攻击联邦最高法院限制州政府之商业权能的做法。

但是,这样的策略究竟会有多大帮助呢?1837年5月银行纷纷中止兑换之后,费城的一次工会集会便颇有代表性地宣泄说,"在货币问题上,我们原则上就不信任州政府……因此,我们呼吁联邦政府采取一切联邦政府认为有必要的措施"。[15]若如此,则奥沙利文修订之后的理论又处于怎样的位置呢?奥沙利文觉察到这里面的难题,第三期《民主评论》遂再次发布相关文章,这篇文章多多少少有些尴尬，致力于为表现强悍的杰克逊政府提供证明，不过同时也真诚希望"寓于行政之手的那些巨大权能，不会再有复兴之日"。[16]

毫不奇怪，杰斐逊主义基要派早早地便脱离了杰克逊路线。甚至像奥雷斯蒂斯·奥·布朗森这样的杰克逊主义者也不免对杰克逊政府生出了戒惧，他宣示说："杰克逊政府是有集权倾向的，而且还有很明显的官僚制取向……我们正大踏步地走向……集权……走向官僚体制，那样的速度，即便是最为敏感的宪法否决派也想像不到。"[17]

同样也毫不奇怪，虽然人们在竭力用小政府就是好政府这样的话语来捍卫杰克逊主义，但这样的做法只能招惹辉格党的嘲讽。在辉格党看来，杰克逊政府的政策显然如同凯莱布·库辛描述的那样，完全是"杰克逊将军在无端干预这个国家的商业运作，他不过是打着改革的旗号肆意干预货币"，诸如此类的谴责并非罕见。[18] 说白了，所谓的恢复宪法之纯净，不过是为政府之肆意干预行径寻找的借口，这样的借口则是十足的讽刺。

此番攻击浪潮的背后隐藏着问题的关键，那就是：所谓"干预"并非绝对。总会有人受益，有人受损，问题的关键从来都是：受损者是谁？政府必须有所作为；政府不可能在神一般的宁静和中立中无所事事。即便是"统治最少"的政府，也极有可能是为那个最为强大的集团效力的。问题不在于是否统治"过度"，而在于是否"过度"推进了某个集团的利益。在自由资本主义制度之下，这个问题通常也就演变为：为商业集团效力的政府是否牺牲了国家的整体利益？而这恰恰就是资本主义的内生冲突，无可压制，确切地说，商业集团意欲独霸国家，社会的其他群体则在"自由派"的引领之下，力图遏制这个集团的政治野心。

横亘在辉格党和杰克逊之间的真正问题因此就不是人们通常所谓的企业自由。实际上，双方都承认企业应当是自由的，双方也从来都主张保护企业自由，而且，无论是辉格党还是民主党，一旦上台执政，就都会毫不犹豫地对商业实施干预，只不过是为各自的利益服务，虽然都是以"自由"之名实施干预，要么摧毁合众国银行，要么建立保护性关税。杰斐逊主义者一门心思地要压制小额钞票，并创制十小时工作日，汉密尔顿主义者则是在面对工会问题或者公司控制问题的时候，高高举起自由贸易原则的大旗。倘若一八三〇年代和一八四〇年代的人们不打折扣地接纳了被人频繁提起的反国家主义格训，那也就根本不会有政党诞生了，他们也根本没有必要加入任何政党，只需要安心待在乡村池塘边的小木屋里就可以了，就如同那个时代的那些秉持激进信念、认为政府越小越好的人所做的那样。

问题并不在于原则，而在于权力：一个"自由派"政府是否具备足够的权力可以对抗商业集团的意志呢？围绕这个问题发生的斗争毫无疑问是根本性的，在这样的斗争中，保守主义和自由主义当然可以接管并采纳任何的神话，而且也当然可以接管并采纳最能促进各自利益的神话。这倒并不一定就意味着他们内心并不真的信仰这些神话激发出来的愿景，不管怎么说，没有这样的激励和支持，便不可能有伟大的社会运动。但也切不可忘记，所谓神话，不过是在表达"行动的决心和意志"。至于行动的目的则必然是有待那无可探测的未来予以揭示。

5

实际上，杰斐逊统绪从一开始就涌动着"强政府"脉流。杰斐逊本人就曾大大方方地谈到"立法权能的保守之手"。特别是在谈到纸币引发的困顿之时，他更是宣示说，此等困顿必须"借助立法之手予以匡扶"。[19]马歇尔引领之下的那些司法判决，旨在保护公司不受州法的侵夺，却同时强化了杰斐逊主义扩张州政府权能的取向。查尔斯·贾里德·英格索尔在为立法机构之于公司特许状的控制权能辩护之时，评述说，"恢复公共权威乃是当务之急"。[20]菲利普·彭·巴伯，来自弗吉尼亚的民主党法官，更是坚定且热忱地致力于扩张各州的监管权能，以此来对抗马歇尔的司法军团。[21]

在州的层面上，政府之德性一旦获得了多多少少的认可，即便不想让联邦政府从中沾光，也是难事了。毕竟有一些职能太过重大，不能交托给各州自行其是。这就如同托马斯·哈特·本顿在品评货币问题之时说的那样，货币权能是不能随意交托的，"职能交给我们政府体系当中最高也最具责任机制的权威"，这个权威毫无疑问就是设立在华盛顿的那个人民的政府。[22]一八三〇年代积累下来的经验，若是从杰克逊主义的立场来看，则显然表明州政府是极度不可靠的，联邦政府则表现出民主护卫者的强悍形象，因此也就强化了对联邦政府的宽容。

这是自由统绪的一次重新定向，这个过程中的核心观念在托尼关于查尔斯河大桥案的判决中得到了强有力的表达。"一切政府的目标和目的，"托尼宣示说，"就是推进共同体的福祉和繁荣，政府就是因此才创设出来的；切不可认为政府应当削弱为达成目的所需的权能，毕竟，政府就是为此目的而设的。"[23]

很显然，这样的陈词对杰克逊主义者来说已然是耳熟能详了，汉密尔顿派当然不会对此感到高兴；不过，这样的陈词显然预示着杰斐逊统绪发生了一场根本性的变迁，而且还是沿着汉密尔顿主义的方向而变迁的。托尼的此番陈词实质上跟汉密尔顿和马歇尔的看法不谋而合：

> 在本财政部部长看来，此一普遍原则恰恰是内在于政府的定义中的，而且，合众国政府意欲推动的一切进步，这原则都将在其中发挥关键作用。这原则就是：政府赋有的各种权能，依其本性都是至高的，所谓"至高权能"，这个词本身就包含

了动用一切必要手段以便达成政府权能之目标的权力，只要不违背宪法，不违背道德，不违背人类政治社会的本质目标。[24]

只要目标正当，只要不违背宪法，那么为了那目的而采取的一切必要手段，一切符合宪法之文字和精神的手段，就都是合宪的。[25]

说白了，倘若杰斐逊主义与时俱进，追随托尼立定的这个原理，那定然会极大地削弱昔日里对国家的那种恶感。而且，在那样的世事潮流中，杰斐逊主义若要寻求自我改变，还能追随谁人呢？无论是杰克逊政府的经验，还是托尼的这项判决，不都承认了杰斐逊主义需要汉密尔顿派的手段方能达成目标吗？

然而，杰克逊民主缺乏自己的政治哲学，说实在的，杰克逊派需要这么一个伟大的创造性政治哲学家，能够体悟托尼陈词的本质意涵，将之塑造并呈现出来，对自由信仰之根本原则实施重述。杰斐逊神话已然是渗透民心了，杰克逊派的行动也都被视为回归初始原则的行动，此等解释运用起来相当顺手，轻松写意，因此基本上不会有谁会去做好十足的准备，去直面杰斐逊统绪中潜隐着的这个致命鸿沟。但是这个鸿沟是必须面对的。倘若依从所谓的理想状态，将政府权能最小化，那又该如何遏制垄断呢？毕竟，垄断体系若是滋生蔓延开来，就只能要求政府介入，对之实施遏制。换言之，此等情形之下，若是没有一个强政府，人民将何以对抗商业集团呢？面对这样的问题，杰斐逊主义者当然可以回答说，让"贵族集团"操控一个弱政府，总比把强政府交到他们手中要好一些吧。但问题是，即便是在弱政府体制之下，贵族集团那强悍的经济权能就不能为他们夺取他们所需要的全部控制权吗？杰克逊时代的经验，不正是表明，唯有强政府才有可能破除庞大财富所蕴含的权能吗？

然而，杰斐逊主义者拒绝承认最后的这个情况。对他们来说，为着杰斐逊主义目标而采取的强有力的政府行动不过是例外情况，不过是过渡阶段，牵涉不到理论层面的东西。事实上，他们压根儿就没有胆量认可那真实的答案。他们必须压制这样的答案。美利坚民主是在反抗暴政的过程中诞生的，这样的出身是杰斐逊民主肌体之上与生俱来的创口，于是，人们便靠着对专制的病态恐惧，将这创口掩盖起来，让人们学着仇恨国家，最终便催生了有关政府的一整套的复杂臆念，正是这样的臆念令杰斐逊主义者无法认可并接纳此中的必然性，并且还迫使他们用反国家主义的集团口号，将他们实际上干的事情遮盖起来。

此外，在杰克逊时代坚守杰斐逊神话，还能够赢得巨大的当前优势。实际上，这种坚守本身就足以表明杰斐逊神话的时代必要性。任何别的神话，都不足以像杰斐逊神话这般精准且深刻地回应人民的需求。特别值得一提的是，正是此一神话，在这段并不算短暂的岁月里，令本质上本无友善可言的两个集团或多或少地维持了和谐格局，甚至有时候还采取联合行动：其一是北方和南方的土地贵族阶层，这个阶层从地租出发，对商业集团秉持敌对态度；其二则是站在小农和劳工立场上反对商业集团的社会群体。这二者之间无论是利益、社会地位还是终极诉求，当然存在根本歧异，但是杰斐逊主义的口号和意象成功地将二者吸纳过来，由此也就掩盖了那些根本性的歧异。

正所谓一叶知秋，一些小小细节就足以暴露二者之间的根本歧异。比如说，土地贵族集团欣然倾向"保守"一词，诸如卡尔霍恩、库珀、托尼、霍桑以及中期的布朗森这样的人就是如此，他们自认是那圣火的守护者，自认只有他们才真正珍视杰斐逊统绪之精义。小农和劳工集团则对"激进"一词情有独钟，诸如范布伦、班克罗夫特、布莱尔、本顿以及早期的布朗森等人，都自认是在引领一场十字军运动，自认要实现杰斐逊统绪的真正价值。土地贵族集团的视野是防御性质的，其根本定向是那套正在沦为明日黄花的社会秩序，并为了拱卫那套秩序而对当下秩序中有可能造成威胁的群体展开攻击。小农和劳工集团就其性质而言是进攻性的，他们的首要取向是要借助杰斐逊主义改造当前秩序。当奴隶制问题浮出水面，需要"保守派"杰斐逊主义者有所伸张、有所进取的时候，根本性的挑战便随之而来，二者的联盟便迅即解体了。

6

杰克逊时代的经验毫无疑问对杰斐逊传统实施了诸般调整，但是此等宏富经验最终未能获得整理和定型，从长远来看，这对美利坚自由主义可不是什么幸事。杰克逊这样一个强悍人物终究是要离开政治舞台的，加之他的施政经验无人学习并吸纳，这也就很自然地令民主党在后杰克逊时代复归反国家主义论式。杰斐逊神话因此得以存续，更在那段时期获得了相当的尊崇度和神圣性；光阴推进，强政府已然越发明显地成为民主发育之路的必要动力源，商业集团赶忙寻求杰斐逊统绪当中的反政府元素，以之作为壁垒，实施自我拱卫。自此之后，保守派便懂得了如何去利用杰斐逊神话，以之为武器，挫败那本质性的杰斐逊主义诉求。说白了，今天的人们仍然爱召请这种反国家主义论式，只不过，这些人意欲捍卫的利益恰恰是杰斐逊本人要加以攻击的。

内战之后，保守集团穿上了杰斐逊的袍服，并坐享消灭奴隶制的历史声望，可谓睥睨天下。倘若有别的任何集团前来伸张"民主"，自然是被竭力打压。自由主义失去了战前赖以支撑和团结的那个社会神话，由此沦落飘摇和破碎境地。面对商业集团的霸权，自由派无以为据，无法对自由主义力量实施有效动员。

战后政治更是盛行犬儒之风，这就更加强化了人们对民主政治之无能的感受，令沃尔特·惠特曼这样的人在界定"今日之根本需要"的时候，禁不住地认为，美利坚需要新的信仰，这信仰"必须穿透美利坚心性、品位、信念融构而成的厚重幕帐，必须将新的生命注入其中，令美利坚生活有所决断……培育教师，建立学校，以启蒙之光穿透风俗，最终促成恢宏战果，在各州的政治、经济和思想土壤中养成……一种宗教和道德品格"。

惠特曼特别提请自由派给自己创造新的社会神话，用新神话为自由传统效力，就如同杰斐逊神话在战前为自由传统效力一样。他敏锐地觉察到所谓的"伟大文学"是如何"穿透一切，引领一切，塑造群体，塑造个人的，而且还能够发挥精微至极且无可抵御的力量，去随意地建设，去支撑，去摧毁"。除非激进民主能够以这样的方式启动"自己的永恒资源，并将这资源植根于永恒的源泉当中，否则它就不会有丰沛的力量，就不会顺利成长，就会丧失它的主要魅力"。惠特曼宣称，是时候"让那种朴素纯真的精神意向……引领航程了，是时候瓦解旧东西，剥除旧外壳，从内在的生命原则出发，让这个社会重建，让这个社会民主化"。惠特曼本人自然也是付出了巨大且持久的努力，竭力创造"美利坚社会所缺乏、所需要的意象作品"，然而，对于他觉察到的这种需求，文学只能发挥次要作用。惠特曼自己也时常申述说，"民主之运行"包含了最伟大的救赎承诺。为着自由和平等而展开的斗争更是价值无量。"它激发的力量，它传递的教益"，以及它养育的伟大人物，终将更新并实现民主理想。[26]

说到底，是民主之实践和现实运作，而非文学，才能拯救民主。历时一个世纪的极为痛苦的民主斗争经验，终将引领自由主义去找出杰斐逊主义者埋葬了的那个东西，也就是对强政府的需求。一个奉行杰斐逊主义的国家，却无能实现杰斐逊主义的目标，这一点首先在经济领域显现出来，正是在这个领域，人们越发明显地见识了劳工是何以要求得到雇主的垂怜和保护的。杰克逊和范布伦支持十小时工作日，并且对商业集团将工资压到生存线以下的冲动很是忧惧。正如班克罗夫特在1854年宣示的那样，自由放任机制也许能够解决国际贸易问题,"但是这样的机制也毫无疑问会令劳工失去一切的防护,就那么置身经济竞争潮流当中,备受残害,这样的情况是绝对不能作为人类关系之准则接受下来的……终有一天,人性将会认可一切人都有着同样的权利享受人性的恩泽;终有一天,在普遍的匮乏当中,那极度残忍的生产过剩将让位给更为优良的分配科学"。[27]

此等渴念归根结底是在向政府发出召唤,要求政府扮演更为积极的经济角色。最早一批对杰斐逊观念之不足有所体认的人当中,就包括了颇具邪性但头脑绝对清醒的本·巴特勒。来自马萨诸塞的他当然对"杰克逊政府之恢宏战绩目眩神迷",不过,他也在自传中写道,"我早早就非常清醒地看出,杰克逊体制跟杰斐逊的观点存在巨大冲突"。结论实际上很明显。"在合众国政府之权力和责任问题上,我是汉密尔顿派的联邦主义者。在个人权利和特权问题上,我是杰斐逊派民主党人。"[28]

慢慢地,自由传统经历了一个彻底检修的过程,二十世纪终于见证了诸般杰斐逊主义禁制令的消散。西奥多·罗斯福接纳了汉密尔顿式的进步主义,由此开启了一段生机勃勃的统治期。伍德罗·威尔逊对行政活力以及政府行动有着更为清醒的理解。富兰克林·罗斯福则较之威尔逊更为果决也更具决定性地推进了此一潮流,"新政"可以说是最终促成自由主义从杰斐逊神话中解放出来了。到了1941年,罗斯福便已经可以品评说,自由派的标准就在于"对多数意志之智慧和效能"的信仰,以及对政府干预之"职责"的信仰。[29]

7

杰斐逊统绪中的弱政府论题最终遭到拒斥,不过,这并不意味着此后的自由主义就必然无可分解地同政府干预哲学纠结在一起。

否则的话,岂不是跟杰斐逊的反国家主义一样,又创造出另一个误导世人的神话? 罗斯福本人就曾指出一个很显见的危险。"我们已经建造了一系列新的公共权力工具。若是置于人民政府之手,这样的工具就是健全且恰当的。若是落入经济财阀之政治傀儡的手中,这样的权力就会给人民的自由戴上镣铐。"[30]

那些习惯了议论"计划"之无谬性的人,着实应当好好体悟罗斯福的此番申述。只要民主制度存续下去,统治权能就会周期性地换手;而且,国家权能的历次提升,都难免会在日后成为保守派的工具,就如同在当前时刻会成为自由派的工具那样。完全有理由预期,国家干预主义将会重演自由企业的命数,一开始是自由派的信仰,但最终沦为保守派的哲学。[31]

自由主义的问题应该说就在于如何同政府的强力行动相匹配,尽可能地保持多样且多元的社会格局。多样性的首要敌人,说白了也是自由的首要敌人,则应当说是最为强大的社会集团,因为这样的集团是最不需要自由的。在美利坚历史之上,这个最为强大的集团历来(将来也许会有所变动)就是商业集团。美利坚自由主义的通常判断就是,应当借助社会底层的力量来恒久遏制并限制商业集团的权力,此乃包括资本家在内的整个社会的最佳福祉所在。杰克逊主义者志在推行此一判断,由此也就挑战了另外两套社会理论,无论是一个世纪之前还是今天,这两套理论都不乏强有力的倡议者。

其一是联邦主义理论,据此理论,既然美利坚社会是自由资本主义社会,那么最有志于这个社会的安全和繁荣的,莫过于资本家阶级,所以,这个集团理当拥有最大权力。此一理论最终闯过了多次考验,但经验显然并不支持此一理论。说白了,此一理论根本就不曾匹配现实。自联邦党建立以来,美利坚商业集团已然失去了政治能力;它并非严格意义上的统治阶级。常规时期,政治权力自然会向着这个集团靠拢,它毕竟是最强大的经济集团;但是,纵观美利坚历史，这个集团也从来都没能足够长久地运用手中权力达成全国性的目标。这个集团的动力通常是个人或者集团考量，绝少会是公共考量，正是因此，这个集团从来都是令国家事务沦落危机状态，令其他的社会群体沦落不满境地，甚至到了叛乱地步。

正是在这样的危急时刻，也才能团结各个弱势群体，对商业集团形成足够威慑，最终令"自由主义"取得统治权能。迄今，美利坚历史中的历次巨大危机都能够催生一个领袖人物，这样的领袖人物也从来都是出自对自由、民主和普通人抱有强烈且严肃信仰的人群。公共责任意识、激发国民信心的能力以及直面危机的能力，在美利坚俨然是伟大民主领袖的专有品性，与此相反，在英格兰这样的国家，人民在危机时刻总是能够期望贵族去组建真正意义上的国家政府。

往昔岁月里，一旦自由主义化解了危机并恢复稳定，保守集团便依托政治上的引力法则迅速恢复权能；而后便引发一场新的危机，自由主义再次出面，以国家名义收拾残局。但是，自由派的目标从来都不是摧毁资本主义，他们跟保守派一样，从来都是宣示说，他们的目标仅仅是不让资本集团摧毁资本主义。

美利坚自由主义在内质里的这种保守诉求，令它跟另一个敌对理论无可避免地产生了冲突，这就是社会主义理论。一八四〇年代，社会主义理论以傅立叶主义的形态涌动而起，一度令那么多的知识分子激奋不已。据此理论，资本主义在原则上就是错误的，并且已然陷入无力自拔的境地，唯有彻底剪灭资本主义并塑造新的集体主义，才是救赎之道。在杰克逊身后的一个世纪光阴当中，社会主义作为人类的希望乃远远地将联邦主义甩在后面了。然而，过去十年间的历史也已然令社会主义更加地难以热情回应当初的承诺了。人类已然在实践中见识了所谓的"新秩序"很可能会是怎样的情况，因此，对"新秩序"的热情也就逐渐冷却了。迄今，还不曾有谁能够展现出特殊的能力，可以将自由同种种的体制化形式协调起来；所有这些植根于"新秩序"的体制化形式都那么欣欣然地抛弃了自由德性。自由德性不一定就会是未来的德性，不过，人类历史尚且没有证明这一点。

置身二十世纪中期这样的时代，不安全感催生的巨大压力，正驱策着人们走向希望或者焦虑的极端，恰恰就是在这样的时代，杰克逊时代淬炼而来的经验有着特殊的关联度。那个时代的具体情状当然已经沦落废墟了，不过，那个时代的精神却能够存留下来，对今天这样一个时代有所教益。在这样的时代，人们都四处奔跑着，寻求简便的救赎之道，恰恰就是在这样的情境之下，我们反而一定要谨记，倘若社会灾难是可以避免的，那么唯一的路径就是认真、坚韧且现实的努力，唯有如此，方能跟新的问题进行缠斗，才能不受旧日理论或者未来理论的奴役。

对杰斐逊和杰克逊来说，如要满足未来的要求，无论需要政府和经济做出怎样的调整，最好的办法就是建立一个任何集团都不可能为了自身利益而牺牲民主和自由的社会。1936年，罗斯福申述说："美利坚社会的任何集团，无论是凭借财富、学问、继承权还是经济力量，都绝无可能在任何时间段里为自己的利益而僭取公共生活的政治控制权。这本身就是美利坚的遗产，我们将这笔遗产归根溯源于杰克逊民主，这遗产……的要义就在于，民众福祉是绝无可能交托给任何一个集团或者阶级的，为此，美利坚人民将永远是自身命运的主人，在这条道路上，任何势力都不能挫败美利坚人民。"[32]

这种杰克逊式的态度自然设定了社会中的永恒张力，此等张力支撑着一种并不稳定的微妙平衡，这样的平衡当然会不断地酝酿出冲突和争斗；这本质上是拒斥了轻松便捷的解决办法，也正是因此，这样的态度并不总是能够受到欢迎。无论是社会主义的压力还是保守主义的压力，都本能地驱策着人们走向极端，这其中最为强劲的驱策力量之一就是人们对安全感的渴望，说白了，人们总是本能地希望确保没有冲突的世事格局。然而，一个消除了斗争的社会，是否还能拥有自由或者还能拥有怎样的自由（是否真的能够拥有稳定或者拥有怎样的稳定），这也的确是个问题。恩赐的自由从来都不能持久。这样的自由只能在集团斗争的裂隙中存在，因为各个卷入斗争的集团都需要一个普遍规则，以此来提升自身的获利机会，一旦这样的裂隙消失，那恩赐的自由便也消失了。当然不是所有人都喜欢这样的冲突场景。但是一个没有冲突的世界毫无疑问是纯粹想象中的世界；人类历史当中，总会有人尝试实现一个没有冲突的世界，为此，这些人总是将权力交托给某个单一的权威，此等做法通常造就的社会，就是那种镇压手段极为迅猛也极为有效的社会（特别是在这样的事情在较之布里斯班的法伦斯泰尔更大的舞台上发生的时候）。

"常常有人会说，人不能将统治自己的权力交给自己，"杰斐逊曾申述说，"若如此，那又有何理由将统治他人的权力交给某个人呢？说白了，历代君王们可曾是能够自我统治的天使吗？"帕斯卡则补充说："这尘世间真正的不幸就在于，但凡以天使自诩的人，必然都是野兽。"[33]美利坚自由主义的伟大传统从来都不把人当作天使，也从来都不把人当作野兽。

附　录

　　硬通货政策的倡导者一再重申，虽然对手指控他们要抛弃并剪灭银行体系，要建立纯粹的铸币体制，但他们根本没有这样的企图。卡尔霍恩以他那一贯的清晰准确阐述了这个问题，他说："问题的关键并不在于要不要信贷，虽然有人试图这样诱导我们；恰恰相反，问题的关键乃在于何种信贷形式能够最为有效地履行健全货币功能。"（Calhoun in the Senate, September 18, 1837, *Register of Debates*, 25 Congress 1 Session, 63.）

　　指控杰克逊派图谋摧毁银行系统，这样的指控显然是没有根据的，不过，此一指控却拥有十足的政治能量，保守派就是以此为基础，大做文章，肆意提起各种指控。甚至还有一些并非完全倚靠韦伯斯特和克莱的演说来撰写这段历史的历史学家，也时常被这样的指控误导，个中情由就在于此一时期的"银行"一词乃是有着特殊意涵的。在这段时期，货币发行乃被视为银行的主要功能，对"银行体系"或者"银行"的攻击，通常也就意味着对私人钞票发行权的攻击。很显然，这并不意味着要剪灭银行的贴现和储蓄功能。参阅，Albert Gallatin to A. C. Flagg, December 31, 1841, Flagg Papers："我用到'银行业'一词，是取其在合众国的通常意思，确切地说，主要就是指涉其纸币发行权。"或者如同丹尼尔·韦伯斯特在联邦最高法院的一番陈词所展示的那样（Daniel Webster, in the case of *Bank of the United States v. William D. Primrose*, February 9, 1839, Webster, *Writings and Speeches*, XI, 127）："那么，究竟什么是银行的本质功能呢？显然，就是发行银行票据的功能，这样的银行票据是可以作为货币进入流通的。"奥雷斯蒂斯·奥·布朗森也申述说（Orestes A. Brownson, *Boston Reformer*, August 18, 1837）："反银行派乃将银行视为一种公司建制或者特许权建制，此等特许权的要义就是发行可用作货币流通的钞票。在这个意义上，我们是反对一切的银行业的……而且反银行派也正是在这个意义上认为杰克逊将军、范布伦总统、本顿先生以及《环球报》也是反对全部的银行业的。"也可参见，Miller, *Banking Theories*, 11-12。

硬通货政策的目标问题，有不少的代表性申述，在此聊作举例。

Roger B. Taney, Letter to the Ways and Means Committee, April 15, 1834, *Register of Debates*, 23 Congress 1 Session, Appendix, 160："没有一个宽松的信贷体系，商业和制造业的日子便会很难过……没有以信贷为基础的纸币流通，便很难达成这样的信贷体系。因此，完全压制纸币，这并非国家之福祉所在。我们的目标就是要给宽松信贷体系一个稳靠的基础……前面已经谈到，健全的货币状态应当是让硬通货覆盖日常所需和小额支付；各州银行可以提供宽松的异地支付和结算手段，具体额度依据商业的需求而定……汇票和支票较之钞票，是更为方便也更为安全的异地支付和结算手段。"

William M. Gouge, *Journal of Banking*, October 13, 1841："我们肯定不会图谋建立纯粹的硬通货体制；不过我们认为，我国的货币应当全部都是铸币。在这样的硬通货基础之上，可以补充支票之类的支付和结算手段，目的便是为商业提供便利。此类银行票据，只要能够代表有着充分信用的支票，我们都不会反对，反而会张开双臂表示欢迎。"

Theophilus Fisk, *Labor the Only True Source of Wealth*, 22："人们常常会心生疑问：你们是不是要彻底剪灭纸币，你们是不是要建立纯粹的硬币体制？要是这样，我们将如何进行异地支付和结算呢？对此，我们的回答是，我们的货币必须全部是铸币，这是我们的'流通媒介'，至于纸币和银行票据，则局限于商业用途，比如支票、汇票，等等。"

William Leggett, *Plaindealer*, June 24, 1837："塔尔梅奇先生显然是捏造了一幅'绝对铸币体系'的恐怖图景，这完全是在无事生非。'绝对铸币体系'，这样的用词完全是虚假的，就是为了转移人们的注意力，避开真正的问题。任何党派、任何派系，甚至可以说，任何个人，都不可能说是要建立一套强制性的绝对铸币体系。参议员先生嗤之以鼻的这些所谓的'空想理论家'，他们实际上根本就不是要剪灭信贷，而是要清除政治对信贷体系的控制和干预。"

C.C. Cambreleng in the House, October 13, 1837, *Register of Debates*, 25 Congress 1 Session, 1629："银行业，我指的是正当的银行业，也是一种贸易活动，应当跟其他贸易活动一样享有自由……货币，先生们，可不是贸易，而是归属政府的主权职能范围。政府当然有义务决定是否将货币权能交托给贸易公司来履行，若决定交托给贸易公司，则政府也有权决定这些贸易公司在何等程度上享有这样的权能。"

Thomas H. Benton in the Senate, March 14, 1838, *Congressional Globe*, 25 Congress 2 Session, Appendix, 217-218："大额的商业支付当然……是要用能够代表相应财产额度的钞票来进行的……就大额商业活动而言，铸币当然不会是合适的支付和结算手段，不过，人们的日常生活就不一样了。铸币是而且也应当是主要的日常支付手段，任何政府都不能否认这一点。"

Robert J. Walker in the Senate, January 21, 1840, *Congressional Globe*, 26 Congressional 1 Session, Appendix, 142:"先生们，我只是反对银行的货币超发行径，我并不反对银行的支票、贴现和储蓄功能，我只是希望剥离银行的货币发行功能。支票功能实际上在银行的货币发行功能出现很久之前，就已经存在了，而且可以肯定，在银行的货币发行功能消失很久之后，也依然会存在。对有用的商业工具当然是应当予以鼓励的。"

注　释

前言

1. Franklin D. Roosevelt, *Public Papers and Addresses*, S. I. Rosenman, arr., VII, 41.

一　序幕：一八二九年

1. J. Q. Adams, *Memoirs*, C. F. Adams, ed., VIII, 89.
2. S. C. Allen to Samuel Lathrop, May 14, 1828, Miscellaneous Papers, *Pennsylvania Historical Soceity*; anon., *William Winston Seaton of the* "*National Intelligencer*," 210.
3. Margaret B. Smith, *The First Forty Years of Washington Society*, Gaillard Hunt, ed., 256–257.
4. Note by Webster, February, 1829, Daniel Webster, *Letters*, C.H.Van Tyne, ed., 142.
5. 康布勒朗的此番言论（省略号是他本人加上去的），可参见，Cambreleng to Van Buren, January 1, 1829, Van Buren Papers（巴西特教授认为，康布勒朗应该是引述的蒙田的话，见，J. S. Bassett, *Life of Andrew Jackson*, 459n。）。关于1829年年初华盛顿的情状，可参阅这几个月间的"*National Intelligencer, United States Telegraph and Niles' Register*"。同一时段，国会方面的情状，可参阅，Robert Dale in the *Free Enquirer*, May 12, 1832; John Fairfield to his wife, December 15, 1835, John Fairfield, A. G. Staples, ed., 33; George Combe, *Notes on the United States of North America, during a*

Phrenological Visit in 1838-9-40, I, 271。关于这种晚宴,参见,Fairfield to his wife, January 24, 1836, Fairfield, *Letters*, 81-83。

6. *Argus of Western American* (Frankfort), March 18, 1829; Story to Sarah Waldo Story, March 7, 1829, W. W. Story, *Life and Letters of Joseph Story*, I, 563.

7. Martin Van Buren, *Autobiography*, J. C. Fitzpatrick, ed., 229-231; Webster to Ezekiel Webster, February 23, 1829, Webster, *Letters*, 142; Emily Donelson to Polly Coffee, March 27, 1829, Pauline W. Burke, *Emily Donelson of Tennessee*, I, 164, 178.

8. Randolph to J. Brockenbrough, January 12, February 9, 1829, H. A. Garland, *Life of John Randolph of Roanoke*, II, 317-318.

二 走出阿卡迪亚

1. Thomas Jefferson, "Notes on Virginia," *Writings* (Memorial Edition), II, 229-230.

2. George Tucker, *Progress of the United States*, 135, 128; J. R. Commons and associates, *History of Labour in the United States*, I, 176.

3. Hamilton to Robert Morris, 1780, *Works of Alexander Hamilton*, H. C. Lodge, ed., III, 332; "Speeches in the Federal Convention," ibid., I, 410.

4. Hamilton to Robert Morris, 1780, *Works*, III, 338.

5. Hamilton, "Report on Manufactures," *Works*, IV, 74.

6. 汉密尔顿实际上已经预见到美国社会对"内部改进"政策的需求以及此一政策的价值,只不过,他从未公开谈论这个话题。参见,Hamilton to Jonathan Dyer, 1799, *Works*, VIII, 519。

7. Hamilton to Robert Morris, April 20, 1781, *Works*, III, 387.

8. *Journal of Debates and Proceedings in the Convention of Delegates, Chosen to Revise the Constitution of Massachusetts*, 309, 312; *Proceedings and Debates of the Virginia State Convention*, 156.

9. N. H. Carter and associates, *Reports of the Proceedings and Debates of the Convention of 1821, assembled for the Purpose of Amending the Constitution of the State of New-York*, 221; Samuel S. Wilde in the Massachusetts Convention, *Journal*, 272.

10. Mason to George Ticknor, April 3, 1836, G. S. Hillard, *Memoir and Correspondence of Jeremiah Mason*, 359-360.这个梅森曾担任合众国银行朴茨茅斯分行的行长,在任期间激怒了新罕布什尔州的民主党,由此引发了杰

克逊的反银行战争。梅森的党派取向十分明显，不过，他的所作作为至少也有审慎的信念在背后作为支撑。

詹姆斯·费尼莫尔·库珀（James Fenimore Cooper）后来在《莫尼金斯》中对此等联邦主义理论展开了嘲讽，可谓浓墨重彩，书中将此理论冠名为"社会股份制"（Social Stake system）。参见，*The Monikins*, 74 and *Passim*。

11. P. O. Thacher, *A Charge to the Grand Jury of the County of Suffolk* (1834), 17.
12. "Results of Machinery," *American Quarterly Review*, XII, 307 (December, 1832); Biddle at the Tide Water Canal celebration, *Niles' Register*, August 29, 1840.《美国季度评论》的这个看法因为合众国银行采用的现金支付体制而得到了强化。民主党人对这一体制极为憎恶。威廉·莱格特（William Leggett）就曾注意到，这方面的任何迹象"都会激起根深蒂固的无知、偏见和恶意"。*New York Evening Post*, December 16, 1834.
13. 韦伯斯特在马萨诸塞州修宪集会上的演说，见，*Journal*, 312。
14. Federalist No. 78, *The Federalist*, E. M. Earle, ed., 504; Hamilton to Gouverneur Morris, February 27, 1802, Hamilton, *Works*, VIII, 591; Martin Van Buren, *Inquiry into Origin and Course of Political Parties in the United States*, 278；也可参阅 274—280, 302。
15. *Journal*, 525.
16. Hamilton to J. A. Bayard, April, 1802, Hamilton, *Works*, VIII, 598.
17. Calvin Colton, *A Voice from America to England*, 60.
18. J. M. Wainwright, *Inequality of Individual Wealth the Ordinance of Providence, and Essential to Civilization*, 6, 7.实际上，就在四年之前，温赖特曾告诉来访的托克维尔，他从不涉从政治，甚至拒绝参加选举。参见, G. W. Pierson, *Tocqueville and Beaumont in America*, 138。
19. Hubbard Winslow, *An Oration delivered ... July 4, 1838*, 16-17.看到这样的宗教解说，也就不难理解欣斯代尔的伊卡博德·埃蒙斯（Ichabod Emmons of Hinsdale）内心油然升腾起来的那种迷茫和困惑了。这个单纯的辉格党人是马萨诸塞州众议院的议员，他近乎疯狂地宣示说："我支持一切宗教团体，但凡反对宗教团体的人，也就是在反对基督教。" *Boston Post*, January 26, 1836。
20. 可参见，理查德·希尔德雷思（Richard Hildreth）对1792年时合众国的"天然贵族"的敏锐叙述。"律师群体……已然是这个国家中的一个独立且优秀的集团"，"神职人员以及大教派的领袖人物""商人和资本家""中部各州的大地产主以及南方的种植园主"——"上述的这些群体应该说就是这个联邦的天然贵族"。*History of the United States*, IV, 346-347。关于作为贵族群体的法律界人士，参见，A. de. Tocqueville, *Democracy in America*, I, 297–306。也可参阅，马丁·范布伦的一番交心之论："各州都会有两个群体，法官和神职人员，这两个群体若是介入政治，就一定会令真诚的共和党人天然地感到憎恶。"*Political Parties*, 365。

三　杰斐逊良知的守卫者

1. Jefferson to J. Lithgow (Or Lithson), January 4, 1805, *Writings* (Memorial Edition), XI, 55; Jefferson to John Jay, April 7, 1809, *ibid.*, XII, 271; Jefferson to John Melish, January 13, 1813, *Writings*, P. L. Ford, ed., IX, 373; Jefferson to Benjamin Austin, January 9, 1816, *ibid*, X, 10.
2. J. D. Richardson, comp., *Messages and Papers of the Presidents*, I, 322.
3. Taylor to Monroe, November 8, 1809, "letters of John Taylor," *John P. Branch Historical Papers*, II, 302; Garland, *Randolph*, II, 346.
4. W. C. Bruce, *John Randolph of Roanoke*, II, 321; Garland, *Randolph*, II, 73.
5. 关于泰勒的农夫生涯，新的证言和阐述可参见，Frank G. Ruffin to George Bancroft, August 12, 1841, Bancroft Papers。
6. T. H. Benton, *Thirty Years' View*, I, 45.
7. Taylor to Monroe, October 26, 1810, "Letters of John Taylor," *Branch Historical Papers*, II, 310; Taylor to Aaron Burr, March 25, 1803, M. L. Davis, *Memoirs of Aaron Burr*, II, 236; Taylor to Monroe, November 8, 1809, "Letters of John Taylor," *Branch Historical Papers*, II, 310.
8. Randolph to J.M. Garnett, February 14, 1814, Bruce, *Randolph*, II, 622.
9. Benton, *Thirty Years' View*, I, 46.
10. Taylor, *Inquiry*, 274–275.
11. Taylor, *Arator*, fifth edition, vi.
12. Taylor, *Inquiry*, 280.
13. Taylor, *Tyranny Unmasked*, 163–164.
14. Taylor, *Tyranny Unmasked*, 348; *Inquiry*, 286.
15. Taylor, *Inquiry*, 558–559, 275.
16. Taylor, *Inquiry*, 276; *Arator*, 36.
17. Taylor, *Inquiry*, 280.
18. Taylor to Monroe, Jaunary 31, 1811, "Letters of John Taylor," *Branch Historical Papers*, II, 316, 317.
19. Taylor, *Arator*, 35.

20. Taylor, *Tyranny Unmasked*, 100, 346.
21. Taylor to Monroe, November 8, 1809, "Letters of John Taylor," *Branch Historical Papers*, II, 303; Jefferson to Gallatin, August 2, 1823, Albert Gallatin, *Writings*, Henry Adams, ed., II, 273; Jefferson to Robert J. Garnett, February 14, 1824, *Writings*, P. L. Ford, ed., X, 294; Jefferson to W. H. Crawford, June 20, 1816, *ibid.*, X, 36.
22. Benton, *Thirty Years' View*, I, 45.
23. Macon to J. H. Nicholson, December 15, 1816, "Nathaniel Macon Correspondence," *Branch Historical Papers*, III, 73.
24. Macon to Gallatin, February 14, 1824, Henry Adams, *Life of Albert Gallatin*, 597.
25. Letter of Macon, October 6, 1836, "Nathaniel Macon," *Democratic Review*, I, 25–26 (October, 1837).
26. 参见本顿给出的动人描述，Benton, Thirty Years' View, I, 114–118；也可参阅英格索尔的相关描述，Charles Jared Ingersoll, *Historical Sketch of the Second War between the United States of America and Great Britain*, 209–214；以及 *Democratic Review*, loc. cit。
27. Jefferson to Robert J. Garnett, February 14, 1824, Jefferson, *Writings*, P. L. Ford, ed., X, 295; Bruce, *Randolph*, II, 203–204.

四 革命背景

1. Dr. Witherspoon quoted by W. M. Gouge, *A Short History of Paper Money and Banking in the United States*, part ii, 234.
2. 奥格登诉桑德斯案（Ogden v. Saunders, 1827）是类似的案件。该案的判决意见表明，法庭在这些问题上的意见分化程度是非常严重的，远不像斯特奇斯诉克劳宁希尔德案（*Sturges v. Crowninshield*）那般简单。这其中涵涉一个次生问题——此一普遍原则是否适用于所有债务，还是说仅仅适用于救济法令通过之前订立的债务，若是后面这种情况，则救济法令一旦生效，就会对之后的一切债务都拥有完全的执行力。马歇尔认为应当适用于一切债务，不过，奥格登诉桑德斯案的判决最终抵制了马歇尔的看法，此一判决裁定，马歇尔的判决意见仅适用于救济法令落地之前订立的债务。关于这个问题的讨论，可参见，Louis Boudin, *Goverment by Judiciary*, chs. xii, xiv；以及, A. M. Stickles, *The Critical Court Struggle in Kentucky*, 1819–1829。斯特奇斯诉克劳宁希尔德案之后，1823 年的格林诉比德尔案（*Green v.*

Biddle)给出的判决,则被认为背离了肯塔基人的利益。这些判决导致肯塔基州的理查德·门·约翰逊(Richard M. Johnson)中尉在参议院对法庭展开了攻击。约翰逊是1812年的战争英雄,主张取消债务监禁,是肯塔基州债务人的同盟者。

3. Commons and associates, *History of Labour*, I, 108–231.
4. Margaret B. Smith, *The First Forty Years of Washington Society*, 186.
5. Taylor to Monroe, April 29, 1823, "Letters of John Taylor," *Branch Historical Papers*, II, 352.
6. Bruce, *Randolph*, II, 211.
7. Adams, *Memoirs*, V. 128–129.
8. Van Buren, *Autobiography*, 449.
9. Jackson to L. H. Colman, April 26, 1824, James Parton, *Life of Andrew Jackson*, III, 35–36.
10. 关于杰克逊在田纳西时候的情况,可参阅,Gouge, *Paper Money*, part ii, 135; St. G. L. Sioussat, "Some Phases of Tennessee Politics in the Jackson Period," *American Historical Review*, XIV, 60–61; T. P. Abernethy, "Andrew Jackson and the Rise of Southwestern Democracy," *ibid.*, XXXIII, 64–77。
11. Webster, *Private Correspondence*, Fletcher Webster, ed., I, 371。也可参阅,George Ticknor to George Bancroft, December 26, 1824, *Bancroft Papers*:杰斐逊先生"表明了自己的态度,说他并不愿意看到杰克逊先生登临总统宝座,他的态度跟我们这些新英格兰人一样坚决"。门罗曾问过杰斐逊,任命杰克逊担任俄国大使之职是否合适,杰斐逊闻听此言,即刻爆发了:"我的上帝,千万别!他不出一个月,就会给你制造大麻烦的!"Adams, *Memoirs*, IV, 76。

不过,也应当指出,韦伯斯特同杰斐逊此番交流的初始记录,并没有提及杰斐逊对杰克逊的这些攻击之词,霍尔(Hoar)参议员在再版这份文献的时候也相当坦率地申明,这部分谈话"全部出自这些回忆录";至于韦伯斯特,则是在杰斐逊去世之后才公开了此次谈话的全部内容,此举是为了满足政治需要。George F. Hoar, "Daniel Webster," *Scribner's Magazine*, XXVI, 215 (August, 1899)。巴西特教授指出,韦伯斯特的这个说法若是真的,那么杰斐逊致杰克逊的一封信的内容和语气也就令人无法理解了,见,Jefferson to Jackson, December 18, 1823。Bassett, *Jackson*, 329。

12. Van Buren, *Political Parties*, 322.
13. Letter of Sarah Gales Seaton, December, 1823.她接着描述说:"将军这人确实文雅,谦恭有礼,是女性圈子的完美贵客,将军对所有人都是那么彬彬有礼。" *William Winston Seaton*, 161。韦伯斯特的这番品评,可见 Daniel Webster to Ezekiel Webster, February 22, 1824, Webster, *Private Correspondence*, I, 346。参阅以利亚·H. 米尔斯 (Elijah H. Mills) 给妻子的一封信中的一番评说。米尔斯是马萨诸塞州老资格的联邦党人,他在信中写道:"人们似乎都认为他极端鲁莽,不体谅人,顽固坚持自己的原则,专横且专断。不过,在亲身跟他有了交往之后,我可以确认,这种看法完全是空穴来风。他非常和善,非常平易,心地善良,虽然是在西部的狂野世界养育出来的,但他的言谈举止极其文雅,谦卑有礼。认识他的人都喜欢他,他的确是那种让人愉悦的人。"见,Elijah H. Mills to his wife, January 22, 1824, *Proceedings of the Massachusetts Historical Society*, XIX, 40–41。

14. 丹尼尔·P. 帕克 (Daniel P. Parker) 是当时在场的一名波士顿商人;Josiah Quincy, *Figures of the Past*, 363。这里面包括了一个很有意思的情节,讲述的是昆西本人是如何被杰克逊的魅力折服的。

15. 此处引文,见,Henry A. Wise, *Seven Decades of the Union*, 110–111。也可参阅,Edward Everett to his wife, January 1, 1834, Everett Papers, and Theodore Sedgwick, Jr., to Theodore Sedgwick, February 6, 1835, Sedgwick Papers。

16. 此处引文,参见,Wise, *Seven Decades*, 98–99, and J. B. Derby, *Political Reminiscences, including a Sketch ... of the "Statesman Party" of Boston*, 57。

17. Benton, *Thirty Years' View*, I, 378; Van Buren, *Autobiography*, 312.

18. Amos Kendall, "Anecdotes of General Jackson," *Democratic Review*, XI, 272 (September, 1842); R. B. Taney, Bank War Manuscript, 90.

19. 杰克逊的这两番话,引自,J. A. Hamilton to Timothy Pickering, July 3, 1828, J. A. Hamilton, *Reminiscences*, 77, and by N. P. Trist in a communication to James Parton, Parton, *Jackson*, III, 605。

20. 此处的第一份引文来自,T. N. Parmalee, "Recollections of an Old Stager," *Harpers*, XLV, 602 (September, 1872); 此处提及的这些逸闻趣事引自 Wise, *Seven Decades*, 106–107, and Van Buren, *Political Parties*, 324; 此处最后的两份引文出自,Amos Kendall, *Autobiography*, William Stickney, ed., 635, and Parton, *Jackson*, III, 603。

有充分的证据可以表明,杰克逊的这些暴脾气表演的背后,都有着精心的盘算。在这个问题上,可参阅怀斯的一番申述:"他很清楚,人们……都认为他的脾性存在弱点,都认为他容易冲动,行动欠缺考量;他恰恰就是利用了这一点,将世人眼中他性格上的这种弱点变成自己的一笔大资本。在这方面,他堪称完美的演员,每走一步,背后有清楚的意识和细致的盘算,他始终都很清楚,世人都认为他并不是一个擅长盘算的人。这也就令他总是能够将一番心机成功地隐藏在激情和冲动的背后,骗过世人的眼睛。"*Seven Decades*,106。乔治·班克罗夫特曾跟戈尔德温·史密斯(Goldwin Smith)谈到,杰克逊"本性温和,除非是为了达到某种目的,他才会刻意地发上一通脾气"。Gold Smith, *Reminiscences*, Arnold Hautain, ed., 333。也可参阅, B. F. Perry, *Reminiscences of Public Men*, 29; and Marquis James, *Andrew Jackson: Portrait of a President*, 366, 368。

21. 此处引文分别出自, Benton, *Thirty Years' View*, I, 738; Van Buren, *Political Parties*, 313; Taney, *Bank War Manuscript*, 88; Parton, *Jackson*, III, 610; Benton, *Thirty Years' Vew*, I, 737; Kendall, *Autobiography*, 634; W. I. Paulding, *Literary Life of James K. Paulding*, 287 - 288。

22. 霍桑认为,鲍尔斯的此番申述从内里来看是完全站得住脚的,"并没有足够有力的反面证据。最高级的施政才能,或者说人们平常所谓的高超施政才能,就是直觉性的,是先于推理和论证能力的,并且也高于推理和论证能力。什么事情是应当做的、必须做的,这实际上要靠直觉去体认,直觉会给出强烈启示,这样的启示极有可能无法付诸言辞推演;当然,倘若行动者也能够用言辞来呈现自己的行动,那将是额外的奖赏,而且也是免费的奖赏,这就如同你不能指望诗人围绕自己的诗篇展开分析论证那样。""French and Italian Note-books," *Writings of Nathaniel Hawthorne* (Manse Edition), XXII, 158 - 60。

23. 范布伦后来曾留下如下一段申述,很可能就是以杰克逊为原型写的:"无论何时,也无论何地,重大危机、伟大事件,都会造就伟大人物,借由这伟大人物,将伟大才具付诸行动。此等才具的力量,若非经伟大事件砥砺而出,即便是这才具的拥有者也将对之无所知晓,世界对之就更是无从知晓了。" Van Buren, *Political Parties*, 171 - 172。

24. Van Buren, *Autobiography*, 255.

25. 绝少有现代史学家会认同文学圈一手铸造的那种辉格党—共和党的杰克逊传奇,不过,今天,这个解释却有了很明显的复兴迹象,并以一种更为精巧的形态出现,特别参见,T. P. Abernethy, "Andrew Jackson and the Rise of Southwestern Democracy," *American Historical Review*, XXXIII, 64 - 77, 这篇文章出自阿伯内西的一部杰出专著, *From Frontier to Plantation in Tennessee*, 同时也可参阅阿伯内西教授在《美利坚人物词典》里面撰写的"杰克逊"词条, *Dictionary of American Biography*, IX, 526 - 534。

阿伯内西教授大体上认为,杰克逊在田纳西政治生态圈中,并不曾扮演民主派的伟大领袖角色,因此,也就不可能是民众事业的真正支持者,确切地说,杰克逊只不过是无原则的政治投机客而已,并且是一系列的机缘巧合才将他推到民主运动领袖的位置上。阿伯内西认为，杰克逊本质上是个保守派，但是他和他的支持者"并没有太强的信念持守，因此都乐于与时俱进。由此可见，攀上政治巅峰的人，并不一定就是伟大人物"。（这样的一番含沙射影的攻击之论贯穿了阿伯内西这部作品的全篇。）"杰克逊非但不是有操守的政客，甚至都不能算是真正意义上的民主领袖……借人民之力来达成政客的目的，这就是他所信守的东西。在杰克逊这里，民主的确是个好东西，有了这个东西，他就能够赢得人民的宠爱，据此就可以达成自己的最终目的。杰克逊绝对不是民主事业的真正支持者。"（*From Frontier to Plantation*, 241, 248, 249; Passim, especially chapter iv。）"不曾有历史学家指控过杰克逊的政治哲学，尽管他在世人眼中是个伟大的民主派。事实上，甚至很难看出他有过什么政治原则……也许他觉得他在跟人民讲话的时候是发自内心的，但他绝非真心地支持人民的事业。他只不过是在催动人民去支持他自己的事业。"（*American Historical Review*, XXXIII, 76–77。）"这场民主运动最终以他的名字冠名，但他对这场运动基本上没有理解，他支持这场运动，主要是因为这场运动支持他。"（*Dictionary of American Biography*, IX, 534。）

对于阿伯内西教授提起的这个论题，我想说的是，他的结论应当靠证据而非纯粹的逻辑推演建立起来。确切地说，若真要评判杰克逊民主运动的特性，就必须去考察杰克逊在任总统期间的所作所为，并以此为据，其他的论证都不可成立；当然也就更不能以杰克逊成为总统之前的行迹作为论据，进行含沙射影、添枝加叶式的推演。

以1828年之前的证据为基础得出的任何推论，都不可能取代1828年之后的证据所指向的结论。然而，阿伯内西教授的这部作品完全建基于杰克逊的田纳西生涯。他在《美利坚人物词典》里面的材料运用完全是首尾颠倒了，竟然将三分之二还多的篇幅锚定在杰克逊总统任期之前的那段生涯，阿伯内西教授内心的偏见也由此显露无遗。倘若他用同样的办法来对待林肯、威尔逊或者富兰克林·罗斯福，依托这些人在总统任期之前的生涯来理论，那么得出的结论将会荒谬到何等程度，是可想而知的。

五　任期初年

1. Webster to Mrs. Ezekiel Webster, March 4, 1829, Webster, *Private Correspondence*, I, 473.
2. David Petrikin to Van Buren, November 18, 1836, Van Buren Papers.
3. Richardson, comp., *Messages and Papers of the Presidents*, II, 448–449.

4. *Free Enquirer*, January 2, 1830; Bentham to Jackson, April 26, 1830, Jeremy Bentham, *Works*, John Bowring, ed., XI, 40.
5. E. M. Eriksson, "The Federal Civil Service under President Jackson," *Mississippi Valley Historical Review*, XIII, 517-540。上引佩特里金（Petrikin）的那封信中，认为宾夕法尼亚州民主党多数地位日渐削弱的部分原因在于"杰克逊将军获选之后，该州邮政系统一直都拒绝清洗本系统内的反民主党势力"。类似的抱怨在民主党政客当中并非不常见。
6. Adolph de Bacourt, *Souvenirs d'un Diplomate*, 94, 83; Josiah Quincy, *Figures of the Past*, 359; Notebook, Van Buren Papers; G. A. Worth to W. L. Marcy, November 7, 1846, Marcy Papers.
7. Van Buren, *Autobiography*, 221; George Bancroft, *Marin Van Buren*, 53; R. G. Chaddock, *The Safety Fund Banking System in New York*, 1829-1866.
8. Van Buren, *Autobiography*, 171.范布伦很享受讲述关于自己的故事，这一点很有意思。
9. Bruce, *Randolph*, II, 203; E. M. Shepard, *Martin Van Buren*, 339.
10. Bryant in the *New York Evening Post*, September 18, 1841, 转引自, Parke Godwin, *Biography of William Cullen Bryant*, I, 390; Charles Warren, *The Supreme Court in United States History*, revised edition, I, 591-594; Van Buren, *Autobiography*, 11-12.
11. Van Buren, *Political Parties*, 309.
12. 范布伦接着申述说，这种新型领袖绝对不会"建议政党领导集团摆开架势，连横合纵，去压服其他政党"，相反，新型领袖更懂得去赢得"各个政党的大众追随者，以此来取代那些政党领袖"。Notebook, Van Buren Papers.
13. Van Buren, *Autobiography*, 466-471.霍桑也有类似的评说："当然仍然有人看重议会雄辩术，但这已然都是过去式了，时代完全变了。这个世界已经不需要这个东西了，除非是作为智识消遣活动。除非能够转化成新闻稿，否则，任何的议会演说华章都不会有任何意义和效果；议会发言首先就应当以新闻稿的方式予以构思，至于雄辩术，就留给教堂、法庭或者午餐会吧。" Hawthorne, *Writings*, XXII, 160。
14. Adams, *Memoirs*, IX, 64.在主持参议院的时候，范布伦也有自己的办法，将此等辉煌雄辩的实际效能揭示给众人观瞻。有那么一次，克莱又向议长抛出了那种古典演说术，希望议长席位上的副总统劝说杰克逊放松金融政策。议长席位上的范布伦"看着演说人，满脸的恭敬，甚至是纯真"，看样子是要珍藏从克莱口中喷薄而出的每一个词；不过在克莱演说结束的时候，范布伦只是慢悠悠地走到克莱面前，向克莱借了一点上好的鼻烟草，这是范布伦的习惯动作,拿到烟草之后,便安安静静地走开了,克莱的此番雄辩顷刻间便如同死灰一般,在范布伦身后烟消云散了。*Thirty Years' View*, I, 420。

15. Adams, *Memoirs*, V, 361.
16. W. H. Milburn, *Ten Years of Preacher-Life: Chapters from an Autobiography*, 152-153; Oliver Dyer, *Great Senators of the United States Fifty Years Ago*, 148-187; T. N. Parmalee, "Recollections of an Old Stager," *Harpers*, XLVII, 757 (October, 1873) ; Sarah M. Maury, *The Statesmen of American in 1846*, 181. 关于范布伦对卡尔霍恩的看法,参阅,Lord Morpeth's Diary, manuscript transcript, November 15, 1841, p. 61; 韦伯斯特对卡尔霍恩的看法,可参阅,Peter Harvey, *Reminiscence and Anecdotes of Daniel Webster*, 219。
17. W. T. Barry to Mrs. Susan Taylor, February 25, 1830, "Letters of William T. Barry," William and Mary College Quarterly, XIV, 19-20; Margaret Eaton, *Autobiography of Peggy Eaton*, C. F. Deems, ed., 65 and Passim. 不管怎么说,实情并不清楚,而且,应该说,这事情本身全然是一个社交问题。
18. Benton, *Thirty Years' View*, I, 219; C. J. Ingersoll, *Historical Sketch*, II, 266.
19. Benton, *Thirty Years' View*, I, 215; W. C. Bryant, *Prose Writings of William Cullen Bryant*, Parke Godwin, ed., II, 410.
20. Cambreleng to Van, January 27, 1832, Van Buren, *Autobiography*, 454; Irving to Peter Irving, March 16, 1832, Pierre M. Irving, *Life and Letters of Washington Irving*, II, 482. 也可参阅,Irving to Van Buren, January 2, Van Buren Papers。
21. Randolph to Jackson, March 28, 1832, Andrew Jackson, *Correspondence*, J. S. Bassett, ed., IV, 429.

六 总统身边的人

1. *Argus of Western America* (Frankfort), September 10, 1828; *Niles' Register*, December 20, 1828, Supplement.
2. Cambreleng to Van Buren, March 1, 1829, Van Buren Papers.
3. Van Buren, *Autobiography*, 312-338.
4. Macon to Van Buren, October 1, 1830, Van Buren Papers.
5. Lewis to Jackson, October 6, 1839, Lewis to the editor of the *Nashville Banner*, July, 1845, Jackson-Lewis Papers.
6. W. M. Meigs, *Life of Thomas Hart Benton*, 451-455; Oliver Dyer, *Great Senators*, 207-213.

7. Adolph de Bacourt, *Souvenirs*, 69, 72, 236, 368; N. P. Willis, *Hurry-Graphs: or, Sketches of Scenery, Celebrities and Society*, 179; Sumner to Bancroft, April 22, 1846, Bancroft Papers; J. Q. Adams, *Memoirs*, X, 257.
8. Jessie Benton Fremont, *Souvenirs of My Time*, especially 57 – 60; Catherine C. Phillips, *Jessie Benton Fremont*, 32 – 43; Sumner to George Bancroft, April 22, 1846, Bancroft Papers.
9. Mary P. Mann, *Life of Horace Mann*, 45; John Wentworth, *Congressional Reminiscences*, 48 – 49; John Fairfield to his wife, January 12, 1836, Fairfield, *Letters*, 71; Dyer, *Great Senators*, 202 – 203; H. S. Foote, *Casket of Reminiscences*, 330 – 339.
10. "James K. Polk", *Democratic Review*, II, 208 (May, 1838); Ben: Perley Poore, *Perley's Reminiscences of Sixty Years in the National Metropolis*, I, 328 – 330; Anne Royall, *Letters from Alabama on Various Subjects*, 182; O. P. Temple, *Notable Men of Tennessee from 1833 to 1875*, 253 – 254.
11. Polk in the House, March 29, 1830, *Register of Debates*, 21 Congress 1 Session, 698 – 699. 约翰·贝尔 (John Bell) 是波尔克在众议院议长席位上的主要竞争者, 也是田纳西杰克逊派的领袖人物, 他对"美利坚体制"有不同看法。关于波尔克和贝尔之间的争斗, 可参阅, T. P. Abernethy, "The Origin of the Whig Party in Tennessee," *Mississippi Valley Historical Review*, XII, 504 – 522。
12. 此处引文出自, "Churchill Caldom Cambreleng," *Democartic Review*, VI, 151 (August, 1839); Van Buren, *Autobiography*, 655; Henry Wilson, *History of the Rise and Fall of the Slave Power in America*, I, 329。 也可参阅, "Walter Barrett" (Joseph A. Scoville), *The Old Merchants of New York City*, III, 115 – 126; Royall, *Letters from Alabama*, 192; "Glances at Congress," *Democratic Review*, I, 80 (October, 1837)。
13. Catron to H. D. Gilpin, October 8, 1844, Gilpin Papers; Jackson to Van Buren, December 17, 1831, Jackson, *Correspondence*, IV, 385; R. B. Taney, *Bank War Manuscript*, 75.
14. Taney, *Bank War Manuscript*, 77 – 79; Van Buren, *Autobiography*, passim, especially 566 – 617.
15. Jackson to Van Buren, December 17, 1831, Jackson, *Correspondence*, IV, 385; Taney, Bank War Manuscript, 81 – 82; John Fairfield to his wife, February 6, 1836, Fairfield, *Letters*, 96; W. C. Bryant to his wife, January 29, 1832, Parke Godwin, *Bryant*, I, 269.

16. Taney, Bank War Manuscript, 83 – 84; Cambreleng to Van Buren, January 4, 1832, Van Buren Papers.
17. Cambreleng to Van Buren, February 5, 1832, Van Buren Papers, C. B. Swisher, *Roger B. Taney*, 这份托尼传记写得非常好, 令人仰慕。也可参阅, Samuel Tyler, *Memoir of Roger Brooke Taney, LL. D.*, especially 212; W. W. Story, *Life and Letters of Joseph Story*, I, 493, II, 122; J. E. Semmes, *John H. B. Latrobe and His Times, 1803 – 1891*, 202 – 203; J. W. Forney, *Anecdotes of Public Men*, II, 226。
18. Taney, *Bank War Manuscript*, 85; Bryant to his wife, January 29, 1832, Godwin, *Bryant*, I, 290; Van Buren, *Autobiography*, 599 – 589.
19. Taney, *Bank War Manuscript*, 91.
20. 关于这场变迁的某些方面, 有一份敏锐分析可供参阅: Pendleton Herring, *The Politics of Democracy*, 69 – 81。
21. William J. Duane, *Narative and Correspondence Concerning the Removal of the Deposites*, 9.
22. W. C. Bryant, "William Leggett," *Democratic Review*, VI, 18 (July, 1839).
23. Jackson to Z. I. Miller, May 13, 1829, Basset, *Jackson*, 450.
24. "Spectator" in the *Boston Post*, December 30, 1835; 也可参阅, *Argus of Western America*, May 21, 1828; Amos Kendall, *Autobiography*, 1 – 68。
25. Kendall to Caleb Butler, May 13, 1835, Miscellaneous Letters, Library of Congress; Kendall, *Autobiography*, 131.
26. *Argus of Western America*, May 21, 1828; *Kendall's Expositor*, December 16, 1841; Kendall, *Autobiography*, 15 – 149; Harriet Martineau, *Retrospect of Western Travel*, I, 259 – 260.
27. *Argus of Western America*, May 28, 1828; Kendall to Joseph Desha, April 9, 1831, Desha to Kendall, May 6, 1831, "Correspondence between Governor Joseph Desha and Amos Kendall – 1831 – 1835," James A. Padgett, ed., *Register of the Kentucky State Historical Society*, XXXVIII, 8 – 10, 13; "Amos Kendall," *Democratic Review*, I, 408 – 409 (March, 1838).
28. Kendall, *Autobiography*, 278 – 292; J. A. Hamilton, *Reminiscences*, 130.
29. H. A. Wise in the House, December 21, 1838, *Congressional Globe*, 25 Congress 3 Session, Appendix, 386. 也可参阅, J. B. Derby, *Political Reminiscences*, 58 – 59; Colonel Claiborne's recollections of the Washington press, from the *New Orleans Delta*, Frederic Hudson, *Journalism in the United States from 1690 to 1872*, 245。

30. H. A. Wise, *Seven Decades*, 117; Kendall, *Autobiography*, 686.
31. T. P. Moore to F. P. Blair, October 30, 1833, Blair-Rives Papers.
32. Blair to Clay, October 3, 1827, W. E. Smith, *The Francis Preston Blair Family in Politics*, I, 46 – 47, also 21, 31.
33. Parton, *Jackson*, III, 335 – 337; Hudson, *Journalism*, 252; G. C. Verplanck to Van Buren, December 6, 1828, Silas Wright to Van Buren, December 9, 1828, Blair to Kendall, December 24, 1842, Van Buren Papers; Kendall to Virgil Maxcy, November 12, 1830, Miscellaneous Letters, New York Public Library; Kendall, *Autobiography*, 372 – 374.
34. T. H. Clay, "Two Years with Old Hickory," *Atlantic Monthly*, LX, 187 – 190 (August, 1887); Van Buren, *Autobiography*, 323; Smith, *Blair Family*, I, 77, 100; J. C. Rives to Kendall, December 21, 1842, Van Buren Papers; Hudson, *Journalism*, 238 – 253.
35. Martineau, *Retrospect*, I, 257 – 258; Duane, *Narrative*, 130; H. A. Wise in the House, December 21, 1838, *Congressional Globe*, 25 Congress 3 Session, Appendix, 386; Robert Mayo, *A Chapter of Sketcher on Finance*, especially 110 – 111; Adams, Memoirs, X, 366; 也可参阅, Adams to Edward Everett, November 14, 1837, Everett Papers。

七 开启银行战争

1. *Niles' Register*, May 12, 1832; Nathan Appleton, *Remarks on Currency and Banking*, 36.
2. *Register of Debates*, 21 Congress 1 Session, Appendix, 103; Taney to Thomas Ellicott, February 20, 1832, Taney Papers. 也可参阅, Taney, Bank War Manuscript, 14 – 15。
3. Gilpin to G. M. Dallas, January 26, 1833, to J. K. Kane, January 27, 1833, Gilpin Letterbooks.
4. Biddle to Thomas Swann, March 17, 1824, *Senate Document*, 23 Congress 2 Session, no. 17 (Tyler Report), 297 – 298.
5. "Report on a National Bank," Hamilton, *Works*, III, 424.
6. Jackson to Polk, December 23, 1833, Jackson, *Correspondence*, V, 236.杰克逊曾于1829年年底的时候告诉尼古拉斯·比德尔:"我不喜欢你的银行,我根本就不喜欢银行。" Bassett, *Jackson*, 599。参阅, C. J. Ingersoll to Biddle, February 2, 1832:"杰克逊将军的恶感并非只针对合众国银行,而是针对一

切银行的。他认为所有的州银行都是违宪的，都是在冒犯人民，并且还认为，只有硬币才算货币。"R. C. H. Catterall, *Second Bank of the United States*, 185n。关于这场银行战争，但凡严肃的研究者都明白，杰克逊对合众国银行的敌意一直存在，这种敌意植基于原则，并非因为朴茨茅斯、新罕布什尔或者其他地方的分行的过火行径而导致的一时怒火。参阅，同前, 183, 195; Bassett, *Jackson*, 589–593。

7. 关于本顿对自身经济观念之源流的记述，可参见他于 1838 年 3 月 14 日在参议院的演讲，见，*Congressional Globe*, 25 Congress 2 Session, Appendix, 216, and January 16, 1840, *Congressional Globe*, 26 Congress 1 Session, Appendix, 118–119。

8. 密苏里的情况倒并非完全是这样，在密苏里，人们对硬通货有着相当程度的支持，若是仔细参研这个问题，便不难发现，这在很大程度上是本顿在该州的个人影响力所致。C. H. McClure, *Opposition in Missouri to Thomas Hart Benton*, 23n。

9. T. P. Abernethy, "Andrew Jackson and the Rise of Southwestern Democracy," *American Historical Review*, XXXIII, 70. 参阅, St. George L. Sioussat, "Some Phases of Tennessee Politics in the Jackson Period," *ibid.*, XIV, 69："尽管一开始对合众国银行有敌意，不过，田纳西人，或者更确切地说是该州的主流群体，倒是非常愿意接纳一家大银行在该州的分行带来的福祉，只要时间合适而且贷款不难，只是后来才慢慢地倾听对合众国银行的种种攻击之论，并最终也加入了攻击阵营。这样一场转变实际上就是从杰克逊宣誓就职那一年开始的。"

10. Caleb Atwater, *Remarks Made on a Tour to Prairie du Chien; thence to Washington City, in 1829*, 281; *Argus of Western America*, December 23, 1829, March 3, May 19, 1830, etc.

11. *Free Trade Advocate*, May 9, 16, 1829.

12. Benton, *Thirty Years' View*, I, 241.

13. 尼古拉斯·比德尔于 1830 年发布信息说，特许状更新问题上的这种反对态度，"并非……内阁态度，并非政党态度，只是个人态度而已"，此一表述应该说是很准确的。Biddle to Samuel Smith, January 2, 1830, Biddle, *Correspondence*, R. C. McGrane, ed., 94。此时，实际上没有人预期银行问题会成为战争焦点。韦伯斯特于 1830 年 5 月 29 日致信克莱说："战场的焦点将会是关税问题和内部改进问题。"Clay, *Private Correspondence*, Calvin Colton, ed., 276。参阅，赫卡齐亚·奈尔斯对弗吉尼亚的 A. L. 达布尼（A. L. Dabney）的一封信笺的评说："他认为，令当前美利坚陷入党派分裂的问题是关税问题和内部改进问题,情况肯定是这样的。"*Niles' Register*, August 14, 1830. 甚至一直到 1831 年的时候,包括比德尔在内的很多人也都一直反复告诉来访的托克维尔,并没有真正的问题会令政党陷于分裂。G. W. Pierson, *Tocquiville and Beaumont in American*, 49, 399, 495, 536. 作为现实政治观察者,托克维尔并没什么眼力,后来,他也就安之若素地将当时的这个观念纳入自己的那部著名作品中。

14. Benton in the Senate, February 2, 1831, *Register of Debates*, 21 Congress 2 Session, 50–75; Benton, Thirty Years' View, I, 187–205.
15. Macon to Benton, March 7, 1831, *Washington Globe*, June 17, 1831.
16. J. S. Buckingham, *America, Historical, Statistic, and Descriptive*, II, 214.
17. 此处引文,出自,Adams, *Memoirs*, V, 325, and "Mr. Clay and the Restrictive System," *Democratic Review*, XII, 302 (March, 1843)。也可参阅, G. W. Bungay, *Off-hand Takings; or, Crayon Sketches of the Noticeable Men of Our Age*, 21–24; T. C. Grattan, *Civilized America*, I, 172, II, 395–396; H. W. Hilliard, *Politics and Pen Pictures*, 3; C. C. Baldwin, *Diary of Christopher C. Baldwin, 1829–1835*, 244; Martineau, *Retrospect*, I, 242, 275, 290; Lord Morpeth, *Diary*, manuscript transcript, 128, 141; "A Peep at Washington," *Knickerbocker Magazine*, III, 443 (June, 1834)。在此也要感谢伦纳德·吴尔夫 (Leonard Woolf) 对布鲁厄姆 (Brougham) 的那番天才描绘,让我借取颇多,用来描绘亨利·克莱;见,*After the Deluge*, II, 122。克莱和布鲁厄姆之间的相似之处,也是英国访客通常都能够注意到的,参阅,Tyrone Power, *Impressions of America, during the Years 1833, 1834, and 1835*, I, 270。
18. 此处引文出自,Carlyle to Emerson, June 24, 1839, *Correspondence of Thomas Carlyle and Ralph Waldo Emerson, 1834–1872*, C. E. Norton, ed., I, 247–248; R. W. Emerson, *Journals*, E. W. Emerson and W. E. Forbes, eds., VII, 87; Lord Morpeth, Diary, manuscript transcript, 102; Lieber to G. S. Hillard, December, 1852, T. S. Perry, *Life and Letters of Francis Lieber*, 256; Webster to Biddle, December 21, 1833, Biddle, *Correspondence*, 218。最近,斯蒂芬·文森特·贝尼特 (Stephen Vincent Benet) 凭借相当娴熟的手法,试图将韦伯斯特刻画成神话英雄,此举令韦伯斯特的众多同时代人倍感吃惊。真实的韦伯斯特根本上缺乏贝尼特先生的英雄人物的那种宽宏和热忱,而且,韦伯斯特若是置身于今天这个时代,显然也会反对贝尼特先生本人所代表的很多东西。事实上,在贝尼特先生塑造的这个迷人故事当中,最荒谬的部分并不是那个新罕布什尔人将自己的灵魂出卖给魔鬼,也并非本尼迪克·阿诺德和西蒙·格蒂随时都准备参与陪审团事务,而是丹

尼尔·韦伯斯特竟然反对契约之神圣性质，并为此提起抗辩。
19. 此处引文，出自，Emerson, *Journals*, VI, 349, and "Glances at Congress," *Democratic Review*, I, 78 – 79（October, 1837）。也可参见，"A Peep at Washington," *Knickerbocker Magazine*, III, 40（June, 1834）; John Fairfield to his wife, December 31, 1835, Fairfield, *Letters*, 47。
20. 关于这场银行战争，最好的叙述可见，Swisher, *Taney*, 160 – 326。
21. Benton, *Thirty Years' View*, I, 232 – 241。
22. 该委员会展开的工作，实际上驳斥了那种天真的经济决定论。委员会中所有的反对派成员实际上都是对该银行负债的（克莱顿的负债额度是 400 美元；约翰逊为 650 美元；托马斯为 650 美元；康布勒朗为 400 美元），相反，银行支持者的负债额度则要小得多，麦克达菲为 500 美元，沃特莫为 300 美元，亚当斯则一分都不欠。尽管杰克逊集团在银行给议员提供贷款这个问题上大做文章，但并无证据可以表明贷款额度跟忠诚度之间存在太大关联，参见，*House Report*, 22 Congress 1 Session, no. 460, "Bank of the United States," especially 569 – 570。

不过，这个说法却完全不能用在报业认识的银行贷款问题上。托尼曾提供了一个国会议员的案例，这个议员在获得大笔贷款之后便改换了立场，托尼据此提供的分析就少数议员的情况来说，当然是成立的。"我倒并不是要说，"托尼分析道，"他是在直接收受贿赂之后才投出了自己的一票。他的品性应该说是能够承受得住这样的腐蚀行径的，据我对他的了解，他也憎恨此类行径。不过他的确是缺钱，而且对银行的此番恩惠心怀感激。他也很可能会据此认为，这样一家银行，对个人如此有帮助，并且如此友善，怎么可能会伤害公众或者威胁公众呢，因此，也就可以放下心来更新特许状了。人都处在利益或者情感的影响之下……因此并不一定就能认清或者承认自身行动背后的真正动机，即便是在扪心自问的情况下。他们时常会告诉自己说，他们做出此番行为的动机是因应自身的自尊意识、权利意识，因此也就对真正主宰自己行为的动机视而不见了。" Bank War Manuscript, 113 – 114。
23. Robert C. Winthrop, "Memoir of Hon. Nathan Appleton," *Proceedings of the Massachusetts Historical Society*, V, 279。
24. Taney, Bank War Manuscript, 116。

八　否决

1. Jessie Benton Fremont, *Souvenirs*, 88 – 89。

2. 这种看法的相关证据，可参见，Bassett, *Jackson*, 610–616。
3. Bassett, *Jackson*, 612; Dunlap to Cooper, September 20, 1831; J. F. Cooper, *Correspondence*, J. F. Cooper, ed., I, 241.
4. Taney to Thomas Ellicott, December 15, 23, 1831, Taney Papers; Taney, Bank War Manuscript, 104.
5. Van Buren, *Autobiography*, 625; *Political Parties*, 314.
6. Taney, Bank War Manuscript, 118–126.
7. Richardson, comp., *Messages and Papers*, II, 590.
8. Richardson, comp., *Messages and Papers*, II, 581.
9. 这场银行论战也激发了为数不多的一些论辩，这些论辩指向了一种非常现代的观念：合众国银行是一头披着公共利益外衣的狼。亨利·迪·吉尔平，合众国银行的前任董事、范布伦帐下的总检察长，于1836年时就多多少少对此有所暗示了："我不能肯定达拉斯是否将此等反银行观点充分表达出来，合众国银行本质上是公共的，影响到财产的一般性价值，它的权能涵涉范围太过广泛了，因此银行的行为不能被认为是私人行为，而且，无论该银行是公共建制还是私人建制，只要公共利益有要求，我们的立法议会都有权撤销其特许权，这就如同在类似的情况下，我们的立法议会也有权接管私人财产一样。" Gilpin to Van Buren, September 14, 1836, Van Buren Papers。
10. Jackson to W. B. Lewis, August 18, 1832, Jackson-Lewis Letters.
11. Richardson, comp., *Message and Papers*, II, 577.
12. Biddle to Clay, August 1, 1832, Clay, *Private Correspondence*, 341; A. H. Everett, *The Conduct of the Administration*, 60, 74–75; Webster in the Senate, July 11, 1832, *Register of Debates*, 22 Congress 1 Session, 1240.
13. 此处，三分之二媒体选择支持银行，此一估算是霍兰德于1835年给出的，见，W. M. Holland, *Life and Political Opinions of Martin Van Buren*, 365；范布伦本人的估计是四分之三，见，Van Buren, *Autobiography*, 746. 至于各种情由，则正如一位颇有明见的英国访客说的那样："主要原因，甚至可以说全部的原因，都在于广告方面的考量，毕竟，广告资源都被操控在商业和贸易集团手中，报刊是根本不敢得罪这些人的，这些人都是报刊的衣食父母……这些人差不多都是辉格党人。" Buckingham, *America*, III, 332. 费城工人委员会于1829年提交了一份报告，该报告主要由两名编辑操刀而成，分别是威·M. 古奇和康迪·拉盖（Condy Raguet），报告里面提出了如下指控："即便是现在，也根本没有可能在报刊上发表文章公开讨论银行问题，倘若有哪家报刊敢这么干，那就很可能遭遇灭顶之灾。" *Free Trade*

Advocate, May 9, 16, 1829。比德尔出钱收买报纸一事，已然世人皆知。这方面最著名的例子就是《纽约信使与探查者》(*New York Courier and Enquirer*)，原是一家强力支持杰克逊的报纸，比德尔为该报提供了五万三千美元的贷款之后，该报的立场便彻底反转了，尽管这笔贷款的风险还是相当高的。

14. *Washington Globe*, November 7, 1833.
15. Pierson, *Tocqueville and Beaumont*, 484. 托克维尔此处所言的"受教育群体"，指的是商人和律师群体，关于这一点，可参见 Dr. Pierson, 同前, 151。
16. Carey to J. F. Cooper, July 13, 1832, Cooper, *Correspondence*, I, 269; Parson, *Jackson*, I, v.
17. C. C. Binney, *Life of Horace Binney*, 98; Frances A. Kemble, *Records of a Girlhood*, 549.
18. Choate to Everett, November 10, 1832, Samuel G. Brown, *Life of Rufus Choate*, 61.
19. 后来的一位总统在评说杰克逊的此次否决事件之时，也不免给人以历史重演的感觉："这个国家的压倒性力量反对他。负责传播信息并塑造民意的新闻界反对他。傲慢但无用的智识主义反对他。可憎的反对集团反对他。空洞且腐朽的传统主义更是向他摇晃着颤抖的手指。一时之间，似乎一切都在反对他，一切的一切，除了合众国的人民。" Franklin D. Roosevelt, Jackson Day Address, January 8, 1936, *Public Papers and Address of Franklin D. Roosevelt*, Samuel I. Rosenman, ed., V, 40。
20. Reprinted in the *Washington Globe*, November 27, 1832. 该文继续申述说，潘恩的作品"并没有给无神论者提供任何的反对仁慈天意存在的单一证据，但只要安德鲁·杰克逊的暴政延续下去，这天意的力量就被压制下去……我们不得不承认，绝对自由制度的实验已经失败了……上天嘉许马萨诸塞和康涅狄格逃脱了这道德和政治的污染！其他地方就没这么幸运了，他们只能是奴隶，生来就要接受别人的统治——他们已经将鞭子交到一个人的手中，这个人不管从哪个方面看，都是要做绝对主人的，好的是，只要他们不再哀嚎，这鞭子可能就会一直放在他们的背上，不会真正地舞动抽打起来……倘若将这些无知无识之辈排除在投票站之外，安德鲁·杰克逊绝无可能当选，谁会怀疑这一点呢？"
21. 可参见《波特兰每日电讯》(*Portland Daily Advertiser*) 上的一篇文章，该文重印于 *Niles' Register*, August 17, 1833。
22. Story to Sarah Waldo Story, January 27, 1833, Story, *Story*, II, 119; Cambreleng to Van Buren, December 18, 1832, Van Buren Papers; Samuel Tyler, *Taney*,

189; Theodore Sedgwick, Jr., to Van Buren, January 22, 1833, Sedgwick Letterbooks.
23. Catharine M. Sedgwick to Theodore Sedgwick, January 20, 1833, Sedgwick Papers.
24. McLane to Buchanan, June 20, 1833, G. T. Curtis, *Life of James Buchanan*, I, 191–192.
25. *Washington Globe*, December 13, 1832.
26. 银行方面当然有这样的意图，会动用自己的资金展开政治运作，这方面的证据在托尼的一份报告中有详细呈供，见，"Report on the Removal of the Public Deposites," *Register of Debates*, 23 Congress 1 Session, Appendix, 66–67。激进派很是忧惧，关于这个情况可参见，Kendall, *Autobiography*, 375; J. A. Hamilton to Jackson, February 28, 1833, Jackson, *Correspondence*, V, 22–23; Taney's Speech of August 6, 1834, *Washington Globe*, August 25, 1834; Benton's Speech of July 18, 1835, 同前, August 8, 1835; 等等。
27. 马奎斯·詹姆斯 (Marquis James) 很是娴熟地处理了当时的一个传闻：杰克逊相信合众国银行已经破产了，见, *Portrait of a President*, 334–335 and note。
28. Benton, *Thirty Years' View*, I, 374.
29. "Andrew Jackson," *Brooklyn Eagle*, June 8, Walt Whitman, *Gathering of the Forces*, Cleveland Rodgers and John Black, eds., II, 178–179; Philip Hone, *Diary of Philip Hone, 1828–1851*, Allan Nevins, ed., 96–97.
30. Josiah Quincy, *Figures of the Past*, 352ff.
31. Kendall, *Autobiography*, 376; Hamilton, *Reminiscences*, 258; Van Buren, *Autobiography*, 601–604; Correspondence between Jackson and Van Buren, August-September, 1833, Jackson, *Correspondence*, V; Silas Wright to Polk, January 21, 1845, R. H. Gillet, *Life and Times of Silas Wright*, II, 1644; Wright to Flagg, August 8, 1833, Flag Papers. (赖特在此为了反对撤回政府资金，补充了一个理由，他担心"诸如 J. A. 汉密尔顿[J. A. Hamilton]和杰西·霍伊特[Jesse Hoyt]这样的人"，很可能会凭借信息优势，实施股票投机，从中渔利。)
32. Blair to Van Buren, November 13, 1859, Van Buren, *Autobiography*, 607.
33. Jackson to Van Buren, Septmber 22, 1833, Jackson, Correspondence, V, 206.
34. 杜安为1838年对自己的此番古怪行径提出了一份辩诉，题为 *Narrative and Correspondence Concerning the Removal of the Deposites*, 《纽约晚报》(*New York Evening Post*, May 14, 1839) 不无道理地评点说，这是"弱者的怨恨"。

35. Blair to Van Buren, November 13, 1859, Van Buren, *Autobiography*, 608.
36. Trist to H. D. Gilpin, October 21, 1833, Gilpin Papers; Benon in the *Washington Globe*, August 8, 1835; *Boston Post*, October 15; William Cobbett, *Life of Andrew Jackson*, 120; *Boston Post*, October 18, 1833.

九 反击

1. Biddle to William Appleton, January 27, 1834, to J. G. Watmough, February, 8, 1834, Biddle, *Correspondence*, 219, 221.
2. [Cyrus P. Bradley], *Biography of Isaac Hill*, *passim*; B. P. Shillaber, "Experiences during Many Years," *New England Magazine*, VIII, 626 (July, 1893).
3. 此处引文出自, Wright to A. C. Flagg, August 28, 1841, Flagg Papers; James Parton, *Life of Horace Greeley*, 220; Van Buren, *Autobiography*, 728; Eustacius Swammerdam, *The Lash; or Truths in Rhyme*, 27。也可参阅, biographies of Wright by J. D. Hammond and R. H. Gillet; John Fairfield to his wife, February 17, 1838 [1836?], Fairfield, *Letters*, 198; "Silas Wright, Jr.," *Democratic Review*, V, especially 416–417 (April, 1839); *Boston Post*, March 25, 1834; Ben: Perley Poore, *Perley's Reminiscences*, I, 83–85; B. F. Perry, *Reminiscences of Public Men*, Second Series, 186。
4. 托尼关于撤回政府储备金的这份报告, 见, *Register of Debates*, 23 Congress 1 Session, Appendix, 68。
5. *Washington Globe*, August 25, 1834.
6. Calhoun in the Senate, January 13, 1834, *Register of Debates*, 23 Congress 1 Session, 217–218.
7. Clay in the Senate, December 26–30, 1833, *Register of Debates*, 23 Congress 1 Session, 59–94.
8. Peter Harvey, *Reminiscences of Webster*, 233; Wright to A. C. Flagg, January 31, 1836, Flagg Papers.
9. Webster in the Senate, January 21, 1834, *Register of Debates*, 23 Congress 1 Session, 439–442.
10. Polk in the House, January 2, 1834, *Register of Debates*, 23 Congress 1 Session, 2289.
11. Binney to his son, January 10, 1834, Binney, *Binney*, 111.
12. Beardsley in the House, January 16, 1834, *Register of Debates*, 23 Congress 1 Session, 2450.

13. Burges in the House, March 26, 1834, *Register of Debates*, 23 Congress 1 Session, 3166.
14. Cooper to Dr. De Lancey, December 20, 1833, Cooper, *Correspondence*, I, 331; Blair to George Bancroft, June 24, 1845, Jackson, *Correspondence*, V, 238n.
15. Parton, *Jackson*, III, 549 – 550.
16. *Niles' Register*, March 1, 8, 15, 22, 1834; Biddle to Joseph Hopkinson, February 21, 1834, Biddle, *Correspondence*, 222.
17. *Niles' Register*, March 8, April 19, 1834; Frances A. Kemble, *Records of a Girlhood*, 568; *Boston Post*, March 22, 1834; Harriet Martineau, *Society in America*, I, 8.
18. Kent to Story, April 11, 1834, *Proceedings of the Massachusetts Historical Society*, xxxiv, 418; Story to S. P. Fay, February 18, 1834, *Story*, II, 154; *Washington Globe*, December 5, 1834.
19. Everett to T. W. Ward, February 18, *Boston Herald*, February, 24, 1913.
20. Clay to Francis Brooke, March 23, 1834, Clay, *Private Correspondence*, 383.
21. Appleton to George Ticknor, February 4, 1853, Appleton Papers; Winthrop, "Nathan Appleton," *Proceedings of the Massachusetts Historical Society*, V, 287 – 288; Biddle to Watmough, March 17, 1834, Catterall, *Second Bank*, 341.
22. Appleton, *et al.*, to the Board of Directors of the United States Branch Bank at Boston (draft), June 21, 1834, Appleton to Biddle (draft), July, 1834, Appleton Papers.阿普尔顿对比德尔的看法并没有随着时间发生变化。"合众国银行案,"他于1853年写道,"……是比德尔先生肆意滥用手中权力所致。他推行一种全然过了火的紧缩政策,理由却仅仅是业务清算所需,最终,当他已经无力胁迫国会延期特许状的时候,他才又那么肆意且鲁莽地提升了贴现额度。" Appleton to Samuel Hooper, February 21, 1853, Appleton Papers; 参阅, Appleton, *Remarks on Currency*, 38 – 39。
23. *Washington Globe*, April 13, June 10, 1835.
24. Catterall, *Second Bank*, 241; Biddle to J. S. Barbour, July 11, 1833, Biddle, *Correspondence*, 210.
25. Frelinghuysen in the Senate, January 27, 1834, *Congressional Globe*, 23 Congress 1 Session, 129;此番描摹还有另外的版本,可参见, *Register of Debates*, 23 Congress 1 Session, 340; Taney, *Bank War Manuscript*, 29。
26. Biddle to Herman Cope, August 11, 1835, Biddle, *Correspondence*, 255; Biddle, *Address before the Alumni Association of Nassau Hall*, 22, 23.

十 硬通货

1. 奥雷斯特斯·奥·布朗森（Orestes A. Brownson）后来宣称，1831 年，"党内信任度极高的一批人"敦促他"……支持当日政府，理由是，当日政府是反对一切银行业公司的，无论是州银行还是全国性银行"。这当然是此类反银行诉求成为政党政策之前很久的事情了。*Boston Reformer*, August 4, 1837。
2. 此处所谓的"西部"，包括了亚拉巴马、密西西比、路易斯安那、肯塔基、田纳西、俄亥俄、印第安纳、伊利诺伊和密苏里。1832 年大选中，杰克逊实际上只需要赢得这其中的任何一个州，就足以赢得多数选举人票了。
3. "上帝啊，救救我们，不要让我们陷入这位密苏里的参议员先生那狂野、虚幻且毁灭性的规划当中，那样的规划根本就不实际，"沃克于 1837 年高声宣示说，"……先生们，在反对合众国银行之权能的斗争中，在反对任何此类金融建制之重建的斗争中，我从来都会站在密苏里的这位参议员先生这一边；但是，他若是要对他自己州的银行以及所有其他州的银行展开一场新的讨伐运动，那就绝对不要指望我会支持他……我相信，他也绝无可能指望自己选取的任何人会支持他。"Walker in the Senate, January 28, 1837, *Register of Debates*, 24 Congress 2 Session, 621-622.值得注意，沃克强调自己反合众国银行的主要着力点乃在于"反对合众国银行的权能"。1840 年，已经成为坚定硬通货派的沃克着力解析了硬通货政策的缘起，此番解释当中，他不无道理地宣示说："除了爱国者杰克逊和密苏里的那个参议员先生而外，纽约市的工人群体应当是硬通货政策的动力源而且也是联邦最早的硬通货派。"Walker in the Senate, January 21, 1840, *Congressional Globe*, 26 Congress 1 Session, Appendix, 140。
4. *Niles' Register*, March 1, 1834.
5. 古奇自行制作了该书的副本，以插页形式添加了丰富的注释，该副本收藏于哈佛大学图书馆。
6. *Journal of Banking*, July 7, 1841; *New York Evening Post*, September 15, 1834, June 29, 1837.
7. *The Examiner, and Journal of Political Economy*, October 30, 1833; W. G. Sumner, *History of Banking in the United States*, 181; *Journal of Banking*, August 18, 1841.有关早期银行业的一个一流研究者给出了这样的评论："古奇是我国早期银行业最为彻底的研究者之一，也是最敏锐且最有影响力的研究者之一。"Miller, *Banking Theories in the United States before 1860*, 86n.尼

古拉斯·比德尔对古奇这部作品及其意涵的误判是相当严重的,关于这个情况,可参见,Biddle to J. S. Barbour, July 11, 1833, Biddle, *Correspondence*, 211。关于古奇这部作品对有头脑但未受过专门训练的普通年轻人的影响,可参阅,Lucian Minor, "Diary of a Journey to the West in 1836," *Proceedings of the Massachusetts Historical Society*, XXVII, 284, 286。

8. 见本书附录。

9. Miller, *Banking Theories*, 30 – 34。

10. 1832 年,比德尔曾提起如下的改革举措:"首先,加大硬币流量,为此,可以取消小额钞票……其次,银行收回退出流通的硬币,此举的效能十分重大……将令银行不会再去考虑滥发纸币的一切诱惑,否则就很容易失去兑现能力。" *House Report*, 22 Congress 1 Session, no. 460, "Bank of the United States," 367. 此一时期,众多出于实务层面考虑的反硬通货论说纷纷出现,埃弗里特置身其中,很有代表性地表述了硬通货派的理论取向,他的这份表述可参见,Edward Everett, "Address to the Legislature," *Massachusetts House Document*, no. 6 (1836) , 16 – 18。

11. *House Report*, 22, Congress 1 Session, no. 460, "Bank of the United States," 362,364,365,367。

12. 也可参见他在会见费城代表团之时的一番谈话,他说:"捐客、投机客以及所有那些靠着借贷做生意的人……所有这些人都应该破产。" *Niles' Register*, March 1, 8, 1834。

13. Taney, "Letter to the Ways and Means Committee," April 15, 1834, *Register of Debates*, 23 Congress 1 Session, Appendix, 161; Richardson, comp., *Messages and Papers*, III, 302。

14. Gouge, *Paper Money*, Part I, 24 – 25.也可参阅, Condy Raguet in the *Free Trade Advocate*, July 4, 1829, 米勒对这个问题也有令人钦佩的探讨,见, Miller, *Banking Theories*, 192 – 205。

15. George Bancroft, *Address at Hartford*, ... Feb. 18, 1840, 14; Theophilus Fisk, *The Banking Bubble Burst; or the Mammoth Corruptions of the Paper Money System Relieved by Bleeding*, 25。

16. Robert Rantoul, Jr., speech at Salem, March 31, 1834, Luther Hamilton, *Memoirs, Speeches and Writings of Robert Rantoul, Jr.*, 537; Gouge, *Paper Money*, Part I, 27 – 28; O. A. Brownson, "The Present State of Society," *Democratic Review*, XIII, 34 (July, 1843) ; 也可参见, O. A. Brownson, *Address on Social Reform*, 5 – 6。

17. Benton in the Senate, March 22, 1834, *Register of Debates*, 23 Congress 1

Session, 1092-1093; Cambreleng to Van Buren, November 2, 1835, Van Buren Papers.参阅, Gouge, Paper Money, Part I, 53:"管理货币是最为重要的主权权能之一。此等权能如今事实上操控在银行手中。"

18. Jackson's first draft of the "Paper Read to the Cabinet", Jackson, Correspondence, V, 194; Washington Globe, October 1, 1834.
19. Sumner, History of Banking in the United States, 351-352; Fisk, Banking Bubble Burst, 72.
20. Niles' Register, August 29, 1835.
21. Washington Globe, August 25, 1834, October 27, 1837.
22. Richardson, comp, Messages and Papers, III, 305-306.
23. 本顿此处著名的金币演说,可参见, Benton in the Senate, March 21-22, 1834, Register of Debates, 23 Congress 1 Session, especially 1073-1084; Benton, Thirty Years' View, I, 436-457。
24. Meigs, Benton, 263.
25. Levi Woodbury, "Report from the Secretary of the Treasury," December 6, 1836, Register of Debates, 24 Congress 2 Session, Appendix, 79.硬通货派认为,铸币是可以完全取代小额钞票的,此论的理据十分充分,很难评估。1841年,古奇估算说:"倘若将对外贸易领域赚取的金银留在这个国家,仅凭这一点,就足以在未来的十年或者十二年间令黄金成为绝对健全的流通媒介。"Journal of Banking, December 22, 1841.铸币彻底取代钞票是否可能、是否可取,这一点很难定论,不过,铸币量的提升的确是迫切需要的。
26. 不过,也会有一些保守派对这些烂纸币有不同的看法,比如1840年,马萨诸塞的一个委员会申述说:"这些烂纸币就如同雪片一般自由飞舞、从天而降,任何人都可以伸手从中捞取实惠。一旦人们发觉这些烂纸币已经不安全了或者不方便了,雪片自然就会马上消失。"Massachusetts House Document, no. 66 (1840), 5。
27. Levi Woodbury, "Report on the Present System of Keeping and Disbursing the Public Money," December 12, 1834, Register of Debates, 23 Congress 2 Session, Appendix, 105.
28. D. R. Dewey, State Banking before the Civil War, 68-71.
29. Washington Globe, June 10, 1835, May 12, 1836.
30. Levi Woodbury, "Report from the Secretary of the Treasury," December 6, 1836, Register of Debates, 24 Congress 2 Session, Appendix, 80.
31. Thomas P. Hunt, The Book of Wealth, 5, 22, 24.

32. *Washington Globe*, May 23, June 10, 1835, May 31, 1836.
33. Jackson's conversation reported by "A Yeoman," *Washington Globe*, August 11, 1837; Benton in the Senate, January 27, 1837, *Register of Debates*, 24 Congress 2 Session, 610; Levi Woodbury, "Report from the Secretary of the Treasury," December 6, 1836, *Register of Debates*, 24 Congress 2 Session, Appendix, 80.
34. Benton in the Senate, April 23, 1836, *Register of Debates*, 24 Congress 1 Session, 1255–1257.也可参阅, *Washington Globe*, July 12, 1836。
35. *Boston Commercial Gazette*, February 27, 1837.

十一 工人信条

1. Mathew Carey, *Appeal to the Wealthy of the Land* (3rd edition), 3–5, 33; Mathew Carey, *Letters on the Condition of the Poor* (2nd edition), 16–17.相反的观点, 可参阅一篇署名"M"的文章, 见, *National Intelligencer*, March 23, 1829, 这篇文章着重攻击了慈善, 认为这是在鼓励懒惰和浪费。
2. John B. Eldredge in the *New England Artisan*, October 18, 1832; Samuel Whitcomb, Jr., *Address before the Working-Men's Society of Dedham, Delivered ... September 7, 1831*, 6.
3. 此处这个版本出自, *Working-Man's Gazette* (Woodstock, Vermont), quoted in D. M. Ludlum, *Social Ferment in Vermont, 1791–1850*, 204；其他的版本, 可参阅, *Working Man's Advocate* (New York), *Boston Reformer*, *Greenfield Gazette and Franklin Herald*, 等等；也可见, J. R. Commons and associates, *History of Labour in the United States*, I, 217–218。
4. *New England Artisan*, November 15, 1832.工人运动对教育的影响, 可参阅, F. T. Carlton, *Economic Influences upon Educational Progress in the United States, 1820–1850*。
5. D. R. Fox, *Decline of Aristocracy in the Politics of New York*, 353.
6. 这种情况, 在城市要比在乡村来得更为切实。农业债务人毕竟有地产在手, 他们至少在形式上可以选择质押地产来避开债务监禁, 因此, 农业债务人群体对这场改革也就没有那么高的热情。实际上, 他们可以自己去坐牢, 留下家人继续经营农田。关于这场运动, 鲍尔给出了很好的叙述和剖析, 见, G. P. Bauer, "The Movement against Imprisonment for Debt in the United States," 未出版的博士论文, 哈佛大学。
7. G. P. Bauer, "The Movement against Imprisonment for Debt in the United States," 179–186, 225–232; L. W. Meyer, *Life and Times of Colonel Richard*

注　释　637

M. Johnson of Kentucky, 282 – 288.
8. Adams, Memoirs, VIII, 427 – 428; Van Buren, Autobiography, 212 – 213; Thurlow Weed, Autobiography, Harriet A. Weed, ed., 380.
9. Richardson, comp., Messages and Papers, II, 454.
10. G. Adolf Koch, Republican Religion.
11. "您看得很准，我根本就不怕这些教士。他们百般发难于我，手段用尽，一会是虔诚诱导，一会是虚伪说教，还有谎言和诽谤，这些都不曾让我有任何苦恼。我思量过他们这套东西，从东方三博士到西方圣徒，我不觉得这一切的宗教律令有什么实质上的差别，只是谨慎程度有所不同而已，这种差异也只是取决于他们意欲欺骗的群体的知识水准罢了。"在这个问题上，杰斐逊基本上持这种看法。这封通信，参见，H. G. Spafford, January 10, 1816, Jefferson, Writings, P. L. Ford, ed., X, 12 – 13。
12. R. W. Leopold, Robert Dale Owen, 56 – 59.
13. Ezra Stiles Ely, The Duty of Christian Freemen to Elect Christian Rulers, 8, 11. 1829 年，埃利领头攻击伊顿夫人，这就令事态进一步复杂化。
14. Memorials to Congress Respecting Sabbath Mails, 25 – 27; National Intelligencer, January 17, 1829. 也可参阅, Address of the General Union for Promoting the Observance of the Christian Sabbath。
15. Free Enquirer, October 31, 1829. 也可参阅她后来对这场安息日运动的评断，她认为这场运动的目的是"促成政教再合一之后，便顺水推舟，促成银行和国家的融合；如此一来，便可以有效地压制民众的独立诉求和独立性，令这个国家的各种制度均匍匐在他们面前"。Frances Wright, Biography, Notes, and Political Letters of Frances Wright D'Arusmont, 34。
16. 埃文斯相信，反共济会集团就是这个藏在暗处的基督教政党，并指出，纽约的这两个集团在人员以及资金支持方面，存在大量重叠。"看呐，就是这些人，他们明面上加入了反共济会同盟并竭力压制所有的秘密团体，但实际上，他们自己恰恰就是这个国家有史以来最为危险的秘密团体。" Working Man's Advocate, October 30, 1833。
1835 年，丘·卡·康布勒朗也发起了自己的攻击，他认为这个基督教政党如今已经开始在废奴问题上发力了； Cambreleng to R. H. Baptist, September 16, 1835, Washington Globe, February 13, 1836. 尽管上述这两个评断并不能说十分准确，但纽约的这三个党派之间的确存在很有意思的关联，特别是塔潘兄弟在这三个党派里面扮演的角色。
17. Priestcraft Unmasked, January 1, 1830.
18. R. M. Johnson, Report on the Transportation of the Mail on Sunday, 5 – 6. 约翰逊

的第二份报告于 1853 年在伦敦印发出来，很快便被视为"在安息日戒律问题上政府之不干涉立场的最强有力的国家文件，也是现代历史之上为捍卫良知自由而发出的最高贵申述"。*The Parliamentary Observance of the Sabbath an Infringement of Public Right and Liberty of Conscience*, 3。

这份报告的真正作者是谁，的确存疑。有可能是在 O. B. 布朗（O. B. Brown）家中写就的，有么几年，布朗的家就是肯塔基集团在华盛顿的集结点。约翰逊就寄宿在布朗家中，阿莫斯·肯德尔刚来华府的时候，也暂居布朗家中。布朗本人在威廉·泰·巴里主掌邮政部的时候，是该部门的首席书记员，在星期天的时候，还担任浸礼会的布道牧师。这两份报告的修辞风格颇为从容恬淡，约翰逊、巴里、布朗和肯德尔都精于这种风格。很可能布朗担当了大部分的起草工作，当然是在约翰逊的协作之下。肯德尔则负责了后期修订工作。最终是约翰逊担当了文责且从来没有拒绝过此一文责。后来，一个参议院委员会指控布朗利用自己的职位从邮政包销人那里借钱并投资邮政工程的时候，布朗对此颇感冤屈。参阅，Meyer, *Johnson*, 256–263; Kendall, *Autobiography*, 288, 307; *Washington Globe*, February 10, 1835; Ben; Perley Poore, *Reminiscences*, I, 96, 218。竟然有人认为卡尔霍恩也参与了这份报告的起草工作，这显然没有靠得住的理据; A. Mazyck to R. K. Cralle, September 13, 1854 [1844], F. W. Moore, ed., "Calhoun by His Political Friends," *Publications of Southern History Association*, VII, 420。

19. "Review of Mr. Johnson's Report on Sabbath Mails," *Spirit of the Pilgrims*, II, 156（March, 1829）。也可参阅，"Dangerous Combinations," 同前, II, 352–359（July, 1829）。

20. *Working Man's Advocate*, April 3, 1830; *Free Enquirer*, March 6, 1830; *New York Daily Sentinel*, February 20, 1830; *Priestcraft Unmasked*, March 1, 1830; H. D. Gilpin to Edward Livingston, April 9, 1832, Gilpin Letterbooks; A. W. Austin to Blair, May 20, 1832, Blair-Rives Papers.

21. Margaret B. Smit, *First Forty Years of Washington Society*, 128.

22. Van Buren, *Autobiography*, 323.

23. Adams, *Memoirs*, V, 328.

24. 威廉·埃蒙斯（William Emmons, 1833 年）和阿萨赫尔·兰沃西（Asahel Langworthy, 1843 年）分别为约翰逊撰写了战地传记，里面包含了一些很有用的信息；还有一本颇为细致的新版传记，是 L. W. 梅耶（L. W. Meyer, 1932）所著。也可参阅，Bernard Mayo, "The Man Who Killed Tecumseh," *American Mercury*, XIX, 446–453（April, 1930）; John Catron to Jackson,

March 21, 1835, Jackson, *Correspondence*, V, 331; Ben: P. Poore, *Perley's Reminiscences*, I, 71, 153, 164; Martineau, *Retrospect of Western Travel*, I, 257; Gustave Koerner, *Memoirs ... 1809-1896*. T. J. McCormack, ed., I, 451。

25. 纽约方面的 J. C. 斯潘塞（J. C. Spencer）、米勒德·菲尔莫尔（Millard Fillmore）和梭罗·威德, 马萨诸塞方面的爱德华和亚历山大·埃弗里特（Alexander Everett）以及哈里森·格雷·奥蒂斯（Harrison Gray Otis）及其喉舌《北美评论》（*North American Review*）, 都支持取缔债务监禁会; 甚至韦伯斯特也认为应当取消 30 美元以下额度的债务监禁。Bauer, "Movement against Imprisonment for Debt," 252. Webster to Louis Dwight, May 2, 1830, Webster, *Works*, VI, 533-535.

26. 比如, 可参见, *National Intelligencer*, January 15, 1829。

27. *Missionary Herald*, XXVI, 263（August, 1830）.

十二 海湾州骚动

1. *Reminiscence of the Rev. George Allen of Worcester*, F. P. Rice, ed., 54.
2. Charlotte B. Everett to Edward Everett, January 6, 1833, Everett Papers; Emerson, *Journals*, III, 375. 爱默生认为, 埃弗里特的早期作品《欧洲》（*Europe*, 1823）是"美利坚大地之上迄今诞生的最具分量的作品"。Emerson to J. B. Hill, March 12, Emerson, *Letters*, R. L. Rusk, ed., I, 107. 埃弗里特热衷狂欢宴饮, 这方面倒是有一个很有意思也很能说明问题的证据, 参见他本人写的诗篇, "Enigma", *Democratic Review*, I, 81（October, 1837）。
3. Richard Hildreth, *Despotism in America*, 13-14.
4. C.C. Baldwin, Diary, 139。参阅, 希尔德雷思对民主党人的一番描述和品评: "这批会众, 群集于此, 就如同大卫王的兵马, 意欲反叛涂了膏油的救主。所有这些人都债务缠身, 身陷困顿, 都心怀不满, 群集在造反大旗之下。敌人的话是可信的, 即便是福斯塔夫招募的那个破落军团, 也不及这帮人这么散乱、邪恶、虚伪且危险。" *Despotism in America*, 13。
5. 关于此一时期马萨诸塞州政治状况的标准作品, 可参见 A. B. Darling, *Political Changes in Massachusetts, 1824-1848*。关于亨肖, 也可参阅 A. H. Ward, "David Henshaw," *Memorial Biography of the New England Historic Genealogical Society*, I, 483-499; Bancroft to Van Buren, July 18, 1843, Van Buren Papers; Edward Everett, *Diary*, September 25, 1829, Everett Papers; P. M. Wetmore to W. L. Marcy, September 7, 1843, Marcy Papers。

6. 一名激进派对头明显是在谴责亨肖，但也并非没有道理，他认为亨肖看到了"民主派银行和公司同联邦党人的银行和公司之间存在令他欣喜的差异；亨肖的一贯原则就是协同前者攻击后者"。*Bay State Democrat* (Boston), March 23, 1843.亨肖也的确倡议建立一家拥有5 000万美元资本的大银行，关于此事，可参见，*Boston Post*, October 9, 1834；也可参见，David Henshaw, *Remarks upon the Bank of the United States*。
7. *Niles' Register*, July 31, 1830; Commons, ed., *Documentary History*, VI, 217.当莫佩思勋爵（Lord Morpeth）造访洛厄尔的时候，对"欧文先生在拉纳克的工厂留下了深刻印象，但是那里面也是有水分的"。Diary, Manuscript transcript, 26.
8. Massachusetts *House Document*, no. 49 (1836), 6-7.
9. *Greenfield Gazette and Franklin Herald*, March 22, 1831.也可参见，同前，November 30, December 7, 1830, March 15, 26, 1831。
10. *New England Artisan*, October 11, 1832; *Boston Post*, September 7, October 9, 1832.关于运动早期的这场波士顿集会，可参阅，*Working Man's Advocate* (New York), August 28, 1830。
11. Louis Hartz, "Seth Luther: Working Class Rebel," *New England Quarterly*, XIII, 401-403; *Columbian Centinel* (Boston), July 1, 1837.
12. Seth Luther, *An Address to the Working-Men of New England*, 6.也可参见，*An Address on the Right of Free Suffrage* and *An Address on the Origin and Progress of Avarice, and Its Deleterious Effects on Human Happiness*。
13. *Washington Globe*, May 14, 1832; Luther, *Address to the Working-Men*, 16.
14. *New England Artisan*, October 11, 25, 1832.
15. Allen to Samuel Lathrop, May 14, 1828, February 20, 1829, Miscellaneous Papers, Pennsylvania Historical Society.也可参见，Herbert C. Parsons, *A Puritan Outpost*, especially 494-45; S. C. Allen, *An Oration, Delivered at Petersham*, July 4, 1806。
16. S. C. Allen, *An Address Delivered ... before the Hampshire, Franklin and Hampden Agricultural Society*, October 27, *1830*, 5-6.
17. 同上，7, 9, 10, 13。
18. 同上，19, 11, 20, 30, 28。
19. Allen to O. A. Brownson, August 18, 1834, H. F. Brownson, *Orestes A. Brownson's Early Life*, 116.
20. 同上，115, 116。
21. Allen, *Address*, 30.

22. Brownson, *Brownson's Early Life*, 117, 118.
23. Sarah Cabot Sedgwick and Christina Sedgwick Marquand, *Stockbridge, 1739 – 1939, A. Chronicle*, 172; Mary E. Dewey, *Life and Letters of Catharine M. Sedgwick*, 34 – 35.
24. Parke Godwin, *Bryant*, I, 184; W. C. Bryant, "Theodore Sedgwick," *The Biographical Annual, Containing Memoirs of Eminent Persons, Recently Deceased*, R. W. Griswold, ed., 19 – 21. 塞奇威克就 L. 比勒斯比（L. Byllesby）的作品制作了一份副本，题为 *Observations on the Sources and Effects of Unequal Wealth*, 如今收藏在哈佛学院图书馆。
25. Sedgwick to Theodore Sedgwick, Jr., March 21, 1833, Sedgwick Papers.
26. 同上，October 30, 1833, Sedgwick Papers。
27. "首要利益乃在于土地，任何国家都是如此。土地才能构建起真正意义上的国家。" Allen, *Address*, 28. "一切财产形式当中，土地是最为重要的。" Sedgwick, *Public and Private Economy*, I, 41。
28. 对当时这场劳工运动之特点的认知和界定，我在很大程度上依托了小马尔科姆·斯特恩斯（Malcolm Stearns, Jr.）的相关记述。斯特恩斯当时是一名上尉，也是国家共和党的党员；他留下的记述待整理出来之后，必将极大地丰富我们对这场劳工运动的认知，毕竟，这场运动一直都没有得到充分研究。
29. *Boston Reformer*, July 28, 1837.
30. *Washington Globe*, December 13, 1832.
31. Allen to the editor of the *Courier*, September 28, 1833, *Boston Courier*, October 1, 1833. 关于国家共和党方面的政治邀约，可参见：同上，January 26, September 16, 1833；关于此次劳工党集会以及艾伦接受此次政治邀约的信笺，可参见：同前，October 30, 1833, *Boston Post*. September 30, 1833, *New England Artisan*, October 2, 10, 1833。
32. *New England Artisan*, January 10, August 8, 1833, 等等。
33. *Franklin Mercury*, November 1, 1834. 参阅，*Northampton Courier*, October 29, 1834, "杰克逊派……如今是要玩一场新的致命游戏啊。他们极尽卑贱之能，倒地撒泼，到处哭喊说'我们是受苦受难的大众，我们受尽压迫'。"
34. Allen to Van Buren, May 13, 1833, Van Buren Papers; *Boston Reformer*, November 3, 1834.
35. Allen to Polk, January 20, 1834, Polk Papers.
36. *Washington Globe*, March 4, 1834, 等等。
37. Allen to Brownson, August 8, 1834, Brownson, *Brownson's Early Life*, 118.

十三　乔治·班克罗夫特与马萨诸塞激进派

1. George Bancroft, *An Oration Delivered on the Fourth of July, 1826, at Northampton, Mass.*, 19.
2. A. H. Everett to Bancroft, May 21, 1830, Bancroft Papers; *Greenfield Gazette and Franklin Herald*, October 26, 1830; George Ticknor to Bancroft, March 19, 1831, A. H. Everett to Bancroft, March 26, July 6, 1831, Bancroft Papers.
3. 关于班克罗夫特这篇文章的通信讨论，可参见，Bancroft to E. Everett, June 22, 1830, A. H. Everett to Bancroft, December 15, 1831, July 31, 1831, Bancroft Papers; E. Everett to A. H. Everett, August 6, 1830, Everett Papers; A. H. Everett to Jared Sparks, April 10, 1831, Sparks Papers。此处这段引文出自，Bancroft, "The Bank of the United States," *North American Review*, XXXII, 23（January, 1831）。说《北美评论》收了合众国银行的钱，此一指控是理查德·希尔德雷思于1837年提起的，希尔德雷思在此一时期的辉格党内拥有很高地位；此论既出，并没有遭遇明确的否认，于是，希尔德雷思于1840年再度提起此一指控。见，Richard Hildreth, *The History of Banks*, 82; Hildreth, *Banks, Banking, and Paper Currencies*, 86。
4. Bancroft to Van Buren, January 10, 1831, *Proceedings of the Massachusetts Historical Society*, XLII, 382; Bancroft, "The Bank of the United States," *North American Review*, XXXII, 23（January, 1831）.
5. Bancroft to Sarah Dwight Bancroft, December 25, 27, 1831, M. A. Dewolfe Howe, *Life and Letters of George Bancroft*, I, 192–196; *Journal of the Proceedings of the National Republican Convention, Held at Worcester, October 11, 1832*, 6.
6. *Bay State Democrat*, December 5, 1843.
7. Bancroft to the Workingmen of Northampton, October 1, 1834, *Boston Courier*, October 22, 1834.
8. Bancroft to the Public, October 22, 1834, *Northampton Courier*, October 29, 1834.
9. 转引自，*Boston Centinel and Gazette*, August 26, 1836。1846年的《巴尔的摩爱国者》（*Baltimore Patriot*）上面倒是刊载了一个系列，跟这种主流的坊间传言有所不同。这个系列的署名是"北安普敦"（Northampton），而后便被辑录成一份小册子，题为"致乔治·班克罗夫特，海军部部长、安德鲁·

杰克逊将军的毁谤者和歌颂者"（*To George Bancroft, Secretary of the Navy, the Traducer and Eulogist of General Andrew Jackson*）。
10. Edmund Dwight to Bancroft, February 20, 1843, Bancroft Papers; "Bancroft's Oration," *American Monthly Magazine*, II, 305（September, 1836）; *Boston Atlas*, 转引自, *Boston Post*, November 7, 1834。
11. Bancroft to Van Buren, November 17, 1834, *Proceedings of the Massachusetts Historical Society*, XLII, 383; Bancroft to Everett, December 29, 1834, Bancroft Papers.
12. Morton to Bancroft, December 18, 1834, Morton Letterbooks; Brownson to Bancroft, September 24, 1836, W. S. Wait to Bancroft, October 15, 1834, J. B. Eldredge to Bancroft, September 20, 1834, Bancroft Papers.
13. Paulding to Bancroft, November 21, 1834, Bancroft Papers; *New York Evening Post*, November 20, 1834.
14. *Franklin Mercury*, February 24, March 3, 1835.
15. *Hampshire Republican*, March 11, 1835.
16. Lucian Minor, "A Virginian in New England Thirty-five Years Ago," *Atlantic Monthly*, XXVII, 682（June, 1871）.
17. *Niles' Register*, October 26, 1833; *Boston Post*, July 7, 1834. 关于工会的组建情况, 可参阅, *Post*, March 6, 15, 1834, Frederick Robinson, *An Oration Delivered before the Trades Union of Boston*, Appendix.
18. *Boston Post*, July 7, 1834.
19. *Boston Post*, December 24, 1834.
20. P. O. Thacher, *Charge to the Grand Jury of the County of Sufflok*,（1832）, 7,（1834）, 16. 格林的此番尖刻评说, 可参见, *Boston Post*, December 6, 1832, December 24, 26, 1834。
21. S. G. Howe, "Atheism in New-England," *New-England Magazine*, VII, 500（December, 1834）; "Radicalism," *ibid.*, VIII, 143（February, 1835）; Theophilus Parsons, *An Address Delivered before the Phi Beta Kappa Society of Harvard University, 27 August, 1835*, 16.
22. *Boston Post*, April 17, 1835. 5月, 伍德和塞思·路德起草了一份十小时工作日通告。"现在的这场斗争,"该通告宣示说,"乃是金钱和劳动之间的斗争。唯有劳动能将生产性注入资本, 然而, 资本却在竭力压制作为一切财富值源泉的劳动。"*Post*, May 6, 7, 1835; *Boston Investigator*, May 15, 1835; Commons, ed., *Documentary History*, VI, 73 ff。
23. *Boston Post*, October 6, 1835.

24. "倘若工会计划能够以现在这种势头发展下去,是很有成功的希望的,若真是这样,也就能够比任何东西都更有效地提升劳工运动的品性……以及影响力。" *Boston Post*, April 5, 1834。《波士顿邮报》在劳工运动史上扮演的角色一直以来都遭到了严重低估。
25. *Boston Post*, March 12, 13, 17, 1834.
26. Theophilus Fisk(他引述了罗宾逊的话), *Banking Bubble Burst*, 49; *Boston Post*, March 10, 1835; Robinson, *Oration Delivered before the Trades Union*, 6.同样的这次国庆庆典上,威廉·埃蒙斯(William Emmons),约翰逊上校的朋友,在《波士顿平民报》(*Boston Common*)发表文章,向劳工阶级保证,"劳工阶级控制国家命运的时刻很快就会到来。" Emmons, *An Oration … Delivered Fourth of July*, 1834, on *Boston Common*, 10–11。查尔斯·道格拉斯对罗宾逊的品评,可参见,Charles Douglas to A. H. Wood, March 17, 1837, *Boston Reformer*, March 24, 1837。
27. *Boston Post*, March 18, 1834。也可参见,Frederick C. Pierce, *Foster Genealogy*, 954–956; Foster to Van Buren, June 30, 1833, to Silas Wright, January 3, 1835, to Van Buren, January 27, 1838, Van Buren Papers。
28. John Fairfield to his wife, December 5, 1835, Fairfield, *Letters*, 37; *Washington Globe*, December 28, 1835; *New York New Era*, July 4, 1840; W. A. Ellis, ed., *Norwich University, 1819–1911*, II, 110.
29. Theophilus Fisk, "Capital against Labor," *Working Man's Advocate*, July 25, 1835; *New York Evening Post*, August 6, 1835.
30. Fisk, *Labor the Only True Source of Wealth*, 3–4.
31. 该报的创刊号于1834年11月3日发行,当时的名字是《改革者日报》(*Daily Reformer*),当时的挂名主编是道格拉斯。1835年2月,该报更名为《记事与改革者》(*Chronicle and Reformer*),埃弗里特和菲斯克挂名为"编辑和所有人"。7月,更名为《独立记事和波士顿改革者晚报》(*Independent Chronicle, and Boston Daily Evening Reformer*),发行机构是"技工协会"(Association of Mechanics),没有设置挂名编辑。到了1836年6月,该报已经更名为《波士顿改革者》(*Boston Reformer*),变成了一份三周刊,发行人是A. H. 伍德。7月份,布朗森接手编辑工作,伍德仍然是发行人,但是到了11月,布朗森便出局了。伍德身兼编辑和发行人,该报也变成周刊性质,更名为《波士顿改革者周报》(*Boston Weekly Reformer*),也叫作《团结与进步先驱报》(*Herald of Union & Progress*)。1837年,有相当长的一段时间,布朗森回归报务。1838年,该报仍然以周报的形式存续着,更名为《波士顿改革者与反垄断者》(*Boston Reformer and Antimonopolist*),编辑仍然是伍德。
32. Morton to Calhoun, December 8, 1828, to Henshaw, February 11, 1830, Morton Letterbooks.
33. Morton to Calhoun, February 13, 1834, to F. A. Hildreth, May 11, 1849, Morton Letterbooks.
34. J. B. Derby, *Political Reminiscences*, 112.
35. *Boston Post*, March 26, 30, September 5, 1835; *Franklin Mercury*, April 7, 1835; *New York Evening Post*, March 11, 1835; *Niles' Register*, May 30, 1835.
36. Morton to Bancroft, September 9, 1835, Greene to Bancroft, September 16, 1835, Bancroft Papers.
37. *Boston Post*, October 16, 1835.
38. *Boston Post*, November 24, 1835。威廉·劳埃德·加里森（William Lloyd Garrison）也在这张票单之上，是作为国会竞选人出现的。
39. *Abstract Exhibiting the Condition of the Banks in Massachusetts on the First Saturday of August, 1843*, prepared by J. A. Bolles, 18 - 19.
40. 《纽约晚报》曾有一段很是形象的描绘，很可能是惠蒂尔（Whittier）所作，见，*New York Evening Post*, November 21, 1835; Luther Hamilton, *Rantoul*, 312, 847; *Madisonian* (Washington), August 7, 1840; Eben Stone, "Address Delivered before the Essex Bar," *Historical Collections of the Essex Institute*, XXVI, 34 - 35; Merle E. Curti, "Robert Rantoul, Jr., the Reformer in Politics," *New England Quarterly*, V, 264 - 280。
41. "除非他们提供足够的理据，除非他们为赢得特许状而提起的那些目标真的能造福国民，除非他们具备他们宣称的资本额度，除非这个资本额度已经见诸实际运行而不只是账面上的空话，否则便不可签发特许状。同时，也要限制他们，令他们无法偏离或者背离他们宣示的那些目标。举证责任也应当由他们来担当。"Hamilton, *Rantoul*, 313。
42. W. P. and F. J. Garrison, *William Lloyd Garrison, 1805 - 1879*, I, 482, II, 32, 43; *Boston Post*, March 21, 27, 1835; Edward Everett, *Journal*, March 18, 1835, Everett Papers; *Boston Press, and Semi-Weekly Advocate*, September 1, 1835.
43. 格林曾半开玩笑地问询："为什么说《先锋报》（The Advocate，哈勒特的报纸）的编辑会是好床伴呢？答案很简单，因为他仍然躺着，很安静（实际意思是，仍然在撒谎）。" *Boston Post*, April 20, 25, 1837。后来，格林倒真的跟哈勒特结成了政治上的床伴关系，而且交情不薄；至于谁扮演了引诱者的角色，这一直是个谜。

44. Morton to Bancroft, February 28, 1845, Bancroft Papers; Edward Everett to A. H. Everett, June 10, 1836, Webster to Edward Everett, June 6, 1836, Everett Papers.

45. 有关沃克的这些情况，转引自，J. P. Munroe, *Life of Francis Amasa Walker*, 12。也可参见，F. A. Walker, "Amasa Walker," *New England Historical and Genealogical Register*, XLII, 133–141 (April, 1888)。

46. A. H. Everett to Bancroft, October 16, 1834, Bancroft Papers; Charlotte B. Everett to Edward Everett, January 18, 1835, Edward Everett to A. H. Everett, April 22, 1835, Everett Papers; *Boston Post*, May 26, June 6, November 4, 1835; *Bunker-Hill Aurora and Boston Mirror*, October 3, 1835; *Boston Atlas*, November 12, 1835.

47. Adams to Everett, December 1, 1835, *American Historical Review*, XI, 349; Adams, *Memoirs*, IX, 361; Lawrence to A. A. Lawrence, November 15, 1836, Lawrence Papers. 也可参见, Everett to Jared Sparks, December 21, 1836, Sparks Papers; Morton to Van Buren, April 8, 1837, Morton Letterbooks。

48. *Washington Globe*, November 21, 1835.

49. 亨肖集团支持约翰·K. 辛普森 (John K. Simpson)，激进派则支持弗雷德里克·罗宾逊 (Frederick Robinson)。参见, Rantoul to Van Buren, October 10, 1837, William Foster to Van Buren, January 27, 1838, Van Buren Papers; Blair to Bancroft, January 9, 1837 [8], Morton to Bancroft, September 7, 1841, Bancroft Papers; *Boston Atlas*, June 10, 1836。

50. David Henshaw, *An Address Delivered ... Boston*, *July 4*, *1836*, 27–28.

51. *Northampton Courier*, quoted by *Boston Centinel and Gazette*, August 26, 1836; *Boston Commercial Gazette*, November 21, 1836.

52. Douglas to Bancroft, September 29, 1836, Brownson to Bancroft, September 24, 1836, Bancroft Papers.

53. *New Bedford Gazette*, quoted by the *Boston Press, and Semi-Weekly Advocate*, November 8, 1836.

十四　纽约激进派

1. Weed, *Autobiography*, 103.也可对照吉迪恩·韦尔斯 (Gideon Welles) 的评判："这个集团由政客和政治家集结而成，这些人都拥有非凡才能，他们的刚正品性也无可置疑。他们在维持霸权的同时，也致力于为全民福祉而操持政府。" Welles, *Diary*, J. T. Morse, Jr., ed., III, 225。个体成员方面的具体情况,可参见,James Bennet, Diary, July 28, 1831, New Work Public Library; J. D. Hammond, *History of Political Parties in the State of New-York*, II, 225。
2. Marcy in the Senate, January 24 – 25, 1832, *Register of Debates*, 22 Congress 1 Session, 1325.也可参阅,Ben：Perley Poore, *Perley's Reminiscences*, I, 333; Welles, *Diary*, III, 225 – 226。
3. 特别参见,Marcy to P. M. Wetmore, July 3, 1838, Marcy Papers。马西同韦特莫尔保持了长期通信,韦特莫尔是纽约城的二流诗人、三流政客,这些通信展示出马西出人意料的一面。
4. Marcy to Wetmore, April 13, 1842, Marcy Papers.
5. Pierson, *Tocqueville and Beaumont in American*, 176; H. D. A. Donovan, The *Barnburners*, 20; Welles, *Diary*, III, 26.
6. Marcy to Wetmore, June 21, 1839, Marcy Papers。也可参阅, W. A. Butler, *A Retrospect of Forty Years, 1825 – 1865*, Harriet A. Butler, ed., *passim*; B. F. Butler to H. S. Randall, November 12, 1850, Miscellaneous Letters, Library of Congress; Martineau, *Retrospect of Western Travel*, I, 276; *Proceedings and Addresses on … the Death of Benjamin F. Butler, of New York*, especially 11 – 12。
7. Abijah Mann to Flagg, February 6, 1868, A. C. Flagg, *Banks and Banking in the State of New York*, 39.
8. Fox, *Decline of Aristocracy*, 352 – 356.
9. Byllesby, *Observations*, 42, 68, 115 – 116.哈佛大学图书馆藏有这本书的副本,该部分原为西奥多·塞奇威克所有。
10. Horace Traubel, *With Walt Whitman in Camden*, II, 205, 445, 499, 500.也可参阅, O. A. Brownson, "The Convert," *Works of Orestes A. Brownson*, H. F. Brownson, ed., V, 58; R. D. Owen, "My Experience of Community Life," *Atlantic Monthly*, XXXII, 347 – 348 (September, 1873)。
11. *New York Courier and Enquirer*, quoted in the *Free Enquirer*, June 19, 1830.
12. 利奥波德写过一部很好的传记,见,Richard W. Leopold, *Robert Dale Owen*, 特别参见,109, 157。
13. Fitzwilliam Byrdsall, *History of the Loco-Foco or Equal Rights Party*, 14; Lewis Masquerier, *Sociology: or, the Reconstruction of Society, Government, and Property*, 99, 103.
14. Masquerier, *Sociology*, 107.
15. Traubel, *Whitman in Camden*, III, 140.也可参阅, Masquerier, *Sociology*, 105; Adams, *Memoirs*, XI, 408 – 409; *Brooklyn Eagle*, October 22, 1904。

16. *Free Enquirer*, July 24, 31, November 27, 1830.
17. Thomas Skidmore, *The Rights of Man to Property!*, passim; *Free Enquirer*, October 31, 1829, January 9, 1830; R. D. Owen to the Editor, February 6, 1838, *Madisonian* (Washington), February 13, 1838.
18. *Working Man's Advocate*, September 4, 1830. 1830 年，劳工党的州长竞选人伊齐基尔·威廉斯（Ezekiel Williams）是一个毛皮制造商，支持"内部改进"运动。获得副州长提名的艾萨克·S. 史密斯（Isaac S. Smith）则是个商人。在联邦政治舞台上，劳工党的主角是理查德·门·约翰逊上校。
19. *Free Enquirer*, September 25, 1830; *Daily Sentinel*, quoted in *Free Enquirer*, May 22, 1830.
20. Cambreleng to Jesse Hoyt, February 6, 1832, W. L. MacKenzie, *Lives and Opinions of Benjamin Franklin Butler and Jesse Hoyt*, 100. 劳动党和民主党的关系问题，同时代的讨论可参见，Hobart Berrian, *A Brief Sketch of the Origin and Rise of the Workingmen's Party in the City of New York*。
21. W. H. Hale, *Useful Knowledge*, 31.
22. *Working Man's Advocate*, September 13, 1834; *Man* (New Work), March 25, 1834; Fox, *Decline of Aristocracy*, 386.
23. Edward Everett to A. H. Everett, March 4, 1830, Everett Papers. 也可参见，Byrant, "Reminiscences of Miss Sedgwick," Mary E. Dewey, *Life and Letters of Catharine M. Sedgwick*, 440-442; Parke Godwin, *Bryant*, I, 243。
24. Godwin, *Bryant*, I, 334-335; Bungay, *Off-hand Takings*, 314-315; John Bigelow, *William Cullen Bryant*, 73, 109-111.
25. Phillip Hone, *Diary*, I, 40; Walt Whitman, *New York Dissected*, Emory Holloway and Ralph Adimari, eds., 235-236.
26. "Naval Court Martial. Trial of Midshipman William Leggett," *New York Evening Post*, July 8, 24, 1835.
27. 今天的撰稿人当中，塞缪尔·格拉夫顿（Samuel Grafton）的文字无论是优点还是缺点，都像极了当年的莱格特。格拉夫顿的主要阵地也正是莱格特的《纽约晚报》，他在莱格特的报纸上传承着莱格特的传统（当然，格拉夫顿的幽默感要略逊于莱格特，但是暴烈程度胜过莱格特）；这种情况实在太有意思了。
28. *New York Evening Post*, April 10, 1833; *Boston Post*, April 13, 1833; *Boston Courier*, April 15, 1833; *Niles' Register*, April 20, 1833.
29. Sedgwick to Van Buren, February 1, 1834, Letterbook, Sedgwick Papers; Sumner to G. S. Hillard, January 24, 1841, E. L. Pierce, *Memoir and Letters of*

Charles Sumner, II, 172. 也可参见, Sedgwick to Leggett, August 24, 1834, Letterbook, Sedgwick Papers。
30. *Journal of Banking*, July 7, 1841.
31. Sedgwick, *What Is a Monopoly?*, 12, 13, 29, 18, 19, 34.保守商业集团方面的一个很有意思的批评意见, 可参见, Peter C. Brooks to Edward Everett, February 6, 1836, Everett Papers。
32. "The Social Division of Parties," by "Veto," *New York Evening Post*, September 16, 1834; editorials by Leggett and Bryant, *ibid.*, March 10, 1834, May 26, 1836.

十五 罗克福克党起事

1. John Van Buren to Martin Van Buren, January 14, 1835, Van Buren Papers.
2. Paulding to Van Buren, January 19, 1835, Van Buren Papers.
3. Allan Nevins, *The Evening Post: a Century of Journalism*, 152, 153, 166; Bigelow, *Bryant*, 85, 89, 332.
4. 纽约媒体给出了不少报告和评论, 参见, *Niles' Register*, November 7, 1835; 也可参阅, Byrdsall, *Loco-Foco Party*, 23-27。
5. Commons et al., eds., *Documentary History of American Industrial Society*, V, 203-205, 212 ff.
6. William Emmons, *Authentic Biography of Col. Richard M. Johnson, of Kentuchy*, 89.也可参见, *New York Evening Post*, February 3, 1834; *New York Independent Press*, October 16, 1835; Ben: Perley Poore, *Perley's Reminiscences*, I, 150.
7. Ely Moore, *Address Delivered before the General Trades' Union*, 7, 9, 10.
8. Commons, ed., *Documentary History*, V, 22-23, VI, 191-193, 196 ff; *Boston Post*, September 1, 1834; *Working Man's Advocate*, October 10, 1835.
9. 劳工党的昔日领袖当中绝少有人对工会主义感兴趣, 这个情况是非常有意思的。乔治·亨·埃文斯 (George H. Evans) 就是一个例子, 他甚至都没有加入工会; 欧文和赖特虽然已经离开纽约, 但他们也不曾对工会有太大的兴趣; 约翰·温特倒是印刷协会的主席, 但他的主要关切是在政治方面。他们对工会主义者抱有同情, 不过也正如 "罗克福克党" 的喉舌在评说工会创建行动的时候评论的那样, "工会主义者的诸般怨诉, 实际上都是立法所致, 因此也就必须借由立法渠道来解决, 因此, '一个政治性的党派'是绝对必要的", 这就是他们的看法。*New York Democrat*, March 9, 1836。

10. *The Union* (New York), April 21, 1836.
11. Commons, ed., *Documentary History*, VI, 213.
12. 詹姆斯·费尼莫尔·库珀也了解到,他的《瑞士掠影》第1卷里面的一些话被认为是支持工会的;参见, Cooper, *Sketches of Switzerland*, Part Second, I, iv-v。
13. Francis Lieber, *Manual of Political Ethics*, II, 348.利伯显然根本不愿意费心思去了解工会的实际情况,这一点从他的相关论述中不难见出,比如, *Essays on Property and Labour*, 180。
14. "Trades' Unions," *New-York Review*, II, 29 (January, 1838).可参阅, Alonzo Potter, *Political Economy: Its Objects, Uses, and Principles*, 233-302。
15. 14 Wendell 13, 18.
16. *New York Evening Post*, June 2, 1836.
17. *Niles' Register*, April 23, 1836; Hone, *Diary*, I, 211; Commons and associates, *History of Labour*, I, 408-409.
18. *New York Evening Post*, June 13, 1836.
19. 同上, June 14, 1836; *Union* (New York), June 14, 15, 1836.
20. Thompson in the House, March 2, 1836, *Register of Debates*, 24 Congress 1 Session, 2678.
21. Moore in the House, April 28, 1836, *Register of Debates*, 24 Congress 1 Session, 3428-3439.也可参阅, "Glances at Congress," *Democratic Review*, I, 75-76 (October, 1837)。
22. *Washington Globe*, June 27, 1836.
23. *Union* (New York), July 1, 1836; *New York Evening Post*, July 2, 1836.也可参见, Commons, ed., *Documentary History*, Iv, 303; Carl Carmer, "How Eight Poor Shoemakers of Hudson, N. Y., Won Union Labor's First Victory 105 Years Ago," *PM*, June 1, 1941.
24. Byrdsall, *Loco-Foco Party*, 45; W. C. Gover, *The Tammany Hall Democracy of the City of New York*, 12-13.
25. V. F. Holden, *Early Years of Isaac Thomas Hecker (1819-1844)*, 38.
26. Byrdsall, *Loco-Foco Party*, 92; Fox, *Decline of Aristocracy*, 395; *New York Evening Post*, January 6, 1838, October 17, 1839.
27. 马西曾品评说,他更倾向于克灵顿·罗斯福而非汤森,"因为罗斯福是个真小人,而汤森则将愚蠢和疯狂集结于一身"。Marcy to P. M. Wetmore, October 25, 1837。也可参见, Byrdsall, *Loco-Foco Party*, 75-77, 134。
28. 罗克福克党人此番跟辉格党人达成交易,当然并不意味着前者有多天真,也不能证明后者的自由取向。一百年后，纽约市的劳动党人出于同样的动机在地方选战中同共和党结盟，对抗坦慕尼协会民主党势力。
29. Cambreleng in the House, February 11, 1835, *Register of Debates*, 23 Congress 2 Session, 1308 – 1311.
30. Wright to Flagg, May 25, 1836, Flagg Papers; Dix to Van Buren, June 7, 1836, Van Buren Papers.
31. Tallmadge in the Senate, June 17, 1836, *Register of Debates*, 24 Congress 1 Session, 1828 – 1829.

十六 罗克福克模式

1. Henry Simpson, *Lives of Eminent Philadelphians*, 893 – 895; Jackson to Simpson, May 23, 1825, June 27, 1829, Jackson, *Correspondence*, III, 297, IV, 48; Statement of A. J. Donelson, *ibid.*, IV, 202 – 203. 参阅, J. N. Barker to Van Buren, April 9, 1837, Van Buren Papers: "斯蒂芬·辛普森先生宣称，他的弟弟就是个大流氓；他的弟弟也不甘示弱，予以回敬；我们没兴趣关心他们二人谁说的是真的。"
2. Simpson, *The Working Man's Manual: a New Theory of Political Economy, on the Principle of Production the Source of Wealth*, 27, 133.
3. P. S. Klein, *Pennsylvania Politics, 1817 – 1832*, 345; Commons and associates, *History of Labour*, I, 211n.
4. Henry Wikoff, *Reminiscences of an Idler*, 65 – 66.
5. "Charles Jared Ingersoll," *Democratic Review*, VI, 349 (October, 1839); Rush to Van Buren, August 6, 1840, Van Papers. 不难想见，英格索尔推荐的人就是拉什，因为哲学学会因杰克逊派异端倾向而排斥的唯一一个人就是拉什。
6. W. S. Landor, *Pericles and Aspasia* (London, 1836), II, v-vii. 费城的出版人是 E. L. 凯里 (E. L. Carey) 和 A. 哈特 (A. Hart)。
7. Sarah M. Maury, *The Statesmen of America in 1846*, 155 – 160; Gideon Welles, "Political History of the Forties," 22, Welles Papers.
8. Gilpin to T. Butler, December 16, 1837, Gilpin Letterbooks. 也可参见, Wikoff, *Reminiscences*, 60.
9. 英格利希是 1829—1831 年间劳工党的一个领袖人物，也参与了 1829 年的硬通货派大集会。后来他进入宾夕法尼亚州参议院，利用这个身份协助合众国银行取得了该州的特许状，并且反对取消银行特许状。托马斯·布拉泽斯对他有如下品评："根本就不能谈他的为人，他只知道从别人那里借东西或者偷东西。" Brothers, *The United States of North America as They Are; Not as They Are Generally Described: Being a Cure for Radicalism*, 224–225, 227; *Niles' Register*, April 1, 1837. 费城的工会运动，可参阅, Commons, ed., *Documentary History*, V, 94, 325–327。

10. *Radical Reformer and Working Man's Advocate*（Philadelphia），August 1, 1835.
11. Commons, ed., *Documentary History*, IV, 335–341.
12. 米伦伯格，其父是个相当伟大的路德宗神父，米伦伯格本人也曾在雷丁当过牧师。1827年，他在45岁的年龄出于身体原因离开布道坛，并投身国会。在众议院，他的反银行立场十分坚定，令杰克逊也不免称之为米伦伯格"将军"。布坎南一度抱怨，米伦伯格并不是将军，总统回应说："这不重要，他的确有将军气质。" "Biographical Memoir of the Late Henry A. Muhlenberg," *Democratic Review*, XVI, 73–75 (January, 1845)。
13. Jesse Miller to the committee for the Democratic celebration of July 4, 1835, *Radical Reformer*, July 18, 1835.
14. 康涅狄格州是另一个例子。在这个州，民主党激进派展开了一场类似的战争，领导者是约翰·米尔顿·奈尔斯（John Milton Niles）。奈尔斯驼背、满脸皱纹、一头红发，是联邦参议员。他曾担任过《哈特福德时报》（*Hartford Times*）的编辑，也当过参议员，无论是作为编辑还是作为参议员，他都奉行这样一个简单信条："在国家重大利益问题上的一切立法，无论是国会的立法行动还是州议会的立法行动，总是倾向于资本而非劳动。"参见，John Fairfield to his wife, February 2, 1845, Fairfield, *Letters*, 359; Niles in the Senate, February 24, 1837, *Register of Debates*, 24 Congress 2 Session, 957; Gideon Welles to Van Buren, April 29, June 13, Van Buren Papers。

吉迪恩·韦尔斯是奈尔斯在《哈特福德时报》和康涅狄格政坛的继承者，于1835年向州议会递交了一份有关公司问题的报告。他在报告中指出："一套偏狭且封闭的立法体系，意在令富者更富穷者更穷，正在培育和成长之中……如此一来，便无可避免地催生了财产的不平等，因为这样的立法体系以劳动为代价抬高资本。"为此，他倡议用一套一般性的公司法来取代特许权公司。1836年，民主党州长亨利·爱德华兹（Henry Edwards）重申了此一倡议，并将之体现在1837年的《欣思代尔法案》（Hinsdale Act）中，这是最早的现代公司法。韦尔斯的报告刊印于1835年6月13号的《激进改革派》，其他报刊也有转载。也可参阅，J. M. Morse, *A Neglected Period of Connecticut's History*, 297, 302。

15. F. B. Streeter, *Political Parties in Michigan, 1837–1860*, 9; T. C. Pease, *The Frontier State, 1818–1848, Centennial History of Illinois*, 219; F. P. Weisenburger, *The Passing of the Frontier, 1825–1850*, 229–230, 242, 244, 254, 272.
16. 实际上，在杰克逊策动否决行动之前，大部分西部地区对银行问题基本没什么兴趣，比如俄亥俄州，当然，肯塔基州是个例外，毕竟，这个州在银行问题上已经有过系统性的战斗。参见，Weisenburger, *Passing of the Frontier*, 261, 277; 以及本书第7章。
17. Plummer in the House, May 26, 1834, *Register of Debates*, 23 Congress 1 Session, 4830–4832.
18. J. F. H. Claiborne, *Mississippi, as a Province, Territory and State*, 411–412, 423–427.
19. Weisenburger, *Passing of the Frontier*, 308–311. 也可参见，Streeter, *Political Parties in Michigan*, 31–32; McClure, *Opposition in Missouri to Thomas Hart Benton*, 12–23。

十七　第三任期

1. Calhoun in the Senate, January 28, February 2, 1835, *Register of Debates*, 23 Congress 2 Session, 268, 276; Van Buren, Autobiography, 761.
2. *Niles' Register*, August 8, September 5, 1835.
3. S. G. Heiskell, *Andrew Jackson and Early Tennessee History*, I, 643; Nancy N. Scott, *Memoir of Hugh Lawson White*, 240, 243; Wise, *Seven Decades of the Union*, 162.
4. *New York Evening Post*, April 22, 1835; *Washington Globe*, February 8, 1836.
5. Scott, *White*, 143.
6. Benton, *Thirty Years' View*, II, 185. 也可参见，Van Buren, *Autobiography*, 226n。
7. Biddle to Herman Cope, August 11, 1835, Biddle, *Correspondence*, 256.
8. *Free Enquirer*, February 9, 1833; John Law to Van Buren, August 20, 1833, Van Buren Papers.
9. *Niles' Register*, February 1, 1834.
10. Catron to Jackson, March 21, 1835, Jackson, *Correspondence*, V, 331–332.
11. Meyer, *Johnson*, 317–321, 341, 418–419; *Niles' Register*, May 30, June 6, 1835.

12. Van Buren to Jackson, July 22, 1834, Jackson, *Correspondence*, V, 274; W. M. Holland, *Life and Political Opinions of Martin Van Buren*, 363.
13. *Boston Post*, October 29, 1836.也可参见, A. J. G. Perkins and T. Wolfson, *Frances Wright: Free Enquirer*, 329, 332。
14. Robert Wickliffe, quoted in Niles' Register, June 17, 1837.
15. *New York Evening Post*, November 2, 1836.
16. 比如说下面这段对范布伦的著名描述："一大早，他来到参议院，大摇大摆，昂首阔步，就如同阴沟里面的一只公鸡。他穿着束胸衣，如同女人穿着礼服，尽可能地把那衣服束紧，比大胸女人还要紧上三分。从形象来看，实难分辨性别，还好，他还有一抹红灰色的连腮胡子。" Crockett, *Life of Martin Van Buren*, 80–81。
17. Bernard Mayo, "The Man Who Killed Tecumseh," *American Mercury*, XIX, 450.
18. Benton, *Thirty Years' View*, I, 735.
19. Hone, *Diary*, I, 242, 244; Leggett in the *Plaindealer*, March 4, 1837; L. F. Greene, *Writings of the Late Elder John Leland*, 740–741.

十八 恐慌

1. *New York Evening Post*, April 7, 1836; Luther Hamilton, *Rantoul*, 341; Dix to?, November 28, 1836, Morgan Dix, *Memoirs of John Adams Dix*, I, 148–149.
2. Benton in the Senate, January 16, 1840, *Congressional Globe*, 26 Congress 1 Session, Appendix, 121; Benton, *Thirty Years' View*, II, 10–11.
3. 即便是菲利普·霍恩这般坚定的保守派，也不免会在偶尔疏忽时表达出反感之情。"这是商界鲁莽行径的又一证据，"他在谈到一场商业败局的时候禁不住给出这样的品评，尽管他很快便意识到自己说漏嘴了，并重新调整到政党路线问题上，"或者应当将这场失败归因于政府在货币问题上横加干预而给商业造成的束缚。"Hone, *Diary*, I, 248–249。
4. 此处，面粉和猪肉价格的数据取自亨利·威廉斯（Henry Williams）于1840年6月4日的众议院发言，见，*Congressional Globe*, 26 Congress 1 Session, Appendix, 528. 这份数据同同时期的其他报表完全一致，可参照，*The Rough-Hewer*, April 30, 1840, 还有, A. H. Cole, *Wholesale Commodity Prices in the United States, 1700–1861*, 此处煤炭价格数据就是来自这份文件, 见其中的 Statistical Supplement, 246 ff。
5. Byrdsall, *Loco-Foco Party*, 100–105.

6. 可以参见，*New York Commercial Advertiser*，February 14，1837。
7. 莱格特的这个立场植根于他对"自由放任"体制的深深信念。他说，一切零售商，"都拥有绝对的定价权，"就如同劳工拥有绝对的结社权一样；面粉是"他们的绝对财产，他们当然有绝对的处置权"。理查德·亚当斯·洛克（Richard Adams Locke）即刻在《新时代》（*New Era*）上撰文反驳莱格特的此一论调（"简直是信口胡说！此等暴乱，即便再暴烈上千倍也毫不为过，这都是有原因的，尽管你可以说它不合法。"）。参见，*Plaindealer*，February 18，25，1837。商业集团毫无疑问被此等暴烈的新激进浪潮给吓住了，甚至威廉·莱格特也因此变成了保守派。
8. *Niles' Register*，February 18，25，1837。
9. 《新时代》的指控方向很明确且具体，指名道姓地指责6个商行的负责人在搞"可憎且贪婪的联合定价行径"，他们手中垄断了大量的小麦和面粉并据此联合推出垄断价格。"他们很清楚，他们手中的东西是这个城市不可或缺的……所以，人们不得不出钱购买。"Reprinted in the *Plaindealer*，February 25，1837。
10. *New Era*，May 25，1837；［Alonzo Potter］："Trades' Unions，"*New York Review*，II，27-28（January，1838）.
11. Wright to Flagg，January 9，1837，Flagg Papers.
12. ［W. M. Gouge］，"Probable Consequences of the Repeal of the Treasury Circular，" March 19，1837，Van Buren Papers.
13. Undated memorandum［1837］，Van Buren Papers.
14. Biddle to Cooper，May 8，1837，Biddle，*Correspondence*，278.
15. Benton，*Thirty Year's View*，II，219.
16. 这名商人就是爱德华·S. 古尔德（Edward S. Gould）。*Washington Globe*，April 29，1837；*Plaindealer*，April 29，1837。
17. *Plaindealer*，May 13，1837. 也可参见，Hone，*Diary*，I，255-256；Benton，*Thirty Years' View*，II，15-20。
18. *Boston Atlas*，May 18，1837.《阿特拉斯报》发表社论："倘若政府一意孤行，继续推行这样这可憎的法令，那么抵抗、强力抵抗就是必然的，这就如同太阳终究要升起一样。"也可参阅，*Boston Commercial Gazette*，May 18，*Boston Post*，May 22，1837。劳伦斯此番陈词是民主党媒体频繁征引的，但具体说法并不一样，此处我援引的是原始版本，在此要特别感谢罗伯特·L. 爱德华兹先生（Robert L. Edwards），他撰写的关于阿博特·劳伦斯的传记即将面世，相当有助于人们了解这段时期。
19. 转引自，*Washington Globe*，April 24，25，1837。

20. Hone, *Diary*, I, 260, 255; Robert Mayo, *Chapter of Sketches on Finance*, 101.
21. A. P. Peabody, *Views of Duty Adapted to the Times*, *Sermon Preached ... May 14, 1837*, 8, 11.
22. 到了这个时候，人们也开始体会到弗兰克·布莱尔所作的尖刻提醒的确是有道理的，布莱尔指出，在肯塔基救济战中高声宣示反对态度的人，现在也都为着自身的利益为此类法令展开强力辩护，当初指责工会是在联合行动的人，如今则自行采取集体行动，"目的就是依托集体力量，抗议法律并拒绝偿债"。*Washington Globe*, May 22, 27, 1837。
23. Nathan Appleton, *Remarks on Currency and Banking*, 14.
24. Adams to Foster, July 1, 1837, *Washington Globe*, August 1, 1837. 辉格党人当然都被亚当斯这封"拙劣、卑贱且诽谤"的信笺激怒，纷纷指责亚当斯这是在蹚罗克福克党人的浑水，还补充说，亚当斯其人究竟是值得怜悯还是活该被蔑视，这很难说。*Boston Centinel Gazette*, August 9, 1837。
25. Benton, *Thirty Years' View*, II, 26.
26. Cambreleng to Van Buren, April 8, 1837, Van Buren Papers.

十九　银行和国家分离

1. Gouge, *Paper Money*, 特别参见, Part I, 111–113, Part II, 218。也可参见, *Journal of Banking*, December 8, 1841。
2. Raguet to White, March 28, 1834, Scott, *White*, 144; *Niles' Register*, September 29, 1838; A. C. Gordon, *William Fitzhugh Gordon*, 198, 211, 231–236; Gordon in the House, June 20, 1834, *Register of Debates*, 23 Congress 1 Session, 4640–4641.
3. *Working Man's Advocate*, February 15, 1834; Byrdsall, *Loco-Foco Party*, 144.
4. *New York Evening Post*, July 19, 1836. 也可参见, Leggett to Bryant, December 4, 1838, Bryant Papers。
5. Benton in the Senate, April 23, 1836, *Register of Debates*, 24 Congress 1 Session, 1255. 也可参阅, Speech of June 7, ibid., 1718–1719; Benton to Gouge, September 22, 1836, read by Benton in the Senate, January 16, 1840, *Congressional Globe*, 26 Congress Session, Appendix. 121。
6. Benton, *Thirty Years' View*, I, 158; Gordon, *Gordon*, 236; Benton in the Senate, January 16, 1840, *Congressional Globe*, 26 Congress 1 Session, Appendix, 118–120.
7. *New York Evening Post*, February 12, 1834.

8. Gouge, "Probable Consequences of the Repeal of the Treasury Circular," March 19, 1837, Van Buren Papers; Gouge, *Inquiry*, 39.也可参见, Gouge to Jackson, August 1, 1836, Jackson Papers; [Gouge] to Leggett, April, 1837, *Plaindealer*, April 22, 1837; Gouge to Benton, January 9, 1840, read by Benton in the Senate, January 16, 1840, *Congressional Globe*, 26 Congress 1 Session, Appendix, 121; Roberts Vaux to Gouge, January 24, 1835, Gouge to Van Buren, July 17, 1840, Van Buren Papers。
9. Gilpin to Van Buren, May 15, 21, 1837, Van Buren Papers; *Washington Globe*, May 17, 18, 1837.
10. Gilpin to Van Buren, May 22, 1837, Van Buren Papers; *National Laborer* extra (Philadelphia), May 22, 1837.
11. *New Era* (New York), May 25, 1837; A. J. G. Perkins and T. Wolfson, *Fanny Wright*, 332.
12. *Washington Globe*, June 16, 1837.
13. *New-York Review*, I, 446 (October, 1837).
14. Fisk, *Banking Bubble Burst*, 尤其参阅, 75–77。
15. Fisk, *Labor the Only True Source*, "Monopolies," 封面与封底。
16. *Boston Reformer*, August 4, 1837; *New York Evening Post*, August 16, 1837.
17. Henshaw, *Remarks upon the Rights and Powers of Corporations*, 31; *Boston Reformer*, July 21, 1837.
18. *New York Evening Post*, February 20, 1836.
19. W. R. Alger, *Life of Edwin Forrest*, I, 373; Buckingham, *America*, I, 67; *Plaindealer*, February 25, 1837.
20. Welles to Van Buren, June 9, 1837, Van Buren Papers.
21. 《纽约太阳报》是美国最早取得成功的廉价报刊; 洛克的成就令该报真正兑现了创刊之时的承诺, 那就是"以所有人都能承受的价格向公众提供信息"。
22. W. N. Griggs, *The Celebrated "Moon Story," Its Origin and Incidents*, 41–44; Edgar Allan Poe, *Works*, VII, 138, 139, 145–146, IX, 258. 也可参见, Locke's correspondence with Seth Luther, *New Era*, March 22, 24, 25, 1837; 关于此一时期的宪章主义运动, 可参阅, 同前, August 17, 1840。
23. W. H. Seward to his wife, February 16, 1831, F. W. Seward, *Autobiography of William H. Seward ... with a Memoir of His Life*, 182.
24. Lee to Van Buren, August 14, 1837, Van Buren Papers.
25. R. H. Giller, *Silas Wright*, I, 564; Sedgwick in the *Plaindealer*, July 22, 1837.

26. 康布勒朗在一份私人信件里表示反对此一举措,遂受到公开威胁,不得出现在华尔街。
27. 参见,Marcy's letters to P. M. Wetmore, especially July 20 and August 18, 1837, Marcy Papers。
28. Brockenbrough to W. C. Rives, May 20, 1837, Van Buren Papers.
29. R. B. 托尼反对此一计划,这倒是很奇怪。他转而提出的计划则是既存体制的硬通货变体,据他的规划,应当精选几家银行负责存放并支付财政资金,但禁止这些银行将财政资金挪作商业用途,至于"铸币条款",则专门适用财政税收领域。参见,"范布伦文件"中此一时期赖特、布坎南、尼尔斯、弗拉格、兰拓尔、保尔丁以及托尼等人的信件。很显然,范布伦先是围绕布罗肯布罗计划征询这些幕僚的意见,而后大约是在 6 月 21 日的时候,古奇草拟了另一份问题清单,在这个幕僚群体当中掀起了又一轮的讨论热潮。
30. Jackson to Kendall, June 23, 1837, Jackson, *Correspondence*, V, 489–490.
31. Kendall to Van Buren, October 20, 1838, Van Buren Papers.
32. *Madisonian*, August 16, 1837, 以及后续几期。
33. 7 月 7 日,《华盛顿环球报》正式宣示态度,从这一天开始,便没有人再怀疑范布伦的真正态度了。但是,民主党保守派和辉格党到最后都一直沉浸在虚妄幻想当中。比如说,一直到 8 月 28 日,"莱昂纳多"(Leonardo),波士顿《哥伦比亚要闻》(*Columbian Centinel*)驻华府通信员,仍然报告说,民主党保守派"此时的普遍看法是,范布伦先生是完全拒斥罗克福克主义的"。*Columbian Centinel*, August 30, 1837.此时已然是冥顽不化的比德尔还告诉阿博特·劳伦斯(当然,劳伦斯并没有受这番话影响),内阁已经决定回归合众国银行的怀抱了。Adams, *Memoirs*, IX, 363.这主要是因为他们被自己的传统看法给欺骗了,他们一直认为范布伦是个见风使舵的机会主义政客。
34. *Washington Globe*, September 5, 1837; *Boston Reformer*, September 15, 1837.关于这些信笺,参见,Van Buren Papers。
35. 辉格党立场的概要,可参阅,*New York Evening Post*, September 7, *Plaindealer*, September 9, *Washington Globe*, September 12, 1837。
36. Hone, *Diary*, I, 282.
37. *Jeffersonian*, July 21, 1838.参阅,*Log Cabin*, September 5, 1840。
38. *Madisonian*, January 30, March 1, 1838.在那些对此种亚财政计划倍感痛苦的人群当中,这种印象和看法持续了一代人之久。比如说,《美国辉格党评论》(*American Whig Review*)在 1845 年对范布伦提起了如下评说:"他网罗了这个国家全部的极端激进分子，对这些激进分子言听计从。在这新民主的袍服之下，还有什么荒唐、狂野且不切实际的奇思异想是得不到保护和支持的呢？""The Position of Parties," I, 17 (January, 1845)。

39. 在类似的评论中，约翰·昆西·亚当斯的评论以其含混和典型的迷狂而颇值一提。在 1837 年 7 月 1 日给福斯特的信中，亚当斯宣示说，唯一"可行"的救治办法是"全盘推倒重建。在我看来，这就是一套硬通货体制，这也是本届政府体制的本质，确切地说，这是要将政府同银行彻底隔离开来，并且只接受贵金属进入财政事务。倘若范布伦先生真的有能力独自支撑下去，我倒是乐见其成。不过，他是需要……顾问和幕僚的，这些顾问和幕僚当然不会是破产银行的行长或者董事，当然也不会是储蓄银行贷款体系养育起来的土地投机者"。*Washington Globe*, August 1, 1837。

然而，当范布伦真的将此一政策推行下去的时候，并没有得到亚当斯方面的任何支持。实际上，到了 11 月份，亚当斯便已经给出了如下说辞，"这个所谓的亚财政计划，在我看来，唯一有可能的发源地就是疯人院了吧……哈，银行和政府离婚呐！也许让贸易跟船运离婚，来得更明智些吧"，等等。Adams to A. H. Everett, November 7, 1837, *American Historical Review*, XI, 354。一直到 1838 年 3 月，乔治·班克罗夫特仍然在努力将亚当斯争取到民主派这边，仍然将亚当斯视为骨子里的硬通货派；参见，Bancroft to Adams (draft), March 26, 1838, Bancroft Papers; Adams, *Memoirs*, IX, 518。

40. 参见，Marcy to Van Buren, P. M. Wetmore, Albert Gallup, September-December, 1837, Marcy Papers and Van Buren Papers。关于他跟塔尔梅奇的关系，可参见，Marcy to Wetmore, October 26, 1838, Marcy Papers。

41. J. W. Crockett to his constituents, July 20, 1838, *Jeffersonian*, September 8, 1838。也可参阅在保守派集会之上的演讲，此次集会的议程是由吉迪恩·李 (Gideon Lee) 主导的："当然会有一个群体……对亚财政计划报以支持和同情。他们是一帮子平均地权主义者和激进派，这个群体素来遵从赖特及其培训的说教者的影响，一直琢磨着颠覆全部的既有体制，摧毁一切旨在保护财产的法律。这些无神之人在宗教上胡言乱语，在政治上近乎迷狂，但一直以来尚且不足以造成太大危害……但是当前政府作为主要举措推出的这种政策，显然改变了这种局面，更糟糕的是，当前政府竟然将这样的政策视为共和原则的惟一试金石。"*Jeffersonian*, October 20, 1838。

42. Irving to Gouverneur Kemble, January 10, 1838, P. M. Irving, *Irving*, III, 120-121。

43. Richard Hildreth, *Banks, Banking, and Paper Currencies*, 98; D. D. Barnard,

Speeches and Reports on the Assembly of New-York, at the Annual Session of 1838, 46, 95; Tallmadge in the Senate, September 22, 1837, Register of Debates, 25 Congress 1 Session, 171. 古奇和比德尔对这场斗争做了非常中肯的评价。"铸币和纸币之间的这场战争，"古奇说，"现在算是正式开启了……斗争的结果将决定这个国家的命运。""这是一场你死我活的斗争，"比德尔回应得更干脆，"确切地说，这并不是修正或者改革的问题，而是何人绝对毁灭的问题；不是谁来征服的问题，而是谁能活下去的问题。"Gouge, Inquiry, 7; Biddle to J. Q. Adams, April 5, 1838, Financial Register, April 25, 1838。

44. Niles in the Senate, January 5, 1839, Congressional Globe, 25 Congress 3 Session, Appendix, 85.
45. Hone, Diary, I, 299; Gouge, Inquiry, 27-28. 古奇提起的这个说法经常被人援引。范布伦本人就曾品评说，人民当然看不明白"为什么银行股东和债务人就可以垄断财政，从中自肥……但是人民明白，旧体制的结果就是以人民为牺牲品制造一个权贵集团，让这个集团去掌控政府，并毁灭一切平等"。Van Buren to J. M. McCalla, et al., July 4, 1840, New York Evening Post, July 27, 1840。
46. Madisonian, November 7, 1837; "Political Regeneration," American Monthly Magazine, V, 297-298（April, 1838）.
47. Washington Globe, July 1, 1840; Frances Wright, What Is the Matter?, 15-16.
48. 我们的边疆史学家就此一政策举措之意义的评判，从一个侧面就边疆和民主之关系问题给出了很有意思的揭示。边疆对此一举措并没有太多关切，弗雷德里克·杰克逊·特纳（Frederick Jackson Turner）写道："独立财政计划是资本和政府关系史上的一个重要转折点。此后一直到我们这个时代，所谓的'金钱力量'就只能说是暗箱操作了，不再是政府权能的固有组成元素。"The United States, 1830-1850, 464n。

二十　南方的困境

1. Lewis to R. K. Cralle, March 20, 1840, F. W. Moore, ed., "Calhoun by His Political Friends," Publications of the Southern History Association, VII, 355; Harriet Martineau, Retrospect, I, 243-244.
2. 关于卡尔霍恩在政治生活当中的表现，参见 New York Evening Post, February 19, 1838; Boston Post, December 16, 1833; Milburn, Ten Years of Preacher-Life, 152-153; Willis, Hurry-Graphs: or, Sketches of Scenery, Celebrities and

Society, 180 – 181; Ingersoll, *Historical Sketch*, II, 258。
3. Meigs, *Calhoun*, II, 100; Calhoun to A. D. Wallace, December 17, 1840, Calhoun, *Correspondence*, J. F. Jameson, ed., 468 – 469.
4. Calhoun, "A Disquisition on Government," *Works*, I, 90; Calhoun to J. H. Hammond, February 18, 1837, *Correspondence*, 367; Calhoun in the Senate, January 13, 1834, *Register of Debates*, 23 Congress 1 Session, 218.
5. Memorandum of a conversation with Calhoun, December 4, 1831, Calhoun, *Correspondence*, 305; Redelia Brisbane, *Albert Brisbane: a Mental Biography*, 222.
6. Calhoun to R. H. Goodwyn, et al., September 1, 1838, *Niles' Register*, September 29, 1838.
7. Pickens to J.H. Hammond, July 13, 1837, R. C. McGrane, *Panic of 1837*, 159. 也可参见, Calhoun to J. E. Calhoun, September 7, 1837, *Correspondence*, 377; Calhoun in the Senate, October 3, 1837, *Register of Debates*, 25 Congress 1 Session, 475 – 476; Calhoun to Calvin Graves, et al., September 6, 1838, *Washington Globe*, October 13, 1838。
8. [Thomas Cooper], "Agrarian and Education Systems," *Southern Review*, VI, 29 – 30, 31 (August, 1830).
9. McDuffie's inaugural address as Governor of South Carolina, *Washington Globe*, December 25, 1834.
10. Report of the Committee of Fifty, *Plaindealer*, May 13, 1837.
11. H. H. Simms, *Rise of the Whigs in Virginia*, 1824 – 1840, 67 – 81; O. P. Chitwood: *John Tyler: Champion of the Old South*, 115, 155.
12. John Taylor, *Inquiry*, 551 – 552; 也可参见, *Tyranny Unmasked*, 197 – 199。
13. Calhoun to J. E. Calhoun, September 7, 1837, Calhoun, *Correspondence*, 377. 也可参见, Calhoun to J. Bauskett, et al., November 3, 1837, *Niles' Register*, December 2, 1837。
14. Calhoun to Anna Marie Calhoun, September 8, 1837, to J. H. Hammond, February 18, 1837, Calhoun, *Correspondence*, 379, 367.
15. Cushing in the House, September 25, 1837, *Register of Debates*, 25 Congress 1 Session, 885 – 887.
16. Pickens in the House, October 10, 1837, *Register of Debates*, 25 Congress 1 Session, 1393 – 1395. 皮肯斯的此番发言令约翰·昆西·亚当斯震怒不已,"南卡罗来纳粗野政治修辞的典范,浮华、浅薄,"那种言辞,"惺惺作态,霸气独断,好像是跟他们的奴隶讲话"。Adams, *Memoirs*, IX, 399.

17. 半个小时的激情演说之后,穆尔的身体再次招架不住了,即刻被送回家中休养。他的这种身体状况倒是救了亚当斯。亚当斯对穆尔(Moore)的"魅力和谦逊印象深刻……他拥有极好的演说能力",同时也被穆尔给吓住了,"他竟然对富人发起了全盘的对抗行动"。"倘若他的力量能跟他的意志匹配起来,"亚当斯做出论断,"那他将是极度危险的人物。现在的他,也已经是相当危险了。"*Memoirs*, IX, 405–406. 1837 年 10 月 13 日,穆尔在众议院的发言,可参见, *Register of Debates*, 25 Congress 1 Session, 1470, 1588。
18. Bruce, *Randolph*, II, 203.
19. Calhoun to R. B. Rhett, September 13, 1838, Calhoun, Correspondence, 399. 可参照 J. H. 哈蒙德的评论:"是环境因素令我们同民主党结盟(确切地说是建立联系),尽管我们秉持的是更高等的民主原则,我们这个原则是确定了的,而且跟民主党的信念根本无法兼容。"Hammond to Calhoun, May 4, 1840, *Correspondence Addressed to John C. Calhoun, 1837–1849*, C. S. Boucher and R. P. Brooks, eds., 823。
20. 此时内阁方面也意识到了潜在的分歧。弗兰克·布莱尔(Frank Blair)在《华盛顿环球报》上发布了系列评论,借此开出了结盟条件,见, *Washington Globe*, September 7, 8, 10, 11, 1838。在这些文章中,布莱尔跟卡尔霍恩一样小心翼翼,不将这些南方人称为"民主党",布莱尔据此强调说,"北方民主派同南方种植园主"的这个同盟,是为着相互的安全而缔结下来的,目的是去对抗共同的敌人。
21. A. C. Cole, *The Whig Party in the South*; U. B. Phillips, "The Southern Whigs, 1834–1854," *Turner Essays in American History*; Simms, *Rise of the Whigs in Virginia*.

二十一 激进主义高潮

1. Wise in the House, October 13, 1837, *Register of Debates*, 25 Congress 1 Session, 1633, 1651, 1654;《纽约晚报》的此番评论,参见, *New York Evening Post*, March 31, 1840。
2. E. T. Throop to Van Buren, November 23, 1837, Van Buren Papers.
3. Clay in the Senate, January 31, 1838, Tallmadge, February 8, 1838, *Congressional Globe*, 25 Congress 2 Session, 151, Appendix, 620.
4. Pickens and Sergeant in the House, March 27, 1838, Congressional Globe, 25 Congress 2 Session, 266.
5. Comb, *Notes on the United States of North America*, I, 194.

6. *New York Evening Post*, May 15, 1838.
7. *Madisonian*, August 14, June 29, 1839, March 6, 1838.
8. *Washington Globe*, July 1, 1839; *New York Evening Post*, July 18, 1839.一个世纪之后，差不多是一样的攻击和指控重现美利坚，由此便不难见出，面对变革之时的歇斯底里总是会以此等狂放形态表现出来，这并不是什么新东西了。
9. Gallatin, et al., Circular to the Banks, August 18, 1837, Flagg Papers.
10. Appleton, "Sketches of Autobiography," *Proceedings of the Massachusetts Historical Society*, V, 289.
11. Ward to Appleton, February 7, 1838, Appleton Papers.这个沃德是朱莉亚·沃德·豪 (Julia Ward howe) 和弗·马里昂·克劳福德 (F.Marion Crawford) 的祖父。
12. Gallatin to R. M. T. Hunter, July 12, Gallatin, Writings, II, 54; Appleton, *Remarks on Currency and Banking*, 30.
13. T. W. Olcott to A. C. Flagg, April 10, 1838, Flagg Papers.
14. Biddle to S. Jaudon, June 29, 1838, Biddle, *Correspondence*, 315.
15. Woodbury to Appleton, March 18, 1838, Appleton Papers; David Kinley, *The Independent Treasury of the United States*, 209–210.
16. *Washington Globe*, January 20, 1838; *Boston Post*, January 27, 1838.
17. *Columbian Centinel* (Boston), January 10, 1838.
18. Harriet Martineau, *Society in America*, I, 153；马蒂诺对基督教团结和进步会的评论，可见，*Society in America*, II, 358。
19. *Boston Reformer*, August 6, 1836.
20. O. A. Brownson, *Works*, H. F. Brownson, ed., XV, 285.也可参见, Arthur M. Schlesinger, Jr., Orestes A. Brownson: a Pilgrim's Progress, chap. iii。
21. Brownson, *Babylon Is Falling*, 20–21; *Boston Reformer*, August 4, 1837.
22. *Boston Post*, March 23, November 2, 1838; Charles T. Congdon, *Reminiscences of a Journalist*, 61–62.
23. *Boston Atlas*, October 26, July 17, 1839.
24. 选战最后几天发生的一场悲剧令这场选战失色不少。西奥多·塞奇威克在1838年受命接替威廉·福斯特担当民主党的副州长参选人，但他因为身体状况不能参加1839年的这场选战。不过，就在选战开启几天之前，他重出江湖，在一场民主党集会之上发表演讲。刚一完成演讲，他便突然倒地，左侧身体就此瘫痪，几个小时之后溘然谢世，令全国民主党人都悲恸不已。这一年他才58岁。康涅狄格的一名联邦党牧师禁不住在日记中留下这样的话:"西奥多·塞奇威克,来自斯托克布里奇,是上帝出手,取了他的性命。" *Diary of Thomas Robbins, D. D. , 1796 – 1854* (Boston, 1886 – 1887), Increase N. Tarbox, ed., II, 550。

25. Everett, Journal, January 22, 1840, Everett to Webster, February 11, 1840, Webster to Everett, February 16, 1840, Everett Papers. 班克罗夫特的此番品评,可参见,R. C. Winthrop to Everett, n. d. [January, 1840], Everett Papers。

26. *Boston Post*, April 15, 1840.

27. "人类历史之上,恐怕绝少有哪场运动能够像这场运动一样从经济角度就能充分解释了。"Fox, *Decline of Aristocracy in the Politics of New York*, 410 n。福克斯在这部作品的第 14 章提供了数据分析,据此无可置疑地证明了这场选战的阶级特性。这种方法通常都非常适用此一时期的政治状况,相形之下,特纳提起的那些论题倒没有这么高的贴合度,确切地说,若是不加区分地强行适用这样的经济分析法,会令很多优秀的州政治历史作品受到伤害,比如,A. B. Darling, *Political Changes in Massachusetts*。保守派的情况,也可参阅 Hammond, *History of Political Parties in New-York*, II, 478; [Joseph Scoville], *The Old Merchants of New York City*, I, 81: "大批商人,无分大小,都如同绵羊一样,要么汇聚联邦党、辉格党、克莱的羊圈,要么汇聚共和派的羊圈。民主党的商人则可以轻而易举地搭上停靠在第八街区的顺风车。"

28. Marcy to P. M. Wetmore, January 22, 1838, Marcy Papers; *New York Times*, October 19, 20, 1838.

29. Marcy to Wetmore, June 29, 1838, Marcy Papers.

30. Marcy to Wetmore, December 11, 1838, Marcy Papers.

31. King to A. C. Flagg, November 22, 1837, Flagg Papers.

32. *A Voice from Old Tamkany! Meeting of the People!* , 10.

33. *New York Evening Post*, February 7, 1838.

34. 一家辉格党报纸取笑她是"女版本顿",见,Perkins and Wolfson, *Frances Wright*, 333 – 334。

35. *Boston Post*, July 7, 9, 1838.

36. Marcy to Albert Gallup, Feburary 11, 1839, Marcy Papers.

37. Hone, *Diary*, I, 404.

38. *New York Evening Post*, November 8, 1839; 转引自,*New York New Era, Bay State Democrat* (Boston), November 22, 29, 1839。

39. Marcy to Wetmore, January 27, 1840, Wright to Marcy, February 4, 1840,

Marcy Papers。

40. Alger, Forrest, I, 373.福里斯特,作为朋友的确是没的说,忠诚,慷慨,但后来也不得不就新罗谢尔的这套房产打了一场官司(参见,7 Hill 463);莱格特死后,福里斯特开出7 000美元的价格,收购了莱格特的藏书,实际上是为了养活莱格特的遗孀。*Niles' Register*, October 12, 1839。

41. Bryant, "William Leggett," *Democratic Review*, VI, 430 (November, 1839). 1841年,坦慕尼厅的正厅正式竖立了莱格特的胸像,几年之前,他的那份政治放逐令正是从这里发出的。此间反讽可谓十足,令约翰·格林利夫·惠蒂尔(John Greenleaf Whittier)不免发出强有力的讥讽之词:

没错,现在的他大理石加身了!想当初
就是你们嘲讽他,取笑他,在他那漫长卓绝的斗争历程当中,
在他的生命道路当中,
是你们用手中犁头,将地狱的仇恨之火向他释放,
正是你们竭力打压这个无畏的改革者,
而他不过是为重轭之下呻吟的同胞申诉而已,
也是你们在市场之上公开拒斥他,蔑视他,并在圣坦慕尼厅的高墙之内,
密谋用政党锁链将自由且诚实的他和他的思想捆绑,
那是来自正直心灵的天使之音啊,
而今,你们为他堆起坟茔,
将那石刻的迟到赞誉树立在他坟头,
这坟茔,诉说的不仅是下面埋葬着的那颗勇敢心灵的恒久荣耀,
也诉说着堆砌坟茔之人的耻辱。

Whittier, *Works* (1888), IV, 22.

42. St. George L. Sioussat, ed., "Diaries of S. H. Laughlin of Tennessee, 1840, 1843," *Tennessee Historical Mazagine*, II, 53.道格拉斯希望能在南方得到一个联邦职位,这个情况可参见,S. C. Allen to Bancroft, January 29, 1838, Bancroft Papers, J. M. Niles to Van Buren, October 27, 1839, Van Buren Papers。

43. *Boston Post*, April 28, 1838, May 28, 1840; *Longworth's American Almanac*, *New-York Register*, and *City Directory* (New York, 1840), *passim*.约翰·费拉尔申请了邮政部的职位,结果如何不得而知。参见,H. D. Gilpin to J. Farrel [原文如此], July 31, 1840, Gilpin Letterbooks。

44. 1839年7月4日,哈勒特此番狂躁演说中的相关表述颇值得关注:"劳动是

财富的唯一源泉。站在这个立场上再去观瞧当前的立法取向和制度取向，便不免在震惊中发现，古往今来的一切文明国度，即便是治理得最好的国度，留在财富创造者手中的财富份额是何等渺小。这才是真正重要的政治教训……必须让公众意识到这一点。"诸如此类的陈词还有不少。Hallet, *Oration ... at Millbury*, July 4, 1839, 33. 费尔南多·伍德（FernandoWood）出力不小，在坦慕尼协会内部引领了一场令威廉·莱格特封神的运动。

45. 此一分配提案并非严格意义上的硬通货举措，不过，针对该提案的分裂格局是围绕硬通货与纸币的分野展开的。在参议院，西部集团以12票对5票给予支持，众议院的西部集团则以53票对3票给予支持。

    为了此处提起的这份分析，我尽可能宽泛地界定此处所谓的"西部"，确切来说，这个"西部"涵括了亚拉巴马、路易斯安那、密西西比、田纳西、肯塔基、密苏里、俄亥俄、印第安纳、伊利诺伊，后面的几个会期则涵括了阿肯色和密歇根。若是南方各州不计算在内，这个集团中反硬通货政策的投票比例就更高了。我此处给出的数据跟威灵顿给出的数据略有差异，见，R. G. Wellington, *The Political and Sectional Influence of the Public Lands*, 1828–1842, 54, 67–68, 不过，差异也就是在一两票之间，并不影响最终的结论。

46. E. I. McCormac, *James K. Polk*, 660–661; Pease, *The Frontier State*, 1818–1848, 246. T. P. 阿伯内西（T. P. Abernethy）认为硬通货观念在田纳西是"非常不得人心"的。"The Origin of the Whig Party in Tennessee," *Mississippi Valley Historical Valley Review*, XII, 515. 据威灵顿说，附有"铸币条款"的独立财政计划"是作为整体的西部明确反对的"。*Political Influence of the Public Lands*, 67。

47. *New York Evening Post*, July 20, 1838; Gilpin to Foster, July 20, 1838, Gilpin Letterbooks.

48. Francis P. Blair to Van Buren, August 26, 1838, Van Buren Papers.

49. 关于范布伦在这些年间的执政情况，倒也不乏很好的细节上的批评，可参见，Hammond, *History of Political Parties in New York*, II, 530–531; 也可参见，George Bancroft to U. S. Grant, March 5, 1869, Howe, *Bancroft*, II, 225。

50. Sumner, *Jackson*, 340.

51. Sumner, *History of Banking in the United States*, 305.

52. Gallatin, "Suggestions on the Banks and Currency" (1841), *Writings*, III, 406. 不过，很多商界人士（还有一些历史学家）仍然信守此一传说。比如，亨利·查·凯里（Henry C. Carey），一个受人敬重的保守派经济学家，也是有着"实务"商业经验的人，就于1840年不断给内森·阿普尔顿写信，恳请阿普尔顿不要再攻击合众国银行了。参见，Appleton Papers。
53. *New York New Era*, July 4; *New York Evening Post*, July 6, 1840.
54. Richardson, *Message and Papers*, III, 602.实际上，纽约和费城的海军基地已经推行十小时工作日了，但是在朴茨茅斯、波士顿、诺福克、华盛顿以及彭萨科拉这些地方，仍然是日出而作、日落而息的制度。"Statement of the Working Hours at the Different Navy Yards," March 27, 1840, Van Buren Papers。
55. *Log Cabin*, May 30, 1840.保守派的其他评说，可参阅，*Boston Advertiser*, April 13 et seq., 1840; *Greenfield Gazette*, quoted in the *Boston Post*, May 4, 1840。
56. Michael Shiner, manuscript diary, Library of Congress, p. 77.此处引文略去的部分如下："你们何尝不是在烈日骄阳下，痛苦劳作，从日出干到日落，为他们积累财富，为他们建筑宅邸，直到总统发出此一政令，为我们技工和劳工建立了十小时工作日制度。"
57. Bryant, "The Battlefield," *Democratic Review*, I, 16 (October, 1837).

二十二　辉格党反改革运动

1. Sullivan to Nathan Appleton, February 29, 1832, Appleton Papers; Kent to Moss Kent, April 3, 1835, William Kent, *Memoirs and Letters of James Kent*, LL. D., 218; J. T. Horton, *James Kent. A Study in Conservatism*, 318n.
2. [Noah Webster], *Letter to the Hon. Daniel Webster, on the Political Affairs of the United States*, 15, 17, 19, 22, 16.
3. Webster, "The Law of Creditor and Debtor," *North American Review*, XI, 206-207 (July, 1820).
4. Taylor, *Inquiry*, 274-275.
5. *Journal of Debates and Proceedings in the Convention ... to Revise the Constitution of Massachusetts*, 286.
6. Robert Hare, *Suggestions Respecting the Reformation of the Banking System*, 28-29.
7. Webster in the Senate, March 12, 1838, *Congressional Globe*, 25 Congress 2 Session, Appendix, 633.
8. Josiah Bigelow, *Review of Seth Luther's Address to the Working Men of New England*, 23.
9. Edward Everett, *Lecture on the Working Men's Party*; "Radicalism," *New*

England Magazine, VIII, 143 (February, 1835).

10. Everett, *Address Delivered before the Mercantile Library Association*, 13; [Calvin Colton,] "Junius," Labor and Capital, 11, 14.
11. G. B. Mangold, *The Labor Argument in the American Protective Tariff Disscussion*. 对此一论说的充分批评，可参见，W. F. Stolper and P. A. Samuelson, "Protection and Real Wages," *Review of Economic Studies*, IX, 58–73。
12. Everett to Henry Holland, July 25, 1848, Everett Papers.
13. *Boston Courier*, quoted in *Niles' Register*, July 6, 1833.参阅，the *Register*, April 30, 1836：" '雇用女工'是新英格兰的财富秘诀之一，女孩显然更适合这样的工作。"
14. 这是约翰·H. 沃兰德（John. H. Warland）所作，他还写就了很多的辉格党助选歌谣。参见，J. T. Buckingham, *Personal Memoirs and Recollections of Editorial Life*, II, 207–209。
15. Channing to Elizabeth P. Peabody, September, 1840, E. P. Peabody, *Reminiscences of Rev. Wm. Ellery Channing*, 415; *Niles' Register*, August 8, 1835.
16. Channing, *Lectures on the Elevation of the Labouring Portion of the Community*, 15.
17. Channing to the Mechanic Institute of Slaithwaite, England, March 1, 1841, W. H. Channing, *Memoir of William Ellery Channing*, III, 57.科尔尼什的一名劳工告诉钱宁说，他的一名工友曾说起过，钱宁的文字"令我安心做起了劳工"，闻听此言，钱宁喜不自禁，竟然流下热泪。Frances A. Kemble, *Records of Later Life*, 355。
18. R. c. Waterston, *Address on Pauperism, Its Extent, Causes, and the Best Means of Prevention*, 35.
19. Pickens in the House, June 19, 1838, Rhett in the House, June 25, 1838, *Congressional Globe*, 25 Congress 2 Session, Appendix, 429–430, 506.
20. "Conversation with a Radical," *Boston Quarterly Review*, IV, 35–36 (January, 1841).更早的版本，可参见，*Boston Reformer*, July 21, 1837。
21. *Bay State Democrat*, February 22, 1840.
22. *Boston Quarterly Review*, I, 127 (January, 1838).
23. 范布伦的这份敏锐分析，可参见，Van Buren, Autobiography, 658–659.
24. *New York American*, October 4, 1833; *Niles' Register*, October 4, 1834; Story to Harriet Martineau, January 19, 1839, Story, *Life and Letters*, II, 308.辉格党提出的一些陈词威风凛凛。"我国宪法确立的立法权能已然沦落奴役境地，"《美国月刊》（*American Monthly Magazine*）于 1837 年刊载了这样的难题，"……全部的关键权能已然统归行政之手。"这位博学之士还警告说，"很

快，我们就要沦落俄罗斯农奴的悲惨境地了"——很显然，这话的意思就是说，即便是俄罗斯的恐怖例子，也并非 20 世纪的发明。"The Times," *American Monthly Magazine*, Ⅳ, 215 – 216 (September, 1837)。

25. *Boston Courier*, June 28, 1834.
26. [C. A. Davis], *Letters of J. Downing, Major*, 227.这样的人物形象实际上是西巴·史密斯（Seba Smith）于 1830 年时在《波特兰信使》（*Portland Courier*）上创造出来的，尽管戴维系列刻画得更为鲜明，读者群也更大一些。参见，James, *Jackson: Portrait of a President*, 604; *Boston Post*, February 28, 1834. 此时，形象竞争是非常激烈的。甚至劳动党也使用了这样的手法，《新英格兰工匠》刊发了来自唐宁威尔的系列信笺，信中说："你们是真正的共和派报纸，读了你们的报纸，我才了解到，波士顿的技工正在组建工会……我认为劳工是时候为自己做点事情了，不能继续生活在垄断集团和律师的阴影下。"诸如此类的陈词，不一而足。*Working Man's Advocate*, June 21, 1834。
27. Constance Rourke, *Davy Crockett*, 128 – 129.
28. Crockett, *Life of Col. David Crockett, Written by Himself*, 218.这本书究竟是谁人所作，是有疑问的。也可参见，Walter Blair, "Six Davy Crocketts," *Southwest Review*, ⅩⅩⅤ, 443 – 462。
29. J. D. Wade, "The Authorship of David Crocket's 'Autobiography,'" *Georgia Historical Quarterly*, Ⅵ, 265 – 268.
30. Crockett to Charles Shultz, December 25, 1834, *Magazine of History*, ⅩⅩⅤ, 75 – 76.
31. Adams, *Gallatin*, 635.
32. "无论我们对老派的汉密尔顿主义者作何感想，都必须认可他们身上的荣誉标记，那就是：他们绝不曾宣称自己是杰斐逊主义者。" F. W. Coker, "American Traditions Concerning Property and Liberty," *American Political Science Review*, ⅩⅩⅩ, 5.这篇文章以同时代的共和观念为框架，对这个问题展开了相当出色的剖析。
33. Webster, *Works*, Ⅱ, 41 – 52.
34. Emerson, *Journals*, Ⅵ, 341 – 342.
35. [Calvin Colton], *A Voice from America*, vii, 45, 57, 220, 3, 220.
36. Barnard, *Speeches and Reports*, 48, 77.
37. Barnard, *Address Delivered before the Philoclean and Peitbesophian Societies of Rutgers College*, 26.

二十三　一八四〇年

1. Weed, *Autobiography*, 89 – 90; F. W. Seward, *Seward*, 50, 76.
2. Seward, *Seward*, 238, 481; Henry Adams to C. F. Adams, Jr., December 9, 1860, *Letters of Henry Adams*（1858 – 1891）, 62; Henry Adams, *Education of Henry Adams*（Modern Library）, 104.
3. Weed, *Autobiography*, 44; Horace Greeley, *Recollections of a Busy Life*, 312; Adams, *Education*, 146 – 147.
4. Weed to Francis Granger, November 23, 1834, E. M. Carroll, *Origin of the Whig Party*, 219 – 220; Seward to Weed, April 12, 1835, Seward, *Seward*, 257 – 258. 也可参见, Weed, *Autobiography*, 371 – 372, 424, 431; Fox, *Decline of Aristocracy*, 366n。
5. 此时塔尔梅奇已经无法在党内同苏厄德和威德这样的新星竞争了, 就如同已经无法同对面阵营的范布伦和赖特竞争了一样, 遂在自己的这段衰落时光中蜕变为一个唯灵论者, 同韦伯斯特和克莱的魂灵展开热烈对话; 有那么一次, 他甚至听到了约翰·卡尔霍恩的魂灵在给自己唱小夜曲, 还有吉他伴奏。参见, J. W. Edmonds and George T. Dexter, *Spiritualism*, with a appendix by N. P. Tallmadge（New York, 1853）, 393 – 442。保守派当然没有垄断这样的通灵对话。实际上, 这部作品的主题内容就是阿尔巴尼摄政团的约翰·沃思·埃德蒙兹的通灵故事。
6. Weed, *Autobiography*, 466.
7. Seward, Works, G. E. Baker, ed., III, 209 – 210.
8. Hoffman to A. C. Flagg, n. d.（1842?）, Flagg Papers.
9. 这项法令给硬通货派民主党人造成了相当的困扰。大多数民主党人都如同康布勒朗在众议院以及《纽约晚报》宣示的那样, 认为这是朝着正确方向迈出的一步, 并对之表示欢迎, 不过, 他们在内心里都是恨意顿生, 因为辉格党人抢先下手, 并利用这样的政治先机扭曲了应有的法令。民主党阵营的相关评说, 可参见: Cambreleng in the House, May 11, 1838, *Congressional Globe*, 25 Congress 2 Session, 364; *New York Evening Post*, April 18, 20, 1838, March 7, December 16, January 22, 1841; "Free Banking," *Democratic Review*, V, 238（February, 1839）; *Journal of Banking*, January 19, June 8, 1842。
10. Hone, *Diary*, I, 427; C. C. Binney, *Binney*, 451. 也可参见, Weed, *Autobiography*, 372; Seward, *Seward*, 757 – 758; J. D. Hammond, Life and

Times of Silas Wright, 290, 482。
11. *Plaindealer*, May 13, 1837.
12. Kent to Edward Everett, September 17, 1832, Everett Papers.
13. Seward to Christopher Morgan [1841], Seward, *Seward*, 547. 也可参见, Hammond, *Wright*, 565–566, 680–681。
14. Everett to Jared Sparks, November 10, 1834, Sparks Papers. 埃弗里特于 1836 年在州议会发表的咨文令纽约的一个民主党人禁不住欢呼说:"这是辉格党阵营最具民主精神的呼声。毫无疑问,这跟约翰·昆西·亚当斯先前要的东西是完全一致的;说白了,就是要剪灭当前盘踞在马萨诸塞的这个王朝机制。" R. Wardwell to A. C. Flagg, January 23, 1836, Flagg Papers。
15. *Boston Atlas*, quoted in *New York Evening Post*, September 20, 1838.
16. *Boston Atlas*, quoted in *Boston Press and Advocate*, Dec. 1, 1838。《波士顿邮报》的查尔斯·戈登·格林曾对《波士顿阿特拉斯报》有如下品评:"若是我们打算强有力地羞辱辉格党,我们通常都会将《波士顿阿特拉斯报》作为辉格党的'头牌喉舌'加以援引。" *Boston Post*, August 6, 1835. 布朗森将《阿特拉斯报》称为"新英格兰的头号辉格党报纸。跟其他的辉格党报纸相比,这家报纸更有才干,更有活力和生命力,影响力也更大"。*Boston Quarterly Review*, III, 242 (April, 1840)。
17. Richard Hildreth, *My Connection with the Atlas Newspaper*; Congdon, *Reminiscences*, 67; Hudson, *Journalism in the United States*, 393.
18. 凯莱布·库辛的观点经历了一系列的变化,从中足以见出辉格党内的这股新势力是如何来了个一百八十度的大转弯、最终赞同推举哈里森为候选人的。据库辛记述,1835 年,哈里森"尚且什么都不是……无论是头脑还是生活习惯,都不可能令他获得北方的认同"。Cushing to Edward Everett, December 17, 1835, Everett Papers. 但是到了 1840 年,库辛便已经写就了一部令他引以为荣的生动传记,书名就是《哈里森将军的生平及军事和政治行绩》(*Outline of the Life and Public Service, Civil and Military, of General Harrison*)。
19. Wise, *Seven Decades of the Union*, 170–172. 温菲尔德·斯科特 (Winfield Scott) 将军,此次辉格党提名大会之上的另一个主要竞争者,一天晚上,他在告假会客的时候,也给出了类似的说法,"我本来是很容易获选提名的,这不难,就如同走下这几个台阶一样"。Hilliard, *Politics and Pen Pictures*, 12–13。1840 年,辉格党未能提名克莱或者韦伯斯特,此事激起了大量的情感宣泄。当然也有不同的看法。差不多四分之一世纪之后,苏厄德和林肯都将克莱和韦伯斯特视为"冥顽不化且自私自利的政治领袖,正是他们的个人野心促成了辉格党的毁灭"。Welles, *Diary*, I, 507。
20. R. S. Elliott, *Notes Taken in Sixty Years*, 122.
21. Elliot, *Notes*, 126; Seward, *Seward*, 498-499; Benton, *Thirty Years' View*, II, 205; Nathan Sargent, *Public Men and Events*, II, 108-109; C. I. Bushnll, *Bushnell's American Tokens*, passim; G. W. Julian, *Political Recollections 1840 to 1872*, 11-21; A. B. Norton, *The Great Revolution of 1840*; Freeman Cleaves, *Old Tippecanoe*, ch. 24; T. A. Knight, *Tippecanoe*.
22. *Washington Globe*, April 13, 1840.
23. Certified copy by James Riley of a speech delivered by Harrison, October 1, 1840, Van Buren Papers.
24. Shepard, *Van Buren*, 327.
25. *Boston Atlas*, November 26, 1840.
26. *New York Evening Post*, September 24, 1840; Norton, *Great Revolution*, 233, 323。韦伯斯特的伦敦之行,参见,Harvey, *Reminiscences of Webster*, 388; N. P. Willis, "Jottings Down in Londun," *Boston Post*, August 22, 1839。
27. Norton, *Great Revolution*, 346.
28. Ogle, *The Royal Splendor of the President's Palace*, 1, 6, 20.
29. Buckingham, *America*, I, 286.
30. Lincoln in the House, March 21, 1838, *Congressional Globe*, 25 Congress 2 Session, 249.
31. *Log Cabin*, May 9, June 13, August 1, 1840.
32. 有关这个神话的历史渊源,倒是有颇为细密的剖析,参见,J. R. Commons, "Horace Greeley and the Working Class Origins of the Republican Party," *Political Science Quarterly*, XXIV, 468-488。这篇文章提起论断:"霍勒斯·格里利之于1840年代这场社会革命的地位,就如同杰斐逊之于1800年那场政治革命的地位。"诸如此类的论断在这篇文章中还有很多。我本人倒是更认同诺曼·韦尔(Norman Ware)对格里利的出色解析,参见,Norman Ware, *The Industrial Worker*, 21-22, 167。同时代激进派对格里利的攻击,可参见,Thomas A. Devyr, *The Odd Book of the Nineteenth Century*, 96-107。
33. Bungay, *Crayon Sketches*, 30-32; T. L. Nichols, *Forty Years of American Life*, II, 193-195。
34. Greeley, *Recollections*, 166; Greeley to Weed, September 10, 1842, T. W. Barnes, *Memoir of Thurlow Weed*, 97.
35. Greeley, *Hints toward Reforms* (second edition), 366.
36. *Log Cabin*, August 1, 1840.

37. Oliver Carlson, *Brisbane*; *a Candid Biography*, 48.
38. Greeley to Weed, February 19, 1841, Barens, *Weed*, 93.（这封信的日期显然是标注错了。）
39. Weed, *Autobiography*, 468.
40. H. B. Stanton, *Random Recollections*（second edition）, 36.
41. Kendall to Van Buren, August 22, 1839, and enclosures, Van Buren Papers.
42. 霍尔斯特德的这次演说并没有国会记录。此处转引自，Jesse A. Bynum in the House, March 13, 1838, *Congressional Globe*, 25 Congress 2 Session, Appendix, 280。也可参见，Ratliff Boon in the House, March 22, 1838, *Congressional Globe*, 25 Congress 2 Session, 251。
43. Meyer, *Johnson*, 290, 433–449.
44. *Boston Post*, April 15, 1840.
45. 甚至昔日的纽约劳工党也都被赞美了一番。财政部第四稽查厅的霍巴特·伯利安（Hobart Berrian），曾是华盛顿《劳工先锋报》的编辑，也曾是纽约《新时代》的地方供稿人，他写了一份很是热情洋溢的小册子，名为《劳工党在纽约的起源和崛起》（*Brief Sketch of the Origin and Rise of the Working Men's Party in the City of New York*），这份小册子将劳工党视为范布伦政府大张旗鼓予以推行的诸般观念的源泉。
46. Broadside, Van Buren Papers.
47. *New Era*, April 11, 1840. 艾伦·沃克·里德（Allen Walker Read）的文章应该说是把这个问题讲透了，见，"The Evidence on 'O. K.,'" *Saturday Review of Literature*, July 19, 1941。
48. *New York Evening Post*, March 10, 1840.
49. [Anon.], *The Great Content. What the Two Political Parties Are Struggling For*, 1.
50. "The War of the Five Campaigns," *Democratic Review*, VII, 486（June, 1840）.
51. Brownson, "The Laboring Classes," *Boston Quarterly Review*, III, 358—395（July, 1840）. 对这篇文章的更为详细的分析，可参见，A. M. Schlesinger, Jr., Brownson, 89–100。
52. Brownson, "The Laboring Classes"（second article）, *Boston Quarterly Review*, III, 420–512（October, 1840）.
53. Brownson, *Oration before the Democracy of Worcester and Vicinity*, 20, 22, 35, 36.
54. 这篇文章实际上可以分成两个部分，第二部分（377—391, 393—395）并没有谈论太多实际内容。布朗森本人的宗教生活并不平顺，因此将对建制宗教的全部憎恶都倾泻在这一部分，尽情发泄他对神职群体之怯懦做派的蔑视、对神学理论的厌恶。他极度渴望返璞归真，回归基督的单纯。此等情感借由托马斯·潘恩的相关论说塑造起来，也荡漾着《自由探查者》的回声，令人禁不住地回想起范妮·赖特和星期日邮政大论辩的年代，也令人禁不住地联想起圣西门的"新基督教"。这样的情感引领人们对"神职阶层"发动攻击，这其中折射出来的与其说是美利坚社会的困境，倒不如说是布朗森个人的困境。

55. *Madisonian*, August 4, 1840.
56. *Log Cabin*, August 1, 1840.
57. "Brownson on the Laboring Classes," *New York Review*, Vii, 515 – 522 (October, 1840). 相关评论，可参阅，*Christian Review*, V, 419 – 442 (September, 1840); *Methodist Quarterly Review*, XXIII, 92 – 122 (January, 1841); *Boston Atlas*, July 21, 24, 29, 1840; etc。
58. W. Hall McAllister to Bancroft, August 6, 1840, Thomas Ritchie to Levi Woodbury, October 9, 1840, Bancroft Papers.
59. [Anon.], *A Word in Season ... By a Harrison Democrat*, 6, 7.
60. [Calvin Colton], *American Jacobinism*, 2; 也可参见, *Sequel to the Crisis of the Country*。
61. *Loco-Focoism*; *as Displayed in the Boston Magazine against Schools and Ministers, and in Favor of Robbing Children of the Property of their Parents*, [1].
62. *Conspiracy of the Office Holders Unmasked*, 3; *Boston Atlas*, October 27, 1840.
63. Brownson, "The Converts," *Works*, V, 103.
64. *New York Evening Post*, July 17, 1840. 类似的评论，可参见, *Boston Post*, July 7; *Bay State Democrat*, July 28; *Salem Advertiser*, quoted in the *Bay State Democrat*, July 25。
65. Endorsement by Woodbury on Ritchie to Woodbury, October 9, 1840, Bancroft Papers.
66. *Boston Post*, July 28, 1840.
67. *New York Evening Post*, August 8, October 2, 7, 1840.
68. *Boston Post*, September 30, October 6, 12, 22, 23, 31, 1840.
69. 此次选战，范布伦是以微弱劣势输掉了纽约、宾夕法尼亚、缅因和新泽西。倘若能将这8184张选票恰当分配，他完全能够赢得这些州，并因此赢得144到150张选举人票。参阅，H. R. Fraser, *Democracy in the Making*, 这本书也给出了类似的统计和计算，只不过没这么精确而已。
70. Julian, *Political Recollections*, 11 – 12; Andrew D. White, *Autobiography* (New York, 1905), I, 52.

二十四　杰克逊民主：一场思想运动

1. *Washington Globe*, November 7, 1834.
2. Gouge, *Paper Money*, Part II, 235; Cambreleng to Van Buren, November 15, 1837, Van Buren Papers.
3. 那个时代的诸般忧虑已经存续了相当长的时间，足以让我们就杰克逊主义同马克思主义之间的关系问题展开探讨了。在这个问题上，分类当然是有意义的，无论对保守派来说，还是对共产主义者来说，都是如此。毕竟，在当日的保守派眼里，只要谈论阶级冲突，就必然有共产主义之嫌，在共产主义者眼里，一切的经济洞见毫无疑问都是他们那种分析方法的独有结果，他们自认他们的方法是不会出错的。但事实上，杰克逊主义的分析方法跟马克思主义的分析方法截然不同，杰克逊主义是美利坚激进民主传统的核心要义所在。《共产党宣言》直到1848年才问世，在这个问题上，这个情况有着决定性意义；而且，马克思和列宁跟他们的门生不一样，二人都不曾不负责任地宣称是自己创造了阶级冲突理论。1852年3月5日，马克思曾致信魏德迈（Weydemeyer）说："无论是现代社会中的阶级还是阶级斗争，都不是我发现的，这功劳不应当归在我身上，这一点我必须在此言明。在我很久之前，布尔乔亚历史学家就已经阐述过阶级斗争的历史发展进程，布尔乔亚经济学家也已经对阶级实施过经济解剖。至于我的贡献，主要是证明了如下几点：（1）阶级之存在，仅仅是同特定的历史斗争关联在一起，这些斗争植根于生产方式的发展和发育；（2）阶级斗争必然导向无产阶级专政；（3）无产阶级专政本身只不过是向无阶级社会的一个过渡阶段，在这个进程中，一切阶级都将消亡。"

  在这个问题上，列宁的论述更加清晰明确。"阶级斗争理论并非马克思创造，而是马克思之前的布尔乔亚学者创造出来的，一般来讲，也都是布尔乔亚阶层所接受的。仅仅认可阶级斗争，并不足以成为马克思主义者；认可这一点，甚至都还没有越过布尔乔亚的思维和政治视野。将马克思主义局限为阶级斗争理论，这实际上是在肆意裁剪马克思主义，确切地说，是在扭曲并消解马克思主义，令其变成布尔乔亚阶层可以接受的东西。真正的马克思主义者，则是要带领人们从单纯认可阶级斗争到接纳无产阶级专政的。" V. I. Lenin, *State and Revolution* (New York, 1932), 29, 30。

4. 塞缪尔·克莱森·艾伦依循完全独立于杰克逊派主流思维的路径，得出了杰克逊派的结论，这是很重要的提醒，人们从中应当能够意识到，一套行之有效的社会哲学，其根源乃在于时代的具体需求。

5. *New York Evening Post*, June 24, 1835. 莱格特在一份非常有意思的社论里面是这么品评泰勒的:"他这样的分析家,应该说是这个国家绝无仅有的,我国的政治领袖大多都不知道有这么一个人,这实在是太不幸了……贴合我们这个国家的自由制度,当然会有众多的支持者,但是在我看来,在这个群体当中,泰勒的地位是至高无上的。他对贵族体制的性质、起源及其后果的剖析……极为深刻……泰勒先生先后写就了两部作品,这两部作品在弗吉尼亚是很有名的,但是在其他地方则基本上无人知晓。"

6. 他的宪法论章《宪法解释与宪法新观念》(*Constitution Construed and New Views of the Constitution*) 实际上是一份杰斐逊主义评注,意在反击马歇尔和肯特掀起的异端潮流,这部作品的影响倒是大得多。本顿认为《宪法解释》和那部农业-政治作品《阿拉托耳》(*The Arator*) 是泰勒的代表作,对《探析》一书,本顿倒是未置一词。*Thirty Years' View*, I, 45 – 46. 这份清单应当再加上他早期的一本小册子《党派分野,兼论纸币体制的政治影响》(*Definition of Parties, or the Political Effects of the Paper System Considered*),《华盛顿环球报》(February 11, 1839) 对这本小册子品评如下:"这个非凡人物写就的所有作品当中,这本小册子最非同寻常。"

7. W. S. Wait to Bancroft, October 15, Bancroft Papers.

8. Brownson, "Our Future Policy," *Boston Quarterly Review*, IV, 81 (January, 1841); Brownson, "The Convert," *Works*, V, 117.

9. Jefferson, "Notes on Virginia," *Writings* (Memorial Edition), II, 230; Jefferson to Madison, December 20, 1787, 同上, VI, 392 – 393。类似的评论,可参见, Charles A. Beard, *Economic Origins of Jeffersonian Democracy*, 247, 421 – 426; W. A. Robinson, *Jeffersonian Democracy in New England*, 102。

10. Ingersoll, *Historical Sketch of the Second War Between the United States of America and Great Britain*, I, 212 – 213.

11. 纽约州的情况令《民主评论》这般忠诚的杰斐逊主义喉舌阵地颇为担忧,因为纽约州的乡村票仓总是归属辉格党和城市民主党。"通常情况下,"《民主评论》颇为困惑地评论说,"我们都会公开承认,我们更喜欢乡村票仓而非城市票仓……农民天然地会是民主党人,城市公民当然也会成为民主党人,不过,这中间是有很多很多阻力的。" "New York City vs. New York State," *Democratic Review*, VI, 500 (December, 1839)。

12. *New York Evening Post*, July 5, 1833; Amasa Walker, *Address Delivered … on the Fifty-seventh Anniversary of American Independence*, 12 – 13; Theodore Sedgewich, *Public and Private Economy*, III, 121, 138, 143.

13. *Boston Atlas*, quoted in *Niles' Register*, July 6, 1833. 也可参见, Josiah Quincy,

Figures of the Past, 374.
14. Everett, *Address, Delivered before the Mercantile Library Association*, 10。
15. Clay in the Senate, February, 14, 1840, *Congressional Globe*, 26 Congress 1 Session, Appendix, 178.本顿站在杰斐逊主义的立场上给出了回应,他说:"听到王朝主义者反财产的叫嚣,实在是令人遗憾。这样的鼓噪由来已久,从垄断诞生那天起,就已经铺展开来了,一直铺展到今天。政治世界只有两个派系,从来都是如此,将来也不会改变……其中一派得到了过分的利益,先是靠着武力,后是靠着公司和垄断体系,这一派的不正当利益只要遭遇威胁,便会高呼有人要攻击财产……但实际情况是,真正攻击财产的势力恰恰就是垄断集团。"同上, 179。
16. *Springfield* (Illinois) *Gazette*, August 25, 1843.
17. *Washington Globe*, July 12, 1839; Brownson, "The Laboring Classes" (second article), *Boston Quarterly Review*, III, 481 (October, 1840).
18. 参见他在石匠工会的一次演说,*Boston Post*, April 17, 1835。
19. Brownson, "Address to the Workingmen," *Boston Quarterly Review*, IV, 117 (January, 1841).
20. 亚当·斯密当然是遭遇了诸般扭曲,在这方面的修正工作,可参见,essays by John M. Clark and Jacob Viner in *Adam Smith, 1776 – 1926*, and Eli Ginzberg, *The House of Adam Smith*。
21. Adam Smith, *Wealth of Nations*, book ii, chapter 2.
22. Jefferson to Thomas Mann Randolph, May 30, 1790, Jefferson, *Writings* (Memorial Edition), VIII, 31.也可参阅,Jefferson to John Norvell, June 11, 1807, 同上,XI, 223。
23. Sedgwick, *Public and Private Economy*, II, 119.
24. 1834年,乔治·亨·埃文斯曾谈到,1831年《劳工先锋报》刊载的银行问题系列文章引发了莱格特对银行问题的最早关注。莱格特则回应说,他都不记得自己读过哪些文章,"我们在银行问题上的情感和立场,其源头在于那些政治经济学家","最早的观念"乃来自亚当·斯密。*New York Evening Post*, September 18, 1834。
25. *New York Evening post*, March 20, 1834.
26. Cambreleng in the House, February 11, 1835, *Register of Debates*, 23 Congress 2 Session, 1316.
27. 当然,也有一些民主党人跟斯密没什么交集。托马斯·哈特·本顿对斯密持拒斥态度,费城的劳工领袖约翰·费拉尔对亚当·斯密也是高度怀疑,纽约的约翰·康默福德同样认为斯密的理论已经不再适用于机器时代了。

Benton in the Senate, January 27, 1837, *Register of Debates*, 24 Congress 2 Session, 589–590; Ferral in the *Radical Reformer*, July 18, 1835; Commerford in the *Working Man's Advocate*, March 30, 1844。

此时的保守集团强烈反对斯密。《国富论》毫无疑问提起了压倒性的反垄断特权论证。也就是在这个时候,亨利·查·凯里酝酿了一种理论,认为所谓的自由贸易是英国推出的一项恶毒阴谋,意在遏制美利坚工业的发展。

28. Van Buren to Isaac Lippincott, *et al.*, September 14, 1840, *Bay State Democrat*, September 26, 1840.
29. 在其他方面,应该说舍帕德的这份传记是非常出色的,至今也仍然是最出色的范布伦传记。
30. 关于科贝特的影响,参见 *New York Evening Post*, September 7, 1835。
31. Cobbett, *Life of Andrew Jackson*, iii, iv. 也可参见, *Cobbett's Political Register*, September 15, 1832, April 5, 1834, February 14, 1835; *Niles' Register*, September 6, 1834。
32. Brownson, *Oration before the Democracy of Worcester and Vicinity*, 14.
33. "European Views of American Democracy. —No. II," *Democratic Review*, II, 343 (July, 1838).
34. Franklin Mercury, March 3, 1835. 参阅, Bancroft, *Oration Delivered before the Democracy of Springfield*, 6–9。
35. Cooper, *The American Democrat*, H. L. Mencken, ed., 160. 参阅, Cooper, *Gleanings in Europe*, R. E. Spiller, ed., II, 177: "商业憎恶民众权利。它本身就是一套财富贵族体制。"
36. *Washington Globe*, September 24, 1840.
37. Brownson, "Tendency of Modern Civilization," *Boston Quarterly Review*, I, 236 (April, 1838).
38. Van Buren, *Political Parties*, 166.
39. Bancroft to Brownson, September 21, 1836, H. F. Brownson, *Brownson's Early Life*, 180–181; Brownson, "Tendency of Modern Civilization," 同前, 237。这种情感是非常普遍的。理查德·希尔德雷思,《波士顿阿特拉斯报》的前任编辑就曾写道:"教士、贵族、国王、市民都已经轮过了。难道就没有一个'人民的时代'吗?确切地说,就没有一个劳工阶级的时代吗?" *Theory of Politics*, 267。
40. E. N. Curtis, "American Opinoon of the French Nineteenth Century Revolutions," *American Historical Review*, XXIX, 249–270; E. N. Curtis, "La Revolution de 1830 et l' Opinion Publique en Amerique," *La Revolution de 1848*, XVIII, 64–

73, 81–118.
41. Bentham to Jackson, April 26, 1830, Bentham, *Works*, XI, 40; Bentham, *Anti-Senatica*, C. W. Everett, ed., especially 209–210.
42. 可参见, Henry E. Riell, *An Appeal to the Voluntary Citizens of the United States*。
43. John Bigelow, *Life of Samuel J. Tilden*, I, 39; Fisk, "Capital against Labor," *Working Man's Advocate*, July 25, 1835; Frances Wright in the *Free Enquirer*, October 9, 1830.

二十五 杰克逊民主与法律

1. Ambrose Spencer to Kent, September 21, 1832, Kent, *Kent*, 213; Kent to Story, April 11, 1834, *Proceedings of the Massachusetts Historical Society*, Second Series, XIV, 418; David Daggett to Kent, October 29, 1832, Kent, *Kent*, 217.
2. Charles Warren, *The Supreme Court in United States History* (revised edition), I, 796.
3. Story to Clay, August 3, 1842, Story to Biddle, March 22, 1838, Swisher, *Taney*, 430, 202.
4. Lord Morpeth, Diary, manuscript transcript, December 11, 1841. 此处记载的是斯托里家中聚会之时的一席谈话,当时,杰里迈亚·梅森、约书亚·昆西和乔治·蒂克纳(George Ticknor)也在场:"我们的法官阁下做东,他十分健谈而且看来心情不错。他的谈话听起来已经十分接近叛国言论了。他们纷纷认定这场政治实验是一场彻底失败,他们说,美国人显然是选错了总统……那样的言论,就跟格雷勋爵谈到我们英国当前的改革派议会之时的言论差不多。"
5. *New York Evening Post*, July 8, 1835.
6. Benton to Van Buren, June 7, 1835, Van Buren Papers.
7. *New York American*, March 17, 1836; Warren, *Supreme Court*, II, 16.
8. 此处叙述主要依托了斯威舍(Swisher)在托尼传记中提起的相关叙述,这部传记是非常出色的,再次特地向斯威舍表示感谢。也可参阅如下这些作品的相关论述:Warren, *Supreme Court*, Boudin, *Government by Judiciary*, and C. W. Smith, Jr., *Roger B. Taney: Jacksonian Jurist*。
9. Marshall to Greenhow, October 17, 1809, A. J. Beveridge, *Life of John Marshall*, IV, 479–480.
10. Taney, "The Norfolk Drawbridge Co. And the United States," May 16, 1832, *Official Opinions of the Attorneys General of the United States*, B. F. Hall, comp.,

II, 514.
11. Taney memorandum in Jackson Papers, Swisher, *Taney*, 366–367.
12. 11 Peters 547, 548.
13. 11 Peters 608; Story to Sarah W. Story, February 14, 1837, Story, *Story*, II, 268.
14. 11 Peters 139.
15. Felix Frankfurter, *The Commerce Clause under Marshall, Taney and Waite*, 50.
16. Story to Harriet Martineau, April 7, 1837, Story, *Story*, II, 277.
17. Kent to Story, April 18, June 23, 1837, Story, *Story*, II, 237, 270.
18. [James Kent], "Supreme Court of the United States," *New-York Review*, II, 387, 389, 402 (April, 1838).
19. Webster to Caroline Webster, January 10, 1836, Webster, *Letters*, 198.
20. *Independent Chronicle and Boston Patriot*, February 22, 1837.
21. [C. S. Davis], "Constitutional Law," *North American Review*, XLVI, 128, 153 (January, 1838). 也可参见, "Political Regeneration," *American Monthly Magazine*, V, 299 (April, 1838)。
22. *Madisonian*, June 16, 1838.
23. 这个问题上的出色分析, 可参见, G. C. Henderson, *Position of Foreign Corporations in American Constitutional Law*。
24. B. F. Wright, Jr., *Contract Clause of the Constitution*, 62.
25. Van Buren, *Autobiography*, 184–185; B. F. Perry, *Reminiscences of Public Men*, Second Series, 184; Wentworth to George Barstow, *et al.*, February 22, 1840, *Boston Post*, May 9, 1840.
26. 11 Peters 639.
27. [Theodore Frelinghuysen?], *An Inquiry into the Moral and Religious Character of the American Government*, 91–92.
28. Rantoul, "Oration at Scituate, July 4, 1836," Hamilton, *Rantoul*, 278; Fisk, *Labor the Only True Source of Wealth*, 16; Hildreth, *Theory of Politics*, 264.
29. Gorham A. Parks of Maine, *Boston Post*, July 7, 1835.
30. "Jeremy Bentham," *Democratic Review*, VIII, 252 (September, 1840). 类似的评论, 可参见, *Boston Post*, May 16, 1840, *New York Evening Post*, June 11, 1840。
31. Kent to Livingston, n. d., *American Jurist*, XVI, 320; Horton, *Kent*, 271 n.
32. Story to J. J. Wilkinson, December 26, 1836, *Proceedings of the Massachusetts Historical Society*, second series, XV, 221. 也可参见, Hamilton, *Rantoul*, 48。

这场反普通法运动特别关注普通法中有关刑事诽谤罪的理论。《波士顿邮报》曾多次在人们的言论自由遭遇司法威胁的时候挺身而出，捍卫言论自由，甚至还多次为政治对头声辩。比如 1835 年时的乔治·巴·奇弗（George B. Cheever）和 1837 年的理查德·希尔德雷思。这方面情况的概述，可参见，Charles Warren, *History of the American Bar*, 508 – 531。

33. H. M. Field, *Life of David Dudley Field*; Sedgwick and Marquand, *Stockbridge, 1739 – 1939*, 196 – 198; Theodore Sedgwick to Theodore Sedgwick, Jr., November 20, 1826, Sedgwick Papers.

二十六 杰克逊民主与工业化

1. Gouge, *Paper Money*, Part I, 43; Brooks to Edward Everett, July 15, 1845, Everett Papers; Massachusetts *House Document*, no. 153（1850）, 24.
2. *Bay State Democrat*, May 29, 1840.
3. Massachusetts *Senate Document*, no. 41（1840）, 8.
4. 利弗莫尔曾着重申述过这个观点，参见，Shaw Livermore, *Early American Land Companies: Their Influence in Corporate Development*。
5. J. M. Morse, *A Neglected Period of Connecticut's History, 1818 – 1850*, 297, 302.
6. E. M. Dodd, Jr., and R. J. Baker, *Cases on Business Associations*, 19 – 20; A. A. Berle, Jr., and G. C. Means, *The Modern Corporation and Private Property*, 136.
7. Bray Hammond, "Free Banks and Corporations: the New York Free Banking Act of 1838," *Journal of Political Economy*, XLIV, 184 – 209.
8. Cooper, *The American Democrat*, 161; Bancroft to Jared Sparks, August 22, 1834, Sparks Papers; Tilden, *Writings and Speeches*, John Bigelow, ed., I, 85.
9. *Thacher's Criminal Cases*, 613, 645, 653, 654.
10. *Boston Post*, October 21, 23, 1840.
11. 4 Metcalf 119.
12. O. W. Holmes, Jr., *The Common Law*（Boston, 1881）, 106.
13. 4 Metcalf 130.
14. Lieber to G. S. Hillard, August 24, 1842, Perry, *Lieber*, 172.
15. Walter Nelles, "Commonwealth v. Hunt," *Columbia Law Review*, XXXII, 1128 – 1169.
16. Thacher, Charge to the Grand Jury of the County of Suffolk（1832）, 9; Savage in 14 Wendell 18, 19.《尼尔斯要闻》于 1837 年对罗切斯特的一场罢工行动发表了评论。此次罢工浪潮当中，工人拒绝在周薪四点五美元的情况下每天

工作十五个小时,并且禁止其他人在这个薪酬水平上每天工作十五个小时。《尼尔斯要闻》据此提出了类似的问询:"若是这样,则个人自由何在呢?毕竟,每个人都有权利在他们认为对等的条件下,交换自己的劳动,此举难道不是否决了这样的个人权利吗?"《纽约美国人》(*New York American*)也对罢工者的行为进行了驳斥,并据此补充说,"实际上,很多工人是非常满足 5 美元的月薪的,当然,是要包吃住的,他们实际上干得很卖力。这样的例子并不少。"*Niles' Register*, July 8, 1837。

17. *Plaindealer*, February 18, 1837。

18. 4 Metcalf 134。关于作为自由贸易主义者的肖,可参见, S. S. Shaw, *et al.*, *Lemuel Shaw*, 20; F. H. Chase, *Lemuel Shaw*, 311。

19. Massachusetts *House Document*, no. 50(1845),9。

20. Benjamin F. Butler, *Butler's Book*, 91。

21. Massachusetts *House Document*, no. 50(1845),8。该委员会的主席是威廉·斯库勒(William Schouler),是历史学家威廉·斯库勒的父亲,这位历史学家也是洛厄尔地区头牌报刊的编辑。该报告充分利用了"田园风"的手法:"劳工同资本在这里是平等的,"报告陈词说,"并且实际上劳动还控制着资本,这里奉行的是自由教育和自由机制……劳工都很有头脑,可以自行议价,无需我们的任何干预,便可以照顾好自己的利益。"此等扭曲之论所依托的证据令人印象深刻,该报告更提起结论说:"有些情况我们当然也都是承认的,不过,救治之道并不在我们这边。艺术和科学的不断改进自然会解决问题,到了那个时候,人类的命数自然会得到提升,金钱之欲自然会缓解,人类自然也会更加热爱社会福祉以及思想修养。"同上,16。最后这段话差不多就是从威廉·埃勒里·钱宁博士(Dr. William Ellery Channing)的书中照搬而来的。

22. *New York Journal of Commerce*, quoted by the *Cincinnati Gazette*, May 23, 1837; McGrane, *Panic of 1837*, 134。

23. 可参阅 *Bay State Democrat*, November 2, 1843,这份报告非常鲜活地呈现了劳动运动和民主党之间的关系。

24. Cooper, *A Letter to His Countrymen*, 91。爱德华·利·皮尔斯(Edward L. Pierce),查尔斯·萨姆纳的朋友兼传记作者,在 1853 年 7 月 30 日的《戴德姆快报》(*Dedham Gazette*)上评论说:"在马萨诸塞和各个工业州,选举威慑是常态……很多人……都公开宣示他们有权解雇任何反对他们的劳工。" Amasa Walker, *The Test of Experience*, 4。也可参见,*Boston Post*, December 26, 1834, April 30, 1840。

25. Walker, *Test of Experience*, 5。

26. Quoted in Darling, *Political Changes in Massachusetts*, 171.
27. "议长阁下该不会认为这样的立法在农业劳动者、年轻技工以及劳工眼里会是一项恩惠吧, 他们毕竟是穷人啊。" *Address of the Whig Members of the Senate and House of Representatives of Massachusetts* (1843), 9。
28. W. Kirkland, "The West, the Paradise of the Poor," *Democratic Review*, XV, 189 (August, 1844); Bancroft to the Public, October 22, 1834, *Northampton Courier*, October 29, 1834; "Reform," *New-England Magazine*, II, 71 (January, 1832).
29. *Boston Post*, October 28, 1834.
30. [Anon.], *The Condition of Labor. An Address to the Members of the Labor Reform League of New England*, 19–20.
31. 对此问题, 当代研究者当然也有很出色的探讨, 参见, Fred A. Shannon, "The Homestead Act and the Labor Surplus," *American Historical Review*, XLI, 637–651; Carter Goodrich and Sol Davison, "The Wage-Earner in the Westward Movement," *Political Science Quarterly*, L, 161–185, LI, 61–116。
32. Brownson, "The Laboring Classes" (second article), *Boston Quarterly Review*, III, 473–474.
33. Rhett in the House, June 25, 1838, *Congressional Globe*, 25 Congress 2 Session, Appendix, 506.
34. Owen, "One of the Problems of the Age," *Democratic Review*, XIV, 167 (February, 1844).
35. 1837年2月3日的《纽约晚报》登载了一篇文章, 对先占权法令实施了有力辩护, 该文很可能是出自威廉·卡伦·布赖恩特之手, 因为有那么一段时间, 布赖恩特本人也动过迁居西部的念头。文章申述说: "我们都见识过这些先占者是如何置身于辽阔草原地带, 在那里春种秋收, 也见识过他们是如何来到丰饶的丛林边缘, 在那里举枪猎捕, 我们也都曾置身他们的小木屋, 享受他们的好客……但凡造访过西部的人, 倘若环境有利或者允许, 我想都会毫不犹豫地前往那里的无主之地定居, 那些土地是属于政府的, 还没有获得售卖许可。人们可以在这样的土地上建造自己的小木屋, 种植自己的果园, 可以劈开树木, 建造自家的围栏和篱笆, 在这开阔且丰裕的草原之上开辟生活, 翻动这处女之地……或者也可以先行开辟出巨大的、开放的、开满鲜花的牧场, 而后再来定居……对此, 我们都是有利益关联的。当前的生活潮流急速涌动, 我们不知道谁会倒下, 我们不知道谁会迁居西部。百老汇、包厘、珍珠街、查塔姆街、桑德河和哈得孙河沿岸的村落和农田, 置身这些地方的人们今天可能不曾想到迁居遥远西部, 但这样的念头终有一天会在他们内心涌动翻滚。到了那一天,倘若他们来到西部,不免会发现,最好的土地已然上市流通了,已然成了投机客手中的玩物,他们不得不在那些尚未上市流转的土地里面挑选还算像样的土地。我们现在当然可以如此悠然地坐在这里给《晚报》写稿子,但是两年之后,我们也许已经在艾奥瓦河和查尔顿河岸边饲养斑鸠了,那里的土地还没有纳入售卖程序,定居者要得到那里的土地目前来看还是很容易的,唯一的要求就是举起手中斧头,在树上留下标记,或者在草原之上立下一根木桩。"

36. *Register of Debates*, 20 Congress 1 Session, Appendix, 2831-2833.
37. Benton in the Senate, March 20, 1832, *Register of Debates*, 22 Congress 1 Session, 666.
38. Helene S. Zahler, *Eastern Workingmen and National Land Policy*, *1829-1862*, 21-39.
39. Masquerier, Sociology, 94-99.
40. St. G. L. Sioussat, "Andrew Johnson and the Early Phases of the Homestead Bill," *Mississippi Valley Historical Review*, V, 283.

二十七 杰克逊民主与宗教

1. Massachusetts *Senate Document*, no. 22 (1838), 53-54.
2. 据这篇评论的作者说,此等"无神建制"的目标就是"取缔所有财产。将一切资材都纳入一个公共财库,一切人都将自己的劳动果实纳入这个财库,一切人也都从中获取自己的衣食住行配额"。James H. Lanman, "Social Disorganization," *American Monthly Magazine*, II, 577-578, 582 (December, 1836)。
3. *The Campaign*, November 2, 1844.
4. 也有人认为该书的作者是亨利·怀廷斯·沃纳(Henry Whitings Warner)。
5. *Inquiry into the Moral and Religious Character of the American Government*, 14, 18, 19, 89, 92, 109, 206, 133.
6. Barnard, *Plea for Social and Popular Repose*, 8.
7. Barnard, *The Social System*, 28.
8. Tayler Lewis, "Has the State a Religion?" *American Whig Review*, III, 273, 286 (March, 1846).刘易斯在文章开篇就申述说,仅仅是提起这样的问询,他就足以被"被视为自由的敌人,人类权利的敌人",因为"极左民主派"是不会轻易放过他的。

9. Webster, *Writings and Speeches*, XI, 133–184; Colton, *Voice from America to England*, 60, 87, 151–200.
10. Flavel S. Mines, *The Church the Pillar and Ground of the Truth*, 11, 12.参阅库珀在《莫尼金斯》中的一番讽刺性描述，当时，小说的主人公讲述了自己从埃瑟林顿神父（Dr. Etherington）那里学到的东西："神父讲述了诸般教义，他说社会必然要分化出等级和阶层，削弱等级或者阶层的藩篱，不仅不明智，更是罪恶。他说天堂是至福之地，有大大小小的天使，还有诸圣徒，尘世也是如此，也是应当有君王、贵族和平民的。"*The Monikins*, 51–52. 这段描述，就跟这部小说里的通常内容一样，也是一番反讽。
11. Bancroft to Edward Everett, November 17, 1834, Bancroft Papers; Van Buren, *Autobiography*, 284.
12. Johnson, *Report on the Transportation of the Mail on Sunday*, 5.
13. Johnson to Barnabas Bates, *et al.*, March 14, *New York Evening Post*, April 1, 1840.
14. Jackson to the General Synod of the Dutch Reformed Church, June 12, 1832, Charles Warren, *Odd Byways in American History*, 229.
15. Morse, *Neglected Period of Connecticut's History*, 101–105.
16. Fox, *Decline of Aristocracy*, 389–390; Albert Post, *Popular Free-thought in American*, 1825–1850, 129–130, 214–215.
17. James K. Polk, *Diary ... during his Presidency*, M. M. Quaife, ed., II, 187–191.
18. Allen to Brownson, August 18, 1834, *Brownson's Early Life*, 114.
19. Bynum in the House, June, 1838, *Congressional Globe*, 25 Congress 2 Session, Appendix, 423.
20. Jackson to Herttell, quoted by Dixon Wecter, "The Hero in Reverse," *Virginia Quarterly Review*, XVIII, 253 (Spring, 1942).此类民主党颂词，可参见，*New York Evening Post*, April 23, 1835, *Boston Post*, January 28, 1842；辉格党方面当然是一片愤怒、一片骂声，可参见，*Boston Atlas*, July 7, 1836。
21. *Boston Investigator*, February 6, 1835.此等心绪在1836年2月26日刊发的一首颇有代表性的打油诗里面，有充分体现：

宗教在衰落，无以长存，
K. 揭露了它那黑色的脸面；
潘恩给了它致死一击——
这怪物就此死去，就此消散。

啊！我们终获自由——再无藩篱，
阴云啊，正在散去；
《常识》啊，令天空碧蓝如洗，
啊！碧空下的世界，多么幸福！

22. "不妨查看一下《波士顿反银行备忘录》，不难发现几乎全部的订阅者都参加了联邦大街的那场异教徒狂欢。我毫不怀疑，此时此刻，这座城市的异教集团至少占据了杰克逊集团三分之一的江山……整个联邦的范布伦集团差不多将这个国家全部的异教徒和怀疑主义者都揽入了自己的阵营。" Derby, *Political Reminiscences*, 143。
23. 20 Pickering 206.
24. 最好的叙述可参见，Henry S. Commager, "The Blasphemy of Abner Kneeland," *New England Quarterly*, VIII, 29 – 41。
25. Howe, "Atheism in New-England," *New-England Magazine*, VII, 500 – 509, VIII, 53 – 62 (December, 1834, January, 1835); Adams, Memoirs, IX, 186.
26. S. D. Parker, *et al.*, *Arguments of the Attorney of the Commonwealth in the Trials of Abner Kneeland, for Blasphemy*, 81.
27. *Thacher's Criminal Cases*, 386 – 387.
28. *Boston Post*, May 26, 1834.
29. Derby, *Political Reminiscences*, 144.
30. *Boston Post*, May 12, June 19, 25, 1838.
31. Mary R. Whitcomb, "Abner Kneeland: His Relations to Early Iowa History," *Annals of Iowa*, Third Series, VI, 340 – 363.
32. Zechariah Chafee, Jr., *The Inquiring Mind* (N. Y., 1928), 111.
33. George Dickinson to Bancroft, January 27, 1835, Bancroft Papers.
34. Bancroft to Sylvester Judd., *et al.*, October 1, 1834, *Boston Courier*, October 22, 1834.
35. Brownson, "The Laboring Classes," *Boston Quarterly Review*, III, 389 – 390 (July, 1840).
36. Harriet Martineau, *Society in America*, II, 412.
37. Brownson, "The Laboring Classes," *loc. cit.*, 389.

二十八　杰克逊民主与乌托邦

1. Redelia Brisbane, *Albert Brisbane. A. Mental Biography*, 54 – 195.

2. *Bay State Democrat*, January 15, 1844.
3. Brisbane, *Social Destiny of Man*, 256.
4. Brisbane, *Brisbane*, 72, 7.
5. Whitman, *New York Dissected*, 129.
6. Brisbane, *Social Destiny*, 58, 155n., 354.
7. Herman Kriege in the *New York Volks Tribun*, September 26, 1846, Commons, *Documentary History*, VII, 230.
8. Godwin, *Popular View of the Doctrines of Charles Fourier*, 111; Brisbane, *Social Destiny*, 105; Ryckman quoted in Ware, *Industrial Worker*, 210.
9. *Spirit of the Age*, November 17, 1849.
10. Brisbane, *Brisbane*, 204.
11. 对傅立叶主义的一般性分析，可参见，C. Bougle, *Socialismes Francais*, 111-138; Ware, *Industrial Worker*, 168-174。
12. 布里斯班说自己"对某些领域的问题是有清晰洞见的"。Brisbane, *Brisbane*, 226。本顿是傅立叶主义者颇为敬重的为数寥寥的实务政客之一。可参见，Godwin, "Constructive and Pacific Democracy," *Present*, I, 190 (December 15, 1843)。
13. Brisbane, *Brisbane*, 198 ff.
14. Godwin, "Constructive and Pacific Democracy," *loc. cit.*, 190.
15. *Phalanx*, November 4, 1843, May 18, 1844, Commons, *Documentary History*, VII, 231-233; Ware, *Industrial Worker*, 210.
16. Brisbane, *Social Destiny*, 4; Emerson, *Journals*, VI, 355.
17. Godwin, "Constructive and Pacific Democracy," *loc. cit.*, 194; Brisbane, "Reform Movements Originating among the Producing Classes," *Harbinger*, January 24, 1846.也可参见，Brisbane, *Social Destiny*, viii-ix.
18. *Spirit of the Age*, July 28, 1849.
19. Brisbane, Brisbane, 225; O. B. Frothingham, *Memoir of William Henry Channing*, 409-410.

二十九　杰克逊民主与文学

1. Sedgwick, *What Is a Monopoly?*, 7.那个时代的文学当然也尝试在道德和艺术层面上解决杰克逊民主在政治和经济领域里遭遇的一些问题，这个主题真要展开来讲，需要一本书的篇幅。马蒂森对这其中的很多内容都有相当敏锐的论述，见，F. O. Mathiessen in *American Renaissance*。我此处仅仅是叙述一下这批作家对政治问题的直接回应。
2. Martineau, *Society in America*, I, 13 – 14. 参阅, George Combe, *Notes on the United States of North America*, II, 216: "在美国，辉格党据有整个国家的财富，民主党则握有整个国家的天才。"
3. *Boston Post*, October 11, 1838. 也可参见, *New York Evening Post*, August 14, 1838。
4. Francis Baylies, *Speech ... before the Whigs of Taunton*, 3.
5. Everett to G. S. Hillard, June 21, 1849, Everett Papers. 亨利·沃兹沃思·朗费罗（Henry Wadsworth Longfellow）于1839年非常阴沉地指控说，罗克福克党人正在建造"新的政治—文学体系"。Longfellow to G. W. Greene, July 23, 1839, Hawthorne, *The American Notebooks*, Randall Stewart, ed., 288。
6. "Introduction," *Democratic Review*, I, 14 (October, 1837).
7. Bancroft to Everett, February 7, 1835, Bancroft Papers. 参见, Bancroft to Jared Sparks, August 22, 1834, Sparks Papers: "应当将一种公众情感脉流注入我们的文学当中，这是一股有关民主独立和民众自由的情感脉流。就让财神统治市场吧，在这文学圣山之上他们是不会有任何位置的。不要谄媚富人，且让真理和人性的光辉借由公共报刊和美利坚文学洒向大地吧。"
8. Brownson, "American Literature," *Boston Quarterly Review*, III, 76 (January, 1840).
9. J. W. Pratt, "John L. O'Sullivan and Manifest Destiny," *New York History*, XXXI, 214 – 217.
10. 爱伦·坡认为他就是一头蠢驴，朗费罗认为他是个笨蛋，这两个评价也并非完全没有根据。朱莉亚·沃德·豪（Julia Ward Howe）于1903年见到叶芝的时候，便一下子注意到叶芝的暴躁脾性、纤弱身形，还有蓝色眼睛、黑色头发，这都令豪不由自主地联想起奥沙利文。见，Julian Hawthorne, *Nathaniel Hawthorne and His Wife*, I, 160; Nathaniel Hawthorne, *Love Letters*, Roswell Field, ed., II, 242; Rose H. Lathrop, *Memories of Hawthorne*, 77; Thoreau to Emerson, January 24, 1843, F. B. Sanborn, *Hawthorne and His Friends*, 30; G. E. Woodberry, *Life of Edgar Allan Poe*, I, 353; Hawthorne, *The American Notebooks*, 288 – 289; Laura E. Richards and Maud Howe Elliot, *Julia Ward Howe, 1819 – 1910*, II, 319; Emerson to Margaret Fuller, Febuary 24, 1843, Emerson, *Letters*, III, 149。
11. O'Sullivan to Rufus Griswold, September 8, 1842, *Passages from the Correspondence of Rufus W. Griswold*, ed., 213; Butler to Bancroft, May 1, 1838, Bancroft Papers; Butler to Gilpin, April 24, 1838, Gilpin Papers; Jackson to

Langtree and O'Sullivan, March 6, 1837, *Washington Globe*, March 13, 1837; Adams, *Memoirs*, IX, 416; Frank L. Mott, *History of American Magazines*, I, 677–684.

12. 此一名声令《民主评论》在保守派圈子里信誉扫地。乔治·萨姆纳(George Sumner) 在欧洲的时候就曾致信波士顿的一个朋友说:"可能您不太相信,《民主评论》发表的我的那篇有关希腊的文章, 就是因为发表在《民主评论》上, 成了人人踩踏的东西, 我也常常因此遭受谴责, 他们纷纷说我是'政府的人';《民主评论》可以说是我国唯一一份销往欧洲都城的评论期刊, 该期刊应该说是以很温和的方式来伸张并支持我国政府之基础原则的……就是这样一份期刊, 令拉德瓦罗 (Advaros, 俄国一家出版商的经理) 大为赞赏, 认为它令美利坚获得了在海外发声的机会, 而不再像以往那样单纯地重复英国评论杂志的那些破落内容。"他的弟弟查尔斯则在信中告诉他说, 纳撒·黑尔 (Nathan Hale) 拒绝在《波士顿广告》上重印这篇文章; 乔治·蒂克纳则"很是遗憾, 这篇文章竟然发表在《民主评论》上面"; 斯托里大法官也"很是恼恨", 不过,"出于礼节, 并没有说什么"; 哈佛法学院的格林利夫教授同样"深感不安", 并告诉他说:"很多人本来是可以跟您成为朋友的, 但是您把文章发表在《民主评论》上面, 这的确让他们失望了。"查尔斯·萨姆纳在信中写道:"亲爱的乔治, 说真的, 该考虑放弃他们那边啦。"乔治·萨姆纳则以愤怒和咆哮作为回应:"这些人都该死! ……一想到这些事情、这些嘴脸, 我都禁不住想放声大笑……党派情绪竟至于令人如此狂乱, 说起来, 这些人的品性还都不错, 都算是持重高洁的。" George Sumner to G. W. Greene, November [?], 1842, *Proceedings of the Massachusetts Historical Society*, XLVI, 359–360。

13. Mott, *History of American Magazines*, I, 679–680。

14. O'Sullivan to Charles Sumner, April 12, 1843, Sumner Papers。

15. "Introductory Remarks," *Boston Quarterly Review*, I, 6 (January, 1838)。

16. Brownson to Van Buren, April 2, 1838, Van Buren Papers。

17. Woodbury to Bancroft, November 21, 1839, Bancroft Papers。

18. 参见, Paulding's Letters to Van Buren and to A. C. Flagg (收录在回忆录里)。

19. 关于霍桑和《环球报》的关系, 参见, Franklin Pierce to Hawthorne, March 5, 1836, Julian Hawthorne, *Hawthorne and His Wife*, I, 134–135。

20. 参见, Matthiessen, *American Renaissance*, 316–337。

21. 多罗西·韦普尔斯 (Dorothy Waples) 的杰作《詹姆斯·费尼莫尔·库珀的辉格党神话》(*Whig Myth of James Fenimore Cooper*) 对库珀有中正之论, 对修正库珀的历史位置和声誉提供了莫大帮助。这部作品详尽阐述了库珀因为自己的政治观点遭受了辉格党媒体何等猛烈的攻击，这类攻击显然是有组织、有预谋的。罗伯特·欧·斯皮勒（Robert E. Spiller）的作品《费尼莫尔·库珀：时代的批判者》(*Fenimore Cooper: Critic of His Times*) 很好地阐发了库珀的社会批评的一般性意涵。埃塞尔·R. 奥特兰（Ethel R. Outland）的杰出作品《"埃芬厄姆"诽谤库珀》(*The "Effingham" Libels on Cooper*)，则围绕库珀同媒体的恩恩怨怨展开阐述，提供了大量的基本信息。不过，上面所述的这些作品都没能充分注意到 1834 到 1850 年间，库珀思想发生的那场变化是何等剧烈。

22. Cooper, *Sketches of Switzerland* [Part First], II, 158; *Monikins*, 74, 82.
23. 此处引文，参见, *Sketches of Switzerland*, Part Second, II, 81。
24. Cooper, *Gleanings in Europe*, II, 177.
25. Cooper, *Monikins*, 408；也可参见, *Letter to His Countrymen*, 65–67。
26. Cooper, *American Democrat*, 131–132；也可参见, *Excursions in Italy*, 184–185。
27. Cooper, *Homeward Bound*, 12–13.
28. 特别参阅, *American Democrat*, 163–165。
29. *Sketches of Switzerland*, Part Second, I, 36.
30. *American Democrat*, 46.
31. *Sketches of Switzerland* [Part First], I, 177, 212.
32. 同上，212。
33. *Sketches of Switzerland*, Part Second, II, 189–190.
34. Cooper to Bedford Brown, March 24, 1838, *Historical Papers Published by the Historical Society of Trinity College*, VIII, 2.
35. *New Era*, June 4, 1840.
36. 此处提到的关于杰克逊的这个情况，参见, *Home as Found*, 123。
37. Cooper to Bedford Brown, March 24, 1838, *loc. cit.*
38. Cooper, *The Redskins*, vi.
39. Cooper to C. A. Secor, *et al.*, September 8, 1844, *The Campaign*, September 21, 1844.
40. Cooper, *Satanstoe*, vii.
41. Cooper, *New York*, 56.
42. *New York*, 51.
43. *Bay State Democrat*, May 3, 1839; Bancroft, "Address to the Democratic Electors of Massachusetts," *Boston Post*, October 16, 1835.
44. Bancroft, "On the Progress of Civilization, or Reasons Why the Natural

Association of Men of Letters Is with the Democracy," *Boston Quarterly Review*, I, 395 (October, 1838) ; Bancroft, "Address to the Democratic Electors of Massachusetts," *Boston Post*, October 16, 1835.
45. Brownson to Bancroft, September 24, 1836, Bancroft Papers; Brownson to Cousin, June 23, 1838, Brownson Papers.
46. *Washington Globe*, March 9, 1838.
47. "To the Young Men," by "H. P.," *Bay State Democrat*, August 16, 1839.
48. Brownson to Bancroft, September 24, 1836, Ripley to Bancroft, September 20, 1837, Bancroft Papers.
49. Ripley to Bancroft, November 6, 1837, Bancroft Papers.
50. Emerson, *Essays* (World's Classics), 300.
51. *Essays*, 407–408.
52. Parker to Convers Francis, December 6, 1839, J. E. Cabot, *Memoir of Ralph Waldo Emerson*, 400–401.
53. *Essays*, 407.
54. *Journals*, VI, 315.
55. *Essays*, 285.
56. *Essays*, 185.
57. Emerson to Carlyle, May 14, 1834, *Correspondence of Thomas Carlyle and Ralph Waldo Emerson,1834–1872*, C. E. Norton, ed., I, 16.
58. Emerson to Carlyle, August 8, 1839, 同上, I, 255。
59. 韦伯斯特其人将内在的犬儒性情同外在的道德高标形象结合在一起, 这令他成为民主派文人理想的攻击标靶。霍桑在《人面巨石》(*The Great Stone Face*) 中将韦伯斯特称为"老石面"(Old Stony Phiz), 并给出了一番品评, 此番品评非常锐利, 已经传布四海。据霍桑此番描述, 韦伯斯特其人"才具出众, 目光短浅, 生命当中不乏高光时刻, 但终究是黯淡且空洞, 原因就是胸无大志, 终令他脱离现实"。Hawthorne, *Writings*, III, 51. 班克罗夫特对韦伯斯特自然也少不了一番辛辣品评, 可参见他跟范布伦的通信。布赖恩特也曾在1837年11月20号的《纽约晚报》上发表文章, 品评韦伯斯特, 这篇文章可见, Bryant, *Prose Writings*, Parke Godwin 编, II, 383–385。库珀当然也有典型之论, 见, *The Monikins*, 414。惠特曼则用一个短句总括了所有这些评说, "韦伯斯特经常被人高估, 这等待遇是美利坚历史之上所有有点影响的公众人物都不曾享受过的"。*Brooklyn Eagle*, April 11, 1846, *Gathering of the Forces*, II, 182。
60. Thoreau, "Plea for Captain John Brown," *Works*, IV, 430, 429, 437; " Civil

Disobedience," *Works*, IV, 387.
61. Whitman, Gathering of the Forces, I, xix-xxiii.
62. Whitman, "American Democracy," *Brooklyn Eagle*, April 20, 1847, *Gathering of the Forces*, I, 3 – 6.
63. Thoreau to Harrison Blake, December 7, 1856, *Works*, XI, 347; Traubel, *with Whitman in Camden*, I, 212。也可参见, H. S. Canby, *Thoreau*, 412 – 417。
64. "Notes for Lectures on Democracy and 'Adhesiveness'," C. J. Furness, *Walt Whitman's Workshop*, 58.

三十　泰勒回归

1. 参见, Arthur M. Schlesinger, "Tides of American Politics," *Yale Review*, XXIX, 217 – 230 (December, 1939)。
2. De Bacourt, *Souvenirs d'un Diplomate*, 211.
3. Hallet, *Oration before the Democratic Citizens of Oxford*, July 5, 1841, 9 – 10.
4. Thomas L. Hamer to Van Buren, November 18, 1840, Van Buren Papers.
5. 范布伦是在1829年的一封私人信件里提起的此番解释。1836年，本·富·哈勒特在巴恩斯特布尔的一次演说中重申了此一解释，1838年在米德尔伯勒（Middleboro）的另一次演说中，再次提起这个解释，由此便令这个说法流行开来。参见, *Washington Globe*, November 6, 1838; Hallett, *Oration before the Democratic Citizens of Worcester County … July 4, 1839*, 10 – 11n。
6. 南方民主党人的看法，倒是不曾有过变化，可以说是一以贯之，参见, *Appalachicola* (Florida) *Advertiser*, December 12, 1840: "一直以来，民主党借以获取能量的那种精神，显然就是平均地权主义者的精神，正是这种精神令民主党归于分裂和瓦解，民主党若要重新组织起来，就必须排除这种精神，唯有如此，才能令真正的民主原则的代表者，无论是谁，重新获得主导权能……若真是重组，像布莱尔、肯德尔、本顿、赖特、霍伊特、巴特勒这样的人及其追随者，都是必须彻底排除在外的。"
7. 参见, "The Progress and Present Condition of the General Post Office," *Democratic Review*, VI, especially 193 – 199 (September, 1839)。
8. *Kendall's Expositor*, February 3, 1841.
9. Kendall, *Autobiography*, 355 – 357.
10. 1842—1843年间，布莱尔—里夫斯—肯德尔之间的这场通信，可参见, Van Buren Papers; 也可参见, Wright to Van Buren, December 23, 1842, Marcy to Van Buren, December 1, 1843, Van Buren Papers; Jackson to Blair, January

11,1843,Blair to Jackson,December,1843,Jackson,*Correspondence*,VI,181,250;W. E. Smith,*The Francis Preston Blair Family in Politics*,I,159。
11. "Amos Kendall," *Democratic Review*,I,410-411（March,1838）.
12. James D. Reid,*The Telegraph in America*（New York,1886）,99,112-113;Kendall,*Autobiography*,462,526-555.
13. Webster,*Works*,II,135;[Francis Wharton],"Banking and the Bank of the United States," *Christian Examiner*,XXXI,1-38（September,1841）.这篇文章作结论说:"首先,该银行总裁手中掌控了过分且危险的权能;其次,该银行明显违背了特许状条款;其三,银行职员和代理人因为欺诈和肆意行径,造成了不小的损失;其四,该银行频繁介入国家政治事务;其五,该银行借由自身权能,造成货币体系的频繁动荡。"
14. Cooper to his Wife,June 13,1841,Cooper,*Correspondence*,II,442.
15. 《辉格党年鉴》(*Whig Almanac*)的此番评说,参见,Sumner,*Jackson*,342。菲利普·霍恩援引了布赖恩特的话,并补充说,"像布赖恩特这般心如蛇蝎的反人类者,竟然会生出此等想象力,呈现出如此美妙的诗性意象,这实在令我震惊。看来,即便是响尾蛇的毒牙也能挤出蜜汁啊"。Hone,*Diary*,II,686-687。
16. Wright to Van Buren,April 2,1842,Van Buren Papers.
17. *New York Sun*,March 5,1938.
18. 此时纽约政坛的这种局面可谓乱云飞渡,最清晰的阐述可参见,H. D. A. Donovan,*The Barnburners*,特别是该书的第14至24页。
19. Welles,*Diary*,I,154.
20. Hoffman to Flagg,October 17,Flagg Papers.
21. N. S. Benton,*A History of Herkimer County*,323-336;*New York Journal of Commerce*,September 28,1848;Weed,*Autobiography*,33-34;Stanton,*Random Recollections*,173.
22. Martin Van Buren to John Van Buren,September 3,1930,Van Buren Papers.
23. Sumner to John Bigelow,October 24,1851,Bigelow,*Retrospections of an Active Life*,I,121;C. F. Adams,*Richard Henry Dana*,I,172.
24. M. B. Field,*Memories of Many Men*,181.
25. 在这方面,有一份很是生动的品鉴,可参见,Bungay,*Crayon Sketches*,67。亚西比德当然会顺理成章地成为比较对象。参阅,Bigelow,*Retrospections*,I,87:"他的出身、他的成就、他的睿智以及他那种绝对自信,都令他很不幸地成了他那个时代的亚西比德。"《纽约论坛报》则更有意思,在约翰·范布伦谢世之时,称他为"这个时代的博马歇"。

26. Bungay, *Crayon Sketches*, 68.
27. 除了前面提到的参考文献而外，还可以参见，*New York Tribune*, October 17, 1866; *New York Times*, October 17, 1866; Traubel, *With Whitman in Camden*, III, 228（"我太了解他了，"惠特曼是这么品评约翰·范布伦的，"聪明，有男子汉气魄；活泼，可爱；身形酷似汤姆·唐纳森，有汤姆的幽默和狂野气质。"）; Charles H. Peck, "John Van Buren," *Magazine of American History*, XVII, 58–70, 202–213, 318–329。

三十一 少数派与多数派

1. Richardson, *Messages and Papers*, I, 322, 323.
2. Letter from Brownson, December 5, 1840, *New York Evening Post*, December 7, 1840.
3. Calhoun in the Senate, February 15, 1833, *Register of Debates*, 22 Congress 2 Session, 547, 549.
4. 同上，549。
5. Calhoun to Duff Green, September 20, 1834, Calhoun, *Correspondence*, 341.
6. Calhoun in the Senate, February 15, 1833, *loc. cit.*, 547.
7. 皮肯斯还着重补充说，"一切事情，唯有通过联合行动，才能有效推进，个体权利并不至于成为人们诉求的真正目标，人们真正诉求的应当是阶级权利和群体权利"。Pickens, *Address, on the Great Points of Difference between Ancient and Modern Civilization*, 3.
8. Calhoun in the Senate, January 5, 1837, *Register of Debates*, 24 Congress 2 Session, 303.
9. Calhoun, "Disquisition on Government," *Works*, I, 12, 25. 卡尔霍恩否认"复合多数"意味着少数派统治，他着重申述说："我同样反对少数派政府。无论多数派政府还是少数派政府，说白了都是一个或者一些群体压迫另一个或者另一些群体罢了。我支持的是全体的政府。" Calhoun to R. L. Dorr, March 21, 1847, *Niles's Register*, May 8, 1847。
10. 在跟查尔斯·贾·英格索尔的一次谈话中，卡尔霍恩申述说："奴隶制是绝对有必要的，因为要靠蓄奴势力来制衡民主势力。" W. M. Meigs, *Life of Charles Jared Ingersoll*, 267。"我是支持南方奴隶制的，"卡尔霍恩告诉艾伯特·布里斯班说，"因为那显然是一项稳定保证……一项制衡力量。" Brisbane, *Brisbane*, 221–222。"在北方，劳工和资本的冲突风起云涌，"卡尔霍恩于1838年宣示说，"……在这场冲突中，南方的砝码历来……都是且永远都是用来对抗二者当中任何一方的侵夺行径，一旦这样的侵夺行径失去制衡，就必将扰乱我国的政治平衡局面。" Calhoun in the Senate, January 10, 1838, *Congressional Globe*, 25 Congress Session, Appendix, 62。

11. J. S. Jenkins, *Life of John Caldwell Calhoun*, 453.
12. Brownson, "Brook Farm," *Democratic Review*, XI, 454 (November, 1842).
13. Brownson, "Our Future Policy," *Boston Quarterly Review*, IV, 86, 89 (January, 1841).
14. Brownson, "Bancroft's History," *loc. cit.*, IV, 517 (October, 1841); "The Distribution Bill," *loc. cit.*, V, 90 (January, 1842).
15. Calhoun to Brownson, October 31, 1841, Brownson, *Brownson's Early Life*, 302; Brownson, *An Oration on the Scholar's Mission*, 32.
16. Hammond, *Silas Wright*, 335. 南卡罗来纳州议会提名卡尔霍恩参加1844年大选，此一政纲就出现在这份提名决议案的序言当中，并在稍加改动之后获得重印，成为选战文件；可参见，the cover of *The Calhoun Text Book* (New York, 1843)。
17. Byrdsall to Calhoun, February 22, 1847, *Correspondence Addressed to Calhoun*, 368.
18. Byrdsall to Calhoun, November 6, 1842, Calhoun, *Correspondence*, 862; T. N. Carr to Van Buren, September 15, 1843, Van Buren Papers; *Madisonian*, September 15, 1843; *Subterranean and Working Man's Advocate*, November 9, 1844.
19. "Walter Barrett" [Joseph A. Scoville], *Old Merchants of New York City*, I, 130-131.
20. D. H. Lewis to R. K. Cralle, June, 1842, Moore, "Calhoun by His Political Friends," *Publications of the Southern History Association*, VII, 360; Scoville to R. M. T. Hunter, August 29, November 21, 1842, *Correspondence of Robert M. T. Hunter, 1826-1876*, C. H. Ambler, ed., 40, 52; Slamm statement, *ibid.*, 48; A. Vanderpoel to Van Buren, August 29, 1842, Van Buren Papers; H. P. Barber to Calhoun, December 29, 1843, *Correspondence Addressed to Calhoun*, 196.
21. Brownson, *Brownson's Early Life*, 326-340; Holden, *Early Years of Hecker*, 180-183; Lemuel Williams to Calhoun, September 6, 1843, Calhoun, *Correspondence*, 876.
22. *Chronicle and Old Dominion* (Norfolk and Portsmouth), April 13, 1842.
23. *New York Times*, March 18, 1859; M. P. Breen, *Thirty Years of New York Politics Up-to-date*, 302-307; James O'Meara, *Broderick and Gwin*, 6-7; J. F.

McLaughlin, *Life and Times of John Kelly*, 145-152.
24. Walsh, *Sketches of the Speeches and Writings of Michael Walsh*, 11, 30, 18.
25. O'Meara, *Broderick and Gwin*, 8; J. F. Chamberlin, *The Answer ... to the Complaint of George Wilkes*.
26. Walsh, *Speeches*, 30; *Subterranean*, September 13, 1845.
27. *Subterranean and Working Man's Advocate*, October 12, 1844. 埃文斯和沃尔什于 10 月将这两份报刊合并；11 月迈克因为诽谤罪锒铛入狱，12 月迈克结束了这段合作关系，原因是迈克写就了一系列文章，猛烈抨击布莱克韦尔岛监狱，埃文斯则坚持要迈克平缓一下语气。
28. *Subterranean*, June 28, 1845.
29. *Niles' Register*, September 23, 1843; E. A. Alderman and A. C. Gordon, *J. L. M. Curry: a Biography*, 78.
30. *Niles' Register*, May 21, 1842.
31. Arthur M. Mowry, *The Dorr War*, 259 and *passim*. 这部作品尽管成书于 1901 年，至今也仍然是这个问题上的最佳论述，我当然也是相当严格地遵循了这部作品的阐述。塞思·路德在这场斗争中扮演的角色，可参见，Louis Hartz, "Seth Luther: Working Class Rebel," *New England Quarterly*, XIII. 406-409。
32. Francis Wayland, *The Affairs of Rhode Island*, 4-5, 7, 28.
33. J. A. Bolles, *Review of Dr. Wayland's Discourse on the Affairs of Rhode Island*, 7.
34. Mowry, *The Dorr War*, 83.
35. John Whipple and Daniel Webster, *The Rhode Island Question*, 43.
36. Mowry, *The Dorr War*, 231-236.
37. 参见，莫里从保守派角度提出的结论："必须承认，1843 年 5 月得到采纳的这部新宪法，是自由化取向的，而且很好地直面了该州的需求，能做到这一点，功劳恐怕要完全归功于这场动荡。" *The Dorr War*, 297-298。
38. *Niles' Register*, September-October, 1836; James McSherry, *History of Maryland*, 348-356; M. P. Andrews, *History of Maryland: Province and State*, 462-465. 大多数辉格党人的反应都跟罗得岛州的辉格党集团一样，认为此次叛乱是一场小型的法国革命，并且认为是辉格党的英明领导才阻止了这场革命最终爆发。
39. Bancroft to Van Buren [October, 1843], Van Buren Papers.
40. *Subterraean*, June 21, 1845.
41. Calhoun to William Smith, July 3, 1843, Calhoun, *Works*, VI, 229, 230.
42. Anne C. Lynch to Brownson, May 1, 1842, Brownson Papers; Brownson,

Browson's Early Life, 342–344.
43. O'Sullivan, "Introduction," *Democratic Review*, I, 2–6（October, 1837）. 后来，奥沙利文将民主定义为"人民的政治主导权能机制，而不是那种允许人民靠着纯粹的力量优势肆意而为的政治机制，否则的话，人民就有可能抛弃既有法律或者个体权利方面的约束了"。"The Course of Civilization," *Democratic Review*, VI, 213（September, 1839）。（不过，这篇文章也可能不是奥沙利文写的。）
44. 转引自 Brownson, "The Convert," *Works*, V, 101。
45. *Boston Post*, October 16, 1835.
46. Brownson, "Democracy and Liberty," *Democratic Review*, XII, 375（April, 1843）.
47. O'Sullivan, "Note," *Democratic Review*, XII, 387, 390, 391（April, 1843）.
48. Brownson, "Popular Government," *Democratic Review*, XII, 532, 534（May, 1843）; O'Sullivan, "Note," 同前, 538。
49. O'Sullivan, "Note," *Democratic Review*, XIII, 129（August, 1843）.
50. Roane to Van Buren, September 11, 1843, Van Buren Papers. 小埃德温·米姆斯在这个问题上有相当出彩的讨论，不过，这个讨论似乎有扭曲论题之嫌，参见, Edwin Mims, Jr., *The Majority of the People*。

三十二　风起云涌

1. *Kendall's Expositor*, December 2, 1841.
2. *Kendall's Expositor* Extra, March 1, 1843.
3. Greeley, "The Tariff Question," *American Whig Review*, II, 114（August, 1845）.
4. Adams, *Memoirs*, IV, 531, 492–493, 502, 517.
5. Cambreleng to R. H. Baptist, September 16, 1835, Washington 16, 1835, *Washington Globe*, February 13, 1836; Fisk, *The Nation's Bulwark*, 12–20; Moore in the House, February 4, 1839, *Congressional Globe*, 25 Congress 2 Session, Appendix, 241.
6. Luther in the *Washington Globe*, May 14, 1832; meeting of the Stone Cutters, *Boston Post*, April 17, 1835; Gouge, *Paper Money*, Part I, 98–99; Perkins and Wolfson, *Wright*, 256; Brisbane, *Social Destiny of Man*, 102–103.
7. *Boston Reformer*, July 21, 1837; "The Present State of Society," *Democratic Review*, XIII, 27（July, 1843）.

8. Fisk, *Banking Bubble Burst*, 84 – 85; *The Nation's Bulwark*, 14, 15, 20; *Our Country: Its Dangers and Destiny*, 10; *Democratic Expositor*, July 25, 1860.
9. Morton's Letter of September 28, 1837, *Niles' Register*, December 1, 1838.
10. 莱格特的反废奴派作品,可参阅, *New York Evening Post*, July 11, 1834, February 10, 1835。黑人一旦获得解放,对北方劳工市场的潜在冲击,恰恰是莱格特特别担心的。
11. "The Great Nation of Futurity," *Democratic Review*, VI, 427 (November, 1839). 此处,我采纳了普拉特的相关论述,见,J. W. Pratt, "O'Sullivan and Manifest Destiny," *New York History*, XXXI, 321, 在这篇文章中,普拉特认为,这份文稿的确是奥沙利文所写。不过,奥沙利文在几个月之前就已经离开《民主评论》了(参见, V, 520, May 1839), 直到 1841 年才又回归《民主评论》,因此,这篇文稿不大可能出自奥沙利文之手。
12. J. W. Pratt, "O'Sullivan and Manifest Destiny," *loc. cit.*, 222, 224. 1845 年 7 月,奥沙利文的确用过这个术语,不过,真正令这个术语流行起来的,则是当年 12 月号的那篇社论。
13. 班克罗夫特接受民主党州长竞选提名的信件,可见, August 15, 1844, Bancroft Papers。
14. *Subterranean*, October 4, 1845.
15. Hamilton, *Rantoul*, 687.
16. Sedgwick to his parents, October 8, 1833, to Harmanus Bleecker, September 14, 1841, Sedgwick Papers; *New York Evening Post*, February 20, 1840; *Thoughts on the Proposed Annexation of Texas*, 34, 35.
17. A. C. Flick, *Samuel J. Tilden*; Flick, "Samuel Jones Tilden," *New York History*, XXIX, 347 – 359; John Bigelow, *Life of Samuel J. Tilden*; Bigelow, *Retrospections of an Active Life*, I, 66.
18. Benton, *Thirty Years' View*, II, 583; Wright to Van Buren, April 8, 1844, Van Buren Papers.
19. Welles, "Political History of the Forties," 19 – 21, Welles Papers; *Diary*, II, 385. 也可参见, Flagg to Van Buren, April 15, 1843, Van Buren Papers; Dix to Flagg, November 9, 1846, Flagg Papers; Weed, *Autobiography*, 471 – 472。
20. Wright to Van Buren, April 10, 1843, Van Buren Papers.
21. King to Flagg, December 21, 1844, January 11, 1845, Flagg Papers.
22. J. L. Hayes, *A Reminiscence of the Free-Soil Movement in New-Hampshire*, *1845*, 15, 42; G. B. Spalding, *A Discourse Commemorative of ... Hon. John Parker Hale*; H. S. Foote, *Casket of Reminiscences*, 76; Oliver Dyer, *Great Senators*, 127; G.

W. Bungay, *Crayon Sketches*, 13 – 16; Chase to Sumner, April 28, 1851, Chase, *Diary and Correspondence*, 235.
23. Wright to Van Buren, April 8, 1844, Van Buren Papers.
24. 参见巴恩斯的出色论述, G. H. Barnes, *The Antislavery Impulse*, 1830 – 1844。

三十三 风雨摧城

1. *Bay State Democrat*, November, 1843, *passim*; *Boston Advertiser*, September 14, 1843; Blair to Jackson, September 26, 1843, Jackson, *Correspondence*, VI, 231; Darling, *Political Changes*, 301 – 307.
2. Wright to Van Buren, January 2, March 6, 1844, Van Buren Papers; Polk to Fisk, March 30, 1844, L. G. Tyler, *Letters and Times of the Tylers*, III, 133.
3. Marcy to Van Buren, November 1, 1843, Wright to Van Buren, February 27, 1844, Van Buren Papers; J. H. Hammond to Calhoun, September 10, 1842, *Correspondence Addressed to Calhoun*, 850.
4. S. I. Prime, *Life of Samuel F. B. Morse, LL. D.*, 496 – 497.
5. Gilpin to Van Buren, May 26, 1844, Van Buren Papers.
6. Polk to Johnson, May 13, 1844, "Letters of James K. Polk to Cave Johnson, 1833 – 1848," *Tennessee Historical Magazine*, I, 240.
7. 关于此次提名大会, 可参阅, reports of B. F. Butler and J. L. O'Sullivan to Van Buren, Van Buren Papers; 波尔克方面的通信, 可参阅安·杰·多纳尔森 (A. J. Donelson)、凯夫·约翰逊 (Cave Johnson) 以及吉迪恩·皮洛 (Gideon Pillow) 等人的通信, 见, *Tennessee Historical Magazine*, I, 209 – 256, III, 52 – 73, *American Historical Review*, XI, 832 – 843; Bancroft to Polk, July 6, 1844, Bancroft Papers; *New York Herald*, June 4, 1844; Hudson, *Journalism in the United States*, 599; Adlai E. Stevenson, *Something of Men I Have Known*, 129; Forney, *Anecdotes*, I, 117 – 118, II, 79; Hammond, *Silas Wright*, 446 – 471; Swisher, *Taney*, 434。
8. Wright to Flagg, June 8, 1844, Flagg Papers.
9. Sedgwick to Sumner, June 9, 1844, Sumner Papers.
10. Wright to Erastus Corning, September 11, 1844, Gillet, *Wright*, II, 1588; W. C. Bryant to Roosevelt, November 23, 1884, clipping pasted in Roosevelt, *The Mode of Protecting Domestic Industries*, New York Public Library: "应该说,《美利坚民主党人》是本州最早支持赛拉斯·赖特之提名的报纸。我还清楚记得当时很多人都怀疑这项提名是否合适 (1884 年), 当然, 我肯定是没有怀疑

的。"惠特曼的态度，可参阅，*Brooklyn Eagle*，April 6，1847，*Gathering of the Forces*，II，6。
11. Hammond，*Wright*，499–500。
12. T. C. Smith，*The Liberty and Free Soil Parties in the Northwest*，76–77；I. W. Riley，*The Founder of Mormonism*，327。
13. John Hickey，*The Democratic Lute, and Minstrel*，5。
14. J. E. Walmsley，"The Presidential Campaign of 1844 in Mississippi，" *Publications of the Mississippi Historical Society*，IX，197。
15. E. D. Mansfield，*Personal Memories*，223。
16. Greeley，*Recollections of a Busy Life*，167。
17. T. T. Munger，*Horace Bushnell: Preacher and Theologian*，44–45。
18. Samuel Lawrence to Amos Lawrence，November 12，1844，Lawrence Papers。
19. McCormac，*Polk*，chap. Xiii。
20. 波尔克的形象，尚且需要很长时间的修复工作方能真正呈现给公众，当然，德沃托（De Voto）在《关键一年：1846》（*The Year of Decision: 1846*）中呈现的画像的确令人仰慕，也的确会有一些效果。实际上，直到1937年，像詹姆斯·瑟伯（James Thurber）这样极有头脑的历史圈外人士，仍然相当震惊地宣示说："竟然有人在波尔克辞世八十多年之后，仍然能够发掘出关于波尔克的三个重大事实，这太不可思议了……应该说，在所有的总统当中，詹姆斯·柯·波尔克是最令人记忆深刻的。" *Let Your Mind Alone!* (New York)，141。
21. "波尔克先生还是个年轻人，不过四十出头，不过，我们相信，终有一天，他会成为这个国家的总统的。" *Plymouth Rock and County Advertiser*，May 9，1839。
22. Tilden to W. H. Havemeyer（？），March 4，1845，to J. L. O'Sullivan，May 31，1845，Tilden，*Letters and Literary Memorials*，John Bigelow，ed.，27–28，34–35；McCormac，*Polk*，306 ff。
23. James Schouler，*History of the United States of American under the Constitution*，IV，498。
24. Bancroft to J. G. Wilson，March 8，1888，J. G. Wilson，ed.，*The Presidents of the United States*，230。
25. Welles，"Political History of the Forties，" 33，Welles Papers。
26. Polk，*Diary*，IV，261。
27. Polk to Buchanan，February 17，1845，Curtis，*Buchanan*，I，548；Polk，*Diary*，II，84。

28. Polk, *Diary*, II, 360.
29. F. W. Taussig, ed., *State Papers on Tariff*, 225, 231, 227.
30. Greeley, "Pandora," *American Whig Review*, III, 103 (January, 1846).
31. Polk, *Diary*, III, 18.
32. Polk, Diary, III, 74.
33. Van Buren to Polk, March 1, 1845, Van Buren Papers.马西倒是很坦率地推断说,赖特和弗拉格会支持这项任命,范布伦和"整个的烧仓派"则会反对这项任命,至于"守旧派",则"很可能会对我秉持温和态度,但不会特别有热情"。Marcy to P. M. Wetmore, November 10, 1844, Marcy Papers。
34. Polk to Jackson, March 17, 26, 1845; Jackson, *Correspondence*, VI, 382, 390; Polk, *Diary*, I, 356 – 358; Smith, *Blair Family*, I, 163 – 183.
35. Polk, *Diary*, I, 104.
36. Polk, *Diary*, II, 404, 405. 也可参见,*Diary*, II, 20, 以及马西的一封信笺,信中怒气冲冲地列举了"烧仓派"在纽约州获得的联邦职位资源,见,Marcy to G. W. Newell, February 25, 1846, Marcy Papers。
37. Weisenburger, *Passing of the Frontier*, 425; E. A. Holt, *Party Politics in Ohio*, 1840 – 1850, 221; Polk, *Diary*, I, 206 – 207, 371.
38. Calhoun to R. M. T. Hunter, March 26, 1845, Hunter, *Correspondence*, 76; L. S. Coryell to Calhoun, May 27, 1845, *Correspondence Addressed to Calhoun*, 295; W. A. Harris to Calhoun, July 11, 1845, Calhoun, *Correspondence*, 1038; Aaron Hobart to Bancroft, April 14, 1845, Bancroft Papers。大约七十五年之后,约翰·泰勒总统的儿子给出了如下评说:"波尔克已然彻底落入本顿和范布伦集团手中,令卡尔霍恩集团和泰勒集团的感受同样糟糕。" L. G. Tyler, "The Annexation of Texas," *Tyler's Quarterly Historical and Genealogical Magazine*, VI, 92。
39. W. I. Paulding, *Paulding*, 289.
40. Parton, *Jackson*, III, 667 – 668; Rachel Jackson Lawrence, "Andrew Jackson at Home," *McClure's*, IX, 792 – 794 (July, 1897).
41. 关于杰克逊谢世的情形,有多个见证人。我特别倚重的是一些刊印出来的相关叙述,见, Parton, *Jackson*, III, 678 – 679; Rachel J. Lawrence, "Andrew Jackson at Home," *loc. cit.*; the statement of Old Hannah, Jackson, *Correspondence*, VI, 415; the statement of Elizabeth Martin Randolph Donelson, Pauline W. Burke, *Emily Donelson of Tennessee*, II, 18; the Statements of G. P. A. Healy as given in his letter to Van Buren of July 7, 1857, Van Buren Papers, and in his *Reminiscence of a Portrait Painter*, 144 – 146. 也可参阅一份相当动

人的重述,见,Marquis James, *Andrew Jackson: Portrait of a President*, 496 - 500。
42. John Catron to Buchanan, June 11, 1845, McCormac, Polk, 7 - 8; W. M. Norment to S. G. Heiskell, February 18, 1921, Heiskell, *Jackson and Early Tennessee History*, III, 54.
43. Catron to Buchanan, *loc. cit.*
44. Michael Shiner, mss. Diary, 87, Library of Congress.

三十四　自由土壤

1. Marcus Morton to W. L. Marcy, June 2, 1846, Morton Letterbooks; Hartz, "Seth Luther: Working Class Rebel," *New England Quarterly*, XIII, 410.路德从未前往前线;报名应征之后没过几个星期他便再次发病,并被关进了东剑桥精神病院。
2. *Brooklyn Eagle*, December 2, 1847, Whitman, *Gathering of the Forces*, I, 266.关于这一年的事态,最好的叙述可参见, Bernard De Voto, *The Year of Decision: 1846*。
3. Welles, *Diary*, II, 385; Welles, "Political History of the Forties," 19 - 21.
4. C. B. Going, *David Wilmot: Free Soiler*, 98 - 100, 174.布林克霍夫(Brinkerhoff)后来声称自己是《威尔莫特但书》的真正执笔人;不过,此一观念本身并非原创,实际上不过是复兴了杰斐逊的《西北土地法令》而已,而且,这样的一场运动应该说是无可避免的。在该提案被引入国会的过程中,威尔莫特毫无疑问是扮演了更为重要的角色,这一点在二人随后的生涯当中得到了证明。戈因对两人的主张和说法给出了相当出色的考证和评说,参见,*Wilmot*, 117 - 141。

韦尔斯暗示说(Political History, 23),威尔莫特之所以会有如此动作,部分原因在于他希望借此恢复在北方的地位,毕竟,此前他曾投票支持沃克的关税计划,南方认为,此一关税计划是亲南方的。实际上,威尔莫特在关税问题上的投票在他自己的选区颇得民心。威尔莫特对南方的仇视,有着深刻得多的原因;而且也应该说,他的行动跟他的一贯路线是完全一致的,他将来的行动路线也完全证明了这一点。范布伦集团的大多数重要任务也都尊奉这样的路线,因此,将《威尔莫特但书》理解成一桩琐碎的政治算计,这实在是没有根据,尽管现代的一些研究者都是这么看的。
5. Hammond, *Wright*, 706 - 707.
6. *Brooklyn Eagle*, September 1, 1847, Whitman, *Gathering of the Forces*, I, 208.

7. Polk, *Diary*, IV, 251, II, 75.
8. Polk, *Diary*, II, 305.
9. Polk, *Diary*, II, 308, 289; McCormac, *Polk*, 612 – 616.
10. Polk, *Diary*, II, 348, 458 – 459.
11. Polk, *Diary*, IV, 288, I, 369, IV, 299.
12. Whittier to E. Wright, Jr., October 14 [1844], S. T. Pickard, ed., *Whittier as a Politician*, 34.
13. Wright to Buchanan, September 23, 1844, Curtis, *Buchanan*, I, 522; Wright to D. S. Dickinson, October 9, 1844, J. R. Dickinson, *Speeches*; *Correspondence, Etc., of the Late Daniel S. Dickinson*, II, 371.
14. G. W. Newell to Marcy, March 29, 1845, Marcy Papers.
15. 苏厄德后来评论说, 赖特一直到此次提名之前都可以说是一个很强悍的人:"他就这么倒下了, 倘若让他自主行事, 他应该不至于沦落那样的境地……他可是杰克逊的直系继承人啊"。参见, Seward's letters of August 23 and September, 1844, Seward, *Seward*, 723, 725。
16. T. N. Parmelee, "Recollections of an Old Stager," *Harper's*, XLVII, 758 (October, 1873).
17. Marcy to P. M. Wetmore, January 21, 1846, endorsement by Marcy, June, 1849, on G. W. Newell to Marcy, March 29, 1845, Marcy Papers.
18. O'Sullivan to Van Buren, March 28, 1845, Van Buren Papers.
19. Wright to J. M. Niles, November 6, 1846, *Miscellaneous Letters*, New York Public Library.赖特同波尔克的关系问题, 可阅两人在 1845—1846 年间的通信, 吉莱特编辑刊印这些通信的时候还附录了其他的一些材料, 很有意思, 见, Gillet, *Wright*, 1643 – 1702; 也可参见, Hammond, *Wright*, 693 – 698。
20. Polk, *Diary*, II, 218.
21. Wright to Dix, January 19, 1847, to J. H. Titus, April 15, 1847, Gillet, *Wright*, 1918, 1874; Hammond, *Wright*, 714; Titus to the Committee, April 24, 1856, *Proceedings of the Meeting ... on the 29th of April, 1856, ... Opposed to ... the Extension of Slavery*, 28.
22. Chase to Hale, May 12, 1847, R. B. Warden, *An Account of the Private Life and Public Services of Salmon Portland Chase*, 313 – 314.
23. Chase to King, July 15, 1847, Chase, *Diary and Correspondence*, 121.
24. Benton to Dix, August 22, 1847, Flagg Papers.
25. J. A. Seddon to R. M. T. Hunter, November 16, 1844, Hunter, *Correspondence*, 74.
26. 赖特最后的这段岁月及其谢世的情况, 可参见, Wright to Flagg, March 12,

1847, J. L. Russell to Flagg, August 27, 1847, Flagg Papers; 当然也有诸般不同的叙述,分别参阅, Gillet, *Wright*, 1963 – 1970; Hammond, *Wright*, 722 – 731; J. S. Jenkins, *Life of Silas Wright*, 248 – 249。
27. Perry, *Reminiscences of Public Men: Second Series*, 187; J. A. Campbell to Calhoun, December 20, 1847, Calhoun, *Correspondence*, 1153.
28. Polk, *Diary*, III, 153.
29. *Brooklyn Eagle*, August 28, 1847, Whitman, *Gathering of the Forces*, II, 185.
30. Wilmot to King, September 25, 1847, Van Buren Papers.
31. Whittier, *Complete Poetical Works*（Cambridge ed.）, 304 – 305.
32. Bancroft to Bryant, November 3, 1847, Howe, *Bancroft*, II, 27.
33. 赖特的传记作家们基本上都认识他,而且都是在1847年以及随后几年的赖特神话中成长起来的。因此,这些传记应该说都是严重失准的,那里面呈现的通常是一个圣人,而不是一个会犯错但也诚实的人。哈蒙德的那份传记更是在派性激情极为震荡的时期写就的,因此其价值折损不小,跟前两卷的叙事比较起来,也就没那么有识别力了,毕竟,前两卷涵括了纽约政治历史的内容。詹金斯（Jenkins）的那份传记则相当平庸。吉莱特的那份传记尽管是在赖特谢世很多年之后写就的,讴歌的成分却太重了,而且吉莱特本人在奴隶制问题上奉行保守路线,因此也就不会那么忠实于一个真实的赖特。比如说,这些传记中没有一部是以诚实态度处理赖特的那种不知节制的品性。这些作家援引的赖特信笺,风格爽快活泼,显然是在着力呈现一个宽容、幽默的人,坦率、真诚,精于政治管理,没有虚荣心。
34. Stanton, *Random Recollections*, 160.
35. O. C. Gardiner, *The Great Issue: or, the Three Presidential Candidates*, 62.
36. *Herkimer Convention*, *The Voice of New York!*, 5.
37. John Van Buren to Martin Van Buren, November 13, 1847, Van Buren Papers.
38. C. H. Peck, "John Van Buren," *Magazine of American History*, XVII, 321.
39. Chase to Sumner, December 2, 1847, Chase, *Diary and Correspondence*, 125.
40. Van Buren to Robert Hogan, *et al.*, November 24, 1847, Van Buren Papers.
41. Martin Van Buren, Jr., to Van Buren, April 17, 1848, Van Buren Papers.
42. Curtis, "American Opinion of the French Nineteenth Century Revolutions," *American Historical Review*, XXIX, 263.
43. Bancroft to Buchanan, March 24, 1848, Howe, *Bancroft*, II, 33.
44. Gardiner, *The Great Issue*, 21.
45. "Address of the Democratic Members of the Legislature of the State of New York," Tilden, *Writings and Speeches*, II, 571, 572, 569.此处援引的所有这些

字句，都出自马丁·范布伦之手。
46. 关于塞奇威克的立场，可参阅，"The Present Position of the Democratic Party," *New York Evening Post*, December 3, 1847, 这篇文章希望将奴隶制问题交付国会。这篇文章实际上是一份会议决议，马库斯·莫顿、布赖恩特、F. B. 卡廷（F. B. Cutting）、J. L. 斯蒂芬斯（J. L. Stephens）以及 D. D. 菲尔德（D. D. Field）等人都参加了此次会议，文中观点则是莫顿、卡廷、斯蒂芬斯和塞奇威克的观点。菲尔德明确反对这种观点，布赖恩特的态度不是很明朗。参见，Sedgwick to Van Buren, December 2, 1847, Van Buren Papers。布赖恩特的情况，可参阅，Bryant to John Bryant, February 7, 1848, Godwin, *Bryant*, II, 40；本顿、布莱尔和迪克斯的情况，可参见，Benton to Van Buren, May 29, 1848；弗拉格的情况，可参见，Flagg to Van Buren, June 19, 1848, Van Buren Papers。
47. Butler to Van Buren, May 29, 30, 1848, Van Buren Papers.
48. 参见，letters, Van Buren Papers。
49. Gardiner, *Great Issue*, 116; Dean Richmond, et al., to John Van Buren, June 23, 1848, Van Buren Papers.
50. John Van Buren to Martin Van Buren, June 26, 1848, Van Buren Papers.
51. Whittier to Sumner, June 20, 1848, S. T. Pickard, *Life and Letters of John Greenleaf Whittier*, I, 331–332.
52. L. E. Chittenden, *Personal Reminiscences, 1840–1890*, 15–16.
53. 有关此次集会的主要信息和素材，可参见，Oliver Dyer, *Phonographic Report of the Proceedings of the National Free Soil Convention*。也可参阅，Joshua Leavitt's letter to the Liberty Party, *Clarion to Freedom* (Indiana County, Pennsylvania), September 13, 1848; *Campaign of Freedom* (New York), August 26, 1848; Adams, *Dana*, I, 138–144; Julian, *Political Recollections*, 56–61; *Reunion of the Free-Soilers of 1848, ... August 9, 1847*, 特别参阅，第 59 页。加德纳的《大议题》（*Great Issue*）是有关这场"烧仓派"运动的主要信息源，价值无可估量。多诺万的《烧仓派》（*The Barnburners*）则是一本非常出色的现代史学作品。
54. 此时，马萨诸塞的民主党票仓较辉格党票仓有了大幅度的沉降，原因就在于这份自由土壤派票单。比恩对此有相当精细的计算，参见，W. G. Bean, "Party Transformation in Massachusetts with Special Reference to the Antecedents of Republicanism, 1848–1860," 31–33, unpublished doctoral thesis, Harvard University。
55. Blair to Van Buren, June 16, 26, 184, Van Buren Papers.

56. Berrian to Van Buren, June 26, 1848, Van Buren Papers.
57. *New York Times*, October 17, 1866.
58. Dyer, *Phonographic Report*, 27–28.
59. *Boston Semi-Weekly Republican*, September 2, 1848; Congdon, *Reminiscences of a Journalist*, 133.
60. 有人指控自由土壤派搞地区分裂，约翰·奥·博尔斯（John A. Bolles）随即代表自由土壤派给出回应："在各个蓄奴州，如今有成千上万的人……在看着我们……北卡罗来纳的沙丘派……田纳西和亚拉巴马的贫苦白人，他们都没有奴隶，他们都是贫穷的技工和贫穷的农夫，他们的境遇根本不比非洲黑奴强。……这就是奴隶制的真义所在；确切地说，就是让劳动堕落，让劳动者堕落，让金钱高贵，让财主高贵。" *Boston Semi-Weekly Republican*, September 9, 1848。
61. 本顿的情况，可参见，Blair to Van Buren, June 26, 1848, Van Buren Papers; Bancroft to W. H. Prescott, September 15, 1848, Howe, *Bancroft*, II, 36; Rantoul, *Second Speech …… on the Coalition in Massachusetts*, 5; (Robinson, Dorr) *Boston Post*, July 8, 15, 1848; Edwin Croswell to Sedgwick, December 27, 1857, Sedgwick Papers; R. M. Robbins, "Horace Greeley: Land Reform and Unemployment, 1837–1862," *Agricultural History*, VII, 30.

三十五　暴风骤雨

1. David Wilmot, letter accepting the Republican nomination for Governor of Pennsylvania, April 22, 1857, Going, *Wilmot*, 499; M. R. H. Garnett to W. H. Trescott, May 3, 1851, Henry O'Rielly, *The Great Questions of the Times, Exemplified in the Antagonistic Principles Involved in the Slaveholders' Rebellion against Democratic Institutions as well as against the National Union*, 8. 南方对自由社会体制的诸般攻击，倒是有一份不错的概括，可参见亨利·威尔逊于1858年3月20日的参议院演说，见，*Congressional Globe*, 35 Congress 1 Session, Appendix, 168–174，后来得以刊印，标题为《劳工是"奴隶"吗？》（Are Working-men "Slaves"？）。也可参阅，H. O'Rielly, *The Great Questions and Origins and Objects of the Slaveholders' Conspiracy*，这是内战期间出版的作品。詹·亨·哈蒙德（J. H. Hammond）1858年3月4日的参议院演说提出了"底基社会理论"（mudsill theory of society），参见，*Congressional Globe*, 35 Congress 1 Session, Appendix, 69–71；亚伯拉罕·林肯在1859年9月30日的密尔沃基演说中对此一理论进行了回应，见，

Works（Nicolay-Hay），V，247－255，这份回应包含了对这个问题的充分讨论。乔治·菲茨休（George Fitzhugh）的作品则代表了南方对自由资本主义社会诸般原则的最具毁灭性的攻击。

2. "A Word to Southern Democrats. By a Northern Conservative," *American Whig Review*, X, 190－194（August, 1849）.

3. E. C. Cabell in the House, March 5, 1850, *Congressional Globe*, 31 Congress 1 Session, Appendix, 242; Cole, *Whig Party in the South*, 283; Whig circular of November 8, 1850, signed by George Morey, chairman of the Whig State Central Committee, *Boston Commonwealth*, October 31, 1851.

4. Sumner, *Works*, II, 318.

5. Lincoln to H. L. Pierce, *et. al.*, April 6, 1859, *Works*（Nicolay-Hay），V, 126.

6. Choate to E. W. Farley, *et al.*, August 9, 1856, *The Old-Line Whigs for Buchanan!*, 4.

7. 珍珠港事件之前，共和党的境况跟此一时期辉格党的处境是非常相似的；参见，Arthur M. Schlesinger, Jr., "Can Willkie Save His Party?" *Nation*, December 6, 1941. 倘若南方在1850年就开战，辉格党也许就得救了，无论辉格党自身愿不愿意走上战场，这就如同太平洋战争拯救了今天的共和党一样。

8. Blair to Van Buren, August 1, 1850, Van Buren Papers.

9. Meigs, *Benton*, 452.

10. Blair to Van Buren, August 8, 1849, Van Buren Papers.

11. Bigelow, *Retrospections*, IV, 56. 有一个不同版本的说法，大意是说，本顿经过克拉克·米尔斯（Clark Mills）的杰克逊塑像的时候，留下了这样的品评："是的，先生；杰克逊将军是个伟人，非常伟大。他对我帮助莫大，特别是在我跟合众国银行干仗的时候。"Dyer, *Great Senators*, 208－209。实际上，《三十年见闻录》里面有关于银行战争的客观叙述，从那份叙述中不难见出这些逸闻基本就是空穴来风。

12. Benton to Van Buren, June 16, 30, September 11, 25, 1851, Blair to Van Buren, July 23, 1851, Van Buren Papers.

13. Blair to Van Buren, February 6, 1851, Van Buren Papers.

14. 参阅 1851—1852 年间，范布伦父子、本顿、布莱尔和迪克斯等人之间的通信，Van Buren Papers; R. F. Nichols, *The Democratic Machine*, 1850－1854, 79－98; Van Buren, *Political Parties*, 365; Butler to Pierce, June 16, 1848, W. L. Leech, *Calendar of the Papers of Franklin Pierce*, 18; Smith, *Blair*, I, 242－243, 265; Morton to John Van Buren, February 7, to Hamlin, February 29,

1852, Morton Letterbooks; Dix, *Dix*, I, 262–266; Preston King to Bigelow, February 24, 1851, Bigelow, *Retrospections*, I, 112; Welles to Tilden, September 24, 1851, Tilden, *Letters*, I, 79。

15. Chase to Butler, July 15, 1852, *New York Herald*, July 20, 1852.
16. Butler to Chase, July 31, 1852, *Boston Commonwealth*, August 10, 1852.也可参见, W. A. Butler, *Retrospect of Forty Years*, 243。
17. *New York Evening Post*, October 18, 1852.
18. *Boston Post*, September 19, 1849.
19. Bean, "Party Transformation in Massachusetts," 91–129.
20. *Proceedings of the Massachusetts Historical Society*, Third Series, II, 84.
21. Whittier, "Rantoul," *Works*, IV, 84, 86.
22. Butler to Van Buren, December 2, 1854, Van Buren Papers.
23. New York Evening post, May 15, 1854.
24. Butler to Van Buren, December 2, 1854, Van Buren Papers.
25. Van Buren, *Political Parties*, 355; Van Buren to Moses Tilden, September 1, 1856, Tilden, Letters, I, 119.
26. Blair to Dix, 1854, Dix, *Dix*, I, 284.
27. Blair, *Letter ... to a Public Meeting in New York, Held April 29, 1856*, 1, 8, 11. 参阅, 布莱尔早先时候所作的阐发, 见, Blair, *Letter ... to the Republican Association of Washington, D. C., of December 1, 1855*, 布莱尔在这封信中谴责说, "当前政府在准州政府问题上已然背弃了杰斐逊原则, 已经跟约翰·考·卡尔霍恩的否决教义和分裂教义没什么区别了"。
28. Whitman, "The Eighteenth Presidency," Furness, *Walt Whitman's Workshop*, 101, 110.
29. Cole, *Whig Party in the South*, 152–153, 223, 264–265.
30. Blair, *Letter ... to a Public Meeting in New York*, 8–9.
31. At the Union Safety meeting, October 23, 1850, Philip S. Foner, *Business and Slavery: the New York Merchants and the Irrepressible Conflict*, 48.
32. Harvey, *Reminiscences of Webster*, 203, 243, 254–255; Webster to T. B. Curtis, January 20, 1851, *Proceedings of the Massachusetts Historical Society*, XLV, 165 (1911–1912); Webster to Henshaw, June 11, 1851, Webster, *Writings and Speeches* (Memorial Ed.), XVI, 616.
33. Joseph Nielson, *Memories of Rufus Choate*, 350–351.
34. Lincoln to A. G. Henry, November 19, 1858, Lincoln, *Works* (Nicolay-Hay), V, 95.

35. Van Buren to Moses Tilden, September 1, 1856, Tilden, *Letters*, I, 120.
36. Bancroft to Marcy, September 24, 1856, to Buchanan, February 21, 1857, Howe, Bancroft, II, 123 – 124, 125 – 126; Bancroft to Gilpin, December 29, 1856, Gilpin Papers.
37. John Van Buren, "Speech … at Faneuil Hall," *New York Evening Post Extra*, November 8, 1849; "Speech of Mr. Van Buren," *Democratic Review*, XXIX, 74 (July, 1851); Peck, "John Van Buren," *Magazine of American History*, XVII, 327 – 329.
38. William Kent to Sumner, August 31, 1849, E. L. Pierce, *Sumner*, III, 61; Sumner to Bigelow, October 24, 1851, Bigelow, *Retrospections*, I, 121.
39. Stanton, *Random Recollections*, 175 – 176. 亨利·威尔逊, 前辉格党人, 对约翰·范布伦并无任何先入之见, 他给出的评论如下: "1848 年, 他的表现堪称现象级, 他的民主才干, 他的声名, 他的地位, 真的是没的说了。倘若他能够忠诚于他所倡议的原则, 他就会成为共和党的头面人物之一, 甚至会成为该党公认的领袖, 这一点毫无疑问。" *History of the Rise and Fall of the Slave Power in America*, II, 1842。
40. Sumner to Bigelow, October 24, 1851, Bigelow, *Retrospections*, I, 121.

三十六 "我们的联邦……"

1. Blair to Van Buren, June 10, 1849, Van Buren Papers.
2. *New York Democratic Anti-Lecompton Meeting*; Foner, *Business and Slavery*, 150, 152.
3. 杰克逊 (也可能是托尼) 曾申述说, 联邦最高法院的判决意见 "不应当对政府的其他权力部门有拘束力……所有的公务人员都曾立下捍卫宪法的誓言, 这样的誓言也就意味着, 他们都会依照自己的理解去捍卫宪法, 而不是依照他人的理解去捍卫宪法……司法意见之于国会的权威, 并不高于国会之于司法意见的权威, 在这方面, 二者是平起平坐的, 而且在这方面, 总统是独立于二者的。因此, 最高法院的权威是不能拘束作为立法实体的国会或者行政团体的, 只能在他们的推理和见解所允许的范围内发挥作用"。 Richardson, *Messages and Papers*, II, 582. 此一申述遭到了韦伯斯特的猛烈攻击, 韦伯斯特认为, 这样的观念实际上意味着杰克逊可以完全抛开司法意见, 自行决定是否推行法律。若如此, 杰克逊的意思就等于是说, 法律的司法拘束力唯有在法院作出判决的时候才会有效, 先例原则是不存在的; 当然, 韦伯斯特在此处并没有把话说白。相关评论可参见, Van

Buren, *Political Writings*, 325; Swisher, *Taney*, 196-197; Boudin, *Government by Judiciary*, I, 466-468（我就是从这里引述了萨姆纳所作的申述）。杰斐逊也有类似的申述："这些例子都可以佐证我的立场，政府的三个部门有平等的权利去决定宪法之下各自的职责，无需参照另外两个部门在类似问题上所作的决定。" Jefferson to Spencer Roane, September 6, 1819, Jefferson, *Writings* (P. L. Ford, ed.), X, 142.

4. Bancroft to J. M. Mason, July 24, 1857, Howe, *Bancroft*, II, 127.
5. Letter of James R. Doolittle, Fall 1857, quoted in Smith, *Blair Family*, I, 432.也可参见，Benton, *Historical and Legal Examination of … the Dred Scott Case*。
6. Blair to Van Buren, April 12, 1858, Van Buren Papers.本顿死后，他临死对布坎南政府的最终看法就成了一个问题，由此也引发了一场极为激烈的论战。这个问题上，最好的论述参见，Smith, *Blair Family*, I, 431-438。
7. Van Buren, *Political Parties*, 370-371, 376.
8. Stanton, *Random Recollections*, 192.
9. Welles, "Review of Political History of the United States and Presidential Contests," 1, Welles Papers.
10. Houston, letter of July 21, 1856, *The Republican Scrap Book*, 13.
11. Blair in the House, March 23, 1858, *Congressional Globe*, 35 Congress 1 Session, 1283-1284.这场演说先是援引了欣顿·R. 黑尔珀在1857年的《危机来临》(*The Impending Crisis*) 一书中提起的论说。黑尔珀同老布莱尔交情甚密，老布莱尔甚至编辑出版了《危机来临》一书的概要，这份概要广为流传。后续的版本则是小弗兰克·布莱尔 (Frank Blair, Jr.) 负责编辑的。参见，D. R. Barbee, "Hinton Rowan Helper", *Tyler's Quarterly Magazine*, XV, 158-159。
12. Lincoln to H. L. Pierce, *et al.*, April 6, 1859, *Works* (Nicolay-Hay), V, 125-126.
13. Walsh in the House, May 19, 1854, *Congressional Globe*, 33 Congress 1 Session, 1224.
14. *New York Herald*, March 18, 1859; *New York Times*, March 18, 1859; McLaughlin, *John Kelly*, 152; Forney, *Anecdotes*, I, 113; Breen, *Thirty Years of New York Politics*, 307.
15. T. A. Devyr to Andrew Johnson, December 8, 1859, Commerford to Johnson, December 17, 1859, quoted in Zahler, *Eastern Workingmen and National Land Policy*, 103, 104, 172n.
16. *New York Tribune*, November 8, 1860, quoted in Foner, *Business and Slavery*, 193.

17. Jackson to A. J. Crawford, May 1, 1833, Sumner, *Works*, V, 434 – 435.
18. Henry Adams to C. F. Adams, Jr., January 17, 1861, *Letters of Henry Adams* (1858 – 1891), W. C. Ford, ed., 80.
19. Van Buren, "Resolutions Drawn for the New York State Democratic Convention," Van Buren Papers.
20. Kendall, *Autobiography*, 634.
21. Bancroft to S. P. Chase, August 9, 1862, Chase, *Diary and Correspondence*, 511 – 512; *Voters of Massachusetts … Letter from George Bancroft*, Esq., 10.
22. Schlesinger, *Brownson*, 240 – 275.
23. Robinson, *An Address to the Voters of the Fifth Congressional District*, 2 – 4, 11.
24. *Democratic Expositor*, January 24, 1846; Commons, *Documentary History*, VIII, 26, 27; E. B. Robinson, "The *Pennsylvanian*: Organ of the Democracy," *Pennsylvania Magazine of History and Biography*, LXII, 351.
25. *Democratic Expositor*, 1860, *passim*.
26. Polk, *Diary*, III, 480 – 481.
27. O'Sullivan to Tilden, June 5, Tilden, *Letters*, I, 161. 也可参阅, Bigelow, *Retrospections*, I, 280; Pratt, "O'Sullivan," *New York History*, XXXI, 226 – 234。
28. Butler, *Genuine and Bogus Democracy*, 8.
29. Hilliard, *Politics and Pen Pictures*, 130.
30. Temple, *Notable Men of Tennessee*, 361 – 364, 451 – 466; Andrew Johnson, *Speeches … with a Biographical Introduction*, Frank Moore, ed.
31. Abernethy, *From Frontier to Plantation in Tennessee*, 312 – 313.
32. Johnson, *Speeches*, xxxix, 76, 63 – 64. 约翰逊的此番信仰更将农业德性涵括在内。"杰斐逊先生曾有言说,大城市是政治肌体的创口,没有比这更真切的了;在民主制度当中,此类创口将会吞噬一切,将会是致命的。"同上,36。
33. 同上,275—276。
34. "这显然是一场有组织的行动,力图将战前的杰克逊派民主力量集结在新政府的大旗之下。总统办公室的信笺如同雪片一般堆积起来,从中足见这场运动的力量和分量。" W. A. Dunning, "More Light on Andrew Johnson," *American Historical Review*, XI, 575(April, 1906). 布莱尔和约翰逊的情况,参见,A. K. McClure, *Recollections of Half a Century*, 243;普雷斯顿·金的情况,可参阅,J. G. Blaine, *Twenty Years of Congress*, II, 11, 186 – 187。邓宁教授证明了,约翰逊送交国会的第一份咨文就是出自班克罗夫特的手笔;班克罗夫特夫人于1871年4月5日给约翰·比奇洛的信也证明了这一点,见，Bigelow's diary in *Retrospections*, IV, 486。菲斯克的情况，可参见，Fisk[e] to Johnson, April 20, 1865, Carl Sandburg, *Abraham Lincoln: The War Years*, IV, 338–339; W. A. Ellis, ed., *Norwich University, 1819–1911*, II, 110。

35. *New York Times*, November 15, 16, 1865; *New York Tribune*, November 15, 16, 1865; Welles, *Diary*, II, 386; Weed, *Autobiography*, 475.
36. John Van Buren to Martin Van Buren, January 31, 1861, Van Buren Papers.
37. DeAlva S. Alexander, *Political History of the State of New York*, II, 129.
38. *New York Tribune*, October 17, 1866; Charles Edwards, *Pleasantries about Courts and Lawyers of the State of New York* (New York, 1867), 239.
39. 参见，F. L. Paxson, "A Constitution of Democracy-Wisconsin, 1847," *Mississippi Valley Historical Review*, II, 3–24。
40. *Fortnightly Review*, DCCXI, New Series, 74 (January, 1922).也可参见，W. B. Greene, *Socialistic, Communistic, Mutualistic, and Financial Fragments*。
41. Bigelow to von Bunsen, November 8, 1874, Bigelow, *Retrospections*, V, 172.

三十七　民主诸统绪

1. Blair in the House, March 23, 1858, *Congressional Globe*, 35 Congress 1 Session, 1284.
2. 无需多言，自由主义思想在当今世界范围的冲突中也承受了类似的命运。只需用"美利坚"和"德意志"来取代布莱尔所说的"北方"和"南方"，就是对当前这场战争的通常的自由主义解释版本，而且这个版本关于布莱尔的理论也有着同样的弱点。自由主义虽然从民族主义当中"解脱"出来了，但仍然难以应对战争的诸般实情。
3. C. C. Hazewell, "Agrarianism," *Atlantic Monthly*, III, 397, 396, 393 (April, 1859).
4. Wilkes, *Defence of the Paris Commune, with Some Account of the Internationale*, 44–45.
5. Welles, *Diary*, I, 524.
6. Whitman, "Notes for Lectures on Democracy and 'Adhesiveness,'" Furness, *Whitman's Workshop*, 57; "Democratic Vistas," *Prose*, 198.
7. Whitman, "Democratic Vistas," 198.
8. Van Buren, *Political Parties*, 51, 54.
9. "True Theory and Philosophy of Our System of Government," *Democratic Review*,

XV, 232 (September, 1844).

10. Bancroft's eulogy in B. M. Dusenberry, comp., *Monument to the Memory of General Andrew Jackson*, 44.
11. George Sorel, *Reflections on Violence* (London, n. d.), 137, 135–136, 32.
12. Jackson, "Protest to the Senate," April 15, 1834, Richardson, ed., *Message and Papers*, II, 92–93.
13. 参见, Jefferson's important letter to J. B. Colvin, September 20, 1810, *Works*, XII, 418–422。"因为对成文法的愚忠而丢掉国家, 就等于是丢掉法律本身, 这也意味着丢掉了生命、自由、财产, 丢掉了跟我们一起享受生命、自由和财产的所有人; 这是十分荒谬的, 是为了手段而牺牲目的……具体情况须具体对待, 这中间的限度的确很难把控; 不过, 好的官员必须置身险境去划下个中界限, 也必须将自己投身其中, 接受正义的考验, 必须保证自己的动机是纯正的。"应该说, 此番申述非常准确地呈现了民主制度中领袖权能的必要性。危机时代所要求的权力, 若是放在常规时代, 当然会相当危险, 此等权力说到底要植根于民众认可。不管怎么说, 杰斐逊的此番申述定然十分贴合他自己的行为, 当然也十分贴合置身重大危机中的杰克逊、林肯、威尔逊以及两个罗斯福。很显然, 在杰斐逊眼中, 宪法是用来遏制恶政的工具, 但是在危机时代, 同样的这个工具则很可能会被人用来遏制善行, 若是这样的情况, 则一切就另当别论了。
14. O'Sullivan, "Note," *Democratic Review*, XII, 583 (May, 1843).
15. *Washington Globe*, May 18, 1837.
16. "Executive Usurpation," *Democratic Review*, I, 290 (February, 1838).
17. *Boston Reformer*, August 4, 1837.
18. Cushing in the House, September 25, 1837, *Register of Debates*, 25 Congress 1 Session, 889. 1834 年, 威廉·莱格特曾抱怨说: "民主体制尝试拿回自身的权利, 却总是被人肆意攻击是在篡夺他人权利; 民主政府竭力恢复政府之原初的纯净, 却总是遭到污蔑, 被说成是在侵害古老原则。" *New York Evening Post*, October 23, 1834. 保守派的疑虑实际上也并非不能理解。
19. Jefferson to W. C. Rives, November 28, 1819, Jefferson, *Writings* (Ford), X, 151n., 150.
20. "Speech of Charles J. Ingersoll. In the Convention of Pennsylvania," *Democratic Review*, V, 99 (January, 1839).
21. 特别参阅, Barbour's opinion in *City of New York v. Miln*, 11 Peters 139.
22. Benton, *Thirty Years' View*, I, 450.
23. *Charles River Bridge v. Warren Bridge*, 11 Peters 547.

24. Hamilton to Washington, February 23, 1791, Hamilton, *Works*, III, 446.
25. *McCulloch v. Maryland*, 4 Wheaton 421.
26. Whitman, "Democratic Vistas," 199–200, 202, 236, 218。"Notes for Lectures on Democracy and 'Adhesiveness,'" Furness, *Whitman's Workshop*, 57, 58.
27. Bancroft, *The Necessity, the Reality, and the Promise of the Progress of the Human Race*, 34.
28. Butler, B*utler's Book*, 85.
29. 本书前文曾援引过托尼、汉密尔顿和马歇尔的类似品评，罗斯福接着援引了林肯提起的类似品评："政府的职责所在，就是要为人民做他们本应当做的事情，若是让人民凭借一己之力去做这样的事情，则要么是根本没有可能，要么就是没有能力做好"。Roosevelt, *Public Papers*, VII, xxix-xxx。
30. Roosevelt, *Public Papers*, V, 16.
31. 昔日的自由主义演变成当下的保守主义，既如此，也就十分有必要注意到这样一种情况：官僚体制若是能落入商业集团的操控，那么商业集团就定然不会对官僚制度如此恼恨了。
32. Roosevelt, *Public Papers*, V. 198.
33. Jefferson's First Inaugural, Richardson, *Messages and Papers*, I, 322; Pascal, *Pensees* (Everyman), 99.

Arthur M. Schlesinger, Jr.
THE AGE OF JACKSON
Copyright © 1945, Arthur M. Schlesinger, Jr.
Simplified Chinese edition © 2023 by Shanghai Translation Publishing House
All rights reserved

图字：09-2018-701号

本书由国家出版基金资助出版

图书在版编目(CIP)数据

杰克逊时代 / (美) 小阿瑟·M.施莱辛格 (Arthur M. Schlesinger, Jr.) 著；林国荣译. —— 上海：上海译文出版社, 2023.7. —— (小阿瑟·M.施莱辛格史学经典). —— ISBN 978-7-5327-9179-8

Ⅰ.K712.407
中国国家版本馆CIP数据核字第20246JU855号

杰克逊时代	Arthur M. Schlesinger, Jr.	出版统筹	赵武平
	[美] 小阿瑟·M. 施莱辛格 著	策划编辑	陈飞雪
The Age of Jackson	林国荣 译	责任编辑	李欣祯
		装帧设计	张擎天

上海译文出版社有限公司出版、发行
网址：www.yiwen.com.cn
201101　上海市闵行区号景路159弄B座
上海市崇明县裕安印刷厂印刷

开本890×1240　1/32　印张23.25　插页3　字数533,000
2024年8月第1版　2024年8月第1次印刷

ISBN 978-7-5327-9179-8/K·309
定价：128.00元

本书版权为本社独家所有，未经本社同意不得转载、摘编或复制
本书如有质量问题，请与承印厂质量科联系，T：021-59404766